Handbuch Mobile-Commerce

Springer-Verlag Berlin Heidelberg GmbH

Walter Gora • Stefanie Röttger-Gerigk (Hrsg.)

Handbuch Mobile-Commerce

Technische Grundlagen, Marktchancen und Einsatzmöglichkeiten

Mit 145 Abbildungen und 12 Tabellen

Springer

Herausgeber:

Dr. Walter Gora
Gora, Hecken & Partner GmbH
Otto-Volger-Straße 7c
65843 Sulzbach/Ts.
E-mail: *w.gora@ghp-cs.de*

Stefanie Röttger-Gerigk
Gora, Hecken & Partner GmbH
Otto-Volger-Straße 7c
65843 Sulzbach/Ts.
E-mail: *s.roettger-gerigk@ghp-cs.de*

ISBN 978-3-540-42699-8

Die Deutsche Bibliothek - CIP-Einheitsaufnahme
Handbuch Mobile-Commerce: technische Grundlagen, Marktchancen und Einsatzmöglichkeiten / Hrsg.: Walter Gora ....- Berlin; Heidelberg; New York; Barcelona; Hongkong; London; Mailand; Paris; Tokio: Springer 2002
(Xpert.press)
ISBN 978-3-540-42699-8 ISBN 978-3-642-56057-6 (eBook)
DOI 10.1007/978-3-642-56057-6

http://www.springer.de

Ursprünglich erschienen bei Springer-Verlag Berlin Heidelberg New York 2002

Umschlaggestaltung: Künkel & Lopka GmbH, Heidelberg
Reproduktionsfertige Vorlage: Marcus Depenbusch

SPIN: 10849977 30/3130xz - 5 4 3 2 1 0 - Gedruckt auf säurefreiem Papier

Vorwort

Gesellschaft und Wirtschaft werden heute von vier Trends geprägt, die miteinander verflochten sind und sich gegenseitig unterstützen: Globalisierung, Kommunikation, Mobilität und Virtualität. Diese Trends und Entwicklungen haben zur Informationsgesellschaft geführt, die auf der Grundlage moderner Informations- und Kommunikationstechnologien unser ökonomisches und gesellschaftliches Leben völlig umgestaltet.

Globale Wirtschaftsstrukturen und auch das zunehmend globale politische Bewusstsein basieren auf der Tatsache, dass eine weltweit umfassende Kommunikationsbasis vorhanden ist. Die Intensität des weltweiten Handels mit Produkten nimmt zu und führt zu einer Stärkung derjenigen, die die entsprechenden Möglichkeiten kennen und nutzen. Globalisierung und Kommunikation führen zu einer erhöhten Mobilität im Wirtschafts- wie im Privatleben.

In der Informationsgesellschaft werden die klassischen industriellen Arbeitsformen und der Einsatz körperlicher Arbeit wo immer möglich zurückgedrängt und durch den intelligenten Einsatz von Informations- und Kommunikationstechnik ersetzt. Virtualität bedeutet einerseits neue standort- und organisationsübergreifende Arbeitsformen, andererseits auch die Dematerialisierung von Produkten. Informationen und Wissen werden zur entscheidenden Bezugsgröße im Wirtschaftsleben.

Moderne Kommunikationstechnologien wie z.B. Internet, UMTS etc. sind die Technologie des beginnenden 21. Jahrhunderts. Die Anwendung und Nutzung führt zur globalen Strukturveränderung in allen wirtschaftlichen, gesellschaftlichen und politischen Bereichen. Viele dieser Entwicklungen, deren Grundlage die Nutzung der Internet-Technologien ist, sind mit dem Präfix „E-" versehen worden, wie beispielsweise E-Commerce und E-Business. Diese Begriffe wurden zu Schlagworten, die den Wandel in der Wirtschaft verdeutlichen und fassbar machen sollten. E-Commerce und E-Business haben u.a. die Entwicklung von virtuellen Marktplätzen im Internet, die Digitalisierung von Beschaffungsvorgängen und der damit einhergehenden Prozesse zum Ziel. Ein wesentliches Merkmal verkörpert hierbei die prinzipielle Erreichbarkeit dieser Marktplätze rund-um-die-Uhr.

Parallel zur Entwicklung, Kommerzialisierung und Professionalisierung des Internets hat sich in den letzten zehn Jahren ein weiterer Mega-Trend etabliert, zu dem insbesondere die Europäer beigetragen haben – Mobilkommunikation. Mobilität in ihrer Allgemeinheit sowie die persönliche Erreichbarkeit sind offensichtlich menschliche Grundbedürfnisse, die für boomende Märkte und neue Anwendungen sorgen. Anfang der neunziger Jahre hat keiner der Marktforscher und -auguren vorhergesagt, dass die Nutzerzahlen in den Mobilkommunikationsnetzen derart „explodieren" werden. Die Unterstützung von Mobilität scheint daher die Voraussetzung für sog. „Killer-Applikationen" zu sein, d. h. für Anwendungen, die riesige neue Bedürfnisse erwecken. UMTS ist nunmehr eines der modernen Kürzel für diesen neuen Markt, für dessen Eintritt alleine in Deutschland von

Telekommunikationsunternehmen bzw. Carriern fast 100 Mrd. DM bezahlt wurden. Zwar ist auch hier der Euphorie die finanztechnische Ernüchterung gefolgt, doch der Druck die Lizenzgelder wieder hereinzuholen, setzt wahrscheinlich die Innovationskräfte erst richtig in Gang.

Durch die Unterstützung mobiler Nutzer erhält die Virtualisierung der Märkte einen weiteren langfristig bedeutsamen Anschub. Mobilität und E-Commerce/E-Business verbinden sich zu M-Commerce bzw. M-Business, d.h. Dienste werden rund-um-die-Uhr und an nahezu jedem beliebigen Standort nutzbar. Durch die Verknüpfung von Mobilkommunikationstechnologien mit den heute fast schon etablierten Wirtschaftsformen des Internets eröffnen sich neue Marktpotenziale und Herausforderungen, aber auch Risiken für die Unternehmen. Beispielhaft seien hier nur die Sicherheitsvoraussetzungen aufgeführt.

Die Historie der Mobilkommunikation ist lang, allerdings haben es erst die technologischen Entwicklungen und der Standardisierungsprozess in den letzten fünfzehn Jahren geschafft, diese Technologie aus ihrem Nischenplatz herauszuführen. Der Startpunkt zur zivilen Ära der mobilen Funkkommunikation lässt sich in Deutschland auf das Jahr 1926 zurückdatieren. Die ehemalige deutsche Reichsbahn führte zu diesem Zeitpunkt den besonderen Service ein, dass vom fahrenden Zug aus die Reisenden Telefonate mit Teilnehmern im terrestrischen Fernsprechnetz führen konnten. Allerdings war diese besondere Dienstleistung auf die Züge zwischen Hamburg und Berlin beschränkt. Das erste umfassende und für die Öffentlichkeit konzipierte Mobiltelefonnetz war das A-Netz, mit dessen Aufbau im Jahre 1958 begonnen wurde.

Andere europäische Nachbarländer hatten zu diesem Zeitpunkt bereits funktionsfähige öffentliche Mobilnetze aufgebaut, wie z.B. die Niederlande (1949), Dänemark (1951), Frankreich (1956) und Großbritannien (1959). Spätzünder in Sachen ziviler Nutzung der Mobiltelefonie waren Österreich, Schweiz und Italien, die erst in den sechziger und siebziger Jahren die öffentlichen Mobiltelefonnetze für ihre Teilnehmer aufbauten, dann aber von den bereits vorhandenen Erfahrungen anderer europäischer Netzbetreiber profitieren konnten.

Bis in die neunziger Jahre des letzten Jahrhunderts hinein waren die europäischen Vorreiter für die modernen Generationen der mobilen Funktelefonnetze in den skandinavischen Ländern beheimatet, wo aufgrund der geringen Bevölkerungsdichte schon immer der Funkverkehr von großer Bedeutung war. Das skandinavische Nordic Mobile Telephone System (NMT), das 1981 in Betrieb ging, konnte 1991 sogar den einmillionsten Teilnehmer verzeichnen.

Während diese Netze und ihre Nachfolger von der Sprachkommunikation dominiert waren, wird bei den zukünftigen Mobilnetzen (in Analogie zu den Festnetzen) der Anteil der Datenkommunikation überwiegen. So wie die internetbasierende Datenkommunikation die Voraussetzung für E-Commerce und E-Business ist, werden Technologien wie GPRS und UMTS die Grundlage für M-Commerce sein.

Im vorliegenden Buch wird sowohl auf die technologischen Voraussetzungen, als auch die Perspektiven und Marktentwicklungen beim M-Commerce eingegangen. Weiterhin werden Einsatzmöglichkeiten aufgezeigt, die aus heutiger Sicht den Einstieg in die mobile Wirtschaftswelt ermöglichen und unterstützen. Viele dieser Anwendungen werden erst in den nächsten Jahren „erfunden“ oder „gefunden“ werden, doch sollen die Ausführungen und Erläuterungen helfen, sich im M-Commerce nicht nur zurecht zu finden, sondern die Marktchancen aktiv nutzen zu können.

Dies ist zwingende Voraussetzung für diejenigen, die sowohl in der Phase der Euphorie wie auch in der Phase des Totredens einen nüchternen Kopf behalten wollen. Spiele bzw. Entertainment sowie das mobile Laden von Musiktiteln sind nur zwei der Anwendungen, die dem Grundbedürfnis des Menschen entsprechen und wo die Unterstützung durch breitbandige und kostengünstige Mobilkommunikationstechnologien für neue Geschäfte sorgen wird. Doch auch klassische Branchen werden diese Technologien nutzen. Beispielhaft sei hier nur das Gesundheitswesen aufgeführt, das in den nächsten Jahren eine verstärkte wirtschaftliche Bedeutung nach Meinung vieler Marktforscher bekommen soll. Insbesondere werden Telemedizin-Anwendungen erst dann eine breite Akzeptanz erreichen, wenn mobile Überwachungsgeräte (z.B. bei Risikopatienten) automatisch die Verbindung zu bzw. die Alarmierung der Ärzte(n) wahrnehmen können. Dies setzt sowohl intelligente Diagnosegeräte wie mobile Übertragungskapazitäten voraus.

Bereits der von keinem Marktforscher vorhergesehene „Handy“-Boom hat eindrucksvoll gezeigt, welche nachhaltigen Marktentwicklungen durch die Mobilkommunikationstechnologien initiiert werden können. Die Entwicklungen im Festnetz können dabei durchaus als Vorläufer für die entsprechenden Perspektiven in den Mobilnetzen gesehen werden. Wie im Bereich der terrestrischen Übertragungstechnologien wird auch in den Mobilkommunikationsnetzen zukünftig der Datenanteil überwiegen und die Bedeutung der Sprache zurückdrängen.

Die akademische Diskussion, ob Übertragungsmöglichkeiten im Megabit-Bereich überhaupt erforderlich sind, wurde auch im Festnetzbereich geführt und von der Geschichte überholt. Es ist unzweifelhaft, dass – allen Unkenrufen zum Trotz – auch die Mobilkommunikation diese Diskussion erfolgreich überstehen wird.

Der Dank der Herausgeber gilt an dieser Stelle allen Autoren, deren Beiträge dieses Buch erst möglich gemacht haben. Besonders herzlich bedanken wir uns außerdem bei Frau Cornelia Svarc und Herrn Marcus Depenbusch, die für die Koordination und Gestaltung dieses Buches verantwortlich waren, für ihr Engagement bei der Realisierung dieses Projektes.

Sulzbach/Ts., im November 2001

Dr. Walter Gora, Stefanie Röttger-Gerigk

Inhaltsverzeichnis

1 Grundlagen und Status

1.1 Mobile Strategien im M-Commerce Wettbewerbsvorteile erzielen, Einstiegsfehler vermeiden

Fritjof Karnani, Matthias Nachtmann, Birgit Gregor

Durch M-Commerce eröffnen sich für Unternehmen neue Möglichkeiten. Mobile breitbandige Zugänge, local positioning und UMTS sind einige der technischen Basis-Innovationen. Den Unternehmen stellt sich die Frage, ob und wie sie auf diese Herausforderung reagieren und vor allem, welche der neuen Möglichkeiten sie zukünftig nutzen sollen. Vor dem Hintergrund der allgemeinen Ernüchterung im E-Commerce-Bereich sind die Unternehmen gegenwärtig hin und her gerissen zwischen den Bedenken, Ressourcen in Projekte zu investieren, die sich vielleicht nie rentieren werden und der Angst davor, einen Trend zu verpassen. Kein Unternehmen möchte irgendwann feststellen müssen, dass die Wettbewerber an einem vorbeiziehen, weil man gar nicht, zu spät oder falsch auf eine technologische Herausforderung reagiert hat. Viele der Diskussionen, die in Unternehmen heute zum Thema M-Commerce geführt werden, sind im Zusammenhang mit E-Commerce und der Implementierung von Internetanwendungen so oder ähnlich schon einmal geführt worden. Die Erfahrungen der letzten Jahre bieten den Unternehmen somit die Möglichkeit, ihren Einstieg in das M-Commerce Zeitalter solide vorzubereiten, um die Fehler der Vergangenheit zu vermeiden.

Eine der Erfahrungen besagt: die Unterscheidung zwischen „old economy“ und „new economy“ war wenig sinnvoll. Die „new economy“ arbeitet nicht nach neuen oder anderen Gesetzmäßigkeiten. Unternehmen, die glaubten, im Internetzeitalter nicht mehr an die Regeln der Vergangenheit gebunden zu sein und gar neue Gesetzmäßigkeiten für sich aufgestellt haben, sind inzwischen eines Besseren belehrt worden. Die bekannten Regeln der strategischen Unternehmensplanung sind nach wie vor in Kraft und gelten auch für den Einstieg in den M-Commerce.

Durch strukturiertes Vorgehen kann sich ein Unternehmen schnell Klarheit in der Fülle der Möglichkeiten verschaffen. Doch bevor es sich auf den Weg macht, die Herausforderungen von M-Commerce in Angriff zu nehmen, sollte Klarheit herrschen über die im Folgenden beschriebenen strategischen Zusammenhänge.

Unterscheidung zwischen Technologie und ökonomischen Nutzen

Wie bereits bei der Nutzung des Internet muss auch bei M-Commerce zwischen der Technologie und dem Nutzen unterschieden werden. Auch bei M-Commerce besteht die Herausforderung vor allem darin, die neuen Technologien auch mit einem ökonomischen Nutzen zu verbinden[1]. Ein breitbandiger mobiler Zugang al-

[1] Porter, Michael (2001): Bewährte Strategien werden durch das Internet noch wirksamer. In: Harvard Business manager 5/2001. S. 64-81

lein liefert noch keinen ökonomischen Nutzen. Nur wenn hiermit ein Wettbewerbsvorteil verbunden werden kann, ist es betriebwirtschaftlich sinnvoll, sich dieser Technologie zu bedienen, oder anders ausgedrückt, nur weil es eine neue technische Möglichkeit gibt, ist es nicht automatischen betrieblich sinnvoll, diese auch zu nutzen. Strategische Unternehmensplanung heißt nicht nur zu entscheiden, was man tun will, sondern oft muss entschieden werden, was man bewusst nicht tun will.

Ausgangspunkt der Überlegung muss das Unternehmen sein, nicht die Technologie

Oft wurde in der Vergangenheit der Fehler begangen, eine neue Technologie zu betrachten und dann nach einer sinnvollen Anwendung für diese zu suchen. Wenn bei einer zwanghaften Implementierung von M-Commerce in das Unternehmen die Wertschöpfungskette oder die strategischen Positionierung verwässert werden, wird trotz Anwendung neuester Technologie kein Vorteil erzielt, sondern das Gegenteil erreicht. Weitere Probleme ergeben sich, wenn die durch die neue Technologie verursachten Veränderungen nicht mehr zum Unternehmen passen. Am Anfang des Aufbruchs muss schlicht und einfach die Frage stehen, ob sich die spezifische Wertschöpfungskette oder die Wettbewerbfähigkeit des Unternehmens durch M-Commerce steigern lassen.

Keine Diversifikation „by accident"

Auch wenn neue Technologien keine Ansatzpunkte zur Steigerung der Wettbewerbsfähigkeit bieten, neigen Unternehmen manchmal dazu, etwas um die neue Technologie herum zu konstruieren. Das kann aber zur Konsequenz haben, dass ein völlig neues Produkt aufgebaut oder ein neuer Markt bedient wird. Bei der Einführung von M-Commerce kann es unternehmerisch durchaus sinnvoll sein, so vorzugehen. Das Unternehmen muss sich dann aber im Klaren darüber sein, dass es sich hierbei nicht um eine Implementierung vom Elementen des M-Commerce in die bisherigen Geschäftsfelder handelt, sondern um eine Diversifikationsstrategie. Bevor dieser Weg eingeschlagen wird, sollte das Unternehmen klären, ob die notwenigen Ressourcen für solch ein Abenteuer zur Verfügung stehen, ohne die bisherigen Geschäftsfelder vernachlässigen zu müssen. Gerade im Internet lässt sich beobachten, dass die Implementierung von neuen Technologien für viele Unternehmen zu einer ungeplanten und nicht gewollten Diversifikation geführt hat. Teilweise waren sie hierbei eher zufällig erfolgreich, teilweise endeten diese Abenteuer aber auch mit einem katastrophalen Ergebnis. Ein Unternehmen sollte – auch bei der Einführung von neuen Technologien – die Entwicklung nicht dem Zufall überlassen, sondern zu jedem Zeitpunkt wissen, wohin die Reise gehen soll. Notwendig ist also die aktive Gestaltung und Unternehmensplanung.

Die Quelle der Wettbewerbsfähigkeit und des wirtschaftlichen Erfolges eines Unternehmens sind eine klare Definition des Unternehmenszieles und daraus folgend, die klare strategische Positionierung und Ausrichtung aller betrieblichen

Aktivitäten und Funktionen an dieser strategischen Positionierung (Strategic Fit). Alle Aktivitäten in Zusammenhang mit M-Commerce müssen zur strategischen Positionierung des Unternehmens passen!

Wertschöpfungskette – Instrument zur Analyse des M-Commerce-Wettbewerbspotenziales

Um die Quelle für die Wettbewerbsvorteile zu analysieren, wurde von Porter der Ansatz der Wertschöpfungskette entwickelt[2,3]. Das Modell der Wertschöpfungskette liefert ein strategisches Instrument zur Analyse relativer Wettbewerbsvorteile. Die Wertschöpfungskette zerlegt hierzu das Unternehmen in strategisch relevante Tätigkeiten. Jedes Unternehmen lässt sich als eine Ansammlung von Einzelaktivitäten darstellen, z.B. Eingangs-, Operations- und Ausgangslogistik, sowie Vertrieb und Kundendienst. Das Konzept der Wertschöpfungskette unterscheidet zwischen primären Aktivitäten, also der physikalischen Herstellung des Produktes, dessen Verkauf und der Übermittlung an die Abnehmer. Darüber hinaus gibt es unterstützende Aktivitäten. Diese beinhalten jene Aktivitäten, die die primären Aktivitäten gegeneinander aufrechterhalten, hierzu gehören z.B. die Unternehmensinfrastruktur, die Personalwirtschaft, die Technologie und Beschaffung.

Abb. 1: Wertschöpfungskette (nach Porter 1989)

Die Analyse der Wettbewerbsvorteile setzt bei dem Konzept der Wertschöpfungskette an zwei Punkten an. Zum einen kann jedes einzelne Glied der Wertschöpfungskette Ausgangspunkt für einen Wettbewerbsvorteil sein, indem zum Beispiel eine Aktivität einen Kostenvorsprung liefert oder den Ansatzpunkt für eine Differenzierung bietet. Die Wettbewerbsfähigkeit des Unternehmens resultiert bei dieser Betrachtungsweise aus der Wettbewerbsfähigkeit der einzelnen Glieder der Wertschöpfungskette.

---

[2] Porter, Michael (1992): Wettbewerbsstrategie: Methoden zur Analyse von Branchen und Konkurrenten = (competitive strategy). – 7. Aufl., Frankfurt, 488 Seiten

[3] Porter, Michael (1989): Wettbewerbsvorteile: Spitzenleistungen erreichen und behaupten = (competitive advance), Campus Verlag.

Der andere Ansatzpunkt zum Verständnis eines Wettbewerbsvorteils resultiert aus der speziellen, unternehmensspezifischen Zusammenstellung der Wertschöpfungskette. Innerhalb einer Branche gleichen sich die Wertschöpfungsketten der einzelnen Unternehmen zwar, trotzdem sind Unterschiede erkennbar, da z.B. die Wertschöpfungskette auf ein bestimmtes Marktsegment zugeschnitten ist. Die spezifisch zusammengesetzte Wertschöpfungskette liefert dann wiederum den Ausgangspunkt für einen Wettbewerbsvorteil, der sich z.B. in einem aus der Differenzierung resultierenden Kostenvorteil ausdrückt. Ob die Quelle des Wettbewerbsvorteils in der spezifischen Ausrichtung der Wertschöpfungskette liegt oder in der besonderen Optimierung einer einzelnen Aktivität, ein langfristiger Wettbewerbsvorteil lässt sich nur erreichen, wenn ein Unternehmen eine spezielle Wertschöpfungskette schafft, die sich von der des Wettbewerbes unterscheidet.

Ausgehend von der Wertschöpfungskette ergeben sich für M-Commerce Einsatzmöglichkeiten sowohl in den Bereichen Unternehmensinfrastruktur, Personalwirtschaft, Technologieentwicklung und Beschaffung als auch in den Bereichen Logistik, Operation, Marketing und Vertrieb. Um nur ein Beispiel zu nennen: Im Rahmen einer flexiblen Arbeitsplatzgestaltung mit Hilfe des Internets können die Mitarbeiter eines Unternehmens nicht nur jederzeit sondern auch überall, also ortsunabhängig, über mobile Netze in die Unternehmensinfrastruktur eingebunden werden. Eine Vielzahl weiterer Möglichkeiten und Beispiele, wie sich die Wertschöpfungskette eines Unternehmen durch M-Commerce verändern kann, ist in Abb. 2 dargestellt.

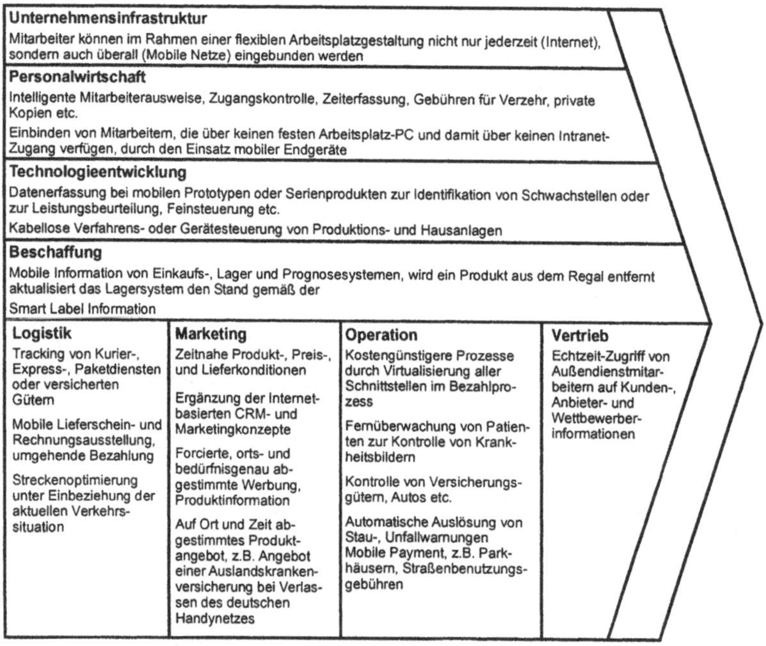

Abb. 2: Darstellung möglicher Veränderungen von Teilen der Wertschöpfungskette durch die Einführung von M-Commerce (vgl. Porter 2001)

Unterscheidung zwischen Steigerung der betrieblichen Effektivität und Verbesserung der strategischen Position

Bei der Implementierung von Elementen des M-Commerce muss zwischen zwei Stoßrichtungen unterschieden werden: Steigerung der betrieblichen Effektivität und Unterstützung der strategischen Positionierung. Eine Steigerung der betrieblichen Effektivität hat das Ziel, **besser** zu werden als der Wettbewerber. Das Ziel der strategischen Unternehmensplanung besteht darin, **anders** zu werden, sich vom Wettbewerber grundsätzlich zu unterscheiden[4]. Um langfristig Erfolg am Markt zu haben, müssen Unternehmen beide Stoßrichtungen verfolgen. Und während die Steigerung der betrieblichen Effektivität oft nur Auswirkungen auf Teilbereiche des Unternehmens hat, setzt eine strategische Neupositionierung eine grundsätzliche Unternehmensentscheidung durch das Top-Management selbst voraus.

Viele der heute bekannten Beispiele für M-Commerce dienen lediglich der Steigerung der betrieblichen Effektivität

Betrachten wir eines der häufig genannten Beispiele für M-Commerce, etwa das zur Verfügung stellen von Informationen für Außendienstmitarbeiter. Hier können durchaus bahnbrechende Erfolge erzielt werden. Diesen Wettbewerbsvorteil sollten Unternehmen natürlich nutzen. Doch vor dem Hintergrund der schnellen Marktentwicklung ist diese Art des Vorteils nur von kurzer Dauer; Best Practice und Benchmarking werden von vielen Unternehmen betrieben. Konsequenz ist, dass erlangte Vorteile durch den Wettbewerb recht schnell imitiert und damit für das Unternehmen selbst ebenso schnell wieder verloren gehen.

Veränderung der strategischen Positionierung durch M-Commerce

Wenn es Unternehmen hingegen gelingt, durch die Nutzung von M-Commerce einen strategischen Wettbewerbsvorteil zu erlangen, wird ein nachhaltiger Vorteil erlangt. Wer hier eine Möglichkeit erkennt und diese nutzt, kann bahnbrechende und langfristige Erfolge erzielen. So vielversprechend diese Möglichkeiten auch sind, es gibt bisher kaum Beispiele für eine gelungene strategische Neupositionierung durch den Einsatz von M-Commerce. Das Internet bot einer Reihe von Unternehmen die Möglichkeit, spezifische strategische Positionen zu besetzen und die passenden Wertschöpfungsketten zu kreieren. Für den Bereich des M-Commerce muss dies erst noch geschehen, und positiv ausgedrückt, hier liegen die wirklichen Opportunities des M-Commerce.

---

[4] Porter, Michael (1992): What is Strategy? In: Harvard Business Review, November/ Dezember 1996, Seite 61-78

Ein oft zitiertes und gutes Beispiel, wie die Einführung einer neuen Technologie ein Überdenken der bisherigen strategischen Ausrichtung erfordert, ist die Einführung von Voice-Boxen anstelle der bisherigen Anrufbeantworter. Die Anbieter von Anrufbeantwortern sehen sich hier einer wirklichen Marktveränderung ausgesetzt, weil immer mehr Telefongesellschaften ihren Kunden Voice-Boxen als Service anbieten, die die Funktion der bisherigen Anruferbeantworter übernehmen. Aus dem bisherigen Hardware-Produkt wird eine Dienstleistung – räumlich vom Kunden getrennt. Im Zuge der Einführung von M-Commerce werden vergleichbare Entwicklungen auf die Unternehmen zukommen.

Dimensionen der Veränderung durch M-Commerce

Wenn Unternehmen beginnen, sich der Herausforderung zu stellen, sollten die Potenziale in beiden Dimensionen, der Steigerung der betrieblichen Effektivität und der Verbesserung der strategischen Wettbewerbsposition untersucht werden.

Für ein Unternehmen existieren vier Varianten einer möglichen Veränderung:

1. M-Commerce bietet weder die Möglichkeit zur Verbesserung der betrieblichen Effektivität noch zur strategischen Positionierung
2. Das Unternehmen nutzt M-Commerce zur Steigerung der betrieblichen Effektivität, hierdurch wird es besser als der Wettbewerber
3. M-Commerce bietet die Möglichkeit der strategischen Neupositionierung bzw. der Verbesserung der bisherigen strategischen Wettbewerbsposition
4. Durch M-Commerce können sowohl die betriebliche Effektivität gesteigert als auch eine Neupositionierung erreicht bzw. die strategische Wettbewerbsposition verbessert werden

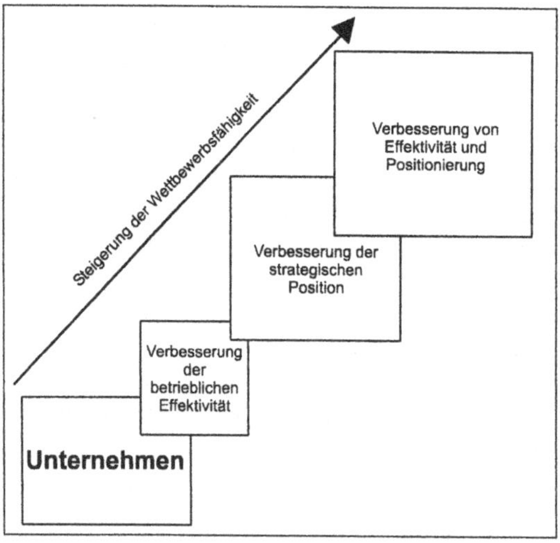

Abb. 3: Veränderungsmöglichkeiten durch M-Commerce

1.2 Geschäftsmodelle im M-Commerce

Matthias Nachtmann, Marian Trinkel

Der Markt für mobile Services ist auf dem Weg aus der Nische in den Massenmarkt. Die Angebotseite investiert in Infrastruktur, Anwendungsentwicklung und Lizenzen. Ziel ist es, die langsam erwachende Nachfrage zu gewinnen und langfristig zu binden. Langsam beginnen die Umsatzvolumina aus dem statistischen Grundrauschen in wirtschaftlich interessante Größenordnungen zu wachsen. Diese Entwicklung wird gebremst durch diverse strategische, organisatorische und technische Unsicherheiten. Unklar sind die Ausgestaltung des Geschäftsmodells, die Auswahl eines abgestimmten Anwendungsportfolios sowie die entsprechende Preis- und Kommunikationspolitik. Zu den technologischen Herausforderungen gehören Billing-Systeme, das Roaming von Diensten oder Interconnect.

Zur Lösung dieser Probleme kann auf Erfahrungen aus den Bereichen Mobiltelefonie, Telematik, Anwendungsentwicklung oder E-Commerce zurückgegriffen werden. Dennoch bleiben wesentliche Fragestellungen auf dem Weg zu einem erfolgreichen M-Commerce-Geschäftsmodell unklar. Um ein solches zu entwickeln, sind folgende Fragen zu klären:

- Wo liegt der tatsächliche Nutzen mobiler Anwendungsszenarien?
- Wer kann sich im entstehenden M-Commerce-Markt etablieren?
- Welche Geschäftsmodelle werden erfolgreich sein?

Der Artikel orientiert sich an diesen Fragen und wird die entsprechenden Rahmenbedingungen erläutern und diskutieren

Technische Innovationen – Dienstebasis im M-Commerce

Die zentralen Kräfte für eine Marktentwicklung im Umfeld der Informations- und Kommunikationstechnologien sind Technologie Push und Market Pull (in Anl. an ZERDICK et al., 1999). Der Technologie Push resultiert aus neuen Funktionalitäten und der verbesserten Leistungsfähigkeit von Systemen. Auf diesen Möglichkeiten setzt wiederum der Market Pull an. Die Nachfrage nach Produkten, welche neuen Zusatznutzen für Kunden realisieren, steigt.

Die Entwicklung im M-Commerce ist nicht von einer zentralen Innovation, sondern von einem Innovationsbündel aus verschiedenen Branchen geprägt. Auf Seiten der Netzbetreiber wurden in den letzten Jahren die Übertragungsleistungen erhöht, die Endgerätehersteller ermöglichen schnellere Datenverarbeitung und -darstellung sowie kleinere Geräte mit niedrigerer Energieleistung. Weiterhin wurden genauere Methoden zur Lokalisierung von Endgeräten entwickelt. Durch Kombination dieser Basisfunktionalitäten werden Anwendungen interaktiv und individuell oder auch unabhängig vom Aufenthaltsort des Nutzers nutzbar. Letztlich unterstützen diese Innovationen die Mobilität der Anwender. Die technischen Innovationen führen zu neuen Anwendungsmöglichkeiten und diese wiederum zu Effizienzsteigerungen oder neuen Märkten.

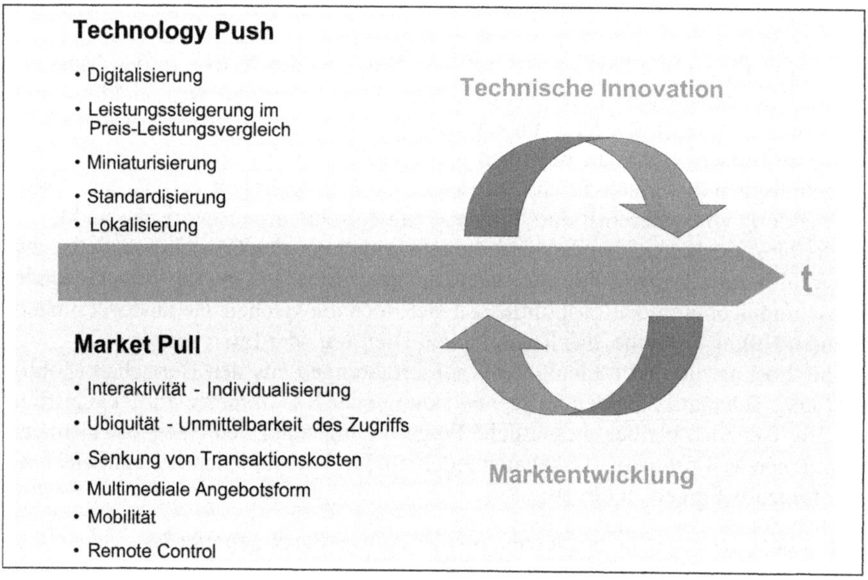

Abb. 1: Innovationsformen (in Anlehnung an Zerdick et al., 1999)

Das Umfeld mobiler Anwendungen entsteht. Ein allgemein anerkanntes Modell zur differenzierten Darstellung und Diskussion der konkreten Möglichkeiten und neuen Anwendungsszenarien hat sich noch nicht durchgesetzt. Die Kategorisierungen sind überwiegend von der jeweiligen Perspektive abhängig. Verbreitet sind die Unterscheidung in folgende Perspektiven:

- **Technologie und Plattformen**
  Aus dieser Perspektive wird zwischen Netzwerken (z.B. GSM, GPRS oder UMTS), Plattformen (z.B. Billing, CRM) sowie Diensteebenen und -protokollen (z.B. WAP, i-mode oder XML) unterschieden. Diese Perspektive wird im wesentlichen von Technologie- und Infrastruktur-Herstellern eingenommen.
- **Basisdienste**
  Es stehen Funktionen wie Sprache, Daten, Multimedia oder Sicherheit im Mittelpunkt. Akteure in diesem Umfeld sind Endgeräte-Hersteller aber auch Mobile Service Provider.
- **Anwendungsumfeld**
  Die Suche nach Einsatzmöglichkeiten in diversen Branchen (z.B. Medien, Touristik, Finanzen, Facility Management) oder Unternehmensbereichen (z.B. Vertrieb, Marketing, Instandhaltung) ergibt eine weitere Perspektive auf mobile Anwendungen. Die Unterscheidungen sind häufig nach Kern- oder Supportprozessen (B2B) oder Bedürfnisbereichen wie Kommunikation, Konsum, An-

erkennung etc. (B2C) zugeordnet. Dieser Denke sind Anwendungsentwickler, Content-Provider und Unternehmensberater verpflichtet.
An dieser Stelle stellt sich auch die Frage, ob der mobile Dienst das zentrale Produkt ist oder ob eine produktbegleitende Leistung darstellt (vgl. Sviokla/ Quinn, 1997).

- **Komplexität**
  Die Differenzierung anhand der Interaktionskomplexität unterscheidet Informations-, Kommunikations- oder Transaktionsanwendungen. Diese Differenzierung eignet sich zur Betrachtung von Organisations- und Kommunikationsbeziehungen, aber auch zur Gestaltung der Übertragungs- und Vermittlungstechnik.

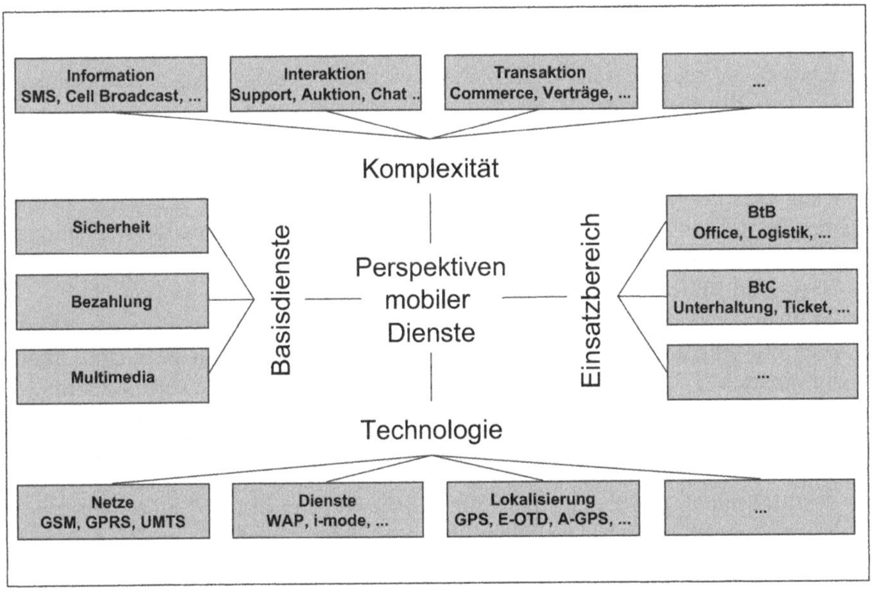

Abb. 2: Perspektiven zur Differenzierung mobiler Dienste (in Anl. Lehner, 2001)

Akteure im M-Commerce

Im Markt für mobile Anwendungen positionieren sich Unternehmen aus verschiedenen Branchen. Die Unternehmen bringen ihre Kernkompetenzen – Softwareentwicklung, Vermittlungstechnik oder Systembetrieb – ein, interagieren und ergänzen ihre Leistungen zu neuen Produkten und Leistungen. Welchen Regeln gehorcht dieses System? Wer kann sich wie positionieren?

Zur Darstellung und Diskussion dieser Interaktion bietet sich das Modell der Wertschöpfungsketten an. Es stellt Unternehmen anhand ihrer Branchenzugehörigkeit und ihrer Produkte dar und hilft so, die strategischen und operativen Zusammenhänge zu verdeutlichen.

Orientiert man sich an den oben dargestellten Anwendungen bzw. Produkten im Mobile Commerce sind folgende Branchen und Unternehmensgruppen beteiligt:

- **Technologie- und Infrastruktur-Hersteller**
  liefern mit der Hardware und Software zur Übertragungs- und Vermittlungstechnik sowie mit den Betriebssystemen die Grundelemente für Netzwerke und Plattformen. Die Lieferanten – z.B. Ericsson, Lucent, Nokia und Siemens – haben mit ihren technischen Innovationen und Entwicklungen wie z.B. HSCSD, GPRS, EDGE und UMTS die Grundlage für den M-Commerce-Markt gelegt. Damit legen diese Hersteller das Fundament des M-Commerce-Marktes.
- **Endgeräte-Hersteller**
  wie z.B. 3Com, Ericsson, Motorola, Nokia, Psion oder Siemens liefern das persönliche Eintrittsportal für den Nutzer im M-Commerce. Der Kauf eines Endgerätes ist der Eintritt in den M-Commerce-Markt. Damit nehmen die Engeräte-Hersteller im Markt für mobile Anwendungen eine Schlüsselstellung ein. Die Endgeräte müssen einfach zu bedienen sein, auch komplexe Zusammenhänge mit ihren Browsern gut darstellen können, technische Standards unterstützen und ausreichend Batterieleistung zur Verfügung stellen.
- **Netz- und Plattformbetreiber**
  verfügen über Kernkompetenzen in den Bereichen Payment, Kundenprofilierung, mittelfristig auch über Lokalisierung und vor allem im Netz- und Plattformbetrieb. Die Sprachtelefonie ist Grundstein eines Wettbewerbsvorsprungs, den Unternehmen wie z.B. T-Mobil, Vodafone oder E-Plus besitzen. Der Kundenstamm aus dem Sprachgeschäft ist Ausgangsmarkt im M-Commerce und über Kundenprofile beschreibbar.
  Der Maßstab ihrer Leistungen sind eine hohe Verfügbarkeit, Quality of Service und effizienter Betrieb. Die Bündelung geeigneter Angeboten im Rahmen von Portalen gehört zu den strategischen Optionen.
- **Content & Service-Anbieter**
  generieren Mehrwert beim Nutzer, indem sie ein Kundenbedürfnis nach schneller, ortsunabhängiger Information oder Unterstützung wecken. Dazu sammeln und bündeln sie Inhalte und Anwendungen und bereiten diese entsprechend ihrer Zielgruppen auf. Zur Gruppe dieser Unternehmen gehören z.B. AvantGo, Map&Guide. Die Content- & Service-Anbieter sind der Schlüssel zu anderen Branchen, die mobile Dienste zur Optimierung von Abläufen oder Entwicklung neuer Leistungen einsetzen können

Zwischen diesen Marktteilnehmern existieren noch keine langfristig stabilen Strukturen. Historisch bedingt, spielen die Mobilfunk-Netzbetreiber eine zentrale Rolle. Sie verfügen über die Übertragungstechnologien in Form von Netzwerken aber auch über eine enge Bindung zum Mobilfunkkunden, den zentralen M-Commerce-Kunden. Damit haben die Netz-Betreiber eine sehr gute Ausgangssituation im M-Commerce-Markt. Es kann bezweifelt werden, dass diese Position lange haltbar sein wird. So wurde auch die Internet-Entwicklung in der ersten Phase von den Internet Service Providern bestimmt und später immer mehr von den Content-Providern. Die Entwicklung von AOL zu AOL Time Warner mag diese Entwicklung exemplarisch belegen.

Die Zusammenhänge zwischen den Marktteilnehmern werden sich also nur langfristig stabilisieren. Daher ist es derzeit sinnvoller von einem Wertschöpfungsnetz oder -system, als von einer Wertschöpfungskette zu sprechen. Je nach Betrachtungsgegenstand besitzt dieses System unterschiedliche Schwerpunkte.

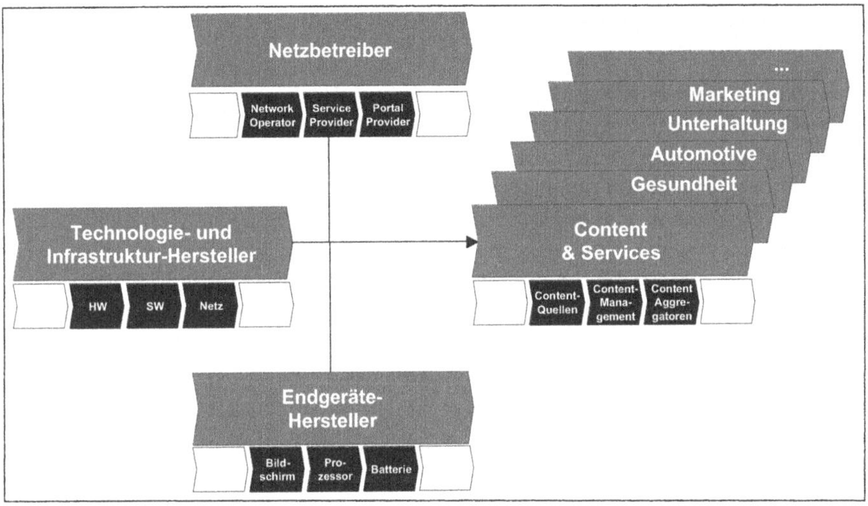

Abb. 3: Perspektiven mobiler Dienste (vgl. Lehner, 2000)

Im Zusammenspiel aus technology push und market pull, können sich diese Unternehmen im Markt für mobile Dienste positionieren. Das strategische Planungsinstrument für eine erfolgreiche Positionierung ist das Geschäftsmodell.

Geschäftsmodelle im M-Commerce

Abgrenzung und Definition

Das Geschäfts- bzw. Wertschöpfungsmodell fasst die wesentlichen Eckpunkte für eine erfolgreiche Positionierung eines Unternehmens im System aus Kunden, Lieferanten und Konkurrenten zusammen (vgl. Timmers, 1998; Müller-Stewens/ Lechner, 2001). Das Geschäftsmodell enthält Aussagen zu (vgl. Zimmermann, 2001): Produkten, Leistungen und den entsprechenden Kundenbedürfnissen sowie zur Positionierung, Rolle und Interaktion im jeweiligen Marktsegment. Damit ermöglicht das Geschäftsmodell eine umfassende Sicht auf die zentralen Aktivitäten eines Unternehmens sowie ihres systematischen Zusammenwirkens. Das

Geschäftsmodell erfüllt damit folgende Funktionen (vgl. Zimmermann, 2001): Formulierung des Produktnutzens, Identifizierung des Marktsegments, Schätzung der Kostenstruktur und des Umsatzpotenzials, Einordnung des Unternehmens in die Wertschöpfungskette aus Lieferanten und Kunden inklusive der Berücksichtigung von Wettbewerbern, Konkretisierung der Wettbewerbsstrategie sowie Beschreibung der innerbetrieblichen Wertschöpfung.

Diese Wertschöpfung im Umfeld mobiler Dienste ist derzeit noch durch die zentrale Marktposition der Mobilfunkbetreiber bestimmt. Folgende Möglichkeiten sind zwischen Mobilfunkbetreibern und vorgelagerten Content- oder Service-Providern derzeit vorstellbar:

- **Kommission/Provision**: Der Netzbetreiber erhält von jedem Umsatz mit Produkten oder Diensten einen festgelegten Anteil
- **Revenue-Sharing**: Aus Einzelleistungen werden Paketangebote erstellt, die dann vom Umsatz aufgeteilt werden (z.B. Bündelung von lokalen Informationen. Verkehrsinformationen, Stadtplänen, Restaurant- und Hoteltipps). Der Umsatz kann dabei aus unterschiedlichen Ansätzen kommen, wie z.B. pauschaler, nutzwertabhängiger, zeitabhängiger oder transaktionsorientierter Abrechnung aber auch auf Basis des Datenvolumens, der genutzten Bandbreite oder der Anzahl der Nutzungen.
- **Sponsoring**: Diensteanbieter übernehmen für bestimmte Leistungen einen Teil der entstehenden Kosten (z.B. Banken für das Mobile Banking).

Zielt man auf eine erfolgreiche Positionierung im M-Commerce-Markt, ergibt sich aus der Sicht bestehender Unternehmen die Frage, wie existierende Kompetenzen in neue Geschäftsmodelle eingebracht werden können.

Weiterentwicklung bestehender Geschäftsmodelle

Unternehmen können sich auf Grund der Notwendigkeit und dem Willen, sich Wettbewerbsvorteile zu verschaffen aus ihrem bestehenden Kontext heraus weiterentwickeln. Folgende Ansätze helfen, diese Entwicklung von Geschäftsmodellen zu beschreiben (vgl. Müller-Stewens/Lechner, 2001).

Der erste Ansatz unterscheidet neun Wege zur Revolution von Industrien (vgl. Hamel, 1996). Diese beschreiben, wie Veränderungen in Branchen erfolgen können. Als Motor gilt das Interesse eines Unternehmens, sich neue Wettbewerbsvorteile zu sichern. Es wird die Redefinition von Produkten und Dienstleistungen, Markt- oder Branchengrenzen untersucht. Der zweite Ansatz, das Konzept der innovativen Wertkurven (vgl. Kim/Mauborgne, 1999), gibt wieder, auf welche Weise ein Unternehmen ihr Marktangebot gestaltet. Dazu wird gefragt, welche Merkmalsausprägungen bestehender Produkte reduziert, eliminiert, neu kreiert oder angehoben werden sollen? Slywotzky (1996) beobachtet im dritten Ansatz die Migration von Werten anhand der Ablösung alter durch neue Wertschöpfungsmodelle und erkennt dabei drei Phasen. In der ersten Phase positioniert sich ein Unternehmen durch ein neues, überlegendes Wertschöpfungsmodell. Danach konsolidiert sich das Unternehmen in einer Branche. Es kehrt Stabilität ein. In der dritten Phase verliert das Unternehmen seine Fähigkeit, Wert zu generieren. Nach Slywotzky hat sich diese Dynamik in den letzten zwei Jahrzehnten erhöht. Die Halbwertzeit von Geschäftsmodellen reduziert sich. Der vierte Ansatz, im Wettbewerb der Wertarchitekturen, beobachtete Heuskel (1999), dass klassische Wertschöpfungszusammenhänge an Bedeutung verlieren und dass Unternehmen über traditionelle Branchen- und Produktgrenzen hinweg in neue Geschäftsfelder vordringen. Er klassifiziert dabei vier Arten von Wertschöpfungsarchitekturen (vgl. Müller-Stewens/Lechner, 2001):

- **Schichtenspezialist**
  hat sich auf eine oder wenige Stufen der Wertkette spezialisiert. Diese löst er aus dem Gesamtzusammenhang und expandiert horizontal in andere Branchen. So werden Größen- oder Wissensvorteile genauso nutzbar wie Eigentumsrechte. Ein Beispiel für einen Schichtenspezialisten ist Procter & Gamble. Die verfügbare Marketing-Kompetenz ist Know-how-Basis für die Entwicklung neuer oder unterentwickelter Märkte.
- **Pioniere**
  versuchen Wertschöpfungsstufen zu integrieren und diese dann durch einen eigenen Standard zu besetzen. Die Pioniere schaffen einen eigenen Markt auf Basis technischer oder strategischer Innovationen. Ein Beispiel für einen solchen Pionier ist der Online-Broker Consors, der eine neue Dienstleistungskategorie ermöglicht hat.
- **Orchestratoren**
  konzentrieren sich auf einzelne Schritte in der Wertschöpfungskette und überlassen andere Schritte ihren Partnerunternehmen. So konzentrieren sich die Sportartikelhersteller Adidas, Nike und Reebok auf die Entwicklung neuer Produkte und auf das Marketing. Die Herstellung wird anderen Unternehmen überlassen.
- **Integratoren**
  halten ganze Wertschöpfungsketten unter ihrer Kontrolle. Die Integratoren müssen dabei so aufgestellt sein, dass sie dem Wettbewerb insbesondere den Schichtenintegratoren gewachsen sind. Ein Beispiel für diese Wertschöpfungsarchitektur zeigt sich in der Pharmaindustrie.

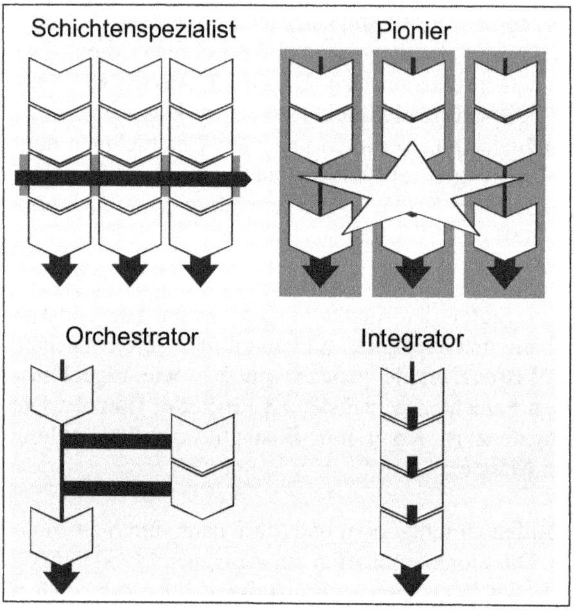

Abb. 4: Klassifikationen der Wertschöpfungsarchitekturen (vgl. Heuskel, 1999)

Technologiebasierte Weiterentwicklung

Auf Basis der Internet-Technologien haben sich verschiedene Geschäftsmodelle entwickelt. Für die Differenzierung dieser technologiegetriebenen Geschäftsmodelle steht eine Vielzahl von Differenzierungsansätzen zur Verfügung. Sie können sich nach Marktplatzart und -größe, Transparenz, Preisfindungs- oder Erlösmodell unterscheiden. Nachfolgend wurde ein Ansatz von Timmers (1998) gewählt, der die Breite der Möglichkeiten anhand der Perspektiven Innovationsgrad und Funktionalitäten verdeutlicht[1].

Timmers unterscheidet u.a. folgende Geschäftsmodelle elektronischer Märkte. Shops zielen auf die Darstellung eines Unternehmens und seiner Produkte. Bestellung und Bezahlung wird häufig auch in Verbindung mit traditionellen Vertriebswegen ermöglicht. Der Nutzen für das Unternehmen liegt in einer Steigerung der Nachfrage sowie Kostenreduktion im Vertrieb. Auf Kundenseite liegt der Nutzen bei niedrigeren Preisen, der breiteren Auswahl, den besseren Informationen und größerer Bequemlichkeit. Dieses Geschäftsmodell ist im mobile Markt insbesondere für digitalisierbare und einfach zu übertragende Produkte oder Dienst-

[1] Die einzelnen Modelle sind jedoch nicht immer überschneidungsfrei. Grundsätzlich können mobile Dienste alle Geschäftsprozesse ergänzen. Nachfolgend wird sich auf die Modelle beschränkt, in denen die mobilen Dienste eine zentrale Rolle spielen.

leistungen wie z.B. Musikdateien möglich. Dennoch könnten M-Commerce-Anwendungen das Portfolio Internet-gestützter Shops erweitern.

Die elektronische Beschaffung wechselt im Unterschied zum Shop die Perspektive und zielt auf elektronisches Anbieten und Beschaffung von Waren und Dienstleistungen. Der Nutzen liegt in einem breiten Angebot, niedrigeren Beschaffungskosten. Für Lieferanten liegt der Nutzen in einer Erweiterung der eigenen Märkte und effiziente Angebotsabwicklung. Im M-Commerce-Bereich dürfte sich dieser Ansatz dort durchsetzen, wo über mobile Bestellung und Lieferung Wettbewerbsvorteile genutzt werden können, Bsp. sind Pannendienste oder Instandhaltungseinheiten.

Elektronische Auktionen unterscheiden sich wenig von traditionellen Auktionen. Der Auktionsvorgang kann multimedial in Echtzeit verfolgt werden. Eine Beteiligung ist möglich. Der mobile Zugriff auf den Auktionsstatus ermöglicht es Kunden z.B. von eBay ihr Gebot zu verfolgen und evtl. zu aktualisieren und damit eine wesentliche Erweiterung des eBay-Service-Portfolios.

Ein elektronisches Einkaufszentrum besteht aus einer Ansammlung von Shops, die sich häufig z.B. unter einer weithin bekannten Marke sammeln. Je nach Spezialisierungsgrad der Mall, können zielgruppenspezifische Informations- und Kommunikationsmethoden angeboten oder entsprechende Werbemöglichkeiten genutzt werden. Mobile Anwendungen können dieses Geschäftsmodell ergänzen. Darüber hinaus können sich mobile malls entwickeln, die im Sinne eines Portalgedanken mobile Angebote bündeln (z.B. yamba).

Der entscheidende Wert der virtuellen Gemeinschaften ist die Ansammlung gleichgesinnter bzw. -interessierter Personen. Diese tauschen sich zu diesem Thema über eine zentrale Plattform aus. Eine virtuelle Gemeinschaft kann andere Marketing-Aktivitäten unterstützen. Der Value Chain Service Provider oder Integrator bietet branchen- oder prozessspezifische Leistungen mit der Absicht an, Wettbewerbsvorteile durch Skaleneffekte zu erzielen. Umsatzbasis sind Gebühren oder Provisionsmodelle für seine Aktivitäten über einzelne oder mehrere Wertschöpfungsstufen hinweg. Arbeitsplattformen liefern eine breite Palette an Hilfsmitteln und Informationen für die Zusammenarbeit von Unternehmen oder Arbeitsgruppen. Je nach Inhalt der Zusammenarbeit werden unterschiedliche Hilfsmittel angeboten (z.B. für Design, Workflow, Dokumentmanagement).

Informations- und Sicherheitsdienste generieren Mehrwert aus einer sehr großen Datenmenge. Auf Basis eines Kundenprofils können diese spezifisch vorsortiert werden. Dieses Modell wird wesentlich für den M-Commerce sein. Es ist Grundlage für Dienste wie Bezahlung oder Location Based Services.

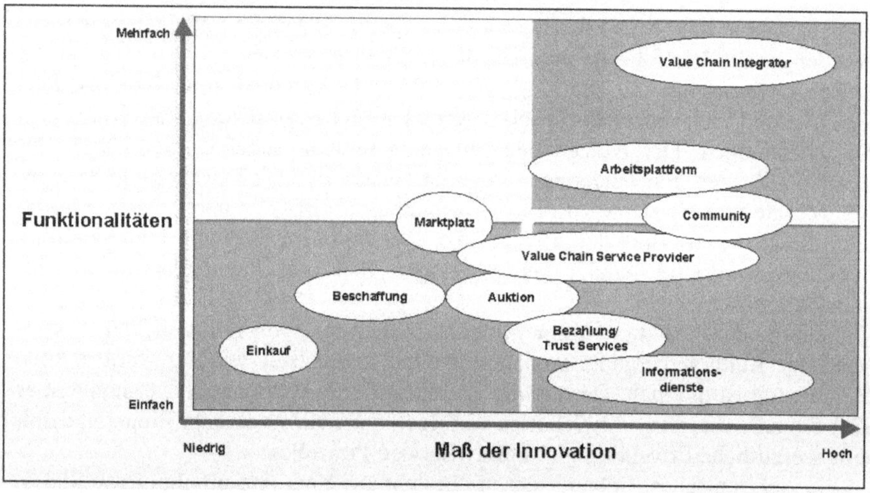

Abb. 5: Geschäftsmodelle in elektronischen Märkten (vgl. Timmers, 1998)

Chance oder Risiko – Geschäftsmodellpatent

Die Entwicklung der Geschäftsmodelle auf Basis der neuen technologischen Möglichkeiten ist ein Innovationsprozess, der mit einem Produktentwicklungsprozess vergleichbar ist. So zeigt z.B. das Unternehmen Bertelsmann, dass man die Entwicklung von Start-Up-Unternehmen tatsächlich auch als Unternehmensleistung ausbauen kann. Die für diesen Innovationsprozess notwendige Geschäftskreativität stellt einen Wert für ein Unternehmen dar. Der innovative Prozess der Geschäftsmodellierung im M-Commerce ist eine Wertschöpfung. Dies gilt insbesondere vor dem Hintergrund der sinkenden Halbwertszeit von Geschäftsmodellen. Aber eine Sicherung dieser Wertschöpfung ist nicht üblich und wird unterbewertet – obwohl ein Patent zwei wesentliche Vorteile auch für die Sicherung von Geschäftsmodellen hat. Ein Patent schützt gegen Nachahmung und sichert damit eine temporäre Monopolstellung. Darüber hinaus stärkt es das strategische Patent- und Produktportfolio durch Lizenztausch und Lizenznahme. Entgegen allgemeiner Annahmen sind die Möglichkeiten für Patentschutz auch in Deutschland gegeben. Der Bereich erstreckt sich u.a. auf reinen Source Code (durch Urheber- bzw. Geschmacksmusterrecht geschützt), Fuzzy-Logic, Musterverarbeitung, Künstliche Intelligenz, Simulation, Prozessmodellierung sowie Geschäftsmodelle.

Die aktuelle Schutzrechtslage im M-Commerce ist nach einer aktuellen Untersuchung uneinheitlich. Marktnahe Firmen und Provider haben keine Schutzrechte für ihre Geschäftsmodelle gesichert. Ähnlich ist die Situation von Hardware-Industrie und Basistechnologiefirmen, die i.d.R. nur ihre Grundprodukte mit Schutzrechten abdecken. Dagegen haben kleine innovative Firmen und Privatpersonen häufig schon frühzeitig Schutzrechte angemeldet oder Vorveröffentlichungen unternommen. Durch diese Offenlegung kann, auch wenn kein Patent erlangt wird, ein möglicher Schutz für Dritte verbaut werden.

Es gibt eine Reihe von Bedingungen für eine Anmeldung von Schutzrechten. Eine Idee bzw. Erfindung ist patentfähig, wenn Sie neu und weltweit einzigartig ist sowie bis zur Anmeldung keine Veröffentlichung vorliegt, für den "Durchschnitts"-Fachmann nicht naheliegend, sowie gewerblich anwendbar ist. Es ist anzunehmen, dass entsprechende Erfindungen im M-Commerce-Umfeld möglich sind. Dennoch treten vereinzelt Schwierigkeiten bei der Patentierung auf, weil sich Patente bislang auf technische Lösungsansätze und -Erfindungen beschränkte.

In den letzten 10 Jahren hat sich bei den wichtigsten Patentämtern in den USA, Europa, Japan und Deutschland eine feste Meinung gebildet. Nach einem praxisgerechten Ansatz ist der technische Charakter einer Erfindung entscheidend. Eine Idee und Erfindung ist demnach dann technisch patentfähig, wenn wenigstens eine der folgenden Fragen bejaht werden kann:

- Wird mit der Idee oder Erfindung eine physikalische Eigenschaft (z.B. Funktionen, Zustände, physikalische Messwerte) einer Einrichtung oder eines Systems beeinflusst?
  Beispiel: Ein Algorithmus, eine abstrakte Rechenregel ist für sich allein nicht patentierbar. Seine Anwendung, bei der Verarbeitung von Daten, führt ihn aber zu einem physikalische Eigenschaften verändernden und damit einem technischen Verfahren.
- Wird mit der Erfindung ein technischer Effekt bewirkt, werden z.B. der Wirkungsgrad, die Sicherheit, die Performance, technische Parameter verbessert?
  Beispiel: Ein technisches System wird programmtechnisch so gesteuert, dass sowohl ein optimaler Parameter erreicht wird, als auch andere Grenzparameter eingehalten werden, d.h. eine Mischung von technischen Einrichtungen und nichttechnischen Elementen (hier Software) ist patentierbar, wenn sie zusammenwirken, um einen technischen Effekt zu erzielen.
- Liegt eine technische Aufgabe vor, wird z.B. in einem technischen System, eine bestimmte Eigenschaft, Fähigkeit, Parameter verbessert?
  Beispiel:Ermöglicht ein Programm die Funktionsfähigkeit eines EDV-Systems, so verleiht dies der Erfindung den technischen Charakter und ist patentierbar, obwohl es ausschließlich in der speziellen Arbeitsweise der Prozessoren liegt und keine physikalische Eigenschaft beeinflusst oder einen technischen Effekt erzielt.
- Waren technische Überlegungen erforderlich, mussten z.B. technische Randbedingungen, Beschränkungen beachtet, überwunden, eliminiert werden?
  Beispiel: Bei der Erstellung von Verarbeitungsmodulen und Dateien zur Bearbeitung und Speicherung von betriebswirtschaftlichen Informationen muss die technische Funktion des Einzel PCs berücksichtigt werden – dann ist dieses patentierbar. Verfahren oder Algorithmen, die als Programm auf einem System ausgeführt werden, können demnach mit einem Patent geschützt werden. Dagegen erhält man kein Patent für Dokumentationen, Spezifikationen zur Programmentwicklung, den reinen Programmcode, Handbücher für das Programm oder Bilder diese sind dem Urheberrecht zuzuordnen.

Resümee

Das Geschäftsmodell ist der Kondenskeim der Wertschöpfungsidee eines Unternehmens. Bekannte Geschäftsmodelle unterscheiden sich nach bestehender Marktposition, Produktpalette, Erlösmodell und Historie des Unternehmens. Neue und innovative Geschäftsmodelle sind wesentlich für die erfolgreiche Positionierung in neuen Märkten. Parallel dazu verkürzt sich die Halbwertzeit von Geschäftsmodellen. Zielt ein Unternehmen auf strategische Sicherheit, muss nicht nur die Produktpalette, sondern auch das Geschäftsmodell aktiv weiterentwickelt werden.

Die Sicherung des Geschäftsmodells gewinnt an Bedeutung. Erfolgreiche Geschäftsmodelle sichern die Wettbewerbsposition. Sind diese einfach nachzuahmen, ist diese Wettbewerbsposition leicht angreifbar. Vor diesem Hintergrund kann es wichtig werden, das eigene Geschäftsmodell zu sichern.

Literatur

HAMEL, G. (1996), Strategy as Revolution, Harvard Business Review, July-August, S. 69-82

HEUSKEL, D. (1999), Wettbewerb jenseits von Industriegrenzen, Frankfurt

KIM, W.C.; MAUBORGNE, R. (1999), Branchengrenzen sprengen und das Geschäft neu erfinden, Harvard Business Manager, 4, S. 49-60

LEHNER, F. (2001), Mobile Business – Mobile Services, Lehrstuhl für Wirtschaftsinformatik der Universität Regensburg, Forschungsbericht Nr. 49, 2. Auflage

MÜLLER-STEWENS, G.; LECHNER, C. (2001), Strategisches Management – Wie strategische Initiativen zum Wandel führen, Stuttgart

SLYWOTZKY, A.J. (1996), Value Migration, Harvard Business School Press, Boston

SVIOKLA, J.J.; QUINN, M.F. (1997), Marketspace Strategy and the European Information Society, EM - Electronic Markets, Vol. 7, No. 4

TIMMERS, P. (1998), Business Modells for Electronic Markets, EM – Electronic Markets, Vol. 8, No. 2, 07/98

WIRTZ, B.W. (2000), Medien- und Internetmanagement, Wiesbaden

ZERDICK, A.; PICOT, A. ET AL. (1999), Internet-Ökonomie – Strategien für die digitale Wirtschaft, Berlin

1.3 Mobile Dienste – Aber welche?

Stefanie Röttger-Gerigk

Die Menschen werden zunehmend mobiler und sind gewöhnt, auf die verschiedenste Weise miteinander zu kommunizieren. Mit der Entwicklung etwa der Datenübertragungsraten und Displays mit ihren Bedienungs- und Surfingapplikationen ist nun auch die Verbreitung und Akzeptanz komplexer mobiler Dienste möglich – ein neuer Markt entwickelt sich.

Um sich auf diesem Markt zu etablieren, sind vor allem die Mobilfunknetzbetreiber in Vorleistung getreten. Um die hohen Investitionen in Lizenzen, Infrastruktur und Marketing wieder zu rechtfertigen, sind Anwendungen notwendig, die Umsatz bringen.

Lange Zeit wurde nach der „Killer-Anwendung" gesucht, die Gewinn verspricht. Mittlerweile wird deutlich, dass es diese eine zentrale Anwendung nicht gibt. Auf der Suche nach dem richtigen Anwendungsportfolio stellen sich Produktentwickler und Marketiers der Mobilfunk- und Anwendungsentwicklungsunternehmen folgende Fragen:

- Wer sind unsere Kunden?
- Welche Bedürfnisse haben sie?
- Mit welchen Anwendungen können diese bedient werden?

Abgrenzung von Kundengruppen

Über die möglichen Hauptzielgruppen für Mobile Dienste herrscht noch keine Einigkeit, so werden z.B. Geschäftskunden oder Jugendliche genannt. Die Anbieter versuchen, die wichtigsten Kundengruppen und ihre Bedürfnisse zu identifizieren, um maßgeschneiderte Dienste anbieten zu können. Die nachfolgende Abbildung gibt eine grobe Einteilung der Kundengruppen wieder. Die Übergänge zwischen den Bereichen sind allerdings fließend und nicht so scharf zu trennen, wie dargestellt.

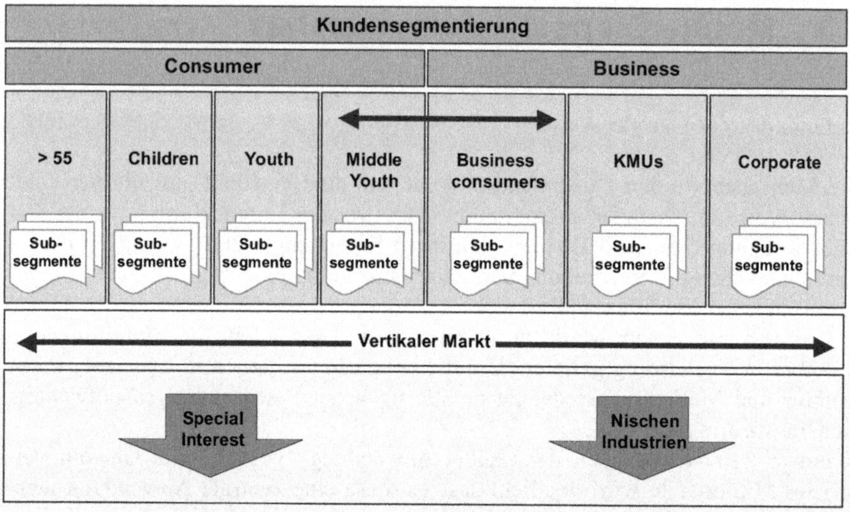

Abb. 1: Kundensegmentierung (vgl. Ovum, 2000)

Der vertikale Markt umfasst dabei Nutzer aus industriellen Bereichen, in denen das Management von mobilen Positionsdaten fundamentale Bedeutung für den Erfolg hat (z.B. Transport- und Lieferunternehmen oder Rettungsdienste). Darüber hinaus zählen dazu noch Kunden aus Bereichen, in denen der Umgang mit Positionsdaten ähnlich entscheidend ist wie bei Servicetechnikern, Sicherheitsdiensten und anderen mobilen Dienstleistern. Der Fokus für diese Nutzer liegt in der Kontrolle der Organisation durch die mobilen Lokationsdaten. Diese Gruppe zählt zu den Nutzern der ersten Stunde.

Die Kundengruppe im Consumer-Bereich besteht vornehmlich aus privaten Nutzern, denen mobile Dienste Mehrwert, durch verbesserte Convenience, Sicherheit oder die Möglichkeit Geld zu sparen, bringen. Dieser Bereich könnte leicht differenzierter betrachtet werden. So kann bspw. die Gruppe der Kunden nach ihrem Alter, ihren Interessen oder dem Grad ihrer Mobilität unterteilt werden. Dieses Segment erregt zurzeit die meiste Aufmerksamkeit im Markt.

Zum Business-Bereich gehören die Funktionen/Organisationen, deren Arbeit durch Mobile Dienste ermöglicht wird. Dazu zählen u.a. Vertreter und mobile Manager. Zentrale Bedeutung hat für diese Nutzergruppe, dass die Dienste es ihnen ermöglichen, ihre Aufgaben effektiver zu erfüllen. Business-Kunden stehen allerdings nicht im Fokus der Anbieter von mobilen Diensten, die sich eher auf den Consumer-Bereich und den vertikalen Markt konzentrieren.

Allerdings werden für die Anbieter von mobilen Dienstleistungen vermutlich die klassischen Einteilungen der potenziellen Kundengruppen nicht zum Erfolg führen, da durch die Bandbreite an neuen Möglichkeiten, verschiedenste Kundenbedürfnisse befriedigt werden können, so dass auf keinen Fall „one-fits-all" gilt.

Die Anbieter stehen vor der Aufgabe, die Kundengruppen in Micro-Segments mit ähnlichen Bedürfnissen einzuteilen. Die ursprüngliche Einteilung nach ein paar allgemeinen Bedürfnissen (Information, Kommunikation, Unterhaltung, Handel ...) reicht inzwischen nicht mehr aus.

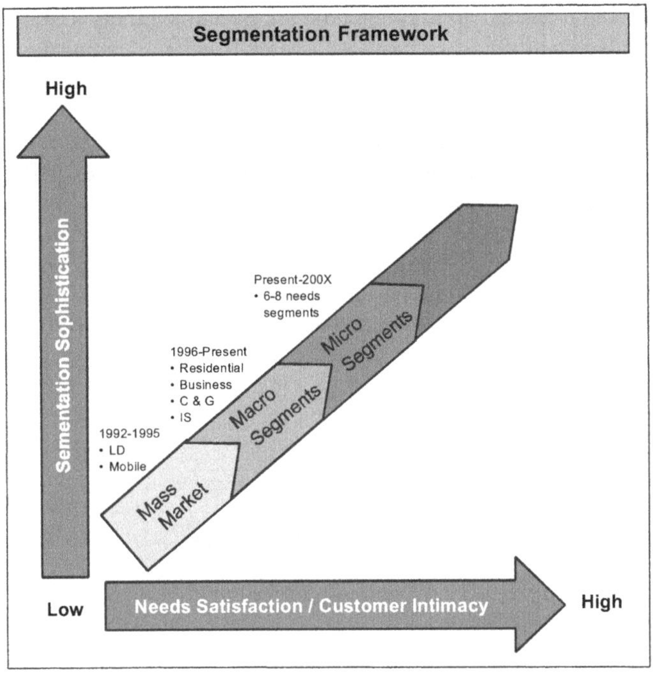

Abb. 2:. Kundensegmentierung (vgl. Arthur D. Little)

Anforderungen mobiler Kunden

Es liegen nur wenige Erfahrungswerte zu Kundenpräferenzen und -verhalten bezüglich der Nutzung mobiler Dienste vor. So hat i-mode Erfolg vor allem mit simplen Inhalten. Einfache Inhalte sollen jederzeit und überall kleine Wartezeiten während der Arbeit oder Schule, im Berufsverkehr oder der Freizeit überbrücken. Für 5,50 DM Grundgebühr kann man auf diese Inhalte zugreifen und die Anbieter können scheinbar Geld verdienen. Das Angebot des i-Mode-Portals wuchs binnen zweieinhalb Jahren von 67 auf 1760 offizielle Seiten. Darüber hinaus können 45.810 inoffizielle Seiten im Netz erreicht werden.

Es zeigt sich auch, dass die Ansprüche der Nutzer mit dem Alter steigen. So macht E-Mail in etwa 40 Prozent des Datenverkehrs von i-Mode aus. 71 Prozent der Seiten bieten Seichtes wie Klingeltöne, Horoskope und andere Unterhaltung. Je älter Netz und Nutzer werden, desto höher steigt der Anteil von Informationen, die inzwischen 19 Prozent ausmachen. Darüber hinaus können die Nutzer Bücher, Tickets und allerlei mehr kaufen, Bankgeschäfte erledigen oder mit Aktien handeln. Fünf Prozent der Online-Aktien-Transaktionen werden bereits mobil abgewickelt.

Über diese Statusinformationen hinaus ist insbesondere der europäische Kunde unbekannt. Zwar wurden eine Reihe von Kundenbefragungen durchgeführt. Deren Ergebnisse geben jedoch keine große Sicherheit. So zeigten Kundenpräferenzanalysen etwa im E-Commerce eine hohe Akzeptanz für online-Lebenmittelhandel. Die meisten Online-Anbieter haben ihr Angebot mittlerweile eingestellt.

Um sich also ein Bild über die Kundenanforderungen zu machen, muss man sich auf theoretisch abgeleitete Merkmale berufen und diese durch erste Nutzungsergebnisse ergänzen.

Die (Alleinstellungs-)Merkmale mobiler Dienste lassen sich unterscheiden in Mehrwertfaktoren und sogenannte Hygiene-Faktoren. Darüber hinaus muss noch zwischen Eigenschaften unterschieden werden, die derzeit nur eingeschränkt zur Verfügung stehen und denen, die bereits heute im vollen Umfang realisiert werden können (siehe Abbildung).

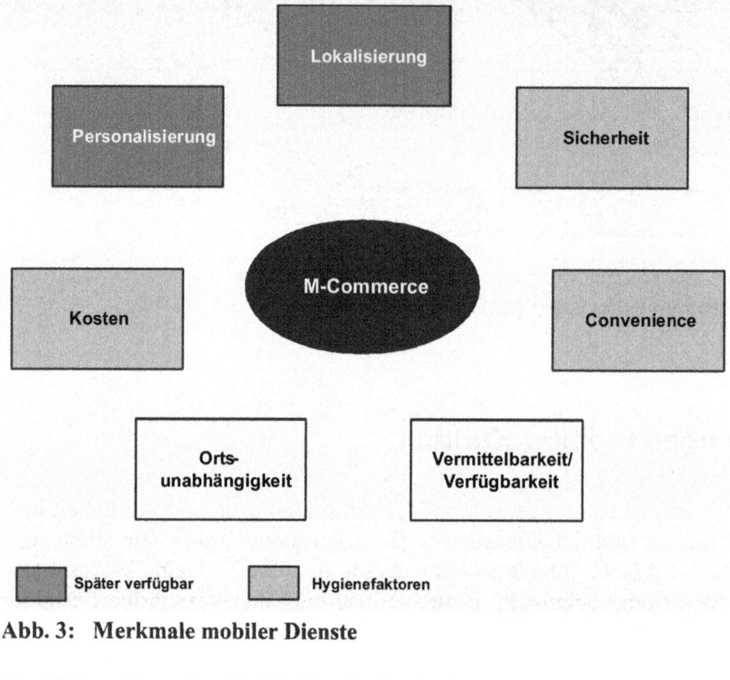

Abb. 3: Merkmale mobiler Dienste

Nachfolgend werden die Merkmale des M-Commerce genauer beschrieben:

- Unmittelbarkeit/Verfügbarkeit
  Die Anwendungen sind sofort verfügbar („always on"), da kein „Booten" wie beim PC notwendig ist. Unabhängig von Ort und Zeit sind die Kunden erreichbar, so dass sie ohne Zeitverlust aktuelle Informationen erhalten und nutzen können. Es ist ihnen möglich, lokal bedingte Vorteile bzw. verteilte Ressourcen zu nutzen.

- Lokalisierung
  Lokalisierungsinformationen werden ein Schlüssel für M-Commerce sein. Wenn diese Daten zur Personalisierung und ständigen Erreichbarkeit hinzukommen, sind völlig neue Servicequalitäten möglich. Vor allem im B2B-Bereich sind Positionsdaten wichtig, da sie eine bessere Steuerung und Kontrolle (z.B. für Fuhrunternehmer) ermöglichen. Bevor Location based Services erfolgreich sein werden, müssen aber noch erhebliche Bedenken hinsichtlich der Überwachungsmöglichkeiten ausgeräumt werden. Grundsätzlich erfolgt heute die Ortung der Mobilfunkkunden beim Einloggen ins Netz, allerdings dürfen die Daten nicht an Dritte weitergegeben werden.
- Ortsunabhängigkeit
  Die Tatsache, das unabhängig vom Aufenthaltsort der Nutzer jederzeit Zugriff auf Informationen und die Möglichkeit zu Transaktionen hat, zählt zu den größten Vorteilen von M-Commerce. Planungsprozesse der Konsumenten werden reduziert, so dass spontan re-/agiert werden kann.
- Personalisierung
  Über die Schaffung eines personalisierten Angebots wird eine bessere Kommunikationsbasis und engere Beziehung geschaffen und die Akzeptanz gesteigert. Die Kunden können ein auf ihre individuellen Präferenzen zugeschnittenes Angebot wählen, während die Anbieter gezielter auf die Kundenbedürfnisse eingehen können; One-to-One-Marketing ist möglich.
- Convenience
  Die mobilen Endgeräte sind im Vergleich zum PC erheblich günstiger und einfacher zu bedienen, was mit zu einer geringeren Hemmschwelle geführt hat. Inzwischen haben die Geräte eine hohe Akzeptanz und weite Verbreitung gefunden.
- Sicherheit/Identifizierbarkeit
  Kurzfristig gehört Sicherheit zu den wichtigen Faktoren, mittelfristig wird ein gewisser, gemeinsamer Standard selbstverständlich werden. Grundsätzlich ist die Sicherheit gegenüber dem herkömmlichen Internetzugang verbessert und die Endgeräte haben das Potenzial z.B. als Brieftasche zu dienen, da u.a. über die SIM-Karte eine eindeutige Identifikation des Nutzers, bisher nur für die Netzbetreiber, möglich ist.
- Kostengünstigkeit
  Die anfallenden Kosten sind auch ein wichtiger Faktor. Grundsätzlich können die mobilen Endgeräte günstiger hergestellt werden als ein PC, da nur die Teile gekauft werden, die wirklich gebraucht werden. Mit steigender Nutzerzahl werden sich auch die Kosten für Verfahren, Geräte und Dienste einpendeln.

Um M-Commerce erfolgreich einzuführen, müssen die Anbieter benutzerfreundliche effiziente Anwendungen bereitstellen; der Content bestimmt den Erfolg von M-Commerce.

Mobile Anwendungsszenarien

Es wird keine Killerapplikation geben. Um den M-Commerce-Markt erfolgreich zu entwickeln, ist ein breites Spektrum sinnvoller Dienste mit neuen und attraktiven Leistungsmerkmalen notwendig. Um mobile Dienste attraktiv für die Kunden zu machen, müssen sie nur Mehrwert bringen. Darüber hinaus sollte ein einheitlicher Zugang (z.B. Dienstportal) und Dienste abhängig vom Nutzerprofil, -standort, Zugangsnetz und -kontext bereitgestellt werden. D.h., es ist ein kundenzentrierter Ansatz notwendig, mit dem den Nutzern über die neuen Anwendungen eine persönliche Umgebung zur Verfügung gestellt wird. Die erwartete Erfüllung dieser Bedürfnisse bestimmt den Preis, den die Nutzer bereit sind zu zahlen.

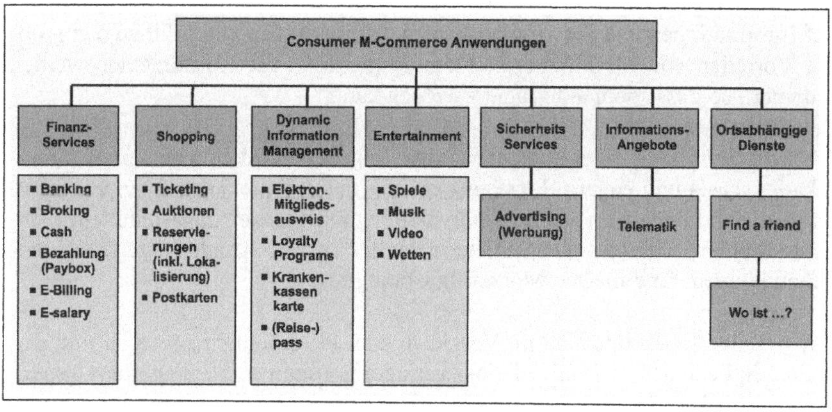

Abb. 4: Consumer-Anwendungen (in Anl. Riemer, K 2001)

In der allgemeinen Diskussion über M-Commerce werden eine Vielzahl möglicher Dienstleistungen, die zurzeit noch nicht alle realisiert werden können, angeführt. Die nachfolgenden Übersichten sollen einen kurzen – nicht abschließenden – Überblick über die verschiedenen Anwendungen im Consumer- (B2C) und Business-Bereich (B2B) geben.

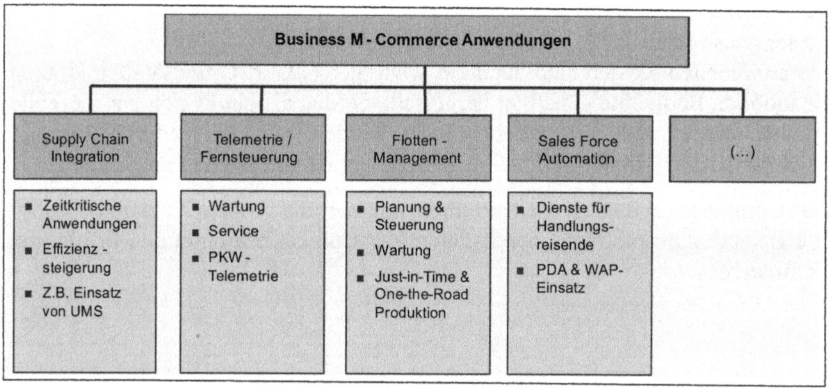

Abb. 5: Business-Anwendungen (in Anl. Riemer, K 2001)

Ausblick

Der Erfolg von M-Commerce wird, abgesehen von den technologischen Gegebenheiten wie z.B. der Verfügbarkeit der passenden Endgeräte und Übertragungszeiten, maßgeblich davon abhängen, in wieweit es den Anbietern Mobiler Dienste gelingt, die Bedürfnisse ihrer Zielkunden zu identifizieren und auf dem effizientesten Weg zu bedienen. Darüber hinaus gibt es bei der Einführung Mobiler Dienste neben technologischen Hemmnissen auch psychologische Marktentwicklungsbarrieren auf Seiten der Nutzer. Dazu kommen noch mögliche Barrieren, die teils durch die technologischen Gegebenheiten verursacht sind: Kosten, Verfügbarkeit, Zuverlässigkeit, Vertrauenswürdigkeit, Dienstegruppierung, Bedienbarkeit und Abrechnungsmodelle.

Es ist offen, welche mobilen Dienste erfolgreich sein werden. Sowohl die Kundenpräferenzen als auch die Dienstemöglichkeiten beginnen erst, sich zu entwickeln. Die vorgestellten Kundenklassifizierungen, Anwendungsbeispiele und Dienstemerkmale sind noch nicht empirisch belegt.

Unternehmen, die im M-Commerce erfolgreich werden wollen, müssen vor diesen sich erst langsam konkretisierenden Rahmenbedingungen anfangen. Es müssen die Voraussetzungen geschaffen werden, damit der Markt einzelne Dienste erfolgreich werden lässt.

Literatur

ALVES, I.G.; PETIT, N.; MIALARET, V. (2000), M-Customer Segmentation: Preparing for the Mobile Internet Wave, Arthur D. Little

ASCHMONEIT, P. (2001), Trends in Mobile Commerce, Vortrag an der Hochschule St. Gallen am 16.07.01

BETTI, DARIO; DAVISON, JOHN; GREEN, JEREMY (2000), Mobile Location Services: Market Strategies, Ovum

RIEMER, KAI (2001), Netzübergreifende Dienste und Anwendungen, Vortrag an der Westfälischen Wilhelms-Universität Münster am 5.2.01

LEHNER, F. (2001), Mobile Business – Mobile Services, Lehrstuhl für Wirtschaftsinformatik der Universität Regensburg, Forschungsbericht Nr. 49, 2. Auflage

OVUM, Mobile Location Services

WIEDMANN, K.P.; BUCKLER, F.; BUXEL, H. (2000), Chancenpotentiale und Gestaltungsperspektiven des M-Commerce, in: der markt 2000/2, Seite 84-96

1.4 Mobile Dienste und Customer Value

Roland Meier

Customer Value als Entscheidungsgrundlage

Im Zuge der New Economy hat man in letzter Zeit nicht nur von den enormen sozialen und wirtschaftlichen Potenzialen des stationären Internets gesprochen. Spätestens seit der Versteigerung der UMTS-Lizenzen wird heftigst über Erfolg und Misserfolg des Mobile Commerce diskutiert. Eine Vielzahl von Unternehmen beschäftigen sich nun mit der Entscheidung die neuen Technologien aufzugreifen, Mobile Dienste anzubieten, um Kundenbeziehungs- und Kundenbindungspotenziale auszuschöpfen. Die Realisierung dieser Innovationen bringt jedoch zum Teil enorme Investitionen mit sich.

In diesem Zusammenhang stellt sich die Frage, welche Kriterien der Investitionsentscheidung zu Grunde liegen und welche Ausprägungen diese bei Mobilen Diensten annehmen können. Investitionen von Unternehmen werden heute noch sehr oft ohne die Berücksichtigung des Kunden getätigt. Im Controlling stellt der Kunde immer noch eine seltene Erscheinung dar. Wenige Unternehmen wissen, welche ihrer Kunden profitabel sind und welche seit Jahren das Ergebnis belasten. Wenn überhaupt der Wertbeitrag von Kunden evaluiert wird, dann nach in manchen Fällen ungeeigneten Größen wie dem Umsatz, der nichts über die Profitabilität eines Kunden aussagt. Insbesondere im M-Business, wo derzeit enorm hohe Investitionen in den Aufbau neuer Netztechnologien, in die Entwicklung neuer Endgeräte und in die Ersteigerung von Lizenzen getätigt werden, ist der kurzfristige Umsatz keine zielführende Steuerungsgröße. Man steht bei der Generierung von Umsatz noch ganz am Anfang. Aus diesem Grund besteht insbesondere im M-Business die Notwendigkeit, den Wert eines Kunden mit innovativeren zukunftsorientierten Methoden zu analysieren. In der Praxis wagen derzeit noch sehr wenige Unternehmen Customer Equity mit beziehungsorientierten Messgrößen zu prognostizieren. Dies ist aber die Basis, um strategische und operative Entscheidungen im M-Business treffen zu können.

Im Zuge einer verstärkten Marketingorientierung der Unternehmensführungsfunktion rückt daher sowohl in der Forschung als auch in der Praxis die Frage in den Mittelpunkt, wie der Wert von Kundenbeziehungen optimiert werden kann[1]. Fernziel auf diesem Forschungsgebiet ist die Identifizierbarkeit von Beiträgen zum Unternehmenswert, die sich auf Kunden beziehen. Voraussetzung für derartige neue Bewertungsmethoden sind jedoch nicht nur neue Controlling-Instrumente, die kompatibel zu solchen beziehungsorientierten Steuerungsgrößen sind, sondern vor allem Erkenntnisse über Mechanismen, wie Kundenwert durch

---

[1] Näheres hierzu vgl. Meier, R. 2001

bestimmte Dienste am Kunden entsteht. Erste empirische Studien belegen, dass es sich lohnt, von einer rein transaktionalen Betrachtungsweise abzurücken und ganze Kundenbeziehungen über die erwartete Gesamtdauer des Beziehungszyklus zu betrachten[2].

Der vorliegende Beitrag setzt sich genau mit diesen Zusammenhängen speziell im Hinblick auf die Besonderheiten von mobilen Diensten auseinander: Wie können mit Hilfe von mobilen Diensten Beziehungen zwischen Kunden und Unternehmen gefördert werden? Welche Art von Kundenbeziehungen können effizienter über mobile Dienste abgewickelt werden? Welche Werte ergeben sich dadurch für das Unternehmen? Wie können diese Werte operationalisiert und gemessen werden? Die Behandlung dieser Fragen liefert einen Beitrag zu fundierten Erkenntnissen, inwieweit und unter welchen Umständen sich für Unternehmen Investitionen in mobile Dienste lohnen können. Denn gerade hier findet man ein Feld vor, in dem bisher noch kaum der Zusammenhang zwischen Ressourceneinsatz und tatsächlichem Return on Investment beziehungsweise Return on Customer untersucht wurde. Zwar propagieren zahlreiche Prognosen rosige Zeiten im M-Business, jedoch liegen einerseits keine wissenschaftlich fundierten Erkenntnisse dazu vor, andererseits zeigt die reale Entwicklung in diesem Geschäft, dass die ersten Prognosen drastisch korrigiert werden müssen. Ein Forschungsbedarf auf diesem Gebiet ist also offensichtlich.

Begriff und spezifische Eigenschaften mobiler Dienste

Die neuen Technologien der Mobile Economy stecken voller Potenziale. Nachdem Übertragungsstandards wie GSM, GPRS, UMTS etc. entwickelt wurden, beschäftigen sich Research-Institute, Unternehmensberater und Wissenschaftler insbesondere aus den Bereichen Marketing und Business Development mit der Frage, was sich durch die mobilen Technologien ändert und vor allem welche Vorteile sich für den Kunden dadurch ergeben können.

Mobile Dienste – der Begriff

Die Mobile Economy ist noch sehr jung. Aus diesem Grund werden neue Begriffe teilweise noch mit sehr unterschiedlichen Bedeutungen belegt. Viele Autoren setzen das Angebot *mobiler Dienste*[3] mit dem Angebot *mobiler Dienstleistungen* gleich. Beschäftigt man sich jedoch mit den bestehenden Definitionen von Dienstleistungen, so stellt man fest, dass der Begriff *Dienstleistung* nicht auf das

---

[2] Reichheld/Sasser 1990; Reichheld/Sasser 1991

[3] Grundsätzlich sind Mobile Dienste von sogenannten *Mobilitätsleistungen* wie Transportdienstleistungen, Autovermietung, Öffentlicher Nahverkehr etc. zu unterscheiden. Außerdem sind hier nur *virtuelle* Mobile Dienste gemeint. Theoretisch wäre schließlich auch denkbar, dass ein Außendienstmitarbeiter eine vom Kunden gewünschte Information anstatt per Datenübertragung, persönlich überbringt.

gesamte Spektrum von mobilen Diensten anzuwenden ist. Zwar sind sich auch die Vertreter der Dienstleistungsgemeinschaft[4] durchaus nicht vollkommen einig hinsichtlich der Definition des Dienstleistungsbegriffs, über bestimmte konstitutive Merkmale besteht jedoch weitgehend Konsens. Danach bestehen Dienstleistungen erstens aus einem Angebot von Potenzialen in Form von Leistungsfähigkeiten und zweitens aus der Integration von externen Faktoren in die Prozessphase[5]. Da Leistungsangebote im M-Business jedoch nicht nur eher dienstleistungsspezifischen Charakter haben, sondern auch intermediärer Art sein können, werden mobile Dienste im Folgenden je nach Ausprägung der Integration des externen Faktors beziehungsweise dem Grad der Intermediärfunktion in die Typen *mobile Dienstleistung* und *mobile Intermediärleistung* unterteilt.

Mobile Dienstleistung

Besonderes Merkmal mobiler Dienste vom Typ Dienstleistung, sogenannte *mobile Dienstleistungen*, ist die besonders hohe Intensität der Integration des externen Faktors in den Leistungserstellungsprozess. Die Fernwartung eines Fahrzeugs ist ohne die Integration dieses Fahrzeugs in den Dienstleistungsprozess – wenn auch mobil über Datenübertragung – nicht möglich. Eine Integration von Daten, Informationen oder Wissen von Dritten in den Dienstleistungserstellungsprozess ist zwar möglich, jedoch nicht konstitutiv, beziehungsweise für die Leistungserstellung nicht unbedingt notwendig. Es findet also keine Produktion im klassischen Sinne statt, in der fertige Produkte, wie zum Beispiel Sachgüter oder Informationsprodukte, auf den externen Faktor übertragen werden. Die Produktion von mobilen Dienstleistungen kann nur simultan mit Hilfe des externen Faktors passieren. Das Ergebnis der mobilen Dienstleistung konkretisiert sich am externen Faktor, indem an ihm gewollte Veränderungen – zum Beispiel die Wartung seines Fahrzeugs – durchgeführt werden.

> *Mobile Dienstleistungen* sind Angebote von Potenzialen in Form von Leistungsfähigkeiten, bei denen über ortsflexible und interaktive Informations- und Kommunikationstechnologien ein externer Faktor (Kunde oder Objekt des Kunden) integriert wird und an ihm gewollte Veränderungen durchgeführt werden. Menschliche Leistungsfähigkeiten werden dabei weitgehend durch elektronische ersetzt.

Ein Beispiel für eine mobile Dienstleistung ist der Telematikdienst *Ferndiagnose eines Fahrzeugs*. Dabei wird das Fahrzeug ständig über mobile Netzwerke überwacht. Fehler im System des Fahrzeugs werden frühzeitig erkannt und können gegebenenfalls durch eine Rekonfiguration der elektronischen Systeme im Fahrzeug behoben werden, oder der Fahrer des Fahrzeugs wird aufgefordert eine Werkstatt aufzusuchen.

---

[4] z.B. Corsten 1989, Engelhardt 1990, Hilke 1989, Maleri 1994, Meyer 1998

[5] Meyer 1998, S. 15

Mobile Intermediärleistung

Im Gegensatz zu mobilen Diensten vom Typ Dienstleistung, wird der externe Faktor bei *mobilen Intermediärleistungen* nur mit einer geringen Intensität in den Leistungserstellungsprozess integriert. Der Kunde gibt lediglich ortsflexibel über ein mobiles Endgerät den Wunsch an, welche Information er an Ort und Stelle benötigt. Der interne Faktor beziehungsweise der Dienste-Anbieter fungiert als Informationsintermediär – eine Art Händler – indem er auf bestehende Informationsprodukte zugreift, dem Kunden ein möglichst passendes Sortiment an Informationsprodukten zusammenstellt und dieses dem externen Faktor an seinen Standort auf sein mobiles Endgerät überträgt. Aus Effizienzgründen verfügt der Dienste-Anbieter nicht immer selbst über die geeigneten Informationsprodukte. Aus diesem Grund greift der interne Faktor auf Daten, Informationen oder Wissen von Dritten zurück, um den Wünschen des Kunden optimal gerecht zu werden. Entscheidend ist, dass der Anbieter von mobilen Intermediärleistungen keine eigenen Informationsprodukte produzieren muss, sondern seine Leistung darin besteht, dem Kunden die richtigen Informationen möglichst zeit- und ortsflexibel zur Verfügung zu stellen.

Mobile Intermediärleistungen sind über ortsflexible und interaktive Informations- und Kommunikationstechnologien abgewickelte Matchingprozesse zur Überbrückung von Informationsasymmetrien zwischen ersten Informationsanbietern und letzten Informationsnachfragern. Die dadurch beschafften und abgesetzten Informationsprodukte werden vom Intermediär substanziell nicht verändert.

Typisches Beispiel ist eine Suchmaschine, welche dem mobilen Kunden zu jeder Zeit und an jedem Ort ermöglicht, bestehende *Wireless Markup Language* (WML)-Seiten zu suchen, aufzulisten und darauf zu verlinken.

Spezifische Eigenschaften

Mobile Dienstleistungen und mobile Intermediärleistungen haben ganz bestimmte Eigenschaften, die weder durch Menschen erbrachte, noch durch virtuell im stationären Internet erbrachte Leistungen haben. Verschiedene Autoren gliedern diese Spezifika von mobilen Diensten unterschiedlich. Folgende Abbildung zeigt dies im Überblick[6].

[6] vgl. hierzu Gerpott 2001, S. 38, Kollmann 2001, S. 61, Müller-Veerse 1999, S. 8 f., Wohlfahrt 2001, S. 50 f., Zobel 2001, S. 63

Tab. 1: Spezifika von mobilen Diensten nach Autoren

Gerpott	Kollmann	Müller Veerse	Wohlfahrt	Zobel
• Mobilität • Zeitverzug-losigkeit • Personalisierung • Lokalisierung • Multimedialität	• Ortsunab-hängigkeit • Ständige Erreichbarkeit • Sicherheit • Bequemlichkeit • Lokalisierung • Geschwindigkeit • Personalisierung	• Ubiquity • Reachability • Security • Convenience • Localisation • Instant Connectivity • Personalisation	• Ubiquität und Instant Connectivity • Personalisierung • Lokalisierung • Dialog-orientierung	• Mobilität • Ubiquität • Kontext-spezifität • Erreichbarkeit • Remote Control • Sicherheit • Unterhaltung

In den folgenden Ausführungen werden die Eigenschaften Automatisierung, Ortsflexibilität, Zeitflexibilität, Lokalisierbarkeit, Personal-Sphere, Personalisierung sowie Interaktivität/Integrativität zugrundegelegt.

Generierung von Customer Value mit mobilen Diensten

In der Marketingwissenschaft hat sich in den letzten Jahren ein bemerkenswerter Paradigmenwechsel vollzogen. Der Kunde wird nicht mehr lediglich als Umsatz-Treiber, sondern vielmehr als Vermögensbestandteil des Unternehmens gesehen. Manche Autoren gehen sogar noch weiter. So fordern Hansotia/Wang sogar „... a firm should be evaluated by its potential to generate cash flow from both its current and future customer base.“[7].

Kundenwert, oft auch als *customer profitability*, *return on customer-investment, Customer Life Time Value*, *customer relationship value* oder *customer equity* bezeichnet, kann als ein „[...] kundenindividuelle[r] Wert, der die *ökonomische Gesamtbedeutung* eines aktuellen oder potenziellen Kunden, d.h. dessen direkten und indirekten Beitrag zur Zielerreichung der Anbieterunternehmung, ausdrückt [...]“[8] definiert werden.

Als konstitutive Merkmale des Kundenwerts werden festgehalten:

- *Potenzieller Wertbeitrag eines Kunden.*
  Nicht nur die tatsächlich realisierten Wertbeiträge einzelner bestehender Kunden sind zu berücksichtigen, sondern auch Beiträge von potenziellen Kunden, die nicht zum aktuellen Kundenstamm gehören. Außerdem sind nicht nur vergangene und gegenwärtige Beiträge zu berücksichtigen, sondern das über die gesamte Kundenbeziehung zukünftige Wertpotenzial zu integrieren.

---

[7] Hansotia/Wang 1997, S. 8

[8] Cornelsen 1996, S. 6

- *Ganzheitlicher Wertbeitrag eines Kunden.*
  Mit der Ganzheitlichkeit des Kundenwert-Konzepts ist gemeint, dass weder nur monetäre Determinanten, noch lediglich einfach zu quantifizierende Messgrößen zur Bestimmung des Kundenwerts herangezogen werden, sondern sämtliche Größen, welche die Zielerreichung aus Sicht des Unternehmens in irgendeiner Weise beeinflussen. Damit sind multikriterielle Verfahren zur Messung des Kundenwerts valider als monokriterielle Methoden.
- *Beitrag zur Zielerreichung eines Anbieterunternehmens.*
  Der Kundenwert ist keine allgemeingültige Größe, die für jedes Unternehmen zutrifft. Verschiedene Unternehmen haben unterschiedliche Ziele, auf welche die Determinanten des Kundenwerts spezifisch abgestimmt werden. Außerdem ist der Begriff Kundenwert vom Begriff Kundennutzen abzugrenzen. Letzteren beschreibt Kundenwert als Wert im Sinne von Nutzen für den Kunden, also den Kundenwert aus Kundensicht. In vorliegendem Beitrag wird Kundenwert jedoch im Sinne von Customer Equity aus Anbieterperspektive definiert.

Entsprechend dieser konstitutiven Merkmale des Kundenwerts, erfolgt die Analyse, inwieweit mobile Dienste den Wert von Kunden beeinflussen können, anhand einer übergreifenden Betrachtungsweise. Dabei spielen nicht nur finanzielle Kriterien eine Rolle, sondern es werden zusätzlich sowohl zukünftige Potenziale als auch nicht-monetäre Wertbeiträge berücksichtigt. Die Struktur des vorliegenden Kundenwertkonzeptes – eine Art „Balanced Customer Value Concept“ ist in nachfolgender Abbildung dargestellt.

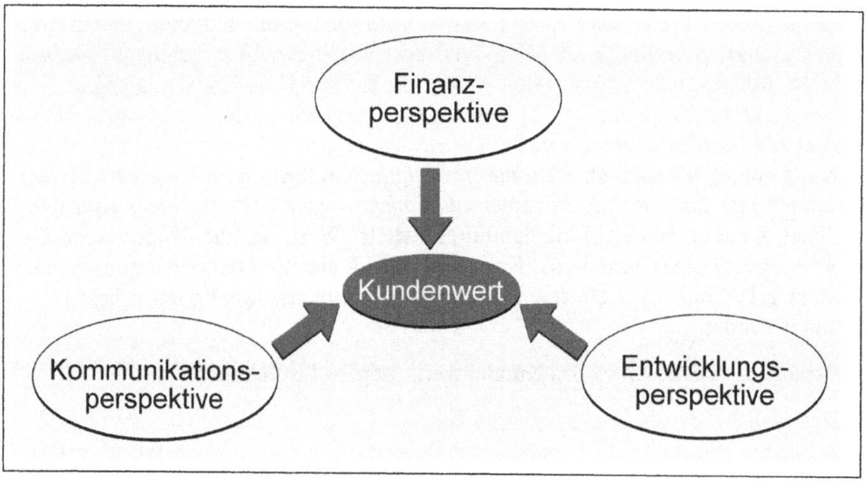

Abb. 1: Kundenwertperspektiven für mobile Dienste

Die Kommunikationsperspektive bezieht sich auf Wertpotenziale, die sich aus Kommunikationsprozessen zwischen Kunden und Unternehmen sowie zwischen Kunden untereinander ergeben. Die *Finanzperspektive* ist entscheidend für den Fortbestand der Unternehmung. Kundenbeziehungen müssen langfristig für das

Unternehmen gewinnbringend sein. Aus der *Entwicklungsperspektive* wird die Kundenbeziehung nicht nur aus der Vergangenheit und aus der Gegenwart betrachtet, sondern auch prospektiv in Richtung Zukunft.

Die Kommunikationsperspektive

Aus Sicht der Kommunikationsperspektive können – je nach Richtung des Informationsflusses – die drei Potenziale *Marketing Communication Potential* (Informationsfluss von Unternehmen zu Kunde), *Customer Integration Potential* (Informationsfluss von Kunde zu Unternehmen) und *Customer Network Potential* (Informationsfluss von Kunde zu Kunde) identifiziert werden, um Kundenwert zu schaffen[9]. Es lässt sich zeigen, dass sich mobile Dienste in Bezug auf alle drei Potenziale positiv auf den Kundenwert auswirken können.

Mobile Dienste und das Marketing Communication Potential

Das Marketing Communication Potential ist vor allem von Kommunikationsprozessen geprägt, die vom Unternehmen in Richtung Kunden ausgehen. Gemeint sind damit z.B. Werbung und Public Relations. Die Frage ist hier also: Welche Möglichkeiten bieten ortsflexible Informations- und Kommunikationstechnologien in der Werbung? Ein anderes Wort dafür ist *Mobile Advertising*. Der Kundenwert kann dadurch erhöht werden, dass der Kunde aktuellere und vor allem kundenspezifischere Informationen über das Produktsortiment des Anbieters erhält oder ein besseres Image gegenüber dem Anbieter hat. Beides kann zum verbesserten Ausschöpfen der finanziellen Potenziale führen. Man spricht hier von immateriellen Vermögenswerten.

Zu berücksichtigen ist beim Mobile Advertising – wie auch bei jeder anderen Marketingkommunikation – die sogenannte *Ökonomie der Aufmerksamkeit*[10]. Knapp sind heutzutage nicht mehr die Informationen an sich, sondern die Aufmerksamkeit der potenziellen Kunden. Untersuchungen zeigen, dass im stationären Internet 62 Prozent der Besucher von Internetauftritten von Unternehmen, die sowohl im Internet als auch außerhalb des Internets agieren, durch Direkteingabe auf die betreffende Website gelangen[11]. Dies ist im mobilen Internet sehr unwahrscheinlich, da mobile Dienste derzeit noch wenig genutzt werden. Aus diesem Grund ist es schwierig, alleine im mobilen Internet Aufmerksamkeit für einen bestimmten Dienst, eine Marke oder ein Unternehmen zu erzeugen. Aufmerksamkeit für Marken und Unternehmen im M-Business wird immer noch vor allem dadurch erzeugt, dass für mobile Dienste in klassischen Medien oder im stationären Internet geworben wird.

Besteht jedoch schon eine Beziehung zwischen Anbieter und Nachfrager, sind mobile Dienste gut dazu geeignet, derartige Beziehungen zu intensivieren. Nach-

---

[9] Näheres dazu vgl. Reichwald/Meier 2002b

[10] Goldhaber 1997; Franck 1998

[11] Mei-Pochtler/Rasch 1999, S. 20

dem sich Kunde und Unternehmen kennen gelernt haben, Informationen über persönliche Vorlieben und Angebote ausgetauscht wurden, kann dem Kunden über personalisierte Location-Based-Services und Permission-Dienste echter Mehrwert zur Intensivierung der Kundenbeziehung geboten werden. Mobile Dienste sind immer vor dem Hintergrund zu betrachten, dass es sich bei einem mobilen Endgerät um ein Accessoire des Kunden in seiner sogenannten *Personal-Sphere* handelt. Das Störungspotenzial von einer Message auf ein Handy ist noch wesentlich größer als das, welches von einer E-Mail auf dem PC am Arbeitsplatz ausgeht. Gibt ein Kunde jedoch im Rahmen des *Permission Marketing* einem Anbieter die Erlaubnis, über bestimmte Ereignisse oder Angebote, die sich auf einen bestimmten zeitlichen und örtlichen Kontext beziehen, zu informieren, so besteht eine echte Beziehung zwischen Anbieter und Kunde. Dem mobilen Dienst fällt dabei die Funktion zu, dieses Vertrauensverhältnis auch tatsächlich in Transaktionen umzusetzen. Permission Marketing bedeutet dabei, dass der Kunde im Voraus auswählt, welche Informationen zu welchem Zeitraum an welchem Ort er annimmt. Diese Vorgehensweise kann Vertrauen schaffen, Beziehungen intensivieren und sich positiv auf den Wert eines Kunden auswirken.

Mobile Dienste und das Customer Integration Potential

Die Mobile Economy unterstützt neue Wertschöpfungsmodelle[12]. Marketing- und Dienstleistungsexperten sprechen seit Jahren von dem Ziel, Kunden stärker in die Wertschöpfungsprozesse zu integrieren. Die Rolle des Kunden hat sich vom Abnehmer zum Designer und Producer gewandelt. Konzepte wie zum Beispiel das Mass Customization[13], bei denen Kunden im Sinne der Reverse Economy so weit in den Leistungserstellungsprozess integriert werden, dass kundenindividuelle Leistungen zum Preis von Massenprodukten hergestellt und vertrieben werden, zeigen, wie wichtig es ist, den Kunden in die Unternehmensprozesse zu integrieren.

Im Rahmen des M-Business kommen hier ganz bestimmte spezifische Eigenschaften mobiler Dienste zum Tragen. Die Integration des Kunden erfolgt virtuell und ortsunabhängig. Der Kunde wird nicht physisch, sondern rein durch Übertragung von Informationen über Kommunikationsprozesse in die Wertschöpfung des Anbieters integriert. Informationen über den Kunden und seine Wünsche sind ständig aktuell abrufbar. Hat ein Kunde beispielsweise auf der Reise mit seinem Fahrzeug ein technisches Problem, können die Fahrzeugdaten sofort von einem geographisch entfernten Dienstleister ausgewertet werden. Eine wirklich fahrzeugspezifische Problemlösung kann erarbeitet werden, um das Problem an Ort und Stelle zu beheben. Die Orts- und Zeitflexibilität der mobilen Dienste verschafft dem Kunden bisher unbekannte Freiheitsgrade. Dadurch, dass die Dienste vollkommen automatisierbar sind, ist eine hohe Effizienz, hohe gleichbleibende Dienstqualität und ein systematisches Einbinden in bereits automatisierte unternehmensinterne Prozesse möglich.

---

[12] Näheres hierzu vgl. Reichwald/Meier 2002a

[13] Näheres dazu, vgl. Piller/Deking/Meier 2001 oder unter www.mass-customization.de

Vor diesem Hintergrund können Kooperationspotenziale des Kunden durch die ortsflexiblen IuK-Technologien ausgeschöpft werden. Unternehmen werden mit Hilfe von mobilen Diensten zunehmend in die Lage versetzt, Prozesse auf den Kunden zu übertragen. Bei der Einbindung von Kunden als Co-Producer in den Leistungserstellungsprozess besteht nicht nur das Problem des „Könnens", also die technische Möglichkeit und das Know-how, beispielsweise einen Aktienkauf selbst durchzuführen, sondern auch die Bereitschaft dies tatsächlich im Alltag durchzuführen. Mobile Dienste können die Barriere reduzieren, dass ein Kunde zuerst nach Hause gehen und seinen Computer hochfahren muss, um sich als Online-Banker zu betätigen. Mobile Dienste sind im Gegensatz zum stationären Internet „always-on" und an jedem beliebigen Ort durchführbar.

Ein anderer Funktionsbereich im Unternehmen, in dem der Kunde mitarbeiten kann, ist das Innovationsmanagement. Dabei umfasst das Informationspotenzial des Kunden sämtliche Informationen, die der Kunde dem Anbieter liefert. Lead-User[14], die von Kundenseite Innovationen induzieren, sind äußerst effizient über mobile Dienste in den Innovationsprozess zu integrieren. Hat ein ausgewählter Kunde beispielsweise gerade in dem Moment eine Idee für eine Verbesserung eines Sportgerätes, in dem er dieses in der Natur benutzt, bietet ein mobiles Endgerät eine optimale Plattform für die schnelle, effiziente und einfache Übertragung der Informationen in das Innovationssystem.

Mobile Dienste und das Customer Network Potential

Das Customer Network Potential basiert auf Kommunikationsprozessen zwischen Kunden bzw. potenziellen Kunden untereinander. Kundenwert wird dabei vor allem durch Referenzen und Empfehlungen generiert.

„Empfehlungen und Referenzen sind die mächtigste Form der Kommunikation in der Geschäftswelt"[15]. Nicht nur im B2B-Bereich, in dem persönliche Weiterempfehlungen unabdingbar sind, haben Referenzen eine sehr große Bedeutung. Auch im B2C-Bereich wird zunehmend erkannt, dass Kunden als Kommunikatoren, Multiplikatoren und Referenzgeber wirken. Das Referenzpotenzial beziehungsweise der Referenzwert eines Kunden wird durch die Anzahl potenzieller Kunden bestimmt, die ein Kunde innerhalb eines bestimmten Zeitraums aufgrund seines Weiterempfehlungsverhaltens und Einflussvermögens sowie der Größe, Art, Kontakthäufigkeit und -intensität seiner sozialen Beziehungsnetzwerke erreichen kann[16].

In der virtuellen Welt der mobile Consumer-Products-Economy, in der sehr viele Nachfrager nach Sach- und Dienstleistungen suchen, herrscht mehr Anonymität. Zwischen der hohen Qualität persönlicher Kontakte und der hohen Anzahl der Kontakte über ortsflexible Medien besteht ein Trade-off. Mit mobilen Diensten ist ein weitaus größeres soziales Netzwerk in viel kürzerer Zeit erreichbar als mit persönlichen Kontakten. Ziel ist es, mediale und ortsflexible Kontakte mit ho-

---

[14] Näheres dazu Hippel 1986

[15] Regis McKenna, ehemaliger Marketingleiter von *Apple*

[16] Cornelsen 1998, Rudolf-Sipötz/Tomczak 2001, S. 30

hem Vertrauen so anzureichern, dass möglichst viele Kontakte als Referenzen wirken können. Persönliche Empfehlungen und Referenzen werden dabei durch andere Konstrukte substituiert. Zwei wesentliche Konstrukte in diesem Zusammenhang sind die *Marke* und die *Virtuelle Community*. Beide ermöglichen erst, dass Kunden als Unternehmensressource Referenzfunktionen übernehmen können.

Marken sind die Träger der Referenzbotschaft. Mit der Marke sind psychologisch verankerte Faktoren, wie Zufriedenheit und Vertrauen, direkt verbunden. Kunden kommunizieren Marken weiter und laden sie mit positiven oder negativen Assoziationen auf. Als Kommunikationsmedium dafür sind mobile Endgeräte prädestiniert. Ob Wort- Bild- oder Tonmarken, sämtliche Markenformen sind über ortsflexible IuK-Technologien effizient und zeitnah verbreitbar. Ein Beispiel aus der Praxis ist das Unternehmen McDonald's, welches mit Hilfe von SMS-Weiterempfehlungen in sehr kurzer Zeit eine große Zahl von Jugendlichen mit einer Werbebotschaft erreicht hat. Je nach Übertragungstechnologie besteht die Möglichkeit, nicht nur Bildmarken (Logos), sondern auch akustische Marken (Jingles) zu kommunizieren.

Virtuelle Communities sind eine ideale Plattform für Verbraucher, um sich auszutauschen und auf diese Weise als Kommunikatoren und Referenzgeber zu wirken. Konstitutives Merkmal von Communities ist, dass sich eine Gruppe von Menschen aufgrund gemeinsamer Interessen untereinander austauscht[17]. Erfolgreiche Beispiele wie zum Beispiel Powderhausen, Partisanen und Ciao.com, findet man bislang nur im stationären Internet, da die mobile Breitbandtechnologien noch nicht stark genug im Markt verbreitet sind. Für das mobile Internet haben Communities vor allem dann eine große Bedeutung, wenn ihre Mitglieder sehr viel unterwegs sind. Das trifft zum Beispiel für die Life-Style-Typen *Freiluftsportler* und *Partygänger* zu. Aufgrund der neuen Mobiltechnologien, mit denen sich solche Interessensgruppen vernetzen können, werden Referenzen von Community-Mitgliedern im Vergleich zu klassischen Werbeformen stark an Bedeutung zunehmen. Das Vertrauen selbst zwischen relativ anonymen Community-Mitgliedern ist sehr groß, solange kein kommerzielles Interesse hinter den abgegebenen Referenzen vermutet wird.

Insgesamt ist festzustellen, dass mobile Dienste aus Sicht der Kommunikationsperspektive einen wesentlichen Beitrag zur Erhöhung des Kundenwerts beitragen können. Letztendlich müssen diese immateriellen Wertbeiträge jedoch auch zu finanziellen Werten führen.

Die Finanzperspektive

Innerhalb der Finanzperspektive werden vergangene, gegenwärtige und zukünftige Kosten und Erlöse betrachtet, die durch einen Kunden erwirtschaftet werden. Bei der konkreten Berechnung findet hier der sogenannte *Customer Lifetime Value* Anwendung. Dieser errechnet sich aus der Summe der diskontierten, kunden-

[17] In Anlehnung an Beier 2001, S. 247

bezogenen Ein- und Auszahlungen, die während der gesamten Dauer der Kundenbeziehung entstehen[18].

Erlöse, die ein Kunde unmittelbar durch die Inanspruchnahme mobiler Dienste generiert, liegen bei der Analyse des Kundenwerts als erstes auf der Hand. Wahrscheinlich zielen die meisten Geschäftsmodelle, die derzeit im Zusammenhang mit dem M-Business diskutiert werden, darauf ab. Es werden mobile Dienste angeboten, für die der Kunde direkt pro übertragene Datenmenge bezahlt.

Beispiele aus der Praxis sind Short Message Service (SMS) und i-mode. Allein im Oktober 1999 wurden in Deutschland ca. 400 Millionen SMS versendet[19]. Für jede SMS sind mobile Endverbraucher bereit, zwischen 19 und 39 Pfennig zu bezahlen. Das größte Mobilfunkunternehmen Japans, *NTT Docomo*, erwirtschaftete im vergangenen Jahr eine Gewinnsteigerung von 45 Prozent, und dies insbesondere wegen des innovativen Datendienstes i-mode[20]. Über diesen werden Transaktions- (z.B. Bankgeschäfte), Informations- (z.B. Sport), Datenbank- (z.B. Restaurantführer) und Unterhaltungsdienste angeboten.

Die Praxis beweist also, dass es möglich ist, aus Datendiensten direkten Umsatz zu generieren und auf diese Weise den Wert von Kunden zu erhöhen. Die genannten Beispiele zeigen jedoch auch, dass dieses Geschäftsmodell vor allem für Mobilfunkanbieter existiert. Fraglich ist, inwieweit beispielsweise Konsumgüterhersteller mit mobilen Diensten direkt Erlöse vom Konsumenten erzielen können. Dazu ist zunächst zwischen Erlösen aus sogenannten *primären mobilen Diensten*, *sekundären mobilen Diensten* und Erlösen aus zusätzlichen Produktverkäufen mit Hilfe von *mobilen Diensten als Vertriebskanal für Sachleistungen* zu unterscheiden.

- Mit ***primären mobilen Diensten*** sind in Anlehnung an den Begriff *primäre Dienstleistungen*[21] mobile Dienste gemeint, die selbständig, ohne unbedingt direkten Bezug zur Sachleistung zu haben, vermarktet werden. Beispiel wäre ein Sportartikelhersteller, der gegen einen bestimmten Preis pro Datenmenge über ortsflexible IuK-Technologien Sportinformationen verkauft und dadurch Erlöse erzielt.
- Über ***sekundäre mobile Dienste*** erwirtschaftet ein Sportartikelhersteller Erlöse, indem er für mobil übertragene Informationen zu einem bestimmten Produkt seines Sortiments Geld verlangt.
- Bei der dritten Möglichkeit, ***mobile Dienste als Vertriebskanal für Sachleistungen*** zu nutzen, ist die Steigerung der Produktverkäufe über die Bereitstellung mobiler Konfigurations- und Bestellprozesse gemeint. In diesem Fall setzt der Anbieter auf das Kundenbedürfnis, bequem, schnell und an jedem Ort einen bestimmten Produktbedarf zu decken. Bei komplexen Produkten empfiehlt sich eine Mehrkanalstrategie im Absatz. Direkte und indirekte Absatz-

[18] Dwyer 1989, Meffert 1995, S. 7
[19] Müller-Veerse 1999, S. 21
[20] Kölling et al. 2001
[21] Laib 1996, S. 86, Piller/Meier 2001, S. 15

formen können dabei kombiniert werden[22]. Wiederkäufe, die auf vorhandenen Kundenprofilen basieren, werden schnell und ortsflexibel über den mobilen Vertriebskanal getätigt. Die Funktion des stationären Handels sind die Beratung sowie die Unterstützung bei der Konfiguration der Kundenprofile[23]. Wie groß die Chance ist, die Erlöse von Sachleistungen über den mobilen Vertriebskanal zu steigern, hängt unter anderem von der Anzahl der Impulskäufe ab. Die Schnelligkeit der Entscheidungsprozesse auf Seiten des Kunden, die Ortsabhängigkeit des Produktbedarfs und die reibungslose Abwicklung des physischen Logistik-Prozesses beeinflussen hier maßgeblich die Umsatzentwicklung.

Neben zusätzlichen Erlösen aus der Nutzung von mobilen Diensten beeinflussen auch die Kosten der Kundenbeziehung den Kundenwert. Der Wert eines Kunden kann gesteigert werden, indem sich durch den Einsatz mobiler Dienste die Transaktionskosten in der Kundenbeziehung reduzieren. In der Akquise-Phase im Kaufprozess können beispielsweise Produktinformationen, in der Abschluss-Phase Bestell- sowie Bezahlungsvorgänge und in der After-Sales-Phase Beschwerdeprozesse durch mobile Informations- und Kommunikationstechnologien unterstützt werden. Dabei spielen sogenannte Economies of Scale insbesondere dann eine wichtige Rolle, wenn es sich in den einzelnen Phasen der Kundenbeziehung um eine große Anzahl von Kundenkontakten handelt. Auf diese Weise lassen sich die anfänglich sehr hohen Investitionen in mobile Endgeräte und Netzwerktechnologien amortisieren, um letztendlich den Kundenwert, bezogen auf die gesamte Dauer der Kundenbeziehung, zu erhöhen.

Die Entwicklungsperspektive

Für die Abschätzung des Kundenwerts sind die vergangenen und gegenwärtigen Erlöse eines Kunden von geringerer Bedeutung als die zukünftig zu erwartenden Erträge. Oft dienen die bisherigen Erlöse zwar als Grundlage für die Kundenbewertung, da vom vergangenen Kundenverhalten auf das zukünftige geschlossen wird. Viel entscheidender sind jedoch gerade bei großen Innovationssprüngen andere externe Determinanten, die von außen auf den Kunden einwirken. Beispielsweise kann die Entwicklung der Penetration der Endgeräte bei bestimmten Kunden ein deutlicher Indikator für das potenzielle Nutzungsverhalten mobiler Dienste sein. Das Beispiel WAP zeigt jedoch, dass diese Kennzahl nicht unbedingt zuverlässige Ergebnisse liefert. Vergleicht man die Anzahl der Personen, die über ein WAP-fähiges Mobiltelefon verfügen mit der Anzahl der Personen, die tatsächlich mobile WAP-Dienste in Anspruch nehmen, so stellt man fest, dass allein das technologische Potenzial keinesfalls ausreicht, um einen tatsächlichen Bedarf bei den Kunden auszulösen.

[22] Schnäbele 1997

[23] Piller/Deking/Meier, S. 142

Bei der Einschätzung des Entwicklungspotenzials von Kunden ist der Einsatz des *Beziehungslebenszyklus-Konzeptes*[24] teilweise sinnvoll. Analog zum Produktlebenszyklus, wird beim Beziehungslebenszyklus die Kundenbeziehung in einzelne Phasen, z.B. in die Phasen Beziehungsaufbau, -erhaltung und -verfall, eingeteilt und hinsichtlich verschiedener Aspekte analysiert. Problematisch bei der Anwendung des Kundenlebenszyklus-Konzeptes zur Prognose von Kundenbeziehungen, speziell unterstützt von mobilen Diensten, ist die noch sehr geringe Anzahl von mobilen Kundenbeziehungen. Es sind keine bestehenden Beziehungsverläufe bestimmter mobiler Kundenbeziehungen als Referenzzyklen nutzbar, um „typische" Beziehungen abzuleiten. Aus diesem Grund bietet dieses Konzept lediglich eine Struktur, wie Kundenbeziehungen durch ortsflexible IuK-Technologien unterstützt werden können, um dadurch Kundenwert zu steigern.

Auch im Allgemeinen – nicht nur im Zusammenhang mit mobilen Diensten – ist festzustellen, dass die Prognose des Kundenwerts äußerst komplex ist. Studien aus der Praxis zeigen, dass Versuche, den Wert bestimmter Kunden in genauen Zahlen vorherzusagen, immer wieder scheitern[25]. Wichtig ist, dass derartige Prognosen nach systematischen Strukturen durchgeführt werden und vor allem mit Eintrittswahrscheinlichkeiten versehen werden, die bei der Ableitung von Handlungsempfehlungen berücksichtigt werden.

Fazit

Stellt man die Frage nach dem Zusammenhang zwischen Mobilität und Wertschöpfung, und betrachtet dabei die Entwicklungen in der Mobile Economy, so gelangt man zur Thematik, inwieweit man mit mobilen Diensten Kundenwert generieren kann. Der Beitrag zeigt anhand von drei Perspektiven, der Kommunikations-, Finanz- und der Entwicklungsperspektive, dass ortsflexible Informations- und Kommunikationstechnologien die Schaffung von Kundenwert unterstützen können.

Derartige Überlegungen sind vor allem für diejenigen unter den Praktikern relevant, welche sich derzeit in der Diskussion befinden, neben materiellen Sachleistungen wie Konsumgütern, zusätzlich mobile Dienste anzubieten. Allgemeine Marktstudien können dabei nur eine generische Grundlage für spezifische Prognosen, wie sich bestimmte mobile Dienste entwickeln werden, bieten. Darauf aufbauend ist zu analysieren, welchen Beitrag einzelne mobile Dienste für den Kundenwert leisten können. Das im Beitrag dargestellte Konzept kann dafür eine Basis bilden.

[24] In Anlehnung an Dwyer/Schurr/Oh 1987, Diller 1995, S. 57 ff.

[25] Dubs 1998, S. 76 f., Rudolf-Sipötz/Tomczak 2001, S. 22

Literatur

BEIER, M. (2001), Virtual Communities – eierlegende Wollmilchsäue für das One-to-One Marketing, in: Hermanns, A./Sauter, M. (Hrsg.): Management-Handbuch electronic commerce: Grundlagen, Strategien, Praxisbeispiele, München 2001, S. 245-263.

CORNELSEN, J. (1996), Kundenwert – Begriff und Bestimmungsfaktoren, Arbeitspapier Nr. 43 des Lehrstuhls für Marketing, Universität Erlangen-Nürnberg, Nürnberg 1996.

CORNELSEN, J. (1998), Kundenbewertung mit Referenzwerten, Arbeitspapier Nr. 64 des Lehrstuhls für Marketing, Universität Erlangen-Nürnberg, Nürnberg 1998.

CORSTEN, H. (1989), Dienstleistungsmarketing – Elemente und Strategien, in: Jahrbuch für Absatz- und Verbrauchsforschung, 35. Jg., 1/1989, S. 23-40.

DILLER, H. (1995), Kundenbindung als Zielvorgabe im Beziehungs-Marketing. Arbeitspapier Nr. 40 des Lehrstuhls für Marketing, Universität Erlangen-Nürnberg Nürnberg 1995.

DUBS, P. (1998), Strategisches Kundenmanagement und Retention Marketing im Retail Banking, in: Bernet, B./Held, P.P. (Hrsg.): Relationship Banking: Kundenbeziehungen profitabler gestalten, Wiesbaden 1998, S. 69-89.

DWYER, F. R./SCHURR, P. H./OH, S. (1987), Developing Buyer-Seller Relationships, in: Journal of Marketing, 51. Jg., 1987, Nr. 2, S. 11-27.

DWYER, F. R. (1989), Customer Life Time Valuation to Support Marketing Decision Making, in: Journal of Direct Marketing, Vol. 3, No. 4, S. 8-15.

ENGELHARDT, W. H. (1990), Dienstleistungsorientiertes Marketing – Antwort auf die Herausforderung durch neue Technologien, in: Adam, D. (Hrsg.): Integration und Flexibilität: Herausforderung für die Allgemeine Betriebswirtschaftslehre, Wiesbaden 1990, S. 269-288.

FRANCK, G. (1998), Ökonomie der Aufmerksamkeit, München und Wien 1998.

GERPOTT, T. J. (2001), Wettbewerbsstrategische Gestaltungsfelder für Mobilfunknetzbetreiber auf Mobile-Business-Märkten, in: Information Management & Consulting, 16 (2001) 2, S. 34-42.

GOLDHABER, M. H. (1999), Attention Shoppers!, in: Wired Magazine, Nr. 12/1997.

HANSOTIA, B. J./WANG, P. (1997), Analytical challenges in customer acquisition, in: Journal of Interactive Marketing, Vol. II, No. 2, Spring 1997, S. 7-19.

HILKE, W. (1989), Dienstleistungsmarketing – Grundprobleme und Entwicklungstendenzen des Dienstleistungsmarketing, Wiesbaden 1989.

HIPPEL, E. A. (1986), Lead Users: A Source of Novel Product Concepts, in: Management Science, Vol. 32, No. 7, July 1986, S. 791-805.

KÖLLING, M./NAKAMOTO, M./KROSTA, A. (2001), Japans Mobilfunker verdienen Geld, Financial Times Deutschland, Donnerstag, 10. Mai 2001, S. 5.

KOLLMANN, T. (2001), M-Commerce: Ein Problem der Nutzungslücke, in: Information Management & Consulting, 16 (2001) 2, S. 59-64.

KRAFFT, M./REINARTZ, W. J. (2000), Kundenbindungs-Messung mit dem NBD/Pareto-Modell, Manuskript Nr. 17 der wissenschaftlichen Schriftenreihe des ZMU, WHU Koblenz 2000.

LAIB, P. (1996), Primärdienstleistungen – Elemente einer strategischen Neuorientierung von Industrieunternehmen, München 1996.

MALERI, R. (1994), Grundlagen der Dienstleistungsproduktion, 3. Aufl., Berlin und Heidelberg 1994.

MEI-POCHTLER, A./RASCH, S. (1999), E-Commerce in Deutschland: Vom Goldrausch zur Goldgewinnung, The Boston Consulting Group, München 1999.

MEFFERT, H. (1995), Was versteht man unter dem Kundenwert? Welche Ansatzpunkte ergeben sich zur Verlängerung?, in: O.V. Handelsblatt (Hrsg.): Berufsinformation und Stellenmarkt, Sonderheft 1995, S. 7-8.

MEYER, A. (1998), Dienstleistungs-Marketing: Erkenntnisse und praktische Beispiele, 8. Aufl., München 1998.

MEIER, R. (2001): Customer Care Excellence, in: Engelbach, W./Meier, R. (Hrsg.): Customer Care Management, Wiesbaden 2001.

MÜLLER-VEERSE, F. (1999), Mobile Commerce Report, Durlacher Research Ltd.

PILLER, F. T./DEKING, I./MEIER, R. (2001), Mass Customization – Strategien im E-Business, in: Hermanns, A./Sauter, M. (Hrsg.), Management-Handbuch electronic commerce: Grundlagen, Strategien, Praxisbeispiele, München 2001, S. 133-146.

PILLER, F. T./MEIER, R. (2001), Strategien zur effizienten Individualisierung von Dienstleistungen, in: Industrie Management, 17, 2/2001, S. 13-17.

REICHHELD, F. F./SASSER, W. E. (1990), Zero Defections: Quality Comes to Services, in: Harvard Business Review, Vol. 68, Sep.-Oct. 1990, S. 105-117.

REICHHELD, F. F./SASSER, W. E. (1991), Zero Migration: Dienstleister im Sog der Qualitätsrevolution, in: Harvard Manager, 13. Jg., 4/1991, S. 108-116.

REICHWALD, R./MEIER, R. (2002A), Wertschöpfungsmodelle in der Mobile Economy, in: Reichwald, R. (Hrsg.): Mobile Wertschöpfung, Wiesbaden, erscheint 2002.

REICHWALD, R./MEIER, R. (2002B), Generierung von Kundenwert mit Mobilen Diensten, in: Reichwald, R. (Hrsg.), Mobile Wertschöpfung, Wiesbaden, erscheint 2002.

RUDOLF-SIPÖTZ, E./TOMCZAK, T. (2001), Kundenwert in Forschung und Praxis, Thexis, Fachbericht für Marketing 2001/2, St. Gallen 2001.

SCHNÄBELE, P. (1997), Mass Customized Marketing, Wiesbaden 1997.

WAYLAND, R. E./COLE, P. .M. (1997), Customer Connections: New Strategies for Growth, Boston 1997.

WOHLFAHRT, J. (2001), One-to-one Marketing im Mobile Commerce, in: Information Management & Consulting, 16 (2001) 2, S. 49-54.

ZOBEL, J. (2001), Mobile Business und M-Commerce: Die Märkte der Zukunft erobern, München 2001.

1.5 Wege zwischen Technologie und Wertschöpfung

Udo Killermann, Sam Vaseghi

Diesen Text haben die beiden Autoren an verschiedenen Orten, zu unterschiedlichen Zeiten auf mobilen Endgeräten erstellt. Zwischenstände des Dokumentes haben wir uns zur besseren Abstimmung zugestellt, ohne dass wir Zugriff auf ein stationäres Netz haben mussten – Mobiltelefone mit eingebautem Modem haben uns hier gute Dienste erwiesen. Auch für die mündlichen Absprachen haben wir uns nicht an einem Ort treffen müssen, sondern konnten ohne Rücksicht auf den Aufenthaltsort des, jeweils Anderen, zu unserem Handy greifen, um kurzfristige Rücksprachen zu treffen. Für kurze Mitteilungen reicht der Austausch von Kurzbotschaften über SMS völlig aus – manchmal ließen die Tunnels auf den Zugstrecken einfach keinen längeren Informationsaustausch zu.

Daneben müssen wir für unsere Projektarbeiten selbstverständlich an unterschiedlichen Kundenstandorten auf firmeninterne und öffentliche Informationen zugreifen. Sollten wir hierfür jedes Mal zu einer unserer Firmenniederlassungen wechseln müssen, so würden unsere Kunden hierfür kein Verständnis zeigen.

Mobilität wird von uns ebenso wie von unseren Lesern erwartet und wir entsprechen dieser Forderung. Bedingt durch die Unabhängigkeit von einem physischen Standort ergeben sich eine Reihe von Bedürfnissen, die durch unterschiedliche Dienstleister erkannt wurden und durch ein entsprechendes Angebot befriedigt werden.

Aus unserer Sicht ist das Herzstück des M-Commerce die Erfüllung von Wünschen des *Homo mobilis* durch Dienstleistungen, die seine physische Mobilität erleichtern oder kompensieren.

Zum einen versprechen Dienstleister im M-Commerce die Überwindung des jeweiligen Standorts durch Kombination von Endgerät, Netzwerk und Dienstleistung [*follow me services*]. Zum anderen können dieselben Endgeräte und Netzwerke mit zusätzlichen Dienstleistungen einen Mehrwert durch Einbeziehung der Standortinformation erzeugen [*guide me services*].

M-Commerce wird erst durch die Kombination mehrerer paralleler technischer Entwicklungen ermöglicht, wovon wir zwei Hauptentwicklungen hervorheben wollen. Einerseits ist dies die Entwicklung kleiner, tragbarer Endgeräte, die über ausreichende Prozessorleistung und Hauptspeicherausstattung für einfache und gehobene Informationsverarbeitung verfügen. Andererseits ist die flächendeckende Einführung von standardisierten Mobilfunknetzen der Motor des M-Commerce. Das *Metcalf*sche Gesetz, das besagt, dass der Wert eines Netzes quadratisch mit der Anzahl seiner Knoten wächst, gilt für den M-Commerce ebenso wie für den E-Commerce. In beiden Bereichen ist die Standardisierung des grundlegenden Netzes und der zugehörigen Kommunikationsprotokolle – dort: TCP/IP v4, hier: GSM und UMTS – entscheidend, um in kurzen Zeitspannen einen großen Nutzerkreis einzufangen und damit ein wertvolles Netz zu knüpfen.

Auch im M-Commerce geht es letztendlich um die Initiierung, Wahrnehmung und Befriedigung von Kundenbedürfnissen. Je nach Qualität der gebotenen Dienstleistung sind die Kunden bereit für diese zu bezahlen. Die Bedürfnisse der mobilen Kunden sind ebenso individuell wie die Kunden selbst:

- Kompensation der Mobilität [Verbindung mit einem Standort]
- Koordination [Terminplanung]
- Unterhaltung [Content on Demand]
- Kommunikation [Telefonie, E-Mail, SMS]
- Informationsabruf [Reiseauskunft]
- Fortbildung [Training]
- Problemlösung [Kundendienst]

Studien sagen eine immer intensivere Nutzung mobiler Dienstleistungen voraus und versprechen in den kommenden Jahren große Umsatzzahlen über den mobilen Kanal. Das Marktforschungsinstitut *Ovum* prognostiziert für das Jahr 2005 einen Umsatz von über $200 Mrd. für die Nutzung intelligenter, mobiler Dienstleistungen. Die zentrale Frage, die sich im Zusammenhang mit M-Commerce stellt, ist, welche Dienstleistungen von mobilen Menschen und Organisationen gefordert und genutzt werden. Angebote des M-Commerce müssen den Kunden einen Mehrwert entlang den Dimensionen **Nützlichkeit** (utility), **Benutzbarkeit** (usability) und **Verfügbarkeit** (ubiquity) bieten, um am Markt eine längerfristige Relevanz zu behalten.

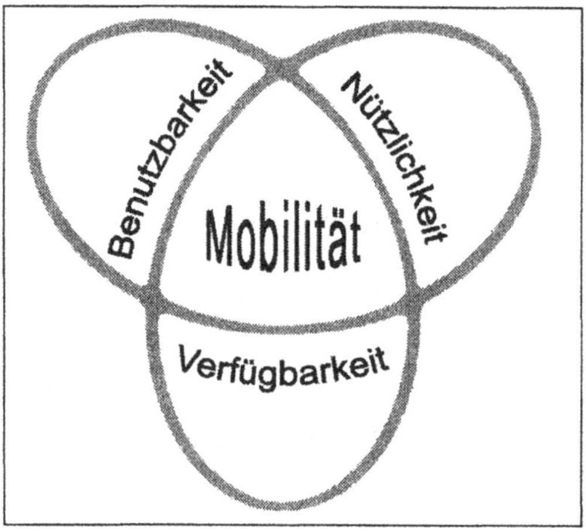

Abb. 1: Mobilität im Spannungsfeld

Nützlichkeit muss die Relevanz der Dienstleistung in Bezug auf das Publikum und der individuellen Situation des potenziellen Nutzers in Betracht ziehen. *Benutzbarkeit* beschreibt Aspekte der Bedienerführung, des Inhaltes, der Struktur und berücksichtigt Einschränkungen des Endgerätes, der Nutzungssituation und des

Anwenders. *Verfügbarkeit* im M-Commerce muss neben den mobilen Endgeräten auch die Informationsquelle, den Übertragungskanal und die Sicherheit beachten.

Neue Geschäftsmodelle und notwendige Bandbreiten für multimediale Informationsangebote prägen die aktuellen Diskussionen um das Thema M-Commerce. Unsere bisherigen Projekte zeigen, dass auch große Unternehmen vor technologischen und organisatorischen Fragestellungen einer anderen Art stehen, wenn es um das Thema M-Commerce geht. Hier steht die Erweiterung bestehender Geschäftsprozesse für die innerbetriebliche Unterstützung mobiler Mitarbeiter und die Vertiefung von Beziehungen mit mobilen Anwender aus Partnerunternehmen oder dem Kundenkreis im Vordergrund. Zwar liegt jetzt der Schwerpunkt des sichtbaren M-Commerce eindeutig im Bereich *Business-to-Consumer*, ein erhebliches Marktpotenzial liegt aber auch zukünftig in internen Operationsnetzwerken von Unternehmen und Unternehmensverbünde (*Business-to-Business*). Im Vordergrund aller Dienstleistungen des M-Commerce stehen mobile Nutzer, die die Einschränkungen stationärer Informationsverarbeitung und Kommunikation nicht akzeptieren können.

Mobilität

Mobilität bezeichnete in der Vergangenheit die physische Beweglichkeit des Menschen, d.h. die Möglichkeit von Personen oder Sachen durch den Einsatz von geeigneten Transportmitteln den geografischen Standort zu verändern. Virtuelle Beweglichkeit – die Überwindung von Entfernungen in Gedanken – ergänzt diesen Begriff der Mobilität. Im Kontext digitaler Netze ist diese zweite Art der Mobilität Grundlage für die Bewegung der Menschen durch virtuelle Informationsräume. Diese virtuellen Räume spannen sich zwar über Netze, wie das Internet, Mobilfunknetzwerke, Kabel etc., sind jedoch nicht gleich zu setzen mit der Physik bzw. Hardware dieser Netzwerke, die für den Informationstransport eingesetzt werden. Gemeint ist vielmehr der mentale Vorgang der Bewegung im Bewusstsein des Menschen selbst, der eine Interaktion in diesen virtuellen Welten erst ermöglicht.

Ein einfaches Beispiel hierzu bietet das Telefon – spricht man mit dem Partner über ein technisches Netzwerk am Telefon, so bewegt man sich gedanklich auf ihn zu. Bis auf die Stimme des Partners sind jedoch alle anderen Elemente der Interaktion nur als Gedankenbild in unserem Bewusstsein präsent.

Das sogenannte *Surfen* über WAP oder Web bietet ein weiteres Beispiel der virtuellen Mobilität. Der Anwender bewegt sich hierbei von einem virtuellen Standort (engl.: Site) zum nächsten, ohne dass er seinen physischen Standort verlassen muss. Auf Grundlage dieser Überlegung unterteilen wir den Begriff der Mobilität in *physische Mobilität* (physische Beweglichkeit) und *virtuelle Mobilität* (virtuelle Beweglichkeit) (s. Abb. 2).

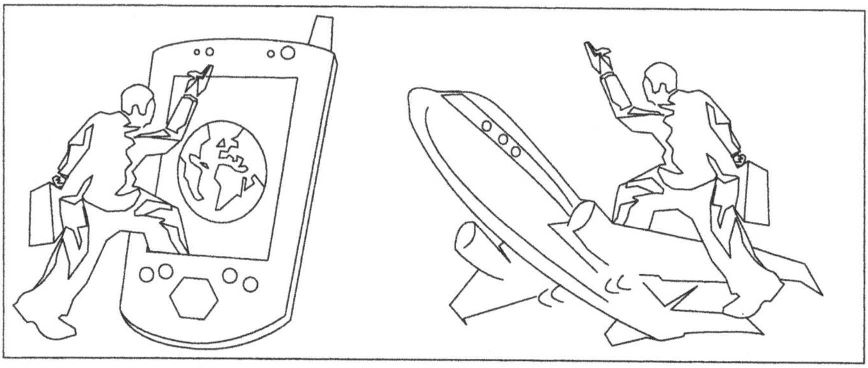

Abb. 2: Virtuelle Mobilität und physische Mobilität

Die Anforderungen des Menschen an die Mobilität

Sowohl der einzelne Mensch als auch Organisationen stellen Anforderungen an Produkte, die sie bei der Befriedigung von Wünschen im Zusammenhang von physischer und virtueller Mobilität unterstützen sollen.

Die physische Mobilität führt den einzelnen Benutzer bzw. die Organisation zu mindestens zweierlei Anforderungen an ein Produkt: Kompensation der physischen Mobilität und Integrität der persönlichen Architektur. Unter persönlicher Architektur im weiteren Sinne sind alle Geräte (z.B. Handy, Laptop), Accessoires (z.B. Uhren) und Informationsträger (z.B. CD-Spieler, PDA) gemeint, die ein Mensch mit sich trägt. In Zukunft wird sich die persönliche Architektur auch auf die Kleidung beziehen, die im Zuge des *wearable computing* mit Verarbeitungs-Intelligenz und Kommunikationsfähigkeit ausgestattet sein wird (s. Abb. 3).

Abb. 3: Herausforderung: Integrität der persönliche Architektur

Unter der Kompensation physischer Mobilität verstehen wir die Überwindung einer geografischen Entfernung durch den Informationsaustausch über einen geeigneten Kanal. Sowohl die Integrität der persönlichen Architektur, als auch die Kompensation der physischen Beweglichkeit verfolgen das gemeinsame Ziel, die Effizienz einzelner Abläufe zu erhöhen und diese hierdurch zu vereinfachen.

Geschäftsmodelle des M-Commerces

Zwei komplementäre Geschäftsmodelle existieren nach unserer Beobachtung im M-Commerce. Durch Rückkopplung spezifischer Informationen erhalten diese Grundmodelle eine Verstärkung, die den Nutzen für den Kunden enorm anhebt.

- **Communication Services**: Bei diesem Modell überwiegt die Kommunikation zwischen zwei oder mehreren Kunden. Der Dienstleister bietet in diesem Umfeld ein oder mehrere Kommunikationsmedien oder -kanäle. Typische Produkte in diesem Zusammenhang sind Telefonie, E-Mail, SMS oder Newsgroups. Der Serviceprovider stellt die Verfügbarkeit des mobilen Kommunikationskanals sicher. Die Qualität der ausgetauschten Inhalte wird durch die Kommunikationspartner bestimmt – hierauf hat der Dienstleister keinen Einfluss. Koordination und Vermittlung der Informationsinhalte zwischen mobilen Kommunikationspartnern ist die wesentliche Leistung des Geschäftsmodells.
- **Content Services**: In diesem Modell überwiegt die Interaktion des Kunden mit den Inhalten des Anbieters. Typische Produkte dieses Geschäftsmodells aus Kundensicht sind Auskunfteien, Web-Sites oder WAP-Portale. Kunden können auf diese Inhalte über ihr Endgerät von beliebigen Standorten aus zugreifen. Die Qualität des Content wird durch den Anbieter bestimmt. Filterung und Bereitstellung von Inhalten ist die wesentliche Leistung innerhalb dieses Geschäftsmodells.
- Das letzte Geschäftsmodell beschreibt Varianten der ersten beiden, die jeweils über eine Rückkoppelschleife verstärkt werden. Im Falle der *Communication Services* können durch die Rückkopplung die Fähigkeiten der Endgeräte für eine Optimierung der Kanalqualität (z.B. Erhöhung der Bandbreite) herangezogen werden. Die Rückkopplung von Standortdaten des Kunden bietet den Anbietern von *Content Services* eine Optimierung der bereitgestellten Inhalte durch Abstimmung des Angebotes auf die aktuelle Situation des Kunden. Ein bekanntes Beispiel hierfür bieten die standortbezogenen Dienstleistungen der Telematik.

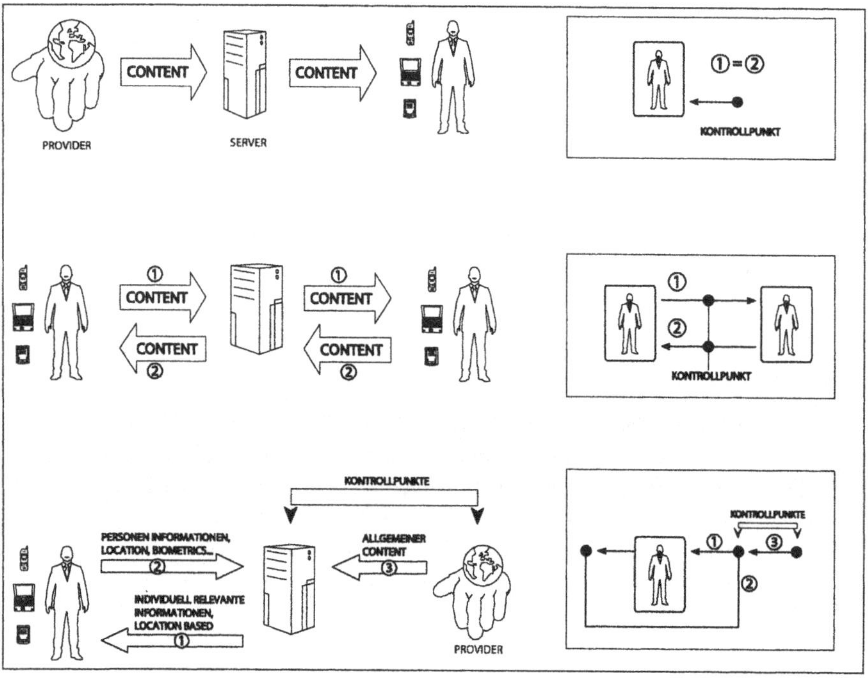

Abb. 4: Geschäftsmodelle und Produkte der Dienstanbieter

Dienstleister des M-Commerce können durch Kombination dieser Grundmodelle ihre Wertschöpfung erhöhen, indem sie sowohl Kommunikation über unterschiedliche Kanäle ermöglichen als auch Inhalte für unterschiedliche Endgeräte bereithalten. Mobile Kunden werden die resultierenden Angebote nach ihrer Nützlichkeit, Verfügbarkeit und Bedienbarkeit beurteilen.

Vorteile für die Organisation

Unternehmen, die Elemente des M-Commerce in Form von Technologien oder Dienstleistungen einführen wollen, müssen existierende Geschäftsabläufe und -situationen untersuchen und bewerten. Anderenfalls wird die technologische Möglichkeit als Lösung ohne geschäftliches Problem in ein Unternehmen eingeführt – dies führt nach unserer Erfahrung zum Scheitern des Ansatzes. Gerade im geschäftlichen Umfeld geht es sehr häufig um die Eingangs genannte Überwindung der physischen Mobilität. Daneben finden Lösungselemente des M-Commerce überall da ihren Einsatz, wo die Ausschaltung von Verzögerungen in der Informationsübertragung zu Wettbewerbsvorteilen führt.

Reibungsverluste der physischen Mobilität entstehen in Staus, verspäteten Zügen und Flugzeugen. Die Reisetätigkeit im Auftrag und Interesse des Unternehmens stößt rasch an die physische Belastbarkeit des Einzelnen, wenn die Wechselfrequenz zwischen Standorten der Kunden und Niederlassungen des eigenen Unternehmens zu stark ansteigt.

Stellen Sie sich den Manager eines Unternehmens vor, der im Zuge des Wachstums seines Unternehmens seinen Verantwortungsbereich über die nationale Grenzen ausdehnen muss. Seine Aufgaben werden komplexer und sind vom geografischen Standort abhängig. Während er z.B. an einem Tag in seinem Büro in Berlin die Budgetplanung für Deutschland durchführt, wechselt er am nächsten Tag nach Paris, um morgens das Tagesgeschäfte der neuen Niederlassung zu überprüfen und am Nachmittag den nächsten Flug über den Atlantik nach New York zu nehmen, um dort mit einer Investorengruppe zu konferieren.

Während er gerade in Paris angekommen ist, fühlt sich der Geschäftsreisende von der geforderten körperlichen Mobilität in einem Maße belastet, dass er darüber nachdenkt, den Flug nach New York abzusagen. Die Konferenz in New York ist jedoch von entscheidender Bedeutung für den Erfolg seines Unternehmens. Hier bieten die Dienstleistungen des M-Commerce eine Lösung, indem die Konferenz über ein mobiles Videokonferenzsystem durchgeführt wird, das der Manager auf seinem Notebook mit sich führt. Hierdurch wird ein Standortbezug mit New York hergestellt – es findet die Kompensation der physischen durch die virtuelle Mobilität statt (siehe Abb. 5). Waren in der Vergangenheit dedizierte, stationäre Kanäle für die Bereitstellung von Videoverbindungen notwendig, so können die Mobilfunknetze der aktuellen Generation (GPRS, HSCSD) bereits ausreichende Bandbreiten zu diesem Zweck zur Verfügung stellen. Die Besprechungsdokumente können über eben diese Mobilfunknetze bereits übertragen werden und stehen so den Konferenzteilnehmern zur Verfügung.

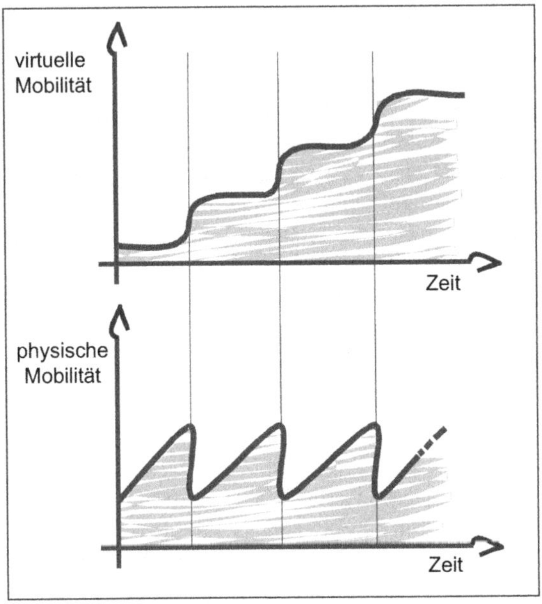

Abb. 5: Kompensation der physischen Mobilität durch virtuelle Mobilität

Es ist sehr wichtig anzumerken, dass dieses Beispiel nur für eine Organisation gilt, die es gelernt hat, mit den Hilfsmitteln des M-Commerce umzugehen. Bei vielen unserer Kunden haften den neuen Technologien oft die Attribute verspielt und überflüssig an. Hier gilt es, den Betroffenen die Notwendigkeiten und Vorteile der neuen Lösung zu vermitteln und sie im Einsatz der Werkzeuge zu unterrichten. M-Commerce Produkte und Dienstleistungen müssen erlernt und im Sinne der Organisation eingesetzt werden.

Was für den Einzelnen Vorteile bringt, kann nur dann zu einem Mehrwert für die Organisation führen, wenn die Erfahrungen mit mobilen Pilotlösungen kritisch bewertet und nach ihrer Bedeutung für die Gesamtorganisation bewertet werden. Der Übergang von teuren Spezialanwendungen zu kostengünstigen, da flächendeckenden Lösungen eröffnet den M-Commerce auch für Branchen, die bisher aus Kostengründen den Einsatz von mobilen Endgeräten in Kombination mit unmittelbarer Kommunikation verworfen haben.

Logistikunternehmen leben vom physischen Transport von Ware und den Informationen zu oder über diese Fracht. In dieser Branche gilt ganz klar, dass unmittelbare Information einen Wettbewerbsvorteil ausmacht. In diesem Zusammenhang sind Flottenmanagement, Warenverfolgung, Laderaumvermittlung und Breakdown Service Teilaspekte, deren Qualität durch M-Commerce Dienstleistungen verbessert werden können.

Viele Unternehmen der Fertigungsindustrie nutzen die Logistikleistungen des Transportgewerbes, um die notwendigen Teile erst zum Zeitpunkt des Zusammenbaus am richtigen Ort zu haben (just in time Fertigung). Hierdurch werden die Lagerkosten für Rohstoffe und Teile vermindert. Jedoch reagiert die Fertigung wesentlich empfindlicher auf das Ausbleiben von Lieferungen, da keine oder nur geringe Lagerpuffer vorhanden sind. Je früher ein Produzent über das Ausbleiben oder Verzögern einer Lieferung – aufgrund von Streik, Unfall oder Stau – informiert wird, um so geplanter kann er damit umgehen. Aus der Übermittlung einer automatischen Positionsangabe und eines Zeitstempels über Mobilfunknetze an einen Servicerechner, kann automatisch ein Soll-Ist-Vergleich bezüglich der zugesagten Lieferzeit durchgeführt werden. Ist eine Lieferverzögerung zu erkennen, so wird diese Information zusammen mit der Lieferkennung automatisch an den Warenempfänger übermittelt. Somit kann der Fertiger rechtzeitig über ein Umrüsten seiner Maschinen oder veränderte Arbeitszeiten entscheiden. Der Fahrer des betroffenen Lkw ist von der Benachrichtigung des Empfängers entbunden und kann sich darauf konzentrieren, die Waren an den Bestimmungsort zu transportieren.

Nützlichkeit

Die Nützlichkeit einer Dienstleistung ist nach unserer Erfahrung immer gleichbedeutend mit ihrer momentanen Relevanz für den oder die Kunden. Jeder Kunde entscheidet in Abhängigkeit von seiner Situation über diese individuelle Relevanz. So wird ein Reisender in Hamburg einer Stadtführung durch Nürnberg gar keine Wichtigkeit zumessen und ist somit auch nicht bereit, für diese Dienstleistung eine

Gebühr zu entrichten. Dahingegen wird derselbe Reisende in Nürnberg sehr wohl für diesen Service bezahlen, da eine Stadtführung durch eben diese Stadt für ihn nun eine hohe Relevanz hat.

Ersetzt man den menschlichen Stadtführer durch ein Wirksystem aus mobilem Endgerät, Mobilfunknetz und Verarbeitungsintelligenz, so erhält man eine der Vorzeigedienstleistungen des M-Commerce: Routenplanung und Verkehrsführung unter Rückkopplung des Standortes über das Mobilfunknetz (hier: GPRS oder UMTS). Die Höhe der Gebühren, die ein Kunde für diesen einmaligen Service entrichtet, muss zu den Kosten eines autonomen, mobilen Navigationssystem im Verhältnis stehen und darf natürlich auch die Kosten eines Stadtplanes nicht übersteigen. Je mehr individuelle Relevanz eine Information für den Kunden oder den Anbieter einer Dienstleistung hat, um so mehr ist eine der beiden Parteien bereit für diese Information zu bezahlen.

Während an den Autobahnen stationäre Notrufsäulen den Standort automatisch an eine Leitzentrale übertragen, entfällt diese Information bei der Notrufmeldung über das Mobiltelefon. Hierdurch entstehen Fehleinsätze von Rettungs- und Bergungsfahrzeugen und damit verbunden Verzögerungen in der Schadensbehebung und -abwicklung. Um das damit verbundene Risiko zu minimieren, fordern SOS-Dienste vom Mobilfunknetzbetreiber zukünftig die Übertragung der Positionsinformationen.

Wie man an dem Aufkauf des stationären Notrufssystems durch einen großen Versicherer erkennen kann, haben die Versicherer ein großes Interesse, an einer Schadensregulierung von Anfang an beteiligt zu sein – dasselbe gilt für die Automobilclubs, die neben der Abwicklung der Fahrzeugschäden auch gern die Koordination der übrigen Schadensregulierung übernehmen.

Die Weiterleitung des Standortes und die Präzision dieser Information bestimmen in diesem Fall die Qualität der Dienstleistung. Aus diesem Grund wird diese Positionsinformation vom Netzbetreiber in Rechnung gestellt. Für einen Netzbetreiber stellen sich hiermit die Fragen nach dem Marktwert der Positionsdaten des Geschädigten. Je mehr Dienstleister an dieser Information interessiert sind, um so höher ist natürlich der Preis, den ein Netzbetreiber für diese systemimmanente Information verlangen kann.

Endgeräte bestimmen die Relevanz von Angeboten

Im E-Commerce hat sich eine geringe Anzahl von Web Browsern durchgesetzt, die Web-Angebote interpretieren und für den Kunden aufbereiten. Neben der Darstellung von Text und einfacher Grafik beherrschen diese Browser in Kombination mit Hilfsanwendungen eine Reihe komplexer Ausgabeformate, die z.B. interaktive Animationen und Video/Audio-Übertragung unterstützen. Trifft der Kunde im Web auf ein Informationsangebot, so kann er sich dieses gleich betrachten oder aber die passende Hilfsanwendung herunterladen. Dieses flexible Vorgehen führt in Firmennetzen bereits zu Problemen, da die Mitarbeiter meist nicht selbständig Anwendungen installieren dürfen.

Im Zusammenhang mit mobilen Endgeräten kann die aufgeführte Flexibilität nur als Vision formuliert werden. In der Realität haben Handy und PDA heutzutage noch nicht die notwendige Flexibilität und Verarbeitungsleistung, um Videos anzuzeigen oder Hilfsprogramme zu installieren. Anders als im PC-Umfeld müssen Content-Provider vom kleinsten gemeinsamen Nenner bei der Aufbereitung mobiler Inhalte ausgehen.

Wie das Beispiel von WAP zeigt, ist die Akzeptanz eines Angebotes, das nur durch spezielle Endgeräte dargestellt werden kann, so lange gering, so lange die Relevanz der Information für den Kunden nicht deutlich wird. So haben sich die Informationsanbieter des WAP-Contents komplett von den Kunden des Internet mit ihren Web-Browsern abgewendet. Um WAP-Inhalte interpretieren zu können, benötigen die Kunden spezielle Endgeräte oder Programme.

Die i-mode Lösung, die in Japan Furore macht, setzt dahingegen auf eine Untermenge des Standard-HTML-Sprachumfanges, der für die Erstellung von Web Seiten genutzt wird. Hierdurch ist das i-mode Angebot alternativ über ein passendes Handy oder einen Standard-Web-Browser abzurufen. Somit konnten die Japaner das Angebot unmittelbar nutzen.

Benutzbarkeit

Die Führung des Anwenders ist gerade bei mobilen Endgeräten von entscheidender Bedeutung. Ein stationärer Anwender kann nach unserer Erfahrung all seine Sinne auf die präsentierte Anwendung oder Information konzentrieren – wie dies z.B. beim Betrachten eines Videos notwendig ist. Dahingegen kann ein Informationsanbieter von einem mobile Anwender meist nur eine eingeschränkte Verfügbarkeit der Sinne erwarten. Wer mobil ist, hat in den seltensten Fällen beide Hände frei oder kann seine Konzentration auf einen Monitor richten. Gerade das gesetzliche Verbot der Nutzung von Handys für Autofahrer ohne Freisprecheinrichtung zeigt exemplarisch die Risiken auf, die mit der konventionellen Bedienerführung und dem funktionellen Design von mobilen Endgeräten verbunden sind. Die Loslösung von der manuellen Bedienung erfolgt zzt., indem die Sprache zur Steuerung des Gerätes und für mögliche Eingaben aber auch Ausgaben genutzt wird. Für die Ausgabe von Informationen wird in einem solchen Umfeld entweder auf aufgezeichnete Sprachsequenzen zurückgegriffen oder die vorhandene Textinformation synthetisch in Sprache umgesetzt.

Gesprochene Sprache wird ihre zentrale Bedeutung für mobile Informationsübermittlung nicht nur beibehalten sondern weiter ausbauen. So werden zukünftig vermehrt *Vortale* (Kombination aus *Voice* und *Portal*) entstehen, die ihre zentralen Informationsangebote über Sprache vermitteln. Ein gutes Beispiel hierfür ist der eingangs erwähnte automatische Touristenführer, der den Besucher über Sprache durch die Stadt leitet, ohne die Aufmerksamkeit des Betrachters an eine grafische Anzeige oder einen erklärenden Text zu fesseln.

Sicherheit im Spannungsfeld der Benutzbarkeit

Bei allen technischen Maßnahmen, die für die Absicherung mobiler Informationsübertragung umgesetzt werden, darf der Faktor Mensch nicht vergessen werden, der mit den ausgedachten Lösungen umgehen muss.

In einem Projekt, das sich mit der Anbindung mobiler Anwender beschäftigte, wurde den Themen Datenverschlüsselung und Zugriffssicherheit ein besonderes Augenmerk gewidmet. Smartcards sichern den Zugang zum Notebook und die Kommunikation über Mobilfunknetze. So ist der Start des Systems nur bei eingeschobener Smartcard und Eingabe der korrekten PIN möglich. Zusätzlich speichert die Smartcard ein digitales Zertifikat, das für die Verschlüsselung des Datenverkehrs zwischen Notebook und Firmennetz eingesetzt wird. Das Zertifikat wird erst nach Eingabe einer weiteren PIN freigegeben. Aus technologischer Sicht ist das Verfahren sicher, solange Smartcard und Notebook getrennt transportiert sowie die PINs geheimgehalten werden.

Jedoch hat sich in der Praxis herausgestellt, dass die betroffenen Mitarbeiter die Smartcard im Notebook transportieren und die PINs auf der Unterseite des Notebook notieren. Die Projektverantwortlichen hatten verpasst, die Praxistauglichkeit der Lösung im Vorfeld mit den Betroffenen zu überprüfen.

Verfügbarkeit

Anwender von mobilen Dienstleistungen erwarten selbstverständlich, dass sie die zugesagten Services nutzen können, wenn *sie* wollen. Hierbei ist es diesen Anwendern letztendlich gleichgültig, wie komplex die darunter liegende technische und organisatorische Infrastruktur gestaltet ist. Auch die Anbieter von M-Commerce Services erwarten, dass ihr Angebot jederzeit für ein großes Publikum verfügbar ist. Somit ist der Netzbetreiber aus Sicht von Anwendern und Anbietern für die End-to-End Verfügbarkeit des Angebotes zuständig. Die Verfügbarkeit im M-Commerce muss mindestens Informationsquellen, Übertragungskanäle, Endgeräte und Sicherheit berücksichtigen.

Die Verfügbarkeit von Informationsquellen muss die Bereitstellung von Informationen über eine Redaktion beinhalten. Geht es um die Bereitstellung von Informationen für einen internen Anwenderkreis, so sollte realistisch eingeschätzt werden, ob die Organisation genügend Ressourcen zu diesem Zweck bereit stellen kann.

In einem unserer Projekte ging es um die Einführung eines Content Management System, über das die Organisation des Kunden eine weitgehende Unabhängigkeit von seiner bisherigen Agentur und seinem IT-Dienstleister bei der Bereitstellung von Informationen für Mitarbeiter, Kunden und Partner erreichen wollte. Im Laufe des Projektes stellte sich heraus, dass die Kundenorganisation nicht auf diesen zusätzlichen Aufwand vorbereitet war. In den bisherigen Abläufen wurde durch die Mitarbeiter lediglich ein Briefing für die Agentur vorbereitet, das dann durch die Agentur in qualitative Informationen für die Ausgabekanäle Web und

WAP umgesetzt wurde. Nachdem die Agentur als Informationsaufbereiter ausfiel, reichten die bisherigen Aufwände der Kundenmitarbeiter nicht mehr für die qualifizierte Aufbereitung aus. Hierdurch verschlechterte sich die Aktualität und Qualität der gebotenen Information so lange, bis durch die Projektverantwortlichen eine entsprechende Online Redaktion genehmigt wurde.

Gerade in Unternehmen, deren Produkte nicht aus Information bestehen, bedarf es einiger Überzeugungsarbeit, damit erkannt wird, dass Informationsaufbereitung für unterschiedliche Kanäle nicht nebenher zu leisten ist.

Verfügbarkeit der Übertragungskanäle

Übertragungskanal als Dienstleistung

Die Bereitstellung eines standort-unabhängigen Übertragungskanals war eines der ersten flächendeckenden Dienstangebote des M-Commerce. Aus Sicht des Netzbetreibers ist es gleichgültig, ob dieser Kanal für die Übermittlung von Sprache oder Daten verwendet wird. Die Bereitstellung von virtuellen Standleitungen zwischen den Gesprächspartnern ist die zentrale Dienstleistung im Mobilfunk. Erst nach Sättigung der Kundennachfrage nach mobiler Sprachübertragung wurde die mobile Datenkommunikation einem größeren Kundenkreis erschlossen.

Interessanterweise werden die Datenkanäle meist als transparente Tunnel genutzt, die das mobile Endgerät mit einem geografischen Einwahlpunkt verbinden. Über diesen Tunnel werden in Folge Datenpakete ausgetauscht, die es dem Kunden ermöglichen, über den Einwahlpunkt Informationsangebote für offene oder geschlossene Anwendergruppen zu nutzen. Über die Offenheit des Informationsangebotes entscheidet hierbei der Kommunikationspartner.

Anwendergerechte Nutzung des Übertragungskanals

Produzenten von Informationen müssen sicherstellen, dass die Kunden Zugriff auf die für sie relevanten Informationen über den erwarteten Kanal erhalten. So ist es ungenügend, einem Kunden die Verkaufsempfehlung für sein Aktienpaket über E-Mail zu geben, wenn dieser Kunde im Informationszeitraum keinen Zugriff auf die private E-Mail-Box hat. In diesem Fall kann der Dienstleister entweder über SMS auf die eingegangene E-Mail aufmerksam machen oder eine kurze Sprachnachricht hinterlassen.

Relativ einfach ist die Situation, wenn ein Kunde zu unterschiedlichen Zeitpunkten auf das Angebot eines Anbieters über verschiedene Endgeräte zugreift. In diesem Fall muss sich der Anwender über ein entsprechendes Profil identifizieren. Entscheidend ist, dass der Anbieter die verschiedenen Endgeräte einem Kunden zuordnen kann und die Information entsprechend dem Endgerät präsentiert.

Portale setzen sich zunehmend als Plattform für Interaktionsangebote für Konsumenten sowie für Geschäftskunden durch. Hierbei erfüllen moderne Portale mindestens drei Funktionen: Angebotsbündelung, Kanalintegration und Filterung. Ein Portal bietet einen zentralen Zugang zu allen Interaktionen mit einem internen oder externen Anbieter. Die Relevanz des Angebotes wird hierbei durch die Rolle des Anwenders, sein Verhalten, seine Präferenzen und weitere Einflussgrößen bestimmt. Durch die Relevanz der Information erfolgt eine individuelle Filterung, die den Anwender vor einem Überangebot schützen soll. Moderne Portale unterstützen den Zugriff auf das Angebot über unterschiedliche Kanäle (Web, WAP, SMS, Telefonie).

Auch die Zulieferung von Informationen für das Portal kann über unterschiedliche Kanäle geschehen. So kann eine geforderte Bestandsinformation aus dem ERP-System eines Unternehmens stammen, ohne dass der Kunde über die Herkunft Bescheid wissen muss. Bedingt durch diese Entkopplung von Informationsquelle und Anwender können die Kommunikationspfade vereinfacht modelliert und besser abgesichert werden.

Der Kunde eines solchen Angebotes kann festlegen, welche Information über welchen Kanal mitgeteilt wird. So können die Kunden über Web, WAP, Voice, E-Mail oder SMS mit dem Portal kommunizieren. Kunden wählen oft die Benachrichtigung per SMS, um über eingehende Nachrichten oder aktuelle Neuigkeiten informiert zu werden. Um vollständige Informationen abzurufen, können sie dann entweder per WAP oder Web auf das Portal zugreifen. Viele Kunden nutzen bereits die Möglichkeit, sich wichtige Nachrichten über Text2Speech vorlesen zu lassen, wenn sie mit dem Wagen unterwegs sind und ihre Aufmerksamkeit nicht von der Straße nehmen können.

Die Berücksichtigung des geeigneten Kanals setzt eine durchgängige Identifikation eines Kunden bei seiner Bewegung durch die mobilen Netze voraus. *In Deutschland sind nur wenige Kunden bereit, ihre Bewegungen so lückenlos verfolgen zu lassen, wie dies von den skizzierten Diensten benötigt wird.*

Die Verfolgung der Kundenbewegung ist jedoch eine wesentliche Aufgabe der Mobilfunknetzbetreiber. Schließlich möchte jeder Kunde unabhängig von seinem jeweiligen Standort über nur eine Rufnummer erreichbar sein. Hierfür muss die Bewegung des Mobiltelefons durch die Zellen eines Netzbetreibers verfolgt werden und die Übergabe zwischen zwei Zellen reibungslos funktionieren. Die Mobilfunkbetreiber dürfen diese Bewegungsprofile nur zur Erbringung ihrer Serviceleistung verwenden und diese Informationen weder auswerten noch Dritten zur Verfügung stellen.

Sicherheit im M-Commerce

Kunden erwarten Sicherheit auf allen Ebenen eines M-Commerce Angebotes. Hierunter fallen die Identifikation der Anbieter sowie Vertraulichkeit und Nachvollziehbarkeit von Transaktionen. Aus Sicht des Dienstanbieters ist die eindeutige Identifikation des Anwenders von elementarer Bedeutung, damit Dienstleistungen entweder zugeordnet oder abgerechnet werden können (accountability und billing). Gerade im M-Commerce kommt der eindeutigen Identifikation eines

Kunden, der über unterschiedliche Endgeräte arbeitet, eine wichtige Rolle zu. Aktuell sind die Grenzen der automatischen Erkennung eines Teilnehmers auf sein Endgerät beschränkt.

Solange sich Anbieter und Kunde im selben Netzwerk befinden, kann der Netzbetreiber durch die grundlegende Infrastruktur die geforderten Sicherheitsmerkmale bereitstellen und gewährleisten – dies ist eines seiner Leistungsversprechen. So wird im GSM-Netz die Übertragung zwischen Handy und Basisstation verschlüsselt, damit die Sprach- oder Datenkommunikation nicht durch Unberechtigte abgehört werden kann.

Sobald jedoch Transaktionen mehrere Netzwerke unterschiedlicher Technologien einbeziehen, wird die Gewährleistung von End-to-End-Sicherheit eine technologische Herausforderung, die zzt. entweder auf der Anwendungsebene oder durch Protokolladapter abgedeckt werden muss. Die unterschiedlichen Netze (z.B. Internet und Mobilfunk) haben keine einheitlichen Verfahren, um Kommunikationspartner zu identifizieren oder einen vertrauliche Kanal zwischen Kommunikationspartnern aufzubauen.

Hier werden Verfahren eingesetzt, die z.B. den Datenkanal der Mobilfunkstrecke tunneln, um über diese Verbindung TCP/IP-Pakete zu versenden, die an der Gegenstelle entweder direkt empfangen und weiterverarbeitet werden oder dann im TCP/IP-Netzwerk des Empfängers zum eigentlichen Empfänger weitergeleitet werden. Die Mobilfunkstrecke wird lediglich als transparenter Kanal genutzt und die Anwenderkennung des Mobilfunkteilnehmers geht für den Partner im TCP/IP-Netz verloren. Der Kunde erhält während seiner Kommunikation in der fremden Protokollwelt eine alternative, vorübergehende Identität, die seinen Netzbetreiber zum Anbieter einer virtuellen Verlängerungsleitung degradiert.

Das Design von Prozessen und Architekturen für komplexe M-Commerce Lösungen wie M-Portale, setzt die Bereitstellung von Sicherheit auf verschiedenen Horizonten voraus. Wie in Abb. 6 dargestellt, erstrecken sich diese Sicherheitshorizonte vom Endgeräte und Smartcards über Mobilfunknetze und Gateways bis hin zum Internet und den Web- und Anwendungs-Server.

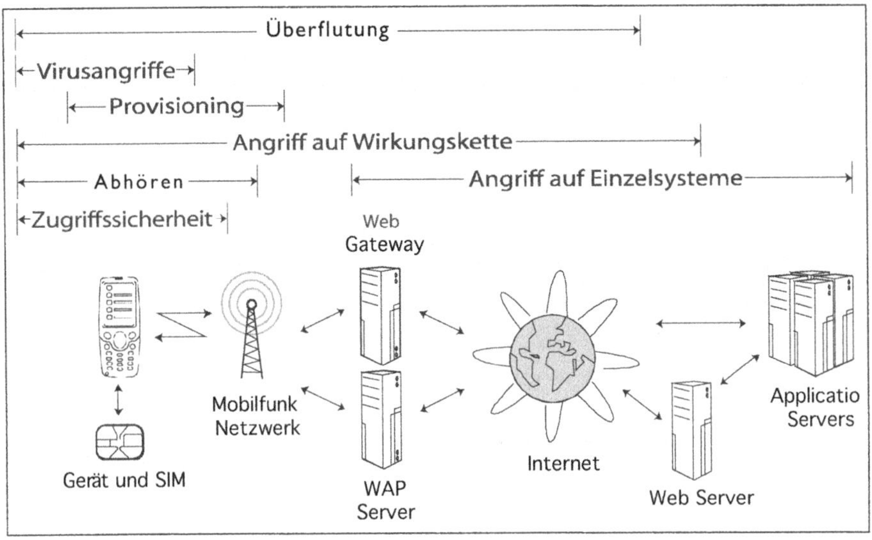

Abb. 6: Sicherheitsrisiken im M-Commerce

Neben den neuen Möglichkeiten des M-Commerce müssen also die damit verbundenen Sicherheitsrisiken erkannt und bewertet werden. So können einzelne Kunden und Anbieter mit der aktuellen Sicherheitssituation durchaus zufrieden sein, während andere Teilnehmer des M-Commerce die vorhandenen Lösungen als unzureichend betrachten.

Die Sicherheitsprotokolle der Mobilfunksysteme der zweiten Generation sind nicht mit den Sicherheitsprotokollen des Internet kompatibel. Dieser Zustand hat sich in Hinblick auf UMTS wesentlich verbessert, da die Datenkommunikation in diesem Netz über IPv6 laufen wird und somit faktisch identische Infrastrukturen genutzt werden. Auch wird die Adressierung der Endgeräte intern auf Basis des erweiterten Adresskreises von v6 erfolgen.

Dank des gemeinsamen GSM Standards in Europa ergeben sich in diesem Zusammenhang vergleichsweise bessere Verhältnisse. Auch wenn es vielen europäischen Benutzern kaum bewusst ist, brauchen sich diese im Gegensatz zu U.S.-Benutzern nicht um Unterschiede zwischen PCS und *cellular zu* kümmern.

Die bestehenden Unsicherheit der Datenübertragung im Umfeld mobiler Datenkommunikation veranlasst viele Dienstleister für ihre Kunden Zahlungsprozesse zu gestalten, die keine Übertragung von vertraulichen Daten wie Kreditkartennummer o.ä. erfordern.

Ein solches Verfahren erprobt France Telecom bereits mit dem Service *Iti-Achat,* der sich zzt. noch in der Pilotphase befindet. Kunden können Einkäufe über das mobile Telefon durchführen und dabei abgesichert bezahlen. Der Einkaufsvorgang unter *ItiAchat* verläuft wie folgt: Der Kunde wählt sich über sein mobiles Telefon, das mit einem speziellen Magnetkartenleser ausgerüstet ist, bei einem Anbieter ein und löst eine Bestellung aus. Hierauf sendet der Anbieter eine spezielle Bestätigung. Um schließlich die finanzielle Transaktion auszulösen, gibt der

Kunde die Daten seiner Magnetkarte über eine PIN frei. Die Daten werden direkt an die Bank des Kunden übermittelt und die Überweisung an das Versandhaus automatisch eingeleitet.

Der gemeinsame GSM-Standard innerhalb Europa bietet auch im Zusammenhang mit transaktionalen Produkten einen enormen Vorteil, da in einem späteren Schritt eine Integration der Kundendaten auf der Magnetkarten mit denen der *subscriber identity card* erfolgen kann.

Zwischenfazit

Produkte des M-Commerce versprechen Unternehmen einerseits direkt neue Einnahmequellen und andererseits durch die Verbesserung vorhandener Geschäftsabläufe eine höhere Effizienz. Wie wir in diesem kurzen Beitrag ausgeführt haben, bewerten einzelne Kunden und Organisationen die Leistungen des M-Commerce immer in den Dimensionen Verfügbarkeit, Nützlichkeit und Benutzbarkeit. Aufgabe der Anbieter ist es, diesen Erwartungen durch ein wachsendes, auf die Anforderungen zugeschnittenes Produktangebot zu entsprechen.

Nicht das Endgerät, sondern der *Homo mobilis* entscheidet über die Akzeptanz des M-Commerce.

1.6 M-Commerce – Flop oder Top?

Bettina Horster

Einleitung

Der M-Commerce, der sich zunächst als ein weiterer Meilenstein im Siegeszug der elektronischen Medien präsentierte, mutierte innerhalb kürzester Zeit zum Problemfall der IT- und Telekommunikationsbranche. Nun liegt auch hier die Wahrheit wieder einmal in der Mitte. M-Commerce war nie die einfache Cash-Cow, mit der leicht jede Menge Geld zu machen war, noch ist das Thema ein Flop, wie viele Journalisten ihren Lesern heute weis machen wollen. Es geht darum, die Dimensionen, in denen sich dieses Geschäft abspielt, in realistische Dimensionen zu lenken, dies gilt sowohl für die Umsatzpotenziale als auch für die zeitliche Einordnung, wann der Motor des M-Commerce tatsächlich anspringen wird. Die Messlatte war durch die UMTS-Versteigerung tatsächlich sehr hoch aufgehängt worden, wenn man bedenkt, dass jeder Lizenznehmer monatlich allein zur Bedienung der Lizenzkosten 69 Mio. DM aufbringen muss (Hinzu kommen noch Kapitalkosten und Aufwendungen für die gesamte Infrastruktur). Es wird zumindest für die vier kleineren Mobilfunkbetreiber sehr schwer werden, diese Investitionen innerhalb des Lizenzzeitraumes von insgesamt 15 Jahren wieder einzuspielen.

Standortbestimmung M-Commerce

Zunächst gilt es festzulegen, was sich unter dem Schlagwort „M-Commerce" überhaupt verbirgt, denn die Skala der Interpretationen ist fast genauso vielfältig wie die Anzahl der Artikel, die sich mit diesem Thema auseinandersetzen.

> M-Commerce umfasst alle kabellosen Transaktionen mit einem monetären Wert unter Nutzung mobiler Technologien wie z.B. Handys oder PDAs, die immer mit dem Internet verbunden sind oder jederzeit mit dem Internet verbunden werden können.
>
> *oder*
>
> „The delivery of E-Commerce capabilities directly into the consumer's hand, anywhere, via wireless networks" (Definition des Global Commerce Forums)

So zählen nicht nur mobile Shops zum Portfolio sondern auch Informationsdienste und Finanz- sowie Bezahldienstleistungen.

Financial Services
- mobile banking
- mobile broking
- mobile payment
- mobile billing

Shopping
- mobile retailing
- mobile ticketing/ reservations
- mobile auctions

Entertainment
- mobile gaming
- mobile gambling/betting
- mobile music
- mobile video
- mobile book

Authentication Services
- access to home
- access to car
- access to Pay TV

Information Provisioning
- general news (e.g. weather)
- sports news
- financial news
- entertainment news
- program information (e.g. theater)
- tourist information

Advertising
- Push (payment per view)
- Pull (location sensitive)

Travel Services
- mobile reservation (flight, train, bus, taxi, rental car, hotel)
- mobile status information
- mobile check-in
- mobile passport/ immigration

Information Management
- mobile membership
- mobile loyalty programs
- mobile medical records

Quelle Durlacher

Abb. 1: Portfolio des M-Commerce

Diese sehr weit gefassten Definitionen unterstreichen aber auch die enge thematische Nähe zum E-Commerce. M-Commerce wird als Teilbereich des E-Commerce verstanden. Daher sind auch die Geschäftsfelder beider Bereiche fast identisch und so ist auch klar, dass sich die derzeitigen Probleme des E-Commerce ganz unmittelbar auf den M-Commerce auswirken.

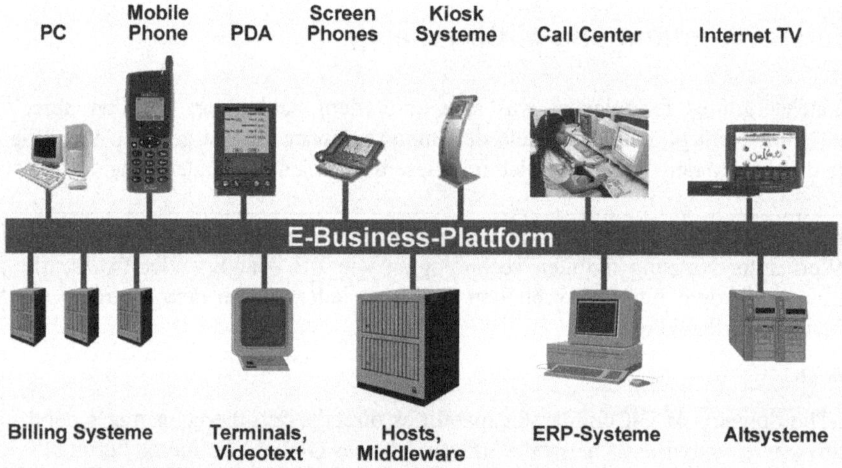

Abb. 2: Einordnung des M-Commerce in den E-Commerce.

M-Commerce weist aber einige Stärken auf, die E-Commerce nicht vorweisen kann. So wird besonders die Mobilität unterstützt, was sich positiv auf zeitkritische Anwendungen auswirkt. Man denke an Auktionen, bei der der Bieter unabhängig von seinem Standort über den Auktionsstand informiert wird und er „anytime" und „anywhere" reagieren kann. Mit Hilfe der Lokalisierungsfunktionen können völlig neuartige Services geschaffen werden, wie z.B. das Auffinden des nächstgelegenen Geldautomaten. Mit Hilfe der SIM-Karte lässt sich eine relativ sichere Zuordnung des Diensteempfänger z.B. bei der Bezahlung mittels Handy herstellen, die es im Internet nur durch die Hinzunahme von spezieller Soft- oder Hardware gibt, die aber heute noch nicht zur Standardausrüstung eines PCs gehören. Es gibt noch weitere positive Faktoren, die die Mobilfunkbetreiber dazu motiviert hat, ihre Hoffnungen in den M-Commerce zu setzen.

Durch den Margenverfall im Sprachbereich suchen die Mobilfunkbetreiber nach neuen Einnahmequellen und pushen deshalb die neuen Datenapplikationen. Sie bauen ferner darauf, dass die Loyalität bei Kunden, die viele verschiedene Datendienste bei ihrem Betreiber gebucht haben, steigt und die sog. Churn-Rate (Kündigungsrate) sinkt. Ein durchaus gewichtiger Aspekt, denn durch die anstehende Nummernportabilität kann jeder Kunde in Zukunft seine Nummer behalten egal welchen Betreiber er wählt. Dabei kommt den Mobilfunkanbietern zugute, dass die Kunden durch E-Commerce bereits eine gewisse Affinität zum anonymisierten Verkauf durch elektronische Medien entwickelt haben. Die meisten Kunden wissen bereits durch SMS und die UMTS-Versteigerung, dass man mit einem Handy in Zukunft mehr als nur telefonieren kann.

Trotz der Unterstützung der Mobilfunkbetreiber und der wirklich stichhaltigen Vorteile des M-Commerce ist die augenblickliche Situation von echten Rückschlägen gekennzeichnet.

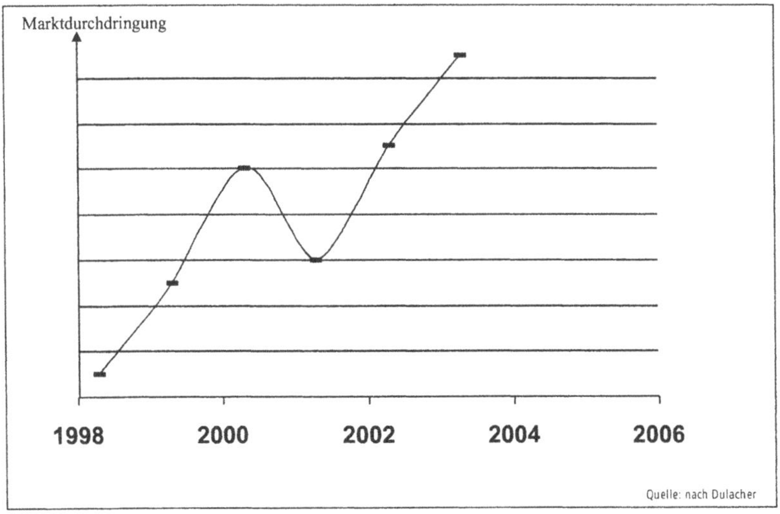

Abb. 3: Hype-Kurve (Durlacher)

T-Mobil kündigte vor kurzem an, dass die Einführung von UMTS nicht vor 2003 stattfinden wird. Der Feldversuch von BT auf der Isle of Man verzögert sich um ein halbes Jahr und selbst im Musterland des M-Commerce Japan wurde eine Verschiebung von UMTS von April auf Oktober notwendig. Eine Studie des ECO hat ergeben, dass 75 % der Befragten glauben, dass UMTS als technischer Träger für den M-Commerce erst frühestens 2005 Erfolge zeigen wird.

Zusätzlich zu der eklatanten Zeitplanverschiebung fallen die Aktienkurse der Mobilfunkbetreiber und Ausrüster ständig weiter, so dass eine Finanzierung der Diensteentwicklung für M-Commerce immer schwieriger wird.

Wie groß die Verunsicherung ist, zeigt sich auch in den Veröffentlichungen über die Umsatzpotenziale des M-Commerce. Die Spannbreite der Umsätze bis 2005 reicht hier von 500 Mrd. US$, die von einem Marktforschungsunternehmen mit dem Namen Renaissance Worldwide ermittelt wurden bis hin zu 5,2 Mrd. US$, die die Forrester Research Group prognostiziert. Unternehmen wie Gartner, IDC oder auch die Unternehmensberatung Accenture schätzen das Potenzial auf 40-60 Mrd. US$ ein.

Außerdem schwindet das Interesse am Gebrauch von WAP und viele Unternehmen, die sich auf das Geschäft mit mobilen Applikationen fokussiert haben, stehen vor dem Aus. Ein Blick auf die letzten Statistiken zeigt, dass in Europa nur rund 5 % der Telefonkunden WAP-Dienste nutzen, während der Nutzungsgrad in den USA sogar unter 1 % liegt.

Was oder wer ist schuld an der Misere des M-Commerce?

Woran liegt es nun, dass sich die Erwartungen bisher nicht erfüllt haben? Es gibt viele Argumente, die eigentlich dafür sprechen, dass M-Commerce erfolgreich ist. Warum kommen diese nicht zum Tragen? Sind die Probleme des M-Commerce systemimmanent oder eher hausgemacht?

Während im technischen Bereich fast alle wesentlichen Fragestellungen (vielleicht mit Ausnahme des Problems Serviceeinheiten einzeln zu berechnen) theoretisch als gelöst zu betrachten sind, hat der User im operativen Geschäft noch mit großen Schwierigkeiten zu rechnen. So muss der geneigte Kunde feststellen, dass der Verbindungsaufbau nicht nur lange dauert und die Verbindung andauernd unterbrochen wird, sondern auch, dass die mobilen Endgeräte größtenteils für Anwendungen im mobilen Datenverkehr ungeeignet sind. Sollte das noch nicht abschreckend genug sein, fällt es schwer sinnvolle Anwendungen zu finden, die auf den Stärken des M-Commerce wie Zeit- und Ortsunabhängigkeit oder die Möglichkeit der Lokalisierung aufbauen. Oft genug werden Websites einfach nur übersetzt, was für die Benutzer sehr frustrierend ist. Eine konzeptionelle Bearbeitung der Applikationen in Bezug auf die Mobilisierung findet nicht statt. Das Interface ist vielfach zu kompliziert und man braucht zu viele „Click-Throughs“, um an das Ziel zu gelangen. Dies macht den M-Commerce Einkauf oft teurer als den herkömmlichen Einkauf, was für die Kunden inakzeptabel ist und auch Zeitersparnisse durch das Medium kann der Nutzer nur selten realisieren. Die Applikationen lassen jeden Witz und Spaßfaktoren vermissen. Es bereitet wahrlich kein Vergnügen, sich mit M-Commerce auseinander zu setzen. M-Commerce heute ist wie E-Commerce im Jahr 1994!

Auch die Business-Modelle lassen heute stark zu wünschen übrig und sind nach Meinung der Autoren als Hauptgrund anzusehen, warum sich M-Commerce nur sehr schleppend entwickelt.

Es existieren heutzutage noch zu viele, zu unübersichtliche und zu teure Tarife, die die Kunden davon abhalten, sich genauer mit den über das Telefonieren hinausgehenden Funktionen zu beschäftigen. Die Kosten müssten außerdem transparent und überschaubar sein, was sie heute zweifelsohne nicht sind.

Die Business-Modelle für die Applikationen sind bei weitem zu kompliziert. Beim M-Commerce-Vertrieb von Musik können beispielsweise 20 Unternehmen und Organisationen identifiziert werden, die bei jedem Download partizipieren wollen. Dies führt nicht nur zu komplexen Abstimmungsprozessen, sondern trägt dazu bei, dass die Dienstleistung nur zu unattraktiven Preisen abgegeben werden kann. Ein effizientes und wettbewerbsfähiges Pricing ist aber eine Grundvoraussetzung für den Erfolg des M-Commerce. Eine Konsolidierung und Bildung von handlungsfähigen Allianzen scheint die Lösung zu sein. Es sind aber vor allem die Mobilfunkbetreiber, die nicht bereit sind, die Wertschöpfungskette auseinander zu brechen und Partner am Umsatz zu beteiligen.

Abb. 4: Wertschöpfungskette M-Commerce

Die Zulieferer von M-Commerce Applikationen (z.B. Mobile Entertainment) müssen sich mit Refinanzierungen aus Werbung und Sponsoring begnügen, was für eine aktive Entwicklung von interessanten Diensten allerdings nicht ausreichend ist. Diese Lieferanten betreiben ihr Geschäft heute als reines Zuschussgeschäft und deklarieren diese häufig als Marketingaufwendungen. Diese Praxis ist insbesondere unter den Banken sehr beliebt. Hier müsste ein echter Umdenkungsprozess auf Seiten der Mobilfunkbetreiber einsetzen, der die Tabuisierung des Airtime- oder Revenuesharings aufhebt.

Ein stichhaltiges Indiz, dass die Probleme des M-Commerce nicht systemimmanent sind, sondern eher an den handelnden Parteien festzumachen sind, kann man bei NTT DoCoMo mit seinem beliebten i-mode-Service finden (Der i-mode-Service bietet dabei die gesamte Palette der M-Commerce-Dienstleitungen). NTT-DoCoMo handelt dabei streng nach dem Grundsatz „Teile und Herrsche". Das Geschäftsmodell ist einfach. Die Anbieter einer i-mode Dienstleistung erhalten sage und schreibe 91 % des Umsatzes mit diesem Service. 9 % scheinen für NTT ausreichend zu sein, um die Rechnungsstellung und das Inkasso zu finanzieren.

Auch auf der Abnehmerseite existiert ein attraktives Gebührenmodell, das von einer niedrigen Grundgebühr und geringen Gebühren für die Datenpakete ausgeht und für jeden in Anspruch genommenen Dienst eine Flatfee (Subskriptionsmodell) berechnet. Der Vorteil besteht darin, dass der Kunde nicht sofort einen Gebührenzähler im Kopf mitlaufen lässt. Sehr wesentlich ist dabei, dass der Gesamtpreis niedriger gestaltet ist als im stationärem Handel. Ein Spiel oder Musiktitel, der via Mobile heruntergeladen wird, muss auf jeden Fall günstiger sein, als wenn man ihn im Laden kaufen würde.

Das Beispiel NTT DoCoMo zeigt sehr eindringlich auf, dass Revenue-Sharing mit den Content-Anbietern ein Modell ist, bei dem alle Beteiligten inklusive der End-User profitieren. Da es finanziell attraktiv ist, einen Dienst anzubieten, gibt es so viele verschiedene Services. Die Anbieter erhalten eine faire Chance, ihre Investitionen zu amortisieren.

Next Steps im M-Commerce – Where is the Beef?

Trotz aller Schwierigkeiten sollte man sich davor hüten, M-Commerce schon abzuschreiben. Die Services und Funktionen besitzen nach wie vor ihren Sinn und Zweck und stellen innerhalb der Multi-Channel-Strategie einen weiteren Kanal dar, der die Kunden genau dort abholt, wo sie sich gerade befinden. Gerade im Portal-Bereich wird diese Strategie als der nächste entscheidende Entwicklungsschritt angesehen.

Es bleibt aber dabei, dass sich die Player in diesem Szenario noch sehr stark bewegen müssen, um zum Erfolg zu gelangen. Damit sind aber auch die zeitlichen und ökonomischen Abschätzungen obsolet, was sich augenblicklich schon sehr deutlich zeigt.

Im Schatten des publikumswirksamen M-Commerce im Consumerbereich entwickelt sich kaum wahrnehmbar die B2W (Business to Workforce) Sparte. Während sich das B2C-Geschäft schon vor größeren Erfolgen in einer rezessiven Phase befindet, entwickeln sich die B2W-Lösungen zu einem soliden Fundament des M-Commerce. **„The Consumer market is the Driver, but it will be the Business Market that will drive the Revenues!“** D.h. dass der Massenmarkt eine sehr wesentliche Rolle für die Evolution spielt, da dort den Nutzern neue Verhaltensweisen beigebracht werden. Genau wie im Internet sind es aber dann die B2B-Entwicklungen, die den Unternehmen (Anwender als auch Entwickler) gute Umsätze bescheren, während die B2C-Community noch heute auf ihre geradezu phantastischen Gewinne wartet. Auch hier lassen sich deutliche Parallelen zwischen mobilen und Internetanwendungen erkennen: Zunächst kommen die B2C Anwendungen und dann mit zeitlicher Verspätung die Corporate Solutions. Die Unternehmensberatung Diebold schätzt sogar, dass das Marktvolumen bei B2W 10- bis 12-mal höher ist als das Massengeschäft. Es geht beim B2W aber nicht um den Ausbau neuer Einnahmequellen, der Fokus liegt hier in der Optimierung von Unternehmensprozessen. Letztendlich geht es um die Realisierung von Einsparpotenzialen. Durch diese „Spitze-Bleistift-Motivation“ haftet den B2W-Applikationen ein eher spröder Charme an. Es gibt weder spannenden Spiele, praktische Bezahlfunktionen noch mitreißende Musik. Auch das Business-Modell im B2W ist sehr herkömmlich. Das Geld wird durch Lizenzen oder im Projektgeschäft verdient, wodurch die Umsatzerwartungen gleich auf einem ganz anderen Niveau als im Massenmarkt liegen.

Noch ist der B2W-Markt so unreif, dass sich bislang keine dominierende Player entwickeln konnten. Da der Entscheidungszeitraum für solche Projekt bei 6-18 Monaten liegt, wird es auch erst in 2002 sichtbare (größere) Projekte in den Unternehmen geben. Obwohl sich der Bereich erst im Anfangsstadium befindet, gibt es bereits Modelle zur Effizienzmessung. In Branchen wie z.B. dem Transportgewerbe lassen sich durch Workflowoptimierung, bessere Ressourcenallokationen und erleichterten Informationszugang Effizienzsteigerungen von über 30 % erzielen.

Office
- mobile scheduling
- mobile directory
- mobile e-mail

Supply Chain Management
- mobile availability check
- mobile reservation/ordering
- mobile delivery date

CRM
- mobile access to customer data
- mobile order tracking
- mobile sales forecasting

Authentication Services
- access to buildings/rooms
- access to equipment

Job Dispatch
- mobile job assignment
- mobile work data transmission
- mobile work order tracking

(areas: transportation, utilities, field service, health care, security)

Fleet Management

Travel Services
- mobile accounting

Telematics
- mobile routing
- mobile supervision/control
- mobile self diagnostic
- mobile maintenance

Quelle Durlacher

Abb. 5: Mobile Anwendungen im B2W/B2B

Einige Beispiele aus der Praxis

Obgleich M-Commerce Anwendungen zunächst immer mit Office- und Dispatchingfunktionen sowie Außendienststeuerungen oder Warenwirtschaftssystemen in Verbindung gebracht werden, gibt es auch in der industriellen Fertigung sehr sinnvolle Anwendungen. Das Fraunhofer-Institut für Arbeitswirtschaft und Organisation IAO Stuttgart hat einen mobilen Workplace für die Produktion entwickelt. Mit Hilfe eines PDAs werden aktuelle Daten aus den Informationssystemen wie z.B. Stücklisten, Zeichnungen oder Arbeitsanweisungen geladen und dem Arbeiter in einer werkgerechten Sicht auf den Bildschirm seiner portablen Arbeitsstation geworfen. Somit erhält der Arbeiter überall in der Montagehalle notwendige Informationen. D.h., dass ein ortsungebundenes Arbeiten im gesamten Abdeckungsbereich möglich ist.

Daneben gibt es im industriellen Bereich noch die M2M-Applikationen (Machine to Machine), bei denen Maschinen an das Mobilfunknetz angeschlossen werden, um bei Störfällen oder Wartungsarbeiten remote bedient zu werden. Ein Beispiel hierfür kann eine Werkzeugmaschine sein, die über ihren Zugang zum Netz beim Leitstand des Herstellers meldet, dass ein Softwareproblem aufgetreten ist. Beim Hersteller wird nun automatisch ein neue Software auf die Maschine heruntergeladen.

Zuletzt soll noch ein Beispiel aus dem Bereich Office beschrieben werden. Die VIVAI Software AG entwickelt für seine Kunden mobile Corporate Portals. Dies bedeutet, dass wichtige Funktionen der Intranets der Kunden mobilisiert werden. Die Multi-Channel Strategie spielt auch hier eine wichtige Rolle. Der Mitarbeiter soll überall mit den entsprechenden Informationen versorgt werden. VIVAI hat zu diesem Zweck eine Toolbox mit dem Namen @mobile entwickelt, die die Mobilisierung von Office Applikationen mit vertretbarem Aufwand erlaubt.

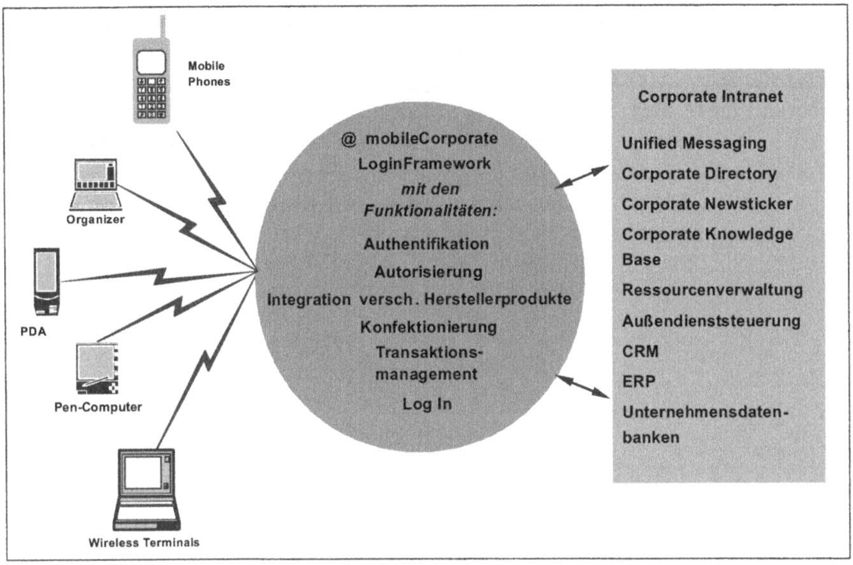

Abb. 6: Toolbox @mobile von VIVAI

Der Vorteil zu proprietären Lösungen z.B. SAP, die ebenfalls im mobilen Umfeld arbeitet, besteht in der nahtlosen Integration der unterschiedlichen Applikationen verschiedener Hersteller. Der Kunde erhält einen zentralen Einstiegspunkt für die mobilisierten Applikationen. Die @mobile-Toolbox ist eine Standardintegrationssoftware, die die Anbindung von verschiedensten Intranet-Applikationen an die ganze Palette der mobilen Endgeräte erlaubt.

Die @-mobile Suite „mobilisiert" die Unternehmensapplikation mit einer durchgängigen Lösung vom stationären zum mobilen Intranet. Integriert werden schon bestehende Anwendungen aus dem Intranet oder Stand-Alone-Lösungen.

Derzeit wird @mobile in einem Pilotprojekt bei einem Versicherungsmakler mit 6 Mitarbeitern getestet.

Mit seinem Entschluss möchte der Versicherungsmakler seinen Außendienst kostengünstiger unterstützen und ihn durch besseren und schnelleren Informationsaustausch reagibler machen. Einsparungen von ca. 30 % werden innerhalb des Projekts angepeilt.

Durch den Austausch eines sperrigen Laptop gegen einen kleinen Organizer werden schon bei der jetzt anstehenden Ersatzanschaffung Kosten eingespart. Wesentlicher sind aber die Costs of Ownership (ca. 12.000 DM bei dem Versicherungsmakler), die massiv gesenkt werden können. Natürlich schlagen bei dieser Lösung andere Kosten zu Buche, wie z.B. die Verbindungskosten.

Der Makler entschied sich für diese Lösung, da es für ihn sehr wichtig ist, dass seine Mitarbeiter Echtzeitdaten ihres Kundenkreises vor Ort bekommen können. Die gängige Praxis mit CD-Rom und Telefon erschien ihm nicht aktuell genug. Dabei geht es nicht nur um Daten bestehender Verträge, sondern auch Details vorangegangener Gespräche und aktuelle Informationen über eventuelle Schadensverläufe und deren Regulierung. Die implementierte Lösung besteht neben der mobilen Lösung auch aus einem stationären Intranet, das von zu Hause aus bedient werden kann.

Während die Außendienstmitarbeiter heute häufig ins Büro kommen, um sich über eine Diskette, eine CD-Rom oder einen Ausdruck ein Update der aktuellen Kundendaten zu verschaffen, kann die Zahl dieser Besuche deutlich reduziert werden, da sich der Mitarbeiter auch unterwegs ganz selbständig informieren kann, womit dann wieder mehr Zeit für Kunden bleibt.

1.7 Was Japans i-mode-Erfolg wirklich lehrt

Harald Behnke

Einführung

Motoki Masahitu (23) liest in der Tokioter U-Bahn wie viele Japaner gerne Nachrichten und Comics – und zwar auf seinem „i-mode" Internet Handy. Natürlich zahlt Motoki für gute Unterhaltung ähnliche Preise wie für Zeitschriften am Kiosk. Für seine Lieblingsangebote kommen da umgerechnet knapp 20 € im Monat zusammen. Was in 2001 bei gut 26 Millionen i-mode Kunden an die 500 Mio. € pro Monat und damit 20 % des Gesamtumsatzes seiner Telefongesellschaft NTT DoCoMo[1] ausmacht.

Szenenwechsel. Auch Monika Mustermann (24) aus München liebt leichte Unterhaltung und hat so ein Internet Handy – doch sie nutzt keine WAP-Dienste. Wie über 70 % aller WAP-Kunden, denen schlechte Inhalte und langsame Technik den Spaß verderben, meldet die Informa Telecoms Group. Schade, daher gibt es bei Monikas Telefongesellschaft und den Dienstanbietern auch keine überzeugenden Umsatzzahlen.

Was ist passiert? Kein Mobilfunkunternehmen in Europa bestreitet heute, das die WAP-Einführung gescheitert und Japans i-mode die überlegende „Best-Practice" des mobilen Internet ist. Selbst die GSM-Association folgt mit ihrem Datendienststandard „M-Service"[2] inzwischen dem i-mode-Modell. Die Schlüsselfrage bleibt jedoch: was können europäische Unternehmen vom japanischen Erfolg wirklich lernen?

Der vorliegende Beitrag fasst zunächst die Merkmale des i-mode Erfolges mit Fakten und Beispielen zusammen. In der Analyse wird die Fehleinschätzung widerlegt, dass die i-mode Erfahrungen aufgrund japanischer Besonderheiten nicht auf Europa übertragbar seien. Die nationalen Eigenheiten führten lediglich zum früheren Markterfolg in 1999. Die sieben entscheidenden Erfolgsfaktoren der Best-Practice i-mode können jedoch international kopiert werden. Und zwar unabhängig von der i-mode Technologie oder Marke – auch wenn DoCoMo das „echte" i-mode exportieren will. Denn i-modes Gründerväter haben weniger die japanische Kultur oder Technologien, sondern die Grundgesetze von Verbrauchermärkten vor Augen gehabt. Genau aus diesem „mobilen Marktverständnis" leiten sich konkrete Handlungsempfehlungen für Unternehmen aus Mobilfunk,

---

[1] NTT DoCoMo ist die Mobilfunktochter des ehemaligen japanischen Telekommunikations-Monopolisten NTT und hat in Japan knapp 60 % Marktanteil.

[2] Die GSM Association ist als internationaler Verband der Mobilfunkbetreiber Urheber des erfolgreichen Mobilfunkstandards GSM. Information zum Standard „M-Service" unter http://www.gsmworld.com.

Medien, Industrie und Dienstleistungen ab – viele Ideen hinter i-mode können auf einfache Weise zum Wettbewerbsvorteil für europäische Unternehmen werden.

Der „i-mode" Erfolg: Mobiles Internet als Massenmedium

Für europäische Unternehmen ist schwer erkennbar, warum mobile Datendienste als Kundenkanal für Information oder Transaktion eingesetzt werden sollen. Denn fast jeder Handynutzer hat hierzulande durch persönliche Erfahrungen gelernt, dass interaktive Datendienste kaum zu gebrauchen sind. „WAP is crap" ist das verbreitete Branchenzitat zur gescheiterten WAP-Einführung[3]. Der Blick nach Japan dagegen öffnet uns die Augen, wie mobile Datendienste in vollendeter Ausprägung tatsächlich aussehen werden:

- Fakten: i-mode Verbrauchererfolg und Nutzerdemographie zeigen Merkmale eines Massenmediums für Kommunikation, Information und Transaktion.
- Fakten: Hohe Umsätze von NTT DoCoMo und Dienstanbietern zeigen die Größe des Verbrauchermarktes „Mobiles Internet" auf.
- Beispiele: Verbraucherinteraktion basiert auf nahtloser Integration von Kommunikation, Information und Transaktion.
- Fakten und Beispiele: Medien, Industrie und Dienstleister investieren für bessere Kundenbindung und neue Erlösquellen in mobile Dienstentwicklung.
- Ergebnis: Japanische Verbraucher ändern ihre Mediennutzung nachhaltig – ein mobiles Massenmedium führt zum „Mobile Digital Lifestyle".

Der Verbrauchererfolg

Insgesamt nutzten Ende Juli 2001 bereits rund 42 Mio. von 126 Mio. Japanern mobile Internetdienste. Dabei entfielen allein auf den Marktführer NTT DoCoMo i-mode über 26 Mio. Nutzer[4] – bereits 67 % seiner gesamten Mobilfunkkunden für klassische Sprachdienste.

Ende Juni 2001 gibt es 1.760 offizielle i-mode Dienste (März: 1.620) sowie 45.810 inoffizielle Angebote (März: 41.093). Seit der Einführung von i-mode im Februar 1999 ist die Churn-Rate – also die Absprungrate von Kunden – bei DoCoMo kontinuierlich von 1,75 % in 1998 auf 1,22 % Anfang 2001 gesunken.

Welche Dienstarten nutzen die i-mode Kunden? Fast die Hälfte der i-mode Nutzung (46 %) beschränkt sich auf den Bereich E-Mail. Knapp ein Drittel der Nutzung (31 %) entfällt auf die inoffiziellen Dienste und immerhin knapp ein Viertel (23 %) auf die offiziellen Angebote der über 1.700 „iMenu Sites"[5]. Klar

---

[3] Informa Group: Mobile Internet 10/2000. London, 2000.

[4] MobilMediaJapan.com; TCA Telecommunications Carriers Association; NTT DoCoMo

[5] NTT DoCoMo (Zahlen für das Quartal April bis Ende Juni 2001); sowie Pixelpark Research 9/2001

erkennbar ist, dass die offiziellen Angebote im Verhältnis zur Anzahl der inoffiziellen Diensten wesentlich intensiver genutzt werden.

Zum Vergleich: Es gibt in Westeuropa bei über 300 Mio. Einwohnern lediglich rund 10 Mio. WAP-Nutzer und etwa 30.000 WAP-Angebote – ohne jede Form von Content Billing[6] und nutzungsabhängiger Bezahlung der Inhaltanbieter. Nur der europäische SMS-Erfolg entspricht der Nutzung des i-mode E-Mail. Der Nutzen des Mobiltelefons für europäische Verbraucher basiert also im wesentlichen noch auf Kommunikation per Sprache und SMS-Kurznachrichten. Die jüngsten Erfolge von Betreiberlogos, Klingeltönen und einfachen SMS Infotainment-Diensten belegen zwar, dass es auch hier ein Potenzial für Datendienste jenseits der reinen Kommunikation gibt – aber diese Entwicklung findet bislang fast ausschließlich im Jugendmarktsegment statt.

Bei NTT DoCoMo wird dagegen prognostiziert, dass bereits Ende 2001 weit über ein Drittel der i-mode Nutzer (39 %) älter als 35 Jahre sein werden (siehe Abb. 1). Dass dieser Anteil weiter steigen wird, ist anzunehmen, da DoCoMo mit der „beginner's school" in seinen DoCoMo Shops versucht, speziell ältere Kunden zur i-mode Nutzung zu motivieren[7].

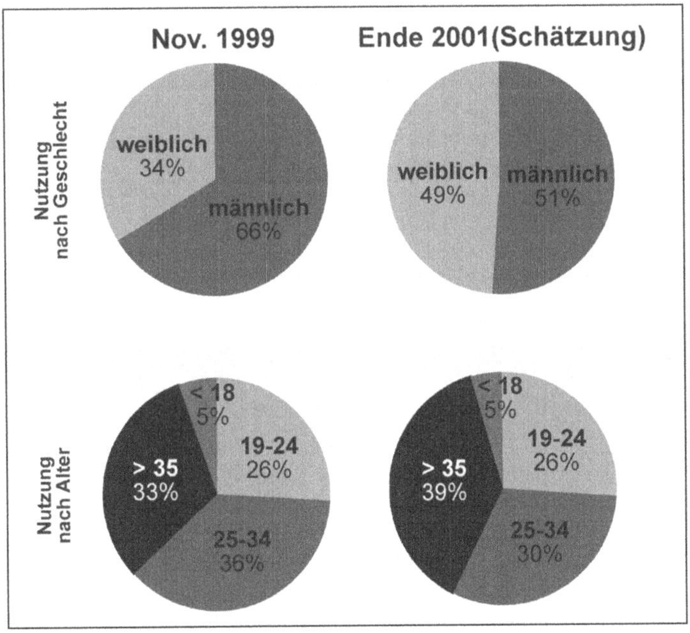

Abb. 1: Fakten und Prognose der Nutzerdemographie[8].

[6] Vgl. Puneet Gupta, S. 20, London, 2001; sowie Pixelpark Research 2001.
[7] NTT DoCoMo: http://www.nttdocomo.co.jp/p_s/docomoshop.html
[8] McAteer, S.5. New York, 2001.

Der wirtschaftliche Erfolg

i-mode erwirtschaftet den beachtlichen monatlichen Umsatz von rund 500 Mio. € und damit etwa 20 % der Gesamteinnahmen von NTT DoCoMo. Diese Erlöse setzen sich aus Service- und Content-Gebühren sowie Übertragungskosten zusammen. Die Preise für die Datenübertragung betragen umgerechnet 0,0025 € für jedes 128-byte Datenpaket. Eine i-mode E-Mail kostet damit im Durchschnitt 0,015 € und damit weniger als ein Zehntel der Kosten für eine SMS-Nachricht in Europa.

Nur 9 % der Service- und Content-Umsätze behält DoCoMo für sich, die restlichen 91 % werden an die Anwendungs-Partner ausgeschüttet. Diese hohe und direkte Erlösbeteiligung der Partner ist ein wesentlicher Erfolgsfaktor, auf den wir später zurückkommen werden. Eine große Rolle bei der Umsatzgenerierung spielen auch die inoffiziellen i-mode Angebote. Hier ist DoCoMo zwar nicht durch direktes Content-Billing beteiligt, aber profitiert von den hohen Datentransfers.

Auf diese Weise generiert DoCoMo bereits 2001 im Durchschnitt einen ARPU (Average Revenue per User) von ca. 13 € pro Monat mit stark steigender Tendenz. Nimmt man als Basis statt aller DoCoMo Mobilfunkkunden nur die 67 % i-mode Nutzer, ergibt sich sogar ein durchschnittlicher Kundenumsatz von 20 € pro Monat. Zum Vergleich: Statt der 20 € wie in Japan erwarten europäische Analysten für 2001 lediglich einen monatlichen Daten ARPU inklusive SMS von 3,30 € in Europa (2002: 4,5 €) und von 4,10 € in Deutschland (2002: 5,4 €)[9] – falls nicht ein deutlicher Zuwachs der Verbrauchernutzung eintritt. Die WAP-Einnahmen haben bei dieser Rechnung nur einen einstelligen Prozentanteil.

i-mode „zum Anfassen"

Zum Start Anfang 1999 versuchte DoCoMo wie viele europäische Mobilfunkbetreiber vergeblich, Kunden mit „rationalen" Anwendungen wie Mobile Banking und E-Commerce zu gewinnen. Diese wurden zunächst weitgehend ignoriert – der Durchbruch beim Konsumenten erfolgte vor allem mit „trivialer" Unterhaltung. Von Horoskopen über Nachrichten zu Comics – vor allem jüngere Zielgruppen trieb anfangs die Neugierde ins mobile Internet, um das neue Medium „spielerisch" zu erlernen. Dabei änderten die Trendsetter und Early Adopter stetig ihre Mediengewohnheiten und wurden zu Meinungsführern des „mobilen Lifestyles". Zufriedene Kunden führen so zu selbstverstärkenden „Netzeffekten", denn mit jedem aktiven Nutzer wächst der Wert der Community und die Anzahl der inoffiziellen Content-Angebote. Besonders die beiden letzten Faktoren sind kaufentscheidende Vorteile eines interaktiven Dienstes gegenüber klassischen Medien, wie vor allem die AOL-Strategie belegt.

NTT DoCoMo unterteilt i-mode (abgesehen von „Mail") in sechs Inhalte und Dienst-Kategorien, welche die wesentlichen vier Grundbedürfnisse der Verbraucher bedienen:

---

[9] Vgl. Müller-Veerse, Durlacher UMTS Report 2001, S. 131 und 134. London, 2001.

Tab. 1: i-mode bedient verschiedene Grundbedürfnisse der Verbraucher[10]

	Nutzung in % (ohne Mail)[11]	Soziale Netz-werke	Unterhaltung & Ent-spannung	Organisation des Alltags	Information, Nachrichten & Fortbildung
1. Mail	-	+++		+	
2. Ringing tone/ Screens	32	+	+++		
3. Game/ Horoscope	18		+++		
4. Entertainment	21		+++		
5. Information	19		+	+	+++
6. Datenbanken	4			+++	+
7. Transaktion	6			+++	

+++ = Hauptkriterium des Konsumenten; + = Nebenkriterium des Konsumenten

Dabei sind über 1700 offizielle i-Mode Partnerangebote im sogenannten „iMenu" verlinkt. Bei vielen Anbietern in einer Kategorie (z.B. Nachrichten) wird die jeweilige Platzierung im i-mode Menü vom Konsumentenerfolg bestimmt – und kann vom Content-Partner auch gegen Bezahlung nicht beeinflusst werden.

Offizielle Inhalte und Anwendungen

Für die beliebten Angebote in den Bereichen Unterhaltung, Spiele und Information sorgen sowohl innovative Kleinunternehmer als auch nationale und internationale Konzerne wie Bandai, Matsushita, Yahoo, Disney, CNN oder FedEx. Vergleichbares unternehmerisches Potenzial gibt es überall in Europa – auf der i-mode Dienstanbieterseite gibt es keine wesentlichen japanischen Besonderheiten.

Einer der erfolgreichsten Content Partner auf den offiziellen i-mode Websites ist die japanische Firma Cybird. Sie startete im Februar 1999 mit 4 i-mode Angeboten und bietet heute 23 offizielle Services an. Zwei der erfolgreichsten Inhaltsarten sind Ringing Tones und Informationsangebote (siehe Abbildung 2 und 3). Mittlerweile ist aus dem Content Anbieter sogar selbst ein wichtiger Content-Aggregator geworden, der selbst mehr als 60 Zulieferer hat. Zu diesen Partnern gehört auch der Disney Konzern, der Dienste wie „Character Town", „Melody Place" sowie ein Fan Magazin anbietet.

---

[10] Die vier genannten Grundbedürfnisse entsprechen den vier Funktionsbereichen des Haushalts, die über (interaktive) Medien befriedigt werden. Sie basieren auf dem „Modell der dedizierten Kommunikation" aus dem Standardwerk „Die Internet Ökonomie" (Zerdeck, 1999 S. 218 ff.); Pixelpark Research 2001.

[11] NTT DoCoMo (Zahlen für das Quartal April bis Ende Juni 2001).

Beispiel „Unterhaltung“

i-mode Nutzer können sich Klänge unterschiedlicher Musik-Genres – anders als in Europa – zunächst anhören und daher komfortabel auswählen, bevor sie die Musik downloaden.

Die Klingeltöne werden von den Nutzern dabei nicht nur zur Unterhaltung genutzt, sondern dienen oft auch dem Ausdruck der persönlichen Individualität, da in der japanischen Kultur das Keitai (Handy) eine noch wichtigere Rolle als Statussymbol spielt als in Europa.

Abb. 2: Cool Sound Ringing Tone (Copyright: Cybird Co., Ltd., 2001)

Beispiel „Information“

Dieses Freizeit-Informationsangebot kombiniert gleich mehrere der erfolgreichsten i-mode Services. Die Hauptthemen dieser Seiten sind einerseits aktuelle Wind- und Wetterbedingungen der personalisierten Surfgebiete, für die sich der Nutzer registriert. Darüber hinaus werden weitere Informationen rund um das Thema Surfen angeboten. Zudem wird dem Nutzer noch der beliebte Service geboten, sich Logos von Surf-Marken wie „Reef“ als Hintergrundbild für Startbildschirm und Uhr zu laden.

Abb. 3: Nami Densetsu Surf-Informationen (Copyright: Cybird Co., Ltd., 2001)

Beispiel „Games“ (Interaktive Spiele)

Diese von Hudson Soft entwickelten Spiele nutzen die erweiterten Java-Funktionen von i-mode „i-appli“ Handys.

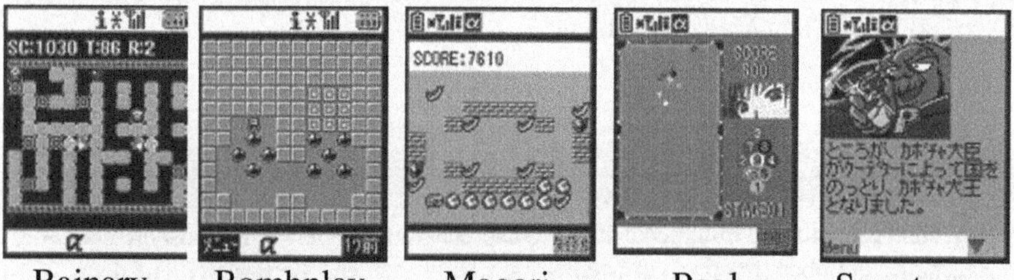

Bainary Bombplay Magari Pool Sarartoma

Abb. 4: Games (Copyright: Hudson Soft, Ltd., 2001)

Hudson ist einer der erfolgreichsten Spielanbieter auf i-mode und entwickelt ebenfalls für Spielkonsolen und PC. Nach Schätzungen des Magazins J@pan Inc. sind 9 der Top 10 Java Downloads für i-mode Spiele[12]. DoCoMo gab bei einer Analysten-Konferenz bekannt, dass Javanutzer im Durchschnitt das 2,5-fache Datenvolumen im Vergleich zu normalen Nutzern generieren[13], was Spiele-Anwendungen sehr lukrativ macht. Eine der wichtigsten japanischen i-appli Websites www.g-appli.net, auf der Entwickler ihre Applikationen registrieren können, zeigt, dass ca. 75 % der Downloads Spiele sind[14].

Inoffizielle Inhalte und Anwendungen

Die inoffiziellen Inhalte des i-mode Internets dominieren quantitativ mit über 90 % deutlich das i-Menu der offiziellen Content- und Service-Partner. Obwohl auch diese Inhalte der Kontrolle von DoCoMo unterstehen, gelten hier „lockerere" Regeln. Das Angebot von Freeware, Games, Screens, Information und Unterhaltung ist vielfältig und gerade deshalb beliebt. Diese Inhalte unterscheiden sich in der Qualität oft kaum von denen der offiziellen Content Partner. Aber es gibt auch inoffizielle Angebote, über die man insbesondere bei DoCoMo ungern spricht – zum Beispiel den Bereich Erotik. Die Haltung hierzu bei DoCoMo ist sehr konservativ, wodurch viele Anbieter in diesem Bereich gezwungen waren, ihren Content auf den Plattformen der Konkurrenten J-Phone und KDDI zu offerieren.

Doch der große Erfolg dieser Services zwang DoCoMo, auch bei i-mode Zugeständnisse beim Thema „Inhalt für Erwachsene" zu machen. Denn wenn in 2002 durch neue Technologien erst die Darstellung von Videos möglich wird, ist mit noch größerer Nachfrage und substanziellen Umsätzen zu rechnen.

Unabhängig von der moralischen Bewertung in der japanischen oder europäischen Gesellschaft sind diese Inhaltsarten vor allem als Indikator für das Erfolgspotenzial eines neuen (Massen-)Mediums wichtig. Vieles deutet darauf hin, dass Erwachseneninhalte wie Erotik, die u.a. bereits dem VHS Videosystem im Konkurrenzkampf mit Betamax zum Durchbruch verholfen haben, auch für i-mode wichtig sind. Der Vergleich mit dem PC-basierten Internet stützt die Annahme, das die Akzeptanz in dieser Kundengruppe ein Schlüsselindikator für den Durchbruch zum Massenmedium ist[15].

---

[12] J@pan Inc, Juni 2001.

[13] Vgl. Rose, 2001, S. 133.

[14] Mobile Internet, June 1, 2001, S. 10: Case study i-appli: i-appli gets developers flocking toward Java applications.

[15] Siehe hierzu Klein, 1999 und Juva, 2001 sowie die "Top 50 WAP search terms" (Mopilot, May-01). In: Mobile Internet, 15.6.01, 2001, Seite 14.

Japanische Besonderheiten führten 1999 zum frühen Markterfolg

Aus vielen Gesprächen mit Vertretern von Mobilfunk- und Medienunternehmen wird deutlich, dass die einfache Übertragbarkeit der i-mode Erfolgsfaktoren oft nicht erkannt wird. Um die Gültigkeit der i-mode Erfahrungen für Europa beweisen zu können, müssen die Erfolgsfaktoren also zunächst um etwaige japanischen Besonderheiten „bereinigt" werden. Diese nationalen Merkmale der Kultur des Keitai (Handy) existieren natürlich. Im folgenden wird aber dargelegt, dass diese nur der *Grund für den frühen Zeitpunkt* des Erfolges von i-mode in 1999 – aber *keinesfalls für den Markterfolg an sich* – sind. Denn während mobile Datendienste in Europa selbst 2001 kaum messbare Umsätze außerhalb der Mobilfunkbranche bewirkten, ließen japanische Besonderheiten bereits 1999 einen in dieser Form *derzeit* einmaligen mobilen Verbrauchermarkt entstehen:

- Einige Merkmale der japanischen Kultur und Volkswirtschaft beschleunigten dabei das Verbraucherinteresse.
- Die eingesetzten Technologien (bzgl. Internet, Endgeräte und Mobilfunk) beschleunigten die massive Bereitstellung von mobilen Anwendungen.
- Die Rolle des Ex-Monopolisten NTT DoCoMo wirkte auf alle anderen Branchen entwicklungsbeschleunigend und „inhaltstärkend".

Falls Sie den Argumenten zur „Ausnormalisierung der japanischen Faktoren" folgen, steht der Wiederverwendung der i-mode Erfahrungen in Europa wenig entgegen.

Kulturelle Faktoren

Geringe PC-Penetration und viel Lebenszeit im öffentlichen Raum

Die Internet- und PC-Penetration ist in Deutschland und Japan 2001 relativ ähnlich[16]. Doch gerade im Stadtgebiet von Tokio mit ca. 30 Mio. Einwohnern lag die PC Penetration Anfang 2001 mit ca. 20 % um etwa 10 % niedriger lag als der Landesdurchschnitt[17]. Hier spielt sicherlich das allgemeine Platzproblem in Tokio ein Rolle. Die Japaner verbringen aufgrund des geringen Wohnraums eine hohe Lebenszeit im öffentlichen Raum. Die PC-basierte Internetnutzung von zu Hause wird durch relativ hohe Kosten für Festnetztelefonie behindert[18].

---

[16] Vgl.: Taylor Nelson Sofres Interactive: Internet users across the world, 2001; ETC New Media Monitor: http://www.netscope.org.uk/scripts/marketspg2.asp?country=jpn&countryname=Japan

[17] Kamel Maamria: Made in Japan. In: International Telecommunications, February 2001.

[18] Kyoko Fujimoto: Getting Caffeine Junkies Hooked on the Net. In: J@pan Inc Magazine, June 2001.

Daraus entsteht das besondere Phänomen, dass japanische Verbraucher-Endgeräte fast immer mit privaten Accessoires als Ausdruck der Individualität verziert sind und der Besitzer auch emotional eng mit seinem *Keitai* (Handy) verbunden ist. So verstecken Schulkinder selbst in den Batteriefächern ihrer Mobiltelefone private Botschaften oder Briefchen. Vergleichbare Darstellungsformen der Persönlichkeit mit gleicher sozialer Funktion sind in Europa weniger an Mobiltelefonen, sondern in der häuslichen Privatsphäre zu finden.

Abb. 5: Handy Accessoires

Japanische Technikverliebtheit und -verspieltheit

Die japanische Gesellschaft ist schon immer sehr technik-affin gewesen[19]. Ein Beispiel hierfür sind die Java i-appli Handys, die in der Regel mindestens 350 € kosten und von denen allein DoCoMo seit der Einführung Anfang 2001 bis September 2001 schon 6 Mio. Stück verkauft hat.[20]

Außerdem gehen Japaner häufig sehr „verspielt“ mit Technik um, was Erfindungen wie das Tamagotchi von Bandai begünstigt haben. Ähnliche Spiele hat Bandai auch für i-mode entwickelt. Ein Beispiel: Bei der Simulation eines Cyber-Girlfriends können i-mode Nutzer für eine monatliche Gebühr von 2,50 € zwischen sieben unterschiedlichen „virtuellen Freundinnen“ wählen – von Kellnerin über Lehrerin bis zur Discoqueen. Jeden Tag kann der Nutzer bis zu 3 Nachrichten an seine virtuelle Freundin schicken, wobei die Antworten von einem Computerprogramm generiert werden. Ziel ist es für die männlichen Nutzer möglichst viel über ihre neue Freundin herauszubekommen. Insgesamt hat der User 3 Monate Zeit, um mit „Einfühlungsvermögen“ bis zu 52 Geheimnisse seiner Cyber-Partnerin zu entlocken. Immerhin haben dieses Spiel schon mehr als 30000 japanische Männer abonniert[21].

Japanische Vorlieben für Mangas und Comic-Kultur

Generell nutzten Japaner die Medien natürlich wie andere Nationen auch – je nach sozialem Standpunkt für Unterhaltung oder Information vom Trivialsegment bis zur Hochkultur. Die spezielle japanische Manga Comic Kultur und auch die generelle Affinität zu Comic- und Zeichentrick-Figuren ist ein einflussreicher Faktor für die frühere Entwicklung des mobilen Internets in Japan. Sie eignet sich nicht

[19] Kamel Maamria: Made in Japan. In: International Telecommunications, February 2001.
[20] NTT DoCoMo.
[21] Get Mobile!: Eyeing-up i-mode, S.15. Mai 2001.

nur zur einfachen medialen Umsetzung von Gesten und Emotionen – also Elementen der Kommunikation, die im geschrieben Kurztext verloren gehen. Auch die technische Darstellung funktioniert bereits auf den kleinen Farbbildschirmen der ersten Generation. Daher zeigt schon die Marken-Positionierung „i-mode = Fun", warum alleine das Anschauen von i-mode Seiten Spaß macht – was man von WAP nicht gerade behaupten kann.

Marktwirtschaftliche Faktoren

Die Auswirkung von volkswirtschaftlichen Besonderheiten Japans auf den i-mode Erfolg lassen sich auf die Rolle des Mobilfunkbetreibers NTT DoCoMo eingrenzen. Weder fallen andere Branchen oder Unternehmen auf, noch hat ein bemerkenswerter Wohlstand oder gut gefüllte Staatskassen zur Subventionierung von i-mode geholfen. Im Gegenteil, anders als Europa leidet Japan seit rund zehn Jahren unter teilweise dramatischen konjunkturellen Problemen – die aktuell schlechten Aussichten der europäischen Wirtschaft sollten also nicht erfolgskritisch für den Verbrauchererfolg mobiler Datendienste sein.

Ein wichtiger Aspekt für den frühen Markterfolg von Japans mobilem Internet war die starke Marktstellung des Ex-Monopolisten NTT, der mit seiner Mobilfunktochter DoCoMo bei der Einführung von i-mode einen Marktanteil von etwa Zweidritteln besaß. Aufgrund seiner Vormachtstellung konnte DoCoMo es sich leisten, für seinen japanischen Markt einen eigenen Weg zu gehen und sowohl Technik- als auch Content-Lieferanten sämtliche Bedingungen klar definiert vorzugeben.

Den wichtigen Endgeräte-Herstellern wie NEC, Panasonic, Mitsubishi, Fujitsu oder Sony wurde „erlaubt", gemeinsam mit den DoCoMo-Ingenieuren die Spezifikationen der Geräte festzulegen. Auf die interaktiven Mobiltelefone kommt nur das DoCoMo-Logo, nicht Markennamen der Hersteller. Lediglich an den Gerätebezeichnung wie z.B. N503i zeigt ein Buchstaben-Code, dass das Gerät von NEC stammt. Selbst den Verkaufspreis der Geräte und die Einführungstermine neuer Handy-Generationen legt DoCoMo fest. Trotzdem reißen sich die Hersteller förmlich darum, mit DoCoMo zusammenzuarbeiten – zu hoch sind die zu erwartenden Absatzzahlen. Zudem liefern Einblicke in Technologie, Geschäftsmodell und Nutzungsverhalten der Kunden wertvolles Wissen für die Zukunft digitaler Massenmärkte.

Unabhängig von den technischen Details ist der proprietäre i-mode Software-Standard ein kaum zu übertragender japanische Faktor der Marktstrategie. Durch seine Monopolstellung und die geringen internationalen Verflechtungen überwogen für NTT DoCoMo die Vorteile, ähnlich wie AOL einen eigenen Software Standard durchzusetzen. Die daraus folgende technische „Isolation" von den japanischen Konkurrenten konnte DoCoMo während der Markteroberung zur Wettbewerbsabgrenzung und zusätzlichen Ausbau seiner Marktmacht nutzen.

Zur Umsetzung seiner Vision brauchte DoCoMo folgende Infrastrukturmerkmale:

- den für die elementare Inhaltsproduktion durch seine Partner einfachsten Software-Standard
- den aufgrund seiner schmelzenden Monopol-Macht am schnellsten einzuführenden Software-Standard

Ein vergleichbarer Druck fehlte Europas Mobilfunkbetreiber bei der WAP-Entwicklung und führte zu großen Macht der eher technokratischen Mobilfunklieferanten. Erst in jüngster Zeit drängt die japanische Regulierungsbehörde darauf, die technische Isolation aufzubrechen. Der späte Preis für diesen Startvorteil ist möglicherweise auch, dass DoCoMo einen komplizierteren Zugang zu internationalen Märkten mit einheitlichen Standards vor sich hat.

Technische Faktoren

Die meisten technischen Merkmale von i-mode lassen sich prinzipiell sehr gut auf andere Märkte übertragen und nachahmen. Typisch für Japan war und ist nur, dass die im nachhinein überlegenden Technikinnovationen einige Jahre früher erfolgreich im Massenmarkt eingeführt wurden.

DoCoMos überlastetes Mobilfunknetz führte Mitte der 90er Jahre dazu, das Gespräche gestört und Textnachrichten verloren gingen. Um diesen Kapazitätsengpass langfristig zu beseitigen, wurde von einem Circuit-Switched auf ein flexibleres Packet-Switched Netzwerk gewechselt. Die Marketing-Herausforderung war, die Kunden an die Nutzung von Datendienste zu gewöhnen, um die Vorteile in der Netzwerkauslastung auszunutzen – die eigentliche Motivation zur Gründung von i-mode. Aufgrund einer anderen Marktentwicklung in Europa werden Paket-basierte Netze mit GPRS erst 2001 eingeführt – inzwischen weiß man durch den WAP/i-mode Vergleich, dass erst diese Technologie eine verbraucher-gerechte Zugangsgeschwindigkeit ermöglicht. Auch der DoCoMo-Gründer Keiichi Enoki hatte die Nutzung der WAP-Technologie erwogen, bis er von erfolgreicheren Tests seiner Entwickler mit einem HTML-basierten Microbrowser von Access, einer kleinen Entwicklerfirma in Tokio, überzeugt wurde[22].

Die Konsequenz sind erhebliche Kosteneinsparungen bei der Produktion, was unnötige Investitionen der Content-Partner vermeidet. Es gibt Vergleiche von Entwicklern, die ein Anwendungskonzept auf dem i-mode Standard **cHTML** in einem Tag umsetzten, dagegen für die WAP-Implementierung zwei Wochen benötigten. Die pragmatische, reduzierte Verwendung von Standards in Anlehnung an etablierte Internet-Protokolle wie HTML oder GIF-Bildern erlaubten ausgebildeten Internet-Entwicklern, ihre Produktionskapazitäten ohne große Rüstzeiten für i-mode zu nutzen. Der im Vergleich zu cHTML komplexe, technokratische WAP-Standard verteuert die Inhalterstellung unnötig.

Diese aktive Rolle des Operator-Top-Managements bei der Auswahl von Software Standards verstärkte die spätere Marktmacht beim Aufbau von i-mode. Europäische Operator haben sich bei vergleichbaren Entscheidungen im WAP-Konsortiums nicht durchgesetzt und so Marktmacht an die Techniklieferanten abgegeben.

[22] Frank Rose: Pocket Monster, S. 132. In: Wired September 2001, S. 126-135.

Die i-mode-Erfolgsfaktoren sind auf Europa übertragbar

Nachdem die nicht übertragbaren japanischen Einflussfaktoren ausgeklammert wurden, ist der Blick auf die zentralen, übertragbaren Erfolgsfaktoren i-modes frei. Die für den Durchbruch beim Kunden entscheidenden Bereiche sind in Japan und anderswo die „mobilen Inhalte und Anwendungen" – die eigentliche Service- und Medien-Innovation aus Sicht des Konsumenten. Die fast 50.000 mobilen Dienste von i-mode werden von unterschiedlichen Unternehmen nahezu aller Branchen angeboten, weshalb hier für viele europäische Firmen außerhalb der Telekomindustrie wiederverwendbare Erfahrungen vorliegen.

Der Schlüssel für den Betrieb solcher profitabler Dienste in Japan und Europa ist jedoch die erfolgreiche Zusammenarbeit mit dem Mobilfunkbetreiber – ähnlich wie große Verlage mit Kioskketten oder Fluggesellschaften mit Reisebüros kooperieren. Aus diesem Grund ist es auch für europäische Anbieter von mobilen Diensten sehr wichtig, die jeweilige Strategie ihrer Mobilfunkbetreiber sowie die technologischen Machbarkeiten zu verstehen – allein um vergleichen und „auf Augenhöhe" mit verschiedenen Telekom-Partnern verhandeln zu können. Europäische Mobilfunkbetreiber wiederum müssen verstehen, wie sie sich im Kampf um die besten Inhalte als bester Partner positionieren – schließlich stehen sie stärker als NTT DoCoMo untereinander im oligopolistischen Wettbewerb um die gleichen Content-Anbieter. Aber ob nun Mobilfunkbetreiber, Techniklieferant oder Dienstanbieter – Japan zeigt allen Beteiligten ein Win-Win-Modell auf.

Strategie des Mobilfunkbetreibers

Als Besitzer der Infrastruktur haben die Mobilfunkbetreiber die alles entscheidende Rolle der Market-Enabler, der „Marktmacher". Durch die Medienkonvergenz liegt der Paradigmenwechsel vom Sprach- zum Datendienstgeschäft vor ihnen. Erst wenn ihre Datendienst-Strategien in Netzen und Endgeräten implementiert sind, gibt es ein digitales Medium, auf dem Kunden und Dienstanbieter zusammenfinden. Welche strategischen Entscheidungen von NTT DoCoMo sollten europäische Mobilfunkbetreiber also übernehmen?

Faktor 1: Vision und Marketing für Verbrauchermärkte

Die grundlegende Unterschied zur technikverliebten WAP-Philosophie wurde mir persönlich klar, als ich einen der i-mode Gründerväter Keiichi Enoki Ende 2000 auf einer Mobile Internet Konferenz traf. In seinem simultanübersetzten Vortrag war nur ein englisches Wort zu verstehen, das jedoch alle zwei Minuten vorkam. Nicht etwa „E-Mail" oder „Internet", wie zu vermuten wäre. Es war das Wort „Consumer-Markets". Den i-mode Gründern war von Anfang an klar, das sie durch die Innovation der mobilen Datendienste einen gigantischen Massenmarkt schaffen werden. Diese Vision beeinflusst alle anderen strategischen Erfolgsfaktoren durch zwei Punkte:

- Der **Kundennutzen** *muss* Anfang und Ende aller Überlegungen sein – eine massenhafte Änderung der Mediengewohnheiten ist sonst unerreichbar
- Ein **kleiner Teil von einem großen Markt** ist viel lukrativer als ein großes Stück vom Kleinen – tausende Content-Partner sind nur bei fairer Umsatzteilung nachhaltig zu motivieren.

Ein Beleg dafür mag auch die Zusammensetzung des i-mode Managements sein. Als der langgediente NTT und NTT DoCoMo Ingenieur Enoki mit dem Aufbau von i-mode betraut wurde, hat er es abgelehnt, technikfokussierte NTT Ingenieure in sein Team aufzunehmen. Stattdessen holte Keiichi Enoki sich einen ehemaligen Wharton MBA Absolventen, Takeshi Natsuno, der zu dieser Zeit (1995) gerade dabei war, einen freien ISP im Internet aufzubauen. Für das Marketing kam Frau Mari Matsunaga, die zwar keine Erfahrungen mit Internet Technologie hatte – aber mit Konsumenten. So hatte sie vorher für populäre Frauenmagazine gearbeitet, und Frauen in den 20ern waren von Anfang an eine Kernzielgruppe von i-mode.

Eine weitere Konsequenz dieser Vision ist auch die Marketing-Strategie und das **Branding**, welches Service und Nutzen in den Mittelpunkt stellt. So steht das „i" in i-mode nicht für Internet, sondern Information – obwohl der Dienst technologisch natürlich auf Basis von Internet-Standards funktioniert. Ein eindruckvoller Beweis für diese Marketing-Strategie ist die klare **Konsumenten-Werbung** in den klassischen Medien. Durch einfache Bildschirmfotos von erfolgreichen Diensten wird der Kundennutzen auf den Punkt gebracht.

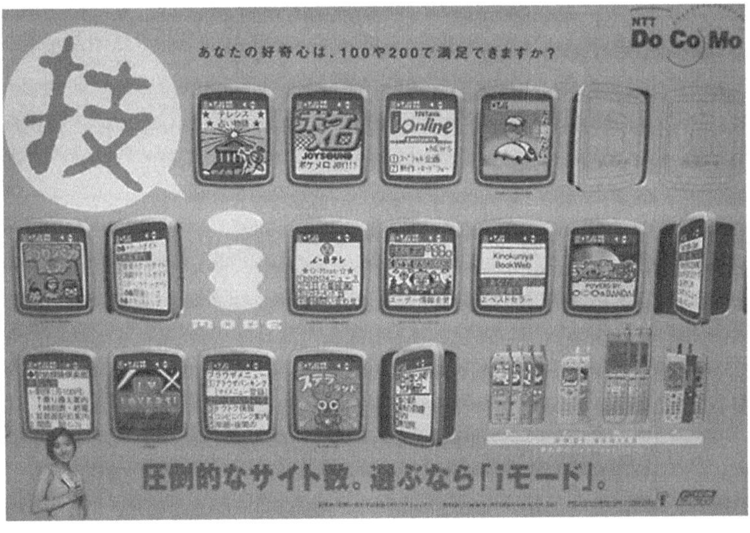

Abb. 6: Werbung mit konkreten Anwendungen, Differenzierung über Medien-Marken

Ein einziges Plakat zeigt, wie stark vordergründig technische Entscheidungen (z.B. Farbbildschirme) den Inhalte und Verbrauchererfolg beeinflussen – könnten

Sie sich diese Werbung mit 16 schwarzweißen und vierzeiligen WAP-Diensten vorstellen (s. Abb. 6)? Die weiteren Faktoren zwei bis sieben zeigen auf, wie die Umsetzung dieser Vision auch in Europa möglich ist.

Faktor 2: Business Architektur des „Positive Feedback Loop"

Die Business Architektur von i-mode hat bewiesen, dass Partner-Inhalte, höhere Mobilfunkbetreiberumsätze und eine zufriedene Kundenbasis in kurzer Zeit als Win-Win-Modell aufgebaut und erreicht werden können. Wie funktioniert diese „Positive Feedback Loop" des mobilen Internet?

Das i-mode Business-Modell erinnert weniger an die japanische Kultur als an die AOL-Erfolgsgeschichte. Zunächst wurde eine technologische Infrastruktur implementiert, die vollkommen auf Nutzerfreundlichkeit ausgerichtet ist – wir kommen später darauf zu sprechen. Ebenso wie auf die 91 % Erlösbeteiligung, welche die Content-Anbieter motiviert, aus gesunder Profitgier sofort in hochqualitative mobile Dienste zu investieren – schließlich hängt ihr Umsatz direkt von zufriedenen, zahlenden Kunden ab. Der dadurch besonders rasche Zuwachs an Inhalten und Anwendungen führt zu mehr Nutzern, und mehr Nutzer locken wiederum neue Inhaltsanbieter an. Und so weiter. Die Fakten kennen Sie inzwischen: über 1700 professionelle Content-Sites, dazu über 45.000 nichtoffizielle Angebote und knapp 27 Mio. Kunden mit durchschnittlicher Tagesnutzung von 20 Minuten. DoCoMo hat mit der i-mode Business Architektur den bislang einzig bekannten Weg zu selbstverstärkenden **Netzeffekten** in einem mobilen Datendienst entdeckt.

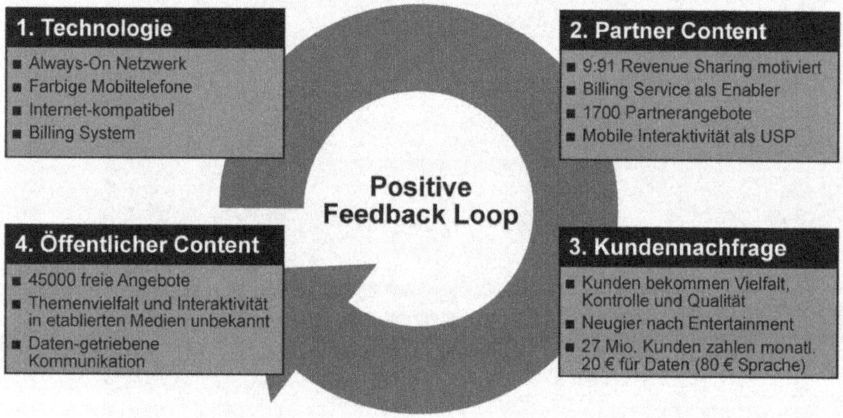

Abb. 7: NTT DoCoMos Strategie erzeugt selbstverstärkende Netzeffekte

Faktor 3: Partnering als Schlüsselmethodik

Neben der klassischen Kompetenz von NTT DoCoMo, der Vermarktung von Technologie-Infrastrukturen, verlangte der Wechsel vom Sprach- zum Datengeschäft eine **neue Kernkompetenz**: das Partnering.

Viele europäische Mobilfunkbetreiber sahen anfänglich die Medienkompetenz als ihren neuen Fokus im Datendienstgeschäft. NTT DoCoMo dagegen folgte seiner Consumer-Vision und erkannte, dass das notwendige Angebot von hochqualitativen und vielfältigen Inhalten einen Kompetenz-Mix von vielen unterschiedlichen Unternehmen verlangt. Die daraus abgeleitete Partnerphilosophie und Aufgabenverteilung entspricht in vielen Punkten einer Kioskmetapher:

- Der Mobilfunkbetreiber stellt Angebote und Dienste zusammen und bietet sie dem Kunden an – für den Service behält er **9 % Gebühr** der Inhaltumsätze ein.
- Er sorgt dabei für Abrechnung, Service und die nach Kundennachfrage gewichtete Zusammenstellung des Inhaltangebots
- **91 % der Erlöse bekommt der Content-Anbieter**. Dieses partner-freundliche Revenue-Sharing gilt als Schlüssel für die hohe Qualität und Anzahl von i-mode Diensten.
- Bestimmte aufwendigere Basis-Applikationen wie Email oder Suchmaschine werden als Enabling-Service von NTT DoCoMo oder exklusiven Partnern bereitgestellt – ähnlich wie die Eistruhe, die im Kiosk von einem exklusiven Vertragspartner betrieben wird.
- Der Content-Anbieter konzentriert sich auf seine jeweilige Kernkompetenz.
- Der Kunde profitiert durch Auswahl, Angebotswettbewerb und –qualität sowie hohe Benutzerfreundlichkeit.

Die Erfolgswerkzeuge des NTT DoCoMo **Partner Managements** sind:

- Ein klares **Partnerprogramm**, damit die Anbieter verlässlich planen können
- Einfache **technische Schnittstellen** für den Partner, die sowohl den Einstieg in die Entwicklung mobiler Dienste erleichtern als auch die Partnerbindung erhöhen (vgl.: Microsofts Windows Erfolg basiert ebenfalls auf einer extrem großen Partner-Gemeinde, die durch Investitionen in die Microsoft Technikschnittstellen gebunden ist)
- Auf Partner-Inhalte ausgerichtetes Marketing

Technologie

Dass NTT DoCoMo in Vision und Business-Architektur seinen Fokus auf Verbraucher und Partner legt, ist klar in der IT-Infrastruktur abzulesen. Die technische Überlegenheit gegenüber des europäischen mobilen Internet basiert im Ursprung auf kaufmännischer, nicht technologischer Intelligenz. Was sollte Europa von i-modes Technologie-Ideen übernehmen?

Faktor 4: IT-Architektur und -Standards

Die **paket-basierte digitale Übertragungstechnik** des DoCoMo Funknetzwerks ermöglicht eine virtuelle Dauerverbindung zum Dienst. Dieser sogenannte always-on Modus ist für die Benutzerfreundlichkeit noch wichtiger als die tatsächliche Verbindungsgeschwindigkeit, die beiderseits 9,6 kbit beträgt. Europa wird den von allen Nutzern als Hauptproblem genannten langsamen WAP-Zugang erst Ende 2001 mit Einführung der GPRS Netzwerke und Endgeräte abschaffen.

Für die DoCoMo Partner und Entwickler ermöglichen die **einfachen Datenstandards von i-mode** eine kostengünstige Entwicklung mobiler Anwendungen. In Europa wird die Anwendungs-Programmierung erst im Frühjahr 2002 durch die neue WAP Version 2.0 vereinfacht, welche Fehler der 90er Jahre korrigiert und die wesentliche Vorteile von cHTML übernimmt:

- Vereinfachung der Entwicklung durch Wechsel zur Internet-Sprache XHTML
- Ausweitung der Multimedia-Möglichkeiten durch Farbe und Bilder

Neben der Netzwerk- und Software-Infrastruktur ist aber vor allem das zentrale **Mobil-Portal** von i-mode wesentlicher Teil des Erfolges. Wie auch in allen WAP-Portalen werden die Inhalte und Anwendungen hier für den Nutzer über eine Navigation bereitgestellt. i-modes IT-Architektur (s. Abb. 10) zeichnet sich von Beginn an jedoch durch eine für alle Partner „lebensnotwendige" Komponente aus, die bis 2001 kein europäisches Mobil-Portal anbietet: die **Billing-Engine.** Diese Schlüsselapplikation verwaltet Content-Abonnements der Kunden und berechnet Erlöse an die Partner weiter.

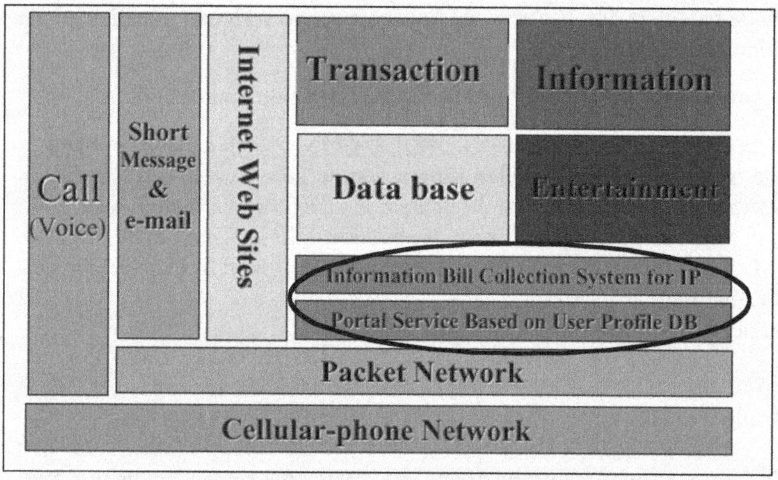

Abb. 8: i-mode IT Architektur mit zentralem Billing (Quelle: NTT DoCoMo)

Der Billing Service als Kernkomponente des i-mode Partner Programms begeistert die Internet-Abteilungen der japanischen Medienanbieter und Anwendungsentwickler, denn anders als im Internet ist die Abrechnungsfunktion so für jeden Mobil-Kunden „fest eingebaut". NTT DoCoMo kann die Anmeldeflut neuer „offizieller" Content-Partner nur mit großen Verzögerungen abarbeiten

Schließlich setzte i-mode – begünstigt durch seine Marktmacht – alle genannten technischen Komponenten als ein **einheitliches Gesamtsystem** im Markt durch und sorgte so für die **hohe Benutzerfreundlichkeit**. Bestimmte Funktionen der Benutzersoftware werden immer über gleiche Tasten im Handy angesprochen, ähnlich wie Microsoft bestimmte Menü- oder Maustastenfunktionen klar vordefiniert.

In Europa haben sich für diese Integration weder das WAP-Konsortium noch die unterschiedlichen Technikhersteller oder Mobilfunkbetreiber verantwortlich gefühlt. Erste Ende 2001 übernimmt die GSM Association diese Gesamtverantwortung. Mit Ihrem neuen „M-Service"-Standard gibt sie Software- und Hardwarelieferanten, Mobilfunkunternehmen und Entwicklern erstmals Richtlinien vor, wie GPRS- und UMTS-Datendienste von Software-Usability über Hardware-Design bis zu Aspekten der Billing-Methodik integriert aufgebaut werden sollen.

Faktor 5: Multimedia Mobiltelefone

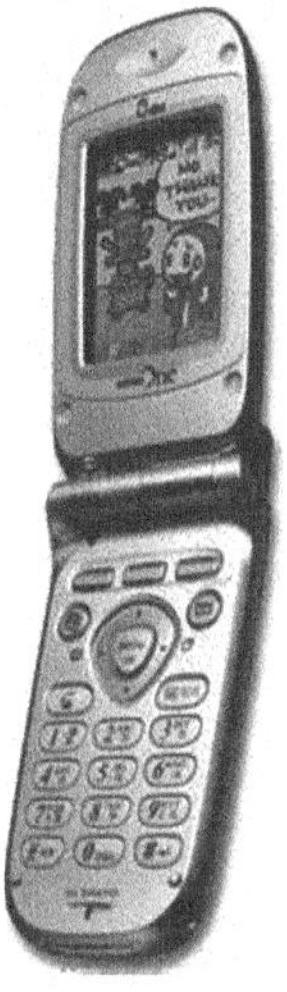

Abb. 9: **Handy mit Farbdisplay**

Der augenfälligste Unterschied zu europäischen Handys sind die bunten, großen und angenehm zu lesenden Displays der japanischen Mobiltelefone (s. Abb. 9). Einer der größten Einzelfehler der europäischen Mobilfunkbranche war Ende der 90er Jahre, die Abhängigkeit erfolgreicher Datendienste von Multimedia-Endgeräten zu übersehen[23] – die notwendigen Bildschirmkomponenten können erst in 2002 in größeren Stückzahlen geliefert werden.

So lachte NTT DoCoMos Keiichi Enoki auf besagtem Mobile Internet Kongress über seine europäischen Mobilfunk-Kollegen. Warum denn unsere Mobiltelefone S/W-Displays hätten, so seine Frage – wir würden doch auch seit 40 Jahren Farbfernsehen haben. Enoki hat gut lachen, denn in Japan werden bereits heute über 90 % der i-mode Telefone mit den relativ großen Farbbildschirmen gekauft.

Sie sind elementar für jegliche Benutzerfreundlichkeit und Komfort. Nicht nur durch die psychologische Wirkung, den Kunden „mobilen Spaß" zu liefern. Sondern weil den Content-Anbietern so ein Medium für den Transport qualitativ hochwertiger Inhalte geboten wird. Zudem können alle Partnerunternehmen sich durch Multimedia-Endgeräte über ihre Markendarstellung differenzieren, sind weniger austauschbar und haben so zusätzliche Anreize, in mobile Applikationsentwicklung zu investieren.

[23] Diese Fehleinschätzung räumten auf dem Deutschen UMTS Kongress in Berlin im Mai 2001 einige Mobilfunkzulieferer öffentlich ein – die an dieser Stelle vermutlich nicht genannt werden wollen.

Mobile Anwendungen und Inhalte

Wenn die ersten fünf Faktoren durch die Mobilfunkbranche bereitgestellt werden, sind alle wesentlichen Voraussetzungen für erfolgreiche mobile Anwendungen und Inhalte gegeben. Die Entwicklung dieser Dienste stellt die letzte, wesentliche Herausforderung für den Durchbruch als mobiles Massenmedium dar. Welche Erfahrungen aus Japan helfen uns also bei der Content-Entwicklung?

Faktor 6: Starke Marken und Inhalte nutzen

In der frühen Phase von i-mode setzten – ähnlich wie bei Europas SMS-Diensten – viele junge Unternehmen mit unbekannten Marken und Inhalten auf den neuen Medien- und Kundenkanal. Mit entsprechenden Erfolgen bei jungen Meinungsführern. Das neue Medienverhalten dieser begehrten Zielgruppe brachte etablierte Unternehmen dazu, ebenfalls auf den neuen Kommunikationskanal zu setzen. Überraschend traten neben den gewünschten Erfolgen bei den jugendlichen Zielgruppen weitere selbstverstärkende Effekte ein. Denn die starken, bekannten Marken brachten ältere Zielgruppen der Bevölkerung zu i-mode – die Kunden-Demographie näherte sich schneller als erwartet der normalen Bevölkerungsverteilung an.

Dank des etwa zweijährigen Vorsprungs von i-mode wissen wir für den Aufbau europäischer Dienste also, dass die frühe Nutzung bekannter Marken und Inhalte wichtige Funktionen erfüllt:

- Verschiedene Zielgruppen werden „beim Bekannten abgeholt" (eine Funktion der Marke) und an das neue digitale Medium herangeführt (Ansatz: Nutzung in der klassischen Werbung, s. Abb. 6)
- Anbieter können etablierte Marken „verjüngen", indem sie diese durch moderne Anwendungen und Dienste neu aufladen (Virales Marketing und Mund-zu-Mund-Propaganda)
- Neue Services durch die Kombination von Offline/Online-Marken und Dienstleistungen integrieren mobile Medien in den Verbraucheralltag

Faktor 7: Anwendungen für „Mobile Lebenssituationen" konzipieren

i-mode und WAP zeigen gleichermaßen, dass die einfache Übernahme fertiger Internet-PC-Anwendungen auf mobile Plattformen nicht funktioniert. Die Bedienung per Mobiltelefon ist unkomfortabel und unterwegs fehlt Motivation oder auch Zeit für die längere Benutzung von komplexen Anwendungen.

Die beliebtesten i-mode-Anwendungen zeigen, dass erfolgreiche Content-Anbieter den mobilen Kontext ihrer Kunden verstehen und sehr fokussiert bedienen. Angebote werden zum Beispiel bewusst für „Langeweile-Situationen" konzipiert (Spiele, Entertainment), wie sie beim Warten auf Bus, Flugzeug oder U-Bahn auftreten. Für die „Pflege sozialer Netze" unterstreichen sie die Individualität (durch Ringtones, Screens) oder schaffen neue gemeinsame Themen zur Kommunikation (Chat, Lifestyle Sites).

Neue konzeptionelle Begriffe wie „Lebenssituationsmarketing“ oder „Kontextuelles Marketing“[24] unterstreichen die Bedeutung dieses Faktors mobiler Anwendungen für erfolgreiche Konsumenten Interaktion über digitale Kundenkanäle.

Handlungsempfehlungen für europäische Unternehmen

Mobilfunkbranche

Die Mobilfunkbetreiber sollten wie NTT DoCoMo kompromisslos die Rolle des „Enablers“ übernehmen und den veralteten Denkweisen zwischen „Kundenbesitz“ und „Minutentakt“ entsagen. Immerhin werden sie die intelligente Infrastruktur des Informationszeitalters besitzen. Mit dieser Aussicht sollten die Telekommunikations-Unternehmen mit Mut zur Vision schneller lernen, dass neue Formen der Wertschöpfung durch die hohe Bedeutung für die Informationsgesellschaft real werden:

- Digitale Datenübertragung und Zugangsmanagement über unterschiedlichste Netzwerke bleiben lange Zeit hochwertige Dienstleistungen.
- Zusatzdienste wie Service-Applikationen, Billing, Sicherheit und Content-Aggregation werden unverzichtbar für alle Branchen mit digitalen Kundenkanälen

Ihre alte Kernkompetenz, das Infrastruktur-Management, sollte mit Blick auf den Kunden und die i-mode Erfahrungen schneller modernisiert werden. Auf Benutzerfreundlichkeit abgestimmte Software, Hardware, Netzwerke und Multimedia Endgeräte sind das Wertschöpfungspotenzial. Die GSM Association zeigt mit ihrem neuen „M-Services“-Standard, dass die Mobilfunkbetreiber durch aktive Vorgaben mehr Marktmacht an sich bringen müssen.

Statt aber selbst auch die Medien- und Anwendungsebene zu besetzen, sollte aufgrund der i-mode Erfahrungen als neue Kernkompetenz das Partnering aufgebaut werden. Hier gibt es mehr als genug aufzuholen, denn selbst im Herbst 2001 kann in Europa kein Operator mit fertigem Partnerprogramm inklusive klaren Vorgaben für Revenue-Sharing oder Content-Billingsysteme aufwarten. So verwundert es nicht, dass europäische Medienkonzerne kaum *ernsthaft* in mobile Anwendungen investieren. Die ersten fünf Erfolgsfaktoren von i-mode zeigen klar, wie es besser geht.

Der resultierende Wettbewerbsvorteil: NTT DoCoMos Umsatzzahlen sprechen für sich. Die benutzerfreundlichste Datendienst-Infrastruktur kombiniert mit dem besten Partner-Portfolio ist eine schwer nachzuahmende USP und wird den Gewinner der zukünftigen Mobilfunkanbieter in Europa kennzeichnen.

---

[24] Kenny, Marshall. Boston, 2001.

Medien

Um mobilen Kundennutzen zu schaffen, müssen die Medienunternehmen die verschiedenen Lebenssituationen ihrer Kunden verstehen und medienspezifische Dienste auf den Verbraucherkontext anpassen. Welcher Kunde braucht täglich 12 Seiten gedruckter Aktienwerte, wenn die für ihn relevanten Kursveränderungen personalisiert auf dem Display seines Mobiltelefons erscheinen und bei dramatischen Veränderungen eine automatische SMS geschickt wird, die eine sofortige Transaktion bei der Bank ermöglicht? Folgende Veränderungen sind dazu notwendig:

- Medienunternehmen müssen lernen, ihre alten Kernkompetenzen Inhalte, Marke und Verbraucherwissen von den Übertragungskanälen zu lösen. Sie erstellen weniger ein Print- oder TV-, sondern ein redaktionelles Produkt – einer Nachricht ist es egal, auf welchem Kanal sie zum Kunden kommt.
- Die Werkzeuge wie Redaktionssysteme und Portale müssen auf die Multi-Channel-Medienlandschaft angepasst werden – ihre Produkte sollten auf allen geeigneten Mobilfunkgeräten nutzbar sein.

Der resultierende Wettbewerbsvorteil: Die neue Kompetenz des „Multi-Channel Content & Service" schafft neben der allgegenwärtigen telefonischen Erreichbarkeit die wesentliche neue Wertschöpfung des Mobilfunk. Junge, mobile Zielgruppen gehen neue Markenbindungen ein und ändern ihre Mediennutzung nachhaltig – etablierte Medienmarken müssen reagieren. Zudem gilt aus den japanischen Erfahrungen: je mobiler eine Anwendung konzipiert ist, desto höher ist ihr Erlöspotenzial. Die Zahlungsbereitschaft der Kunden steigt mit dem tatsächlichen Mehrwert gegenüber mobilen Wettbewerbern oder klassischen Medien.

Industrie, Dienstleistung und Handel

Die japanischen Erfahrungen zeigen, dass rationale oder komplexe Anwendungen von Banking bis Datenbankservices während der Markteinführung von Datendiensten wenig nachgefragt werden. Die Kunden nutzen in der „Lernphase" vor allem Kommunikation und Unterhaltung. Nach der Eingewöhnung steigt das Verbraucherinteresse, das persönliche Endgerät auch für Themen der Alltagsversorgung zu nutzen. Die betroffenen Unternehmen sollten daher langfristig folgende Fragen beantworten können:

- Produktanbieter: In welchen Lebenssituationen meiner Kunden können mobile Service-Leistungen die Kundenbindung fördern? Welche Schnittstellen zwischen Produktgrundnutzen und Zusatznutzen durch mobile Services sind zu erkennen?
- Dienstleistungen: Wenn meine Kunden mobile Medien zunehmend im Alltag nutzen, welche Komponenten meiner Dienstleistung können digital geliefert werden (z.B. mobiles Banking)?

- Handel: Kann ich mobile Kunden durch kontext-bezogene Information in mein Geschäft locken? Ermöglichen digitale Services von Wettbewerbern z.B. den Preisvergleich im Ladengeschäft – und wie reagiere ich darauf?

Kurzfristig gilt es für alle Unternehmen, die grundlegenden Hausaufgaben zu machen, um sich auf Millionen von mobilen interaktiven Verbraucher vorzubereiten:

- Wann beginnen unterschiedliche Zielgruppen, in meiner Branche mobil mit Unternehmen zu interagieren?
- Ist mein Unternehmen oder meine Produkte und Services auf mobilen Medien sinnvoll präsent, um eine Art „Frühwarnsystem" zu haben?
- Welche Information über meine mobilen Kunden habe ich? Die einfachste Frage: Von wie vielen Kunden *hat mein Unternehmen überhaupt die SMS und Mobilfunknummer,* um gegebenenfalls über Datendienste in Kontakt zu treten? Und wie kann ich über heutige Kanäle an diese Kundendaten kommen?

Der Wettbewerbsvorteil: Langfristig werden Produktnutzen mit digitalen Dienstleistungen zu einem Gesamtnutzen für den Verbraucher verschmelzen. Je sinnvoller diese Integration für den Verbraucher realisiert wurde, desto höher ist der Vorteil gegenüber Commodity-Produkten. Kurzfristig gilt es vor allem, die starken Veränderungen durch digitale Verbraucher-Interaktion kostenminimal zu erlernen – mobiles Innovationsmanagement als USP, um weder zentrale Verbrauchertrends zu verpassen noch in falsche Themen zu investieren.

Fazit und Ausblick

Stimmen Sie zu, dass die i-mode Idee und viele ihrer Erfolgfaktoren adaptiert werden könnten – und sollten? Die Mobilfunkanbieter brauchen dazu – Vision und Wille zu Verbrauchermärkten vorausgesetzt – nur wenig: ein faires Partnerprogramm, paketbasierte Netzwerke, Multimedia-Endgeräte, ein mobiles Portal mit Abrechnungs-System. Schon wären genug Anreize und Strukturen geschaffen, dass alle anderen Industrien ihre Marken, Dienste und Produkte auf die mobile Plattform heben. Der Verbraucher ist der Gewinner – und damit alle beteiligten Unternehmen.

Die zunehmende weltweite Standardisierung mobiler Datendienste wird die anfängliche Diskussion um Basistechnologien vergessen lassen. Die Angst der Mobilfunkanbieter, zum reinen „Datentransporter" zu werden und alle Profite an Inhaltsanbieter abzutreten, wird sich als unbegründet erweisen. Die intelligente Infrastruktur der Informationsgesellschaft bereitzustellen wird ein phantastisches Geschäft. Welches erst erschlossen werden kann, wenn die Partner auch daran verdienen und die Verbraucher mit mobilen Anwendungen wie in Japan begeistern.

Verlieren werden nur die Internet-Idealisten, denn Monika Mustermann und Motoki Masahitu werden sich nicht im globalen Mobile-Cyberspace treffen – sondern in ihrem digitalen Medienalltag abtauchen. Herr Masahitu wird sich unterwegs an Bewegtbildern zu Sonderpreisen erfreuen und Frau Mustermann herausfinden, welcher Münchener Einzelhändler die höchsten Rabatte bietet – und welche U-Bahn sie zu ihm führt.

Vieles deutet darauf hin, dass wir diesen Illusionsverlust verkraften können – auf zur „i-Modernisierung“ Europas!

Literatur

ASMUSSEN, BJÖRN, Pixelpark i-mode Report. London, 2001

GUPTA, PUNEET, The Wonders of WAP, In: Business Communications Review International, S. 20-25, London, 2001

JUVA, ANDREAS, Germany has the largest audience for adult content. In: Europemedia.net, August 13, 2001

KENNY, DAVID UND MARSHALL, JOHN F., Die Kunden im Netz wirklich erreichen: kontextuelles Marketing. In: Harvard Business Manager, 23. Jahrgang, 3/2001, S. 78-88. Boston, 2001

KLEIN, MARTY, The History & Future of Sex. In: Electronic Journal of Human Sexuality, Vol. 2, August 10, 1999

MCATEER, SEAMUS, Preparing For The Future in Wireless. Shifting From Experimentation to Revenues. Jupiter MediaMetrix Research. New York, 2001

MCATEER, SEAMUS, Jupiter MediaMetrix Research, Japans Mobile Internet Promise – Forging an Effective Wireless Strategy. New York, 2000

MONTELIUS, JOHAN, Jupiter MediaMetrix Research, Wireless Market To Take Off in 2003 – Content Provider Must Partner With Mobile Operators. New York, 2001

MÜLLER-VEERSE, FALK/AUTIO, DR. ERKKO/HÄYRYNEN, JUKKA, Durlacher Research UMTS Report. London, 2001

ROSE, FRANK,: Pocket Monster In: Wired September 2001, S. 126-135. New York, 2001

ZERDECK, PICOT, SCHRAPE, ARTOPÉ, ET AL, Die Internet-Ökonomie: Strategien der digitalen Wirtschaft / European Communication Council. Berlin, 1999

1.8 Rechtliche Grundlagen des M-Commerce

Marcus Rayermann, Mathias Zimmer

Einleitung

Im wesentlichen existieren zwei Anwendungsmöglichkeiten des M-Commerce. Der klassische M-Commerce, bei dem das Mobiltelefon als Zugangsmedium zum Internet genutzt wird und die auf Lokalisierung basierenden Angebote (L-Commerce). Im Regelfall werden beide Erscheinungsformen unter den Oberbegriff M-Commerce gefasst. In rechtlicher Hinsicht ist dagegen zum Teil durchaus eine differenzierte Betrachtung erforderlich. Im Sinne einer einheitlichen Terminologie wird „M-Commerce" im folgenden jedoch als Oberbegriff verwendet, sofern nicht ausdrücklich eine Unterscheidung zwischen M- und L-Commerce vorgenommen wird.

Während der E-Commerce in seinen unterschiedlichen Ausprägungen in der Zwischenzeit die deutschen Gerichte mehr und mehr beschäftigt, scheinen die rechtlichen Herausforderungen des M-Commerce in der Praxis zumindest momentan weitgehend unbeachtet zu bleiben.

Grund hierfür ist nicht etwa die Tatsache, dass der M-Commerce weniger juristische Fragen aufwirft als der E-Commerce. Die fehlende Behandlung M-Commerce-spezifischer Rechtsthemen hat bisher ihre Ursache primär in der zur Zeit noch geringen wirtschaftlichen Bedeutung des M-Commerce im Vergleich zu anderen Vertriebsformen. In Fachkreisen wird jedoch allgemein erwartet, dass der Durchbruch des M-Commerce in den nächsten Jahren erfolgen wird. Vielfach wird sogar prognostiziert, dass der E-Commerce in absehbarer Zukunft an Bedeutung übertroffen wird. Spätestens dann werden sich auch die Gerichte mit den dabei auftretenden rechtlichen Problemen zu befassen haben.

Dieser Beitrag soll bereits jetzt die rechtlichen Gefährdungspotenziale des M-Commerce aufzeigen und Anhaltspunkte für Anbieter liefern, um rechtliche Nachteile von vornherein zu vermeiden. Eine erschöpfenden Behandlung eines jeden der angesprochenen Rechtsgebiete kann dieser Beitrag jedoch schon aufgrund des Umfangs nicht bieten. Hierzu würde selbst ein eigenes Buch kaum ausreichen. Haben die nachfolgenden Ausführungen auch nicht den Anspruch der Vollständigkeit, so sollen sie es dem Leser in erster Linie ermöglichen, die rechtlichen Problematiken des M-Commerce zu erkennen und schon im Vorfeld weitgehend zu vermeiden. Da es im rechtlichen Bereich kaum Standardfälle gibt und es somit auf die konkreten Umstände des jeweiligen Einzelfalles ankommt, kann und will der vorliegende Beitrag eine individuelle Beratung durch einen erfahrenen Rechtsanwalt keinesfalls ersetzen.

Haftung für Inhalte

I. Eigene Inhalte

Der Umstand, dass jeder Content-Anbieter grundsätzlich für seine eigenen Inhalte verantwortlich ist, entspricht sowohl der Interessen- als auch der heutigen Rechtslage. Von diesem Haftungsprinzip ausgehend haben Gerichte im Zusammenhang mit Internet-Seiten außerdem entschieden, dass unter bestimmten Voraussetzungen auch Inhalte fremder Websites, die nicht vom Betroffenen betrieben werden, diesem als „eigener" Inhalt zugerechnet werden können. Dies setzt allerdings regelmäßig voraus, dass sich der Betroffene die Inhalte dieser Website durch einen besonders gestalteten, hervorgehobenen Link zu eigen machte oder die Seite über Frames in sein eigenes Angebot integrierte.

Der pauschale Hinweis auf der Webseite, dass eine Haftung für Links ausgeschlossen sei, ist zwar als Indiz zu werten, dass der Verwender sich von den fremden Inhalten distanziert. Ein rechtlich verbindlicher Freibrief kann dieser Hinweis jedoch nicht sein. Aufgrund des gesamten Erscheinungsbildes der Website und der Einbindung des Links kann die Ernstlichkeit der Distanzierung im Einzelfall wieder in Frage gestellt sein oder völlig aufgehoben werden, was die Haftung wieder aufleben lassen würde.

Aufgrund der aktuellen technischen Gegebenheiten, insbesondere aufgrund der sehr eingeschränkte Display-Größe bei Mobiltelefonen, wird ein solches Zueigenmachen fremder Inhalte im M-Commerce aber vorerst kaum vorkommen.

II. Fremde Inhalte

Hält ein M-Commerce-Anbieter für seine Nutzer fremde Inhalte bereit, so haftet er für diese Inhalte wenn er davon Kenntnis hatte und es ihm technisch zumutbar und möglich war, deren Nutzung zu unterbinden.

Bei einem einfachen Link liegt jedoch lediglich eine Zugangsvermittlung zu dem fremden Angebot vor. Eine Haftung für diese Inhalte ist in der Regel ausgeschlossen.

Datenschutz

In den letzten Jahren wurden Personendaten zu einem immer wichtigeren Faktor im geschäftlichen Verkehr. Nicht umsonst lebt eine gesamte Branche vom Verkauf dieser Daten. Gleichzeitig wurde es, gerade durch die zunehmende Verbreitung des Internet, immer leichter, personenbezogene Daten in großem Umfang zu erheben und zu verarbeiten. Einher ging damit allerdings die zunehmende Schwierigkeit für den Einzelnen, die Verbreitung seiner Personendaten zu kontrollieren und zu steuern.

Aufgabe des Datenschutzrechts ist daher der Schutz dieser personenbezogenen Daten, das heißt der Angaben über persönliche oder sachliche Verhältnisse einer zumindest identifizierbaren Person.

Waren die relevanten Daten bisher Name, Adresse, Telefonnummer und, unter gewissen Umständen, die E-Mail-Adresse eines Verbrauchers, so eröffnet sich im M-Commerce-Bereich eine bisher so nicht möglich gewesene Dimension. Erstmals ist es für einen Gewerbetreibenden möglich, standortbezogene Daten von Personen zu erheben. Wann immer ein Verbraucher sein Mobiltelefon angeschaltet hat, kann sein Aufenthaltsort zwar nicht punktuell exakt, aber doch mit hinreichender Genauigkeit bestimmt werden. Damit ist ein neuer Teil der Privatsphäre jedes einzelnen sowohl einer sinnvollen Nutzung als auch möglichem Missbrauch zugänglich. Ein Schutz personenbezogener Daten ist damit wichtiger denn je. Vor diesem Hintergrund verwundert es nicht, dass in der M-Commerce-Praxis aktuell die meisten rechtlichen Probleme datenschutzrechtlicher Natur sind.

Die gesetzlichen Vorschriften zum Datenschutz sind sehr vielfältig und differenzieren stark nach der Art der erhobenen Daten und deren Verwendung. So muss beispielsweise rechtlich zwischen Telekommunikations-, Medien-, Rundfunk- und Telediensten unterschieden werden, wobei zum Teil erhebliche Abgrenzungsprobleme bestehen. Eine erschöpfende Behandlung der Pflichten eines Anbieters solcher Dienste würde den Rahmen dieses Beitrags bei weitem sprengen. Trotzdem sollen hier die wichtigsten rechtlichen Voraussetzungen für eine Erhebung, Speicherung und Verarbeitung von Daten behandelt werden. Im konkreten Einzelfall ist jedoch die Hinzuziehung eines entsprechend spezialisierten Rechtsanwaltes dringend angeraten.

Das Anbieten von Waren und Dienstleistungen mit sofortiger Bestellmöglichkeit unter Nutzung der Telekommunikation wird rechtlich regelmäßig als sogenannter Teledienst angesehen. Damit ist bei einer Betrachtung der einschlägigen datenschutzrechtlichen Bestimmungen neben dem allgemeinen Bundesdatenschutzgesetz das Teledienstedatenschutzgesetz (TDDSG) heranzuziehen.

Kein Teledienst, sondern ein Mediendienst ist bei Angeboten gegeben, deren Schwerpunkt in der redaktionellen Gestaltung von Informationen für die Allgemeinheit liegt. Der Datenschutz im Mediendienste-Bereich ist in einem eigenen Gesetz geregelt. Da es sich im M-Commerce regelmäßig um Teledienste handeln wird, sollen hier primär deren rechtliche Herausforderungen dargestellt werden.

I. Aktuelle Rechtslage

1. Vorliegen einer Einwilligung des Betroffenen

Die Erhebung personenbezogener Daten setzt entweder das Vorliegen einer gesetzlichen Erlaubnis oder alternativ die ausdrückliche Zustimmung des Betroffenen voraus. Im M-Commerce wird es in der Regel auf das Einverständnis des

Nutzers ankommen. Eine wirksame Einwilligung des Verbrauchers ist unter folgenden Voraussetzungen anzunehmen:

- Aufklärung des Nutzers über Art, Umfang, Ort und Zweck der Datenverarbeitung vor Erteilung der Einwilligung;
- jederzeit für den Nutzer abrufbarer Hinweis auf die Widerrufsmöglichkeit der Einwilligung;
- Bestimmtheit der Erklärung;
- Hinweis des Nutzers auf konkreten Umfang und Zweck der Einwilligung.

An eine Erklärung der Einwilligung in elektronischer Form, wie sie im M-Commerce üblich ist, stellt das Gesetz darüber hinaus weitere Anforderungen. Der Anbieter hat in diesem Fall sicherzustellen, dass

- eine eindeutige und bewusste Erklärungshandlung vorliegt,
- die Erklärung nicht verändert werden kann, ohne dass dies erkannt werden kann,
- der Urheber erkennbar ist,
- die Erklärung protokolliert wird und
- der Nutzer die Erklärung jederzeit wieder abrufen kann.

Sind diese Voraussetzungen schon im E-Commerce-Bereich nur sehr schwer zu erfüllen, so ist dies im M-Commerce wegen der augenblicklich sehr begrenzten technischen Möglichkeiten gerade im Hinblick auf die Display-Größe der handelsüblichen Mobiltelefone ein kaum zu lösendes Problem. Hinzu kommt, dass die gesetzlichen Anforderungen faktisch die Verwendung der vieldiskutierten, aber unter Verbrauchern bisher so gut wie nicht verbreiteten Digitalen Signatur voraussetzen.

2. *Zweckbindungsgebot*

Das Zweckbindungsgebot resultiert aus der Pflicht des Anbieters, den Nutzer über den Zweck der Datenerhebung aufzuklären. Im Rahmen des M-Commerce gewonnene Daten dürfen danach ausschließlich zu den im Voraus bestimmten, von der Einwilligung des Verbrauchers umfassten Zwecken verwendet werden. Eine andere Nutzung ist als Verletzung des individuellen, grundrechtlich verbürgten Rechts eines jeden Menschen, selbst über die Offenbarung und Verwendung seiner Daten zu bestimmen, rechtwidrig.

3. *Kopplungsverbot*

Relevant ist das Kopplungsverbot nach überwiegender Meinung in erster Linie für Anbieter, die eine monopolartige Stellung in dem von ihnen besetzten Marktsegment innehaben. In diesen Fällen darf das jeweilige Unternehmen die Nutzung seines Angebotes nicht von der Erteilung der Einwilligung zur Verwendung persönlicher Daten des Nutzers für einen anderen Zweck abhängig machen. Etwas anderes gilt nur dann, wenn dem Interessenten zusätzlich eine alternative Möglichkeit geboten wird, das betreffende Angebot zu nutzen. Damit soll verhindert werden, dass auf einen Nutzer mittelbar Druck ausgeübt wird, einer Datenverwendung zuzustimmen, die mit dem eigentlichen Dienst nicht in unmittelbarer Beziehung steht.

4. Datenvermeidung

Datenvermeidung bedeutet im Datenschutzrecht, dass nicht mehr Daten vom Nutzer erhoben werden, als für das konkrete M-Commerce-Angebot unbedingt notwendig sind. Dies hat beispielsweise zur Folge, dass ein Anbieter die Möglichkeit der Nutzung seiner Dienste unter Pseudonym bzw. die anonyme Nutzung ermöglichen muss, soweit dies technisch umsetzbar und zumutbar ist. Im M-Commerce folgt aus dem Grundsatz der Datenvermeidung insbesondere, dass eine mögliche Erhebung der Standortdaten des Nutzers durch Lokalisierung wirklich nur dann vorgenommen werden darf, wenn dies für die Erbringung der angebotenen Leistung erforderlich ist.

5. Weitere Pflichten

Neben den bereits genannten Punkte treffen den Anbieter von Telediensten folgende weitere Pflichten:

- Sicherstellung der Löschung aller Nutzungsdaten nach Beendigung des Abrufs, es sei denn es handelt sich um für die Abrechung erforderliche Daten;
- Schutz der Vertraulichkeit durch interne Sicherstellung, dass Unbefugte nicht Kenntnis von den erhobenen Daten erlangen;
- bei Anbieten verschiedener Dienste: Trennung der Daten aus den verschiedenen Angeboten;
- jederzeitige Erteilung von Auskünften über die gespeicherten Daten auf Verlangen des Betroffenen.

Blieben in der Vergangenheit Verstöße gegen datenschutzrechtliche Bestimmungen für den Anbieter häufig ohne weitere Folgen, so ist in letzter Zeit vermehrt zu beobachten, dass Unternehmen diesbezüglich von Konkurrenten oder Verbraucherschutzvereinen abgemahnt werden. Eine Sicherstellung der Beachtung der obengenannten Grundsätze ist daher dringend angeraten.

Es besteht jedoch Einigkeit, dass eine Erfüllung aller datenschutzrechtlichen Pflichten gerade im M-Commerce mit vertretbarem Aufwand und unter Erhalt der Benutzerfreundlichkeit des Angebotes fast nicht zu erreichen ist. Um diesem Zustand, der eine wesentliche Behinderung der Entwicklung des M-Commerce darstellt, Rechnung zu tragen, plant die Bundesregierung eine Änderung des TDDSG.

II. Geplante Änderung des TDDSG

Die Tatsache, dass sich einige Bestimmungen des TDDSG als kaum praktikabel erwiesen haben, ist auch dem Gesetzgeber nicht verborgen geblieben. Um dem abzuhelfen und die Ausweitung des Angebotes von Telediensten voranzutreiben, hat der Gesetzgeber nun den Entwurf eines Gesetzes zur Änderung des TDDSG vorgelegt. Erfreulicherweise finden sich in dem Gesetzesentwurf insbesondere Änderungen hinsichtlich der Einwilligung des Verbrauchers zur Erhebung und Verwendung seiner Daten und der Möglichkeit diese Einwilligung in elektronischer Form zu erklären.

Für M-Commerce-Anbieter besonders unter Praktikabilitätsgesichtspunkten interessant sind dabei folgende geplanten Änderungen:

1. Unterrichtungspflicht

Bisher ist der Anbieter verpflichtet, den Nutzer *vor* der Datenerhebung über Art, Umfang, Ort und Zweck der Datenverarbeitung zu unterrichten. Dies ist in den Fällen problematisch, in denen bereits bei der Kontaktaufnahme mit dem jeweiligen Anbieter, Nutzungsdaten erhoben werden. Aus diesem Grunde soll die Unterrichtungspflicht nun dergestalt an die Erfordernisse der Praxis angepasst werden, dass die Unterrichtung dann spätestens zu Beginn des Nutzungsvorgangs erfolgen muss. Darüber hinaus entfällt in dem Änderungsentwurf die Pflicht, über den Ort der Datenverarbeitung aufzuklären. Zum Schutz der Verbraucher ist jedoch eine Unterrichtungspflicht vorgesehen, wenn Nutzerdaten außerhalb der Europäischen Union verarbeitet werden sollen. Damit wird dem Umstand Rechnung getragen, dass die Datenschutzstandards nicht in jedem Drittstaat mit dem EU-Niveau vergleichbar sind.

2. Elektronische Einwilligung

Eines der Hauptziele des Gesetzesentwurfs ist eine Vereinfachung der Möglichkeit, die Einwilligung des Nutzers in elektronischer Form einzuholen. So sollen die gesetzlichen Voraussetzungen insbesondere auch ohne die Verwendung gesetzlicher elektronischer Signaturen erfüllbar sein.

3. Möglichkeit der anonymen Inanspruchnahme

Nach der Änderung soll die Pflicht, die Nutzung eines Dienstes anonym oder unter Pseudonym anzubieten, nun nicht mehr nur von der technischen Umsetzbarkeit, sondern auch von der wirtschaftlichen Zumutbarkeit abhängig sein. Dies stellt vor allem für kleinere Diensteanbieter eine wesentliche Erleichterung dar.

4. Auskunftspflicht

Die bisherige Pflicht zur jederzeitigen unentgeltlichen Auskunftserteilung birgt ein großes Missbrauchsrisiko in sich und kann für einen Diensteanbieter erhebliche technische und wirtschaftliche Schwierigkeiten mit sich bringen. Um dies zu vermeiden, ist im vorliegenden Gesetzesentwurf eine Streichung des Merkmals „jederzeit“ vorgesehen.

5. Rechtsverfolgung

Nach der Gesetzesänderung soll es den Diensteanbietern erlaubt sein, die Daten derjenigen Nutzer, die ihr Angebot missbräuchlich in Anspruch nehmen, zu Zwecken der Rechtsverfolgung zu nutzen und an Dritte zu übermitteln.

Neben diesen Vereinfachungen soll die geplante Änderung des TDDSG aber auch verstärkt die Einhaltung der datenschutzrechtlichen Bestimmungen sicherstellen. Aus diesem Grund ist die Einfügung von Sanktionen bei Verstößen gegen grundlegende Pflichten der Diensteanbieter vorgesehen. Der aktuell vorliegende Entwurf sieht Bußgelder bis zu DM 100.000,- vor.

Obwohl im Augenblick lediglich ein erster Entwurf zur Gesetzesänderung vorliegt, stehen die Chancen einer Verabschiedung des Gesetzes aufgrund der praktischen Notwendigkeit und der großen Zustimmung, die diese Initiative des Gesetzgeber sowohl unter Juristen als auch unter Anbietern von Telediensten erfährt, sehr gut. Ein konkreter Termin hierfür ist jedoch noch nicht absehbar.

SMS-Werbung

Einer der verbreitetsten Anwendungsbereiche des M-Commerce sind Marketing-Maßnahmen per SMS oder G-Mails (= GSM-Mails). Die Vorteile für den Werbetreibenden liegen dabei auf der Hand. Zunächst ist der massenweise Versand von SMS, im Gegensatz zur herkömmlichen Kundenansprache per Post, mit nur sehr geringen Kosten verbunden. Auch die große Akzeptanz bei den Verbrauchern macht diese Werbeform besonders attraktiv.

Anders als bei einer E-Mail oder einem herkömmlichen Brief erfährt der Mobilfunkteilnehmer beim Empfang einer SMS zunächst in der Regel nicht, um welche Art von Mitteilung es sich handelt. Der Werbecharakter wird erst erkennbar, nachdem der Verbraucher die SMS aufgerufen hat. Zu diesem hohen Aufmerksamkeitswert hinzu kommt die große Akzeptanz dieser Werbeform. Nach einer im Auftrag von Ericsson und Mediatude in Schweden durchgeführten Studie, reagierten mehr als 60 % der Testpersonen positiv auf personalisierte Werbe-SMS. 20 % der angesprochenen Verbraucher fragten nach Erhalt der SMS weitere Informationen über das beworbene Produkt ab. Auch in Deutschland entdecken immer mehr etablierte Unternehmen Möglichkeiten und Nutzen dieser Art der Kundenansprache. So startete Anfang 2001 McDonalds hierzulande eine große SMS-Werbe-Offensive. Auch American Express setzt verstärkt auf SMS-Werbung.

Aufgrund der rapide steigenden Bedeutung dieser Werbeform ist daher eine Auseinandersetzung mit den rechtlichen Voraussetzungen und Grenzen von Werbe-SMS unumgänglich. Da es sich hierbei um eine relativ neue Werbeform handelt, sind die rechtlichen Rahmenbedingungen der Zulässigkeit von Werbe-SMS gerichtlich noch nicht umfassend abgesteckt. Einen Anhaltspunkt bietet jedoch die Rechtslage bei Brief-, Telefon-, Fax- und E-Mail-Werbung.

Sehr weitgehend erlaubt ist die Zusendung von Werbematerialien auf dem Postweg. Grund hierfür ist zunächst der Umstand, dass diese Werbeform für den Werbenden mit relativ hohen Kosten für Produktion und Versand verbunden ist. Die Gefahr einer übermäßigen Belästigung der Verbraucher ist daher bereits aus betriebswirtschaftlichen Gründen eingeschränkt. Hinzu kommt, dass Briefwerbung in der Regel auf den ersten Blick als solche erkennbar ist und daher bei fehlendem Interessen einfach weggeworfen werden kann. Schließlich hat der Verbraucher auch die Möglichkeit, Postwerbung durch einen einfachen Hinweis am Briefkasten oder die Eintragung in die sogenannte „Robinson-Liste" ganz zu unterbinden.

Ein Vergleich mit Werbung per SMS zeigt, dass hier erhebliche Unterschiede bestehen. SMS können kostengünstig in großem Umfang versendet werden, ohne dass der Verbraucher die Möglichkeit hat, deren Empfang zu verhindern. Hinzu kommt, dass der Inhalt der SMS erst bekannt wird, wenn diese gelesen wurde. Der Empfänger wird daher mit der Werbebotschaft konfrontiert, auch wenn er dies gar nicht möchte. Somit wird deutlich, dass zum Schutz der Mobilfunknutzer bei der rechtlichen Beurteilung der Zulässigkeit von SMS-Werbung strengere Voraussetzungen gelten müssen als bei Werbebriefen.

Eine Parallele zur Faxwerbung besteht insofern, als ein Empfang der Werbung praktisch nicht unterbunden werden kann. Auch die Kosten sind durch die Möglichkeit, Faxe zeitversetzt zu günstigen Telefontarifen zu verschicken, weitaus geringer als im Briefbereich. Besonderheit bei der Telefax-Werbung ist allerdings die Tatsache, dass hierbei der Empfänger kostenmäßig belastet wird (Papier, Toner, Strom, Wartung), und das Gerät während des Übertragungsvorgangs blockiert ist. Aus diesem Grunde wird Faxwerbung generell als unzulässig eingestuft, es sei denn, der Empfänger hat dem Empfang ausdrücklich zugestimmt. Im gewerblichen Bereich kann das Einverständnis z.B. aufgrund einer laufenden Geschäftsbeziehung unter Umständen vermutet werden. Im Gegensatz hierzu fallen beim Empfang einer SMS nahezu keine Kosten an (nur Stromkosten aufgrund leicht erhöhter Akkubeanspruchung). Auch wird das Mobiltelefon dabei nicht relevant für andere Nutzungen blockiert.

Betrachtet man die zu Werbe-E-Mails ergangenen Urteile, so fällt auf, dass hier seitens der Gerichte in erster Linie zwei entscheidungsrelevante Kriterien berücksichtigt wurden. Zum einen besteht im E-Mail-Bereich die Besonderheit, dass, ähnlich wie bei Telefaxen, der Empfänger beim Erhalt der Nachricht mit Kosten belastet wird (hier: Gebühren für die Online-Zeit beim Abruf der Nachricht). Ebenfalls berücksichtigt wurde wiederum die Tatsache, dass der E-Mail-Massenversand für den Werbtreibenden besonders einfach und kostengünstig ist und daher aufgrund der Menge für den Verbraucher zu einer echten Belästigung werden kann. Daher wird auch E-Mail-Werbung nur als rechtlich zulässig angesehen, sofern der Empfänger vorher seine Zustimmung zum Erhalt solcher Nachrichten gegeben hat.

Berücksichtigt man die für die beschriebenen Werbeformen aufgestellten Rechtsgrundsätze, so gilt für die Werbung per SMS auf jeden Fall, dass diese uneingeschränkt zulässig ist, wenn das Einverständnis des jeweiligen Empfängers vorliegt. In rechtlicher Hinsicht ist dabei allerdings zu beachten, dass im Streitfalle die Beweislast für das Vorliegen einer Einwilligung beim Werbetreibenden liegt. Die unverlangte Zusendung von SMS-Werbung wird – entsprechend den übrigen vergleichbaren Werbeformen – an folgenden Kriterien zu messen sein:

- Verursacht der Empfang beim Verbraucher Kosten?
- Wie groß ist die Belästigung des Verbrauchers?
- Wie intensiv wird der Verbraucher der Werbung ausgesetzt?
- Bestehen für den Verbraucher sonstige, gravierende Nachteile?

Zugunsten einer Zulässigkeit von Werbe-SMS spricht zunächst, dass der Empfang derartiger Nachrichten beim Angesprochenen keine relevanten Kosten verursacht. Problematisch ist allerdings die große Gefahr einer unangemessenen Belästigung der Verbraucher. Hier wirkt sich einer der aus betriebswirtschaftlicher Sicht wichtigsten Vorteile der SMS-Werbung bei der rechtlichen Betrachtung durchaus als Nachteil aus. Aufgrund der geringen Kosten besteht, wie bei E-Mails, das Bedürfnis, einer unkontrollierten Ausbreitung von Werbe-SMS rechtlich entgegenzuwirken. Zu berücksichtigen ist dabei auch die Tatsache, dass der Verbraucher bei einer SMS der Werbebotschaft nicht entgehen kann. Er erkennt in der Regel nicht unmittelbar beim Empfang, um welche Art von Nachricht es sich handelt, und ist damit gezwungen, diese zu lesen, bevor er sich für die Löschung entscheidet. Erschwerend kommt die Tatsache hinzu, dass bei den meisten Mobilfunkgeräten der Speicherplatz für SMS stark begrenzt ist. Wird der Nutzer täglich mit mehreren Kurznachrichten bombardiert, so besteht die Gefahr, dass er wichtige private Nachrichten nicht oder nur verspätet empfängt. Schließlich muss berücksichtigt werden, dass der Verbraucher keine Möglichkeit hat, den Empfang von SMS-Werbung zu verhindern, ohne generell auf den Empfang von Kurznachrichten zu verzichten.

Aufgrund der beschriebenen Nachteile, die Werbe-SMS für Verbraucher haben können, ist zu erwarten, dass die Rechtsprechung, ähnlich wie im E-Mail-Bereich, unverlangte SMS-Werbung generell für unzulässig erachtet. Es besteht letztendlich für die Werbetreibenden sogar die Gefahr, dass manche Gerichte – ebenfalls analog zur E-Mail-Werbung – SMS-Werbung, die ohne Einverständnis des Nutzers erfolgte, als eine Verletzung des allgemeinen Persönlichkeitsrechts des so Angesprochenen betrachten. In diesem Falle bestünde sogar ein Schadenersatzanspruch gegen das werbende Unternehmen.

Als Fazit sollte daher SMS-Werbung nur bei solchen Verbrauchern eingesetzt werden, die dem ausdrücklich – und beweisbar – zugestimmt haben.

M-Commerce und Wettbewerbsrecht

Bei jeder Handlung im geschäftlichen Verkehr sind die im Gesetz gegen den unlauteren Wettbewerb (UWG) niedergelegten Grundsätze zu beachten. Danach sind insbesondere sittenwidrige Wettbewerbshandlungen (§ 1 UWG) und eine Täu-

schung der Verbraucher (§ 3 UWG) rechtswidrig. Dies gilt damit selbstverständlich auch im M-Commerce-Bereich.
Dabei gilt der Grundsatz, dass im nicht-mobilen Bereich verbotene Maßnahmen auch im Rahmen des M-Commerce als wettbewerbswidrig anzusehen sind. Da der M-Commerce nicht nur neue Möglichkeiten eröffnet, Produkte und Dienstleistungen anzubieten, sondern auch bisher so nicht bestehende Gefahren eines wettbewerbswidrigen Handelns bietet, soll im folgenden auf die hierbei relevantesten Fallgruppen des unlauteren Wettbewerbs eingegangen werden.

I. Gratisverlosungen und Glücksspiele

Bei der Beurteilung der rechtlichen Zulässigkeit von Gewinnspielen ist streng danach zu unterscheiden, ob es sich dabei um eine Gratisverlosung handelt, oder ob der Teilnehmer an der Aktion selbst einen Geldeinsatz leisten muss, um teilzunehmen. Im letzteren Falle spricht man von einem Glücksspiel.

1. Glücksspiele

Besondere Vorsicht ist geboten, wenn die Voraussetzung zur Teilnahme an einer Gewinnaktion die Zahlung eines Geldbetrages ist. Der Anbieter läuft damit Gefahr, dass seine Aktivitäten rechtlich als das Veranstalten eines Glücksspiels angesehen werden. Dies ist dann der Fall, wenn nach der Gestaltung des Spiels die Entscheidung über Gewinn oder Verlust allein oder hauptsächlich vom Zufall abhängt, ohne dass es auf Fähigkeiten, Kenntnisse oder den Grad der Aufmerksamkeit des Spielers ankommt.

Kritisch zu beurteilen sind daher Gewinnspiele, an denen die Teilnahme per Telefon erfolgt, wobei ein über die Höhe des üblichen Verbindungsentgelts hinausgehender Betrag anfällt, der an den Veranstalter ausgezahlt wird (Bsp.: 0137- oder 0190-Nummern). Derartige Aktionen erfreuen sich insbesondere im TV-Bereich steigender Beliebtheit, sind aber auch im M-Commerce-Bereich denkbar, indem beispielsweise die Teilnahme per SMS erfolgt, bei deren Versand höhere Kosten als üblich berechnet werden.

Vergleichbare Telefon-Aktionen im Rahmen von TV-Shows bleiben im Moment in Deutschland noch unbeanstandet, da diese zum einen in der Regel Elemente enthalten, die das Wissen des Mitspielers erfordern, und zum anderen der bei der Teilnahme anfallende Geldbetrag gewöhnlich unter 1,- DM liegt. Damit ist die telefonisch Teilnahme preisgünstiger als eine – regelmäßig ebenfalls mögliche – Beteiligung per Postkarte.

Rechtlich kritisch wird ein derartiges Gewinnspiel aber dann, wenn das Wissenselement so weit in den Hintergrund rückt, dass der Faktor Zufall in erster Linie über Gewinn oder Verlust entscheidet. Damit läge ein Glücksspiel vor, das in Deutschland genehmigungspflichtig ist. Kann der Anbieter eine solche Genehmigung nicht vorweisen, läuft er sogar Gefahr, strafrechtlich belangt zu werden.

2. *Gratisverlosung*

Liegt mangels Geldeinsatz seitens des Teilnehmenden kein Glücksspiel sondern lediglich eine Gratisverlosung vor, so ist zu beachten, dass die Teilnahme nicht an einen Kauf oder eine Bestellung gekoppelt sein darf. Für eine Wettbewerbswidrigkeit ist in diesem Zusammenhang bereits ein psychologischer Zwang zum Kauf ausreichend.

Rechtswidrig ist auch eine Täuschung der Teilnehmer über deren tatsächliche Gewinnchancen. Wird bei den Teilnehmern eines SMS-Gewinnspiels daher der Eindruck erweckt, der Gewinner werde unter allen eingegangenen SMS ermittelt, so verstößt es gegen wettbewerbsrechtliche Grundsätze, wenn in Wirklichkeit grundsätzlich die 1000ste eingegangene SMS gewinnt.

In diesem Zusammenhang soll auch auf den neuen § 661a BGB hingewiesen werden. Danach ist ein Unternehmen, das an einen Verbraucher eine Gewinnzusage sendet und dadurch beim Empfänger den Eindruck erweckt, er habe einen Preis gewonnen, verpflichtet, diesen Preis auch auszugeben. Der Verbraucher hat jetzt einen gerichtlich einklagbaren Anspruch auf den versprochenen Gewinn.

II. Tarnung von Werbemaßnahmen

Werbung muss stets als solche erkennbar sein. Im SMS-Bereich ist es besonders einfach möglich, Werbebotschaften als „private“ Nachrichten zu tarnen. Eine derartige Täuschung der Verbraucher verstößt jedoch gegen geltendes Wettbewerbsrecht.

III. "Abfangen“ von Kunden

Wie bereits gezeigt ist die einzigartige Möglichkeit, jederzeit den Standort des Inhabers eines Mobiltelefons bestimmen zu können, einer der entscheidenden Erfolgsfaktoren des M-Commerce. Bei der Nutzung dieser Lokalisierung ist jedoch unter wettbewerbsrechtlichen Gesichtspunkten Vorsicht geboten.

Beispielsweise wäre es denkbar, einem Verbraucher, der sich im örtlichen Bereich eines Konkurrenten aufhält, eine Liste mit eigenen Sonderangeboten auf dessen Mobiltelefon zu übermitteln. Es ist anerkannt, dass das Verteilen von Werbezetteln (Flyern) oder das Aufstellen eines Verkaufswagens in unmittelbarer räumlicher Nähe zu einem Konkurrenten im konkreten Einzelfall ein sittenwidriges Abfangen von Kunden darstellen kann. Gleiches muss für eine an ein Mobiltelefon verschickte Werbenachricht gelten, die bewusst an einen Verbraucher gerichtet wird, der sich im Bereich eines konkurrierenden Anbieters befindet. Es kann bei der rechtlichen Beurteilung keinen Unterschied machen, ob vor einem Kaufhaus Handzettel mit Werbung für einen Wettbewerber verteilt werden oder ein „virtueller“ Flyer auf das Mobiltelefon übersandt wird. Obwohl die Zulässigkeit einer solchen Maßnahme unter Berücksichtigung der Umstände des jeweiligen Einzelfalls beurteilt werden muss, ist bei derartigen Aktionen auf jeden Fall große Vorsicht geboten.

Auktionen

Im Internet erfreuen sich Auktionen nach wie vor großer Beliebtheit. Eine Durchführung derartiger Auktionen bietet sich auch besonders im mobilen Bereich an. Damit hat der Nutzer die Möglichkeit, sich an jedem Ort zu jeder Zeit beispielsweise über das aktuelle Höchstgebot für ein Produkt zu informieren und kann flexibel mit einem neuen eigenen Gebot darauf reagieren. Bei der rechtlichen Beurteilung solcher Auktionen ist zunächst zwischen normalen Auktionen, bei denen die Mitsteigerer sich stets erhöhende Angebote abgeben und sogenannten „umgekehrten" Auktionen zu unterscheiden.

I. Umgekehrte Auktionen

Von einer umgekehrten Auktion spricht man, wenn sich der Preis für die angebotene Ware oder Dienstleistung mit fortschreitendem Zeitablauf solange stetig verringert, bis der Zuschlag an einen Teilnehmer erfolgt. Ein Beispiel hierfür ist eine Gebrauchtwagenauktion, bei der der Anbieter festlegt, dass sich der Verkaufspreis alle 15 Sekunden um DM 300,- verringert. Eine derartige Auktion kann in zweifacher Hinsicht rechtswidrig sein.

1. Sonderveranstaltung

Zunächst könnte es sich im jeweiligen Einzelfall um eine nach § 7 UWG unzulässige Sonderveranstaltung handeln. Eine derartige Sonderveranstaltung setzt unter anderem voraus, dass die Aktion der Beschleunigung des Warenabsatzes dient. Dieses Ziel der Absatzbeschleunigung muss derart akzentuiert sein, dass für die Verbraucher der Eindruck einer das normale Maß übersteigenden Verkaufstätigkeit entsteht. Ob und wann dies der Fall ist, kann nicht allgemein beantwortet werden und ist, wie so oft, stark von den Umständen des jeweiligen Einzelfalles abhängig. Eine reißerische Aufmachung reicht hierfür jedenfalls noch nicht aus. Im Falle einer Gebrauchtwagenauktion, wie bereits oben als Beispiel erwähnt, entschied das OLG München, dass eine rechtswidrige Sonderveranstaltung nicht vorliegt. Im entschiedenen Fall war jedoch die Besonderheit gegeben, dass der Kauf nicht mit dem Drücken des Buttons zustande kam, sondern hinterher ein normaler Kaufvertrag abgeschlossen werden musste. Die Auktion wurde daher als bloße Preisfindungsmaßnahme angesehen, die für einen eventuellen Kauf lediglich als Werbemaßnahme eingesetzt wird.

Interessanterweise betonte das Gericht, dass nicht jede Verkaufstätigkeit mit unüblichen Mitteln von vornherein wettbewerbswidrig ist. Insbesondere im Internet wurde die ungewöhnliche Art der Preisfindung mit der Möglichkeit des anschließenden Erwerbs als solche nicht beanstandet.

2. *Übertriebenes Anlocken*

Ein derartiges übertriebenes Anlocken kann nach einer Entscheidung des Bundesgerichtshofs, insbesondere beim Einsatz aleatorischer Mittel, gegeben sein, wenn der Anreiz zur näheren Befassung mit dem Angebot mit jedem ablaufenden kurzen Zeitintervall stärker wird und mit dem Anstieg der „Gewinn"-Chance einen zunehmend suggestiven Charakter gewinnt. Dies kann zur Folge haben, dass der Teilnehmer an der Auktion Vergleichsangebote außer acht lässt und seinen Kaufentschluss nicht mehr aufgrund sachlicher Erwägung trifft, sondern allein aufgrund des Gewinnanreizes des „Spieles".

Dies war im dargestellten Beispiel einer Gebrauchtwagenauktion nicht der Fall, da hier der Kaufabschluss nicht mit dem Drücken des Zuschlag-Buttons auf dem Bildschirm zustande kam, sondern hierdurch erst die Möglichkeit zu einem zeitlich nachfolgenden Erwerb eingeräumt wurde. Ein Kaufvertrag wurde erst bei einem nachfolgenden Besichtigungstermin abgeschlossen, bei dem der „Auktionsgewinner" nicht mehr unter dem „Druck der Chance" stand und genügend Gelegenheit hatte, Vergleichsangebote einzuholen.

Bei einer umgekehrten Auktion sind jedoch durchaus Umstände denkbar sind, die eine andere rechtliche Beurteilung rechtfertigen. Aus diesem Grunde sollte ein Anbieter bereits im Vorfeld diesbezüglich dringend anwaltlichen Rat einholen.

II. Herkömmliche Auktionen

Bisher umstritten war die Frage, wann bei einer Auktion der eigentliche Kaufvertrag zwischen Anbieter und Ersteigerer zustande kommt. Relevant wurde diese Frage in der Vergangenheit in Fällen, in denen das Höchstgebot weit unter dem vom Anbieter erwarteten Preis lag und dieser die versteigerte Sache nicht liefern wollte.

Die Frage, wann ein Vertrag zwischen Anbieter und Ersteigerer zustande kommt, hängt in erster Linie von der konkreten Ausgestaltung der Auktion und den Geschäftsbedingungen des Veranstalters ab. Bislang wurde von einigen Gerichten jedoch die Ansicht vertreten, durch den Zuschlag an einen Teilnehmer an der Auktion entstünde in der Regel noch kein wirksamer Kaufvertrag. In einer neueren Entscheidung hob das Oberlandesgericht Hamm jedoch ein entsprechendes landgerichtliches Urteil auf, und stellte klar, dass – vorbehaltlich anderweitiger Regelungen durch den Auktionsveranstalter – in dem Freischalten einer Auktion über einen bestimmten Gegenstand ein verbindliches Angebot zu sehen ist. Damit kommt nach der Auffassung des Gerichts mit dem Zuschlag ein Kaufvertrag zustande, aufgrund dessen der Anbieter zu dem erreichten Höchstgebot liefern muss.

Obwohl eine höchstrichterliche Entscheidung noch nicht vorliegt, spricht viel dafür, dass sich auch der Bundesgerichtshof dieser Betrachtungsweise anschließen wird.

Auch wenn die angesprochene Entscheidung eine Versteigerung im Internet betraf, so gibt es zu einer Auktion im Mobil-Bereich keine Unterschiede, die dort eine andere Beurteilung rechtfertigen.

Verträge im M-Commerce

I. Zustandekommen eines Vertrages

Auf die rechtlichen Anforderungen an das Zustandekommen eines wirksamen Vertrages haben die neuesten Übertragungstechnologien keine Auswirkungen, so dass auch für den Vertragsschluss im Bereich des M-Commerce die Bestimmungen des Bürgerlichen Gesetzbuchs (BGB) maßgeblich sind.

Zwingende Voraussetzung des Vertragsschlusses ist eine Einigung der Vertragschließenden, die auf einem Angebot und der Annahme desselben beruht. Da sich die Information des Kunden bei den verschiedenen Einsatzformen des M- und L-Commerce unterschiedlich darstellt, muss zur Beurteilung eines rechtsverbindlichen Angebots und dessen Annahme bereits an dieser Stelle differenziert werden:

1. M-Commerce

Werden dem Kunden auf seinem Mobiltelefon Waren oder Leistungen – gegebenenfalls in Verbindung mit Preisen – präsentiert, stellen diese Informationen in der Regel noch kein verbindliches Angebot dar. Es handelt sich hierbei lediglich um eine Aufforderung an den Kunden, seinerseits ein Angebot in Form einer Bestellung abzugeben, das dann der Annahme bedarf. Die letzte Entscheidung über das Zustandekommen des Vertrages soll somit dem Anbieter der Waren oder Dienstleistungen überlassen bleiben, der diese einer unbegrenzten Zahl von Leuten präsentiert und nicht Gefahr laufen möchte, unzählige Verträge zeitgleich nachfragender Kunden bei nur begrenzten Kapazitäten erfüllen zu müssen. Dieses unkalkulierbare wirtschaftliche Risiko soll zugunsten des Gewerbetreibenden und im Interesse eines möglichst großen Waren- und Dienstleistungsangebotes, das letztlich auch dem Kunden zugute kommt, vermieden werden. Die für den Vertragschluss erforderliche Annahme erfolgt daher durch Bestätigung der Bestellung oder unmittelbare Leistung (z.B. Zusendung der Ware).

Anders stellt sich allerdings die Interessen- und Rechtslage dar, wenn die angepriesene Ware oder Dienstleistung faktisch unbegrenzt vorrätig oder ohne großen Aufwand reproduzierbar ist (z.B. beim Download von Software). In diesem Fall handelt es sich bereits bei der Darstellung des Produkts um ein verbindliches Angebot des Gewerbetreibenden, das der Kunde durch seine Bestellung annimmt.

Gleiches gilt dann, wenn durch die Präsentation der Waren oder Dienstleistungen eine sofortige oder unbedingte Leistungsbereitschaft signalisiert wird. Vielfach finden sich in Angeboten Versprechungen wie beispielsweise „Bei Bestellungen bis 16 Uhr liefern wir am nächsten Tag“ oder „Lieferung innerhalb von 24 Stunden“. Solche werbewirksamen Slogans wird man schon als Zusage der Leistungsbereitschaft ansehen müssen. Hiervor sei also ausdrücklich gewarnt, wenn nicht ein großes Warenlager vorhanden und die logistische Bewältigung von außergewöhnlich vielen Bestellungen gewährleistet ist. Ansonsten drohen schnell Schadensersatzforderungen enttäuschter Kunden.

2. L-Commerce

Bei der häufig als Beispiel für L-Commerce angeführten Zahlung an einem Warenautomaten kann schon das Bereithalten der Waren in einem dem Kunden zugänglichen Automaten als Angebot beschränkt auf den Warenvorrat angesehen werden. Durch das ordnungsgemäße Nutzen des Automaten kann der Kunde dieses Angebot annehmen. In der Praxis wählt der Kunde mit seinem Mobiltelefon hierzu eine auf dem Automaten angegebene Telefonnummer, woraufhin impulsgesteuert der Freigabemechanismus des Warenautomaten ausgelöst und die Ware ausgegeben wird.

Wichtig ist in diesem Zusammenhang der Hinweis, dass durch die E-Commerce-Richtlinie (Richtlinie 2000/31/EG über den elektronischen Geschäftsverkehr) weitere Voraussetzungen hinzukommen werden, die beim Vertragsschluss zwingend zu beachten sind. So muss beispielsweise dem Kunden vor seiner Bestellung die Möglichkeit gegeben werden, Eingabefehler zu erkennen und zu korrigieren. Außerdem muss die Bestellung des Kunden unverzüglich auf elektronischem Weg bestätigt werden. Obwohl die Richtlinie erst bis zum 17. Januar 2002 in deutsches Recht umgesetzt sein muss, empfiehlt es sich, diese Anforderungen bei der Planung von Prozessabläufen bereits heute zu berücksichtigen.

II. Beweislast

Ein wesentliches Problem des M-Commerce besteht in der schwierigen Beweisbarkeit von Handlungen. Für den Beweis von rechtlich relevantem Verhalten im M-Commerce gelten die allgemeinen Gründsätze des Zivilrechts, wonach jeder sämtliche seinen Anspruch begründenden Tatsachen belegen muss. Dies kann im Einzelfall im Bereich der elektronischen Kommunikation sehr schwierig sein, zumal sich die Möglichkeiten der Manipulation von Daten bis zu den Gerichten herumgesprochen hat.

Eine wesentliche Erleichterung der Beweisbarkeit bietet das am 1. August 2001 in Kraft getretene Formvorschriftengesetz, das zahlreiche Bestimmungen u.a. im BGB und der Zivilprozessordnung ändert, zusammen mit dem Signaturgesetz. Hiernach ist nun ein digital signiertes Dokument bzw. eine digital signierte Datei mit einem handschriftlich unterschriebenen Dokument gleichzustellen. In der Praxis bedeutet dies, dass im Streitfall die Vermutung für die Authentizität der digital signierten Erklärung spricht und die Beweislast des Gegenteils beim Erklärenden liegt, der sich nicht daran gebunden sehen will. Die Rechtssicherheit des rein elektronischen Geschäftsverkehrs kann also durch die verbreitete Verwendung der digitalen Signatur deutlich erhöht werden. Nur wenn die Mehrzahl der potenziellen Kunden und Anbieter von Waren und Dienstleistungen über die für die digitale Signatur notwendige Verschlüsselungstechnik verfügt, sieht der M-Commerce einer rechtlich gesicherten Zukunft entgegen.

III. Verwendung Allgemeiner Geschäftsbedingungen

Für die wirksame Einbeziehung Allgemeiner Geschäftsbedingungen (AGB) in einen Vertrag ist die Erfüllung bestimmter gesetzlicher Voraussetzungen erforderlich, die zunächst von der Form des Zustandekommens des Vertrages unabhängig sind. Es macht dabei grundsätzlich rechtlich keinen Unterschied, ob die AGB als das Kleingedruckte auf der Rückseite eines Bestellformulars zu finden sind oder in elektronischer Form auf ein Mobiltelefon übertragen und dort auf dem Display angezeigt werden. Die Erfordernisse an eine wirksame Einbeziehung in Kundenverträge sind prinzipiell identisch:

1. Ausdrücklicher Hinweis

Der Hinweis auf die AGB muss so gestaltet sein, dass der Kunde ihn schon bei flüchtiger Betrachtung erkennen kann. Die Existenz eines kaum lesbaren Schriftzuges in kleinster Schriftgröße, der sich kaum vom Hintergrund abhebt, reicht daher nicht aus. Ebenso sollte der Hinweis als solcher verstanden werden können, was die Verwendung fremdsprachlicher Hinweise nahezu ausschließen dürfte.

2. Möglichkeit zumutbarer Kenntnisnahme

Der Kunde muss im Zusammenhang mit seiner Bestellung die Möglichkeit haben, ohne größere Schwierigkeiten von den gesamten AGB des Verwenders Kenntnis zu nehmen. Ein schlichter Hinweis zu Beginn der Präsentation der angebotenen Waren oder Dienstleistungen wird insoweit vielfach nicht ausreichen. Im Gegensatz hierzu ist mit einem Hinweis auf dem Bestellformular in Form eines Link dem Erfordernis der zumutbaren Kenntnisnahme Genüge getan. Um jedes Risiko auszuschließen, lassen manche Verwender den Kunden erst die AGB durchscrollen, bevor sie überhaupt die Möglichkeit einer Bestellung haben (sogenanntes „Click-Wrap-Verfahren").

Sicherlich darf der Kunde gerade bei der Benutzung eines Mobiltelefons mit einem nur relativ kleinen Display nicht überfordert werden. In aller Regel wird der Verwender aber auch kein Interesse daran haben, die Geduld des potenziellen Kunden unnötig auf die Probe zu stellen. Die rechtliche Grenze dürfte in Anlehnung an die beim E-Commerce geltenden Grundsätze dann erreicht sein, wenn der Umfang der in lesbarer Schriftgröße angezeigten AGB mehr als 2-3 Display-Seiten füllen. In allen anderen Fällen muss dem Kunden eine zusätzliche Möglichkeit der Kenntnisnahme – z.B. per Ausdruck – gegeben werden.

3. *Zeitpunkt*

Die Einbeziehung der AGB ist schließlich nur dann wirksam, wenn der Verwender hierauf vor Abgabe seiner Bestellung hingewiesen wird. Eine nachträgliche Einbeziehung ist ohne Einverständniserklärung des Kunden ausgeschlossen.

Sind diese Voraussetzungen erfüllt, darf der Verwender bei einer Bestellung das Einverständnis des Kunden mit seinen AGB unterstellen. Da die technischen Voraussetzungen, die diesen Anforderungen genügen, allerdings bislang noch nicht geschaffen wurden, kann es sich hier nur um Richtlinien für die Zukunft handeln.

Im Rahmen der Umsetzung der E-Commerce-Richtlinie werden sich die dargestellten Anforderungen an die Wirksamkeit einer Einbeziehung von AGB weiter erhöhen. Ab Januar 2002 muss es dem Kunden möglich sein, die elektronisch übermittelten AGB entweder zu speichern oder in Form eines Ausdrucks zu reproduzieren. Insoweit dürfte allerdings nicht die abstrakte Möglichkeit ausreichen, dass manche komfortabel ausgestattete Mobiltelefone hierzu in der Lage sind. Adressat des Waren- oder Dienstleistungsangebotes ist schließlich jeder potenzielle Kunde, unabhängig von der technischen Ausstattung seiner mobilen Kommunikationsmittel. Da die E-Commerce-Richtlinie in erster Linie im Hinblick auf den internetbasierten Handel verfasst wurde, dürften die Anforderungen für den M-Commerce sehr hoch sein. So lange die Technik eine Umsetzung dieser Vorgaben noch nicht gewährleisten kann, wird eine wirksame Vereinbarung von AGB kaum möglich sein.

Im B2B Bereich ist die Einbeziehung von AGB deutlich einfacher möglich, da hier bereits der Hinweis auf die AGB im Rahmen der Präsentation genügt. In Einzelfällen ergibt sich die Einbeziehung von AGB sogar bereits aus der Brachenüblichkeit. An diesen Grundsätzen wird wohl auch die Umsetzung der E-Commerce-Richtlinie nichts ändern.

IV. Widerrufsrecht des Verbrauchers und Fernabsatzgesetz

Für viele der im Rahmen des M-Commerce in Betracht kommenden Geschäfte ist das im Juli 2000 in Kraft getretene Fernabsatzgesetz zu beachten, das dem Verbraucher ein viermonatiges Widerrufsrecht einräumt.

Dieses Gesetz verpflichtet außerdem den Anbieter, bestimmte Informationen bereit zu halten, wie z.B. den Vorbehalt, eine in Qualität und Preis gleichwertige Leistung (Ware oder Dienstleistungen) zu erbringen, und einen Vorbehalt, die versprochene Leistung im Falle ihrer Nichtverfügbarkeit nicht zu erbringen, den Preis der Ware oder Dienstleistungen einschließlich aller Steuern und sonstiger Preisbestandteile, gegebenenfalls zusätzlich anfallende Liefer- und Versandkosten, das Bestehen eines Widerrufs- oder Rückgaberechts sowie die Kosten, die dem Verbraucher durch die Nutzung der Kommunikationsmittel entstehen, sofern sie über die üblichen Grundtarife hinausgehen. In den meisten Fällen werden seriöse Anbieter dem Verbraucher ohnehin eine Vielzahl dieser Informationen mitteilen. Werden die Verbraucher allerdings lückenlos im Sinne des Fernabsatzgesetzes aufgeklärt, verkürzt sich die Widerrufsfrist zugunsten des Anbieters auf nur 2 Wochen.

Auch hier dürfte die mangelnde technische Umsetzung dafür sorgen, dass die Möglichkeit der Fristverkürzung bis auf weiteres eine theoretische Option bleibt.

Zahlungssysteme

I. Klassische Zahlungssysteme

Bei der Überprüfung von Zahlungssystemen auf ihre Eignung für den M-Commerce ist zunächst von den klassischen Zahlungswegen auszugehen. Gerade wenn es um die physische Lieferung von Waren oder Erbringung von Dienstleistungen geht, bleiben die Zahlung per Rechnung im B2B-Bereich oder per Nachnahme im B2C-Bereich konkurrenzfähige Alternativen. Während die Rechnung vielfach als Dokumentation und Bestätigung der bestellten Leistungen dient, bietet die Zahlung per Nachnahme insbesondere den bedeutenden Vorteil, dass der Gewerbetreibende nicht bei jeder Leistungserbringung um die Zahlungsfähigkeit und den Zahlungswillen seines Kunden bangen muss.

Nicht zuletzt aus diesen Gründen sind diese beiden klassischen Zahlungssysteme sogar im Bereich des E-Commerce trotz der Einführung elektronischer Zahlungssysteme noch heute die am meisten genutzten Abrechnungsarten.

II. Elektronische Zahlungssysteme

Zur Zahlung von Waren und Dienstleistungen im M-Commerce stehen verschiedene Zahlungssysteme zur Verfügung, die überwiegend heute schon im Bereich des internetbasierten E-Commerce zum Einsatz kommen. Ein bestimmtes Abrechnungsverfahren konnte sich hier bislang jedoch noch nicht durchsetzen. Grund für die nach wie vor bestehende Vielfalt der angebotenen Verfahren ist nicht zuletzt die Tatsache, dass es sich in allen Fällen um einen Kompromiss zwischen der Sicherheit des Zahlungsverkehrs und der Funktionalität aus Kundensicht handelt. Dieser Umstand ist auf die verschiedenen Voraussetzungen zurückzuführen, die ein neues Zahlungssystem erfüllen muss, um sich sowohl bei den Gewerbetreibenden als auch bei den Kunden durchsetzen zu können. Zu diesen Bedingungen zählen neben der Sicherheit gegenüber einem möglichen Missbrauch und der einfachen Bedienung auch der geringe Verwaltungs- und Registrierungsaufwand sowie schließlich die weite Verbreitung des Systems. Darüber hinaus ist nicht jedes Zahlungsverfahren für alle in Betracht kommenden Geschäfte und jedes Geschäftsvolumen gleich geeignet.

Sicherlich für jedes Geschäft prinzipiell geeignet ist die Kreditkarte, die den Vorteil bietet, dass die Belastung des Kreditkartenkontos nach den meisten Kreditkartenbedingungen bei Mitteilung der Kartennummer auch ohne Unterschrift und Vorlage der Karte möglich ist. Im Gegensatz hierzu ist die Erteilung einer Lastschrift ohne unterschriebenen Beleg mangels entsprechender Rahmenbedingungen von der Kulanz der kontoführenden Bank abhängig; ein Anspruch besteht – anders als meist bei der Kreditkarte – insoweit nicht. Aus Sicht des Kunden bietet das Kreditkarten-Zahlungsverfahren den weiteren Vorteil, dass er – sofern er bereits über eine Kreditkarte verfügt – keine weiteren Verträge abschließen muss.

Diese Einfachheit ist gleichsam allerdings auch ein gravierender Nachteil dieser Abrechnungsform, da jeder, der Kenntnis von der Kreditkartennummer erlangt, eine Belastung des Kreditkartenkontos veranlassen kann. Derartige Missbrauchsfälle sind bereits mehrfach durch die Presse gegangen und haben für eine große Skepsis der Verbraucher gegenüber der Kartenzahlung, speziell der Angabe ihrer Kreditkartennummer, gesorgt. Ob die zur Zeit diskutierten Verschlüsselungssysteme SSL oder SET mit sogenannter „Wallet-Software", die eine vorausgehende Registrierung der Nutzer erfordert, den Verbraucher letztlich überzeugen können, darf in Anbetracht der Tatsache, dass schon die Verschlüsselungsprogramme zur digitalen Signatur überwiegend „entschlüsselt" werden konnten, bezweifelt werden.

Gleiches gilt für die sogenannten „Mobile Payment"-Lösungen, bei denen sich der Kunde allerdings im Vorfeld mit seiner Mobiltelefonnummer registrieren lassen muss.

1. Bei dem von Viag Interkom und der HypoVereinsbank vorgestellten Zahlungsverfahren erhält der Viag Interkom-Kunde beispielsweise eine PIN, die er zusammen mit seiner Mobiltelefonnummer beim Bezahlen angeben muss. Der Rechnungsbetrag wird dann mit der Viag Interkom-Rechnung eingezogen. Auf ein ähnliches System setzt auch das Unternehmen Payitmobile, an dem u.a. E-Plus beteiligt ist.
2. Das von Paybox angebotene Verfahren gestaltet sich schon ein wenig umständlicher, da der Händler zunächst bei Paybox anrufen und die Rufnummer des Kunden übermitteln muss. Im Anschluss meldet sich Paybox bei diesem Kunden und lässt sich die Transaktion durch Angabe der PIN bestätigen.
3. Einfacher erscheint demgegenüber das Überweisungsverfahren der Mobilbank, das lediglich eine SMS mit dem Rechnungsbetrag und der Mobiltelefonnummer des Empfängers enthalten muss.

Dies sind nur Beispiele für die Vielzahl der zur Zeit genutzten oder getesteten Zahlungssysteme. Manche Anbieter entwickeln völlig neue Sicherungssysteme, z.B. eine Stimmidentifizierung des Kunden mittels Sprachcomputer. Vor diesem Hintergrund wird schnell deutlich, dass man im Bereich des Mobile Payment noch weit von einem gemeinsamen Standard entfernt ist, der weitaus bessere Chancen auf Durchsetzung hätte. Strategische Allianzen mit dieser Zielsetzung sind bislang weder angekündigt, noch in Sicht.

In Anbetracht dieser Situation bleibt festzustellen, dass es für die Anbieter elektronischer Zahlungssysteme schwer sein wird, Gewerbetreibende und Verbraucher von der Zweckmäßigkeit ihrer Abrechnungssysteme zu überzeugen. M-Commerce wird daher derzeit ohne die klassischen Zahlungssysteme nicht auskommen können.

Ein weiterer, bislang noch nicht erwähnter Grund für die aktuelle Überlegenheit dieser Zahlungssysteme ist die sicherere Beweislage.

III. Beweislage

Die Rechtsprechung hat im Zusammenhang mit behauptetem Kartenmissbrauch bezüglich der Verwendung einer ec-Karte zusammen mit einer PIN bereits mehrfach entschieden, dass der erste Anschein für eine Nutzung des Zahlungssystems durch den Karteninhaber selbst spricht. Sollte er die ec-Karte nicht selbst genutzt haben, habe er zumindest aber durch Verletzung seiner Sorgfaltspflicht den Missbrauch erst ermöglicht, so dass ihm der gegenteilige Nachweis obliegt. Dies bedeutet letztlich, dass der Zahlungsempfänger den Geldbetrag gutgeschrieben erhält, bis der Karteninhaber einen Missbrauch nachweisen kann, was in den seltensten Fällen gelingen dürfte.

Inwieweit diese Grundsätze auf die oben angesprochenen, durch PIN gesicherten Zahlungssysteme übertragbar sind, ist noch nicht geklärt. Aufgrund der Tatsache, dass die Mobiltelefonnummer – ähnlich der ec-Kartennummer – eine eindeutige Identifizierung erlaubt, wird man den Schutzmechanismus der Mobile Payment-"PIN" in vielen Fällen mit demjenigen einer PIN-gesicherten ec-Karte vergleichen können.

Eine Änderung dieser für den M-Commerce unsicheren Beweislage scheint sich jedoch mit der digitalen Signatur abzuzeichnen. Gerade bei der Durchsetzung der Digitalen Signatur beim Verbraucher könnte und sollte dem M-Commerce eine Schlüsselrolle zukommen. Das Hauptverbreitungshindernis stellt momentan die Tatsache dar, dass zur Verwendung der Digitalen Signatur vom Verbraucher spezielle Hardware angeschafft werden müsste. Da Mobiltelefone ausnahmslos mit einer SIM-Chip-Karte ausgestattet sind, wäre es für die Gerätehersteller und Mobilfunkanbieter ohne unangemessenen Aufwand möglich, die Digitale Signatur zu integrieren und über das Mobiltelefon nutzbar zu machen. Auf diese Weise könnte innerhalb kürzester Zeit eine flächendeckende Verbreitung erreicht werden, wodurch einerseits M-Commerce-Transaktionen für den Anbieter weitgehend rechtssicher durchgeführt werden könnten und andererseits die Akzeptanz dieses neuen Absatzweges beim Verbraucher rapide steigen würde.

Gerichtsstand und Rechtswahl

I. Gerichtsstand

Rechtsstreitigkeiten können keineswegs durch jedes beliebige Gericht entschieden werden. Das geographisch zuständige Gericht ergibt sich dabei aus den gesetzlichen Zuständigkeitsregelungen oder einem individuell gewählten Gerichtsstand.

1. Gesetzliche Regelungen

a) Wettbewerbsrecht

Im Bereich der Werbung kann es zu Streitigkeiten kommen, welche die Inanspruchnahme eines Gerichts erfordern. Auszugehen ist bei der Bestimmung des Gerichtsstandes im Wettbewerbsrecht grundsätzlich von dem Ort der unerlaubten Handlung (§ 32 ZPO iVm. 24 Abs.2 UWG), was auf den ersten Blick aus Sicht des Anbieters problematisch erscheinen mag, da sich Werbemaßnahmen etwa bei Rundsendungen schnell im gesamten Bundesgebiet und darüber hinaus verbreiten können. In der Tat wird es als angemessen angesehen, dass der Werbende zumindest überall dort gerichtlich verfolgt werden kann, wo er seine Werbung bewusst und gewollt verbreitet. Aufgrund des Umstandes, dass der Werbende das Verbreitungsgebiet seiner Werbung beeinflussen kann, muss er auch innerhalb dieses Gebietes an den verschiedenen Orten mit gerichtlichen Auseinandersetzungen rechnen.

b) Vertragsrecht

Im Bereich des Vertragsrechts besteht schon von Gesetzes wegen eine eingeschränkte Wahl des Gerichtsstandes. Zunächst besteht die Möglichkeit, bei dem Gericht des vertraglichen Erfüllungsortes zu klagen, d.h. an dem Ort, an dem die streitige Leistung zu erbringen war. Alternativ kann Klage am Wohn- bzw. Geschäftssitz des Beklagten erhoben werden. Während bei der Bestimmung des Gerichtsstandes im letzteren Fall eher tatsächliche Probleme, z.B. Lokalisierung der Hauptniederlassung, eine Rolle spielen dürften, ist die Ermittlung des Erfüllungsortes rechtlich nicht immer eindeutig möglich.

Auch wenn bei M-Commerce modernste Technologie zur Anwendung kommt und neuen Kommunikationswege beschritten werden, wird es doch nach dem Vertragsschluss in vielen Fällen bei den klassischen Leistungswegen, d.h. Lieferung bzw. Abholung eines gekauften Gegenstandes und Einziehung bzw. Überwiesung des Rechnungsbetrages, bleiben. Weniger eindeutig ist dagegen der Erfüllungsort bei dem Downloaden von Daten oder dem Abrufen von Informationen

- **Download**
  Entsprechend der Diskussion bezüglich des Downloads von Software über das Internet wird man auch bei der Übertragung von Daten auf das Mobiltelefon davon ausgehen müssen, dass die Daten auf dem Server des Anbieters quasi zur

Abholung bereit liegen und der Kunde mittels Einwahl auf diese zugreift. Hiervon ausgehend könnte man nun den Standort des Servers als Erfüllungsort – ansehen. Da sich das deutsche Recht zur Bestimmung des Erfüllungsortes jedoch regelmäßig an dem Wohn- bzw. Geschäftssitz des Leistenden und nicht dem Aufbewahrungsort der Ware orientiert, bildet der Standort des Servers keinen eigenen Gerichtsstand. Der Server wird insoweit der Sphäre des Schuldners zugerechnet, so dass es auch beim Download von Informationen bei den bereits erwähnten Grundsätzen bleibt. Erfüllungsort beim Download von Daten auf ein Mobiltelefon ist damit der Sitz des Anbieters.

- **Informationsabruf**
  In den Fällen, in denen der Kunde bestimmte Informationen anfordert, die dann an ihn versendet werden, ändert sich die Rechtslage nur unwesentlich. Stellt man sich auf den Standpunkt, dass die Anfrage des Kunden eine computergesteuerte Routine auslöst und der Anbieter hierzu keine aktive Handlung vornimmt, besteht rechtlich kein Unterschied zum Download. Selbst wenn man in dem Versenden der Information eine eigenständige Leistungserbringung sieht, hat der Anbieter spätestens damit seine Vertragspflicht erfüllt. Zu einer Verlagerung des Gerichtsstands hin zum Kunden führt aber auch diese Betrachtung nicht automatisch.

2. *Gerichtsstandsvereinbarung*

Die Bestimmung des Gerichtsstandes ist ohne Rechtsbeistand nicht immer unmittelbar möglich und daher das Bestreben nach einer entsprechenden individuellen Vereinbarung sehr groß. Nach deutschem Recht sind Gerichtsstandsvereinbarungen grundsätzlich nur im Bereich des Vertragsrechts unter Kaufleuten zulässig. In diesen Fällen genügt schon die wirksame Vereinbarung eines Gerichtsstandes im Rahmen von AGB. Die weiterhin bestehende Möglichkeit der Vereinbarung eines Gerichtsstands nach Entstehen der Streitigkeit, die auch Nichtkaufleuten offen steht, dürfte in der Praxis keine wirkliche Rolle spielen.

Auf europäischer Ebene entfällt innerhalb der Staaten, die das Brüsseler Übereinkommen u.a. über Gerichtszuständigkeiten (EuGVÜ) unterzeichnet haben, die Differenzierung nach der Kaufmannseigenschaft. Soweit die Vertragspartner aus unterschiedlichen europäischen Staaten kommen und den Gerichtstand eines europäischen Vertragsstaates als Gerichtsstand wählen, ist dies ohne weiteres zulässig. Nach EuGVÜ ist es sogar zwei vertragschließenden Nichtkaufleuten in Deutschland möglich, einen anderen Vertragsstaat wirksam als Gerichtsstand zu bestimmen, was nach der ZPO bei einem Gerichtsstand innerhalb Deutschlands vor der Streitentstehung nicht möglich wäre.

Eine Gerichtsstandsvereinbarung für wettbewerbsrechtliche Streitigkeiten ist dagegen in den meisten Fällen weder national noch international möglich.

II. Rechtswahl

Bei internationalen Geschäftsbeziehungen ist das auf einen Vertrag anwendbare Recht von großer Bedeutung. Dieses Recht bildet den Rahmen, innerhalb dessen sich die Bestimmungen des Vertrages bewegen dürfen, und gleichsam das Fundament, das zum Tragen kommt, wenn vertragliche Regelungen fehlen oder unwirksam sind. Um unliebsame Überraschungen zu vermeiden, lohnt es sich, das auf den Vertrag anzuwendende Recht möglichst genau zu kennen.

1. Gesetzliche Regelungen

Nach dem deutschen Internationalen Privatrecht ist auf einen Vertrag das Recht anzuwenden, das den engsten Bezug zum Vertrag aufweist. Gesetzlich wird vermutet, dass es sich hierbei um den Sitz desjenigen Vertragspartners handelt, der die „charakteristische" Leistung zu erbringen hat. Bei einem Kaufvertrag ist dies beispielsweise die Lieferung der verkauften Sache, so dass auf den Vertrag das Recht am Sitz des Verkäufers anzuwenden wäre.

Abweichend hiervon beurteilt sich die Rechtslage oftmals dann, wenn Geschäfte mit Verbrauchern getätigt werden. Soweit nicht ohnehin gesetzlich die gesamte Rechtsordnung am Wohnsitz des Verbrauchers für maßgeblich erklärt wird, dürfen vielfach die zwingenden, verbraucherschützenden Vorschriften dieses Staates nicht übergangen werden. Hiervon abweichende Bestimmungen werden sowohl im Vertrag als auch in AGB als nicht existent betrachtet.

2. Rechtswahlklausel

Auf internationaler Ebene besteht bei schuldrechtlichen Verträgen die Möglichkeit, das hierauf anwendbare Recht grundsätzlich frei zu wählen. Vertragspartner aus unterschiedlichen Staaten können auf diese Weise beispielsweise eine neutrale Rechtsordnung bestimmen, die den rechtlichen Rahmen für die Vertragsbeziehung bildet. Überwiegend wird auch bei rein deutscher Beteiligung die Vereinbarung eines neutralen Rechts für zulässig erachtet.

Dies gilt prinzipiell auch bei Verbraucherbeteiligung, wobei jedoch das Gesetz, wie bereits oben erwähnt, ein Mindestmaß an Verbraucherschutz vorschreibt. Die zumeist strengen Maßstäbe des zwingenden Verbraucherschutzes gelten vor allem dann, wenn dem Vertrag ein ausdrückliches Angebot oder Werbung des Gewerbetreibenden vorausgegangen ist oder die Entgegennahme der Bestellung des Verbrauchers in dessen Heimatstaat (z.B. auf einer Messe) erfolgte. Hinzuweisen sei schließlich noch darauf, dass auch die Wirksamkeit einer vertraglichen Rechtswahl im Zweifel anhand der Rechtsordnung im Heimatstaat des Verbrauchers zu überprüfen ist.

Unter Kaufleuten sind insoweit keine besonderen Formvorschriften zu beachten, so dass eine Rechtswahl auch innerhalb der AGB möglich ist.

1.9 Intelligente Beweglichkeit
Über den richtigen Umgang mit der Tripel-Mobilität beim Aufbau einer dynamischen Unternehmenskultur

Johannes Ehrhardt

Tripel-Mobilität

Eine Alltagssituation: Jemand fährt Auto, telefoniert und stellt sich dabei bei verschiedenen Anrufen auf ganz unterschiedliche Zusammenhänge und Arbeitsperspektiven ein. In dieser Situation sind die drei Formen der Mobilität verbunden, die das gegenwärtige Arbeitsleben von uns fordert. Die äußere Mobilität, die wir durch verschiedene Verkehrsformen bewältigen, die kommunikative Mobilität, die wir durch den Gebrauch verschiedener Informations- und Kommunikationstechnologien in unsere Lebens- und Arbeitszusammenhänge integrieren und die innere Mobilität, die wir brauchen, um die vielfältigen Anforderungen und Erwartungen des wirtschaftlich-gesellschaftlichen Lebens bewältigen zu können. Die Verbindung dieser drei Formen der Mobilität nenne ich Tripel-Mobilität.

Das Auto als Metapher

Die Welt ist unübersichtlich geworden. Um uns zu orientieren nehmen wir Bilder auf, die Trends repräsentieren und Produkte, die dem zu entsprechen scheinen. Diese Dinge „stehen-für", sind Metaphern, auch wenn die jeweiligen Gegenstände gleichzeitig ihren instrumentellen Charakter behalten. Das Auto ist in diesem Sinn die erste, die wichtigste Metapher unserer Zeit, das mobile Telefon seit kurzem die zweite und der Bildschirm in seinen verschiedenen Ausprägungen die dritte. Demgegenüber liegt bei vielen Gadgets der Reiz gerade darin, dass der instrumentelle Charakter nur noch eine Zugabe ist.

Die Ausnützung der Zeit des Autofahrens fürs Telefonieren hat sich in wenigen Jahren als Notwendigkeit durchgesetzt, die relativ unbesetzte Zeit der äußeren Mobilität mit kommunikativer Mobilität aufzustocken. Unterdessen gibt es entsprechend ausgestattete Autos, zum Beispiel der E-Golf, der im Cockpit gleich einen entsprechend ausgestatteten Organizer (Pocket-PC) und einem Handy mit Freisprechanlage ausgestattet ist, das vom Touchscreen des PDA (Personal Digital Assistant), also dem Organizer, aus bedient werden kann. Verkehrsinformationen, Routenplanung, Termine etc. können leicht aufgerufen werden und wenn man schnell mal anhält, kann auch noch das Web (z.B. unter www.volkswagen.de) erreicht werden. Auch alle anderen Autohersteller haben ähnliche Systeme angekündigt, in denen Telematik-, Kommunikations- und Fahrerassistenzangebote verknüpft werden. (www.imbmw.de, www.ford.de, www.opel.de, www.mercedes-benz.de, www.audi.de). Das Auto wird in die Informationswege, die Publikationsabläufe und die Kommunikationsstrukturen der Netzwerkwelt integriert. Andersherum: Das Auto wird zum Ort der Integration netzwerkbasierter Angebote.

Nun ist das Auto in unserer Kultur sowieso das wichtigste Medium der Selbstrepräsentation. Indem das Auto – oder genauer gesagt bestimmte Autos (hier kündigt sich ein soziales Unterscheidungsmerkmal an) neuer Art – zusätzlich zu einem Ort der Integration von Netzwerkbezügen wird, steigt seine Bedeutung noch einmal. Hier deutet sich eine wichtige kulturelle Gewichtsverschiebung an. Die Mobilität fließt in das normative System der Gesellschaft ein.

Warum steigt der Grad der Mobilität?

Die Tatsache, dass der Grad der Mobilität laufend steigt, ist so evident und die Zeichen dafür so allgegenwärtig, dass die Frage danach sich zu erübrigen scheint. Doch wenn man den Versprechungen der vernetzten Computerwelt glaubt, so müsste die Entwicklung eigentlich in eine andere Richtung verlaufen. Kurz gesagt: Durch die Vernetzung werden die laufenden Transaktionen entweder automatisiert oder doch immerhin von Ferne steuerbar, so dass die Menschen sich eigentlich im Sessel zurücklehnen und sich auf wesentliche Innovationen konzentrieren könnten und nur hin und wieder mal steuernd und reparierend eingreifen müssten. Warum geht die Entwicklung ganz offensichtlich in eine ganz andere Richtung? Die Antwort liegt in dem Charakter der Vernetzung selbst. Die Vernetzung hat die Stützpfähle aus den wirtschaftlichen, gesellschaftlichen und politischen Strukturen der Moderne herausgezogen. Dadurch sind große Innovationspotenziale freigesetzt worden. Doch erst einmal sind die alten Ordnungen ins Wanken geraten.

Die Brancheneinteilungen, die Geschäftsprozesse, die Wertschöpfungsketten, die Produktzyklen und die vielen Bürokratien, die all dies aufrecht – und am Laufen hielten – alles stand historisch gesehen „plötzlich" zur Disposition. Geschäftsprozessoptimierung war keine Option mehr, sondern eine Notwendigkeit; die Strukturen mussten neu bestimmt werden, die Regeln, die bisher selbstverständlich waren, mussten nun ausgehandelt werden. Das Ergebnis von all dem ist eine doppelte Notwendigkeit: eine laufende Neustrukturierung und eine Konzentration der Wertschöpfung auf Innovation. Eine Notwendigkeit, die – von einigen handwerklichen und künstlerischen Nischenangeboten abgesehen – für alle Unternehmen gilt. Und die Ergebnisse sind für alle im Netzwerk zu sehen.

All dies erzeugt einen vorher unvorstellbar großen Kommunikations-, Regelungs- und Entscheidungsbedarf. Überall müssen herkömmliche Strukturen auf Kernprozesse zurückgeführt, müssen Verbindungen neu geknüpft, müssen wichtige Funktionen neu verortet und Abläufe zielführend gestaltet werden. Und all dies so schnell wie möglich.

Um diese gewaltige Umbau- und Neugestaltungsarbeit zu leisten, müssen sehr viele Menschen äußerlich mobil, vielfältig kommunikativ vernetzt und zielführend anpassungsfähig tätig sein. Diese Tatsache prägt den Rhythmus unserer Zeit.

Die Mobilität in der Netzwerkwirtschaft

Globale Konkurrenz, rasante, unüberschaubare Veränderungen, laufende Innovationen treiben das Wirtschaftsumfeld auf der Grundlage der digitalen Technologien immer schneller in virtuelle Zusammenhänge hinein. Um in virtuellen Zusammenhängen bestehen zu können gilt es kommunikativ, reaktionsfähig und zielorientiert zu handeln. Hierzu ist Mobilität in allen drei Formen unabdingbar. Durch ein solches Handeln werden die virtuellen Strukturen zu einer positiven Chance. In der neuen mobilen Welt ist die Vernetzung selber das Grundmodell, das die herkömmlichen Vorstellungen von klar strukturierter Ordnung abgelöst hat.

Vernetzung bedeutet

- die Vernetzung des Denkens, der Bilder und Hoffnungen,
- die Vernetzung der Prozesse und der in ihnen steckenden Potenziale,
- die Vernetzung der Beziehungen, der Links,
- die Vernetzung der Ebenen, der Oberflächen und Handlungsebenen.

Netzwerke sind zur Grundlage der Wirtschaft geworden, deshalb erscheint es gerechtfertigt, verkürzend von der Netzwerkwirtschaft zu sprechen. Im Zuge der umfassenden Vernetzung hat das Wort Netzwerkwirtschaft drei unterschiedliche Bedeutungen:

1. Netzwerkwirtschaft bedeutet erstens die Verknüpfung der Wirtschaftszweige (oft missverständlich mit der sogenannten New Economy gleichgesetzt) die Netzwerke entwickelt, einrichtet, vertreibt, pflegt und repariert. Dieses Bündel von Wirtschaftszweigen antwortet dynamisch auf Anforderungen der Wirtschaft, besonders der Finanzwirtschaft und wird zugleich von den sozialen Gruppen, die sich in den Netzwerken, besonders dem Internet, tummeln, vorangetrieben. Unterdessen versorgt die Netzwerkwirtschaft die Wirtschaft nicht mehr nur mit einem Spezialservice, sondern ist – Dotcom-Sterben hin oder her – selbst zum entscheidenden Faktor der Gesamtentwicklung geworden. Dies ist der dynamischste Teil der Wirtschaft. Damit erhält das Wort Konvergenz, vor einigen Jahren das große Modewort, eine neue Bedeutung. Konvergenz, also das Zusammenwachsen der verschiedenen Bereiche der Netzwerkwirtschaft wie Internet, Telecom, Medien, bedeutet heute, dass wir eine neue Ebene der Netzwerkverknüpfung erreicht haben, in der die Elemente zusammenfließen und

eine neue Qualität der Ermöglichung von Kooperation erzeugen. Diese neue Ebene gilt es durch intelligente Formen der Mobilität mit Substanz zu erfüllen.

2. Netzwerkwirtschaft bedeutet zweitens die Vernetzung der gesamten Wirtschaft, also die Tatsache, dass die Netzwerke, vor allem das Internet, zur allgemeinen Infrastruktur für alle Wirtschaftzweige geworden ist. Mit dieser Bedeutung wird also ein Teil – pars pro toto – für das Ganze gesetzt. In der Tatsache, dass von den Unternehmen her gesehen ein Außenfaktor, eine Externalität, zur Grundvoraussetzung des wirtschaftlichen Handelns geworden ist, liegt die zentrale Bedeutung der Netzwerkwirtschaft. Und sie wird – siehe nur die Ausweitung von B2B – von Tag zu Tag wichtiger.
3. Netzwerkwirtschaft bedeutet drittens die Art des Wirtschaftens, das allgemeine networking, das vernetzte Denken, Handeln und Planen. Netzwerkwirtschaft in diesem Sinn ist ein Kennzeichen der Kultur hochentwickelter Länder und der Mangel dieses „Geistes" in bestimmten Bereichen der Welt macht wesentlich das aus, was man „digital divide" nennt. Das Wie der Gestaltung des vernetzten Wirtschaftens ist im Moment in den hochentwickelten Ländern die entscheidende Frage. Wir treten gerade aus einer Phase des Experimentierens heraus und treten in die Phase der Gestaltung ein. Hierum geht es in diesem Beitrag.

Die Netzwerkwirtschaft entstand als Antwort auf die beginnende Globalisierung. Die sich ausweitenden Handelsbeziehungen nach dem Ende des Kolonialismus erforderten zunehmend eine weltweite Kommunikation. Auf diesen Bedarf wurde durch die zivile Nutzung militärischer Netzwerktechnologien geantwortet. Dies führte zu einer sprunghaften Entwicklung der Netzwerke und ermöglichte wiederum, besonders im Finanzsektor, neue Transaktionsformen, und erzeugte dadurch neue Antriebe für die technologische Entwicklung. Es handelt sich hierbei um ein Spiel vielfältiger Wechselwirkungen, bei denen keine einlinige Kausalität auszumachen ist. Im Gegenteil. Die Linearität, die Kausalität tritt zurück. Die Entwicklungsdynamik der Netzwerke liegt in der Vervielfältigung der Knoten, in der Vielfalt der Möglichkeiten, liegt in der unendlichen Zahl der praktisch umsetzbaren Ausgestaltungen, liegt in den auf Zukunft bezogenen Potenzialen.

Von der technischen Seite her hat in den siebziger Jahren des letzten Jahrhunderts Bob (Dr. Robert M.) Metcalf, der Gründer von 3Com, diese grundlegende Tendenz im Kontext der Entwicklung des Ethernets in dem Prinzip zusammengefasst, das dann als „Metcalfs law of connectivity" in die Diskussion einging: "The value of a network is a function of the number of nodes connected to that network; value grows exponentially with each node." Das Gesetz von Metcalf legt das Schwergewicht auf die Knoten, weniger auf die Art der physischen Verbindung zwischen ihnen.

In der Netzwerkwirtschaft ist es jedoch nicht die Zahl der Knoten, die den Wert bestimmt, sondern ihre Qualität, also die Potenziale der stimmigen Kooperationsmöglichkeiten, die durch die Knoten entstehen. Mein Gesetz der Vernetzung stellt die andere Seite von Metcalfs Gesetz dar. Es besagt: „The value of a network depends on the quality of the nodes that can be activated for a common purpose."

Der Wert eines Netzwerks hängt von der Qualität der Knoten ab, die für ein gemeinsames Ziel aktiviert werden können.

Die Dynamik der Vernetzung bewegt sich dorthin, wo sich denkbare Möglichkeiten, kollektive Erwartungen und entwickelbare Angebote berühren. Bei denjenigen, die ein Gespür für diese Berührungen haben, setzt diese Wahrnehmung innovative Phantasie frei. An diesen Punkten entsteht der entscheidende Mehrwert der Netzwerkwirtschaft. Wenn diese Art von Konstellation „gezündet" hat, können die komplexen Kooperationspotenziale der Vernetzung aktiviert werden. Hier setzen innovative Entwicklungen an. Sie müssen nicht auf Kundenwünsche warten, aber sie müssen sich potenziell mit ihnen verbinden können.

Entscheidend ist, dass ein inspirierendes Zukunftsbild entsteht, eine Vision, die den Wunsch nach einer sinnvollen Kooperation weckt.

Vernetzung des Denkens, Vernetzung des Handelns

Ein Lächeln, ein kurzes Gespräch, ein gemeinsamer Musikgeschmack, einige Bilder von der Welt und ich weiß, ob die „Chemie" stimmt. Das Entscheidende in der vernetzten Welt ist diese Art der Übereinstimmung, bei der man sich auf etwas Gemeinsames einschwingen kann. Mit den Handlungsräumen müssen auch die Verständigungsräume wachsen. Die Verständigung ist nicht mehr an enge kulturelle Einheiten, an das Dorf, an die Clique, an die Gemeinde gebunden, sondern quer durch die Welt bilden auf der Grundlage ähnlicher Erfahrungen, gemeinsamer Bilder und gemeinsamer Hoffnungen neue Verständigungsräume. Diese neuen Verständigungsräume brauchen allerdings wieder die Anbindung an die engen kulturellen Einheiten der eigenen Wurzeln. Um mich mit jemand aus einem anderen Kulturkreis verantwortungsvoll verständigen und eine Vertrauensbasis aufbauen zu können, muss ich davon ausgehen können, dass auch bei ihm die Brücke zwischen den neuen Erfahrungen und Bildern und der eigenen Verwurzelung, die ich bei mir selbst erlebe, auf die für seinen Erfahrungsraum besondere Weise vorhanden ist. Wenn diese wechselseitige Wahrnehmung und Anerkennung funktioniert, können trotz der Unterschiede gesicherte gemeinsame Handlungsbezüge aufgebaut werden.

Kooperation erfordert Vertrauen. Doch dies setzt in der Netzwerkwirtschaft nicht Übereinstimmung voraus, kein mechanisches Wenn-Dann, sondern gemeinsame Grundbezüge, von denen her ich den anderen so weit einschätzen kann, dass bestimmte Räume des Vertrauens begründet und wechselseitig angenommen werden können. Die Räume des Aufbaus von Vertrauen müssen nach zwei Seiten hin eingebettet sein. Erstens die Seite der übergreifenden verpflichtenden Regelsysteme, die wohl auf juristische Fixierungen bezogen sind, aber notwendig über sie hinausgehen und zweitens die Seite der zwischenmenschlichen Beziehungen, des Kontakts, der Kommunikation, der direkten Zusammenarbeit. Und für beides ist wiederum die technische Vernetzung, die Connectivity, die funktionale Basis.

In der vernetzten Welt greifen Gesetze, Verordnungen, Bestimmungen im Sinne von ins Einzelne gehenden Festlegungen immer weniger. Zugleich erhöht die globale Interdependenz die Notwendigkeit gemeinsame Grundregeln, Standards und Normen festzulegen, da die Kooperation sonst weder auf technischer noch auf zwischenmenschlicher Ebene funktionieren kann. Gemeinsame Grundregeln sind die Voraussetzung dafür, dass der Aufbau von Vertrauen überhaupt ansetzen kann.

In der internationalen Diskussion hat sich für diese Art von Grundregeln das Wort Governance eingebürgert. Unter Governance kann man einen Zusammenhang verpflichtender Regeln verstehen, Grundregeln, durch die Handlungsmöglichkeiten über die hergebrachten institutionellen Grenzen hinaus eine nachhaltige Gestalt finden können. Governance umfasst Regeln der Entscheidungsfindung, der Offenlegung, der Steuerung und der Kontrolle. Damit die Nachhaltigkeit solcher Regeln greifen kann, ist ein System der Überprüfung und der Rechenschaftspflicht notwendig. Governance orientiert sich an einem Bild friedlichen, demokratischen Zusammenlebens.

Durch die Größenordnung der gegenwärtig sich vollziehenden Vernetzung und die dabei durchbrechenden inneren Bewegungsgesetze der Netzwerkentwicklung bewegt sich die Dynamik des Aufbaus wirtschaftlicher Handlungsbezüge notwendig immer mehr über die Ränder der herkömmlichen institutionellen Behälter hinaus. Für die Regeln, die deshalb jetzt um so dringender gebraucht werden, kann es von dem inneren Charakter der Vernetzung her keine Instanz geben, die Regeln einfach setzt. Sie müssen kooperativ in verschiedenen Bereichen entwickelt werden. Die Entwicklung der Governance-Regeln kann also nur kooperativ in einem langfristigen Prozess geschehen. Zugleich liegt das Problem darin, dass die Regelentwicklung gleichsam „on the run", also im vollen Galopp geschehen muss. Die Gestaltungsdynamik der Vernetzung treibt die Virtualisierung voran und das Funktionieren virtueller Organisationen erfordert angemessene Regeln der Entscheidungsbildung, der Steuerung, der Offenlegung und der Kontrolle. Auf der Basis von Grundregeln müssen daher laufende Anpassungen vollzogen werden, damit die Prozesse einerseits nicht willkürlich und unübersichtlich werden, andererseits nicht durch starre Fixierungen blockiert werden. Diese Anpassungsleistungen setzen eine starke Mobilität in allen drei Formen voraus.

Governance antwortet auf die Globalisierung. An dieser Stelle kann ich nur andeuten, dass sich die Notwendigkeit, Governance-Regeln zu entwickeln, gleichzeitig und wechselseitig aufeinander bezogen in vier Bereichen zeigt,

1. Im Bereich der Politik als Global Governance
2. Im Bereich der zivilgesellschaftlichen Institutionen (vor allem der NGOs)
3. Im Bereich der Corporate Governance
4. Im Bereich der Governance der Finanzmärkte

Im Rahmen dieses Artikels beziehe ich mich nur auf Corporate Governance, obwohl die Entwicklung der Netzwerke und die damit einhergehenden Formen der Mobilität sich natürlich in allen Bereichen und vor allem zwischen ihnen entfalten.

Die Voraussetzung dafür, dass Corporate Governance wirklich greifen kann, ist neben der Kompetenz der Beteiligten, die einfach vorausgesetzt wird, die transparente Offenlegung der entscheidenden Finanz- und Betriebsinformationen, eine durchsetzbare Rechenschaftspflicht und eine klare Entscheidungsbefugnis der Aufsichtsgremien, die wiederum den Shareholdern und den Stakeholdern gegenüber rechenschaftspflichtig sind. Obwohl vor allem die Unternehmen, die über die Landesgrenzen hinaus tätig sind, sich selbst für klare Regelungen der Corporate Governance einsetzen, ist die Position der internationalen Konzerne in sich oft widersprüchlich.

Einerseits ist in der augenblicklichen Situation der weltweiten Vernetzung eine verbesserte Corporate Governance unabdingbar, weil das Sichtbarwerden der Verpflichtung auf diese Regeln

- das Vertrauen der Investoren stärkt,
- die Kapitalbildung fördert,
- die Entwicklung aktiver Aktienmärkte vorantreibt und
- den Zugang zu Kapital zu weltweit wettbewerbsfähigen Bedingungen ermöglicht.

Andererseits wollen viele Wirtschaftsführer sich nicht zu sehr in die Karten schauen lassen und Informationen möglichst in den eigenen Zirkeln belassen. Diese Haltung ist unter dem Eindruck der Fusionswelle der letzten Zeit noch verstärkt worden. Hier sind also dramatische Entwicklungen zu erwarten.

Wenn man die Gesamtentwicklung betrachtet, so ist die Ausarbeitung von verpflichtenden Formen von Governance in den verschiedenen Bereichen zumindest in den hochentwickelten Ländern ganz unumgänglich. Die Gefahr besteht allerdings, dass der Mangel an verpflichtenden Regeln des Governance und oft auch das völlige Unverständnis ihnen gegenüber, die Unterschiede in den Prozessen der wirtschaftlichen Entwicklung noch verstärken werden. Damit droht global eine bunt-widersprüchliche Landkarte der Netzwerkwirtschaft zu entstehen, die zu gravierenden Konflikten führen kann.

Der Umgang mit dem Möglichen

Es stimmt, wir erleben es laufend, unsere Welt verändert sich schnell. Wie können wir mit dieser Tatsache umgehen?

Wir können uns einfach anpassen, die Geschwindigkeit aufnehmen und aufs Gas drücken und hoffen, dass wir so an der Spitze der Entwicklung bleiben. Die Gefahr der Fixierung auf die Geschwindigkeit ist, dass sie schnell in Leerlauf übergehen kann. Ich schaffe unheimlich viel in kurzer Zeit, aber es wird immer weniger bestimmbar, ob wirklich das Richtige zur rechten Zeit getan wird.

Oder wir können uns einen Moment zurücklehnen, schauen was für uns das Wesentliche der Veränderung ist und dann realistisch träumen, was sich aus den Veränderungen machen lässt. Auf dieses „realistische Träumen“ will ich im Folgenden genauer eingehen.

Um Erfolg zu haben muss ich das Richtige mit den richtigen Partnern zur richtigen Zeit für die richtigen Kunden tun. Was das Richtige ist sagt mir die Erfahrung. In Zeiten schneller Veränderung brauche ich die Erfahrung, um nicht ins Schleudern zu geraten, doch wegen der Veränderung kann die Erfahrung auch zur Falle werden. Ich glaube eine Sache in und auswendig zu kennen, doch die Sache ist in Wirklichkeit schon eine ganz andere geworden. Die Antwort ist, ich muss meine Erfahrung „auf-Konjunktiv" stellen, wie ich das nenne. Ich muss die Sache, das Problem, den Prozess neu erfahren, neue Möglichkeiten erkunden und erproben, um mit meinem Erfahrungsschatz Erfolg zu haben. Der Umgang mit dem realistisch Möglichen vollzieht sich in Schritten der Annäherung und des Zurücktretens, von denen ich zehn beispielhaft aufgreifen will:

- Erstens gilt es das Bekannte so zu betrachten, als wäre die Sache, der Prozess ein völlig neues Phänomen, sie also neugierig, wach wahrnehmen, ihrer Eigenarten und ihrer Einbindung in der Kontext unter Benützung aller meiner Erfahrungspotenziale aufmerksam nachspüren, ihre Besonderheiten nachzeichnen und das Wesentliche festhalten.
- Zweitens fragen, was man daraus machen könnte. Hier setzt das realistische Träumen ein: Ich schaffe mir einen (innerlichen und äußerlichen) Raum außerhalb der gewohnten Bahnen, der Zwänge, der Selbstverständlichkeiten und Träume, wie die Sache sein könnte, spüre ihren Möglichkeiten und versteckten Potenzialen nach. (Hierfür lassen sich in Gruppen bestimmte Varianten der Szenariotechnik benützen) Im Gegensatz zu den Nachtträumen ist dieses realistische Träumen besonders wach, scharfsichtig, im Spotlight geschärfter Aufmerksamkeit. Dennoch ist es Träumen, weil es die laufende Wirklichkeit hinter sich lässt und sich ganz auf die Möglichkeiten konzentriert und diese sich frei entfalten lässt. Natürlich hilft es sehr, wenn das Erkunden der Möglichkeiten nicht allein, sondern beispielsweise in einem mit Key-Playern besetzten Workshop geschieht, doch dies hängt von den jeweiligen Bedingungen im Unternehmen ab.
- Drittens die Ergebnisse des realistischen Träumens auswerten. Das bedeutet erst einmal aus der Vielfalt der Möglichkeiten die Dringlichste – was nicht notwendig die Realistischste ist – auszuwählen und dann ihre Kernaussage herauszuarbeiten.
- Viertens kommt es darauf an, die Kernaussage in ein Bild, eine Vision, eine aussagekräftige Vorstellung zu gießen. Hier gilt es – das kann man lernen – die Phantasie anzuregen, ihr eine Richtung zu geben, sie dann schwirren zu lassen bis es „Klick macht" und sich das stimmige Bild zeigt.
- Fünftens die so auf den Punkt gebrachten und ins Bild gesetzten Ergebnisse des realistischen Träumens in offenen, zwanglosen und ehrlichen Dialogen kommunizieren. Dabei kommt es vor allem darauf an, die Möglichkeit offen, veränderbar und der Korrektur und der Beteiligung bedürftig darzustellen, ohne den intentionalen Sinn der Kernaussage zu verlieren. Hier liegt die Chance, die Kunst des auf den Anderen eingehenden Dialogs zu verfeinern.

- Sechstens die Tendenzen und Hinweise aus den Dialogen in der Gruppe zu überprüfen, abzuklopfen und in Konzepte zu überführen. Dieser Schritt der Konzeptbildung bringt gut eingespielte Routinen ins Spiel. Die Kunst besteht darin, diese Routinen aufzugreifen und über sie hinauszugehen. So kann die Gefahr, dass die Routinen das Neue glatt bügeln, aufgegriffen und proaktiv für die Vision eingebunden werden.
- Siebtens die Umsetzung durch die Aktivierung der persönlichen und technischen Netzwerke koordinieren und in die laufenden Prozesse integrieren. Die Kosten, die Zeit und Aufmerksamkeit berechnen und zielorientiert einsetzen. Hier kommen die Governance-Prinzipien am Deutlichsten zum Tragen.
- Achtens die Durchführung der Kernintention schnell, konzentriert und mobil als funktionale Aufgabenfolge ablaufen lassen. Die Durchführung verändert als offener Prozess unweigerlich das Konzept, lässt Teile davon sich in den Netzwerkzusammenhängen verlaufen. Dies ist Teil des Erfolgs. Die Aufmerksamkeit muss nur darauf achten, dass sich die zugrundeliegende Vision, der Kern des realistischen Traums, dabei weiter entfaltet. Der Erfolg ist ein vernetzter, iterativer Prozess.
- Neuntens die mit dem realistischen Traum eingeleitete Etappe des Prozesses durch einen symbolischen Akt der Präsentation des Erreichten abschließen. Das heißt die Etappe abschließen, nicht den Prozess.
- Zehntens die in allen Schritten gemachten Erfahrungen festhalten, kommunizieren und in die nächste Vision einfließen lassen.

Wenn solche Schritte, wie ich sie hier beispielhaft aufgezeigt habe, intensive Dialogische Impulse in die Unternehmensprozesse einbringen, so werden sie die Unternehmenskultur in die Richtung einer lebendigen Zielorientierung befruchten.

Lebendige Impulse sind ansteckend.

Intelligent beweglich: Der Rhythmus der lebendigen Unternehmenskultur

Um den Blick für Veränderungen zu schärfen, ist in kritischen Situationen eine gezielte Entschleunigung, ein intensivierendes Ruhig-Werden viel wichtiger als die Beschleunigung, das Noch-schneller-Werden. Das Ruhig-Werden schärft die Wahrnehmung. Dadurch erlaubt es eine für den jeweiligen Prozess und die für ihn richtige Handlungsform angemessene Beschleunigung; ein ganz auf die Situation und die in ihr vordringlichen Aufgaben eingependelter Rhythmus. Der Atem der virtuellen Organisation.

Wie der menschliche Atem Kraft für die Bewegung gibt, spendet der Atem der virtuellen Organisation Kraft für das gemeinsame, zielorientierte Handeln. Es ist der Rhythmus einer lebendigen Unternehmenskultur.

Das Sich-Einlassen auf den Rhythmus der lebendigen Unternehmenskultur erlaubt eine angemessene, intelligente Beweglichkeit, eine freie Handlungsbereitschaft, eine offene, fließende Kommunikation und eine zielbestimmte, gestaltbare Kooperation. Hierfür ist der lockere, professionelle Umgang mit der Tripel-Mobilität mitsamt den jeweils angemessenen technischen Ausstattungen eine notwendige Voraussetzung. Doch die Voraussetzung schafft nie aus sich heraus die richtige Handlungsfähigkeit.

Der Rhythmus bewegt sich zwischen den auf Konsensus beruhenden Governance-Prinzipien, die Sicherheit geben auf der einen Seite und einer vertrauensbildenden Kommunikationskultur, die die Dynamik des Unternehmens speist auf der anderen Seite. Eine solche Kommunikationskultur erzeugt und erlaubt ein Wir-Gefühl, das auch Spannungen in lebendige Dynamik verwandeln kann. Sie ist durch lebendige Kontaktpflege, wechselseitige Wahrnehmung und aufeinander eingehende Dialogbereitschaft geprägt. In den Bewegungen dieses Rhythmus kann das, „was in der Luft liegt" aufgespürt und auf den Kern gebracht werden. Indem die Gruppe das Wesentliche in den Veränderungen des Marktes aufnimmt, kann in der intensiven Ruhe der aktuelle Bedarf wahrgenommen werden. Das Schwingen des Rhythmus erlaubt es, die richtigen Verbindungen herzustellen und in ein kooperatives Handlungsgeflecht zu überführen.

Wenn der Rhythmus richtig schwingt, wird Kooperation zum Bedürfnis. Ein solcher Rhythmus lässt sich allerdings nicht befehlen. Doch seine Komponenten lassen sich trainieren und in zielführenden Projekten erproben.

2 Konzepte und Funktionalitäten

2.1 Mobil in die Zukunft?

Peter Herrmann, Alexander Wurdack

Einleitung

Mobilität und Flexibilität sind heute nicht nur Zeichen einer sich ständig wandelnden Berufswelt – sie prägen auch zunehmend das private Umfeld jedes Einzelnen. Technologische Veränderungen nehmen dabei immer stärker Einfluss auf das tägliche Leben. Die nahezu unbegrenzten Möglichkeiten der Kommunikation und Information waren noch vor wenigen Jahren undenkbar, heute sind sie Realität. Aus dieser Realität wird sich in den nächsten Jahren in Deutschland und Europa eine neue Dimension erschließen: die auf der UMTS-Technologie basierenden Mobilfunknetze eröffnen bisher kaum vorstellbare Möglichkeiten. Doch ist die Euphorie, insbesondere nach der Ernüchterung in der Internet-Branche und im Bereich des E-Commerce berechtigt? Müssen die positiven Prognosen für die Mobilfunk-Branche zurückgesetzt werden, weil nicht alles, was technologisch möglich ist, sofort in unmittelbaren Mehrwert für die Benutzer umgewandelt werden kann?

Im Bereich der neuen Mobilfunk-Technologie verspricht der Mobile Commerce den größten Erfolg. Der Begriff „Mobile Commerce" beschreibt die Möglichkeit, Transaktionen auf elektronischem Weg durchzuführen, wobei mindestens ein Partner mobil ist, die Transaktion also auf Basis drahtloser Kommunikation stattfindet[1]. Mobilität und elektronische Transaktion sind die wesentlichen Kennzeichen des M-Commerce: Er bietet die Möglichkeit, an jedem Ort Transaktionen zu tätigen.

Der vorliegende Artikel stellt anhand von fünf ausgewählten Thesen das Thema M-Commerce auf den Prüfstand. Dabei stehen nicht die technologischen Möglichkeiten oder Anwendungsgebiete im Vordergrund, vielmehr werden unterschiedlichste Aspekte des Geschäftsmodells, der Kundengewinnung und der Integration in die bestehenden Unternehmensprozesse beleuchtet. Der Artikel konzentriert sich weniger auf den Aspekt der technologischen Möglichkeiten, sondern bietet eine Übersicht zu den Themen Geschäft, Technologie und Kunde. Denn erfolgreicher M-Commerce richtet sich nach den Bedürfnissen der Nutzer.

---

[1] Definition in Anlehnung an die META Group Studie: Portale, Marktplätze und Mobile Commerce in Deutschland, 2000.

Die Rahmenbedingungen – Was den M-Commerce wirklich erwartet

Betrachtet man aktuelle Studien, fallen die statistischen Prognosen zur Nutzung von mobilen Endgeräten und zum M-Commerce ähnlich positiv aus. Im Jahre 2004 werden allein für Deutschland bereits 13 Milliarden Euro Umsatz im M-Commerce erwartet[2]. Für Europa wird mit 24 Milliarden Euro, weltweit mit knapp 36,4 Milliarden Euro Umsatz gerechnet. Das potenzielle Umsatzvolumen ist also besonders für deutsche Unternehmen sehr interessant. Dabei gehen Studien davon aus, dass knapp 70 Prozent des Umsatzes im B2C-Bereich erzielt werden können, während der B2B-Bereich lediglich 30 Prozent des Umsatzes ausmachen wird.

Die derzeitigen Marktbedingungen bestimmen im Wesentlichen den zukünftigen Erfolg neuer Technologien. Dabei spielt es eine große Rolle, welche Technologien den Markt bisher beherrschen und welche Transaktionen die Kunden damit abwickeln. Betrachtet man heute den mobilen Markt, hat das Handy zunächst als Kommunikationsplattform einen beispiellosen Siegeszug angetreten. Auch die Personal Digital Assistants (nachfolgend PDAs) haben in den meisten Unternehmen eine Spitzenposition bei der Terminplanung, der Mailverwaltung und als Adresskartei eingenommen. Doch bleibt die Verknüpfung dieser Geräte und ihre Integration in das bestehende technologische Umfeld derzeit noch hinter den Erwartungen zurück. Der Abgleich zwischen dem PDA und dem Büro- oder Heim-PC erfolgt zwar mittlerweile automatisch, aber die Nutzung des Mobiltelefons zur Abwicklung von Bürogeschäften (bspw. Mails, Textverarbeitung) hat sich noch nicht durchgesetzt. Auch die Zusammenführung beider Geräte, wie dies exemplarisch durch die Firma Nokia vorgenommen wurde, hat noch keine wesentliche Marktdurchdringung erreicht. Zu teuer, zu groß und zu schwer, zu unflexibel und zu langsam – so lauten häufig die Kommentare[3].

Weitere, fast schon als klassisch zu bezeichnende Technologien wie die Funktionalitäten und das Geschäftsmodell der beteiligten Unternehmen müssen neu definiert werden. Die Nutzung des Internets vom heimischen PC aus, mit einer derzeit noch unübertrefflichen Preis-Leistungs-Struktur bei Darstellungsmöglichkeiten z.B. auf einem großem Bildschirm, setzt Maßstäbe und stellt eine große Herausforderung für konkurrierende Technologien dar. Dass sich Technologien auch entgegen aller Prognosen entwickeln können, zeigt der Markterfolg der SMS-Nachrichten. Ursprünglich nur als Technologielücke für Freaks gedacht, hat sich geradezu eine SMS-Kultur entwickelt. Der Vorteil, kurze, preiswerte Nachrichten zu versenden, überwiegt dabei den eigentlich unzumutbaren ergonomischen Nachteil der Drei- bis Vierfach-Belegung der Tastatur. Anstatt diesen Nachteil hinzunehmen, erfanden die User eine eigene SMS-Sprache mit individuellen Abkürzungen.

---

[2] Alle statistischen Angaben zum M-Commerce basieren auf einer Studie der Starwap AG. „Erwartungen und Chancen im M-Commerce".

[3] Zur Verbindung neuer Technologien, vgl. Mougayar, W. (1998): Opening Digital Markets, New York, et al. 1998, S. 43ff.

Im Gegensatz zu den SMS-Nachrichten stellt die neue WAP-Technologie noch keinen von den Nutzern akzeptierten „Sprung“ in eine neue mobile Dimension dar. Angebot und Nutzung sind aufgrund hoher Verbindungspreise und Anwendungsprobleme bei langsamen Übertragungsgeschwindigkeiten bisher begrenzt, so dass die WAP-Funktion lediglich einen Zwischenschritt zur mobilen Freiheit bedeutet. Weitere technologische Entwicklungen, wie beispielsweise Fortschritte bei der Authentifizierung, die eine individuelle Abrechnung von Klein- und Kleinstbeträgen ermöglicht, stellen dagegen wichtige Schritte in die mobile Welt dar. Durch personenbezogene (Sammel-)Abrechnungen kleiner Beträge können ganz neue Pay-per-use/view-Angebote, insbesondere für den mobilen Markt, entwickelt werden[4].

Als problematisch, vor allem für Unternehmensgründer, könnten sich die veränderten Gegebenheiten auf dem Kapitalmarkt erweisen. Während zu Zeiten des Internetbooms Geldgeber beinahe verzweifelt in jedes potenzielle Unternehmen investierten und die Analysten der großen Bankhäuser die Aktienkurse in schwindelerregende Höhen trieben, haben sich die Rahmenbedingungen für die Einführung neuer Geschäftsideen mittlerweile verändert. Nach drastischen Korrekturen der Aktienkurse erfolgt an den Kapitalmärkten nun die überfällige Wertschätzung von Qualität. Die – oberflächlich betrachtet – schwierigere Kapitalbeschaffung bedeutet aber auch für Firmengründer, dass sie sich auf das Wesentliche konzentrieren müssen. Die Gesetzmäßigkeiten von Investition, Break Even und Rendite haben die häufig benutzten Devisen der New Economy, „Discounted Vision“ und „Cash Burn Rate“, abgelöst. Dennoch werden Unternehmer mit einer guten, erfolgversprechenden Idee verbunden mit realistischer Planung, auch zukünftig die notwendige finanzielle Unterstützung erhalten.

Einer der wichtigsten Erfolgsfaktoren für die Umsetzung neuer Technologien in erfolgreiche Geschäftsmodelle sind die Mitarbeiter. Doch während Unternehmen Fachkräftemangel beklagen, feiern die Entlassenen der New Economy auf Pink Slip-Parties zynisch deren Ende und hoffen gleichzeitig auf neue Engagements. Andere suchen bei der zuvor als starr und altmodisch angesehenen „Old Economy“ Zuflucht und lernen die Vorteile von internen Strukturen und Regelungen wieder zu schätzen. Dieser scheinbare Widerspruch von Fachkräftemangel auf der einen und Überangebot auf der anderen Seite löst sich auf, wenn man betrachtet, auf welcher Grundlage Mitarbeiter in der New Economy rekrutiert wurden. Weil Rekrutierungs-Erfahrung und fundierte Personalauswahlverfahren fehlten, wurden Einstellungen von Expansionsplänen und von den Teamgedanken des Gründerteams bestimmt. Anforderungen wie eine abgeschlossene Ausbildung oder ein Studium spielten gegenüber Spezialqualifikationen eine untergeordnete Rolle. Eine Haltung, die sich in vielen Fällen bitter gerächt hat, da eine umfangreiche und solide Ausbildung bei wechselnden Aufgaben in Krisenzeiten zumindest notwendige Grundkenntnisse vermittelt. Obwohl die Informatiklehrstühle an deutschen Universitäten und Fachhochschulen einen nie gekannten Ansturm erleben, wird es noch einige Zeit dauern, bis diese potenziellen Mitarbeiter den Unterneh-

[4] Überblick über die bisherige Entwicklung vgl. bspw. Zobel, J. (2001): M-Business und M-Commerce, München/Wien 2001, S. 11ff.

men zur Verfügung stehen. Qualifiziertes Personal wird also weiterhin Mangelware sein.

Die Rahmenbedingungen für die Einführung des M-Commerce haben sich gegenüber der Etablierung von Internet-Geschäftsmodellen verändert, sind aber deshalb nicht unbedingt schlechter geworden. Im Gegenteil: Der M-Economy werden einige Enttäuschungen der New Economy erspart bleiben, wenn die Teilnehmer die Lehren aus der E-Economy ziehen.

Adoption und Zufriedenheit – Wie der Kunde über Erfolg oder Misserfolg entscheidet

Die Annahme bzw. die Akzeptanz von neuen Technologien, ist der erste entscheidende Schritt von der guten Idee hin zum Geschäftserfolg. Die Nutzer müssen das neue Medium akzeptieren und in ihr bisheriges Umfeld integrieren. Dabei werden traditionelle Technologien von neuen abgelöst, oder es kommt zu einer komplementären Nutzung. Für den Geschäftserfolg ist es in der Regel positiver, wenn traditionelle Medien ersetzt werden. Dies garantiert, dass alle Transaktionen über das neue Medium abgewickelt werden und keine Aufteilung der Unternehmensressourcen erfolgt. Zudem liegt dann die volle Konzentration auf der Weiterentwicklung des neuen Mediums.

Betrachtet man die Annahme von neuen Medien, wie beispielsweise beim M-Commerce, lassen sich folgende grundlegende Einflussfaktoren darstellen, die für das Unternehmen gleichzeitig kritische Erfolgsfaktoren bedeuten. Zunächst können nur dann nennenswerte Umsätze erzielt werden, wenn eine kritische Masse an Benutzern schnell erreicht wird. Auch das notwendige Netzwerk zwischen den Nutzern verlangt den Durchbruch zur kritischen Masse, nur dann kann das neue Medium seinen Mehrwert ausspielen. Die neue Technologie darf sich nicht zu scharf von der alten Technologie absetzen. Abwärtskompatibilität hilft Benutzern, besonders in der schwierigen Anfangsphase, sich für die neue Technologie zu entscheiden. Auch die einfache Handhabung spielt eine entscheidende Rolle für die Schnelligkeit der Verbreitung. Große Nutzergruppen lassen sich nur mit einer einfachen Bedienung oder unter Nutzung der bereits in breiten Schichten bekannten Steuerungsmuster erreichen. Viele potenzielle Nutzer befassen sich Schritt für Schritt, häufig spielerisch, mit neuen Technologien. Die Erprobbarkeit spielt also eine wichtige Rolle. Trotz aller modernen Kommunikationsinstrumente hat der persönliche Kontakt immer noch eine herausragende Bedeutung bei der Verbreitung von Informationen. Die leichte Erklärbarkeit der neuen Technologie sowie die Möglichkeit einer eindrucksvollen Vorführung können weitere potenzielle Käufer überzeugen (Me-too-Effekt) und wecken beim Eigentümer ein Gefühl des Stolzes. Beides unterstützt die weitere Verbreitung.

Nach der grundsätzlichen Adoption der mobilen Kommunikationsmedien und des M-Commerce ist es für die Unternehmen notwendig, Kunden und Kundengruppen zu erkennen und das Konsumentenverhalten zu identifizieren. Dabei sind die Kundengruppen der einzelnen Beteiligten unterschiedlich – beispielsweise Gerätehersteller, Infrastruktur-Provider, Old-Economy- und Internet- bzw. M-Commerce-Unternehmen. Neben einer grundsätzlichen Unterscheidung von B2B und B2C ist es notwendig, noch weitere Differenzierungen vorzunehmen. Ziel dieser Segmentierung von Kundengruppen muss es sein, die Ansprüche der Endkunden zu identifizieren und deren Erwartungen zu erfüllen. Nur dann kann der Geschäftserfolg dauerhaft gesichert werden. Auch eine Gliederung in einzelne Industrien und eine kritische Analyse, ob die eigenen Dienstleistungen zukünftig noch Bestandteil eines Wertschöpfungsprozesses sind, müssen Teil einer Neuausrichtung auf Kunden sein.

Die Kundenzufriedenheit ist entscheidend, um M-Commerce-Nutzer dauerhaft zu binden und dadurch einen langfristigen Geschäftserfolg zu erzielen. Sie wird zum wesentlichen Element des gesamtunternehmerischen Handelns. Kundenzufriedenheit an sich ist allerdings nicht leicht zu fassen, sie ist personen- und situationsabhängig. Grundsätzlich gilt jedoch, dass Kundenzufriedenheit dann entsteht, wenn die vom Kunden wahrgenommenen Leistungen mindestens seinen Erwartungen entspricht. Folglich ist es besonders wichtig, alle Bemühungen auf die für den Kunden wahrnehmbaren Leistungen zu konzentrieren, denn nur diese zählen und gehen in seine Leistungsbewertung ein. Die Kundenzufriedenheit bezieht sich dabei auf alle Punkte, an denen der Kunde mit dem Unternehmen, seinen Mitarbeitern, Produkten, etc. in Berührung kommt. Kundenpflege muss damit vom Unternehmen ganzheitlich betrachtet werden und alle Kontaktpunkte umfassen.

Neben den wahrgenommen Leistungen sind auch die Erwartungen des Kunden ein wichtiger Bestandteil der Kundenzufriedenheit. Falsche und übertriebene Erwartungen führen unweigerlich zu Unzufriedenheit. Dabei sind bei der Einführung des M-Commerce die Erfahrungen der Endkunden mit den bisher eingesetzten Technologien zu beachten. So wird es im Rahmen einer M-Commerce-Strategie beispielsweise sehr schwierig werden, Informationen zu verkaufen, da die meisten Informationen im Internet kostenlos zur Verfügung stehen. Der Zeitfaktor spielt nur für die wenigsten Nutzer beziehungsweise Informationen eine entscheidende Rolle. So sind viele Einkäufe wie Bücher oder CDs über das Internet höchstens im Bezug auf den Liefertermin zeitkritisch. Auch die Börsenkurse im Realtime-Verfahren haben sich gegen die kostenlosen aber zeitverzögerten Kurse nur in wenigen Bereichen durchsetzen können.

Adoption und Kundenzufriedenheit stellen sich jedoch noch nicht nach der ersten Nutzung ein. Ihre Entwicklung braucht Zeit und das Produkt muss sich bewähren. Der Endkunde muss sowohl kurz- als auch langfristig zufrieden gestellt werden. Kurzfristige Zufriedenheit kann zum Beispiel beim Kauf durch eine attraktive Preisgestaltung erreicht werden, während langfristige Zufriedenheit nur durch Qualität und Service sichergestellt wird. Ebenso hat die Dauerhaftigkeit der Kundenzufriedenheit und damit der Grad der Verfestigung erheblichen Einfluss auf das Kundenverhalten.

First Mover Advantage und intelligente Adaptierung – Was für die Einführung eines Geschäftsmodells entschieden werden muss

Die Entwicklung eines Geschäftsmodells bedeutet gleichzeitig die Entscheidung für Produkte und Services und die langfristige Ausrichtung des Unternehmens auf den zukünftigen Markt. Das Geschäftsmodell legt die finanziellen Rahmenbedingungen fest und positioniert das Unternehmen mit seinen Leistungen auf dem Markt. Langfristige Strategien und Visionen spielen trotz – oder gerade wegen der immer kürzer werdenden Innovationszyklen eine entscheidende Rolle. Sie legen den Rahmen fest und geben wesentliche Impulse für die Strategien der neuen Geschäftsfelder. Dabei spielen die grundsätzliche Ausrichtung des Unternehmens und damit auch seine Selbstdarstellung sowie die wahrgenommene Einschätzung des Marktes eine entscheidende Rolle. Wirbt beispielsweise eine führende deutsche Bank mit ihrer Vorreiterrolle beim Einsatz neuer Technologien und positioniert sich mit unabhängigen Finanzportalen und E-Initiativen, muss konsequenterweise auch eine Integration von M-Commerce folgen. Ein früher Einstieg in das neue Transaktionsmedium ist zur Unterstützung der bisherigen Strategie also unbedingt erforderlich, wenn das Image und die mit dem Markennamen verbundenen Eigenschaften nicht in Gefahr geraten sollen. Dabei stellt sich die Frage, ob es einen First Mover Advantage gibt oder ob sich eine abwartende Haltung eher auszahlt.

Nur selten positionieren sich Unternehmen so auf einem Markt, dass ihnen kaum Handlungsmöglichkeiten verbleiben. Der First Mover sichert sich ein erhöhtes Medieninteresse beim Einstieg, das anhält und um so mehr Signalwirkung auf Kunden und Konkurrenten hat, je bedeutsamer das Unternehmen ist. Die Konsolidierung auf dem Internetmarkt zeigt jedoch, dass der First Mover Advantage auch zum Nachteil werden kann: Dieses Unternehmen öffnet häufig unter hohem finanziellen Aufwand einen Markt, den später nachrückende Unternehmen betreten können, ohne auf Markteintrittsbarrieren zu treffen. Der Vorteil bleibt nur dann ein Vorteil, wenn das Unternehmen durch Marke und Service die Kunden binden kann. Der First Mover Advantage ist also differenziert zu betrachten, Marketing und Realität müssen übereinstimmen. Wie später noch detailliert gezeigt wird, spielt die Auseinandersetzung mit den Wünschen der Endkunden die entscheidende Rolle. Eine Strategie, bei der gezielt in Einzelbereiche investiert wird und ebenso gezielt Erfahrungen mit Kunden und Serviceleistungen gesammelt werden, kann eine ernsthafte Handlungsalternative gegenüber tiefgreifenden Investitionen sein. Dabei wird zum einen der gewünschte Vorsprung vor den Konkurrenten erzielt, zum anderen werden unabsehbare finanzielle Risiken vermieden.

Bei der Entwicklung des Geschäftsmodells ist es deshalb besonders wichtig, dass Flexibilität und Innovation von Beginn an in das Geschäftsmodell eingeplant werden. Gerade bei technologischen Innovationen gehören vielfältige Veränderungen zum Tagesgeschäft. Ist das Geschäftsmodell nicht auf Wandel eingestellt, wird es scheitern. Viele Unternehmen der New Economy haben es versäumt, ihr nur auf Wachstum ausgerichtetes Geschäftsmodell den neuen Gegebenheiten anzupassen, und wurden dann „Opfer" ihrer allzu optimistischen Prognosen.

Wichtige Fragen bei der Auswahl und detaillierten Bestimmung des Geschäftsmodells sind die Entscheidung über die Positionierung, die Entwicklung des Marketing- und Vertriebskonzeptes, die Preisfindung für den Service oder das Produkt und die Entwicklung der technischen Voraussetzungen.

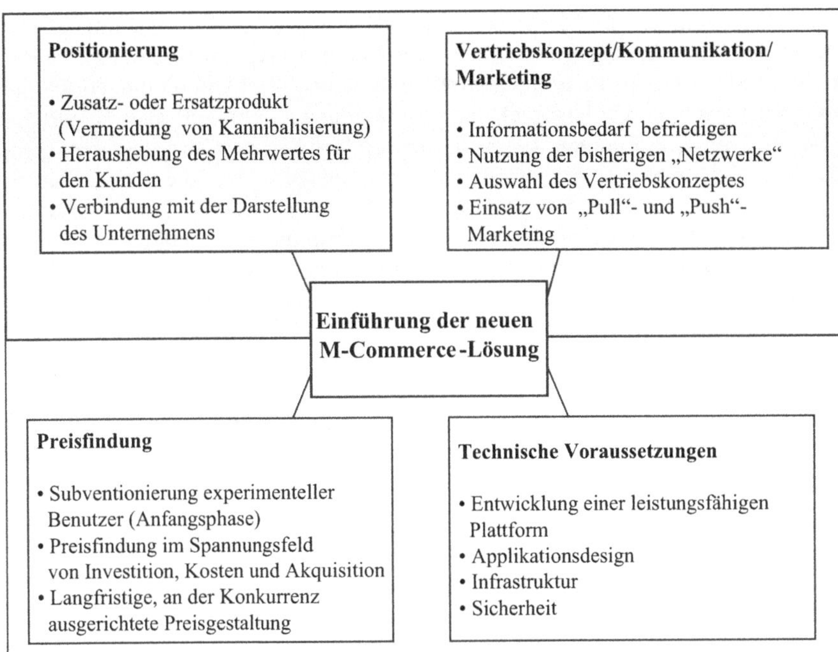

Abb. 1: Einführung der neuen M-Commerce-Lösung

Die Positionierung des neuen Geschäftsfeldes ist aus vielerlei Hinsicht bedeutsam. Sie bestimmt die Intensität der Initiative M-Commerce, ordnet sie in die gesamtunternehmerische Vision ein und setzt sie in Bezug zu anderen Geschäftsfeldstrategien. Dabei ist insbesondere die Positionierung im Produkt bzw. Serviceumfeld bedeutsam. Stellt M-Commerce beispielsweise ein Ersatzprodukt für die traditionelle Internetabwicklung dar, löst es also mittelfristig diese Art von Transaktionen ab, oder ist es ein Zusatzservice, der neue Kundenschichten anspricht? Zusätzliche Umsatz- und Gewinnströme lassen sich für das Unternehmen nur realisieren, wenn eine Kannibalisierung verhindert wird. Auch die Orientierung am Kundennutzen ist eine wesentliche Grundlage der unternehmerischen Entscheidung. Dabei muss vieles, was vielleicht unternehmensintern wünschenswert wäre, zurückgestellt werden, weil es für den Kunden untragbar ist (bspw. animierte Darstellung von Gegenständen in Internetshops).

Betrachtet man die Vertriebs- und Marketingorientierung, so stellt die vorhandene Kundenbasis einen wichtigen Gradmesser dar. Diese muss als erstes für das neue Produkt gewonnen werden. Die Kunden müssen zunächst grundsätzlich von der Leistungsfähigkeit des Unternehmens überzeugt sein. Das sich daraus entwickelnde Netzwerk zu nutzen, ist ein erster wichtiger Schritt zur Erreichung der kritischen Masse. Auch der Einsatz von Push- und Pull-Marketing-Techniken, also das Wecken von Neugier und das aktive Handeln und die Begeisterung der potenziellen Kunden tragen wesentlich zur Erreichung weiterer Kunden bei.

Welchen Preis sind die Kunden bereit für neue Technologien zu zahlen? Ein zu hoher Preis behindert die Marktdurchdringung und den langfristigen Erfolg. Ein zu niedriger Preis verschiebt den Break-Even-Punkt, besonders bei den extrem hohen Investitionskosten, in weite Zukunft und stellt hohe Anforderungen an die Entscheidungsträger der Unternehmen. Die starke Orientierung an Shareholder Value und an kurzfristigen Erfolgen, beispielsweise an Quartalsergebnissen, macht eine Niedrigpreis-Strategie schwer durchsetzbar. Trotz allem erscheint sie notwendig, denn der Preis darf keine zu hohe Barriere werden und die Investitionen lassen sich nicht auf eine kleine Gruppe von Erstnutzern verteilen.

Die Entwicklung einer reibungslos funktionierenden Plattform ist im Rahmen des E-Commerce schon vielfältig diskutiert und als entscheidender Faktor bewertet worden. Diese Einschätzung trifft auch auf das M-Commerce-Umfeld zu, erreicht aber durch die drahtlose Übertragung eine neue technologische Dimension. Hier müssen Applikationen neu entwickelt werden, eine einfache Übertragung von „E“ zu „M“ ist unter Berücksichtigung des Kundennutzen nicht möglich. Die Applikationen müssen auf die speziellen Anforderungen und technischen Voraussetzungen im mobilen Umfeld ausgerichtet werden.

Technologische Verselbständigung und Geschäftsmodell – Wer die Entscheidungen trifft

Mobile Commerce wird Einfluss auf die gesamte Wirtschaft haben. Dabei wird es nicht nur Unternehmen geben, die sich allein und ausschließlich auf das mobile Geschäft konzentrieren. Die Unternehmen, die sich in den Zeiten des Internetbooms gegründet und ausschließlich darauf konzentriert haben, müssen das mobile elektronische Geschäft nun ebenso in ihr Geschäftsmodell aufnehmen wie die Firmen der Old Economy. Dabei unterscheiden sich die Unternehmen in der Ausgangsposition und im Grad der Wandlung, die sie vollziehen müssen. Keineswegs entscheidet die Ausgangsposition über Erfolg oder Misserfolg, dieser wird ganz allein von der Bereitschaft zum Wandel bestimmt. Der Wandel ist dabei nicht auf die Technologie ausgerichtet, vielmehr wird der Erfolg durch die Integration des mobilen Geschäftsmodells in das bestehende Unternehmen bestimmt. Betrachtet man die Wandlungsfähigkeit von Unternehmen in der Vergangenheit als Gradmesser des Erfolges für die Integration des M-Commerce in der Zukunft, so schneiden die Unternehmen der Old Economy als Gewinner ab. Die meisten dieser Unternehmen haben es trotz des anfänglich hohen Drucks geschafft, E-Commerce in ihr Unternehmen zu integrieren. Dabei sind sie, ausgehend von ihrer soliden Kundenbasis und den langjährigen Geschäftsbeziehungen mit Lieferanten, konsequent vorgegangen. Den vielgelobten flexibleren New Economy-Unternehmen ist es jedoch in Zeiten der Krise nur sehr unvollkommen gelungen, sich anzupassen. Mangelnde Erfahrung, zu hohe Erwartungen und problematische Geschäftsmodelle lassen viele Unternehmen nicht überleben.

Unternehmen stehen jetzt vor der Aufgabe, M-Commerce zu integrieren und müssen sich dabei jeweils unterschiedlichen Herausforderungen stellen. Dafür ist es notwendig, sich von der Technologie selbst zu lösen, sie stattdessen als Aktivator zu betrachten und mit ihr ein neues Geschäftsfeld zu öffnen. M-Commerce nur als Variante der bisherigen elektronischen Geschäftsfelder anzusehen, wäre zu einfach. Es gilt, bisherige Erfahrungen zu nutzen, das Geschäftsfeld M-Commerce aber neu zu erfinden.

Im Rahmen einer konsequenten Planung und Projektdurchführung muss das neue Geschäftsfeld M-Commerce die traditionellen Geschäftsfelder ergänzen. Die Ausrichtung an Vision und Strategie des Unternehmens ist dabei unabdingbare Voraussetzung für eine wirkungsvolle Integration. Auch die intensive Zusammenarbeit zwischen Experten der Informationstechnologie und der Geschäftsseite (je nach Ausrichtung beispielsweise Marketing oder Vertrieb) ist für den Erfolg unabdingbar. Dabei werden zunächst die technologischen Möglichkeiten auf ihren Beitrag zum Unternehmenserfolg geprüft. Fällt eine positive Entscheidung für das Unternehmen, müssen von der Geschäftsseite interne und externe Prozesse festgelegt werden, die dann IT-technisch abgebildet werden. Sobald die notwendige Gestaltung im Sinne der Kunden und für die internen Prozesse zufriedenstellend gelöst ist, kann im Rahmen der Umsetzung die IT-Infrastruktur aufgebaut und ein Controlling installiert werden[5].

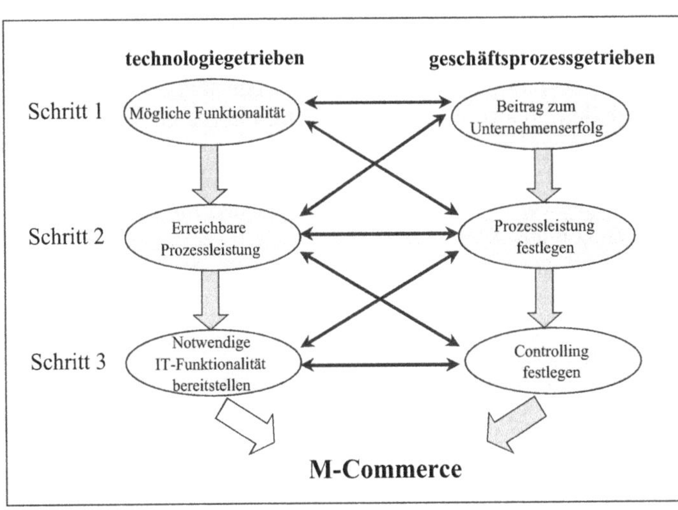

Abb. 2: Prozesse des M-Commerce

[5] Zur ständigen Bewertung der Innovationen, vgl. Kim, Chan W./Mabourgne, R. (2001): Damit die Innovation kein Flop wird, in Harvard Business Manager, 1/2001, Hamburg 2001, S. 86 – 97.

Stellt sich heraus, dass die Realisierung eines Prozessschritts nicht möglich ist, kann das Konzept durch Rückkehr zum vorangegangenen Schritt verändert werden. Die erfolgreiche Zusammenarbeit zwischen der IT-Abteilung und den Geschäftsabteilungen ist also die wesentliche Grundvoraussetzung für den Erfolg der Umsetzung. Eine unabhängige Bearbeitung der Schritte auf nur einer Seite wird nicht zum gewünschten Erfolg führen. Dabei spielt das Verständnis für die Position der jeweils anderen Seite eine entscheidende Rolle. Es ist sinnvoll, einen erfahrenen und starken Moderator einzusetzen, der dafür sorgt, dass Missverständnisse vermieden und gemeinsam Ergebnisse erzielt werden.

Zusammenfassung

M-Commerce als Chance zu begreifen und die notwendigen Wandlungsprozesse einzuleiten, ist die große Herausforderung für Unternehmen. Die Ausrichtung von Serviceleistungen auf den M-Commerce-Markt bietet vielfältige neue Möglichkeiten. Ebenso unterschiedlich wie die Reaktionen der Kunden sind dabei die Ausgangspositionen der Unternehmen selbst: Neben Flexibilität und dem Willen zum Wandel spielen hier auch die bisher angebotenen Dienstleistungen und das Kundenmodell eine Rolle. Die Möglichkeit, neue mehrwertorientierte Dienstleistungen oder Produkte anzubieten und sich damit neu zu definieren, ist jedoch für alle gegeben[6]. Die eigenen Mitarbeiter besetzen in diesem Prozess eine Schlüsselposition: Ihr Engagement trägt wesentlich zum Erfolg bei. Trotz einer marktwirtschaftlichen Ausrichtung und rasanten technologischen Fortschritts erscheint es notwendig, dass der Gesetzgeber die Entwicklungen durch neue und angemessene Rahmenbedingungen begleitet. Der Schritt vom individualisierten Angebot zum „gläsernen" Menschen ist bei Missbrauch von Daten nur sehr klein. Die Technologie muss dem individuellen Schutzbedürfnis Rechnung tragen, um sich durchsetzen zu können.

Trotz zahlreicher offener Fragen stehen wir an der Schwelle zu einer neuen mobilen Welt. Diese Entwicklung zu beobachten und die neuen Möglichkeiten zu entdecken, bietet für jeden von uns Anlass zur Freude.

---

[6] Zum Prozess der Kommerzialisierung neuer Technologien, vgl. Jolly, V.K.(1997): Commerzializing new technologies, Boston 1997

2.2 Mobile Marketing

Ingo Lippert

Der Mobilfunkmarkt boomt

Knapp über 50 Millionen Menschen in Deutschland besitzen derzeit ein Mobiltelefon. Diese Zahl hat mittlerweile die Anzahl der Festnetzanschlüsse in Deutschland übertroffen. Immer und überall erreichbar zu sein hat sich im Internetzeitalter nicht nur als notwendig im Geschäftsleben herausgestellt, sondern gehört mittlerweile fast zur Grundausstattung eines Jugendlichen, der „in" sein möchte. Die klassische Sprachtelefonie ist der am meisten genutzte Dienst. „Selbstverständlich" würde man sagen, doch im Bereich des Mobilfunks haben sich darüber hinaus weitere Dienste herauskristallisiert. Der populärste davon ist der Short Message Service Dienst. Im Jahr 2000 wurden allein in Deutschland ca. 15 Milliarden dieser bis zu 160 Zeichen langen Nachrichten verschickt. Obwohl der Markt nun langsam in die Sättigung geht, sind die Prognosen für weiteren Zuwachs positiv.

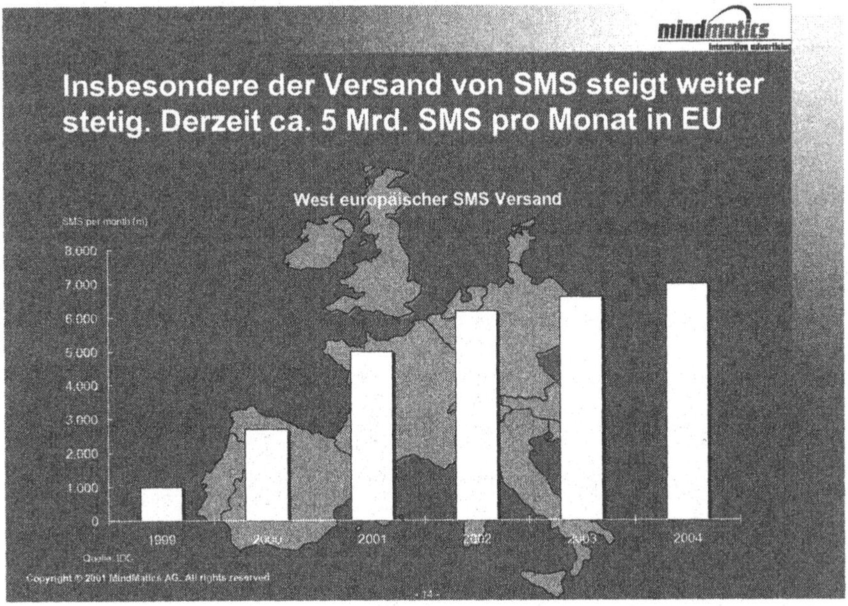

Abb. 1: SMS-Versand in Westeuropa (Quelle: MindMatics AG, 2001)

Der mobile Werbemarkt – Gründungsjahr 2000

Die hohe Penetration der Mobilfunkgeräte und speziell die Popularität der Datendienste ist von innovativen Unternehmen, zumeist Start-Ups, aufgegriffen worden. Diese Unternehmen machen sich dabei die inhärenten Vorteile des Mediums Mobilfunk zunutze und entwickeln einen neuen Marketingkanal für die Werbeindustrie. An Argumenten für das neue Medium und die Werbewirksamkeit fehlt es dabei nicht. Erreichbarkeit der Nutzer jederzeit und überall, Möglichkeit des One-to-One-Marketings, effizientes Responsetracking sowie eine Vielzahl von Möglichkeiten zur Interaktion sind nur einige Aspekte.

Die ersten Kampagnenergebnisse aus dem Jahr 2000 bestätigen die hochgesteckten Erwartungen. Insofern kann das Jahr 2000 als „Gründungsjahr" des Mobile Marketing angesehen werden. Die Gesamtmarktgröße im Jahr 2000 für Deutschland betrug lediglich DM 2 Millionen, so das Marktforschungsinstitut Ovum. Als Prognose wird von dem gleichen Marktforschungsinstitut eine Marktgröße für Deutschland von DM 2,3 Milliarden für das Jahr 2005 genannt. Zu euphorisch? Nein, wenn man sich das täglich wachsende Engagement der werbetreibenden Industrie betrachtet, scheint das hochgesteckte Ziel erreichbar.

Abb. 2: Der mobile Werbemarkt (D) (Quelle: MindMatics AG, 2001)

Die 4-P Strategie

Als ein sehr persönlicher Gegenstand ist das Handy ein ständiger Wegbegleiter. Kaum jemand lässt sein Mobiltelefon für längere Zeit unbeaufsichtigt liegen oder gibt es gerne in die Hände anderer. Damit ist das Handy ein ideales Medium für die Werbewirtschaft, um die gewünschte Zielgruppe exakt sowie zeit- und ortsungebunden zu kontaktieren. Streuverluste werden damit auf ein absolutes Minimum reduziert.

In Anlehnung an Michael Porter[1] hat die MindMatics AG für das Geschäftskonzept Mobile Marketing die „4P-Strategie des erfolgreichen Mobile-Marketings" konzipiert. Dieser Strategie liegt zugrunde, dass Mobile Marketing vier entscheidende Eigenschaften aufweisen muss: Permitted, Polite, Paid (incentive) und Profiled. Im folgenden sei auf diese Elemente und deren Umsetzung eingegangen.

Abb. 3: Die 4-P Strategie (Quelle: MindMatics AG, 2001)

[1] Porter, Michael E. Competitive Advantage: Creating and Sustaining Superior Performance. The Free Press, 1985

Paid (Incentive)

Jeder Service, der für den Endkunden Aufwand bedeutet, muss incentiviert werden. Dies trifft insbesondere für Wireless Advertising zu. Warum sollte der Kunde Werbebotschaften auf seinem Handy zulassen – zudem er sich für den Service registrieren und einen Teil seiner persönlichen Daten preisgeben muss? Nur wenn er einen adäquaten Gegenwert für seine Leistung erhält. Man unterscheidet im Wesentlichen zwei Arten der Incentivierung, nämlich einen monetären Gegenwert (z.B. Geldbeträge oder Produktäquivalente) oder einem informativen Gegenwert (z.B. kostenfreien Premium Content, wie bspw. aktuelle SMS-Fußballergebnisse). Letztgenannte Variante birgt natürlich das Risiko, dass für eine konstante Werbeauslastung gesorgt werden muss, denn sporadische Fußballergebnisse werden vom Kunden nicht akzeptiert.

Polite

Der höfliche und unaufdringliche Umgang mit dem Nutzer ist ein weiteres Schlüsselelement in der MindMatics 4-P Strategie. Schon bevor sich der Nutzer für einen werbefinanzierten Dienst oder einen Paid Advertising Service anmeldet, möchte er sicher sein, dass seine Zustimmung für den Empfang von Werbebotschaften kein Freibrief zum Beschuss mit Werbung ist. MindMatics entlässt den Kunden nach Abschluss der Registrierung deshalb nicht der Willkür des Diensteanbieters, sondern fordert den Kunden zur Steuerung seiner gewünschten maximalen Werbefrequenz auf.

Ein kleines Feature, das jedoch sehr positiv von Kunden aufgenommen wird, ist die Urlaubsunterbrechung. Es gibt Zeiten, in denen der Nutzer nicht durch Werbung gestört werden möchte. Auch wenn die Möglichkeit der Unterbrechung nur einen psychologisch beruhigenden Effekt hat, die Funktion erfüllt ihren Zweck mit dem Kunden einen höflichen und keinesfalls belästigenden Umgang zu pflegen.

Permitted

Voraussetzung für die Zustellung von werbefinanzierten mobilen Services oder reinen mobilen Werbeinformationen ist die Zustimmung des Absenders und in letzterem Fall die des Empfängers. Seth Godin[2] hat in seinem Buch das Fundament für das Prinzip des Permission Marketing gelegt. Die Zustimmung des Kunden sollte im mobilen Marketing in jedem Fall über ein „double-opt-in Verfahren" erfolgen. Dies bedeutet, dass bei Web-Registrierung, d.h. Eingabe der Handynummer im Web, die Zusendung eines Passworts erfolgen sollte. Gibt der Nutzer dieses Passwort im Web ein, so ist er freigeschaltet. Das Verfahren eliminiert ver-

---

[2] Godin, Seth: Permission Marketing: Turning Strangers Into Friends, and Friends into Customers, Simon & Schuster 1999

sehentlich oder absichtlich falsch eingegebene Handynummern, da nur der tatsächliche Handybesitzer die Freischaltung vollziehen kann.
„Permitted“ bedeutet aber auch, dass der Kunde jederzeit seine Erlaubnis zum Erhalt von Werbe-SMS modifizieren bzw. zurückziehen kann.

Profiled

Die Anzahl, die Tiefe und die Qualität der Profile ist das alles entscheidendes Kriterium für die Werbewirtschaft bei der Nutzung mobiler Werbedienste. Die Anzahl, also die Reichweite der Zielgruppe spielt speziell für regionale Kampagnen eine Rolle. Wer pro Region nicht 30.000 – 40.000 Kontakte bieten kann, wird trotz Vorhandensein aller anderen Merkmale keine Großaufträge gewinnen können.

Die Tiefe des Profils ist ein klassischer Gegensatz unterschiedlicher Wunschvorstellungen zwischen Nutzer und Werbetreibendem. Nutzer sind an einfachen und kurzen Registrierungsprozeduren interessiert, wobei gerne die Fähigkeit des Systems getestet wird, falsche Angaben zu machen (Thema: Qualität). Werbetreibende sind selbstverständlich daran interessiert Streuverluste zu minimieren und ihre gewünschte Zielgruppe exakt zu erreichen. Den Wünschen nach Nutzer-Attributen sind dabei kaum Grenzen gesetzt. Es geht also darum, einen sinnvollen Mittelweg zwischen Profiltiefe und zügigem Registrierungsprozess zu finden.

Qualität vs. Quantität – was ist wichtiger? Beide Faktoren sind entscheidend und führen nur in Kombination zum Erfolg. Während Quantität die Pflicht ist, ist Qualität die Kür. Plausibilitätschecks, Validitätsprüfungen mit externen Datenbanken und im Geschäftsmodell verankerte Belohnung von korrekten Angaben sorgen für akkurate Profile.

Formen und Formate mobiler Werbung

Es lassen sich drei verschiedene Formen und zwei Formatkategorien mobiler Werbung unterteilen. Im Bereich der Formen unterscheidet man inhaltsorientierte, transaktionsorientierte sowie responseorientierte mobile Werbung. Im Bereich der Formate unterscheidet man textbasierte und grafische Werbung. Als Sonderfeature im Bereich SMS kommt das Format der binären SMS zum Tragen.

Inhaltsorientierte Werbung

Zu den inhaltsorientierten mobilen Werbeformen zählen die Information-Channels, die zumeist von Werbetreibenden direkt angeboten werden, um den direkten Kundenkontakt als CRM-Lösung aufzubauen. Sponsored SMS, wie beispielsweise Kinonews etc. stellen eine weitere Form inhaltsorientierter Werbung dar, wobei Werbeinhalte als Sponsor-Nachricht angehängt werden. Im Bereich WAP sind die sogenannten Interstitials zu nennen, die kontextbezogen vor Erscheinen des Contents für eine gewisse Zeit eingeblendet werden.

Transaktionsorientierte Werbung

Bei transaktionsorientierten mobilen Werbungen steht der Abverkauf bzw. die Transaktion im Vordergrund. Diese Form der mobilen Werbung enthält entweder Standard-Produktangebote oder auch Gutscheine bzw. Hinweise auf exklusive Discounts, die Online oder Offline eingelöst werden können. Der Vorteil der Gutscheincodes liegt zudem in der Möglichkeit, exakt die Response zu messen. Zudem zeigt die Erfahrung, dass Gutschein-Aktionen die Response der Nutzer verdrei- bis vervierfachen.

Responseorientierte Werbung

Die gängigste Form mobiler Werbung ist die responseorientierte mobile Werbung, die Werbeinhalte nur teased[3] und den Nutzer zur Interaktion animiert. Die Teaserinhalte können dabei inhalts- oder transaktionsorientiert sein. Als populäre Responsekanäle bieten sich an: SMS (Einblendung einer SMS-Absendenummer), Call-Center (Einblendung einer Call-Center Absendenummer) und Web (Einblendung einer Web- oder E-Mail Adresse im Werbetext). So gesehen kann sich der Werbetreibende unter diesen verschiedenen Formen mobilen Marketings diejenige aussuchen, die am besten zu verarbeiten ist. Insbesondere der SMS-Rückkanal ist zwar bequem und eliminiert den Medienbruch, erfordert aber eine entsprechende SMS-Inbound-Lösung, die die Handynummer ausliest und eine Transaktion anstößt.

Textbasierte Werbeformate

Das Standardübertragungsformat für SMS ist das Textformat. Damit lassen sich bis zu 160 Zeichen in einer SMS übertragen und entsprechende Werbeinhalte darstellen. Auf WAP gilt diese Beschränkung nicht. Dort lassen sich Textinhalte auf sogenannten Microsites bis zu einer Größenordnung von etwas mehr als 1.000 Zeichen darstellen.

Graphische Werbeformate

Das Wireless Application Protokoll unterstützt auch die Ausgabe von Grafiken und simplen Animationen. Im Sinne der Lehre der Replizierbarkeit von Inhalten, versprach die bildliche Darstellung natürlich höhere Erinnerungswerte als die

[3] Teaser = Blickfang innerhalb eines Werbemittels, auch Eye Catcher

textliche Darstellung. Trotz der Verheißung neuer Darstellungsmöglichkeiten scheiterte WAP an der geringen Penetration der Endgeräte, hohen Tarifen, langsamen Übertragungsraten und mangelhaften Inhalten. Ob die guten Ansätze, speziell im Hinblick auf die Werbewirtschaft, doch zu interessanten und effizienten Kampagnen führen, bleibt abzuwarten. GPRS in Verbindung mit WAP bietet hier einen neuen Hoffnungsschimmer.

Binäre Werbeformate

Binäre Werbeformate werden nur von einer bestimmten Gruppe von Handytypen unterstützt. Nokia und Sagem Handys lassen sich mit diesen codierten SMS auf unterschiedliche Arten umprogrammieren. Zu den populärsten binären SMS gehören Klingeltöne, Handylogos, Flash SMS und verkettete SMS. Die Zusendung solcher binären SMS erfordert jedoch die explizite nochmalige Zustimmung des Kunden, da sich mit Speicherung der SMS die Systemkonfiguration der Handys ändert. Nichtsdestotrotz sind diese Formen der Werbung mit hohem Nutzwert für die Werbewirtschaft verbunden. Der Effekt ist ähnlich dem des Autoaufklebers, der für alle sichtbar eine gewisse Zeit am Automobil verbleibt. Ähnlich das Logo oder der Klingelton, der nicht sofort gelöscht wird, sondern für eine Zeit das Handy zu einem mobilen Werbeträger auch für Dritte werden lässt.

Kostenvergleich

Trotz der Originalität des neuen Werbeformates steht natürlich die Beurteilung der Effizienz, insbesondere der Cost Per Response (CPR) im Vordergrund. Hierbei ist der Sichtkontakt mit der Werbung sicherlich eine Messgröße, jedoch nicht die für diese Werbeform entscheidende. Es geht darum, den Empfänger der Werbebotschaft zu einer Aktion zu veranlassen. Dies könnte z.B. ein Anruf bei einem Call-Center, oder ein Aufruf einer bestimmten Website sein.

Mobile Marketing vs. Direkt-Mailings

Klassische Direkt-Mailings erzielen im Schnitt Responsequoten von circa 1-2 Prozent. Der Tausender Kontakt Preis (TKP) für Direkt-Mailings liegt dabei durchschnittlich bei 1.200 €. Im Vergleich dazu liegt eine SMS- oder WAP-Kampagne an eine unprofilierte Zielgruppe in Bezug auf den reinen Sichtkontakt bei ca. 125 €. Dabei liegt die Response der SMS-Kampagne im Vergleich zu einer Standard-Direkt-Mail-Kampagne schon um Faktor 2-4 höher. Wird die Zielgruppe exakt über Filter extrahiert steigt die Responsequote durchschnittlich um 25 – 50 Prozent auf 10 Prozent und mehr.

Mobile Marketing vs. Internet-Werbung

Werbetreibende, die sich dem Thema Mobile Marketing nähern, delegieren dieses Thema allzu oft in den Bereich des Online-Marketings. Dort ist diese Werbeform jedoch völlig falsch aufgehoben. Mobile Marketing erlaubt zielgerichtetes One-to-One Marketing mit minimalen Streuverlusten. Insofern ist der Bereich des Dialog-Marketing primärer Ansprechpartner für das Thema.

Um dennoch einen Effizienzvergleich mit dem Medium Web (Banner) heranzuziehen, können folgende Erfahrungswerte genannt werden. Eine Standard Banner-Kampagne erreicht im Schnitt eine Responserate von 0,5 Prozent, was einem CPR von ca. 5,5 € entspricht. Dem stehen CPR von circa 1,8 € für eine SMS-Kampagne bei Mr.AdGood entgegen.

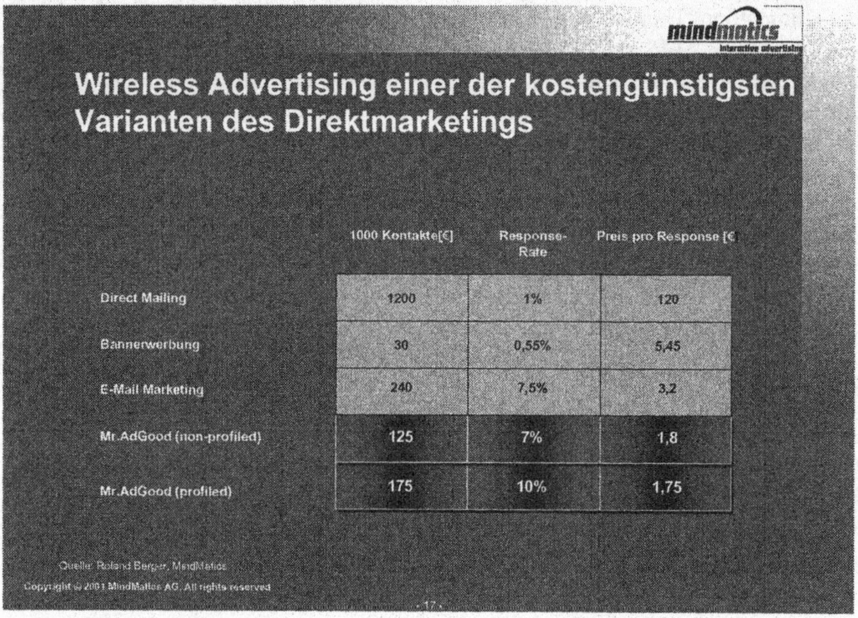

	1000 Kontakte[€]	Response-Rate	Preis pro Response [€
Direct Mailing	1200	1%	120
Bannerwerbung	30	0,55%	5,45
E-Mail Marketing	240	7,5%	3,2
Mr.AdGood (non-profiled)	125	7%	1,8
Mr.AdGood (profiled)	175	10%	1,75

Abb. 4: Direktmarketinginstrumente im Vergleich (Quelle: MindMatics AG, 2001)

Möglichkeiten der Effizienzmessung

Obwohl im Mobilfunk präzise Kontrollmechanismen zur Messung des Erfolgs einer Werbekampagne technisch möglich sind, lagen bisher kaum Daten zur Veröffentlichung vor. Oftmals sind die Nutzerzahlen viel zu gering. Der Markt sei zur Zeit noch zu jung und unerfahren und könne keine Ergebnisse vorweisen, so der derzeitige Tenor. Bei der MindMatics AG werden jedoch immer Werbekampagnen gefahren, die konkrete Vergleichszahlen bei den Rücklaufquoten einzelner

Kampagnen liefern. Hierzu gibt es unterschiedliche Instrumente und Mechanismen.

Web-Domain-Weiterleitung

Die Web-Domain-Weiterleitung ist eine einfache und zugleich exakte Methode zur Messung von Rückläufen insbesondere auf die Aussendung einer SMS-Werbebotschaft. Hierzu wird eine „Dummy-Domain" registriert, bspw. www.shop-angebot.de, die auf die eigentliche Web-Page, z.B. www.shop.de weiterleitet. Ein Benutzer, der die Webadresse der Dummy-Domain eingibt, gelangt somit über einen kleinen Umweg und ohne nennenswerte Verzögerung auf die www.shop.de Homepage. Die Zahl der Personen, die sich über die Dummy-Domain auf das Internetangebot von „Shop" einwählt (Pagevisits), wird gemessen und zeigt, wie erfolgreich die Kampagne war: Der Quotient aus den Visits und der Anzahl der ausgesendeten SMS ergibt die Rücklaufquote.

Subpage-Weiterleitung

Eine ähnliche Variante zur Messung der Rücklaufquote ist die Angabe einer Subpage, beispielsweise www.com-online.de/sms. Der Test ist weniger aufwendig, als die Webdomain-Weiterleitung, da keine neue Domain registriert werden muss. Es wird lediglich eine Subpage eingerichtet, die auf eine beliebige Page innerhalb von www.com-online.de weiterleitet. Diesmal ergibt der Quotient aus Visits auf der Subpage und der Anzahl der ausgesendeten SMS die Rücklaufquote. Die Messung entspricht aller Voraussicht nach nicht ganz den tatsächlichen Werten, da einige Benutzer die Eingabe der Subpage-Adresse „/SMS-Subpage" umgehen werden und direkt auf www.com-online.de springen. In diesem Fall ist ein Aufschlag von 2-3 % auf die gemessene Rücklaufquote angemessen.

Beispielkampagne: „Com!Online"

Bei einer Kampagne der MindMatics AG mit der Computerzeitschrift „Com!Online" wurde genau diese Methode zur Effizienzmessung gewählt. 40.000 SMS wurden mit folgendem Text an alle verschickt, die bei Interessen „Internet" angegeben hatten: „Klingt wie ein unmoralisches Angebot: Com!Online – Ihr INTERNET-Magazin – 2-mal gratis testen und gewinnen! Einfach klicken unter www.com-online.de/sms".

Mit dieser Subpage-Weiterleitung konnte genau festgestellt werden, wie viele Nutzer sich aufgrund der verschickten SMS auf der Website registriert haben. Denn schließlich wissen nur diejenigen, dic dic Kurznachricht bekommen haben, dass diese Subpage überhaupt existiert. Und das Ergebnis lässt sich sehen: Diese SMS-Kampagne brachte „Com!Online" 1.200 Registrierungen. Umgerechnet entspricht dies einer Response-Rate von 3 %.

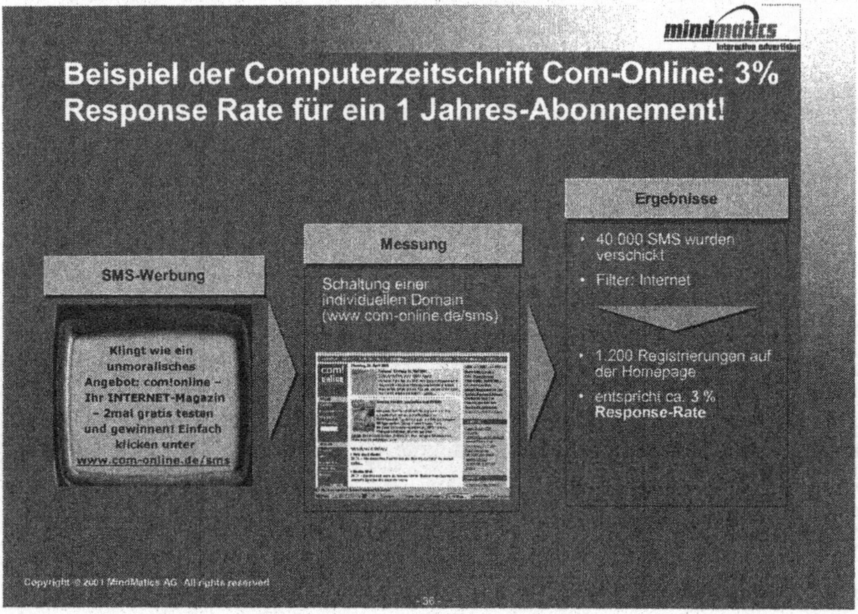

Abb. 5: Beispiel Com!Online (Quelle: MindMatics AG, 2001)

Call-Center-Kontakt

Steht dem Werbetreibenden ein Call-Center zur Verfügung, ist eine direkte Interaktion mit dem SMS-Empfänger möglich. Um einen Medienbruch zu vermeiden, wird als Absender die Telefonnummer des Call-Centers mit der Werbe-SMS verschickt, so dass der Empfänger durch Betätigen der Rückruf-Option im SMS-Menü sofort mit dem Call-Center verbunden wird. Die dort eingehenden Anrufe werden erfasst und ergeben im Vergleich zur Anzahl der ausgesendeten Werbenachrichten die Rücklaufquote.

Beispielkampagne: Direkt Anlage Bank

Die Direkt Anlage Bank (DAB) wählte für ihre Werbekampagne für ein günstiges Angebot zur Depoteröffnung eine SMS mit der Schaltung einer individuellen Call-Center Nummer. 17.600 SMS ließ die DAB über die MindMatics AG an Studenten senden, die sich für Börsengeschäfte interessieren. Folgende 160 Zeichen beschreiben das Angebot der DAB: „Blitzmeldung! Noch bis zum 31.03.01 DM 50,- inkl. lebenslangem, kostenlosem Depot abkassieren. Einfach Rückruftaste drücken: 01802254503 Direkt Anlage Bank". 350 Registrierungen konnte das Call-Center auf diese SMS hin verbuchen, das entspricht einer Response-Rate von 2 %.

Für die Direkt Anlage Bank war dies der günstigste „Cost per Customer“ (CPC), den sie je erzielte.

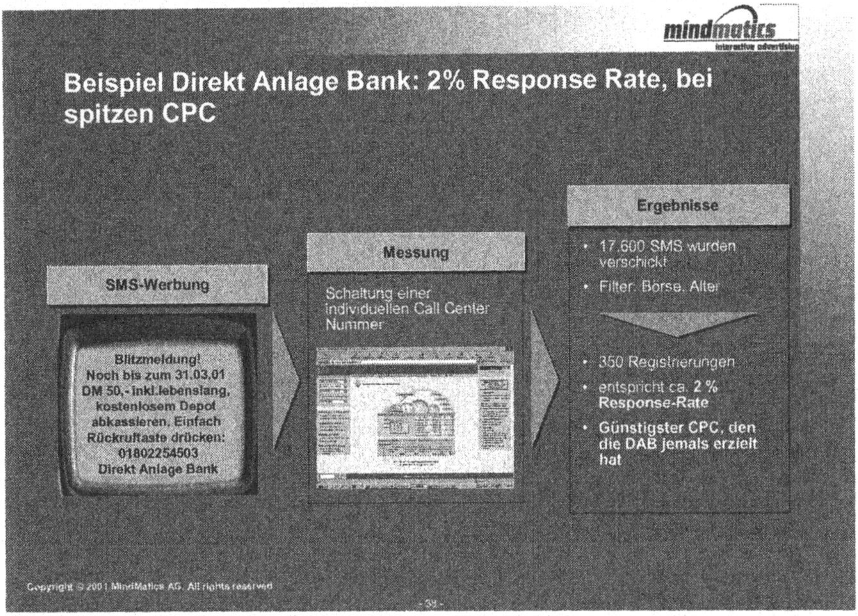

Abb. 6: Beispiel Direkt Anlage Bank (Quelle: MindMatics AG, 2001)

Gutscheine

Speziell für den Einzelhandel eignet sich zur Effizienzmessung das Versenden von Gutschein-Codes, die mit einem Benefit für die Kunden verbunden sind. Diese für den Kunden attraktive Werbeform erhöht in der Regel nicht nur den Erfolg, sondern vereinfacht auch die Erfolgskontrolle erheblich. Dabei werden mit der Werbenachricht spezielle Geschenkcodes verschickt. Das Verhältnis von verschickten und eingelösten Gutscheinen ergibt die Rücklaufquote.

Beispielkampagne: Vitago

Der Online-Drogerie-Shop „Vitago“ (www.vitago.de) verschickte 5.000 Werbe-SMS mit ebenso 5.000 individuellen Gutscheincodes an zufällig ausgewählte Nutzer des Services der MindMatics AG. Dem Schnäppchen von 10 geschenkten DM, das ihnen mit folgendem Text schmackhaft gemacht wurde, konnten viele nicht wiederstehen: „10 DM Geschenkgutschein bei www.vitago.de. Schönheit, Fitness, Beauty und mehr. Gutscheincode: 1234 1234 1234. Direkt einlösen unter „Meine Gutscheine“.

Vitago konnte aufgrund dieser SMS 418 Registrierungen mit diesem Gutschein verbuchen, was einer Response-Rate von 9 % entspricht. Zusätzlich zählte der Online-Drogerie-Shop 91 abgeschlossene Order, eine Kaufrate von 19 % aller Registrierungen.

Abb. 7: Beispiel Vitago (Quelle: MindMatics AG, 2001)

Zusammenfassung

Mobile Marketing ist eine der attraktivsten und effizientesten Werbeformen in der heutigen Zeit. Der Vorteil des Mobilfunks als Werbemedium liegt auf der Hand: direkter Kontakt zur Zielgruppe, zu jedem Zeitpunkt und an jedem Ort. Die unterschiedlichen Werbeformen können trotz gestalterischer Limitierungen eine interessante und zielkundenspezifische Werbebotschaft mit hoher Responserate transportieren.

Die oben angeführten Beispiele belegen die ausgezeichneten Responseraten und zeigen die nahtlose Integration von Marketing, Vertrieb und Kundenservice. Mobiles Marketing optimiert sowohl die Kundengewinnungs-, als auch die Kundenbindungsprozesse, senkt die allgemeinen Vertriebskosten und ermöglicht eine exakte und effiziente Beurteilung von Marketing- und Werbeaktionen. Mit dem Handy als Werbeplattform ist die Werbewirtschaft dem Kunden wieder ein Stück näher gerückt.

2.3 Erfolgreiches Customer Relationship Management im M-Commerce Umfeld

Helmut Wittmann

Noch nie war es so wichtig wie heute, Informationen auf schnellstem Wege zu beschaffen, weiterzugeben und zu verarbeiten. Nur so können die steigenden Anforderungen der Kunden an Mitarbeiter, Partner und das gesamte Unternehmen erfüllt werden. Mobile Telefone, Endgeräte und Netzwerke werden diese Freiheit zur Verfügung stellen – überall und zu jeder Zeit. Anstelle am Schreibtisch festgebunden zu sein, werden Spezialisten jederzeit erreichbar sein und umgekehrt können diese Personen wo auch immer und wann auch immer auf ihre Arbeitsmittel über unterschiedliche Netzwerke zugreifen. Fallende Kosten und die rasante Verbesserung von Netzwerken hinsichtlich Geschwindigkeit und Zuverlässigkeit, sowie die Verbesserung der Endgeräte unterstützen den Trend zur drahtlosen Kommunikation zusätzlich. M-Commerce bietet in diesem Zusammenhang das notwendige Instrumentarium, um die Integration in die Geschäftsprozesse einerseits, sowie die Veränderung der Prozesse durch die Nutzung neuer Technologien andererseits zu ermöglichen.

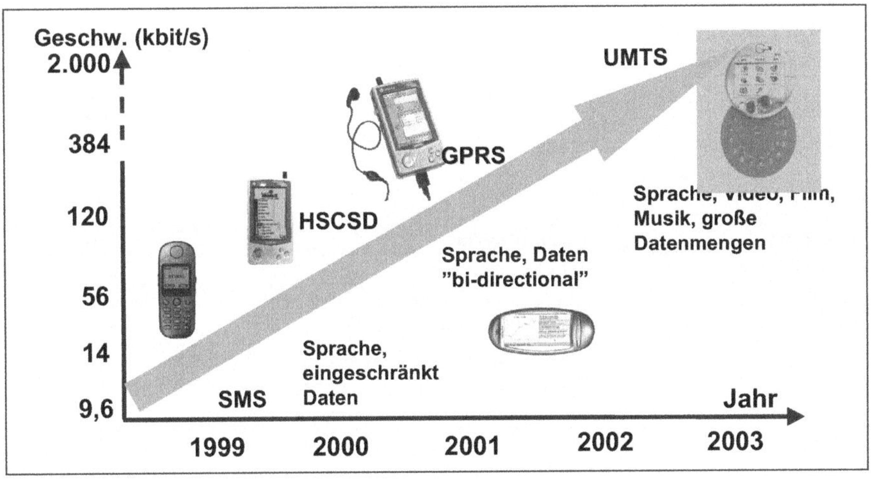

Abb. 1: Weiterentwicklung neuer Technologien

Definition

Die von der META Group übernommene Definition des M-Commerce[1] ... *mobile E-Commerce, d.h. jede Art von geschäftlicher Transaktion, bei der die Beteiligten auf elektronischem Wege miteinander kommunizieren und zumindest einer der Beteiligten bei der Ausführung der Transaktion mobil ist und die Transaktion auf Basis von mobiler Kommunikation stattfindet. Der Fokus dieser Definition liegt auf der geschäftlichen Transaktion und auf der mobilen Kommunikation* ... . dürfte der vorstehend genannten Anforderung recht nahe kommen.

Erwartungshaltung

Das Nutzenpotenzial der mobilen Unterstützung, z.B.

- bei Unternehmen, die zunehmend grenz- und standortübergreifend arbeiten
- für Arbeitsgruppen, die temporär zusammenarbeiten und unabhängig von Ort und Zeit auf relevante Informationen angewiesen sind
- beim Zugriff auf Informationen und die höhere Erreichbarkeit bei Geschäftsreisen
- durch die Änderung der rechtlichen Rahmenbedingungen bei der Flexibilisierung der Arbeitszeit
- die höhere Erreichbarkeit der Mitarbeiter im Büro, oder auf dem Firmengelände kann damit relativ einfach bestätigt werden.

Abhängig von der Rolle der Beteiligten und deren individuellen Erwartungshaltung lässt sich dies noch differenzierter betrachten.

Tab. 1: Nutzenpotenziale

Anwender	**Nutzenpotenzial**
Ortsunabhängigkeit	„always-on-services“
Verfügbarkeit	Endgerät immer dabei und einfacher Informationszugriff
Benutzerfreundlichkeit	Einfache Bedienerführung
Interaktivität	Unterschiedliches Benutzerverhalten. Der mobile Zugang wird eher spontan genutzt. Die durchschnittliche Verbindung dauert ca. 2-5 Minuten.
Sicherheit	Authentikation, Autorisation insbesondere in Verbindung mit Bestell- und Bezahlvorgängen
Betreiber	**Nutzenpotenziale**
Kollaboration	∑ Überall, jederzeit, in jeder Situation ∑ Bereitstellung und Verwaltung von Wissen/Informationen gem. der zugrundeliegenden Wertschöpfungskette ∑ Effektive Teamzusammenarbeit

[1] Meta Group Deutschland GmbH: „Der Markt für Portale, Marktplätze und Mobile Commerce in Deutschland“, 2000 Abschn. 5.1.1

	• Effektive Teamzusammenarbeit • Optimierte Kommunikation mit Kunden, Partnern, Mitarbeitern, z.B. Unified Messaging, Travel Management
Konvergenz/ Standardisierung	• Intelligente Einbindung in die bestehende Infrastruktur, Netze und Anwendungen (Investitionsschutz) • Vergleichsweise wenige Standards mit verschiedenen Endgeräten (Handy, PDA, PC, Telefon ...)
Ortsbestimmung	Die Information, wo sich der Benutzer aufhält, bildet die Basis für neue Dienste, z.B. Flottenmanagement, Versorgung von „hot spots" wie: • Flughafen: Unterstützung von Flugzeugen und Passagieren am Boden • Hotel: Bewirtung; Unterkunft (z.B. für Reinigungspersonal) • Konferenzzentren: Bereitstellung der Konferenzeinrichtungen • Ausstellungszentren: Bereitstellung/Nutzung von Ausstellungseinrichtungen • Krankenhäuser: Bereitstellung medizinischer Dienste
Personalisierung	• Der „Business-to-Consumer"-Anteil (B2C) dominiert, wobei dies auch durch Marktplatz-/Portalszenarien erweitert werden kann • Verhaltensauswertung, Loyalitätsprogramme • Abrechnungsmodelle
Sicherheit	Authentikation, Autorisation, Konfiguration gem. Benutzerprofil
Zukunftssicherheit	Konvergenz und Evolutionsfähigkeit der verwendeten Lösungen

Erfolgsfaktoren

In den Frühstadien mobiler E-Commerce-Anwendungen wurden mobile Anwendungen insbesondere als Substitut eingeführter Lösungen positioniert. Die konsequente Nutzung von M-Commerce-Anwendungen in Verbindung mit der Optimierung von Geschäftsprozessen – insbesondere bei den Vertriebs- und Serviceprozessen, legt jedoch die Ergänzung der Verfahren und System nahe. Das heißt,

- die *Integrationsfähigkeit* in vorhandene Systeme und Anwendungen
  - Konvergenz- und Evolutionsfähigkeit der eingesetzten Informations- und Kommunikationsplattformen
  - geringe Datenübertragungsanforderungen (Text anstelle von Grafiken)
  - niedrige Transaktionskomplexität bzw. einfache Workflows (geringe Anzahl von beteiligten Benutzern)
  - geringe Sicherheitsanforderungen,
- ausreichende Quality of Service (QoS) und
- die Verfügbarkeit mobiler Geräte und hinreichender Standardisierung

ist möglich.

M-Commerce wird bei all den Szenarien Erfolg haben, wo Anwendungen bequem zu nutzen sind, kostengünstig und einen hohem Nutzen für den Anwender haben. Gegenwärtig werden mobile Dienste z.B. schon im Zusammenhang mit Aktienüberwachung, Kino und Reiseauskünfte verwendet. Kollaborative Dienste wie z.B. Unified Messaging, E-Mail und Wissensmanagementanwendungen werden zunehmend eingebunden.

Customer Relationship Management (CRM)

Kundenzufriedenheit wurde bisher als Hauptzielsetzung im Rahmen einer Kundenbeziehung betrachtet. Allerdings wurde im interaktiven Internetzeitalter der Grundstein für eine neue Qualität der Beziehung gelegt. Die Kundenbindung und die Klärung des wirklichen Kundenbedarfs wurde zum zentralen Bezugspunkt[2].

Definition

Im Hinblick auf die Wettbewerbsposition und Rentabilität des eigenen Unternehmens ist künftig die Qualität der Kundenbeziehung und –bindung entscheidend. Die „Kundenschnittstelle" ist mit weiteren Kontaktpunkten, wie Internet, M-Commerce-Anwendungen und zusätzlichen Diensten – als integraler Bestandteil der Vertriebsprozesse zu erweitern. Daraus läßt sich sehr einfach ableiten, dass CRM *kein* Tool ist, das nur mehr oder weniger vollständig bezogen werden kann, um die gesetzten Geschäftsziele zu erreichen, sondern

> ... CRM is a business strategy aimed at anticipating, understanding and responding to the needs of an enterprise's current and potential customers. CRM involves capturing customer data from across the enterprise, consolidating all internally and externally acquired customer-related data in an integrated data repository, analyzing the consolidated data, distributing the results of the analysis to various constituents of the extended enterprise and using that information when dealing with the customer[3].

Strategie

Diese kundenzentrierte Ausrichtung soll

- Verkaufschancen, Trends und Wettbewerb früh genug erkennen und neue Vertriebskanäle und Geschäftsfelder erschließen

---

[2] vgl. Robert B. Carter, F. William Connor: „Boosting Customer Loyalty and Return on Relationships through Clicks, Conversations and the Supply Web", http://www.returnonrelationship.com

[3] Gartner Group Inc.: „CRM Services Market Trends and Demand Characteristics for 2000, Market Trends" Nov.13, 2000, Seite 1.

- professionell Kunden akquirieren und langfristig binden, also Erhöhung des „Customer Life Cycle Value" (attract, retain, develop, recover) durch umfassende und angemessene Kundenbetreuung in allen Phasen (Kundensegmentierung) sicherstellen
- die Kundenbeziehung mit zusätzlichen personalisierten Diensten im Sinne der erweiterten Kundenbindung ergänzen
- Einheitliche Strukturen für Prozesse, Organisation und Verfahren im Marketing, Vertrieb und Service ermöglichen, um
  - den Kundenservice effektiver zu gestalten, z.B. die Produktivität des mobilen Personals zu erhöhen
  - die Verkürzung des Verkaufszyklus zu ermöglichen
  - das Ressourcen-Management zu steuern, dadurch Kostenreduktion in den beteiligten Funktionen zu erzielen
  - die gemeinsame Sicht auf Kundeninformationen in allen Bereichen zu schaffen, als Wissensmanagementplattform zur Nutzung/Wiederverwendung von Information
  - Veränderungsprozesse mit den Beteiligten zu initiieren und die kontinuierliche Prozessverbesserung zu ermöglichen
  - „Time-to-Market" für Produkte und Dienstleistungen verkürzen

Es genügt nicht mehr, ein paar Schlüsselinformationen parat zu haben, um den Kunden besser als die Mitbewerber zu betreuen. Die weltweit führenden Consulting-Unternehmen sind sich deshalb einig: Gelingt es, die Kundenbindung um nur 5 % zu erhöhen, steigt der Gewinn um 25 bis 95 %[4]. Hinter einem erfolgreichen One-to-One-Marketing steht immer eine gut durchdachte CRM-Strategie.

CRM weist demnach viele Facetten auf, die im Einzelfall jedoch auf Relevanz und Priorität hin untersucht und entschieden werden müssen. In der Regel steht die Verbesserung der Wettbewerbsfähigkeit, sowie die Optimierung von Effizienz und Rentabilität des Vertriebsprozesses mit der Einbindung der „back office" Verfahren im Vordergrund.

Verbesserung der Wettbewerbsfähigkeit

- Liberalisierung, Globalisierung, zunehmender Wettbewerb und E-Business stellen Anwendern mehr Wahlmöglichkeiten als jemals zuvor bereit und machen sie "flüchtiger". Die Kundenbindung wird zum Schlüsselthema.
- Neue Vertriebswege und Internet erzeugen neue Geschäftsmodelle und Geschäftsprozesse.
- Verbesserte, zunehmend personalisierte Diensteangebote werden als Differenzierungsmöglichkeit betrachtet.
- Kürzere Produkt- und Lebenszyklen benötigen angepasste Vermarktungskonzepte.

---

[4] Frederick F. Reichheld and Phil Schefter: „E-Loyalty: Your Secret Weapon on the Web", Harvard Business Review, July/August 2000

Effizienz

- Kunden kommunizieren über verschiedene Kanäle und Medien. Es muss entsprechend reagiert werden (z.B. E-Mail soll so schnell beantwortet werden wie telefonische Anrufe).
- Integration neuer Technologien wie M-Commerce, IP-Konvergenzlösungen für neue Geschäftsprozesse und die Optimierung bestehender Abläufe.
- Bedarf für nahtlos integrierte Workflowmöglichkeiten, um Bearbeitungszeiten zu beschleunigen, die interne Koordination zu verbessern und um eine konsistente Verfolgung jeder Kundeninteraktion zu ermöglichen.

Profitabilität

- Die Kundensegmentierung wird wichtiger als der "übergreifende" Marktanteil. Die Reduktion von Akquisitions-, Vertriebs- und Marketingkosten wird durch Priorisierung der Ressourcen auf "aussichtsreiche" Aufträge ermöglicht.
- Erzeugung zusätzlicher Einkünfte durch up- und cross selling Aktivitäten.

Trotz verbessertem Service für Kunden wird aufgrund reduzierter Akquisitionskosten, höherer Umsatzgenerierung durch weitere Abschlüsse über den gesamten Kundenzyklus hinweg die Rentabilität des Geschäftes drastisch verbessert.

Vertriebsprozess (closed loop)

CRM-Lösungen erfordern ein neues Denken. Strukturen sind zu vernetzen und Abläufe neu zu organisieren. Mit diesem Ansatz der Kundeninteraktion entscheiden nicht länger einzelne Produkte oder Serviceleistungen über den Erfolg, sondern *übergreifende* Prozesse und *integrierte* Technologien.

Abb. 2: Vertriebsprozess

Vertrieb, Marketing und Service sind die klassischen Funktionen einer CRM-Lösung. Aber diese Funktionen unabhängig voneinander zu betrachten und weiterzuentwickeln, würde den Großteil des vorhandenen Nutzenpotenzials nicht erschließen. Sie müssen in übergreifenden und durchgängigen Geschäftsprozessen integriert werden, um Suboptima zu vermeiden.

Ein idealer Verlauf beginnt im Marketing mit der Analyse der Markt- und Wettbewerbsinformation, der Segmentierung des Kundenbestandes und zur weiteren Marktbearbeitung verschiedene Marketingkampagnen. Dazu können unterschiedliche Medien, wie E-Mail, Post oder Telesales eingesetzt werden. In Verbindung mit Telesales werden potenzielle Interessenten kontaktiert und bei weiterführendem Interesse, die Kunden- und Kontaktinformation an den zuständigen Vertrieb oder Partner weitergeleitet. Die Historie, beginnend bei der Kampagne inkl. der Gesprächsnotiz des Agenten, ist jederzeit verfügbar.

Nachdem der zuständige Vertriebsmitarbeiter Kontakt aufgenommen hat, wird die Anfrage z.B. hinsichtlich Anforderungen, Volumen, Auftragswahrscheinlichkeit konkretisiert und als potenzielle Geschäftsmöglichkeit (opportunity) weiter verfolgt. Anschließend kann ein Angebot über das gewünschte Produkt oder Dienstleistung verfasst werden, das idealerweise beauftragt wird und in die Bestellverfahren einmünden kann. Hier sind die Kontaktinformationen, Entscheidungsstrukturen des Kunden, Angebote, Volumina, Auftragswahrscheinlichkeiten, Gesprächsnotizen nahtlos verfügbar.

Auch in dieser Phase wird der Kunde das Medium für den Kontakt selbst wählen, per Telefon/Handy zum Call-Center, mit E-Mail, mit mobiler Ausstattung (WAP ...) Zusätzlich kann der Kunde auch über eine geeignete Internetpräsenz die gewünschten Produkte/Dienstleistungen selbst auswählen und bei Bedarf auch selbst bestellen (Self Service). Nach erfolgter Lieferung steht dem Kunden ein Kontakt Center (Anfragen über Sprache, E-Mail, Fax) zur Verfügung. Fehler, Lösungshinweise, Aufträge werden hier abgesetzt und beauftragt. Up- und cross selling Varianten können hier diese Kundeninteraktion noch wertvoller machen.

Wichtig ist, dass das Requestmanagement, das Vertragsmanagement, das "Dispatching" der Servicemitarbeiter und die Ersatzteilverwaltung unterstützt wird. Auch hier können Self Service-Varianten über Intranet diesen Kontaktpunkt erweitern. Zum Abschluss liegt es wieder am Marketing die Erfolgsquote der Kampagne zu eruieren und mit den neu gewonnenen Erkenntnissen die nächste Kampagne zu starten. Wichtig ist, dass in jeder Phase allen Beteiligten alle kundenrelevanten Informationen zur Verfügung stehen und die Kundeninteraktion über verschiedenste Medien sichergestellt ist.

Es ist offensichtlich, dass eine integrierte Kommunikations- und Informationsplattform vonnöten ist, um diesen Ablauf in der beschriebenen Weise zu gewährleisten. Das Zusammenspiel der Beteiligten mit *kollaborativen* Unterstützungsfunktionen und der Integration M-Commerce-Lösungen sollte damit sichergestellt sein. Darüber hinaus können durch die vielfältigen Transaktionen wertvolle Informationen zur Geschäftssteuerung, z.B. Vertriebsplanung und -prognose, Prozesskennziffern, Auslastung und Erfolgsquoten, Kundenverhalten extrahiert werden (*analytisches* CRM).

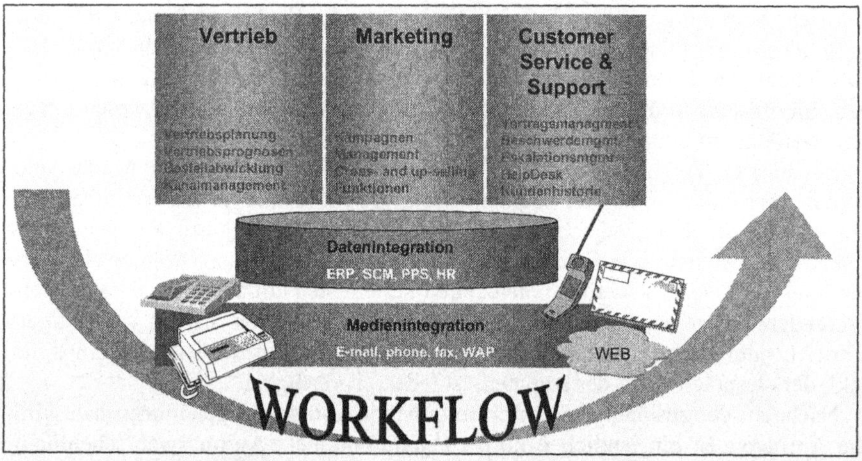

Abb. 3: CRM-Funktionen

Integrierte Kundeninteraktion durch eine Informations- und Kommunikationsplattform

Noch vor wenigen Jahren wurde die überwiegende Mehrzahl aller Kundenkontakte über das Telefon abgewickelt. Heute ist dieser Anteil stark rückläufig und mit hoher Wahrscheinlichkeit werden sich Telefonkontakte und web-basierte Interaktionen bald die Waage halten. Ein anderer Aspekt ist die wachsende Mobilität der Beteiligten (Kunden, Vertriebsmitarbeiter usw.). Auch wenn Kunden heute noch das Telefon bevorzugen, ist es unumgänglich, alle Berührungspunkte (touch points) über unterschiedliche Medien wie Internet, Sprache E-Mail, Fax und die bisherigen Kanäle wie direkter Kontakt zu Vertriebs- oder Servicemitarbeitern oder Call-Center in die Lösung miteinzubeziehen.

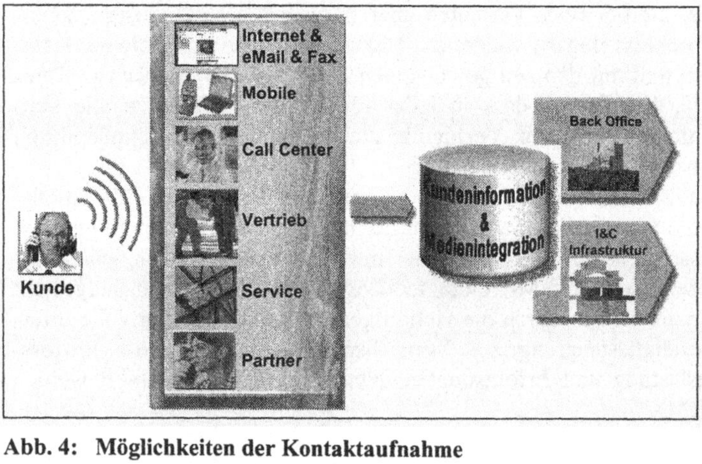

Abb. 4: Möglichkeiten der Kontaktaufnahme

Wichtig ist: Der Kunde wählt das Medium und den Kanal für die Kontaktaufnahme und erwartet den erstklassigen Service und die individuelle Betreuung, die ihm bisher geboten wurde – auch über alle Medien hinweg. Dies bedeutet dass Kunden, Mitarbeiter und Partner mit dem *gleichen aktuellen Informationsstand* versorgt sein müssen und ohne Medienbrüche über jedes Netz miteinander kommunizieren können.

Anforderungen an M-Commerce Anwendungen im CRM-Umfeld

Stationäre und mobile Anwendungen

Generell lassen sich mobile Anwendungsfälle in

- auskunftsorientierte (z.B. Abfrage von Kunden-/Kontaktinformationen)
- transaktionsorientierte (z.B. Kauf-/Bestellvorgänge) und
- dienstenutzende (z.B. Loyalitätsprogramme)

Szenarien unterteilen.

Außendienstmitarbeiter im Vertrieb und Kundendienst sind prädestiniert als Anwender mobiler Lösungen. Wohingegen die Angebotserstellung oder Auftragsvorbereitung wegen der komplexen Abläufe in den meisten Fällen kein unmittelbarer Fall für eine mobile Lösung ist. Nicht jeder Mitarbeiter, Kunde oder Partner wird das ganze Spektrum der Funktionen und Informationen als mobile Version benötigen. Kunden und Partner können über verschiedene mobile Dienste versorgt werden, die die gewünschte Kundeninteraktion unterstützen.

Mobile Anwendungen haben deshalb nicht unmittelbar das Ziel, die bisher stationär benutzten Lösungen zu ersetzen. Die mobile Komponente ergänzt idealerweise die stationäre und trägt so dem mobilen Anwendungsfall Rechnung.

Einfache Anwendungsfälle

Generell sollten Anwendungsfälle im Vordergrund stehen, die *einfache* und komfortabel zu realisierende Abläufe und vordefinierte Sichten erlauben, z.B.

- Ad-hoc Informationsbeschaffung (Kontaktinformationen, Aktivitäten, Kunden-Angebotsinformationen, Fehlermeldungen ...)
- Unaufschiebbar bzw. terminlich gebundene Tätigkeiten (fällige Aktivitäten wie Kundentermine, kurzfristige Kaufentscheidungen, Kauf nach Ladenschluss)
- Abonnierte Informationen (Notifikationen) wie Auftragsbestätigungen, Auktionen, neu eingetroffene Kundenanfragen
- Gefahr „veralteter“ Informationen, verderbliche Waren und Dienstleistungen (Verkehrsinformationen, Ticketinformationen, ...)

Einfache Navigation und Personalisierung

Zwischen dem Internet und M-Commerce-Anwendungen ergeben sich große Parallelen. Beide benötigen die gleiche Art von Basisdienstleistung (Sicherheitsmechanismen, Quality of Service (QoS), Verknüpfung der Informationen (Links)). Die Personalisierung ist angesichts noch beschränkter Darstellungsmöglichkeiten und fehlender Standardisierung mit unterschiedlichsten Endgerätetypen (Telefon, Personal Digital Assistant (PDA)) noch kritischer. Deshalb wird sich die Bedienung von M-Commerce-Anwendungen, trotz nachweislich großer Ähnlichkeiten, wohl auf vordefinierte portalorientierte Darstellungen und in Verbindung mit innovativen Technologien wie Spracherkennung konzentrieren.

Die Benutzerführung sollte in Form *personalisierter* Menüsteuerungen, die auf den Nutzer und den ihm zugeordneten Rollen (Kunde, Partner, Vertriebsmitarbeiter, Servicemitarbeiter, ...) angepasst sind, entworfen sein. Über Rollen können die relevanten Anwendungsfälle eingeschränkt und die Navigation optimiert werden. Dem einfachen interaktiven Zugriff auf die Information wird so Rechnung getragen und eine langwierige Navigation zu der gewünschten Information wird vermieden. Bei einem typischen Anwenderverhalten wird von einer Sitzungsdauer von ca. 2-5 Minuten ausgegangen.

Tab. 2 Übersicht von auskunfts- und transaktionsorientierten Diensten

Rolle	Auskunftsorientierter Dienst	Transaktionsorientierter Dienst
Vertriebs-mitarbeiter	Abfrage • von Kunden-/ Kontaktinformationen (Ansprechpartner, Tel., E-Mail ...) • von Bestell- und Auftragsinformationen und Status • von eigener Planerfüllung • eigener Aktivitäten	Notifikation über unterschiedliche Medien (WAP, SMS, E-Mail ...) bei bestimmten, individuell festgelegten Ereignissen und mit eingeschränkter Bearbeitung (Änderung, Neueingabe) der Information • Kunde eröffnet Request, z.B. Fehler • Kunde hat Rückfragen zu Angeboten
Service-mitarbeiter	Abfrage von • Requestinformationen (Fehler, Aufträge, Änderungsanforderungen ...) • Bearbeitungszeiten • Vertragsinformationen (z.B. Laufzeit, Umfang ...) • Kontaktinformation von Experten (z.B. zu Produkten) • Auftragsinformationen (erledigte, offene Aufträge, nach Priorität) • Ersatzteilbestand • Eigenen Aktivitäten	... • Neuer Auftrag wurde zugeordnet • Eingabe von Bearbeitungszeiten (Time Management) • Benötigtes Ersatzteil lieferbar • ...

Rolle	Auskunftsorientierter Dienst	Transaktionsorientierter Dienst
Marketing-mitarbeiter	Abfrage von • Kunden-/Interessentenverhalten des Internet- oder des mobilen Angebots • Veranstaltungsinformationen • Kampagneninformationen (z.B. Erfolgsrate) • Eigenen Aktivitäten	... • Marketingbudget ausgeschöpft • Kampagne abgeschlossen • Fällige Aktivitäten
Führungs-kräfte	Abfrage von • Gegenwärtiger Planerfüllung (AE, Umsatz ...) • neuen Aufträgen und Angeboten	... • Plan/Ist-Abweichung > x % • Neue Aufträge/Angebote mit Volumen > x ¤
Kunde	Abfrage des • Bestell- und Requeststatus • Nutzung spezifischer Dienste	... • Änderung des Bestell-/Requeststatus • ...
Partner	Abfrage des • Bestellstatus • Requeststatus • Gegenwärtige Planerfüllung • neuer Aufträge und Angebote • Veranstaltungsinformationen • Kampagneninformationen	... • Plan/Ist-Abweichung > x % • Kunde eröffnet Request, z.B. Fehler • Marketingbudget ausgeschöpft • ...

Strukturiertes Informationsangebot

Die Präsentationsmöglichkeit von Informationen ist bei M-Commerce-Anwendungen noch eingeschränkt. Größere Dokumente können beispielsweise nicht ohne weiteres dargestellt oder gar bearbeitet werden.

Für die Informationsmodellierung bedeutet dies, dass semantisch formulierte *Geschäftsobjekte* eingeführt werden, die die benötigten Informationen und Methoden bereitstellen. Hierdurch wird die notwendige Flexibilität gewonnen um die Informationen und Funktionen für verschiedenste Endgeräte und mit unterschiedlichsten Sichten verfügbar zu machen.

Von führenden CRM-Anbietern wie Siebel oder SAP gibt es mittlerweile Standardimplementierungen, die natürlich an die individuellen Anforderungen angepasst werden können. Häufig werden die Services per Self-Service über Internet konfiguriert, oder als Teil eines Call-Centers mit Interactive Voice Response (IVR) Ergänzungen o.ä. konfiguriert. Damit können persönliche Präferenzen festgelegt und aus Sicht der Anbieter auch personalisierte Informationen gemäß dem Benutzerprofil angeboten werden. In Verbindung mit der Auswertung von Kundenbeziehungen können aufgrund des Nutzungsverhaltens wertvolle Rückschlüsse auf Kundengruppen und deren Bedürfnisse, sowie auf die Verbesserung des eigenen Angebots gezogen werden. Die mobilen Zugänge werden über unterschiedliche Medien wie die Steuerung über Spracherkennung, Text-to-Speech (z.B. für E-Mail-Zugriff über Handy), SMS oder WAP bereitgestellt.

Die dienste-/branchenorientierten mobilen Angebote sind in der Regel stark abhängig vom zugrundeliegenden Geschäftsmodell und der Branche. Insofern können keine allgemeingültigen Aussagen getroffen werden, sondern eine sicherlich nicht vollständige Übersicht soll nachfolgend Anregungen für die Integration von derartigen Diensten in die CRM-Architektur geben.

Tab. 3: Übersicht branchenorientierte Dienste

Angebot	Dienst
Banken, Industrie, Handel, Versicherungen	• Wetterinformationen • Börseninformationen (watchlist) • Versteigerungen • Nachrichtenrecherche, Internetzugang • ortsabhängige Dienste (Flottenmanagement, City-Infos wie Restaurantverzeichnis, Warenangebot im unmittelbaren Umkreis des Nutzers) • Reparaturdienste • Notfalldienste • Überwachung • Telematik-Dienste
Transportwesen	• Fahrplanauskunft, Stauinformationen • Check-in, Boarding • Reservierung, Buchungen mit Bestätigung
Gesundheitswesen	• Medizinische Auskünfte • Notfallbehandlung • Individuelle Gesundheitsvorsorge (z.B. Reiseinformationen, Wellness-Clubverzeichnis, Arzt- und Apothekenverzeichnis)
Öffentlicher Dienst	• Kontrolle illegaler Beschäftigung auf Baustellen, • Bezahlvorgänge bei Verkehrs- oder Parkdelikten • Grenzkontrollen
Automobilindustrie	• Fahrzeuginformationssysteme
Bildungswesen	• Content und Dienste für Lehrende und Lernende
Touristik	• Content und Dienste für Touristikunternehmen und Reisende
Unterhaltung	• Spiele • Glücksspiele

Integrierte, kollaborative Funktionen

Die Benutzerakzeptanz sollte mit generischen Funktionen verstärkt werden. So können zusätzliche kollaborative Dienste, wie

- Zugriff auf zentrale Adressbücher,
- Unified Messaging (UM), E-Mail Zugriff via Handy (Text-to-Speech),
- Kalender/Terminplanung, Aktivitäten, Kontakte,

- Computer Telephony Integration (CTI),
- Live-Agenten Interaktionen (Call-Center), Remote Contact Center Lösungen
- Knowledge Management z.B. in Verbindung mit FAQs, Referenzprojekten

aus der individuellen Arbeitsumgebung heraus den regelmäßigen Umgang mit M-Commerce-Lösungen verbessern.

Medienintegration mit einer einheitlichen Kommunikationsplattform

M-Commerce-Anwendungen benötigen zur medienbruchfreien Interaktion eine einheitliche moderne Kommunikationsarchitektur, die in der Lage ist, Sprache und Daten über alle Netztopologien hinweg auf einer gemeinsamen Plattform zusammenzuführen. Verschiedene Infrastrukturen sind dabei einzubinden – das Internet Protokoll, das klassische leitungsvermittelte Telefonnetz und Corporate Networks sowie natürlich mobile Netze. Der Zugang sollte mit unterschiedlichen Workpoints wie z.B. Handys, PDAs, systemgebundenen Telefonen, IP-Phones, Soft-Clients,, Laptops und PCs möglich sein. Die Enterprise Konvergenz-Architektur HiPath® der Siemens AG stellt bspw. diese Funktionalitäten zur Verfügung.

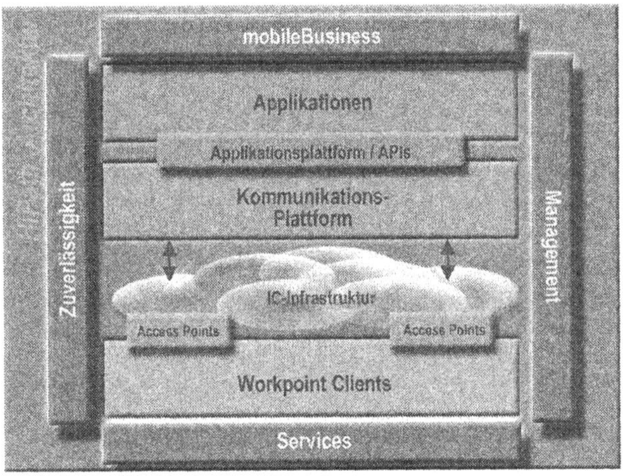

Abb. 5: Siemens HiPath ® Architektur

Mit dieser offenen Konvergenzarchitektur sind mit CRM-, Mobilitäts- und Kollaborationsanwendungen nun IP-basierte multimediale Call-Center mit Self Service Funktionen (Spracherkennung, Interactive Voice Response), Unified Messaging (UM) – Push-Lösungen, M-Commerce Szenarien (WAP-Zugang, SMS) zur medienbruchfreien Unterstützung von Marketing-, Vertriebs- und Serviceprozessen realisierbar. Neue Zusatzdienste und -funktionen (z.B. Click-to-Dial, Notification Service, E-Mail Waiting Indication), die von Netzbetreibern angeboten werden, können schrittweise mit integriert werden. Die evolutionäre Weiterentwicklung wird sichergestellt.

Netzwerkressourcen, Quality of Service

Die Netzinfrastruktur für performante mobile Datendienste wird gegenwärtig massiv auf- und ausgebaut. Dennoch sollten knappe Netzwerkressourcen und eingeschränkter Quality of Service im Design berücksichtigt werden. Um auch den Anforderungen der Endgeräte zu genügen, sollte auch hier die Datenmenge und die Präsentation der Information möglichst gering bzw. einfach gehalten werden (text vs. streaming media).

Die erfolgreiche Implementierung

Unternehmen reduzieren oder verzögern Investitionen und Technologieausgaben als Reaktion auf den gegenwärtigen wirtschaftlichen Abschwung. Nichtsdestotrotz konnten sich dem die Aktivitäten im CRM-Bereich bisher entziehen.

Die realistische und erfolgreiche Planung und Einführung bleibt eine Aufgabe, die nicht zu unterschätzen ist. So können wesentliche Nutzenpotenziale in Form übergreifender Prozesse nur durch die Zustimmung und aktive Mitarbeit der einzelnen beteiligten Funktionen (Vertrieb, Produktmanagement, IT etc.) tatsächlich erschlossen werden. Dies setzt voraus, dass schon im Vorfeld derartiger Projekte eine umfassende CRM/M-Commerce-Strategie formuliert wurde. CRM ist kein Selbstzweck, sondern hat das Geschäft zu unterstützen!

Customer Relationship Vision formulieren

Was nützt dem Geschäft, wie gehen die Mitbewerber vor, wo sind Differenzierungspotenziale. Können diese Fragen beantwortet werden, sind entsprechende Vorteile einer CRM/M-Commerce Lösung formulierbar – z.B. bessere Unterstützung durch Vertriebsmitarbeiter die mit einer M-Commerce-Lösung (neue Anfragen, aktueller Status von Angeboten und Aufträgen) immer aktuell über die Kunden informiert sind.

Die aktive Einbeziehung der Firmenleitung ist gleichermaßen ein Erfolgsfaktor z.B. beim Kundendatenmanagement (Integration und Segmentierung von Kundendaten). Dadurch können sehr einfach Messpunkte zur Verfolgung und Bewertung der Effektivität der eingeleiteten Maßnahmen aufgesetzt werden. CRM/M-Commerce Initiativen werden so vom isolierten technischen Ansatz hin zu einem unternehmensweit kundenzentrierten Ansatz transformiert.

Kundensegmentierung ermöglichen

Die Analyse und Interpretation von Kundeninformationen und die Festlegung der dazu notwendigen Daten im Hinblick auf kritische Steuerungsinformationen setzt das Verständnis des eigenen Kundenbestandes und deren Bedürfnisse voraus.

Darauf basierend können dann Empfehlungen für die Datenerfassung und Auswertung erarbeitet werden. So gibt es Beispiele im Pharmazie- und Automobilbereich, die CRM/M-Commerce-Lösungen auf den „Lifetime value“ der Kunden oder den Aufwand für Customer Care bezogen auf die Anzahl Patienten bzw. Kunden aus- und bewerten.

Kundenerfahrungen auswerten

Die Prozesse der eigenen Kunden müssen verstanden werden. Welches sind die größten Schwierigkeiten oder Einschränkungen, die die Kunden haben (von der Bedarfsanalyse hin zu geeigneten Lösungen und Dienstleistungen). Diese Erfahrungen müssen der gesamten Organisation zur Verfügung stehen.

Integriertes Prozessredesign entwickeln

Das gewonnene Kundenverständnis wird dazu benutzt, um die eigenen Prozesse optimal auf die Kunden auszurichten – oft werden dazu auch neue Funktionalitäten wie M-Commerce-Lösungen miteinbezogen. Anschließend wird zwischen Prozesseffektivität und Kosten einerseits und Qualität der Kundenbeziehung andererseits abgewogen.

So können bspw. Mitarbeiter des Direktvertriebs oder Kundendienstmitarbeiter über mobile Anbindungen aktuelle Informationen, wie Auftragslisten oder neue Anfragen erhalten, sowie Kunden direkt bestimmte Dienstleistungen wie z.B. Notrufe, Loyalitätsprogramme, Auskunftsdienste nutzen, die in Summe die Kundenbindung erhalten oder verstärken.

IT- und Kommunikationsstrategie formulieren

Die Spezifikationen der IT- und Kommunikationsarchitektur und der eingesetzten Tools sollte immer zuletzt kommen, um die formulierten Anwenderanforderungen (siehe die vorausgegangenen Punkte) bestmöglich abdecken zu können.

Die Bewertung der derzeitigen Infrastruktur, die Workflowanforderungen der neu definierten Prozesse, die aufgrund der Geschäftstransformation entstanden sind und die Verfügbarkeit neuer und zukünftiger Technologien bestimmen die Anforderungen der Investition.

CRM bietet die einmalige Gelegenheit, die Kundenorientierung eines Unternehmens mit den Vorteilen des Internet und M-Commerce Lösungen zu schlagkräftigen Wettbewerbsvorteilen zu kombinieren.

Realistische Implementierung ermöglichen

Größere CRM/M-Commerce-Lösungen sollten niemals „en bloc“ realisiert werden. Im ersten Projektschritt sollte eine schnell verfügbare Lösung bereitgestellt werden, die produktiv verwendbar ist, aber noch nicht den gewünschten Leistungsumfang aufzeigen muss. Diese kann dann zusammen mit den Anwendern weiterentwickelt werden (iteratives Vorgehen). Dies bedeutet wiederum, dass die Architektur und die eingesetzten Technologien in der Lage sind, evolutionär mitzuwachsen, um den Schutz der schon getätigten Investitionen sicherzustellen.

Fazit

Die Arbeitswelt wird durch die Möglichkeiten des M-Commerce radikal verändert. Dies erfordert Infrastrukturen, Dienste und Anwendungen, um überall, über jedes Netzwerk und in jeder Situation kommunizieren und arbeiten zu können.

Egal ob drahtgebunden oder mobil – im Büro, zu Hause oder unterwegs. Verschiedene Kundenumfragen in Deutschland zeigen, dass die mobilen Anwendungen insbesondere in den Geschäftsprozessen des Vertriebes, des Service und Marketing mit dem einfachen Zugriff auf bspw. Kunden-, Bestell- oder Auftragsinformationen benötigt werden. Interessant sind deshalb Szenarien, Voraussetzungen und Nutzenpotenziale, die im Bereich Customer CRM (Relationship Management) auftreten.

Es wurde aufgezeigt, dass erhebliche Produktivitäts- und Nutzenpotenziale durch die Verbindung von M-Commerce-Szenarien mit der Customer Relationship Management-Philosophie existieren. Mittlerweile gibt es leistungsfähige und stabile Informations- (z.B. Siebel, SAP) und Kommunikationsarchitekturen (z.B. Siemens HiPath®), mit denen schrittweise die Umsetzung begonnen werden kann und der Investitionsschutz auch in einem dynamischen Umfeld gegeben ist. Die eigentliche Entscheidung ist deshalb nicht ob oder wann, sondern an welcher Stelle mit welcher Zielsetzung mit der Konkretisierung der Anforderungen und der Implementierung begonnen werden kann.

2.4 Konzepte und Anwendungsszenarien im Umfeld mobiler Portale

Christel Müller, Marian Trinkel

Geschäftsfälle in der Kommunikation

Die Geschäftsfälle der Telekommunikation sind durch die Kommunikationslandschaft und den Stand der Technik geprägt. Hierbei wird unter Stand der Technik nicht der ideale innovative sondern der reale Stand der Technik am Markt verstanden, wie er durch die Durchdringung an Kommunikationsendgeräten und -einrichtungen beim Kunden geprägt ist. Zukunftsweisende Geschäftsmodelle können nicht gemacht werden, oder sind erfolglos, wenn die Marktdurchdringung für diese Endgeräte nicht gegeben ist, oder das Geschäftsmodell, z.B. die Tarifierung von neuen Telekommunikationsdiensten für den Kunden nicht nutzbar ist.

Aus diesem Grund wird der Erfolg in einer Synthese aus Elementen der alten und neuen Ökonomie liegen, die zu einer zukunftsweisenden „Economy" zusammenwachsen. Unter diesem Aspekt zeichnet sich die nächste Herausforderung der Kommunikationstechnik bereits jetzt in der Entwicklung des M-Business ab. Die neuen Infrastrukturen erlauben dem mobilen Menschen in nicht allzu ferner Zukunft, die Ressourcen seines Unternehmen und der Gesellschaft jederzeit und von jedem Ort der Welt für sich einzubinden.

In der Informationstechnik und der Telekommunikation wird zukünftig nicht nur auf eine reine Transportleistung, sondern verstärkt auf Applikationen Wert gelegt, die einen Mehrwert zu dieser Transportleistung erbringen. Im Folgenden soll diese Entwicklung im engen Bezug zur Telekommunikation aufgezeigt werden.

Applikationen und Geschäftsfälle

Die Geschäftsfälle, die in der Telekommunikation bisher in Applikationen eingebettet wurden (siehe Schutzrechte für M-Commerce), decken bereits ein breites Spektrum an Basisdiensten ab. In der Grundstruktur sind diese Dienste in eine übersichtliche Anzahl von Basisapplikationen unterteilt, in deren modularer Verkettung der zukünftige Mehrwert für Kunden, Anbieter und Betreiber generiert wird.

Tab. 1: Basis- und Mehrwert-Applikationen in der Telekommunikation

Nr.	Kurzbeschreibung	Kurzbeschreibung, Erläuterung
1.	ACD	Automatic Call Distributor – Spezialisiertes Telefonsystem, das alle ankommenden Anrufe einer Firma zum verfügbaren Personal verteilt; ist auch für abgehende Anrufe verwendbar.
2.	Auto Attendant	Ein Gerät, das Anrufern mit einer digitalen Sprachaufzeichnung antwortet und ihnen die Auswahl einer Nebenstelle gestattet.
3.	Call Center Communication Center Customer Care Center	Ein Platz, an dem Anrufe erzeugt und beantwortet werden. Ein Call Center mit medienneutraler Kommunikation (Telefon, Fax, E-Mail). Ein Telefon Call Center mit Kundendatenbank und intelligenter Behandlung ankommender und abgehender Anrufe.
4.	Call Screen Pop	Kunden-, Produktdaten und Serviceinformationen werden simultan zu einem ankommenden Ruf präsentiert.
5.	Collaboration/ Conference	Zwei oder mehrere Mitarbeiter arbeiten in Echtzeit zusammen über das Netz mit geteilten Bildschirmen und Videokonferenz. Zwei oder mehrere Mitarbeiter werden mittels eines Konversationssystems (z.B. einer Telefonkonferenz) verbunden.
6.	Commerce E-Electronic V-Voice M-Mobile	Zwischen Geschäftspartnern wird ein Handel mittels elektronischer Informationstechnologien abgewickelt. E-Commerce bekommt eine Stimme. E-Commerce wird mobil.
7.	CRM	Customer Relationship Management Methoden, Software und Internetkomponenten, die über das Netz die Kundenbeziehungen eines Unternehmens optimal organisieren.
8.	Education & Entertainment	Unterhaltung und Bildung über elektronische Medien.
9.	E-Mail	Elektronische Nachrichten, die Text-, Sprach- und Bildelemente enthalten und über ein lokales oder globales Netz übertragen werden können.
10.	EMS	Enhanced Messaging ist der Nachfolger von SMS, der neben textbasierten Nachrichten auch Bilder, Klingeltöne, Logos u.a. überträgt.
11.	Fax	Einrichtung, die es erlaubt, hand- oder maschinengeschriebene bzw. gezeichnete Kopien über das Telefonnetz zu senden und an einem anderen Ort auszudrucken.
12.	Find & Follow me	Version einer Rufweiterleitung, die es gestattet, ihre Zielrufnummer von jedem Ort aus zu programmieren oder zu löschen.
13.	Information Access	Elektronischer automatischer Zugriff auf Informationen.

Nr.	Kurzbeschreibung	Kurzbeschreibung, Erläuterung
14.	IVR	Interactive Voice Response-Voice Computer, den man via Telefon mit Tasten oder Spracherkennung steuert und dessen Informationsausgabe über aufgezeichnete oder synthetisierte Sprache erfolgt.
15.	Knowledge Management	System mit der Fähigkeit, die richtige Information den richtigen Leuten zur richtigen Zeit zur Verfügung zu stellen. In einem Unternehmen stellt dieses System eine zweckmäßige Informationsstruktur zur Integration der unterschiedlichen Datenbanken und Schnittstellen dar. Die in den Datenbanken gespeicherte Information wird damit zu Wissen.
16.	MMS	Multimedia Messaging ist die Erweiterung des Voice Messaging um Fax-, E-Mail-, Picture- und Video-Messaging.
17.	Person to Person Call Communication	Ein personalisierter Telefonservice. Der Anrufer wird über einen Operator direkt mit dem gewünschten Teilnehmer verbunden.
18.	Person to Person Entertainment	Personalisiertes Entertainment, z.B. für Talk, Medien News, Stars, Klatsch.
19.	Portal-Service	Ein Portal ist der virtuelle Eintrittspunkt in ein Unternehmen, der in der Regel über Sprache oder Web erfolgt.
20.	Provisioning/Billing	Telekommunikationsservice, der gemäß der geltenden Standards für Serviceleistungen genügend Gerätetechnik für den Anwender bereitstellt und für die Betreiber die Möglichkeit einer Gebührenberechnung bietet.
21.	SMS	Short Message Service-Kurznachrichtendienst Nachrichtendienst bei Mobil-Telefonen, der die bidirektionale Übertragung von kurzen Nachrichten (bis zu 160 Zeichen) auf Handys oder Festnetztelefone ermöglicht.
22.	Telecommuting	Prozess des „Pendelns" zum Büro mittels Informationsübertragung über Kommunikationseinrichtungen.
23.	Telelearning	Dezentrales (virtuelles) Lernen mittels moderner Informationstechnologien.
24.	Telemedizin	Dezentrale (virtuelle) über Telekommunikationsnetze, die Sprach-, Bild- und Datenübertragungen gewährleisten.
25.	Transactions	Banking, Online Bezahlsysteme.
26.	UMS	Unified Messaging ist die Erweiterung des Voice Messaging um Fax-, E-Mail-, Picture- und Video-Messaging, die von ein und demselben Anbieter mit einer Adresse zur Verfügung steht.
27.	Voice Mail	Einrichtung um Voice Messages (Sprachnachrichten) aufzuzeichnen, zu speichern und wiederherzustellen.
28.	VoIP/IP Telephony	Technologie, die Sprachdialoge über ein Datennetzwerk unter Nutzung des Internet Protokolls überträgt.

Kommunikationsmatrix

Mehrwertdienste sind kaskadierte Basisapplikationen, die wiederum durch die Bereitstellung und Übertragung von Daten, Informationen und Wissen entstehen bzw. durch die Konvertierung von Kommunikationsmedien den universellen Abruf ermöglichen.

Werden die Kommunikationsmedien in die Achsen einer Matrix geschrieben und die Matrixelemente bestimmt, so kommt man zu einer Kommunikationsmatrix für abstrakte Programmmodule, Applikationsmodule oder Geschäftsfälle. Hierbei sieht man sehr deutlich die Vielfalt der Kommunikationsmöglichkeiten. Diese Kombinationen müssen von der Technik beherrscht werden, um sie dem Kunden als Mehrwertapplikation anbieten zu können.

Tab. 2: Programmmodule der Kommunikationsmatrix

Eingabe/ Ausgabe	**Voice (Audio)**	**Fax (Image)**	**E-Mail**	**Web**	**Video (Picture)**	**SMS**	**Switching**
Voice (Audio)	**Voice Messaging, IVR**, Translation (S2S)	Fax Dictate (S2T)	E-Mail Dictate (S2T)	Web Dictate (S2T), IP-Broadcasting	Voice-to-Picture*	Paging (S2T), SMS Dictate (S2T)	Name Dialling, Voice Box to Voice Box
Fax	Fax Reading (T2S)	**Fax** Messaging Fax Store & Forward	Fax-to-E-Mail (Fax2Mail)	Fax-to-Web	Fax-to-Picture*	Fax-to-SMS	Fax Box to Fax Box
E-Mail	E-Mail Reading, Translation (T2S)	E-Mail-to-Fax	**E-Mail** Messaging Mail Store & Broadcast, Translation (T2T)	E-Mail-to-Web	E-Mail-to-Picture*	E-Mail-Paging, Notification	
Web	Voice Browser, **Portal**	Web-to-Fax	Web-to-E-Mail	Web Messaging		Web-Site-Paging	**Voice over IP**
Video	Video-to-Voice*	Video-to-Fax	Video als E-Mail-Anhang	IP-Broadcasting	Video Messaging TV	Video Paging	
SMS		SMS-to-Fax	SMS-Mailer			SMS Messaging	
Switching							**ACD, Conference**

S = Speech, T = Text, 2 = to
*speziell für Behinderte (blind, taub, taubstumm)

Aus dieser Matrix werden im Folgenden einige Produkte und Konzepte vorgestellt, die in der Telekommunikation Verwendung finden.

Portale – Eingangstore zum Unternehmen

Jede Rezeption eines Hotels, jede Hotline einer Firma ist Visitenkarte und Informationsverteiler des Unternehmens! So sind Portale ein Zusammenschluss, eine Bündelung von Informationskanälen und Medien. Hierzu das Beispiel eines Informationsportals, welches einer akustischen Visitenkarte, dem Corporate Sound Design des Produktes folgt.

Beispiel eines Informations-Sprachportals:

Kunde: Wählt die Rufnummer 0 190 0 555 55
Portal: Willkommen beim Infodienst der Deutschen Telekom. Ihr Anruf kostet nach 15 Sekunden 88 Pfennige pro Minute. Bitte nennen Sie den gewünschten Infodienst. Wenn Sie unser Angebot noch nicht kennen, sagen Sie bitte „Hilfe".
Kunde: Ich hätte gerne die Wettervorhersage!
Portal: Willkommen beim Wetter-Informationsdienst der Deutschen Telekom und des Deutschen Wetteramtes. Kennen Sie diesen Dienst bereits?
Kunde: Ja, ich kenne ihn schon
Portal: Für welchen Ort oder für welche Region und für wann möchten Sie das Wetter wissen?
Kunde: Ich hätte gerne das Wetter für Köln für Sonntag.
Portal: Interessiert Sie das Wetter für Sonntag, den 5 August für Köln?
Kunde: Ja, genau
Portal: Vorhersage für Köln, Am Sonntag ......

Sprachportal (T-Portal)

„Wer? Wo? Was? – Antworten auf viele Ihrer Fragen erhalten Sie unter ein und derselben Rufnummer. Unter der Service-Rufnummer 0190 0 555 55 wird Ihnen rund um die Uhr die Möglichkeit geboten, schnell und unkompliziert topaktuelle Informationen anzuhören. Sprechen Sie Ihren Wunsch einfach aus, und Sie werden direkt zum Infodienst geführt. Hierbei können Sie folgende Infodienste abrufen: Nachrichten, Wetter, Börse, Sport mit Fußball, Formel 1, saisonale Sportthemen, Freizeit mit Kino, Veranstaltungskalender, u.a. auch Big Brother und Spiel und Spaß mit Lotto und dem Horoskop."

Dies ist die Werbebotschaft eines Portal-Produktes – des Eingangstors zum Unternehmen.

Lösungen und Anwendungsfelder

Bei der Informationsbeschaffung steht heute im Wesentlichen eine Frage im Vordergrund: „Wie findet sich in der Fülle von Angeboten die eigentliche, relevante Information?" Diese Frage stellt sich nicht nur bei der Internet-Recherche, sondern auch beim telefonischen Informationsabruf, wo jeder Anrufer einer Vielzahl von Auswahlmöglichkeiten gegenübersteht. Ob man sich die Vielzahl von Rufnummern merken soll, ist fraglich. Hier hilft z.B. ein sprachgesteuertes Informationsportal. Der Kunde kann mit dem Portal fast wie in einem persönlichen Gespräch, in den Dialog treten. Das Portal versteht natürlich gesprochene Sätze und reagiert auf die enthaltenen Schlüsselwörter in der richtigen Weise.

Anwendungsfelder gibt es für Service und Auskunftsdienste, die auch operatorgestützt dem Kunden rund um die Uhr, weltweit in der gewünschten Landessprache zur Verfügung stehen.

Ebenso ist das Portal ein ideales Eingangstor zu einem Call Center. Anstatt direkt mit einem Mitarbeiter verbunden zu werden, erledigt das Portal einen Großteil der Standardabfragen, sortiert nach Aufgabenfeldern und vermittelt zum kompetenten Agenten. Es gibt in Warteschleifen Informationen und erhöht u.a. die Erreichbarkeit bei geringem Kostenaufwand. Ist kein Agent frei, kann das System die Information in eine Mailbox weiterleiten.

Leistungsmerkmale aus Kundensicht:

- Jederzeit und überall erreichbar
- Sprach- und tastengesteuerte Dialoge
- Höhere Ausnutzung von Agenten

Leistungsmerkmale des Portal-Systems:

- Hohe Anzahl paralleler Anrufannahmen bei geringen Kosten
- Einfache Aktualisierung des Portals mittels grafischem Editor
- Wahlweise menügesteuerte Navigation oder direkte Stichworteingabe
- Natürlich-Sprachliche Eingabe, Sprechen in ganzen Sätzen
- Spracheingabe während der Ansage (Barge-In)
- Verschiedene Aussprachemöglichkeiten (Dialekte)
- Sprecherunabhängigkeit bei hoher Erkennungsrate
- Mehrsprachigkeit (zukünftig)
- Einfache Erweiterung der Ein- und Ausgabe (Web, Fax)

Technik-Tool auf offenen, modularen Strukturen

Im Produkt T-Portal (Rufnummer 0190 0 555 55) der Deutschen Telekom AG wurde mit dem Tool SysOpenVoice entwickelt.

SysOpenVoice ist eine Entwicklungsumgebung zur effektiven Umsetzung innovativer Call Center und CTI-Lösungen. Mit SysOpenVoice kann jedes Unternehmen, das einen maßgeschneiderten Informations- und Kommunikationsservice anbieten möchte, eine individuelle Lösung entwickeln, testen und betreiben oder mieten. Da es auf dem offenen ECTF-Standard (Enterprise Computer Telephony Forum) basiert, ist das Produkt unabhängig von der eingesetzten Hardware und Software in der Telefonie, Spracherkennung, Sprachsynthese, Fax und andere Komponenten. Dabei bietet der offene Standard auch für die Zukunft eine optimale Investitionssicherheit. Weiterhin besitzt das Tool eine Windows-konforme, intuitive grafische Benutzeroberfläche mit internationaler Menüführung.

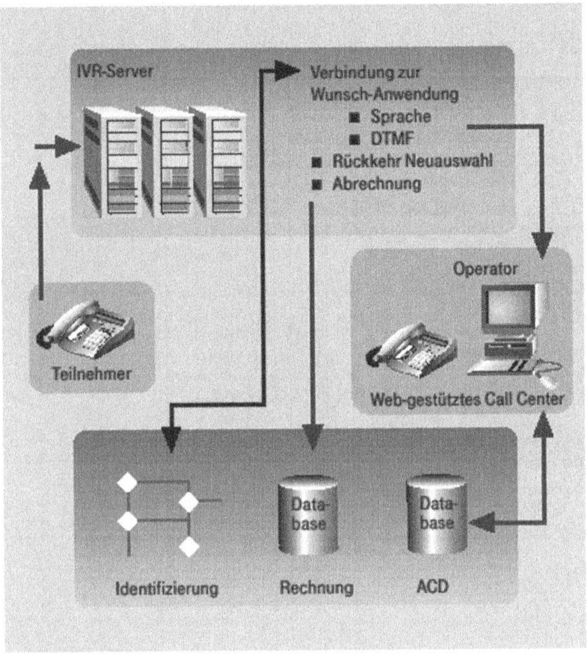

Abb. 1: Architektur von Portallösungen

Kommunikationsportal (Calling Card)

Zur bargeldlosen weltweiten Kommunikation, wurde das Calling Card System entwickelt und ausgebaut. Hier liegt der Schwerpunkt auf bargeldloser Kommunikation, d.h. Kunden können weltweit telefonieren und erhalten die Rechnung erst mit ihrer monatlichen Provider-Telefonrechnung.

Sie wählen z.B. vom Ausland die kostenfreie Zugangsrufnummer zur Systemplattform. Anschließend gibt der Kunde eine Kundennummer an, die mit einer PIN, einem Passwort geschützt ist. Die Ziffern können Sie per Sprache oder über die Tastatur eingeben. Das System verbindet Sie mit der von Ihnen gewünschten Rufnummer. Gleichzeitig können Sie Sprachnachrichten zeitversetzt versenden. Sie bestimmen die gewünschte Zeit für die Auslieferung. Das System führt für Sie automatisch die Weiterleitung durch. Bei Problemen oder Servicefragen kann mit einem Agenten verbunden werden. Die Abrechnung erfolgt über die Festnetzabrechnung, ein Kreditkartenkonto oder einer „Prepaid-Karte". Der Schwerpunkt dieser Applikation liegt auf der weltweiten, bargeldlosen Kommunikation mit einer flexiblen, zentralen Abrechnung vor Ort.

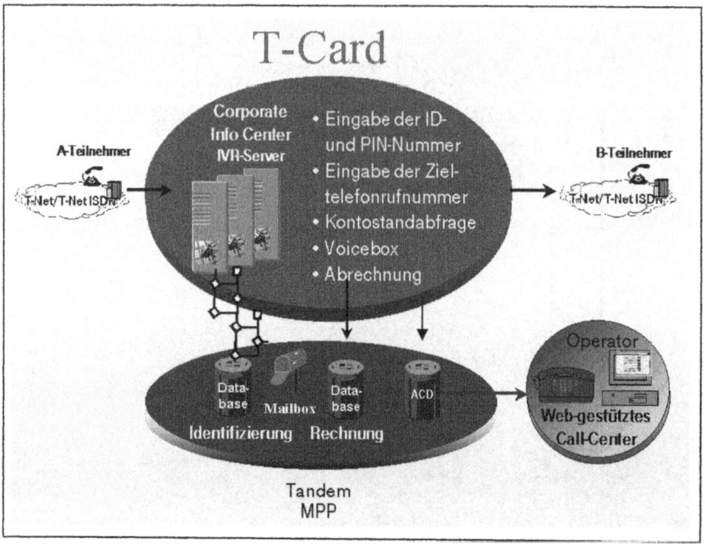

Abb. 2: Calling Card System

Unified Messaging

In den Unternehmen hat sich das Kommunikationsaufkommen stark erhöht. Bisher fehlte jedoch eine Verbindung der dominierenden Kommunikationsformen E-Mail, Fax und Sprache. Eine Unified Messaging-Applikation bietet die Verknüpfung und einheitliche Verwaltung der Nachrichten, seien es nun E-Mails, Fax- oder Sprachnachrichten. Dazu erlaubt die Unified Messaging-Lösung auch das medienunabhängige Versenden und Empfangen dieser Nachrichten über Computer, Telefon, Mobiltelefon und Faxgerät.

Eine Unified Messaging-Lösung bietet die Vorteile mobil und zentral. Im Büro finden sich alle Nachrichten im Posteingang des E-Mail-Tools neben den E-Mails auch eingegangene Fax- und Sprachnachrichten. Faxnachrichten werden im tif-Format gespeichert und können mit einem Viewer gelesen werden. Sprachnachrichten werden im wave-Format abgelegt und lassen sich direkt am Computer abhören. Mit Hilfe des E-Mail-Tools können auch direkt Faxnachrichten versandt werden, ohne das dazu ein eigenes Faxgerät benötigt wird. Über ein systemeigenes Web-Interface ist der Zugriff auf alle Nachrichten auch ohne E-Mail-Tool direkt vom Internet-Browser aus möglich. So kann man sich weltweit von jedem Internetzugang aus in das System einloggen und seine Nachrichten verwalten.

Von unterwegs ist es möglich, per Telefon auf alle Nachrichten zuzugreifen. Eingegangene Sprachnachrichten können abgehört und editiert, Faxnachrichten auf ein beliebiges Faxgerät (z.B. in Hotels) umgeleitet oder weitergeleitet werden. E-Mails können vorgelesen oder ebenfalls auf ein Faxgerät umgeleitet und ausgegeben werden. Darüber hinaus informiert das System über neue Nachrichten per SMS (Short Message Service). Als besonders flexibel in der mobilen Zeit hat sich die Beantwortung von E-Mails per Telefon gezeigt. Dem Empfänger der E-Mail wird die Antwort als Sprachnachricht übermittelt, die dann am Computer zeitversetzt oder direkt abgehört werden kann.

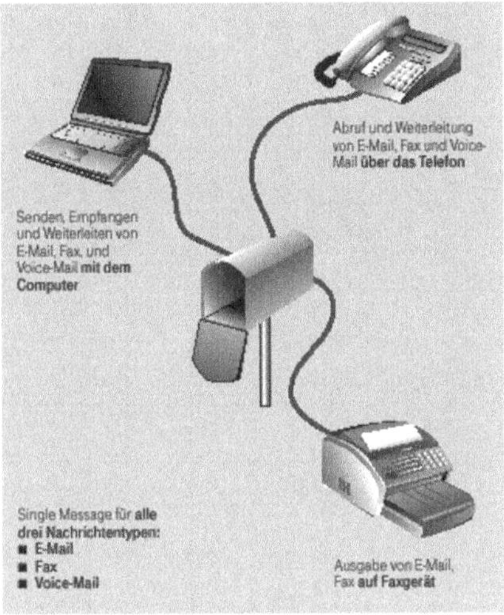

Abb. 3: Unified Messaging

Webportal (Webpage-Call)

Immer mehr Unternehmen nutzen die Internet-Technologie für die nahtlose Kommunikation, sowohl intern als auch für die Information von Kunden. Für Kunden, die noch nicht online sind oder ihre Internet-Informationen mobil abfragen wollen, wurde das Geschäftsmodell Webpage-Call eingeführt. Per Telefon oder Handy können sich die Kunden die Inhalte einer oder mehrerer Webseiten von einem Sprachcomputer, auch mehrsprachig, vorlesen lassen. Bei einem Update der Webseiten werden automatisch auch die auszugebenden sprachlichen Informationen aktualisiert.

So eignet sich dies besonders für mobile Abfragen von Vertriebs- und Produktinformationen, Lagerbeständen, Kaufoptionen oder den Bearbeitungsstand von Anfragen. Mit der Faxmöglichkeit können Antragsformulare, Merkblätter und Spezifikationen angefordert werden. Des weiteren können geschlossene Benutzergruppen eingerichtet werden. Die Links zu den Webseiten können in einem vorkonfigurierten Menübaum hinterlegt werden. Bei Bedarf lässt sich die Menüstruktur schnell und flexibel an die individuellen Anforderungen anpassen.

Leistungsmerkmale:

- Web-Infos werden durch das Telefon zugänglich
- Möglichkeit der Umwandlung von Textinformation in Sprache
- Mehrsprachigkeit der Textausgabe

- Skalierbar, offene Schnittstellen

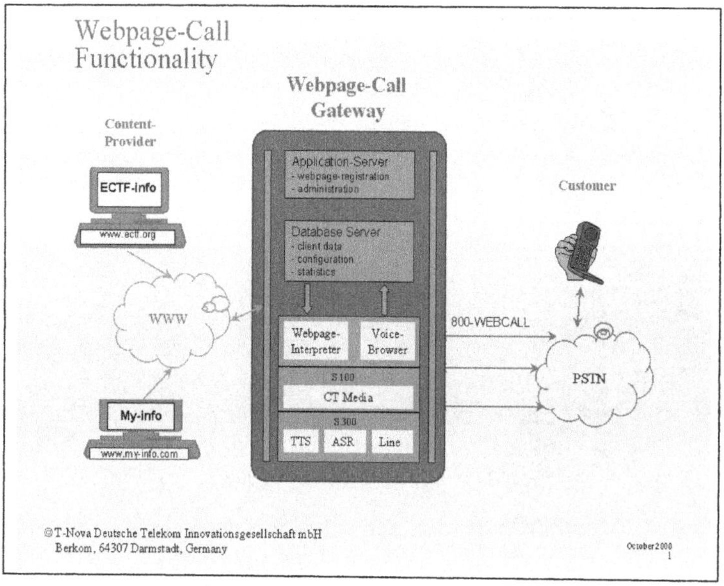

Abb. 4: Architektur von Webpage Call

Web-basierte Communication Center (WBCC)

Das Web-based Communication Center ist eine unternehmensweite Kommunikationsplattform für Call-Center und Customer-Care-Center. Hierbei werden sämtliche Telekommunikationsmedien auf einer integrierten Computer-Telefonie-Plattform gebündelt. Anfragen des Kunden, die über das Festnetz, Internet, als Fax oder E-Mails die Kommunikationsplattform erreichen, werden medienunabhängig im gleichen Geschäftsprozess bearbeitet. Damit erfassen sie sämtliche Kundenkontakte.

Das System ermöglicht die Einbindung des Service-Angebotes in den Geschäftsprozess. Der anrufende Kunde kann anhand seiner Rufnummer identifiziert werden. Möchte der Anrufer nicht selbst navigieren oder mit einem Agenten verbunden werden, stellt die ACD-Software zum geeigneten Ansprechpartner oder Agenten durch. Parallel werden alle Datenbank-Informationen zu dem Kunden aufgerufen und auf dem PC des Agenten angezeigt.

Call Center, Service-Hotlines und Experten-Helpdesks profitieren von der Konvergenz der eingesetzten Technologien. Die Verwendung des IP-Protokolls ermöglicht den Aufbau eines virtuellen Call Centers. Der Telearbeiter kann über seinen Personalcomputer an das Intranet des Call Centers angeschlossen werden. Beim Telemarketing lassen sich ankommende Anrufe nach den Fähigkeiten der jeweiligen Agenten weiterleiten. Abgehende Anrufe werden durch Funktionen wie Power Dialling oder Preview Dialling effizienter gestaltet.

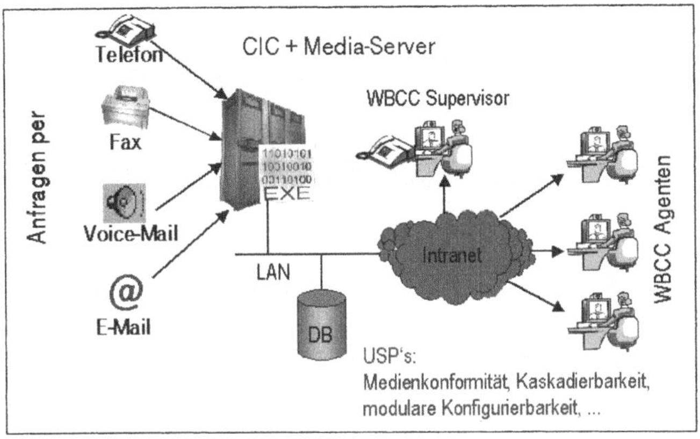

Abb. 5: Systemstruktur Web-based Communication Center

Web-basierte Computer-Telefonie

Die Web-basierte CTI Desktop-Lösung ist eine zentrale Telefonsteuerung am Personalcomputer und bietet umfangreiche Unterstützung bei der Durchführung und Dokumentation aller Telefonate. Das System erlaubt mit Hilfe des Browsers die Steuerung des Telefons direkt am Bildschirm des Personalcomputers. Die dynamisch erzeugten Web-Seiten liefern ständig aktualisierte Informationen zum Status des Telefons. Eine Vielzahl der Funktionen des Telefons können vom Personalcomputer aus bedient werden. Layout und Funktionsumfang der Bildschirmoberfläche passen sich automatisch dem jeweiligen Endgerätezustand an. Zur Wahl und Namensanzeige von Anrufern können Rufnummerndaten aus dem Programmtool Outlook und den eingegebenen Kontakten verwendet werden. Außerdem stehen vielfältige Möglichkeiten zur Erstellung und zur Nutzung von Journaleinträgen zur Verfügung.

Das System zeichnet sich durch branchenunabhängige Einsatzmöglichkeit aus. Die Funktionen erleichtern sowohl die Verwaltung aller Telefonate als auch die Verwaltung der Anrufer. Wichtige Telefonate können direkt bestimmten Vorgängen zugeordnet werden und damit Eingangsdaten für nachfolgende Geschäftsprozesse bereitstellen. Entgangene Telefonate werden unter Angabe der Anrufdaten im Journal vermerkt.

Leistungsmerkmal

- Komplette Anrufverwaltung im www-Browser unter Microsoft Outlook
- Nutzung der Leistungsmerkmale des Telefons über den Personalcomputer, z.B. Rückfragen, Gesprächsübergabe, Makeln, Konferenz, Rufweiterschaltung und Rückruf
- Anzeigen von gespeicherten Stammdaten des Anrufers

- Umfangreiche Journalfunktionen nutzbar z.B. automatischer Journaleintrag bei Abwesenheit, automatische Übernahme der Gesprächsdaten in das Journalformular bei Erstellung von Journaleinträgen während des Gesprächs, Anrufsteuerung über Journaleinträge (Anrufleiste) und Zuordnung von Telefonaten zu Vorgängen, wie Angeboten, Bestellungen, Verträgen und Reklamationen
- Keine Umkonfiguration von Mail-Servern nötig
- Einfache Administration, wobei das System mit einer Vielzahl von TK-Anlagen einsetzbar ist, die das CSTA-Protokoll unterstützen

Voice Commerce

Am bekanntesten aus Literatur und Tagespresse ist bisher das elektronische Einkaufen – E-Commerce. Im Zusammenhang mit dem Handy taucht immer mehr der Begriff „mobiles Einkaufen" oder M-Commerce auf. Was ist jetzt aber Voice Commerce? Die einfachste Antwort ist die, dass dem E-Commerce eine Stimme gegeben wird.

Ein Beispiel soll dies zeigen: Sie suchen eine Wohnung im Raum Frankfurt, wohnen aber im Raum München. Sie haben folgende Möglichkeiten um an die gewünschte Wohnung zu kommen: Regelmäßige Durchsicht der entsprechenden Zeitungen, wobei Regionalzeitungen wegen ihrer Beschaffung schon ein Problem darstellen; öfter mal in Frankfurt sein oder immer Online im Internet nachsuchen – damit Sie auch mitbekommen, wenn eine interessante Wohnung angeboten wird. Hier kommt nun Voice Commerce zum Einsatz. Sie editieren ihr Profil, z.B. Ort, Lage, Quadratmeter, Preisrahmen auf der Internetseite des Providers. Das System zeigt Ihnen die aktuellen, vorgehaltenen Daten auf dem Bildschirm an. Da sie nicht immer online sein wollen, können Sie sich beim Eintreffen eines Ereignisses, d.h. einer Wohnung für ihr Profil, anrufen oder mittels SMS informieren lassen. Sie können aber auch regelmäßig mobil die Datenbank abfragen, ob eine Wohnung in Ihrem Profil vorhanden ist. Erfolgt der Anstoß Ihrer Recherche über Handy, werden Ihnen die gewünschten Daten erst nach einer Verifizierung (Voice Print) aus der Internet-Datenbank vorgelesen.

Das Suchergebnis wird Ihnen anschließend akustisch dargestellt. Gleichzeitig können Sie sich diese Antwort unbegrenzt wiederholen lassen; kein Agent wird genervt die Leitung „kappen". Zur schnellen Kommunikation zwischen der Applikation und dem mobilen Kunden benutzt man die natürliche Sprache. Damit entfällt die komplexe Eingabe von Daten durch den Browser.

Bei diesem Geschäftsmodell sind weitere Produktideen vorstellbar – von der virtuellen Tauschbörse bis hin zum Gebrauchtwagenkauf.

Der Mehrwert liegt hier in der sinnvollen Kopplung zwischen Internet, Mobilkommunikation und Geschäftsmodell.

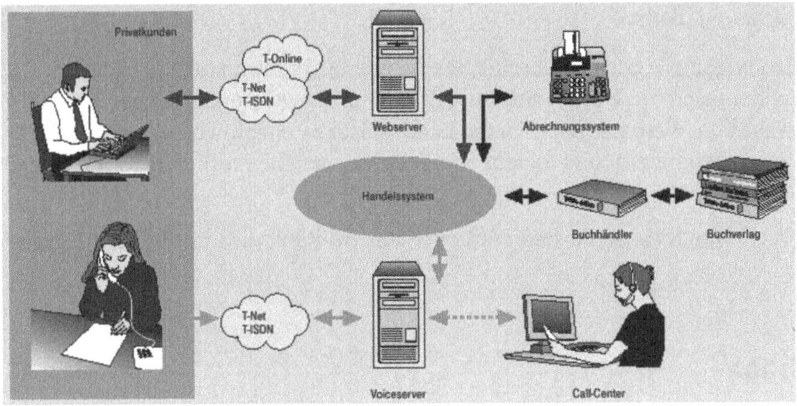

Abb. 6: Struktur von V-Commerce

Zeitsouveränes, Individualisiertes Content Portal

Stellen Sie sich vor, Sie schalten um 8:37 Uhr Ihr Radio ein: Die Nachrichten haben Sie verpasst, vom Verkehrsfunk hören Sie nur noch den Rest, die Musik finden Sie schrecklich und der folgende Beitrag ist ohne Interesse für Sie.

Wenn Sie das Programm „Zeitsouveränes, individualisiertes Content Portal" einschalten, kann Ihnen das nicht passieren. Hier hören nicht alle das gleiche, sondern jeder sein individuelles Programm zu der von ihm gewünschten Zeit; z.B. Ihr Programmwunsch: erst die aktuellen Nachrichten ohne Sport, danach Ihr Lieblingssound und anschließend das Wirtschaftsinterview des Tages. Hier stellt der Hörer sein Programm selbst zusammen. Dabei kann der Kunde sowohl zwischen der Art der Information (Innenpolitik, Außenpolitik, Wirtschaft, Kultur u.a.), den Musikklangfarben (Rock, Jazz, Klassik u.a.) und u.U. zwischen einem werbegestützten und einem werbefreien Programm wählen. Ebenso ist eine weitere Ausgestaltung dieser Lösung zu einem Firmeninformationsportal möglich, wie es z.B. die Start-Up Firma TransAudio GmbH, Berlin aufzeigt, die mit der Deutschen Telekom AG und der Deutschen Telekom Innovations Gesellschaft mbH, diese Konzeption entworfen hat.

Wie funktioniert das zeitsouveräne, individualisierte Content Portal?

Das Internet macht es möglich! Das Programm muss nicht mehr als ganze Sendung – sogenannte „Streams" – ausgestrahlt werden, sondern kann in einzelne Pakete unterteilt werden, etwa in Wortbeiträge, Musik und Trailer mit dazugehörigen Texten und Bildern. Die Pakete werden klassifiziert, anschließend versandt und für jeden einzelnen Empfänger individuell zusammengesetzt. Abrufen kann der Hörer „seine" Sendung dann über alle beliebigen Endgeräte, ob mit dem PC als sein persönliches „Radio" oder über sein Handy, Autoradio oder Internetradiogerät.

Neuheiten sind hierbei:

- Zeitsouveränität: Die gewünschte Sendung fängt an, wenn man einschaltet.
- Individualisierung: Der Kunde kann Programmschwerpunkte setzen.
- Abwahl von Werbung: Der Kunde kann zwischen einem werbegestützten, kostenlosen Programm und einem werbefreien, gebührenpflichtigen Programm entscheiden.

Erste Technologiekonzepte sind erarbeitet und ein Pilot wird im Jahr 2002 gestartet.

Ausblick

Generell kann man sagen, dass sich in Zukunft die Informations- und Kommunikationssysteme bis hin zu den Endgeräten nach übergreifenden Geschäftsprozessen ausrichten.

Die Technologien werden sich in folgende Richtung entwickeln:

- offene Systeme (Unabhängigkeit von proprietären Herstellern)
- modulare Systeme (Erreichung einer einfachen Konvertierung bei neuen Technologien und Geschäftsmodellen)
- Kompatibilität (Minimierung von Investitionen)

Der Inhalt (Content) wird im M-Commerce zunehmend wichtiger als die reine Transportleistung. Das heißt, das Inhalte die treibende Kraft im M-Commerce und IT-Business werden. Ohne wertvollen Content wird in Zukunft kein Geschäft mehr funktionieren, aber ohne die optimale Technologie komfortabler, einfacher Benutzerschnittstellen wird auch der beste Content seinen Adressaten verfehlen.

Dabei ist der Content die „Achillesferse" im M-Commerce Angebot. Die passenden Inhalte entscheiden über Erfolg und Misserfolg. Um diese Inhalte passend zu machen, für die einzelnen Technologien, für jede neue proprietäre Schnittstelle, kann viel Geld verloren gehen.

Bei der Gestaltung der Geschäftsmodelle im M-Commerce Bereich muss immer mehr auf Schutzrechtsverletzungen geachtet werden, oder das Geschäft macht später nach Markteintritt der Wettbewerber.

Trotz der fortschrittlichen technischen Entwicklung sind dynamisch skalierbare „Plug and Play-Applikationen" noch weit entfernt. Neben der Integrationstechnologie stehen auch die Semantik der ausgetauschten Daten, Funktionalitäten an den Schnittstellen und die umgesetzte Geschäftsprozesse zunehmend im Mittelpunkt.

2.5 Methoden zur Personalisierung im M-Commerce

Rudi Grimm, Matthias Jüstel, Michael Klotz

Begriff der Personalisierung

Als Personalisierung – im englischen Sprachraum auch „Customizing" genannt – wird ein Konzept der Kundenbeziehung bezeichnet, das auf die Interaktion zwischen Anbieter und Nachfrager abstellt. Konkret versteht man unter Personalisierung die Modifizierung eines Angebotes entsprechend den kundenindividuellen Bedürfnissen und Präferenzen, die dem Unternehmen in Form eines Kundenprofils vorliegen[1]. Grundsätzlich lassen sich zwei unterschiedliche Sichtweisen auf die Personalisierung charakterisieren:

1. Aus der Perspektive des Marketing lässt sich die Personalisierung als ein Instrument im One-to-One-Marketing[2] einordnen. Ziel für die Unternehmen ist es primär, die Effektivität der Marketingmaßnahmen zu erhöhen. Hierzu werden die Kommunikations-, Verkaufs- und Serviceprozesse nicht nur allgemein auf den Kundenstamm ausgerichtet, sondern die Nachfrage des einzelnen Kunden steht im Fokus. Er soll den Eindruck haben, das Angebot sei vollständig auf seine individuellen Bedürfnisse zugeschnitten. Das Ergebnis ist eine stärkere Kundenbindung im Gesamtprozess des Customer-Relationship-Managements, was sich letztendlich in einer Steigerung der Transaktionsanzahl und des Transaktionsvolumens zwischen dem Unternehmen und seinen Kunden auswirkt.
2. Die Wirtschaftsinformatik beschäftigt sich insbesondere mit den technischen Ressourcen, den im Rahmen des Interessenten- oder Kundenkontaktes ablaufenden Informations- und Kommunikationsprozessen und den hierbei eingesetzten Applikationen sowie ihren Auswirkungen auf die datenverarbeitenden Unternehmensbereiche. Im Zusammenhang mit dem Medium „Internet" beinhaltet die Personalisierung unter technischen Gesichtspunkten die Darstellung personenspezifischer Inhalte anhand von gesammelten und ausgewerteten Daten über den Nutzer. Das Spektrum personalisierter Inhalte umfasst beispielsweise: Werbung, Produkte und Dienstleistungen, redaktionelle Beiträge, das eigentliche Seitenlayout und Menüs oder sonstige Inhalte, die über das Internet

---

[1] Vgl. im Folgenden Klotz, M.; Jüstel, M.: Personalisierung, erscheint in: Electronic Business Lexikon, München-Wien 2001.

[2] Zum One-to-One-Marketing vgl. z. B. Rogers, M.; Peppers, D.: The One to One Future, 1. Aufl., New York 1998; Röder, H.: Electronic Commerce und One to One-Marketing, in: Bliemel, F.; Fassott, G.; Theobald, A.: Electronic Commerce, 3. Aufl., Wiesbaden 2000.

auf dem Personalcomputer oder einem anderen Endgerät betrachtet werden können.

Das Ergebnis der Personalisierung ist eine Technologie, die in eine Website integriert ist und einen Webserver in die Lage versetzt, alle Inhalte, die dem Internetnutzer präsentiert werden, individuell anzupassen. Mit der Personalisierungstechnologie ist es möglich, einer großen Anzahl von Benutzern einer Website gleichzeitig völlig verschiedene Informationen darzubieten. Dies wird als Massenpersonalisierung (Mass-Customization) bezeichnet. Als Resultat der Personalisierung eines individuellen Bereiches auf einer Website werden dem Benutzer nur diejenigen Informationen dargestellt, die seinem Kundenprofil entsprechen.

Gestaltung individueller Nutzeroberflächen

Eine Nutzeroberfläche als Front-End jeder Website zu personalisieren erfordert die Beachtung weitreichender Aspekte, damit ein durchgängiges One-to-One-Konzept zwischen Unternehmen und Kunden realisiert wird. Folgende Schwerpunkte muss ein Personalisierungskonzept umfassen[3]:

- Identifizierung jedes Besuchers,
- Differenzierung bei der Kundenansprache,
- Herausfinden aller Bedürfnisse – ohne langwierige und schwierige Fragestellungen,
- Beobachten und Interpretieren der Bewegungen auf der Website,
- Speicherung aller gesammelten Kundendaten und
- Ausrichtung der Unternehmensorganisation (Aufbau und Ablauf) auf die Personalisierung.

Zur Systematisierung wird das Gesamtkonzept der Personalisierung in einzelne integrative Module unterteilt, die nicht losgelöst voneinander zu betrachten sind. Das in Abbildung 1 dargestellte 3-Schalen-Modell verdeutlicht die Stellung der einzelnen Module und den Zusammenhang im Gesamtsystem. Im Kern befindet sich der Basis-Shop, der Funktionalitäten, wie etwa Produkt- bzw. Leistungskatalog, Warenkorb und Bestell- bzw. Bezahlungsfunktion, bereitstellt. Dieser Kern wird von einer Schale umgeben, die als Content-Ebene die Schnittstelle zu Zusatzinformationen, Mehrwertdiensten, Service und Support, vertrauensbildenden Maßnahmen und Entertainment- bzw. Community-Angeboten bildet. Die letzte Schale stellt die Relevanz-Ebene dar, die die individuellen Bedürfnisse der einzelnen Benutzer oder einer homogenen Zielgruppe bei der Angebotsdarstellung berücksichtigt und hierdurch das System inhaltlich steuert. Hierzu sind alle Personalisierungselemente, wie Produktempfehlungen, individuelle Angebote, exklusive Nachrichten sowie die Verwaltung von Benutzerprofilen, -zugängen und -konten,

[3] Vgl. Peppers, D.; Rogers, M.: The One-to-One Fieldbook, 1. Aufl., New York 1999, S. 304.

in der Relevanz-Schicht integriert. Diese Schichtung bewirkt beim Nutzer, dass dieser nur über die Relevanz-Ebene auf das Gesamtangebot zugreifen kann und somit ein optimal überschaubares und an seinen Präferenzen orientiertes Angebot erhält[4].

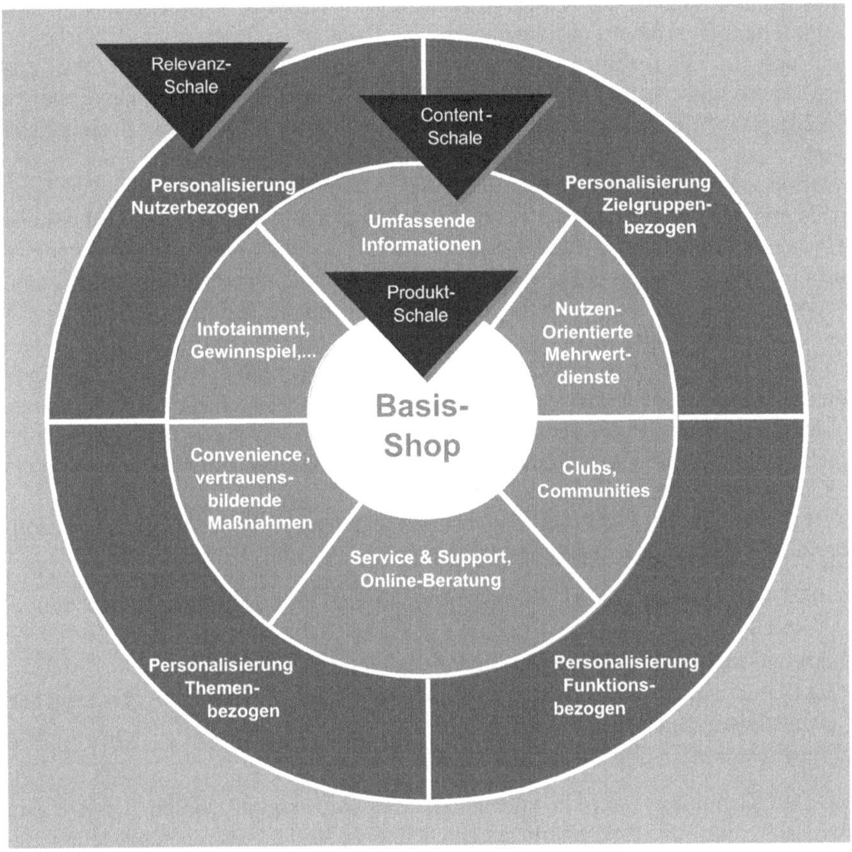

Abb. 1: 3-Schalen-Modell personalisierter Websites[5]

Die Realisierung einer personalisierten Nutzeroberfläche im Rahmen einer Kundenbindungsstrategie im Mobile Commerce ist nicht ausschließlich mit der Installation einer Standardsoftware durchzuführen, sondern erfordert die Anpassung einer Personalisierungssoftware und ihre Integration in die bestehende Systemumgebung. Zunächst ist es notwendig, die potenziellen Stärken und Schwächen der Nutzeroberfläche der vorhandenen Website zu untersuchen, um anschließend ein verbessertes bzw. erweitertes Konzept der Kundenbindung zu entwerfen.

---

[4] Vgl. Stolpmann, M.: Kundenbindung im E-Business, 1. Aufl., Bonn 2000, S. 221.

[5] Nach Stolpmann, M.: ebd.

Nutzerprofile

Nutzerprofile sind als Sammlung von Kundendaten (in Datenbanken) anzusehen, die zu aussagefähigen und zielgerichteten Informationen über den Kunden aufbereitet werden können. Mit Hilfe von Nutzerprofilen ist es möglich, eine genaue Zielgruppenbeschreibung vorzunehmen. Im Kontext des One-to-One-Marketing kann sich ein Unternehmen mit Hilfe eines Nutzerprofils eine genaue Vorstellung vom Nachfrageverhalten seiner Kunden bilden. Damit erweist sich das Erstellen von Nutzerprofilen als grundlegende Voraussetzung im Konzept der Personalisierung[6].

Das Speichern und Verwalten der Kundendaten wird in einer speziellen Kundendatenbank vorgenommen, wobei heute als State-of-the-Art die Technologie des Data-Warehouse verwendet wird. Gesammelt werden zumeist soziodemographische und psychographische Daten. Der Verwendung soziodemographischer Merkmale liegt die Annahme zugrunde, dass sie mit spezifischen Konsummerkmalen korrelieren. Der Rückschluss von diesen Merkmalen eines Kunden auf dessen Konsumverhalten ist jedoch nur in Einzelfällen sinnvoll. Beispiele für soziodemographische Daten sind Geschlecht, Alter, Familienstand, Beruf, Einkommen, Bildung, Haushaltsgröße oder Wohnort. Ergänzt um die psychographischen Daten ergeben sich aussagefähige Kundenprofile, die neben einer Beschreibung auch die Erklärung des Verbraucherverhaltens ermöglichen[7].

Im Zusammenhang mit der Personalisierung von Websites werden insbesondere die folgenden psychographischen Daten berücksichtigt[8]:

- die Bewegung auf einer Website (d.h. Reihenfolge der aufgerufenen Seiten, Verweildauer etc.),
- Art und Inhalt der abgerufenen Informationen,
- Zahl und Art der erworbenen Produkte bzw. der in Anspruch genommenen Dienstleistungen und
- Downloads oder E-Mail-Anfragen des Kunden.

Zur Datensammlung werden unterschiedliche Informationsquellen genutzt. Ein Mix aus Primär- und Sekundärdaten aus dem eigenen Unternehmen sowie externe Daten bilden die Grundlage, vgl. Abb. 2.

Die aus diesen verschiedenen Quellen gewonnenen Daten müssen zu zielgerichteten Informationen über den Kunden ausgewertet werden. Dieser Prozess der Datenauswertung wird auch als „Data-Mining" bezeichnet. Das ermittelte Kundenprofil gibt dem Website-Betreiber darüber Aufschluss, welche Informationen und Angebote in welcher Form und an welcher Stelle der Website dem entsprechenden Kunden präsentiert werden müssen. In einem umfangreichen Data-Warehouse werden die Daten nicht nur dauerhaft gespeichert, sondern ständig aktualisiert.

---

[6] Vgl. Klotz, M.; Jüstel, M.: a. a. O.

[7] Vgl. Kloss, I.: Werbung, 2. Aufl., München; Wien 2000, S. 147.

[8] Vgl. Klotz, M.; Jüstel, M.: a. a. O.

Abb. 2. Unterschiedliche Informationsquellen für Kundendatenbanken[9]

Die bei der Datenauswertung gewonnen Informationen werden für die Kundensegmentierung genutzt. Dieser Prozess wird auch als Zielgruppenbildung bezeichnet. Hier erfolgt eine Zuordnung von Kunden zu bestimmten vordefinierten und in sich homogenen Kundensegmenten. Eine Zielgruppe ist homogen, wenn diese sich durch bestimmte gemeinsame Merkmale und Einstellungen auszeichnet. Hierbei sind die soziodemographischen und die psychographischen Daten aus dem Data-Warehouse relevant. Dabei kann die Zielgruppe sinnvoll nur nach den Kriterien bestimmt werden, die auch bei der Kommunikation und Interaktion relevant sind[10]. Bei der Personalisierung von Web-Inhalten bedient man sich eines Individualisierungs-Regel-Systems (IVR), das Produkt-, Kunden- und Segmentmerkmale nutzt. Die spezifischen Merkmale werden mit Algorithmen verknüpft, um so Regeln für die Kundenzuordnungen zu erstellen[11]. Die Arten der einzelnen Segmente erlauben einem Betreiber einer Website, adäquate inhaltliche und darstellungsbezogene Informationsalternativen im System zu implementieren und dem Nutzer in einem entsprechenden Angebot zur Verfügung zu stellen[12]. Das Zusammenwirken der Module im Individualisierungs-Regel-System wird in der folgenden Grafik skizziert.

---

[9] Entnommen aus: Reichardt, Chr.: One-to-One-Marketing im Internet, 1. Aufl., Wiesbaden 2000, S. 163.

[10] Vgl. Kloss, I.: a. a. O., S. 145.

[11] Vgl. Reichardt, Chr.: a. a. O., S. 173.

[12] Vgl. Klotz, M.; Jüstel, M.: ebd.

Nutzer relevante Leistungen oder Informationen aktiv auswählen kann[16]. Bei jedem neuen Besuch muss sich der Nutzer mit Benutzername und Passwort identifizieren, um zum individualisierten Bereich der Website zu gelangen. Der Betreiber einer Website gelangt nach dem Anmelden des Users über Log-Files zu Informationen, die darüber Auskunft geben, wann und wie lange welches Angebot in Anspruch genommen wird. Das weniger zuverlässige Verfahren der Identifizierung über Cookies ist hier ebenfalls anwendbar. Generell bietet sich die Nutzung von Auswahllisten zur Personalisierung für klar gegliederte Web-Inhalte an, bei denen selten Änderungen in den Angebotskategorien vorgenommen werden.

Profiling und regelbasiertes Matching

Beim so genannten Profiling handelt es sich um eine Form der Personalisierung, bei der jeder einzelne Nutzer individuelle Beachtung findet. Beim Profiling wird vom Kunden selbst ein Online-Fragebogen beantwortet. Fortlaufende Aktualisierungen des Profils müssen vom Kunden selbst vorgenommen werden. Spezielle Regeln, die im System hinterlegt sind, personalisieren das bestehende Angebot auf Basis des gespeicherten Kundenprofils[17].

Bislang wird das Profiling mit Hilfe von Online-Fragebögen nur im Festnetz-Internet angeboten. Zum Beispiel stell das US-Marktforschungsinstitut Gartner jedem Nutzer ein individuelles Informationsangebot zur Verfügung, nachdem man einen Online-Fragebogen ausgefüllt hat. Es werden vor allem die Veröffentlichungen präsentiert, die dem Nutzerprofil entsprechen.

Collaborative Filtering

Dieses Verfahren der intelligenten Filterung, das auch als Stereotyping und Gemeinschaftsbewertung bekannt ist, eignet sich für Websites mit breiten und wechselnden Angeboten, die darüber hinaus nicht einfach zu strukturieren sind. Hier wird auf eine Personalisierung durch den Nutzer verzichtet. Statt dessen beruht der Gedanke des Collaborative Filtering auf der Grundlage, die Präferenzen eines Benutzers für bestimmte Objekte oder andere Daten aufgrund der Ähnlichkeit gegenüber anderen Benutzern zu ermitteln[18].

Collaborative Filtering findet zum Beispiel Einsatz bei Buchshops im Internet. Das System des Online-Shops speichert die Kaufentscheidungen aller Kunden und errechnet ständig so genannte Affinitätsindizes zwischen allen im Shop vorhandenen Produkten. Wenn sich nun ein weiterer Käufer für das Produkt A entscheidet, so präsentiert ihm das System auch die Produkte B und C, bei denen die Affini-

---

[16] Vgl. Reichardt, Chr.: a. a. O., S. 136.

[17] Vgl. Reichardt, Chr.: ebd.

[18] Vgl. Runte, M.: Personalisierung im Internet – Individualisierte Angebote mit Collaborative Filtering, 1. Aufl., Wiesbaden 2000, S. 31.

tätsindizes zum Produkt A am höchsten sind. Diese Ergebnisse resultieren aus der Erfahrung, dass in der Vergangenheit die Produkte B und C am häufigsten zusammen mit dem Produkt A verkauft wurden. Der Kunde profitiert von einer gezielten Vorauswahl, ohne sich selbst durch ein Angebot mit unüberschaubaren Einträgen zu verlieren.

Durch diese Form der Kundenansprache, die einer individuellen Bedienung entspricht, bekommt der Kunde mit relativ hoher Wahrscheinlichkeit die Produkte angeboten, die seinen Interessen entsprechen. Einige der präferenzbasierten Systeme sind lernende Systeme, die im Laufe der Beobachtungszeit zunehmend präzisere Indizes ermitteln[19]. Abb. 4 zeigt den geschilderten Ablauf des Collaborative Filtering.

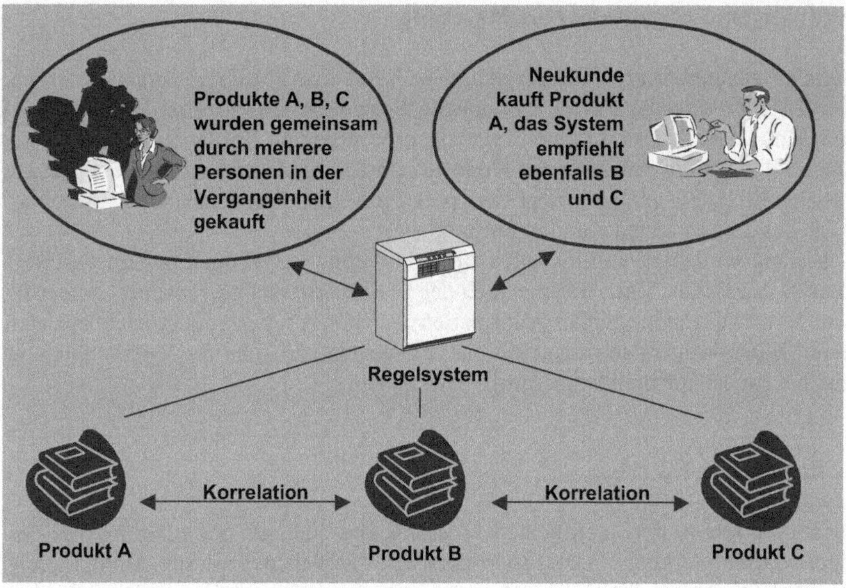

Abb. 4: Ablauf des Collaborative Filtering

Das Ergebnis des Collaborative Filtering im Internet über den Festnetzzugang kann am Beispiel des Online-Shops von „Amazon" verdeutlicht werden, s. Abb. 5. Hier bekommt der Kunde, nachdem er sich ein Buch ausgesucht hat, weitere Vorschläge für Literatur und auch CDs auf einer Web-Seite präsentiert, die seinen Präferenzen entsprechen könnten. Für den Nutzer eines WAP-fähigen Endgerätes im Mobilfunk bietet „Amazon" die gleiche Auswahl an Produkten an, wie im Festnetzzugang zum Online-Shop. Die Anzahl der Empfehlungen für weitere Produkte fallen hier allerdings geringer aus, da das kleine Display die Menge der darzustellenden Informationen einschränkt.

[19] Vgl. Klotz, M.; Jüstel, M.: ebd.

Abb. 5: Collaborative Filtering im WAP-Standard[20]

Feedback und beobachtungsbasiertes Matching

Beim Feedback und beobachtungsbasierten Matching verfolgt ein lernendes System die Bewegungen des Kunden während des Aufenthaltes auf der Website und personalisiert das vorhandene Angebot aufgrund seines Klick-Verhaltens. Eine zusätzliche Komponente ist eine Online-Bewertung, die als Feedback vom Kunden abgegeben wird. Hier wird vom System selbst die Aktualisierung des Kundenprofils vorgenommen[21].

Der Vorgang der Personalisierung der Nutzeroberfläche vollzieht sich in Echtzeit. Die Rechnersysteme der Website optimieren das Angebot bereits während

---

[20] Entnommen aus: Amazon GmbH, in: http://amazon.de/exec/obidos/ct/text/vnd.wap.wml/-/tg/aa/wml/anywhere-similar/-/3932114523/302-4821599-9351242, Stand 2001

[21] Vgl. Reichardt, Chr.: a. a. O., S. 136.

des Einloggens derart, dass das Dargebotene dem Charakter und den Interessen des Nutzers am besten entspricht. Dem Besucher bleibt dieser Ablauf verborgen und er muss keine weiteren Aktivitäten zur Individualisierung vornehmen. Der Besucher bleibt somit bei der Datenerfassung anonym[22]. Die Technologie des US-Unternehmens „Engage Technologies“ ermöglicht bspw. Website-Betreibern, dass diese bereits ein personalisiertes Angebot darstellen können, wenn der Besucher zum ersten mal auf der Website ist.

Es stellt sich hierbei die Frage, woher der Betreiber der Website Auskunft über die Profildaten des einzelnen Nutzers erhält. Zur Antwort soll das Verfahren des beobachtungsbasierten Matching anhand der Technologie von „Engage Technologies“ näher dargestellt werden. Basis dieser Technologie bilden Studien, die zeigen, dass das Klick-Verhalten eines jeden Besuchers am zuverlässigsten Auskunft über seine Interessen und Vorlieben gibt. Beim Besuch von Websites entstehen demnach große Mengen von Daten, die nur entsprechend ausgewertet werden müssen, damit sie die gewünschten Informationen bereitstellen.

Ein vom Unternehmen entwickelter Profile-Server empfängt die Tracking-Daten eines Besuchers, den so genannten Klickstrom, vom Webserver und verarbeitet diese zu einem anonymen Nutzerprofil. Die anonymen Profile werden in einer Profildatenbank abgespeichert. Mit steigender Zahl von Besuchen nehmen Genauigkeit und Tiefe des Profils zu. Im Vergleich zu statischen Personalisierungssystemen verändern sich hier die Nutzerprofile dynamisch und weisen so die aktuellen Präferenzen jeder Einzelperson aus. Neben der Speicherung des Profils in der lokalen Datenbank des Website-Betreibers wird der Klickstrom auch an eine globale Datenbank, die „Engage Knowledge“, gesandt. Diese wird von einem Netzwerk aller teilnehmenden Website-Betreiber gespeist und erzeugt durch die Vielzahl der Beiträge aussagefähige Nutzer-Profile.

In entgegengesetzter Richtung wird das globale Profil eines Nutzers an einen teilnehmenden Website-Betreiber gesandt, wenn sich hier ein bei „Engage Technologies“ registrierter Besucher anmeldet. Liegt das Kundenprofil in der globalen Datenbank vor, so kann der Betreiber selbst bei einem Nutzer, der zum ersten Mal die Website besucht, das Angebot sofort an dessen Präferenzen relativ zielgenau ausrichten. Die globale Datenbank von „Engage“ umfasst derzeit mehr als 40 Millionen anonyme Nutzerprofile. Die Architektur des Systems wird in Abb 6 dargestellt.

Mit dem Verfahren des Feedback und beobachtungsbasierten Matching liegt eine Personalisierung vor, die auf Grund der einfachen Handhabung auf der Anwenderseite und der lernenden Methodik des Systems in ihrer Art zukunftsweisend ist. Jedoch findet diese Technologie bisher nur marginal im Mobile Commerce Anwendung.

[22] Vgl. Bisenius, J.-C.: a. a. O., S. 26.

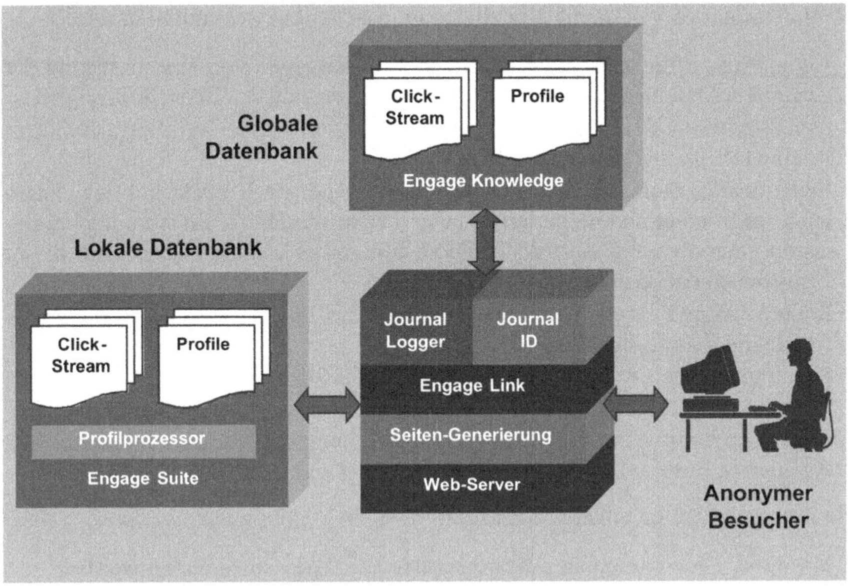

Abb. 6: Personalisierung am Beispiel „Engage Technologies"[23]

Intelligente Agenten

Eine weitere innovative Technologie zur Personalisierung des Internet-Angebotes sind so genannte „intelligente Agenten", die eine aktive Rolle einnehmen. Bei der Verwendung des Begriffs des intelligenten Agenten wird nicht impliziert, dass jeder intelligente Agent auf einer Technik der künstlichen Intelligenz aufbauen muss. Mit dem Begriff „intelligent" wird vielmehr das Gesamtsystem aus Agenten und Kommunikation bezeichnet. Einzelne Agenten müssen somit nicht unbedingt ein neuronales Netz oder ein Expertensystem enthalten. Die Intelligenz in einem Agenten-System kann vielmehr auch durch die Interaktion und die Kommunikation zwischen mehreren Agenten entstehen. Allgemein lassen sich zwei Arten von intelligenten Agenten unterscheiden[24]:

1. Agenten, die lokal auf dem Client-Rechner ausgeführt werden und eventuell mit Agenten auf einem anderen Client-Rechner kommunizieren.
2. Mobile Agenten hingegen werden von einem Client-Rechner auf einem Server aktiviert, um dort ausgeführt zu werden. Nach der Abarbeitung von Aufgaben senden die Agenten das Ergebnis zum Client-Rechner.

---

[23] Entnommen aus: Bisenius, J.-C.: a. a. O., S. 27.

[24] Vgl. Reif, G.: Moderne Aspekte der Wissensverarbeitung, in: http://www.iicm.edu/greif/thesis.html, Stand 2001.

Die Eigenschaften von mobilen intelligenten Agenten im weiteren Sinn sind[25]:

- Autonomie: Eine selbständig Erfüllung von Aufgaben und eine Kontrolle der getätigten Aktionen ist ohne eine konkrete Anweisung des Benutzers möglich.
- Sozialverhalten: Zwischen Agenten untereinander und auch mit dem Benutzer ist eine Kommunikation möglich.
- Reaktionsfähigkeit: Die Agenten stehen im ständigen Kontakt mit der Umgebung im Internet und verharren so lange im Stillstand, bis ein spezielles Ereignis zu einer Reaktion auffordert. Diese Ereignisse können Änderungen in der Umgebung sein oder Anfragen des Benutzers.
- Initiative: Zur zielgerichteten und selbständigen Lösung einer Aufgabe ergreifen sie die notwendigen Initiativen.
- Kontinuität: Die Prozesse eines Agenten laufen ständig ab. Dabei sind sie entweder aktiv oder befinden sich bis zum Ereigniseintritt in einer Standby-Phase.
- Zielorientierung: Eine komplexe Aufgabenstellung wird durch den intelligenten Agenten in Einzelaufgaben zerlegt, um das Ziel zu erreichen.

Die Eigenschaften im engeren Sinn sind:

- Mobilität: Die Position im Netzwerk kann vom Agenten verändert werden.
- Widerspruchsfreiheit: Widersprüchliche Ziele dürfen von ihnen nicht verfolgt werden. Sie dürfen ausschließlich die vom Benutzer vorgegebene Aufgabe lösen.
- Rationelles Vorgehen: Der unnötige Verbrauch von Ressourcen ist nicht zugelassen, d. h. die zur Zielerreichung angewendeten Aktionen müssen im Verhältnis zum erzielbaren Ergebnis stehen.
- Veränderbarkeit: Die Agenten sollten in der Lage sein, sich an die individuellen Bedürfnisse und Präferenzen des Benutzers anzupassen.
- Kollaboration: Die Interaktions- und Kommunikationsfähigkeit mit anderen Agenten zur Aufgabenerfüllung soll gewährleistet sein. Darunter fällt auch die Beziehung zum Anwender.

Die genannten Kriterien sind erforderlich, um sich von anderen Programmen abzugrenzen und um einen tatsächlichen intelligenten Agenten zu klassifizieren. Die im weiteren Sinn genannten Eigenschaften werden mittlerweile von einer Vielzahl von Programmpaketen erfüllt. Dagegen werden die Eigenschaften im engeren Sinn bisher von keinem Agenten ganzheitlich abgedeckt. Betreiber von Online-Shops nutzen intelligente Agenten primär, um mehr über ihre gegenwärtigen und potenziellen Kunden zu erfahren. Diese Agenten begleiten dazu ihre Anwender auf ihrem Weg durch die einzelnen Angebote und messen die Verweildauer auf den Unterseiten von Websites. Downloads oder E-Mail-Anfragen werden registriert und ausgewertet. Der Vorteil dieser Methodik ist, dass die Interessenten und Kunden keinen Online-Fragebogen ausfüllen müssen. Im Gesamtkonzept des One-to-One-Marketing können auf diese Weise wichtige Informationen zur Optimierung der Regelsysteme für die individualisierten Internetseiten gewonnen wer-

[25] Vgl. Reichardt, Chr.: a. a. O., S. 147f.

den. Ähnlich wie bei anderen Methoden sollten auch hier die Nutzer darauf hingewiesen werden, dass sie beim Besuch der Website beobachtet werden und sich als Ergebnis ein personalisiertes Internet-Angebot ergibt, das ihre individuellen Wünsche berücksichtigt.

Eine spezielle Form von Agenten bilden persönliche Einkaufsagenten. Diese Agenten scannen das Internet nach dem günstigsten Preis für ein bestimmtes Produkt. Der Kunde gibt ein Suchwort für eine Produktkategorie an und der Agent stellt nach seiner Suche eine entsprechende Auswahl dar. Sollte die Angebotsauswahl unüberschaubar sein, fragt der Agent nach detaillierteren Suchoptionen. Nachdem sich der Kunde schließlich für ein Produkt entschieden hat, fragt der Einkaufsagent zahlreiche Datenbanken von Lieferanten nach dem Preis und der Lieferbarkeit ab[26].

Ein Beispiel für einen Einkaufsagenten im Mobilfunkzugang zum Internet ist der Agent von „Dealtime". Der Nutzer kann aus einer übergeordneten Kategorie auswählen, welches Produkt im Internet zum jeweils günstigsten Preis vom Agenten gesucht werden soll. Die Nutzeroberfläche im WAP-Standard lässt jedoch nur eine begrenzte Darstellung zu, so dass die Oberfläche im Festnetzinternet im Vergleich dazu wesentlich attraktiver ist und mehr Informationen dargestellt werden können. Die auf der ersten Seite zur Verfügung gestellten Produktkategorien sind im Festnetzzugang umfassender als im WAP-Standard. Der Kunde ist so in der Lage, die Vorauswahl schneller zu realisieren, als im Mobilfunk. Eine Erleichterung für den mobilen Nutzer wäre es, wenn unter Berücksichtigung der begrenzten Darstellungsmöglichkeiten eine Vorselektion durch den Betreiber anhand der jeweiligen nutzerspezifischen Interessen erfolgt. Beispielsweise ist eine Kombination aus Einkaufsagent im WAP und die Nutzung einer Auswahlliste im Festnetz möglich. Der Benutzer registriert sich am Anfang des Besuchs der WAP-Seite und bekommt ein vorgefiltertes Informationsangebot.

Ausblick

In Unternehmen, die M-Commerce betreiben, ist die Personalisierung von Gütern und Dienstleistungen nicht nur für die Marketing- und Vertriebsabteilungen relevant. Ein umfassendes Personalisierungskonzept muss vielmehr im gesamten Unternehmen geplant und eingeführt werden. Es ist erforderlich, dass alle zentralen Unternehmensprozesse auf die individuellen Kundenbeziehung ausgerichtet werden.

- Forschungs- und Entwicklungsabteilungen gestalten die Produkte und Dienstleistungen so, dass sie sich im Leistungserstellungs- bzw. -erbringungsprozess individuell anpassen lassen.
- Die Bereiche Marketing und Vertrieb, die personalisierte Produkte und Dienstleistungen über den mobilen Distributionskanal vermarkten, zeichnen für die auf den einzelnen Kunden ausgerichtete Kommunikation verantwortlich.

[26] Vgl. Amor, D.: Die E-Business-Revolution, 1. Aufl., Bonn 2000, S. 304.

- Im letzten Abschnitt der Prozesskette muss über eine entsprechende Logistik die schnelle und korrekte Lieferung zum Kunden sichergestellt wird.

Eine Schlussfolgerung dieser Konzeption ist, dass alle Unternehmensbereiche ihre Aufgaben optimal aufeinander abstimmen müssen. Hierbei entsteht die Notwendigkeit einer Anpassung der Informationstechnologie und der Unternehmensprozesse auf der einen Seite sowie des Managements und der Unternehmenskultur auf der anderen Seite.

Personalisierte Güter und Dienstleistungen sind sowohl bei Geschäftskunden als auch bei Endkunden erwünscht. Bei letzteren sind jedoch einige besondere Aspekte zu beachten – vor allem im Hinblick auf den Datenschutz. Um eine individuelle Kundenbeziehung etablieren zu können, ist umfangreiches Wissen über den einzelnen Kunden notwendig. Hierzu werden nach der einmaligen Initialisierung am Anfang der Kundenbeziehung permanent Kundendaten gesammelt und gespeichert, die aus Dialogen gewonnen werden. Hierbei sind datenschutzrechtliche Anforderungen unbedingt zu beachten. Das Einhalten rechtlicher Regelungen ist gleichzeitig die Basis für den Aufbau eines Vertrauensverhältnisses zwischen den Kunden und dem Unternehmen, das M-Commerce betreibt.

Derzeit existieren verschiedene Systeme, die eine Personalisierung des M-Commerce ermöglichen. Diese werden aber noch nicht in vollem Umfang von den Unternehmen genutzt, obwohl die technologischen Voraussetzungen hierfür bereits erfüllt sind. Betrachtet man die Technologien zur Personalisierung von Web-Inhalten, so lassen sich für den M-Commerce die Verfahren des beobachtungsbasierten Matching und die Anwendung intelligenter Agenten als richtungsweisend charakterisieren. Die Aufwendungen zur Personalisierung sind auf Nutzerseite minimal, es erfolgt eine dynamische Aktualisierung des Kundenprofils und es handelt sich hierbei um lernende Systeme, die im Laufe der Zeit eine zunehmende Genauigkeit erreichen. Letztlich wird jedoch der Einsatz im Massenmarkt mobiler Anwendungen zeigen, welche der genannten Personalisierungstechnologien die Kundenwünsche am besten erfüllen kann.

Die Potenziale der Personalisierung sind vielfältig und ergeben sich sowohl auf der Anbieter- als auch auf der Nachfragerseite von mobilen Datendiensten. Dem Nutzer personalisierter mobiler Datendienste entsteht ein Mehrwert, der eine Bereicherung des persönlichen Lebensbereiches darstellt und den nahezu uneingeschränkten Zugriff auf vielfältige und individuell angepasste Angebote im privaten als auch im beruflichen Alltag mit sich bringt.

2.6 Mobile Payment
Dienstleistung im Spannungsfeld zwischen Finanzdienstleistern und Telekommunikationsanbietern

Marcus W. Mosen

Einleitung

Die Entwicklungen im E-Commerce haben in den vergangenen Jahren nachhaltig die Entwicklungen neuer Produkte und Dienstleistungen für die Industrie und die Gesellschaft bestimmt. Der elektronische Handel über Datennetze ist im gewerblichen Alltag und mit wachsender Tendenz auch im privaten Leben nicht mehr wegzudenken. Firmen bestellen heute beispielsweise Rohstoffe und Dienstleistungen von ihren Lieferanten über internetbasierte Purchasingplattformen (Business to Business). Im modernen Privathaushalt ist es inzwischen durchaus eine Normalität Bücher, CDs oder Aktien von zu Hause über das Web (Business to Consumer) zu beschaffen[1]. Alle Aufgaben rund um die Abwicklung virtueller Transaktionen stellen daher ein großes Wachstumspotenzial für Dienstleister dar, die sich als Verarbeiter von Transaktionen verstehen oder so positionieren.

Der Trend, geschäftliche Transaktionen über moderne Datennetze abzuwickeln, wird sich sicherlich auch nach der ersten Ernüchterung über die Entwicklungen in der New Economy fortsetzen. Treibende Faktoren für diesen Trend werden sich insbesondere aus dem Mobilen Commerce ergeben. E-Commerce wird zum handybasierten M-Commerce. Das Handy wird neben der mobilen Sprachkommunikation zum Medium für die Informationsbereitstellung und zur Abwicklung von Transaktionen aller Art. Geldgeschäfte oder Einkäufe können mittels dieser Endgeräte künftig mit wenig Aufwand von jedem Ort der Welt zu jeder Zeit erledigt werden. Eine wesentliche Voraussetzung für die Chancen im M-Commerce stellt jedoch die Bereitstellung effizienter und sicherer Abwicklungsformen des Zahlungsvorgangs einer kommerziell geprägten Transaktion über das mobile Endgerät dar. Mit dem Begriff „Mobile Payment" werden heute elektronische Zahlungssysteme und Zahlungsprozesse umschrieben, welche sowohl Bezahlvorgänge im stationären aber vor allem künftig auch im mobilen Internet ermöglichen. Der M-Commerce wird die unterschiedlichsten Geschäftsmodelle hervorbringen und vor allem neue Vermarktungsansätze ermöglichen. Bei einer Anforderung werden sich diese neuen Geschäfte jedoch gegenüber den bisherigen nicht unterscheiden: auch sie müssen auf die eine oder andere Art bezahlt werden.

Bei der Verarbeitung der Funktion „Zahlung" einer M-Commerce-Transaktion treffen die verschiedenen Kompetenzen und Interessen von Unternehmen zweier

---

[1] Lt. GfK nutzen 40 % der Deutschen zwischen 14 und 69 Jahren das Internet (Juni 2001).

Branchen aufeinander – die der Banken und Finanzdienstleister, sowie die der Telekommunikationsanbieter. In beiden Industriebereichen haben sich in den vergangenen ein bis zwei Jahren erste Unternehmen und Konsortien gebildet, die Lösungen für die Abwicklung von Zahlungstransaktionen für den E- und in der Folge auch für den M-Commerce entwickeln und zum Teil bereits vermarkten. Von einem standardisierten oder bei den Nutzern akzeptierten Mobile Payment Verfahren kann jedoch heute noch nicht gesprochen werden.

Mobile Payment und seine Bedeutung für den E- und M-Commerce

Mobile Payment ergibt sich als logische Weiterentwicklung des E-Payment, also der Verarbeitung von bargeldlosen Zahlungen aus dem stationären E-Commerce hin zum ortsunabhängigen M-Commerce.

Die Wertschöpfungsmöglichkeiten im mobilen und virtuellen Handel stehen daher in einer starken Abhängigkeit von der Entwicklung standardisierter Lösungen und Prozesse für die Verarbeitung der Zahlungstransaktionen als integralem Bestandteil der eigentlichen Kauftransaktion.

Dadurch, dass Zahlungen künftig nicht nur unabhängig vom Zeitpunkt sondern auch vom Ort ihrer Entstehung generiert werden können, erhalten die Wertschöpfungsmöglichkeiten im bisher verstandenen elektronischen Handel eine neue Dimension. E-Commerce basierte bisher stark auf den Einsatzmöglichkeiten des stationären Internets. Diese haben sich in den letzten Jahren bereits deutlich erweitert. Bisher konnten vier Phasen bei der Nutzung des Mediums Internet unterschieden werden[2]:

1. In Phase 1 steht der reine Marketingaspekt beziehungsweise die Darstellung von Unternehmensinformationen im Vordergrund des E-Commerce.
2. In Phase 2, dem Publishing, stehen bereits Interaktionsmöglichkeiten mit und für den Benutzer bereit.
3. In der Phase 3, Transaktion, wird die Internetpräsenz zusätzlich oder insbesondere als Vertriebskanal genutzt. Einsatzbereiche sind sowohl das B2B als auch das B2C Geschäft. Transaktionen beinhalten in vielen Geschäftsvorfällen auch die Verarbeitung einer Payment-Transaktion.
4. In der bisher weitestgehenden Wertschöpfungsstufe, der Phase 4, Integration, stehen individualisierbare Kommunikations-Funktionalitäten zur Verfügung. Das Medium Internet wird integriert in die Geschäftsprozesse der realen Welt.
5. Im Zeitalter des M-Commerce entsteht durch die Mobilisierung der Transaktionsgenerierung eine neue Phase 5, Mobilität, bei der die Funktion „Payment" wesentliche Voraussetzung für die Erschließung dieser Wertschöpfung darstellt.

---

[2] Vgl. Zahlen im Internet: Anknüpfung an vertraute Verfahren, M.W. Mosen, bank und markt Heft 7, 07/2001, Seite 23 f

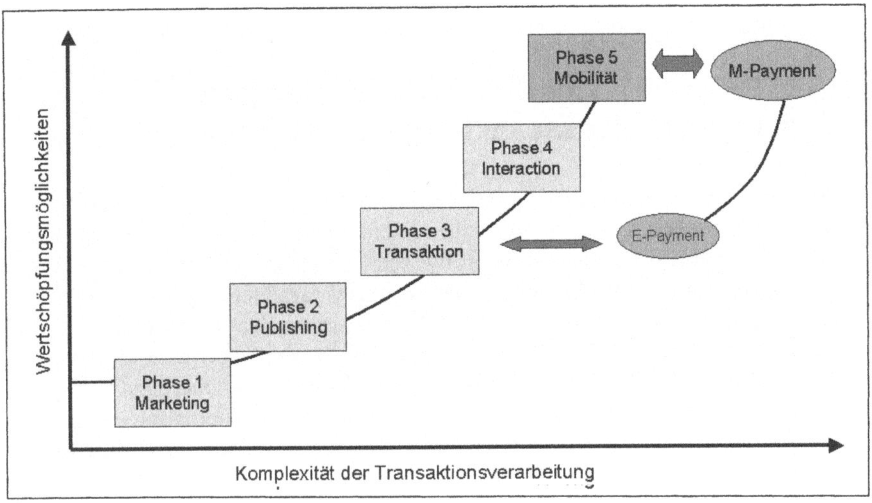

Abb. 1: Wertschöpfungsstufen im E-/M-Commerce

Die Einsatzmöglichkeiten der Präsenz im Internet oder seine Nutzung als Vertriebskanal werden künftig im Vergleich zu den Anwendungen in den zurückliegenden Jahren anders gewichtet. Während in der Vergangenheit die Bereitstellung von Informationen über das Unternehmen und die Produkte den Umfang des Interneteinsatzes ausmachten, befassen sich heute Internetprojekte stärker mit Zusatzfunktionen der „Bestellung" und der „Bezahlung". Gerade diese Transaktionsfunktionen schaffen Handels- und Industrieunternehmen neue Chancen der Geschäftsgenerierung und -abwicklung oder sie sind sogar die Voraussetzung für neue Geschäftsmodelle.

Die Weiterentwicklung vom E- zum M-Payment ist nicht nur eine logische sondern auch zwingend notwendige Voraussetzung für den Erfolg des M-Commerce. D.h. ohne die Entwicklung und den Einsatz effizienter und akzeptierter M-Payment Verfahren wird der M-Commerce nicht stattfinden.

Die Erfahrungen aus der Verarbeitung von Zahlungen im E-Commerce haben gezeigt, dass eine Vielzahl von technologischen und betriebswirtschaftlichen Anforderungen realisiert werden müssen, um aus einer Produktidee eine vermarktbare Lösung zu entwickeln. In den vergangenen Jahren wurden zahlreiche Lösungen entwickelt; jedoch nur wenige können bisher als am Markt und bei den Kunden als durchgesetzt betrachtet werden.

Mobile Payment – Auswirkungen an etablierte Verarbeitungsprozesse im bargeldlosen Zahlungsverkehr

An Mobile Payment Lösungen werden auf den ersten Blick die gleichen Anforderungen gestellt werden, wie sie auch für andere elektronischen Zahlungssysteme Anwendung finden. Die Transaktion sollte schnell, kostengünstig, sicher und mit möglichst wenigen Medienbrüchen generiert und verarbeitet werden. Im E-Commerce sind bisher im wesentlichen die Zahlungsformen der realen Welt, d.h. die Kredit- oder Debitkarte, die Chipkarte oder das Kundenkonto zum Einsatz gekommen. Künstlich geschaffene Zahlungsmittel, die mit dem Oberbegriff „digitales Geld" umschrieben werden, sind auch immer wieder als alternative Bezahlverfahren im Internet angeboten worden. Sie konnten sich jedoch bisher am Markt nicht durchsetzen.

Im Zusammenhang mit Mobile Payment findet ebenso wie beim E-Payment eine Diskussion über das Für und Wider der etablierten Zahlungssysteme versus neu zu schaffender Zahlungsformen statt. Ein wesentlicher Unterschied zum E-Commerce wird sich jedoch u.a. aus den sich neu ergebenden Produkten im M-Commerce ergeben. Beispielsweise wird das Abspielen eines MP3-Musiktitels über ein mobiles Endgerät sicherlich nur ein paar Pfennige (oder künftig Cents) kosten. Würde für eine derartige Transaktion zeitgleich eine Kreditkartentransaktion ausgelöst werden, dann lägen die Kosten für das Processing dieser Zahlungstransaktion bei einem Vielfachen des eigentlichen Preises für die verkaufte Leistung. Dieses Beispiel zeigt, das M-Commerce auch neue Anforderungen an die dahinter liegenden Zahlungsverarbeitungsprozesse sowie an die derzeit gültigen Regeln und Vorgaben der etablierten Zahlungsverfahren stellen wird.

Der Zwang, auch Kleinstbeträge wirtschaftlich verarbeiten zu können, bekommt durch den M-Commerce wieder eine neue Bedeutung. Die Art und der Wert der zu bezahlenden Produkte im M-Commerce stellen ebenso eine relevante Anforderung an Mobile Payment Lösungen. Handelt es sich um Micro- oder Macropayments, die über das mobile Endgerät bezahlt werden. Je nach Bedarf, ist nicht jedes heute im bargeldlosen Zahlungsverkehr bekannte Produkt geeignet, eine effiziente Zahlungsabwicklung darzustellen.

Für derartige Anforderungen bieten sich Micropayment-Lösungen an, die nicht unbedingt über ein klassisches Zahlungsmittel oder die klassische Verarbeitung eines elektronischen Zahlungsvorgangs effizient abgebildet werden können.

Große Kartenorganisationen wie MasterCard und Visa haben erkannt, dass die Regeln, die für den Einsatz der Karte in der realen Welt formuliert wurden, den Anforderungen aus der virtuellen Welt nicht unbedingt gerecht werden. Beide Kartenunternehmen arbeiten eng mit Finanzdienstleistern, Telekommunikationsunternehmen sowie mit Soft- und Hardwareherstellern im Bereich des Mobilfunks zusammen, um die Auswirkungen des M-Commerce auf den Kreditkarteneinsatz zu erarbeiten und die Neuformulierung funktionaler Spezifikationen an die technische Abwicklung dieser Transaktionen zu forcieren.

MasterCard/Europay setzt wie im E-Commerce auch im M-Commerce auf Payment-Lösungen, die auf einer SET Wallet Server basierten Architektur aufbauen. Die Vorgaben für den Umgang mit einer Zahlungstransaktionen, bei der die Kreditkarte im M-Commerce zum Einsatz kommt, decken vier unterschiedliche Szenarien ab[3]:

Shopping via Sprache, Bezahlung via SMS GSM-Mobiltelefone

Bei diesem Szenario tritt der Kartenbesitzer via eines Telefongesprächs mit seinem Mobiltelefon mit einem Mailorder/Telefonorder Händler (MO/TO) in Kontakt. Beim Zahlungsvorgang gibt der Karteninhaber seine Kartendaten und seine Mobilfunknummer dem Händler telefonisch durch. Der Server des Händlers sendet daraufhin auf das Handy des Kartenbesitzers eine Mitteilung, welche wiederum eine Zahlungstransaktion im Handy auf Basis einer SET Wallet Zahlung anstößt.

Shopping und Bezahlung via eines WAP-fähigen Handys

Das zweite Szenario setzt voraus, dass der Kartenbesitzer seinen Einkauf bei einem Internet-Händler über ein WAP-fähiges Handy durchführt. Um die Zahlung auszulösen, sendet der Händler eine „Wake-up-Mitteilung", welche eine Softwareapplikation direkt beim Kunden (entweder direkt in seinem Handy oder bei einem WAP Gateway) anstößt, die die Wake-up-Mitteilung zum SET Wallet Server des Kartenbesitzers weiterleitet und dann hierdurch das SET Wallet basierte Bezahlen auslöst.

Shopping über einen PC, Bezahlung durch TCP/IP ausgelöst aber über ein SMS-fähiges GSM-Mobiltelefon abgeschlossen

Der Kartenbesitzer kauft Güter bei einem Internethändler an seinem PC. Um den Zahlungsvorgang auszulösen, sendet der Server des Händlers eine „Wake-up-Mitteilung". Diese stößt eine Softwareapplikation im PC des Kartenbesitzers an, welche die SET Wake-up-Mitteilung zum SET Wallet Server des Kartenbesitzers weiterleitet. Der SET Wallet Server kontaktiert das Handy des Kartenbesitzers (mit Hilfe einer SMS-Mitteilung) oder der Wallet Server wartet auf eine Kontaktaufnahme vom Mobiltelefon. Anschließend läuft der normale SET Wallet Zahlungsprozess ab.

Shopping über einen PC, Bezahlung ausgelöst und abgeschlossen mit Hilfe eines SMS-fähigen GSM-Mobiltelefons

In diesem Szenario kauft der Kartenbesitzer über seinen PC bei einem Internethändler ein, gibt jedoch keine Kartendaten bei der Bezahlseite im Internet ein. Die einzige Information, die er dem Internethändler gibt, ist seine Mobilfunknummer.

---

[3] Vgl. Europay, e-commerce Functional Specifications, Stand April 2001

Der Server des Händlers sendet eine SMS auf das Handy des Kartenbesitzers, welche wiederum eine Bezahlungsapplikation im Handy auslöst. Diese kontaktiert den SET Wallet Server des Kartenbesitzers und die SET Wallet-basierte Zahlungsverarbeitung findet statt wie gewohnt.

In allen vier Szenarien wird der M-Commerce als neuer Bereich für den Einsatz und die Akzeptanz der Kreditkarte gesehen. Sie machen jedoch auch deutlich, dass eine Vermarktung im Massenmarkt stabile und effiziente technologische Lösungen voraussetzt. Ob sich der technologisch getriebene Standard SET hierbei langfristig durchsetzen kann, ist vor dem Hintergrund der bis heute geringen Marktdurchdringung auf der Karteninhaberseite eher fraglich.

Die Kartenorganisation Visa hat vor dem Hintergrund der Tendenz hin zur drahtlosen Kommunikation unter dem Namen „e-devices" eine Initiative ins Leben gerufen, um den Einsatz internetfähiger mobiler Endgeräte und deren Nutzung für die Bezahlung zu fördern[4]. Auch diese Initiative belegt, dass der M-Commerce und damit das M-Payment noch in den Kinderschuhen steckt. Die Dynamik der technologischen Entwicklungen in diesem Bereich sowie die Frage, welche Endgeräte und Produktlösungen sich am Markt durchsetzen werden, machen aus Sicht von Visa eine Zusammenarbeit mit verschiedenen Anbietern sinnvoll. Ziel dieser Vorgehensweise ist die Entwicklung global einsetzbarer Lösungen. Entwicklungen bei Smartcards oder den digitalen Zertifikaten werden von Visa als die mögliche Grundlage für einen gemeinsamen globalen Standard betrachtet.

Die Einflussfaktoren bei der Entwicklung und Etablierung von Mobile Payment Lösungen

In den vergangenen zehn Jahren ist ein enormes Wachstum bei den Zahlkarten (Kredit- und Debitkarten), bei der Verbreitung des Mobilfunks und des Internets zu beobachten. Alleine in Deutschland sind heute mehr als 15 Mio. Kreditkarten und mehr als 40 Mio. Debitkarten (vorwiegend EC-Karten) im Einsatz[5]. Dem stehen ca. 55 Mio. Handys gegenüber[6]. Heute wachsen diese Technologien und Produkte immer stärker zusammen und verschaffen den Konsumenten ein Mehr an Bequemlichkeit und Flexibilität bei dem Zugang zu Informationen und der Beschaffung von Gütern und Dienstleistungen.

Ebenso wie im E-Commerce, wird auch im M-Commerce die Einfachheit bei der Anwendung der Zahlverfahren und die Zuverlässigkeit kritisch von den potenziellen Anwendern hinterfragt werden. Neben diesen eher technologisch oder ablaufprozessorientierten geprägten Anforderungen spielen die Etablierung übergreifender Standards und die Berücksichtigung von existierenden Marken mit einer hohen Marktdurchdringung eine große Rolle bei der Wahrscheinlichkeit von Erfolg oder Misserfolg.

---

[4] Vgl. Visa, Fact Sheet: M-Commerce, 2001

[5] Quelle: Source Informationsdienst 2001

[6] Quelle: Carrier Angaben, Stand August 2001

Technologisch-organisatorische Anforderungen an die Verarbeitung von Mobile Payment Transaktionen ergeben sich im Kern aus vier unterschiedlichen Prämissen, die jedoch in einen Gesamtzusammenhang gebracht werden müssen:

1. Die M-Commerce Anwendung: Das Mobiltelefon ist zugleich das Medium für das Zahlungsmittel als auch Zahlungsterminal. Es ermöglicht erst die Generierung von Umsätzen bei der Entwicklung des M-Commerce.
2. Die Minimierung des Betrugsrisikos im E-/M-Commerce: Eine sichere Transaktionsverarbeitung erfolgt durch Identifizierung des Kunden (Authentifizierung) sowie durch eine Online-Autorisierung.
3. Das Processing virtueller Transaktionen: Die Verarbeitung von Zahlungstransaktionen findet in einem durchgängigen, d.h. möglichst medienbruchfreien und technologisch stabilen Umfeld statt.
4. Mehrwertleistungen: Zusatzdienstleistungen, die mit der Zahlungstransaktionsverarbeitung gekoppelt werden, tragen zu einer höheren Wertschöpfung sowie einer größeren Akzeptanz beim Kunden bei.

Mindestens ebenso wichtig für die Akzeptanz und die Erfolgsaussichten einer M-Payment-Lösung ist die Beachtung marketingrelevanter Einflussfaktoren sowie kundenspezifischer Anforderungen. Erfolgskritisch für die Etablierung einer marktbedeutenden M-Payment-Lösung ist daher auch die Berücksichtigung folgender Zielsetzungen:

1. Offener Vermarktungsansatz: Ein offener Vermarktungsansatz ermöglicht die Integration verschiedener Unternehmen, die eine gemeinsame M-Payment-Lösung aufbauen, ohne jedoch ihre eigenen Brands in Frage zu stellen.
2. Schaffung eines De-facto-Standards: Zielsetzung muss es sein, mit einer schnellen Marktdurchdringung auf Konsumenten und Händlerseite de facto einen Standard für M-Payment zu schaffen.
3. Mixed Branding: Vordringliches Ziel ist nicht die Schaffung eines neuen M-Payment Brands, sondern die Öffnung der M-Payment-Lösung für verschiedene Zahlungsprodukte (z.B. Kredit- und Debitkarte) und Kundenstämme unterschiedlicher Unternehmen (z.B. unterschiedlicher Mobilfunkunternehmen).
4. Flexible Kundenregistrierungsprozesse: Der Registrierungsprozess für die Kundenbasis sollte unterschiedliche Kundenbetreuungsprozesse in Unternehmen berücksichtigen
5. Möglichkeit des Franchising: Die M-Payment-Lösung sollte als Franchiselösung anderen Payment-Providern angeboten werden können, damit eine rasche Marktdurchdringung oder auch eine weltweite Vermarktung ermöglicht wird.

Der Frage des Brandings der Mobile-Payment-Lösung ist besondere Aufmerksamkeit zu widmen. Denn die Vermarktung dieser Leistung muss in zwei Richtungen erfolgen: zum einen sind die User als die Endkunden zu akquirieren und zum anderen die Händler, die diese Payment-Lösung akzeptieren. In beiden Zielgruppen, im Consumermarkt sowie im Händlermarkt muss eine möglichst große Zahl von Anwendern einer Mobilen Payment Lösung gewonnen werden. Treten zu viele verschiedene Anbieter im Markt auf, wird es zu einer Marktfragmentierung und damit zu einer fehlenden breiten Akzeptanz dieser Zahlungsform kommen.

In der realen Welt finden wir Produkte, die bei beiden Zielgruppen bekannt sind, nur im Kredit- oder im Debitkartenbereich. Der Ansatz, für den virtuellen Handel neue Payment-Brands zu entwickeln und zu vermarkten, dürfte nur sehr schwer im Handel wegen der damit verbundenen Unübersichtlichkeit durchzusetzen sein. Außerdem ist er mit hohen Marketingkosten verbunden.

Dennoch können heute auch bei dieser erfolgskritischen Fragestellung beide Ansätze im Marktgeschehen beobachtet werden. Einige Anbieter, insbesondere die, die von Banken und Kartenorganisationen mitgetragen werden, verfolgen den Ansatz, die Zahlungsformen der realen Welt auf die virtuelle zu übertragen. Andere setzen auf die Strategie, neue Payment-Brands für das Mobile-Payment-Produkt im Markt zu etablieren.

Lösungsansätze und Unternehmen

Anforderungen und Lösungsansätze für das Mobile Payment werden zur Zeit vorwiegend aus zwei unterschiedlichen Branchen vorangetrieben: der Finanz- und der Telekommunikationsbranche.

Die Mobilfunkanbieter setzen große Hoffnungen auf Applikationen im M-Commerce, damit sich ihre hohen Investitionen z.B. in die UMTS-Technologie rentieren werden. Aufgrund des Preisverfalls bei den Gebühren für das mobile Telefonieren, müssen Telekommunikationsanbieter Mehrwertleistungen entwickeln, die zu einer stärkeren Kundenbindung sowie der Generierung neuer Ertragsquellen führen. Wie im vorangegangenen Kapitel ausgeführt, stellt die Payment-Funktion für den Erfolg der M-Commerce Anwendung eine wesentliche Voraussetzung dar. Die Telekommunikationsanbieter insbesondere die Mobilfunknetzbetreiber, sehen sich in einer starken Position für den Aufbau und die Vermarktung von M-Payment-Lösungen. Denn die großen nationalen Player im Mobilfunksektor besitzen mit ihren zahlreichen Kunden und ihrer umfangreichen Netzinfrastruktur eine solide Ausgangsbasis für M-Commerce Angebote und damit auch für M-Payment-Lösungen. Darüber hinaus verfügen sie auch über umfangreiche individuelle Verhaltensmuster und andere personenbezogene Daten ihrer Kunden.

Die wenigen Banken, die sich bisher näher mit dem Thema Mobile-Payment auseinander setzten, sehen es als eine ihrer originären Aufgaben, die Abwicklung des Zahlungsverkehrs auch im Bereich des M-Commerce durchzuführen. Genauso wie die Mobilfunkunternehmen verfügen sie über eine große Kundenbasis im Privatkundensegment. Untersuchungen belegen, dass der „normale" Privatkunde die Dienstleistung „Zahlungsabwicklung" eher mit seiner Hausbank in Verbindung bringt, als mit seinem Telekommunikationsdienstleister.

In den vergangenen ein bis zwei Jahren haben sich verschiedene Unternehmen und Konsortien gebildet, die sich mit dem Aufbau von Mobile Payment Lösungen befassen und diese zum Teil auch den Kunden im E- und M-Commerce bereits anbieten.

Es gibt folgende Geschäftsmodelle die von unterschiedlichen Unternehmen aus ihrer jeweiligen Interessenslage entstanden sind bzw. sich in der Startphase befinden:

1. Bankengetriebenes Modell
2. Mobilfunkunternehmengetriebenes Modell
3. IT-Dienstleistergetriebenes Modell

Payitmobile AG (IT-Dienstleistergetriebenes Modell)

Im Frühjahr 2000 wurde die Payitmobile AG als Start-Up Unternehmen gegründet. Der Ansatz für Payitmobile ist der Betrieb eines einfachen, bargeldlosen und mobilen Systems für Bezahlvorgänge im E- und M-Commerce. Anfang 2001 trat der Kartenprozessor GZS (Gesellschaft für Zahlungssysteme mbH) als Gesellschafter dem Unternehmen bei. In einem nächsten Schritt wurde die Bildung eines Konsortiums eingeleitet, an dem sich das Softwarehaus Materna sowie das Mobilfunkunternehmen E-Plus beteiligten. Die Payitmobile AG versteht sich als neutraler Paymentprovider zwischen Banken, Kreditkartenunternehmen, Mobilfunkunternehmen und Händlern.

Mit der Payment-Lösung soll kein Konkurrenzprodukt zu den Zahlungssystemen der Banken aufgebaut, sondern die etablierten Zahlungsformen, wie z.B. die Kreditkarte, als Zahlungsmittel für den M-Commerce unterstützt werden. In der ersten Phase der Markteinführung wurde daher die Kreditkarte als Zahlungsmittel festgelegt. Das Produkt basiert auf einem servergestützten Wallet, auf dem alle kundenrelevanten Daten hinterlegt sind. Beim eigentlichen Zahlungsvorgang wird der Kunde mit seiner Mobilfunknummer identifiziert und die Zahlungstransaktion mit einem PIN, der von Payitmobile vergeben wird, durch den Kunden freigegeben.

Paybox AG (Bankengetriebenes Modell)

Mit einem großen Marketingaufwand wurde die Paymentlösung unter dem Markennamen „paybox“ im Mai 2000 im Markt eingeführt. Das Unternehmen versteht sich als Anbieter für Zahlungsmöglichkeiten im E- und M-Commerce sowie für private Geldtransaktionen. Größter Einzelgesellschafter ist die Deutsche Bank AG mit 50 %, die das Unternehmen auch in vielen operativen Aufgabenstellungen zur Seite steht. Weiterer industrieller Gesellschafter ist die Telefongesellschaft Debitel mit 4,3 %[7]. Paybox kann zur Zeit als das einzige Unternehmen betrachtet werden,

[7] Stand Oktober 2001

dass mit ca. 260.000 registrierten Kunden und ca. 5000 Händlern über einen nennenswerten Kundenstamm verfügt[8].

Mobilbank (mobilfunkunternehmengetriebenes Modell)

Im Frühjahr 2001 gründeten das Mobilfunkunternehmen Mobilcom AG und die Landesbank Baden-Württemberg die Mobilbank. Der Markenauftritt der Mobilbank wird stark von der Corporate Identity des Mobilfunkpartners geprägt. Die Bank plant zu ihrem Geschäftsstart im Herbst 2001 auch die Einführung einer M-Payment-Lösung, die das Bezahlen von Gütern und Dienstleistungen von Privat- zu Privatpersonen und im Internet unterstützen soll. In der ersten Produktausprägung erfolgt der Bezahlvorgang per SMS. Ziel ist es, das Produkt unter dem Namen „mobilePayment" auch für das Bezahlen anderer Zahlungs- und Wertpapierdienstleistungen einzusetzen.

Konsortium Viag Interkom und HypoVereinsbank (Bankengetriebenes Modell)

Bei diesem Konsortium handelt es sich um ein durch mobilfunkgetriebenes Konsortium. Hier wurde bislang lediglich ein Pilotversuch mit ca. 1000 Mobilfunknutzern durchgeführt, die Einkäufe in ausgewählten Shops per Handy bezahlen konnten. Zielsetzung des Konsortiums ist die Entwicklung eines offenen Standards für Internet- und Mobile-Payments.

Firstdata/eOne Global (IT-Dienstleister getriebenes Unternehmen)

Das amerikanische Unternehmen eOne Global, die E-Payment Tochter des weltweit größten Zahlungsprocessors Firstdata Corp., positioniert sich mit der Übernahme der M-Business Division des deutschen Softwareunternehmens Brokat als weltweiten Anbieter für Mobile Payment Lösungen. Der unternehmensstrategische Ansatz geht davon aus, dass in Zukunft Zahlungen zunehmend über drahtlose Technologien erfolgen werden. Im ersten Schritt soll der Fokus bei den Paymentlösungen auf die Micropayments und Wireless Access Protokoll Payments gelegt werden. Im zweiten Schritt werden Macropaymentlösungen sowohl auf Basis etablierter Zahlungsprodukte als auch mit neuen Funktionalitäten entwickelt werden. In Deutschland gibt es bereits erste gemeinsame Payment-Projekte mit den Telekommunikationsunternehmen Deutsche Telekom AG und Vodafone plc.

---

[8] Quelle: Paybox Presseinformation 10. Mai 2001, Anmerkung: bei den Händlern handelt es sich im wesentlichen um Taxis, die „paybox" als alternatives Bezahlverfahren akzeptieren.

Mobile Payment – Schnittstelle oder Differenzierung zweier Branchen

Das Thema Payment wird mit all seinen Ausprägungen im M-Commerce zu einem Bindeglied beziehungsweise zu einer Schnittmenge zweier bisher eher getrennt zu betrachtender Branchen: der Finanzdienstleistungs- und der Telekommunikationsbranche. Das drahtlose Sprach- oder Datenprodukt wird in der Wahrnehmung des Endkunden in vielen Fällen von dem Zahlungsprodukt nicht mehr als getrennte Transaktion wahrzunehmen sein.

Sowohl in der Wahrnehmung auf Kundenseite, als auch bei der eigentlichen technischen Abwicklung dieser Transaktionen werden die Grenzen zwischen Kommunikation, Handel und Zahlung ineinander übergehen. Bekannte Marken werden mit neuen Mehrwerten belegt und Dienstleistungsanbieter beider Branchen werden entweder sinnvoll kooperieren oder aufgrund einer Fragmentierung des Marktes den Erfolg ihres Produktes in Frage stellen.

Fazit und Perspektive

Mobile Payment wird das M-Commerce erst „enablen“. Mobile Payment als Funktion wird jedoch eher eine Commodity Leistung darstellen, als einen eigenen Mehrwert zu generieren. Die Wertschöpfungschancen bei der Vermarktung von Mobile-Transaktionen liegen daher mehr im Content des M-Commerce und weniger in der Abwicklung der Zahlung. Das heute bekannte Mobilfunkhandy wird sich, wie die Abbildung veranschaulicht, zu einem multifunktionalen Endgerät für die verschiedensten Services und Anwendungen entwickeln.

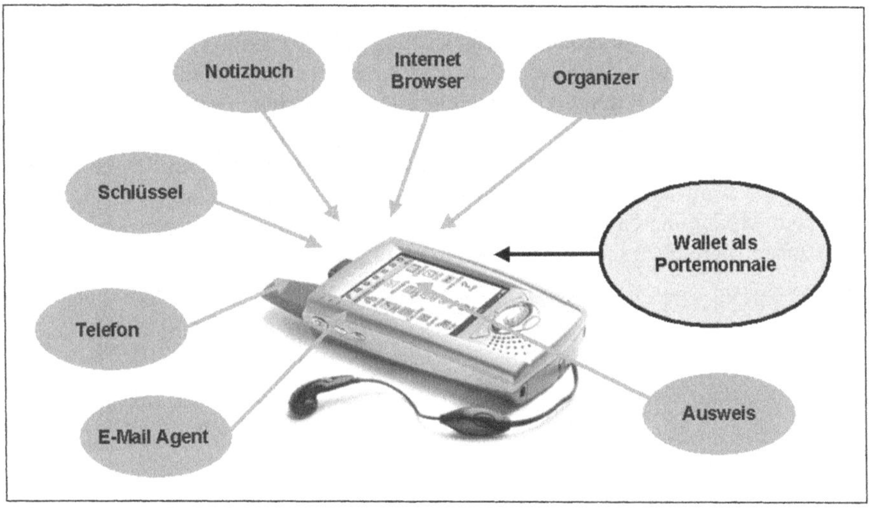

Abb. 2: Die Zukunft des „heutigen Handys“

Bei der Verarbeitung von Zahlungstransaktionen in der virtuellen Welt werden die gleichen Gesetze wie in der realen Welt gelten: es werden sich diejenigen Anbieter im Markt durchsetzen, die in der Lage sind, möglichst große Verarbeitungsvolumen auf ihrer Verarbeitungsplattform zu konzentrieren, um so eine entsprechende Stückkostendegression bei den Produktionskosten zu erzielen.

Neben dem Faktor „Kosten“ wird auch die globale Vermarktungsmöglichkeit des Payment-Produktes eine wesentliche Rolle bei den Erfolgsaussichten für eine Lösung darstellen. Das im Mobilfunk bekannte „Roaming“, also die fast weltweite Nutzung des eigenen Handys in internationalen Netzen, wird auch für das Mobile-Payment gelten müssen. Mobile Handybesitzer werden wenig Verständnis aufbringen, wenn sie in verschiedenen Netzen mit unterschiedlichen Payment-Lösungen konfrontiert werden.

Die verschiedenen Anbieter, die sich heute in diesem Markt etabliert haben – oder zur Zeit dabei sind dies zu tun –, werden sich insbesondere im Business to Consumer Markt mittelfristig konsolidieren. Bei zu vielen Anbietern werden nicht alle in der Lage sein, in einem überschaubaren Zeitraum eine kritische Kundenmasse für ihr Produkt gewinnen zu können und die erhofften Ertragspotenziale werden sich nicht in dem Ausmaß erzielen lassen, wie sie in manchem Business Case heute prognostiziert werden.

Ohne die technische Infrastruktur der Prozessoren und deren Kernkompetenzen im Transaktionsprocessing von Payment-Lösungen wird es keine signifikante Ausweitung des M-Commerce geben können. Die zentrale Rolle der alten Player im neuen Segment M-Commerce zeigt sich auch darin, dass die bislang mit einem Hype begleiteten Neuentwicklungen nunmehr von den stärksten Marktteilnehmern als Teil ihrer Expansionsstrategie schlicht dazugekauft werden. Diese Zukäufe entsprechen mehr z.B. dem Zukauf von technischen Plattformen als einem Joint Venture zwischen Technologie- und Vertriebspartnern. Die Marktentwicklung wird somit nicht mehr von den „Technikern“, sondern von den „Vermarktern“ ausgehen.

Die beste, kundenfokussierte Dienstleistung ist also gefragt – und damit die klassische Aufstellung der bereits im Markt vertretenen Unternehmen der Old Economy. So wird die neueste technologische Entwicklung des Mobile-Payment wahrscheinlich von den bereits etablierten Unternehmen im Wettbewerb um das beste, kundenorientierte Produkt vorangetrieben. Die M-Commerce-Unternehmen können sich somit auf die Kernkompetenz der Paymentprozessoren stützen. Dies wird dem M-Commerce und damit auch dem Mobile-Payment entscheidende Impulse zur erfolgreichen und dauerhaften Entwicklung geben.

2.7 Unified Messaging und M-Commerce
Wie UM-Technologien den mobilen Manager unterstützen

Gerd Stottmeister, Frank-Michael Böer

Unified Messaging: Rationalisierung des Arbeitsplatzes – und mehr ...

Das Thema Unified Messaging ist in aller Munde. In der Konvergenz von Telekommunikation und Informationstechnologie verspricht es dem Nutzer eine ganze Reihe von Erleichterungen.

Was ist überhaupt Unified Messaging? Das Prinzip ist recht einfach: Ob E-Mail, Fax, SMS oder Voicemail, alle Nachrichten landen in einer – und nur einer – persönlichen Mailbox des Nutzers. Und somit sind die Vorteile hinsichtlich der Rationalisierung des Arbeitsplatzes offensichtlich:

- Alle Informationen und Nachrichten landen zentral an einer Stelle, und nicht verteilt an vielen Geräten und Orten.
- Oftmals lange Wege, bis man Nachrichten erhält und absenden kann, entfallen; das gesamte Nachrichtenmanagement erfolgt direkt am Arbeitsplatz.
- Eine aufwendige Verteilung und Zustellung von Nachrichten entfällt.

Aber Unified Messaging liefert auch einen weiteren Vorteil, der in jüngster Zeit immer stärker hervorgehoben wird. Unified Messaging bietet den Einstieg zu Mobile Business und Mobile Commerce; zu der Bündelung aller Nachrichten an einem Ort kommt die (nahezu) wahlfreie Zugriffsmöglichkeit.

Und genau hiermit wollen wir uns auf den nächsten Seiten in einem kurzen Überblick beschäftigen, mit der Frage, wie der Manager auf Reisen dennoch nicht auf seinen gewohnten Nachrichtenkomfort verzichten muss.

Die folgenden Ausführungen beziehen sich dabei vor allem auf die Dienste eines Unified Messaging Servers. Gemeint ist, dass im Unternehmen des Nutzers ein eigener Server steht, der alle Nachrichten verwaltet. Hiervon zu unterscheiden sind die sog. Unified Messaging-Dienste, die i.d.R. über das Internet individuellen Nutzern die Einrichtung einer Unified Messaging Box anbieten. Diese Dienste haben den Vorteil, dass sie kostengünstig oder sogar kostenfrei zur Verfügung gestellt werden, allerdings meist verbunden mit dem Nachteil, dass nur ein begrenztes Spektrum der nachfolgend skizzierten Möglichkeiten angeboten wird.

Die führenden Unified Messaging Server haben noch einen Vorteil: Der Nutzer muss sich nicht auf eine neue Oberfläche umstellen, da die Server weitgehend plattformunabhängig sind. Ob Microsoft Exchange bzw. Outlook oder Lotus Notes, der Nutzer braucht auf seine gewohnte Mail-Umgebung nicht zu verzichten.

Der mobile Manager: Unified Messaging hilft

Für viele Geschäftsleute, aber immer mehr auch Privatpersonen ist es heute ein Muss, überall erreichbar zu sein und von überall an die richtigen Informationen zu kommen. In unserer heutigen schnelllebigen Zeit muss sich die Kommunikations-Infrastruktur eines Unternehmens auf dieses Bedürfnis permanent einstellen.

Aber warum ist die Mobilität im Geschäftsleben im Zeitalter der Telekommunikation überhaupt noch so wichtig? Die Gründe sind offensichtlich:

- Nur der reisende Manager kann Kundennähe praktizieren. Das persönliche, vertrauliche Gespräch lässt sich auch in Zukunft nicht durch Mittel der Telekommunikation ersetzen.
- Die immer stärkere Globalisierung zwingt die Unternehmen zu verstärkter Reisetätigkeit.
- Nicht nur Großunternehmen arbeiten immer häufiger in verteilten („virtuellen") Teams zusammen. Videokonferenzen sind dabei bisher nur eine mögliche Ergänzung der Kommunikation, können jedoch auch in naher Zukunft das physische Zusammenkommen zu gemeinsamer Arbeit nicht vollständig ersetzen.

Somit liegen die Antworten auf die Frage, warum ein Unternehmen eine mobile Infrastruktur benötigt, auf der Hand:

- Man ist schneller und damit aktueller informiert.
- Die aktuelle Information ermöglicht schnellere Reaktionen oder proaktives Handeln.
- Eine Arbeitsunfähigkeit aufgrund mangelnder Informationen wird weitgehend vermieden.
- Aktuelle, schnell verfügbare Informationen liefern klare Wettbewerbsvorteile.

Der Zugriff auf die persönliche Mailbox

Eine grundsätzliche Funktion der führenden Unified Messaging Server ist, dass eine Vielzahl von Clients per Fernzugriff (Remote Access) auf ihre persönliche Mailbox zugreifen können. Dabei kann der Zugriff über unterschiedliche Kanäle erfolgen.

Internet

Der mobile Manager hat i.d.R. seinen Laptop auf Reisen dabei, um Informationen greifbar zu haben oder die Arbeit unterwegs fortsetzen zu können. Vieles wird heute auch schon mit den PDAs der neusten Generation ermöglicht, wobei Computer und PDA meist in regelmäßigen Abständen synchronisiert werden und so temporär weitgehend alternativ einsetzbar sind.

Unterwegs benötigt der Manager dann lediglich einen beliebigen Internetzugang, um mit seiner mitgeführten Hard- und Software auf die Messaging-Box zugreifen zu können. Aber auch ohne mitgeführte Hard- und Software ist es möglich, über einen beliebigen anderen Internet-Zugang die Box zu erreichen.

Der Web-Client bietet einen passwortgeschützten Zugang zur Mailbox. Von jedem Ort der Welt erhält man Zugriff auf das Ausgangs- und Eingangsjournal. Die empfangenen und gesendeten Nachrichten können direkt am Computer angesehen werden. Faxe werden dabei als Bild dargestellt und über einen beliebigen Drucker auch ausgegeben, Sprachnachrichten können über die Audio-Ausstattung des Computers angehört werden. Die Weiterleitung an ein beliebiges Telefon oder Faxgerät ist ebenso möglich.

Antworten oder neue Nachrichten können ebenso mit dem Web-Client erstellt werden. Unterstützt werden bei den meisten Servern E-Mail-, Fax-, SMS- und Sprachnachrichten. Dabei können Dateien als Anhang an die Nachrichten angefügt werden.

ISDN und GSM

Auch ohne die erforderliche Internet-Hard- und -Software ist ein Zugang zur persönlichen Messaging-Box möglich. Viele Funktionen lassen sich von einem normalen Telefon aus nutzen, wobei i.d.R. die erweiterten Möglichkeiten von ISDN helfen. Alternativ kann der Anruf auch mit einem Mobiltelefon erfolgen.

Per Tastatur oder Speech Recognition (Sprach-Interface) gelangt der Nutzer in einen Dialog mit dem Server. Ist er einmal als berechtigter Nutzer identifiziert, kann er seine eingegangenen Nachrichten bearbeiten, wie z.B. sich vorlesen lassen oder auf ein Fax-Gerät in seiner Nähe weiterleiten.

WAP

Der noch relativ neue WAP-Standard für den Mobilfunk wurde mit der Einführung als Quantensprung bei der mobilen Nutzung des Internets gefeiert. So ist über ein WAP-Telefon bei den meisten führenden Unified Messaging Servern ein vollständiger Zugriff auf die Unified Messaging Box möglich. Alle Funktionen lassen sich so meist komfortabler durchführen als mit einem Sprachmenü. Auch lässt sich das eigene Bürotelefon über den WAP-Zugang steuern (z.B. für Umleitungen).

Wie sieht so etwas auf dem Handy aus? Hier ein Beispiel, wie die entgangenen Anrufe oder auch das Adressbuch des Servers angezeigt werden können.

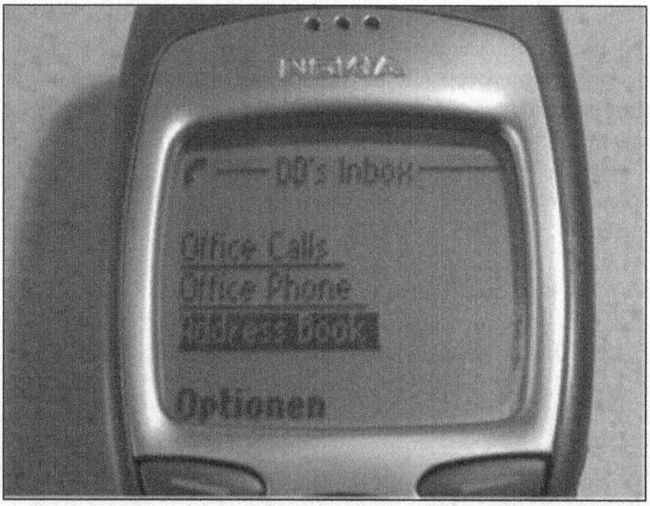

Abb. 1: Quelle: Cycos AG (www.cycos.com) 2001

Im folgenden Bild erkennt man, dass zwei neue Nachrichten und 14 alte/gelesene Nachrichten vorliegen. Parallel kann man auch eine neue E-Mail erstellen und versenden.

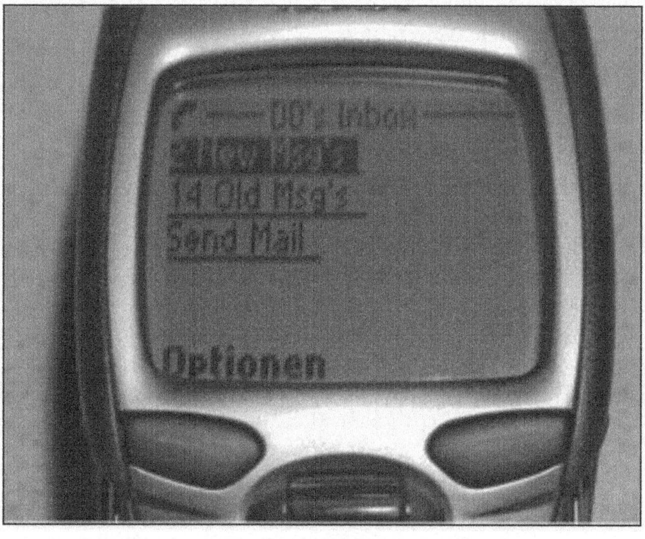

Abb. 2: Quelle: Cycos AG (www.cycos.com) 2001

Aufgrund diverser Mängel in Ergonomie, Komfort und Leitungsqualität hat der WAP-Standard die hochgesetzten Erwartungen (noch) nicht erfüllen können.

Der Empfang und das Versenden von Informationen

In den folgenden Ausführungen begleiten wir in mehreren Episoden Max Müller, Geschäftsführer der Dialoga GmbH, auf einer mehrtägigen Dienstreise. Wir werden am praktischen Beispiel sehen, wie die verschiedenen Dienste im Unified Messaging ihm auch während der Reise ermöglichen, mobil seine Geschäfte abzuwickeln. Zugegeben: Max Müller ist erfunden; aber genau so könnte sich das Ganze abspielen, wenn auch die Bündelung der Nutzung von Unified Messaging idealtypisch dargestellt wird.

Benachrichtigung über empfangene Informationen per SMS

Max Müller begibt sich also auf besagte Geschäftsreise von München zur Düsseldorfer Firma InfoCom AG. Einmal unterwegs, vereinbart er für den Rückweg am nächsten Vormittag in Frankfurt einen Termin, um dort mit dem CEO eines wichtigen Kunden letzte Hand an ein Vertragswerk zu legen. In Düsseldorf angekommen, belegt er zunächst sein Hotelzimmer, da das Meeting bis weit in den Abend dauern könnte. Als er gerade am Counter eincheckt, signalisiert sein Handy den Empfang einer SMS: „Sie haben ein E-Mail von sekretariat@infocom.de, 11:23 Uhr."

Grundlegende Aussagen zur Integration von SMS befinden sich in einem späteren Abschnitt. An dieser Stelle ist nur eines wichtig: Egal um welche Art von Nachricht es sich handelt, man kann sich zeitnah durch eine SMS-Nachricht darüber informieren lassen, dass eine neue Nachricht in der Unified Messaging Box eingetroffen ist. Je nach Konfiguration wird auch der Inhalt einer Betreffzeile per SMS sowie Zeit und Größe mitgeteilt. So verpasst man garantiert keine der in den folgenden Abschnitten erläuterten Nachrichten mehr.

E-Mail-Empfang und -Versand

Auf seinem Hotelzimmer angekommen, ruft Max Müller die angekündigte E-Mail ab. Er loggt sich mittels Handy und Passwort in seinen Firmenserver ein, wählt sich durch das einschlägige Sprachmenü und landet in der Eingangsbox seiner E-Mail. Über die Text-to-Speech Funktion lässt er sich die Mail der InfoCom AG vorlesen: Man teilt ihm mit, dass sich Tagungsort und –zeit inzwischen verschoben haben. Am Ende der Nachricht bestätigt er dem Absender über einen anderen Menüpunkt den Erhalt der Information – und freut sich über die gewonnene Zeit für eine erfrischende Dusche und einen Blick auf die aktuellen Börsenkurse bei n-tv.

Der Urvater der elektronischen Benachrichtigung ist das E-Mail. Auch heute wird noch der Großteil der elektronischen Informationen per E-Mail verschickt. So ist es selbstverständlich, dass auch ein Unified Messaging System nicht ohne diese Nachrichtenform auskommt. Manche nennen es daher auch: „E-Mail und mehr ..."

Der mobile Zugriff auf ein E-Mail kann über alle oben beschriebenen Wege erfolgen. Eine Besonderheit bietet hierbei das Telefon. In dem Fall, dass im Unified

Messaging Server eine Text-to-Speech-Software integriert ist, kann man sich die Nachricht von einer Computer-Stimme vorlesen lassen.

Fax-Empfang und -Versand

Kurz vor Verlassen des Hotelzimmers erinnert sich Max Müller daran, dass sich im Anhang des E-Mails ein Wegeplan des weitläufigen Firmengeländes von InfoCom mit dem neuen Conference-Center befand. Wieder wählt er sich über Handy auf seinen Firmenserver ein und leitet die Wegbeschreibung als Fax an sein Hotel weiter. Auf dem Weg in die Tiefgarage geht er kurz darauf an der Rezeption vorbei, holt sich den Ausdruck ab und macht sich auf den Weg.

Auch der mobile Manager muss auf die Informationen seiner eingegangen Telefaxe nicht verzichten. Am einfachsten ist es, wenn er sich ein Fax auf ein Faxgerät in seiner Nähe weiterleiten lassen kann.

Ist dies nicht zur Hand, besteht auch die Möglichkeit, dass ihm am Telefon der Inhalt vorgelesen wird. Durch mittlerweile recht verlässliche OCR-Software (Object Character Recognition) verbunden mit dem Einsatz von „Text-to-Speech" kann er sich die Inhalte vorlesen lassen – was bei graphischen Elementen allerdings zwangsläufig versagen muss ...

Voicemail-Empfang und -Versand

Unterwegs signalisiert sein Handy den Eingang einer Sprachnachricht auf dem Anrufbeantworter seines Bürotelefons: Der am nächsten Vormittag in Frankfurt zu treffende Kunde fragt, ob Max Müllers Vertriebsleiter kurzfristig an der Vertragsverhandlung teilnehmen könne. Müller leitet diese Sprachnachricht kurzerhand als E-Mail mit Voice Attachement (einem kurzen Kommentar seinerseits) an den Vertriebs-Chef weiter.

Unter Voicemail versteht man einen Sprachspeicherdienst, der Sprache elektronisch speichert. Die Nachricht kann vom Empfänger zu jedem beliebigen Zeitpunkt abgerufen werden. Somit ist der Voicemail-Dienst eines Unified Messaging Servers ein erweiterter Anrufbeantworter mit der Möglichkeit, Sprachnachrichten auch als Anhänge zu E-Mails weiterzuschicken (s.u.).

Dokumenten-Empfang und Versand

Max Müller hat inzwischen Düsseldorf und die InfoCom AG hinter sich gelassen und sitzt bei seinem Kunden in Frankfurt. Mitten in der Sitzung bemerkt er, dass die allerneueste Version des von seiner Rechtsabteilung in München ausgearbeiteten Vertrages immer noch unausgedruckt in der Mailbox auf seinem Rechner liegt. Er bittet die Assistentin seines Verhandlungspartners um eine Internet-Verbindung, geht über den Web-Client seiner Firma in seine Mailbox, ruft das entsprechende Mail auf, öffnet den Anhang und druckt den Vertrag vor Ort in Frankfurt gleich dreimal aus.

Wer hat es nicht schon erlebt, dass man unterwegs bei einem Kunden unbedingt ein bestimmtes Dokument benötigt. Oder aber ein empfangenes Fax – davon hat man durch eine SMS-Mitteilung unterwegs erfahren – muss dringend an einen Kollegen weitergeleitet werden. Allerdings soll er auch gleichzeitig noch eine eigene Stellungnahme dazu erhalten.

Dies alles sollte mit Unified Messaging kein Problem mehr sein. Über einen beliebigen Zugang zum Server können alle für den Nutzer zugänglichen Dokumente als Anhang einer Nachricht verschickt werden. Und man kann den eigenen Kommentar als Voicemail gleich noch anhängen.

SMS-Empfang und -Versand

Nach der erfreulich schnellen Einigung in allen wesentlichen Punkten informiert er die Münchner Kollegen seiner Task Force von dem Vertragsabschluss. Er schickt eine SMS des Inhalts „Vertrag unterschrieben, Sekt kaltstellen" an den E-Mail-Verteiler, den er für die Task Force auf seinem Server angelegt hat. Auf der Rückfahrt nach München signalisiert sein Handy den Eingang mehrerer SMS: Glückwunsch-E-Mails seiner Kollegen, die er sich vorlesen lässt. Die inzwischen technisch einwandfrei funktionierende Text-to-Speech-Funktion lässt Max Müller dabei über die leider immer noch etwas technisch klingende Computerstimme hinwegsehen.

Der Short Message Service (SMS) hat sich zum Spielzeug für Jugendliche und Junggebliebene entwickelt: Kaum eine Diskothek, in der nicht laufend Meldungen empfangen und gesendet werden – trotz der Lautstärke der Umgebung an einem kurzen Piepsen und dem anschließenden Blick auf das Handy mit angestrengtem Eintippen einer Botschaft zu erkennen.

Der Kurznachrichtendienst im GSM-Standard erlaubt es, an Mobilfunkteilnehmer kurze Nachrichten zu versenden. Dieser Dienst ist vergleichbar dem Paging, geht allerdings bedingt durch die garantierte Datenübertragung über die Möglichkeiten des Paging hinaus. Je nach Verbindungsart, ob es sich um eine Punkt-zu-Punkt-Verbindung oder Broadcast-Ausstrahlungen handelt, können Mitteilungen aus 93 oder maximal 160 Zeichen bestehen.

Ein Unified Messaging Server ist in der Lage, SMS-Nachrichten zu empfangen und auch SMS-Nachrichten an GSM-Teilnehmer zu versenden. Empfangene SMS-Nachrichten werden dabei im Server wie ein E-Mail behandelt, so dass hiermit auch verfahren werden kann, wie oben bereits beschrieben.

Ausblick: Der Messaging-Alltag in gar nicht so ferner Zukunft

Jede, aber auch wirklich jede, mögliche Entwicklung ist in der Fachliteratur wohlbegründet prognostiziert. Eine Darstellung vollständiger und alternativer Szenarien erübrigt sich somit im hier gebotenen Rahmen. Statt dessen folgen im Ausblick einige Thesen, die zum einen in Gesprächen mit Entscheidungsträgern aus führenden Unternehmen der Unified Messaging-Technologie als realistisch vertreten wurden und zum anderen auch in der Literatur eine gewisse Mehrheit finden.

- Die vielbeschworene „Killer-Applikation“ wird es in absehbarer Zukunft nicht geben. In den nächsten drei bis fünf Jahren heißt die Devise daher: „Evolution, nicht Revolution“.
- Der kritische Erfolgsfaktor für das Messaging im Mobilitätsbereich, wenn nicht sogar allgemein für den Mobile Commerce, ist das Thema „Bandbreite“. Mit der Verfügbarkeit ausreichender Bandbreiten werden auch die Anwendungsbereiche zunehmen.
- PDA und Mobiltelefon werden sich zu den wichtigsten Tools entwickeln. Dabei kann es durchaus sein, dass der gegenwärtig zu beobachtende Trend zur Konvergenz oder Vereinigung dieser Geräte gestoppt wird. So ist es denkbar, dass auch in Zukunft mit beiden Geräten gearbeitet wird (klein und handlich), die bei Bedarf drahtlos und unkompliziert (z.B. über Wireless LAN oder Bluetooth) miteinander korrespondieren. Die Entwicklung geht zum Intelligent Personal Assistent (IPA).
- Das Thema Datensicherheit wird mit der zunehmenden Verbreitung von drahtlosen Verbindungen an Bedeutung gewinnen.
- Die Ergonomie der Geräte wird sich weiter verbessern nach dem Grundsatz „KISS“ (Keep It Simple & Stupid).
- Authentifizierung und Autorisierung werden entscheidende Faktoren im Mobile Commerce. Biometrische Sensoren (über PDA und/oder Handy) werden zu gebräuchlichen Methoden.
- Die Entwicklung von WAP als Standard ist ungewiss. Zwar steht mit WAP 1.2 eine deutlich verbesserte Version vor der Tür, letztendlich wird jedoch die Preispolitik über die (derzeit völlig offene) Zukunft entscheiden. Durch GPRS und UMTS wird es jedoch zunächst einen neuen Aufschwung geben.
- SMS wird mit Sicherheit noch einige Zeit (evtl. in Form von „Enhanced SMS“) das Spielzeug der mobilen Kommunikation sein.
- Als neuer Trend zeichnet sich C-Commerce (Collaborative Commerce) ab mit der Frage, wie sich IT-Lösung über Unternehmensgrenzen hinweg (auch mobil) nutzen lassen.
- Die Diskussionen um Gesundheitsgefahren durch mobile Anwendungen werden mit Sicherheit nicht nachlassen. Auch werden sich Psychologen vermehrt mit den Problemen einer permanenten Erreichbarkeit und Arbeitsfähigkeit, also einem „Handy- und PDA-Stress“ beschäftigen.

Fazit: Es bleibt spannend ...

2.8 Mobile Business macht Geschäftsprozesse effizient

Volkmar Pflug

Wird Mobile Business der Megatrend nach E-Business? Nach der Euphorie um WAP und UMTS folgte die Ernüchterung. Wer will eigentlich M-Business-Applikationen nutzen – und wer bezahlt letztendlich dafür? Ähnlich wie in Japan mit i-mode erhofften sich die Telekommunikationsunternehmen in Europa einen Erfolg mit Services für Konsumenten. Business-to-Consumer (B2C) war der Hoffnungsträger.

Den wahren Wert wird M-Business in einem anderen Segment entfalten: Unternehmen werden M-Business nutzen, um ihre Produktivität zu erhöhen und interne Prozesse effizienter ablaufen zu lassen. Der Wachstumsmotor heißt Business-to-Employee (B2E), also M-Business innerhalb des Unternehmens: Die Interaktion des Mitarbeiters mit seinem Unternehmen über verschiedene Zugangskanäle und Geräte. B2E wird den Unternehmen die Hoffnungen erfüllen, die sie zunächst in B2C gesetzt hatten. M-Business-Anwendungen machen Geschäftsprozesse effizienter. Deutliche Effizienzsteigerungen sowie erhöhte Wettbewerbsfähigkeit sind die Folge. Dies schlägt sich positiv in der Bilanz nieder. 80 Milliarden US-Dollar Einsparpotenzial bis zum Jahr 2004 sagt McKinsey denjenigen Firmen voraus, die auf M-Business im Vertrieb, im Außendienst und in der Logistik bauen. M-Business-Anwendungen werden elementarer Bestandteil der Strategie jedes erfolgreichen Unternehmens sein.

Mobile Business bringt das Internet zu den Menschen

Was Visionäre vom Internet erwartet haben – nämlich dass es die Welt zu den Menschen bringt – kann nun durch M-Business wahr werden: Die Vorstellung, alle Menschen würden künftig nur noch am heimischen PC sitzen, Informationen abrufen, Bücher bestellen und über Kochrezepte chatten, hat sich jedoch als Irrglaube erwiesen. Erst die Entwicklung des M-Business kann die Vision wahr machen: Zugang zum Internet „anytime and anywhere“. M-Business ist die Konvergenz von Internet, Mobilität und Electronic Business. Dank M-Business soll das Internet zum größten Marktplatz werden: per Handy E-Mails verschicken, Bücher bestellen und Online Banking beim Warten am Flughafen. Die Möglichkeiten scheinen schier unbegrenzt.

Und doch hat die Mobilität des Electronic Business den Unternehmen bislang nicht die erhoffte Umsatzsteigerung beschert. Dem Hype folgte die Ernüchterung. Ist M-Business zum Scheitern verurteilt oder wird es sich doch noch durchsetzen? Wenn ja, wo liegen die Anwendungen der Zukunft?

Die Evolution des Mobile Business

Die erste Welle des M-Business war auf den Endkunden „Konsument“ zugeschnitten: Unternehmen versuchten, durch M-Business zusätzliche Kunden zu gewinnen oder zumindest die Kundenbindung zu verbessern. Ziel war die Umsatzsteigerung und die Gewinnung von Marktanteilen über den zusätzlichen Vertriebskanal „mobile“. Der Hype im M-Business war getrieben von den Telekoms und Banken, die sich im Consumer-Segment einen ähnlichen Siegeszug erhofften, wie ihn i-mode in Japan bereits angetreten hatte.

Was sind die Gründe dafür, dass M-Business-Applikationen für Konsumenten nicht zum gewünschten Erfolg führten? Zum einen orientierten sich die angebotenen Applikationen mehr an dem, was technisch einfach realisierbar war, und nicht notwendigerweise daran, was Kunden einen signifikanten Kundennutzen bringen könnte. Zum anderen beschränkten sich die Applikationen meist auf Informationsbereitstellung, nicht auf „mobile Commerce“, was direkt zur Umsatzgenerierung führen könnte. Hierfür haben sich noch keine einheitlichen Standards für sichere Transaktionen und Bezahlvorgänge durchgesetzt.

Weiterhin führten die langen Antwortzeiten vom Mobilfunknetz aufgrund der bei WAP 1.1 erforderlichen Einwahl – wie bei einem normalen Telefongespräch – zu Frust bei den Benutzern. Für zynische Zungen hieß WAP fortan „Wait and Pay“. Die wenig komfortable Darstellung auf den kleinen Displays und umständliche Menüführung beziehungsweise komplizierte Eingaben über die Handy-Tastatur taten ein Übriges.

An Lösungen für die Probleme wird fieberhaft gearbeitet. Mit Hilfe von GPRS wird die zeitraubende Einwahl für Datendienste durch eine „Always-on“-Funktionalität ersetzt; das Handy ist damit auch für Datendienste permanent online. Auch die Übertragungsbandbreite erreicht ISDN-Geschwindigkeit.

Erfolgsentscheidend für die Akzeptanz von GPRS ist die Preispolitik. Das amerikanische Marktforschungsinstitut Yankee Group fordert, dass GPRS deutlich billiger werden muss, sonst drohe auch hier der Flop: Die Kosten der Anbieter seien überschaubar und relativ gering. Preissenkungen bis hin zu mobilen Flatrates seien also durchaus vorstellbar und dringend notwendig, um das Consumer-Segment im M-Business weiter ausbauen zu können.

Die Verfügbarkeit von leistungsfähigen PDAs mit integrierter GPRS-Kommunikation, wie dem SX-45 von Siemens, legt die Basis für leistungsfähigere und benutzerfreundlichere Applikationen. Und für sichere Bezahlvorgänge gibt es bereits eine Reihe von technischen Lösungen, wie zum Beispiel pay@once von Siemens für Micropayment.

Die Fragen, die bleiben, sind: Welche Applikationen braucht der Konsument und für welche ist er bereit zu bezahlen? Welche Applikationen dem Konsumenten einen derartigen Mehrwert bringen werden, dass er bereit ist, dafür mehr als die Verbindungsgebühr zu bezahlen, werden die Konsumenten selbst entscheiden. Gute Erfolgschancen haben Applikationen, die dem Konsumenten personalisierte Informationen bereitstellen, die für den jeweiligen Benutzer am jeweiligen Ort relevant und dringlich sind. Der gesamte Bereich „Reisen“ gehört damit sicherlich zu den aussichtsreichen Marktsegmenten.

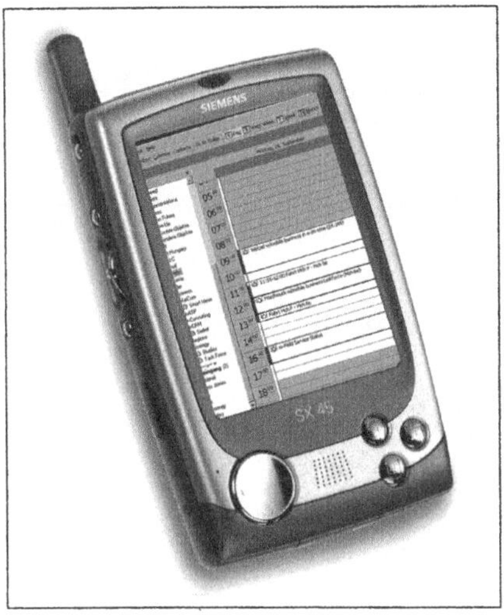

Abb. 1: SX-45

Operational Excellence: Die digitale Revolution im Unternehmen

Mobile Business für Konsumenten führte nicht wie erwartet zu Umsatzsteigerungen. Profitabel war dieses Geschäft schon allemal nicht. Die allgemein angespannte wirtschaftliche Lage tat ihr Übriges. In dieser schwieriger werdenden wirtschaftlichen Situation müssen Unternehmen mehr denn je für effiziente Geschäftsprozesse sorgen. „Operational Excellence“: Unternehmensziel ist heute Kosten zu senken, anstatt um jeden Preis den Umsatz zu steigern.

Die zweite Welle des Mobile Business wird daher von den Unternehmen ausgehen. Ovum prognostiziert in diesem Zusammenhang eine Verzehnfachung des Marktes, das heißt bis zum Jahr 2004 werden mehr als 130 Millionen Mitarbeiter mobile Anwendungen nutzen. Laut McKinsey sollen dadurch bis zu 80 Milliarden US-Dollar an Kosten eingespart werden. Zielgruppen für Mobile Business sind nun weniger Konsumenten, als vielmehr die Mitarbeiter von Unternehmen. Ziel ist es, mit Mobile Business die Geschäftsprozesse effizienter zu gestalten, damit die Kosten zu senken und wettbewerbsfähiger zu werden.

Business-to-Employee (B2E) heißt das Schlagwort. B2E bringt eine anhaltende Verbesserung der internen Prozesse eines Unternehmens, vor allem zwischen dem Unternehmen und seinen „mobilen Mitarbeitern“, sei es im Haus, auf Reisen, im Außendienst oder im Vertrieb.

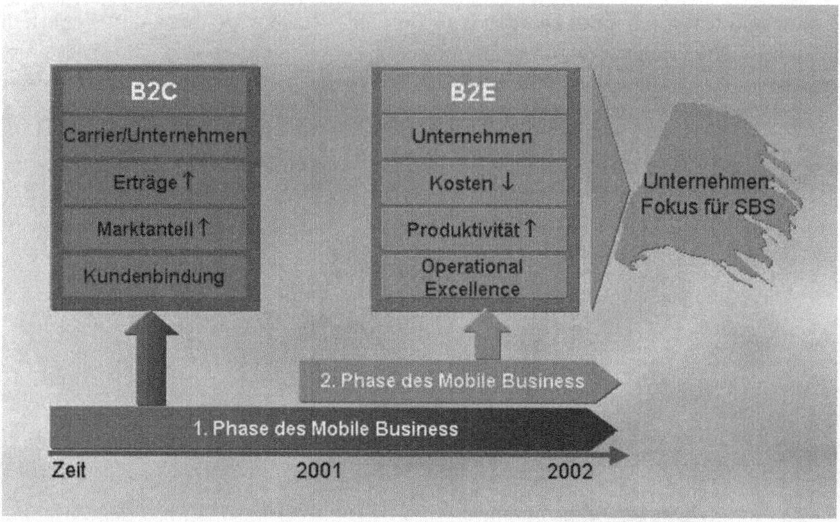

Abb. 2: Business-to-Employee: Die zweite Welle des Mobile Business

Der GPRS-Standard und neue Endgeräte sind die Voraussetzung für profitable Geschäftsszenarien. Der permanente Zugriff auf Applikationen und benutzerfreundlichere Endgeräte sowie leistungsfähigere Applikationen sind die wichtigsten Erfolgsfaktoren für M-Business im Unternehmen. UMTS, die so genannte dritte Mobilfunkgeneration, spielt darin eine untergeordnete Rolle. 90 % der Lösungen im Unternehmenssektor lassen sich auf Basis der GPRS-Technologie realisieren. UMTS wird nur für wenige Anwendungen, die eine hohe Übertragungsbandbreite benötigen, unbedingt erforderlich sein.

Mit der größeren Übertragungsbandbreite und den leistungsfähigeren Endgeräten kann zukünftig mobil auf alle Unternehmensanwendungen zugegriffen werden – an jedem Ort, zu jeder Zeit und multimedial.

Aus Analystensicht sind in den Unternehmen 10 bis 35 % Einsparungen durch Mobilisierung der Geschäftsprozesse erreichbar. Die Einsparungspotenziale variieren je nach Branche und den individuellen Geschäfts- und Datenverarbeitungsprozessen.

Produktivitätsgewinne ergeben sich vor allem durch die Beschleunigung von Prozessen, durch die Vermeidung von Prozess-Unterbrechungen und durch die schnelle Reaktion auf Situationsveränderungen. Konkret kann dies im Falle von „Mobile Field Service“ bedeuten, dass der Service-Techniker seinen neuen Service-Einsatz mit allen relevanten Kundendaten als Push-Information, beispielsweise per SMS, und nicht zeitaufwändig in Papierform erhält. Ausgewählt wird vom Dispatcher auch jeweils derjenige freie Service-Techniker, der sich am nächsten beim Kunden befindet. Automatische Routenführung unter Berücksichtigung der aktuellen Verkehrsverhältnisse verbessert zusätzlich die Reaktionszeit des Service-Technikers gegenüber dem Kunden.

Geringere Reaktionszeiten, weniger Leerzeiten, schnellere Rechnungsstellung – all dies sind Faktoren, die die Produktivität von Mitarbeitern eines Unternehmens erhöhen. Mobile Business kann dazu beitragen, dass Unternehmen „Operational Excellence“ erlangen.

Demgegenüber stehen die Investitionsaufwendungen für mobile Geräte, Applikationen, Lösungen, Infrastruktur und deren Betrieb. Der RoI, der Return on Investment, stellt den Nutzen für ein Unternehmen den Investitionsaufwendungen gegenüber. Wenn mobile Business einem Unternehmen einen positiven RoI bescheren kann, dann werden Unternehmen in Mobile Business-Technologie investieren. Deswegen werden es in den nächsten Jahren vor allem die Unternehmen sein, die Mobile Business zum Erfolg verhelfen werden.

Als Nebeneffekt profitieren Firmen von Verbesserungen in der Kundenzufriedenheit und im Image; quantifizieren lassen sich diese jedoch kaum.

Der Weg ins Mobile Business

Für Unternehmen wird Mobile Business grundsätzlich dort interessant, wo Mitarbeiter viel unterwegs sind. Das ist sowohl auf Dienstreisen als auch bei Außendienstmitarbeitern und Service-Technikern der Fall. Mit Hilfe mobiler Endgeräte und einer leistungsstarken Datenkommunikation über Mobilfunk können Anwender jederzeit und von jedem Ort Informationen aus dem Internet oder dem Corporate Netzwerk abrufen oder erstellen. Die Transformation zu M-Business kennt sechs Bausteine.

Transformation existierender Webanwendungen

Der erste Schritt zur mobilen Applikation ist die Portierung einer bestehenden Internet-Anwendung auf eine mobile Plattform. Dabei werden noch nicht die spezifischen Möglichkeiten mobiler Geräte genutzt. Vielmehr müssen die technischen Einschränkungen durch die Mini-Displays und die derzeit geringe Datenübertragungsrate über GSM-Netze bei der Portierung berücksichtigt werden. Informationsdienste wie Nachrichten, Staumeldungen und Fahrplanauskünfte entfalten ihren wahren Wert erst in der mobilen Nutzung. Was nutzt die Fahrplanauskunft auf dem PC im Büro, wenn Sie unterwegs Ihren Reiseplan ändern? Derartige Informationen erfordern ein hohes Maß an Aktualität. Sie müssen jederzeit und an jedem Ort auf beliebigen Endgeräten verfügbar sein.

Sichere Transaktionen

Der zweite Schritt der M-Business-Evolution umfasst Transaktionen. Bei mobilen Banküberweisungen, Flugbuchungen oder beim mobilen Bezahlen von Rechnungen – Datensicherheit ist überall ein Muss. Die in den letzten Jahren in den Unternehmen mit großem Aufwand aufgebauten Sicherheitsarchitekturen dürfen jetzt nicht durch die Hintertür der mobilen Endgeräte wieder für Angriffe von außen geöffnet werden. Deshalb gewinnen die Themen End-to-End-Sicherheit, Verschlüsselung, sowie der Aufbau von Trustcentern und einer Public Key Infrastructure (PKI) zunehmend an Bedeutung. Für die bereits aus dem Internet und verschiedenen Unternehmenslösungen bekannte „elektronische Signatur", mit deren Hilfe bei Transaktionen über die Netze eine Authentifizierung der Geschäftspartner erfolgt, wird aus Sicherheitsgründen bereits die „mobile Zweitunterschrift" entwickelt. Ein für alle Endgeräte einheitlicher Standard hat sich allerdings noch nicht durchgesetzt.

Eine neue Dimension im M-Business

Geschäftsprozesse erhalten durch die Integration der Ortsinformation in Echtzeit eine völlig neue Dimension: Im Transportgewerbe kann der Spediteur oder der Auftraggeber kontinuierlich die Position der transportierten Waren verfolgen, Abweichungen von der geplanten Route sehen oder rasch auf Stillstandszeiten reagieren.

Durch ortsbezogene Services können vollkommen neue Geschäftsmodelle entstehen, die im leitungsgebundenen Internet nicht existieren. Ortsinformationen eröffnen einen Strauß von neuen Möglichkeiten im mobilen Geschäft. Informationen werden dabei automatisch – entsprechend der jeweiligen Ortsbestimmung des Benutzers – gefiltert oder zusammengesetzt. Damit entstehen individuelle, personalisierte Services, die nicht nur das Abrufen von Informationen erlauben. Vielmehr versorgen sie den Nutzer proaktiv mit Informationen, die für ihn wichtig sind.

Mega-Trend: Mobile Portale und proaktive Services

Zusammen mit ortsbezogenen Services sind proaktive Services – sogenannte Push-Services – stark im Kommen. Personalisierung und proaktive Services sind eng verknüpft mit mobilen Portalen. Bei den heutigen Mini-Displays der mobilen Geräte und der geringen Datenübertragungsgeschwindigkeit ist es erfolgsentscheidend, dass der Mensch nur diejenigen Informationen übermittelt bekommt, die für ihn persönlich und in der jeweiligen Situation relevant sind, aber keine wichtigen Informationen unterdrückt werden.

Proaktive Services werden vor allem nach Einführung von GPRS (General Packet Radio Service) interessant. Während bei heutigen GSM-Mobilfunknetzen proaktive Informationsservices durch kurze Texte in Form von SMS-Mitteilungen realisiert werden, können mit der „Always-on"-Funktionalität von GPRS beliebige Daten jederzeit auf das mobile Endgerät übertragen werden.

Mit Einführung von GPRS wird auch die Synchronisation von E-Mails und Kalendereinträgen komfortabel. Neue Termine werden automatisch auf den PDA übertragen. E-Mails erscheinen ohne Verzögerung auf dem mobilen Gerät. Die Synchronisationsmöglichkeiten sind eine Grundvoraussetzung für den breiten Einsatz von M-Business-Lösungen innerhalb eines Unternehmens.

GPRS ist für die meisten Geschäftsapplikationen ausreichend

Mit GPRS, das Übertragungsraten von bis zu 115 Kilobit pro Sekunde ermöglicht, lassen sich bereits 90 % der M-Business-Applikationen realisieren. Entscheidend ist hier die paketbasierte Datenübertragung und die „Always-on"-Funktionalität für Datenanwendungen.

UMTS, die dritte Generation der Mobilfunknetze, wird nahezu unbegrenzte Möglichkeiten der Multimedia-Kommunikation eröffnen. Mit bis zu 2 Megabit pro Sekunde können Daten und Videos übertragen werden. Mobile Videokonferenzen oder TV-on-demand werden dadurch möglich. Der Servicetechniker kann ein Bild der defekten Baugruppen einer Maschine an einen Experten übertragen. Für die Reparatur erhält er dann alle wichtigen technischen Dokumentationen auf sein Mobilgerät, bis hin zu einem Video, das ihm die Reparaturschritte zeigt.

Hören und gehört werden: Im Dialog mit der Maschine

Der Wunsch nach sprachgesteuerter Navigation in Portalen gewinnt bei mobiler Kommunikation neue Bedeutung. Bereits heute ist eine zuverlässige Sprachsteuerung für Mobiltelefone verfügbar, was zahlreiche Autofahrer auch schon nutzen. Jedoch muss diese erste Form der Kommunikation Mensch-Maschine konsequent weiterentwickelt werden: Schließlich soll die Vision vom Sprachportal, mit dem der Anwender kontextfrei und sprecherunabhängig kommunizieren kann, schon bald zum Arbeitsalltag gehören. Die Applikationen müssen nun lernen, Sprache zu verstehen und zu interpretieren. Portale müssen in Zukunft gesprochene Sprache in entsprechende Aktionen umsetzen. Das Ergebnis dieser Aktionen muss wieder in Form synthetisierter Sprache zurückgegeben werden.

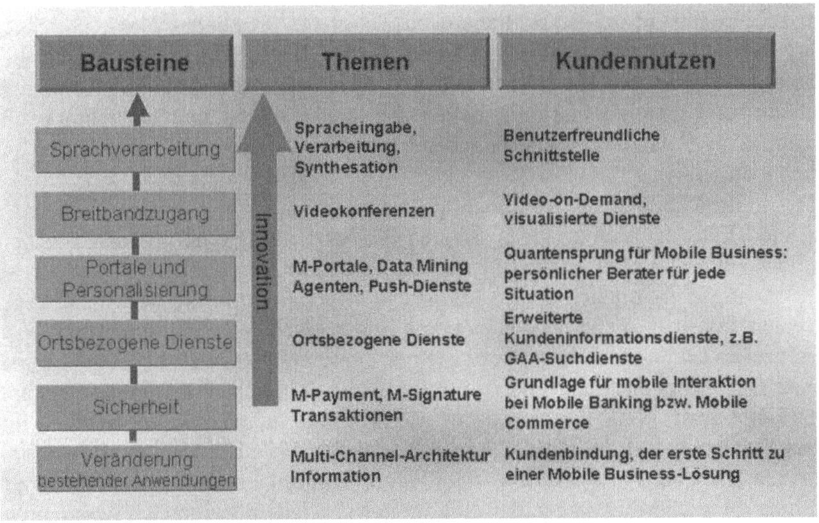

Abb. 3: Die sechs Evolutionsbausteine von Mobile Business

M-Business-Lösungen werden der ständige Begleiter im Privat- wie im Geschäftsleben sein – zum Nutzen des Menschen versteht sich. Die sechs Evolutionsbausteine von M-Business ermöglichen neue Anwendungen, schaffen neue Geschäftsmodelle und -möglichkeiten. Alle Bereiche der Wirtschaft werden von dieser „Revolution" profitieren. M-Business ist dabei der Motor für Innovationen.

Siemens ist mit seinem Segment „Information and Communications" ein Unternehmen, das alle drei Aspekte von M-Business – Internet, Mobilität und Electronic Business – unter einem Dach vereint. Diese Kombination ermöglicht es, den Kunden innovative und zuverlässige End-to-End-Lösungen und Services anzubieten. Siemens Information and Communications besteht aus drei Bereichen:

Mobile Office verleiht Ihrem Büro Flügel

Mobile Office steht für interaktives Informationsmanagement durch mobilen Zugriff auf Unternehmens-Applikationen: Über ein mobiles Mitarbeiter-Portal haben Mitarbeiter Zugriff auf das Firmen-Intranet, auf Kalenderfunktionen und E-Mail, auf Wissensdatenbanken sowie auf Back Office-Applikationen im Unternehmen. Mobile Office wird vielleicht die „Killer-Applikation" im mobilen Intranet.

Hohe Flexibilität und wechselnde Einsatzorte gehören für viele Arbeitnehmer heute zum Alltag. Der mobile Zugriff auf das firmeninterne Telefonverzeichnis macht das Abfragen von stets aktuellen Telefonnummern jederzeit möglich – unabhängig von den Arbeitszeiten der Telefonzentralen. Lästiges Abspeichern und ständiges Aktualisieren von Telefonnummern entfällt. Auch der Zugriff auf E-Mail und Kalender – von unterwegs wie von zu Hause – wird bald so selbstverständlich sein wie mobiles Telefonieren.

Das mobile Büro hört dabei nicht beim Zugriff mit WAP-Handy auf. Von jedem beliebigen Ort zu jedem beliebigen Zeitpunkt über jedes Gerät und jedes Netzwerk zu kommunizieren und zu interagieren, das ist die Vision von Mobile Business. Mitarbeiter können auch außerhalb des Büros den ständigen Kontakt zu Kollegen und Geschäftspartnern halten. Sie sind flexibel und unabhängig und können, zum Beispiel bei Terminänderungen, ihre Reiseplanung kurzfristig und effizient anpassen.

Der mobile Zugriff auf Unternehmensdaten sorgt für reibungslose Arbeitsabläufe und führt dadurch zu einer höheren Produktivität und zu größerer Kundennähe des Unternehmens. Unternehmen werden dadurch wettbewerbsfähiger, da sie Kunden langfristig an sich binden können. Betriebe, die Mobile Office-Lösungen einsetzen, investieren auch in das moderne Image eines Technologieführers.

Als erstes Großunternehmen setzt Siemens unternehmensweit Lösungen für das mobile Büro in einem Pilotprojekt ein. Bereits im Frühjahr 2001 haben Siemens-Mitarbeiter über WAP-Handy Zugriff auf das unternehmensweite Telefon- und Adressverzeichnis, das Siemens Corporate Directory (SCD), erhalten. In weiteren Schritten kommen Anwendungen für E-Mail, Terminkalender und Reisebuchungen hinzu. Darüber hinaus werden Mitarbeiter von jedem geeigneten mobilen Gerät auf ihre elektronische Post zugreifen können.

Mobile Sales Force Automation schlägt die Brücke zum Kunden

Mobile Sales Force Automation ermöglicht den mobilen Zugriff auf Kunden- und Unternehmensdaten zur Unterstützung des Vertriebs. Die Anwendungen bilden die Basis für Customer Relationship Management (CRM), das alle relevanten Informationen für Vertrieb und Kundendienst, Daten zur Kundenzufriedenheit wie auch Marketing-, Vertriebs- und Service-Informationen verwaltet und aufbereitet: Das Herz bildet eine Datenbank, auf der Vertriebsmitarbeiter rund um die Uhr Informationen ablegen und abfragen können, inklusive Kundeninformationen, Rabatte, Sonderkonditionen, Kundenvorlieben sowie aktuelle Geschäftsvorfälle.

Mit einer neuen Lösung können beispielsweise Vertriebsmitarbeiter bei E.ON jederzeit einsehen, welcher Key-Account-Manager zuletzt bei einem bestimmten Kunden war. Sie können den Schriftverkehr zwischen Kunden und Anbieter sowie die Höhe des letzten Angebots nachschlagen und selbstverständlich auch ein neues Angebot erstellen. Der Zugang der Mitarbeiter ist bei E.ON und den Vertriebspartnern – je nach Zugriffsberechtigung – regional nach Versorgungsgebieten organisiert. Kundendaten werden dem Mitarbeiter nach Zuständigkeitsgebiet und Zugriffsberechtigung zur Verfügung gestellt. Die Hauptfrage bei der Datenbankpflege ist dabei: Wer darf wann welche Daten aktualisieren? Die mobile Synchronisation ist derzeit noch über mobile Clients, Notebook oder PDA (Personal Digital Assistant) realisiert: Beispielsweise erhält das Notebook des E.ON-Mitarbeiters seine Kopie der nötigen Datenbank-Einträge, und ein Vertriebsmitarbeiter kann Änderungen direkt beim Kunden vor Ort vornehmen.

Mobile Dienste für Servicetechniker

In welchem Bereich einer Organisation sind Mitarbeiter mehr gefordert und mobiler als in den Serviceabteilungen? Ein guter technischer Service zeichnet sich durch Know-how, flexiblen Einsatz, schnelle Reaktionszeiten und zielgerichtete Fehlerbeseitigung aus. Dabei sind die Reaktionszeiten für Techniker durch anspruchsvolle Serviceverträge und -pakete mit dem Kunden genau definiert. Einsatzleitung und Servicetechniker müssen also mehr denn je ein Team bilden, das jederzeit genau aufeinander abgestimmt ist und wenig Raum für Fehlinterpretation bietet – auf der anderen Seite jedoch entsprechende Flexibilität zulässt.

Mit Mobile Field Service kann ein Auftrag mobil abgewickelt werden. Und das von der Auftragsbearbeitung über die Stundenkontierung, dem Materialverbrauch, Verfügbarkeitsprüfung, Ersatzteilbestellung und Reisekosten bis hin zu Arbeitsberichten, Arbeitslisten sowie der abschließenden Rechnungsstellung. Obendrein ist der mobile Zugriff auf Dokumentation und den Service-Support gewährleistet. Ein wichtiger Vorteil hierbei: Die bei einem Einsatz benötigten Informationen sind immer auf dem neuesten Stand.

Ein SBS-Lösungsangebot im Bereich B2E nennt sich „Mobile Productivity – Thin Client Mobile Solution for Field Service“. Im Feld versorgt sie etwa die Techniker mit neuesten Informationen. Die Einsatzleiter kennen jederzeit genau den präzisen Status der jeweiligen Serviceaufträge.

Die Lösung umfasst alle relevanten Prozesse wie Techniker-Informationen bei Erstzuordnung, Status-Updates durch den Techniker, Rückmeldung von Materialverbrauch, Reisekostenabrechnung und Zeitkontierung. Darüber hinaus sind Abfragen zur Materialverfügbarkeit, Historienverfolgung für bisherige Kundenanrufe, Arbeitslisten und Ersatzteilbestellungen möglich. Die Datenübermittlung erfolgt derzeit noch über SMS. Durch Kurzwahlbestätigung kann der Techniker einen bestimmten Status eines Auftrages rasch ändern oder Abfragen starten. Jede übertragene Information wird nach Übergabe an den Empfänger dem Absender bestätigt.

Der Berliner Kurierdienst Atlas nutzt bereits mobile Dienste, denn Liefertreue ist das Credo des Unternehmens. Atlas setzt auf eine Navigation seiner Fahrzeuge über die Zentralen-Software LogiOffice der Firma Spektra durch den Disponenten in der Zentrale. Gleichzeitig optimiert der Disponent über LogiOffice seine Aufträge. Die Kunden von Atlas können über einen temporären Internetzugriff den Status ihrer Lieferung jederzeit verfolgen. Durch den Einsatz von LogiOffice und die Bereitstellung von Zusatzinformationen erreicht Atlas eine höhere Kundenzufriedenheit. Gleichzeitig wird die Qualität der Transportleistung verbessert. Aufgrund der besseren Auslastung kann Atlas ebenfalls die Quantität bei gleichem Ressourceneinsatz erhöhen.

Als Fahrzeuggeräte dienen spezifische Bordrechner. Bei dem System LogiOffice der Firma Spektra handelt es sich um ein internetbasiertes Flottenmanagementsystem. Die Software samt Server werden von der Firma Spektra im ASP-Modus betrieben. Atlas bezahlt eine monatliche Mietgebühr für die verwendeten Software-Module sowie für die Verwaltung der Fahrzeuggeräte.

Die Bordrechner sind zusätzlich mit einem Message Display Terminal ausgestattet. Damit ist das Lesen von Textnachrichten einfacher und der Fahrer hat die Möglichkeit, Status- und Standardnachrichten zu versenden und zu empfangen.

Der Vorteil dieser Lösung liegt in den niedrigen Investitionskosten für Hardware und Software, und er profitiert automatisch vom neuesten Softwarestand.

Mobile Travel Management: Der mobile Reisebegleiter

Immer mehr Unternehmen organisieren sich in grenzüberschreitenden, teilweise virtuellen Teams. Die Geschäftsbeziehungen laufen immer häufiger auf internationalen Terrains ab. Die Zahl der Dienstreisen und damit auch die Kosten nehmen stetig zu. Mobiles Travel-Management eröffnet Firmen mit einem hohen Reiseaufkommen signifikante Einsparpotenziale durch Optimierung der damit verbundenen Prozesse. Insbesondere die Kosten, die durch Änderung des Reiseplans während der Reise entstehen, lassen sich mit Mobile Travel-Lösungen reduzieren.

Die Mobilität von Geschäftsreisenden wird heute noch durch technische Restriktionen erheblich eingeschränkt. Online-Buchungen und Check-in via Handy existieren zwar bereits. Eine auf den gesamten Reiseablauf bezogene orts- und zeitunabhängige Online-„Reiseassistenz" fehlt aber bislang. Reisen heißt für den Geschäftsreisenden jedoch oft umplanen und auf veränderte Rahmenbedingungen reagieren müssen: Terminverschiebungen, neue Zeiten, neuer Zielort, Flugverspätungen, Stau auf dem Weg zum Flughafen, entsprechende Anpassungen von Hotel- und Mietwagenreservierungen – alleine das Organisieren des Reiseablaufs bedarf eines enormen Aufwands und wird zunehmend komplexer. Mobiles Travel-Management unterstützt den Geschäftsreisenden hierbei. Dadurch können bei der Vorbereitung und der Durchführung einer Reise deutlich Zeit und Kosten gespart werden.

Dank Mobile Travel-Solutions werden mobile Endgeräte wie Handys und PDAs zu aktiven Reisebegleitern. Mobile Reiseplanungen und proaktives Informationsmanagement über Verspätungen, Stornos oder Terminänderungen machen Geschäftsreisende flexibel. Mit einem über Mobilfunk abrufbaren Internet-Reiseportal kann der Reisende den Reiseablauf zu jedem Zeitpunkt und an jedem Ort selbst managen. Für Reisevermittler und Reiseanbieter bieten sich zudem völlig neue Möglichkeiten für die Gestaltung von Kundenbeziehungen. Letztendlich zum Vorteil der Reisenden. Sie sparen wertvolle Zeit.

Mobile Travel Management ermöglicht mobile Reiseplanungen und proaktives Informationsmanagement über Verspätungen, Stornos oder Terminänderungen. Geschäftsreisende können so flexibel auf mögliche Terminverschiebungen reagieren.

Das Mobiltelefon klingelt. Der Reisende erhält die Information, dass sein Flug verschoben wurde. Er bekommt sofort Ausweichmöglichkeiten angeboten, die er per Knopfdruck bestätigen kann. Mit der Umbuchung des Fluges werden auch Hotel und Mietwagen am ursprünglichen Zielort automatisch storniert. Im nächsten Schritt kann der Reisende Hotelzimmer und Mietwagen bestellen, die – den neuen Ankunftszeiten bereits angepasst – am neuen Ankunftsort zur Verfügung stehen. Die Umbuchung ist bequem per Knopfdruck möglich, ohne dass die persönlichen Daten neu eingegeben werden müssen. Kollegen und Geschäftspartner werden automatisch per SMS über die Terminverschiebung und die neue Ankunftszeit benachrichtigt.

Am neuen Zielort bietet das gleiche Portal entsprechend der persönlichen Reisegewohnheiten ortsabhängige Dienste an – zum Beispiel eine visualisierte Wegbeschreibung zum nächstgelegenen präferierten Restaurant.

Mit der Travel Angel Platform entwickelt Siemens Mobile Travel Solutions ein innovatives Reiseportal. Hierüber erhält der Reisende auf seinem mobilen Endgerät zukünftig in jeder Phase seiner Reise alle für das mobile Travel Management notwendigen Informationen – individualisiert sowie standortbezogen – und kann seinen Reiseablauf aktiv managen.

„Siemens Mobile Travel Solutions“ startete bereits die Pilotphase innerhalb des Siemens Konzerns. Im ersten Schritt wird es dem Reisenden dabei möglich sein, unterwegs über Handy auf Flugplaninformationen zuzugreifen und Flüge umzubuchen. Er empfängt mobil alle relevanten Flughafeninformationen wie Boarding-Time, Gate-Nummer sowie die umgehende Nachricht über Flugunregelmäßigkeiten wie Verspätungen. Er kann jederzeit auf persönliche Reiseinformationen und unternehmensspezifische Informationen, zum Beispiel Namens- und Telefonverzeichnis, zugreifen. Auch Wetterinformationen für alternative Zielorte kann er abrufen.

Die Travel Angel Platform von Siemens ist vom jeweiligen Mobilfunkstandard unabhängig und bedient sich heute auf der Basis existierender Standards der Möglichkeiten von SMS und WAP.

Auch beim Einchecken eröffnen sich bereits die neuen Dimensionen des Mobiltelefons: Lufthansa und SBS präsentierten mit „m-Barq" erstmals eine elektronische Bordkarte auf WAP-fähigen Mobiltelefonen. Die Buchungsdaten werden von der Fluggesellschaft auf das Handy übertragen und als Barcode im Display angezeigt. Ein Lesegerät am Gate wertet die Daten aus und verkürzt den Einsteigeprozess damit erheblich.

Ortsbezogene Dienste: Der „Bankfilialen"-Finder für die HypoVereinsbank

Siemens Business Services entwickelte für die HypoVereinsbank (HVB) einen mobilen Service, der es den Bankkunden ermöglicht, mittels eines WAP-Handys den nächstliegenden Geldautomaten der HVB beziehungsweise der Cash Group zu finden.

Für seine aktuelle Position erhält der Bankkunde eine Liste mit den nächstliegenden Filialen und Geldautomaten der HVB beziehungsweise Cash Group. Der Clou an der Sache sind von SBS entwickelte Zusatzfunktionalitäten, wie die direkte Anwahl einer Filiale oder die Infoanzeige über Online/Offline-Status der Geldautomaten. Darüber hinaus wird dem Kunden eine Straßenkarte angezeigt, die ihm die geographische Lage der Filiale oder des Geldautomaten visualisiert.

Der Location Finder ist seit September 2001 bei der HVB in Betrieb und steht den Kunden in mehreren Sprachen zur Verfügung. Die Anwendung eines Location Finders kann auch als Zusatzfunktionalität für andere Applikationen genutzt werden.

Deutsche Krankenversicherung: Mobil und gesund

Die Deutsche Krankenversicherung (DKV) hat gemeinsam mit Siemens Business Services ein Konzept für ein umfassendes mobiles Gesundheitsmanagement entwickelt. Die Versicherten erwarten von ihrer Krankenversicherung unterwegs mehr Unterstützung und Information in den verschiedensten Lebenssituationen.

Basis für den mobilen Gesundheitsmanager ist das seit Februar dieses Jahres betriebene integrierte Gesundheits- und Versorgungsportal der DKV im Internet. Ergänzend betreibt das Versicherungsunternehmen ein Call Center mit medizinischen Fachkräften zur Online-Beratung. In Notsituationen kann der Patient direkt mit seinem Arzt oder den Mitarbeitern des DKV-Gesundheitsmanagements Kontakt aufnehmen. Sein mobiles Endgerät übermittelt dabei aktuelle medizinische Daten. Über eine Notfalltaste kann der Patient selbst Hilfe anfordern. Seinen Aufenthaltsort übermittelt das Mobiltelefon automatisch an den Rettungsdienst.

Informationen zur richtigen Zeit und am richtigen Ort bewirken eine Optimierung der Kostenstrukturen – sowohl bei den Leistungserbringern, die weniger

Verwaltungsaufwand betreiben müssen, als auch beim Versicherer. Diese vermeiden durch optimierte Vorsorge, schnelles Eingreifen und telefonische Vorabklärung kostenintensive ärztliche Behandlungen und Krankenhausaufenthalte. Finanziert wird der mobile Service über Nutzungsgebühren: Die Anwender bezahlen eine geringe jährliche Grundgebühr. Die Beitragshöhe für einzelne Dienste richtet sich nach der Komplexität des jeweiligen Angebots.

Ausblick

Die Mehrheit der Manager glaubt heute schon, mobiles Arbeiten würde den Berufsalltag erleichtern. Viele Unternehmen verfügen allerdings noch nicht über die entsprechenden Voraussetzungen, um mobil arbeiten zu können. Zu diesen Ergebnissen kommt eine Umfrage, die Benchmark Research durchführte.

Effizienz	Produktivität	Reibungsloses Business	Sicherung der Arbeitskräfte	Asset und Working Capital Mgmt
• Prozess-Beschleunigung • Ermöglichung zeitkritischer Prozesse • Unterdrückung ineffizienter Prozesse • Neue und schnellere Prozesse	• Kostensenkung • Niedrigerer TCO durch Kostensenkung bei Geräten • Verbessertes Business Information Mgmt (BIM) • Verbessertes Wissens-Management	• Überwachung kritischer Situationen • Vermeidung von Unterbrechungen im Geschäftsablauf • Umgehende Reaktion in Notfällen • sofortige Situationsbewertung	• Wachsende Arbeitnehmer-Zufriedenheit • Zunehmende Mitarbeiter-Treue • Image-Verbesserung • Verbesserter Wissens-Management Prozess	• Reduktion von gebundenem Kapital (z. B.: WASP) • Geringerer Flächenaufwand für Büros • Schnellere Rechnungsstellung durch mobile Geräte • Keine Verzögerung bei Bilanzierungen
alle Industrien	**alle Industrien**	**chem./Öl-Industrie Sicherheit, Gesundheitswesen, Versicherung**	**alle Industrien**	**speziell Industrien mit mobiler Arbeitskraft**

Abb. 4: Nutzeneffekte von Mobile Business

Doch das wird sich nun ändern. Mit der Einführung von GPRS sowie technisch immer ausgereifteren Endgeräten werden M-Business-Anwendungen so benutzerfreundlich werden, dass sie kaum mehr vom Arbeitsalltag wegzudenken sein werden.

Doch bedeutet Perfektionierung im Unternehmensumfeld nicht nur leistungsfähigere Endgeräte, benutzerfreundlichere Schnittstellen, situationsabhängige Applikationen und schnellere Datenübertragung, sondern ermöglicht zukünftig auch neue Kommunikationsprozesse wie M2M (Machine-to-Machine): Maschinen werden mobil untereinander kommunizieren, einander steuern und beeinflussen. Ein einfaches Beispiel ist der Getränkeautomat, der automatisch seine Wiederbefüllung in Auftrag gibt und dabei auch seinen Standort überträgt. Erste Ansätze gibt es auch im Bereich Telematik für die Automobilbranche und bei der Transpondertechnologie (beispielsweise intelligente Preisschilder). Mittelfristig werden wir auch im gesamten Produktions- und Logistikprozess immer stärker vernetzte, mobile Kommunikationslösungen im Einsatz sehen und eine neue Welle der Automatisierung einleiten.

2.9 Location Based Services in der Praxis

Eberhard Baeumerth

Location Based Service – was ist das?

„Location Based Services" machen Sie zum Mittelpunkt der Welt. Das bedeutet, dass alle Informationen über Ihre Umgebung so aufbereitet werden, dass sich Ihr Standpunkt im Zentrum befindet.

Vielleicht gehören Sie auch zu den Menschen, die eine Landkarte immer so drehen, dass der Blick nach vorn auf der Karte oben ist. Damit erleichtern sie sich die Orientierung, weil dann rechts und links auf der Karte und in der Realität identisch sind. Der einzige Nachteil bei gedruckten Landkarten ist, dass die Schrift dabei gelegentlich auf dem Kopf steht. Bei elektronischen Karten z.B. für Piloten wird die Schrift automatisch gedreht.

Location Based Services (LBS) erleichtern Ihnen die Orientierung. Ohne Ihr Zutun kann ein elektronisches Informationssystem die Wichtigkeit von Informationen in Abhängigkeit von ihrem Standort bewerten. Wenn Sie Erste Hilfe benötigen, wird der nächstliegende Hilfsdienst alarmiert und Sie müssen nicht einmal ihren Standort mitteilen, um gefunden zu werden.

Wenn Sie ein bestimmtes Ziel erreichen wollen, genügt es, das Ziel zu nennen und schon kann die Route dorthin ermittelt werden. Dabei kann es sich um ein absolutes Ziel handeln, z.B. New York oder um ein relatives Ziel wie z.B. Gartenstraße, die Sie mit größter Wahrscheinlichkeit in dem Ort suchen, in dem Sie sich gerade befinden.

Sie könnten aber auch an Erklärungen zu Ihrem aktuellen Standort interessiert sein; z.B. möchten Sie etwas über die Geschichte und den Baustil des Gebäudes erfahren, vor dem Sie gerade stehen.

Moderne Techniken wie das satellitengestützte Globale Positionier System (GPS) und auch die geometrische Anordnung der Antennen des GSM-Telefonnetzes ermöglichen die automatische Bestimmung der Position eines Mobiltelefons bis auf wenige Meter genau. Und damit werden in Kürze die oben beschriebenen Dienste realisierbar.

Beispiele für Dienste

Am 3. Juli 2000 steht in der BILD-Zeitung eine winzige Nachricht mit der Überschrift: „Neues Handy führt Touristen". Forscher der polytechnischen katalanischen Universität von Barcelona haben ein Mobiltelefon mit einem GPS-Empfänger zu dem System „Guideman" kombiniert, um Touristen durch die Stadt zu führen. Das war der erste Bericht über einen touristischen Führer mit Hilfe eines modifizierten Mobiltelefons, den ich in einer Zeitung gelesen habe.

Schon seit Mai verfolgte ich die Idee eines Finders für behindertengerechte Toiletten. Und seitdem hat mich diese Idee nicht mehr losgelassen. Kurz darauf wurde in der gleichen Zeitung von Handys berichtet, die den Eltern den Aufenthaltsort ihrer Kinder anzeigen sollten.

Seit Juli 2000 habe ich den GPServicePilot in meinem Auto, der von SIEMENS zusammen mit dem ADAC, als mobile Notrufsäule entwickelt wurde. Er dient als Zugang für die ADAC-Telematikdienste. Man kann damit die Pannenhilfe anfordern, erhält einen standortbezogenen Verkehrsservice und kann im Notfall die Rettungsdienste alarmieren. Die Alarmierung funktioniert, durch den eingebauten Crash-Sensor bei einem schweren Unfall, auch ohne Zutun der Insassen. Das System besteht aus der Kombination eines gewöhnlichen Mobiltelefons mit einem GPS-Empfänger und einer Freisprecheinrichtung.

Die gleiche Hardware benutzt die Firma Interway in Greifswald für die Flottensteuerung. Dabei können Fahrzeuge über einen automatischen Anruf geortet werden. In einer Zentrale kann der Ort des Fahrzeuges, z.B. ein Lkw oder Taxi, auf einer Landkarte bzw. einem Stadtplan angezeigt werden.

Die amerikanische Regulierungsbehörde (FCC) verpflichtet die US-Mobilfunkanbieter bis Ende des Jahres 2001, mindestens zwei Drittel der Handys im Netz auf etwa 125 m genau orten zu können. Damit kann, im Falle eines Notrufs über die Nummer 911 (Enhanced 911), der Anrufer durch die Notdienste automatisch lokalisiert werden.

Im US-Staat Maryland in Baltimore County funktioniert ein ähnliches Projekt im Festnetz, wo ebenfalls der Anrufer mit Hilfe der Telefonnummer und der Angaben im Telefonbuch automatisch lokalisiert wird.

LBS ist also nicht nur eine Spezialität des Mobilfunknetzes. Auch das Festnetz und das Internet über das Festnetz ermöglicht ähnliche Verfahren zur Lokalisierung.

Der PASSO Verkehrsinformationsdienst wird von D2-Vodafone und E-Plus angeboten. Er liefert unter anderem aktuelle Stauinformationen für die jeweilige Route des Anrufers.

Vielleicht können Sie sich noch an die Berichterstattung über den sogenannten IMSI-Catcher der Firma Rhode & Schwarz erinnern, mit dem die Polizei gelegentlich schwere Straftäter ortet. Dabei stand vor allem die mangelhafte Rechtsgrundlage im Vordergrund der Berichterstattung. Der Verbrecher wird natürlich gegen seinen Willen lokalisiert. Was aber die Mobilfunkbetreiber vor allem stört, ist die Beeinträchtigung der Funktion einer ganzen Funkzelle.

Mit der ausdrücklichen Zustimmung des Handybesitzers (durch Anmeldung und die Vergabe eines Passwortes) kann bei Genion mit dem Handyfinder über das Internet die Position eines eingeschalteten Handys angezeigt werden. Genauer gesagt, es wird die Position der Funkantenne auf einer Landkarte bzw. einem Stadtplan angezeigt, mit dem das Handy in Kontakt ist.

Der Hamburger Medienkünstler Stefan Schemat hat einen interaktiven Roman entwickelt, dessen Fragmente durch die Bewegung des Rezipienten im Stadtraum gesteuert wird. Eine sehr interessante Aussage von ihm möchte ich hier zitieren:

„Idealerweise erfolgt die Ausgabe per Sprache. Damit integriert sich der ortsbezogene Dienst optimal in die Umwelt. Er verschmilzt mit ihr. Tut er das nicht, dann kommt es zum Information Overflow, und der Benutzer widmet seine Aufmerksamkeit ganz der Umwelt oder, noch schlimmer, ganz dem Handy."[1] Über diese These später mehr.

Die geplante Erhebung der Autobahngebühren mit Hilfe einer Mautbox im Lkw ist letztendlich auch ein ortsbezogener Dienst, so dass es nicht verwundert, wenn Debis und Vodafone sich um die Realisierung bewerben. Beide Firmen haben Pläne für ortsbezogene Dienste oder betreiben bereits welche. DaimlerChrysler entwickelt als Ergänzung zu seinen Navigationssystemen für Fahrzeuge den City Companion als Stadtführer und Terminplaner. D2-Vodafone betreibt unter anderem bereits ein Stau-Informationssystem.

Am 20. August 2001 steht in der Süddeutschen Zeitung unter der Überschrift: „Handy als Lebensretter", dass nach Auskunft der Bergwacht Bayern bereits ein Viertel der Notrufe im Gebirge über Mobiltelefone abgesetzt werden. Und dass immer häufiger die Verunglückten mit Hilfe eines GPS-Geräts ihre Koordinaten mitteilen. In Kürze könnte der GPS-Empfänger in dem Mobiltelefon integriert sein, sodass der Verunglückte nur noch eine Notruftaste betätigen muss.

Die Münchner Firma GSM Applikationen und Produkte AG bietet mit Hiper zum Jahresende 2001 ein entsprechendes Gerät an. Die Firma SiRF Technology, Inc. hat miniaturisierte GPS-Empfänger für Handys entwickelt, um die Positionsbestimmung durchzuführen.

Das D2-WAP-Portal liefert unter der Rubrik „Unterwegs" Übernachtungsmöglichkeiten, Shoppingangebote und Verkehrsnachrichten. In den Großstädten bietet „Kompazz" einen Shoppingführer an.

Swisscom bietet über WAP ebenfalls lokale Wetterinformationen, Kinoprogramme und einen Theaterführer für verschiedene Städte in der Schweiz an. Mit „friendZone" bietet Swisscom eine Börse für Kontaktsuchende, die sich mit Hilfe dieses Dienstes in einer Stadt lokalisieren und treffen können.

Natürlich kann man sich beliebige Suchfunktionen vorstellen für: Gaststätten, Hotels, Clubs, Kinos, Theater, Geschäfte, Werkstätten, Tankstellen, Toiletten, Taxi usw. Wichtig ist dabei vor allem die Qualität, Relevanz und Aktualität der Inhalte. Für viele Angebote ist erst die Kombination mit Buchungs-, Reservierungsfunktion und nach Möglichkeit integrierter Bezahlung richtig attraktiv.

Hier eine, notwendigerweise unvollständige, Aufzählung in Stichworten:

- Notruf
- Navigationssystem
- Ortungssystem
- Handyfinder
- Hotel- und Gaststättenführer
- Einkaufsführer
- Diebstahl-Überwachungssystem für Fahrzeuge

---

[1] COMPUTERWOCHE 34/2001

- Flottensteuerung
- Mautsystem
- LBS-gesteuerter Roman
- Stadtführer
- Reiseführer
- Kindersitter
- Leitsystem für Blinde
- Elektronischer Eskort Service

Warum Location Based Services gerade jetzt?

Zum einem ist die technische Entwicklung soweit fortgeschritten, dass LBS realisierbar geworden sind. Weltweit sind derzeit ca. 500 Millionen GSM-Mobiltelefone im Einsatz. Damit ist eine ausreichende Zahl von Endgeräten und möglichen Benutzern vorhanden. Durch den Aufbau des GSM-Netzes aus einzelnen Funkzellen ist der Aufenthalt des Teilnehmers in einer der Funkzellen eine einfache, wenn auch ungenaue (zwischen 300 Metern und einigen Kilometern) Positionsangabe.

Das zunächst für militärische Zwecke in den USA entwickelte Globale Positionier System ist heute auch für die zivile Nutzung freigegeben. Das wurde besonders beschleunigt durch die Ankündigung der Europäer, ein eigenes System „Galileo“ zu stationieren.

Die Elektronik hat sich soweit entwickelt, dass Mobiltelefone außerordentlich leistungsfähige Geräte geworden sind. Mit minimalem Gewicht, stundenlangen Sprechzeiten und tagelangen Stand-by-Zeiten sind sie in vielen Bereichen aus dem Alltag nicht mehr wegzudenken. Diese Geräte können derzeit Ton und Text übermitteln und in Kürze werden sie auch Bilder und Filme präsentieren, also vollständig multimediafähig sein.

Die Software für die Umwandlung von Text in Sprache und Sprache in Text ist ausreichend entwickelt. Elektronische Landkarten und Stadtpläne, Geocodierung und Routenplanung sind verfügbar. Die Speicherung gewaltiger Datenmengen auf kleinstem Raum ist kein Problem mehr. Und alle diese Techniken entwickeln sich mit ungebremster Geschwindigkeit fort. Die Leistung eines Großrechners vom Anfang der 80er Jahre lässt sich heute problemlos in einem mobilen Endgerät wie einem Handy unterbringen.

Das Internet und die Telefonnetze ermöglichen weltweiten, kostengünstigen Datentransport auch in die entlegensten Winkel unseres Planeten.

Auf der anderen Seite steigt die Mobilität der Bevölkerung immer mehr an. Weltweites Reisen wird immer selbstverständlicher. Und dabei möchten wir jederzeit erreichbar bleiben, den Zugang zu unseren Konten und Geschäften und dem ständigen Blick in unseren (elektronischen) Briefkasten behalten.

Was auf der einen Seite Angst vor dem Unbekannten erzeugt, wie die Furcht vor Globalisierung, ist auf der anderen Seite eine Herausforderung für unsere Neugier und erzeugt Reiselust. Objektiv schafft größere Mobilität aber einen großen Bedarf nach Informationen über die jeweilige neue und unbekannte Umgebung.

Dieses Bedürfnis nach Informationen zur Orientierung kann durch ortsbezogene Dienste befriedigt werden. Und damit können diese Dienste einen Beitrag zur Sicherheit eines jeden Menschen leisten.

Natürlich erwartet man, dass aus der Befriedigung der Nachfrage einer großen Anzahl von Benutzern ein ebenso großes wirtschaftliches Potenzial entsteht.

Die technische Seite dieser Entwicklung ist sicher nicht das eigentliche Problem, auch wenn heute die Dienstgüte und Netzabdeckung der GSM-Netze noch zu wünschen übrig lassen. Sie kennen sicher aus eigener Erfahrung diese Gespräche, wo man sich hauptsächlich über die mangelhafte Verbindung unterhält.

Das Wesentliche sind die Inhalte

Und hier möchte ich als erstes auf die Aussage von Stefan Schemat zurückkommen, der seinen interaktiven Roman idealerweise per Sprache präsentiert. Es ist außerordentlich wichtig, die Inhalte im richtigen Medium zu präsentieren. Genauso wie bestimmte Inhalte nur für bestimmte Orte geeignet sind. Auch wenn bestimmte Grenzüberschreitungen ihren Reiz haben.

Wenn ich mir als Tourist eine Kirche ansehe, so ist mein Auge schon von dem Objekt gefesselt und für die Erklärungen bleibt nur das Gehör. Ohnehin sind solche Erklärungen besser zu hören als zu lesen. Das Medium Schrift ist ja als Ersatz für die Sprache entwickelt worden, um Sprache über Zeit- und Ortsgrenzen zu transportieren. Im diesem Sinne ist Schrift eine frühe und überaus erfolgreiche Realisierung der Telekommunikation.

Ebenso ist ein Navigationssystem im Auto eher eine Gefahr, wenn man sich entscheiden muss zwischen dem Blick auf die Straße oder auf einen elektronischen Stadtplan. Viel effizienter sind da akustische Hinweise zum richtigen Zeitpunkt, wie man das auch von einem Beifahrer gewöhnt ist.

Texte sind nur für solche Informationen besser, die ich buchstabengenau brauche, wie z.B. eine Telefon- oder Hausnummer oder einen Namen.

Dies bringt uns zu einer interessanten Diskussion in der Mobilfunktechnik, nämlich über die angeblich immer noch unzureichenden Bandbreiten oder Übertragungsraten, die die Entwicklung der Dienste derzeit behindern.

Als das BTX-System vor ca. 20 Jahren startete, waren folgende Übertragungsraten verfügbar. 150 Zeichen pro Sekunde vom Dienstbetreiber zum Teilnehmer und 10 Zeichen vom Teilnehmer zurück. Und damit konnte man immerhin schon Bankbuchungen erledigen.

Zeichenorientierte Bildschirme können mit Übertragungsraten von 1200 Zeichen pro Sekunde ausreichend schnell betrieben werden. Der maximale Bildschirminhalt von 1920 Zeichen kann in ca. 1,5 Sekunden übertragen werden. Heute ist die gleiche Übertragungsrate im WAP für einen Handybildschirm von 80 Zeichen zu langsam. Das ist ein geradezu lächerliches Argument.

Es ist nicht die geringe Übertragungsrate, die WAP-Dienste zu langsam machen, sondern es ist der winzige Bildschirm und die daraus resultierenden endlosen Menüs, die uns in die Verzweiflung treiben. Da ein etwas größerer Bildschirm auch nur eine kleine Verbesserung bringen kann, und ein wirklich großer Bildschirm aus dem Telefon einem Laptop mit Funkmodem macht, ist Text ganz einfach das falsche Medium für ein Telefon. Sprachausgabe und Eingabe kann dagegen beliebig miniaturisiert werden, ohne das es funktionale Nachteile gibt.

Selbstverständlich werden in der Zukunft auch hohe Übertragungsraten auf Mobilfunkverbindungen benutzt werden. Wenn ich einen mobilen Arbeitsplatz (Laptop) anschließen will, arbeite ich an einem Ort, der sich beispielsweise bewegt, wie ein Auto, Zug oder Flugzeug. Oder ich kann keinen Festnetzanschluss nutzen, weil er auf einer Baustelle nicht vorhanden ist.

Für LBS sind hohe Übertragungsraten nicht zwingend erforderlich. Die Benutzung von Computern über die Sprache ist für einen Menschen viel angenehmer, als über den, in der Vergangenheit notwendigen, Umweg mit Tastatureingabe und Textausgabe.

Aber kommen wir von der Präsentation der Inhalte auf die Inhalte selbst zurück. Kein Benutzer möchte viel Geld für Inhalte ausgeben, die er ohnehin schon kennt oder die er sich auf andere Weise günstiger beschaffen kann. Ein Toilettenführer, der einem letztlich nur mitteilt, dass es in Gaststätten und Bahnhöfen Toiletten gibt, ist überflüssig. Der Nachweis einer Behindertentoilette mit genauer Beschreibung, ist dagegen für den Betroffenen sehr nützlich.

Ich glaube auch nicht, dass Sie tatsächlich eine Gaststätte mit dem Handy suchen werden. Die sind auch ohne Hilfsmittel leicht zu finden. Was anderes ist es, wenn sie gleichzeitig einen Platz reservieren können, oder über aktuelle Angebote informiert werden. Ebenso zweifelhaft ist ein Tankstellenführer.

Eine große Zukunft gebe ich Diensten wie „friendZone", wo ich Informationen bekommen kann, die sonst niemand hat. Das wird einem sofort klar, wenn man zu zweit oder in einer Gruppe eine Messe besucht und sich wieder treffen will, nachdem man sich getrennt hatte.

Inhalte mit großer Qualität sind teuer, das wissen am bestem die Besitzer wie z.B. Verlage. Dagegen wollen die möglichen Benutzer nicht viel dafür bezahlen. Die Daten zur Lokalisierung kennt zunächst nur der Netzbetreiber und der hat dazu viel für die Infrastruktur des Netzes bezahlt.

Damit aus Inhalten und Telefonnetzen ortsbezogene Dienste werden, benötigt man auch noch eine Menge zusätzlicher Dienste wie Geoinformationssysteme, Geocodierung der Inhalte, Routenplanung, die von Softwarefirmen zugeliefert werden müssen. Es wird aber auch redaktionelles Know-how für eine angemessene Präsentation gebraucht.

Und da sich die Informationen auch häufig auf kommerzielle Angebote beziehen, werden auch noch Verkehrsunternehmen, Theaterbetreiber und andere gefragt sein. Man hat also ganz schnell fünf oder mehr Partner, die kooperieren müssen, um dem Benutzer ein attraktives Angebot zu machen.

Alle derzeitigen Dienste haben den Mangel, dass nicht alle Komponenten ausreichend gut ausgeprägt sind. Meistens ist der Inhalt zu wenig relevant, zu teuer oder die Bedienung ist viel zu umständlich.

2.10 Entwicklung der Kommunikation im M-Commerce

Thomas Wolf

Kommunikation begleitet den Menschen ein gesamtes Leben lang. Über Text, Musik und Bilder tauschen wir unsere Emotionen und Gedanken aus. Mit den neuen Mobilfunktechnologien wird es möglich, bunter und vielfältiger mit Familie, Freunden und Kollegen in Kontakt zu treten. Dem ungetrübten Kommunikationsspaß setzten jedoch bislang verschiedene technische Standards enge Grenzen.

In Deutschland existieren derzeit mehr als 20 Millionen Internetanschlüsse, weltweit sind es über 400 Millionen. Über 60 Prozent der Bundesdeutschen telefonieren heute bereits mobil. Auf dem Erdball haben circa eine Milliarde Menschen ein Mobiltelefon – Tendenz stark ansteigend. Was Internetsurfer und Mobiltelefonierer am liebsten tun, ist miteinander zu kommunizieren. Amerikanische Marktforscher haben ermittelt, dass täglich etwa zehn Milliarden E-Mails rund um den Globus verschickt werden. Und die Mobiltelefonierer tun es den Webnutzern gleich. Stolze 20 Milliarden Short Message Services werden monatlich weltweit ausgetauscht. Diese Zahl ist umso beeindruckender, bedenkt man, dass bislang mit dem geltenden Mobilfunkstandard GSM lediglich kurze Textnachrichten und einfachste Graphiken auf dem Handy-Display darstellbar waren. Bis auch hier das Übertragen von Bildern, Videos oder Musikclips so komfortabel möglich ist wie per E-Mail, müssen Anwender sich noch ein wenig gedulden.

EMS und MMS eröffnen neue Märkte

Mit Enhanced Messaging Services (EMS) können Nutzer in diesem Jahr einen ersten Eindruck davon bekommen, was sie in der multimedialen Mobilfunkwelt von Morgen erwarten wird. Textbotschaften können beispielsweise fett oder kursiv formatiert werden. Die 160-Zeichen-Schwelle wird mit dem offenen Industriestandard des Standardisierungsgremiums ETSI überschritten. Polyphone Klingeltöne werten das Handy akustisch auf. Auch Barcodes für Eintrittskarten oder Flugscheine lassen sich via EMS herunterladen. Am Kinoeingang zückt der Filminteressierte dann nicht mehr sein Ticket sondern einfach sein Handy. Auf EMS basierend bietet zum Beispiel das britische Softwarehaus magic4 seinen Software-Client (g@te) für Endgeräte an. Dieser ermöglicht das Senden und Empfangen animierter SMS, die mit voreingestellten oder individuell gestalteten Sounds und Graphiken erweiterbar sind. Das vielbeschworene Handy als Multimedia-Terminal wird also allmählich Realität. Weiterer Beleg dafür ist die jüngste Ankündigung von Siemens, Motorola, Ericsson und Alcatel, wonach diese Unternehmen im Herbst 2001 die ersten EMS-fähigen Endgeräte anbieten wollen.

Doch EMS und magic4 sind erst der Anfang. Denn das, womit sich Entwickler und Marketingexperten aller Netzbetreiber heute schon intensiv beschäftigen, sind Dienste, die dem eintönigen Handydisplay Farbe und Leben einhauchen werden.

Multimedia Messaging Services (MMS) heißt das Zauberwort, dass den UMTS-Lizenznehmern spätestens im Jahr 2006 fast 9,5 Milliarden Euro Umsatz bescheren soll. MMS erlaubt den Transfer von Texten, Bildern, Audio- und Videosequenzen und anderen digitalen Daten von Handy zu Handy. Da MMS auf offenen Internet-Standards basiert, können auch künftig entstehende Medienformate problemlos integriert und in neue Dienstangebote umgesetzt werden. Auf erste MMS-Anwendungen müssen Mobiltelefonierer gar nicht mehr so lange warten. Schon im kommenden Jahr werden wir multimediale Services auf Basis der bereits gestarteten GPRS-Netze erleben – ein echter Vorgeschmack auf das, was mit UMTS alles möglich sein wird. Das neue Auto wird in wenigen Jahren mit einem Clip von der ersten Spritztour, kombiniert mit dem Foto der stolzen Besitzer und unterlegt mit dem satten Geräusch des 8-Zylinder-Motors direkt auf dem Handy der staunenden Verwandtschaft präsentiert werden.

Welchen Einfluss die Einführung von MMS auf unseren Alltag haben wird, vermag heute noch keiner exakt abzuschätzen. Das es ein gewaltiger sein wird, darin sind sich Fachleute einig. Eine aktuelle Studie der englischen Researcher von Mobile Streams, kommentiert die Veränderungen so: „Die Weiterentwicklung vom rein textbasierten zum multimedialen Messaging bewirkt einen fundamentalen Wandel. Sie hat die gleiche Bedeutung wie der Schritt von DOS zu Windows in der Computerindustrie“. Auch der kommerzielle Erfolg von MMS steht außer Frage, denn die neue Art des Messaging entspricht exakt dem menschlichen Bedürfnis, ausdrucksstark und lebendig zu kommunizieren.

Unterschiedliche Standards hemmen Durchbruch

Die Zukunft der multimedialen Mobilfunkkommunikation erscheint zum Greifen nah. Bei aller berechtigter Euphorie für das, was da kommen soll, sehen Fachleute noch ein großes Hindernis: mit den innovativen Messaging-Diensten lässt sich nur dann wirklich Geld verdienen, wenn es gelingt, in kürzester Zeit einen entsprechenden Massenmarkt aufzubauen. Denn was nützt die schöne neue Handywelt, wenn die Verbreitung dafür tauglicher Endgeräte fehlt?

Die Erfahrung der letzten Jahre hat gezeigt, dass Mobiltelefone mit technischen Innovationen häufig erst mit deutlicher zeitlicher Verzögerung der lauernden Kundschaft angeboten werden konnten. Mit Schrecken denken Händler noch an das Jahr 1999, als WAP mit „Where Are the Phones?“ übersetzt wurde. Auch EMS- oder MMS-fähige Mobiltelefone werden zu Beginn noch nicht in allen Jacken- und Handtaschen klingeln.

Hinzu kommt ein zweiter Hemmschuh. In Deutschland besitzen bereits 58 von 100 Einwohnern ein Handy. Der Wachstumstrend wird zwar weiter anhalten, aber nicht mehr mit der Dynamik der Vorjahre. Die Mobiltelefone, die derzeit hierzulande klingeln, piepsen und vibrieren, besitzen außerdem einen überwiegend guten technischen Standard. Das bedeutet, dass ihre Besitzer ihnen länger treu bleiben werden. Der verlängerte Lebenszyklus und die sinkenden Subventionen bei aktuellen Endgeräten sorgen dafür, dass in den kommenden Jahren Neuanschaffungen zögerlicher getätigt werden.

Und auch der Aufbau der technischen Infrastruktur für die künftigen multimedialen Dienste wird noch einige Jahre beanspruchen. Erst Ende 2005, so will es der Gesetzgeber, müssen die deutschen UMTS-Lizenznehmer eine Versorgung von 50 Prozent der Bevölkerung gewährleisten. Das heißt, im nächsten Jahrzehnt werden wir ein Miteinander von GSM, GPRS und UMTS erleben.

Unterschiedliche technische Standards sowohl bei den Netzwerken als auch bei den Endgeräten sind den Mobilfunkbetreibern jedoch ein Dorn im Auge. Sie hemmen die schnelle Ausbreitung innovativer Dienste und damit einen lukrativen Massenmarkt.

Innovative Lösungen verbinden Mobilfunkstandards

Heutige und zukünftige Mobilfunkstandards bereits jetzt benutzerfreundlich und attraktiv miteinander zu verbinden, erfordert innovative Lösungen. Eine mögliche Lösung findet sich z.B. in der Entwicklung von Messaging Plattformen, die es dem Anwender erlauben, multimediale Anwendungen zu nutzen, ohne Rücksicht auf die technische Ausstattung seines Handys oder das des Empfängers nehmen zu müssen. Für den Austausch von Multimedianachrichten sollte es bedeuten, dass diese Plattformen z.B. eigenständig die verwendeten Endgeräte identifizieren und die Darstellungsform der Nachricht optimal auf das Empfängergerät abstimmen. Schickt also die moderne Managerin ihrem Ehemann aus London von ihrem EMS-fähigen Handy eine elektronische Postkarte, so sollte dieser sie lesen können, obwohl sein Handy nur traditionelle SMS unterstützt. Den Zugang zum mitgesandten Motiv von Big Ben erhält er per WAP oder Web. Voraussetzung ist, dass durch die Messaging Plattformen alle bereits bestehenden Standards wie SMS, Smart Messaging, EMS und WAP unterstützt werden und gleichzeitig auch die neuen GPRS- und UMTS-Technologien problemlos integriert werden können.

Der Vorteil derartiger Lösungen liegt auf der Hand: Netzbetreiber, Service Provider, ISPs und Medienunternehmen haben somit die Chance, für all ihre Kunden neueste Mobilfunk-Anwendungen vom ersten Tag an nutz- und erlebbar zu machen. Der schnelle Sprung vom Nischen- zum Massenmarkt kann so gelingen.

Auch ohne Blick in die Glaskugel steht eines heute bereits fest – die Erfolgsgeschichte von SMS geht weiter. Zunächst mit EMS, später mit MMS werden wir den Wandel hin zu einer mobilen Kommunikationsgesellschaft erleben. Eine Gesellschaft, die eine individuelle, spaßorientierte und alle Sinne aktivierende Ansprache will.

Was Mobilfunkkunden wirklich wollen

Die derzeitige Diskussion um die Zukunft des Mobilfunkmarktes gleicht einer Achterbahnfahrt. Schlagzeilen wie „Handyboom in Deutschland ungebremst“ wechseln sich ab mit Headlines wie „UMTS treibt Telefonfirmen in den Ruin“. Technikbegeisterte verspüren beim Blick in die künftige mobile Welt ein aufregendes Kribbeln im Bauch, manch kritischem Rechner wird angesichts der nötigen Milliardeninvestitionen hingegen eher unwohl.

Fakt ist, dass im vergangenen Jahr nirgendwo die Zahl der Mobilfunkteilnehmer rasanter gewachsen ist als in Deutschland. Mit einem Plus von 106 Prozent auf 48 Millionen Handynutzer stieg Deutschland weltweit auf Platz 3. Bei einer Verbreitungsrate von 58 Prozent ist man damit deutlich an den USA (40 Prozent) und Japan (47 Prozent) vorbeigezogen. Angesichts dieser stürmischen Entwicklung ist auch klar, dass die bisherigen hohen Zuwachsraten im Mobilfunkmarkt künftig zurückgehen werden. Zwar prognostizieren Experten, dass bereits 2003 auf 100 Einwohner statistisch 102 Handys kommen – doch die Sättigung des Marktes ist in Sichtweite.

Hoffnungsträger UMTS?!

Die Blicke der Analysten richten sich deshalb auf einen vermeintlichen Silberstreif am Horizont. Mit UMTS als der dritten Mobilfunkgeneration soll ab 2002/2003 das Geld verdient werden, das im vergangenen Jahr für die Lizenzen ausgegeben wurde. Prognosen zeigen, dass dabei spätestens in vier Jahren Telefonate lediglich noch einen Umsatzanteil von etwa 40 Prozent haben werden. Hoffnungsträger sind die Übertragung von Daten, Internet-Zugänge und M-Commerce.

Mit UMTS soll alles schneller, bunter und sogar preiswerter werden. Verlockend wird sie beschrieben, die neue multimediale Handywelt: Wir werden das Tor des Monats live am Handy mitverfolgen, unsere Einkäufe per Mobile Payment abwickeln und uns fragen, wie wir jemals ohne mobilen Routenplaner den Weg zum nächsten Kino fanden. Doch bis allen Mobilfunknutzern die neuen Möglichkeiten auch wirklich zur Verfügung stehen, wird es noch dauern. Die Lizenznehmer sind verpflichtet, 50 Prozent der Bundesdeutschen bis zum Jahr 2005 mit dem UMTS-Netz zu versorgen. Die hohe Anzahl der Prepaid-Kunden soll nach Aussagen der Netzbetreiber erst drei Jahre nach der Einführung von UMTS von der derzeitigen GSM-Technik auf die neue Technologie umgestellt werden. Im nächsten Jahrzehnt wird es also eine friedliche Koexistenz von GSM, GPRS und UMTS geben, multimediafähige High Tech-Handys werden einträchtig neben simplen Mobiltelefonen der ersten Generationen klingeln.

Nicht die Technologie zählt

Die Diskussion um die Zukunft des Mobilfunks und seiner Marktteilnehmer wird bislang fast ausschließlich auf technischem Niveau geführt. Technologien wie GPRS oder UMTS werden quasi zum Produkt erklärt. Doch interessiert sich der Kunde wirklich für die Leistungskraft der Bits und Bytes im Inneren seines Handys? Oder erleben wir nicht vielmehr ein Phänomen, wie wir es auch beim Autokauf beobachten? Der Kunde interessiert sich mehr für Lackfarbe und elektrisches Schiebedach als für die Einspritzleistung des Motors. Mit anderen Worten: Der Mobilfunkkunde geht beim Kauf einfach davon aus, dass er auf eine qualitativ hochwertige Technologie vertrauen kann. Was für ihn wirklich entscheidend sind, sind die Anwendungen und Dienste, die er mit seinem Mobiltelefon nutzen kann.

Das bedeutet für die Mobilfunkanbieter eine starke Fokussierung auf konkrete Produkte. Gefragt sind Dienstleistungen, die für den Kunden Nutzen und Spaß bringen und das weitgehend unabhängig vom genutzten Technologiestandard. Die Suche nach dem sogenannten Killercocktail ist in vollem Gange. Dabei reicht ein Blick zurück, um zu wissen, was der Kunde morgen will.

SMS schrieben Erfolgsgeschichte

Wer hätte vor fünf Jahren geglaubt, dass für das Versenden von SMS sogar einmal ein eigenes Verbum kreiert werden würde? „Simsen" ist zu einem massentauglichen Alltagssport geworden. Seit 1998 ist die Zahl der verschickten Kurznachrichten weltweit auf rund 20 Milliarden pro Monat katapultiert. Und die Steigerungsraten liegen weiterhin bei bis zu 15 Prozent. Nach Schätzungen des Netzanbieters D2 Vodafone werden etwa die Hälfte der gesendeten Kurzmitteilungen zu privaten Zwecken geschrieben.

Die Erfolgsfaktoren der 160-Zeichen-Botschaften liegen auf der Hand: einfache Bedienbarkeit, transparente Kostenstrukturen und Unterstützung durch nahezu alle Handymodelle. SMS-Nutzer schätzen die schnelle und ungezwungene Kommunikation, die das Medium ermöglicht. Die Nachrichten erreichen in der Regel schnell ihren Empfänger, verlangen aber keine sofortige Antwort von ihm.

Messaging-Dienste werden Service Nr. 1

Analysiert man die Faktoren, die zu dem unbeschreiblichen Erfolg von SMS geführt haben, so wird schnell deutlich, womit auch in der Zukunft Geld verdient werden kann. Für die Netzbetreiber gilt es, Angebote zu schaffen, die die derzeitigen Funktionalitäten von SMS um multimediale Elemente erweitern. Denn mit den steigenden technischen Möglichkeiten werden auch die Darstellungsformen der Botschaften reicher und vielfältiger. Nicht nur blanker Text erreicht dann die Empfänger, sondern zum Beispiel eine farbige Geburtstagskarte, versehen mit einem persönlichen Gruß.

Erste Umfrageergebnisse beweisen, dass genau diese Art von Messaging-Diensten auch unter GPRS und UMTS gefragt sein werden. Bei einer für Nokia durchgeführten Untersuchung, beurteilten die Befragten 160 unterschiedliche potenzielle Dienste hinsichtlich ihrer Attraktivität. An der Spitze lagen eindeutig multimediale Messaging-Dienste gefolgt von Mobile Commerce und Finanztransaktionen.

Das vor allem die Zielgruppe der 14-25-jährigen an innovativen Messaging-Diensten interessiert ist, belegt eine wissenschaftliche Studie, die im Auftrag der Oberhausener conVISUAL AG aktuell erstellt wurde. Fast 80 Prozent der Jugendlichen äußerten, dass sie an neuen Diensten und Geräten sehr interessiert seien. Auf der Wunschliste ganz oben standen für die Befragten stark visuell ausgerichtete Messaging-Dienste. Wie hoch die Attraktivität dieser Services beurteilt wird, zeigt ein weiteres Untersuchungsergebnis: Knapp ein Drittel der Jugendlichen gab an, kurzfristig sogar ein neues Handy zu erwerben, welches die Möglichkeiten der beispielhaft vorgestellten Mobile Picture Postcard in vollem Umfang unterstützt. Knapp 70 Prozent zeigten großes beziehungsweise sehr großes Interesse, dieses Angebot zu nutzen.

Die Studie unterstreicht mit einem weiteren Ergebnis die These, dass Personalisierung von mobilen Diensten künftig wesentlich zum Erfolg der Netzanbieter beitragen wird. Bei den gewünschten Inhalten der Mobile Picture Postcard nannten die Jugendlichen an erster Stelle private Bilder, gefolgt von Kategorien wie Musik, Fun & Witze und Unterhaltung.

Kommunikation ist und bleibt alles

Fasst man die Erfahrungen der letzten Jahre und die Ergebnisse der heutigen Marktforschung zusammen, so zeichnet sich ein eindeutiges Bild von den künftigen Kundenbedürfnissen ab. Mobiltelefonierer wollen einfach, individuell, technologieunabhängig und mit viel Spaß miteinander kommunizieren. Jetzt liegt es an Netzbetreibern, Content Anbietern und Service Providern für ein Angebot zu sorgen, dass diesen Wünschen nachkommt. Dann werden auch die Schlagzeilen zur Zukunft des Mobilfunks bald keinen Berg-und-Tal-Kurs mehr fahren.

3 Branchen und Szenarien

3.1 M-Commerce im Mobilfunkmarkt

Ralf Sürtenich

Einleitung

Die Versteigerung der UMTS-Lizenzen im Jahr 2000 in Deutschland lässt sich bereits jetzt als der Höhepunkt des Telekommunikationsmarktes bezeichnen. Die von der Regulierungsbehörde erzielte Gesamtsumme von fast 100 Mrd. DM übertraf die Prognosen bei weitem, wurde aber schon kurze Zeit später als viel zu hoch bewertet.

Da neben den hohen Lizenzkosten den Lizenznehmern auch Kosten für den Aufbau der Netzinfrastrukturen entstehen, welche pro Netz 10 Mrd. DM überschreiten werden, stellt sich ernsthaft die Frage, wie sich diese Kosten von mindestens 25 Mrd. DM pro Lizenznehmer in wenigen Jahren amortisieren lassen. Knapp 1 Jahr nach der Lizenzversteigerung ist ohnehin eine verhaltene Depression in der gesamten Telekommunikationsbranche eingekehrt.

Das Sterben der Start-Up-Unternehmen, die auf neue Technologien setzten, ist in vollem Gange, die „etablierten" Carrier geraten unter den Druck der Börsen, die Netz- und Technikausrüster schreiben weltweit rote Zahlen und bauen Personal ab. Im Mobilfunkbereich hält das Wachstum zwar noch an, aber die Umsätze pro Teilnehmer sinken. Offenkundig ist, dass Erlöse ausschließlich für die Übertragung, also für Minuten oder Übertragungsvolumen, nicht mehr ausreichen. Das Carrier-Geschäft ist zu einem Low-Margin-Geschäft geworden.

Die rapide fortschreitenden Technologien erfordern aber hohe Investments. Auch die Netzbetreiber stehen daher vor der Aufgabe, andere Erlösquellen neben dem Bandbreitengeschäft zu suchen. Diese müssen über Inhalte und Anwendungen gefunden werden, somit also im mobilen Datenverkehr. M-Commerce in allen Varianten ist also auch für die Netzbetreiber der Schlüssel zum Erfolg. Insofern wird hier unter M-Commerce das Geschäft mit mobilen Datenanwendungen verstanden, wenn es über die bloße Berechnung von transportierten Datenmengen hinausgeht. M-Commerce kann somit umfassen: kostenpflichtige Musikübertragung, Unified Messaging und Instant Messaging Dienste, Mobile Banking, Location Based Services, Mobile Office Services etc.

Die UMTS-Lizenznehmer stehen vor einer Vielzahl von Fragen:

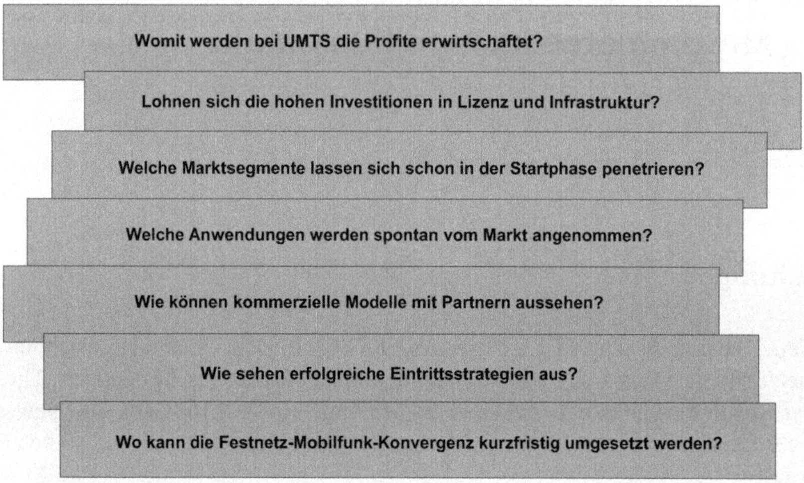

Abb. 1: Fragestellungen im Mobilfunkmarkt

M-Commerce im Umfeld der Mobilfunkmarktes

Der deutsche Mobilfunkmarkt hat sich besonders 1999 und 2000 derart progressiv entwickelt, dass alle Prognosen übertroffen wurden. Ende 2000 wurden in Deutschland erstmals mehr Mobilfunkanschlüsse als Festnetzanschlüsse registriert. Das Wachstum wird sich zwar nach 2001 naturgemäß abschwächen, da die Penetration bereits sehr hoch ist, aber auch abgeschwächt dürfte sie gegen 100 % der Bevölkerung laufen. Bereits für 2003 werden rund 85 % erwartet. Mindestens die Hälfte der heutigen Mobilfunkteilnehmer benutzt Prepaid-SIM-Karten, deren monatlicher Umsatz deutlich unter den regulären Subscriber-Karten liegt. Die Prepaid-Karten haben zwar ganz entscheidend zur hohen Mobilfunk-Penetration beigetragen, aber dabei auch die Margen der Netzbetreiber deutlich gesenkt.

Angesichts der Kosten für die UMTS-Lizenzen und der anstehenden Investitionen in die Netzinfrastruktur stellt sich den Netzbetreibern die Herausforderung, mit den Möglichkeiten der neuen Technik neue Dienste anzubieten, die höhere Margen erbringen. Diese Herausforderungen sollten nicht unterschätzt werden. Das bisher glänzend gelaufene Geschäft der Mobilfunknetzbetreiber resultiert aus Telefonminuten sowie dem Short Message Service (SMS). Über letzteren sind die Netzbetreiber eher zufällig gestolpert. Bei der Einführung von SMS war der Erfolg dieses Dienstes für niemanden absehbar. Hingegen blieben alle Versuche zu mobilen Datendiensten in den GSM-Netzen bisher ein kommerzieller Flop. Fast zwei Jahre nach der Einführung des Wireless Application Protocols (WAP) fristet dieses nach wie vor ein Schattendasein; ein langsamer, instabiler und unzulänglicher Dienst, der bisher keine breite Anwendung erreichen konnte. Nach Start der WAP-Dienste 1999 fehlten zunächst lange Zeit WAP-fähige Handys in relevanten Stückzahlen. Als die Handys verfügbar waren, stellte sich Ernüchterung über die Möglichkeiten von WAP bei einer Übertragungsbandbreite von 9,6 kbit/s, zeitorientierter Abrechnung, Verbindungsabbrüchen, und über die mangelnde Benutzerfreundlichkeit der Handy-Displays und Tastaturen ein. WAP hat es bis heute nicht geschafft, die erforderliche kritische Masse im Markt zu erreichen. Anwendungen beschränken sich auf Mobile Banking, in erster Linie passiv, und auf ein paar Info-Dienste.

Dies zeigt auch losgelöst von den technischen Problemen, die Unfähigkeit der Mobilfunknetzbetreiber, neue Dienste im Bereich der Datenanwendungen erfolgreich zu launchen. Mit einer breiten Basis von mobiler Internetnutzung wird aber eine volumenorientierte Tarifierung einhergehen, die im Wettbewerb zu stationärer Internetnutzung kaum dazu geeignet sein wird, als hochprofitabler Netzdienst die hohen Lizenz- und Netzkosten abzufangen. Die bloße Konzentration auf die Erlöse der Netzübertragung reicht also nicht aus. Die Mobilfunknetzbetreiber werden sich auf der Anwendungsebene engagieren müssen, also kostenpflichtige Dienste kreieren und erfolgreich launchen. Hier stoßen sie allerdings auf weitere, umfangreiche Wettbewerber. Europaweit ist im Sog von UMTS das Konstrukt „Virtual Mobile Network Operator“ (VMNO) in der Diskussion. Ein VMNO ist ein Mobilfunkanbieter, der mehr Infrastruktur als ein heutiger Mobilfunkservice-provider vorhält, aber nicht ein komplettes Übertragungsnetz. Im Grunde eine Weiterentwicklung der heutigen Service Provider im Mobilfunk. Der VMNO verfügt über eigene Vermittlungstechnik und Mobilfunkdatenbank-Logik, kauft aber die Bandbreiten, also die Netzübertragung, von den Mobilfunknetzbetreibern ein. So kann sich der VMNO als „eigenständiger“ Anbieter präsentieren und eigene Dienste und ein individuelles Service-Angebot bieten. Hier stehen die Mobilfunknetzbetreiber in einem enormen Wettbewerb, der vor allem potenziell über einen großen Vorteil verfügt: Inhalte. Das Ansinnen, über Anwendungen zusätzliche Erlöse zu erzielen, teilen die Mobilfunknetzbetreiber und VMNOs also mit vielen zukünftigen Wettbewerbern. Macht die Sprachtelefonie heute am Umsatz der Mobilfunknetzbetreiber mehr als 90 % aus, so soll ihr Anteil bis 2010 unter 50 % sinken.

Bisher können die Mobilfunknetzbetreiber weltweit nur auf einen kommerziell erfolgreichen Daten-Dienst verweisen: den i-mode Service der NTT DoCoMo in Japan. Die Übertragbarkeit des i-mode Erfolgs auf europäische Märkte ist aber nicht a priori gegeben. Der europäische SMS-Erfolg etwa fehlt auch in den nordamerikanischen Mobilfunknetzen, dort spielen SMS so gut wie keine Rolle. Statt dessen ist in den USA „Instant Messaging“ bei festen Internetzugängen eine weit verbreitete Anwendung. Es zeigt sich, dass starke Interdependenzen zwischen Mobilfunkangeboten und Festnetzangeboten in Bezug auf Datendienste existieren. Bei Sprachübertragung ist die potenzielle Schnittmenge zwischen Festnetz und Mobilfunk gering, der Mobilfunk substituiert nur selten das Festnetz. Bei Datendiensten ist der Wettbewerb der Netze wesentlich ausgeprägter, besonders wenn es um Dienste geht, die der „Unterhaltung" der Anwender dienen, und daher nicht besonders Situations- oder Zeitpunkt-affin sind. Und genau dazu zählen SMS, i-mode und Instant Messaging.

Der Mobilfunkmarkt, seit 10 Jahren der erfolgreichste Zögling der Telekommunikation, steht mit den Netzen der 3. Generation nicht nur vor einer gewaltigen Investitions- und Aufbauherausforderung, sondern auch vor einer neuen Wettbewerbssituation. M-Commerce, das Geschäft mit Inhalten und Leistungen über Mobilfunknetze, ist in der Praxis bisher kaum existent. Als massiv „geregelter" Markt ist der Bereich Mobilfunk ohnehin noch viel stärker geschützt als Sprach- und Datendienste im Festnetz. So finden sich bis heute weder Call-by-Call Netzauswahl, Service-Rufnummern noch Rufnummernportabilität in den Mobilfunknetzen. Im Prinzip ist der Mobilfunkmarkt in Deutschland ein geschütztes Oligopol von vier Netzbetreibern, die sich eher der existierenden Service Provider bedienen als dass diese in der Lage sind, eigenständige Dienste anzubieten. Leicht vorhersehbar ist aber, dass das Thema Mobile Internet den Mobilfunkmarkt aufbrechen und umwandeln wird.

Die Frage der Wertschöpfungskette

In den letzten 10 Jahren hat sich die Dienstetiefe in der Telekommunikation erheblich verändert. Bestand bis vor rund 10 Jahren das Leistungsangebot der Carrier in erster Linie aus reinen Übertragungsleistungen und dazu noch aus einem Nebengeschäft mit Endgeräten, so haben die Anbieter seit Jahren Zusatzleistungen im Angebot. Die Zusatzleistungen betreffen sowohl eine Verbreiterung wie auch eine Vertiefung des Angebotes. Um die Möglichkeiten zu bewerten, welche neue Telekommunikationsdienste bzw. neue Dienste, die über Telekommunikationskanäle angeboten werden, zur Erzielung neuer Umsätze und Profite bieten, muss daher die Wertschöpfungskette analysiert und diskutiert werden.

Die vertikale Wertschöpfungskette der Anbieter von Telekommunikationsdiensten beginnt bei den eigentlichen Übertragungsnetzen, als Dark Fiber Netz oder als SDH-Transportnetz. In der Welt der Netzwerkprotokolle ist das der Layer 1. Hierauf bauen sich die eigentlichen Dienstenetze auf, etwa Sprachübertragungsnetze oder IP-Netze, die im wesentlichen den Netzwerklayern 2 und 3 entsprechen. Diese Dienstenetze müssen von entsprechenden Business Support Systemen unterstützt werden, über welche Authentifizierung, Mediation, Billing etc. laufen. Also die unmittelbar für das Angebot des Netzübertragungsdienstes erforderlichen Verwaltungssysteme. Auf einer bereits höheren Ebene der Wertschöpfung finden sich Zusatzdienste wie Voice-Boxen, Intelligent Network gestützte Service-Rufnummern, Mailserver, Newsgroup-Server etc. Werden solche Dienste stand-alone angeboten, finden wir uns eigentlich schon in einer Verbreiterung des Angebotes, also einer Produktdiversifikation.

Gerade in der vertikalen Wertschöpfungskette finden wir in der Telekommunikation eine zunehmende Spezialisierung. Backbone-Netzbetreiber, Anbieter von Service-Rufnummern, Betreiber von Unified Messaging Service Systemen – in den letzten Jahren hat die Erfahrung den Marktteilnehmern gezeigt, dass nur die größten Anbieter die gesamte Erbringungs- und damit Wertschöpfungskette unter Nutzung der Economy of Scales selbst darstellen können. Das Grundkonzept, einen Incumbent Carrier wie die Deutsche Telekom in „kleinerer" Dimension nachzubilden, ist im Festnetzbereich längst zu den Akten gelegt worden. Spezialisierung auf Netzbetrieb oder auf Applikationshosting oder auf Vertrieb und Service ist längst an der Tagesordnung.

Mit der wachsenden Verlängerung der potenziellen Wertschöpfungskette und der Verbreiterung des Diensteportfolios ist die Frage nach der Kernkompetenz jedes Anbieters entscheidend.

Die Verbreiterung des Diensteangebotes resultiert sehr stark aus der Konvergenz der Telekommunikation mit der IT-Welt. Gerade die IP-Dienste sind die Träger der Konvergenz. Der klassische Carrier wandelt sich vom Netzbetreiber immer mehr in Richtung Rechenzentrums- und Applikationsbetreiber. Plakativ gesehen: der Drehhebelwähler ist von Software abgelöst worden. Wenn aber die vermutlich lukrativen Dienste, die ein Carrier anbieten kann, in Rechenzentren produziert werden, drängen neben den Netzbetreibern auch weitere Anbieter in den Markt. Die Internet Service Provider und ihre Verwandten, die Application Service Provider, Portal Betreiber etc. sind bei den Internet-Anwendungen ohnehin präsent. Schon heute verzichten die meisten von ihnen weitgehend auf das Handling von Leitungen, Sprachnetzzugängen und Einwahlrufnummern und kaufen diese Leistungen bei Carriern im Komplett-Paket ein, Stichwort „Virtual ISP" oder „ISP out of the box".

Hinzu kommen noch eigentlich originär TK- und IT-ferne Unternehmen, denen an den Netzdiensten gar nicht gelegen ist, wohl aber am Angebot von umsatzträchtigen Diensten. Diese Dienste werden die Telekommunikation nur noch als Transportmedium benutzen. Ein Beispiel hierzu ist der kommerzielle Download von Musik aus dem Internet, also gegen Entgelt. Bei entsprechendem Verfall der Erlöse für die Netzübertragung kann der Umsatz mit den Inhalten sich rasch als das größere und bessere Geschäfte erweisen. An dieser Stelle haben wir nun das Thema E-Commerce oder M-Commerce erreicht. D.h. es werden Wertschöpfungen erreicht, die eigentlich nichts mehr mit der Telekommunikation zu tun haben.

Als Besonderheit ist der Mobilfunk, wie bereits dargestellt, aktuell noch sehr auf Sprachübertragung ausgelegt. Selbst das mobilfunknahe Angebot von Applikationen, etwa Versand von Klingeltönen, Display-Logos etc., fristet nur ein Schattendasein. Mit der breiten Öffnung des Mobilfunks für IP-Dienste werden entsprechende Angebote aber in breiter Front über die Netzbetreiber und auch die neuen VMNOs hereinbrechen. Für die echten und virtuellen Netzbetreiber stellt sich die Frage, ob sie weiterhin nur am Transport der Waren verdienen wollen, oder ob sie selbst in das Handelsgeschäft einsteigen und dann an dem Wert der

Ware verdienen. Angesichts der Kosten für Lizenzen und Netzaufbau ist die Antwort auf die Frage für die Netzbetreiber eigentlich klar.

Neben der Leistungserbringungskette für die netznahen Dienste wird sich eine weitere Kette ergeben, nämlich die für die Inhalte. Ausgehend von den Content Produzenten/Lieferanten über Content Aggregator und Content Provider bis hin zu Anbietern von Portalen oder Abrechnungssystemen. Dazu wird auch noch das Thema der Applikationen selbst kommen, die ebenfalls eine Rolle in der M-Commerce Kette einnehmen werden.

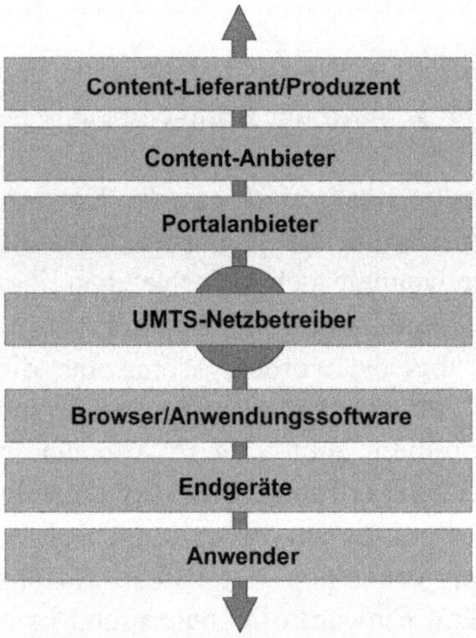

Abb. 2: Wertschöpfungskette

Nach den Gesprächen, welche die Prism Consulting International mit UMTS-Lizenznehmern, Anbietern privater digitaler Mobilfunkdienste, sowie potenziellen VMNOs geführt hat, ist aber nicht erkennbar, dass diese Anbieter eine Lösung und Vorgehensweise für M-Commerce Themen haben.

Die strategischen Optionen

Aus den vorherigen Kapiteln ist klar geworden, dass die Konzepte, mit denen GSM 10 Jahre lang erfolgreich war, nicht so einfach auf den Markt der mobilen Internetanwendungen übertragbar ist. Die Erfahrungen mit Tarif- und Billingoptionen sowie der Endgerätesubventionierung alleine ergeben für Netzbetreiber und VMNOs keine brauchbaren Hinweise dafür, wie ein profitables Geschäft mit M-Commerce gemacht werden kann. Genauso wenig existieren Erfahrungen, die für andere Anbieter nutzbar sind. Mobile Internet und M-Commerce sind nun mal ein Novum und werden ihre eigenen Gesetzmäßigkeiten entwickeln.

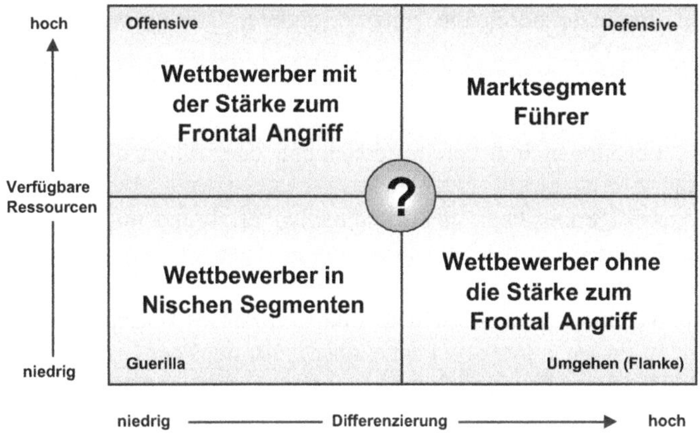

Abb. 3: Strategisches Quadrat

Den Service Providern fehlt der Spielraum, um wirkliche Eigenständigkeit zeigen zu können. Sie dienen eigentlich eher als Vertriebskanäle der Netzbetreiber. Gleichwohl zeigt ihre Situation, dass die Konzentration auf Vertrieb und Service bei weitgehendem Verzicht auf technische Infrastruktur durchaus zu beachtlichen Marktanteilen führen kann; ein wichtiger Hinweis für zukünftige VMNOs, dass der Aufbau von Vertrieb und Service als Kernkompetenz entscheidender für den Erfolg sein kann als der Netzbetrieb.

Die erste Schlussfolgerung, welche sich hieraus ziehen lässt, ist diese, dass der Betrieb der physikalischen Übertragungsnetze für den zukünftigen Mobilfunk nicht die alleine ausschlaggebende Bedeutung hat. Im Gegenteil: falls sich die UMTS-Lizenznehmer zu sehr auf Rollout und Betrieb der Netze und auf die Beseitigung der obligatorischen technischen „Kinderkrankheiten" konzentrieren, laufen sie Gefahr, in eine Sackgasse zu geraten und ihre Platzierung im M-Commerce-Markt zu versäumen.

Eigentlich interessant wird dieses Szenario aber, wenn man berücksichtigt, dass die Position der Netzbetreiber und Service Provider im heutigen GSM-Mobilfunkmarkt nur eine der relevanten Dimensionen ist. Aus der Sicht der Inhalte existiert eine ganz andere strategische Landschaft, in welcher die Netzbetreiber nur eine Nebenrolle spielen. Die Anbieter multimedialer Inhalte, beispielsweise etwa Bertelsmann, befinden sich ebenfalls in der Position eines Marktführers. Werden weitere, für M-Commerce relevante Marktsegmente definiert und abgegrenzt, wie Mobile Banking, ergeben sich eine ganz Reihe von strategischen Szenarien, in denen der gleiche Marktteilnehmer gleichzeitig sehr unterschiedliche Positionen einnehmen kann.

Der klassische Ansatz, die eigene Kernkompetenz zu identifizieren, zu einem Service auszubauen und auch profitabel anzubieten, ist für jeden Marktteilnehmer unumgänglich. Wichtig ist dabei, das Servicebedürfnis aus der Sicht des Endkunden zu erkennen, um einen vollständigen, verständlichen und Service-freundlichen Dienst anbieten zu können. So darf ein Instant Messaging Service keine Lücken aufweisen, die vom Benutzer durch die Nutzung anderer Dienste wie Unified Messaging oder separate Chat-Foren geschlossen werden müssen. Also muss ein Dienst sowohl in der Breite der Leistungsmerkmale dem Markt gerecht werden, als auch in der Wertschöpfungskette profitabel abgebildet sein, sei es durch Einkauf grundlegender Leistungen und deren Veredelung, oder durch den Weiterverkauf der Leistung.

Ein weitere Schlussfolgerung kann aus der aktuellen Erfahrung mit den technologieorientierten Unternehmen der New Economy gezogen werden. Den Start-Ups gelingt es in den seltensten Fällen, die notwendige kritische Masse im Markt zu erzielen. Auf der Technologiewelle reitend, sind sie zwar als Entrepreneur für neue Anwendungen zu finden, adressieren dabei aber meist nur Peer Groups, nicht die breite Masse des Marktes. Erfolgreich sind hingegen Kooperationen zwischen den Entrepreneur-Unternehmen der New Economy und starken Partnern aus der Old Economy. Die neuen Wettbewerber um den Zukunftsmarkt M-Commerce werden gut daran tun, Partnerschaften zu suchen, sei es für die Netzdienste, für Content, für Vertrieb oder Service. Betrachtet man ein dreidimensionales Strategiemodell, so scheint es empfehlenswert, Partnerschaften zu bilden, bei denen zumindest einer der Partner Marktführer ist oder aber die Stärke zum Angriff auf den Marktführer hat.

Abb. 4: Dreidimensionales Strategiemodell

Solche Partnerschaften können durch explizite Kooperationen gebildet werden, auf der Teilung von Leistungserbringung und Vertrieb beruhen oder auch durch „Farming" entstehen. Letzteres bietet sich für Marktführer an, um Start-Ups und Entrepreneurs die Möglichkeit zu geben, sich unter der Protektion eines Marktführers zu entwickeln. Solche Farm-Ansätze wurden schon vorgestellt, z.B. von Bertelsmann unter dem Namen BeMobile. Die allgemeine Unsicherheit über den

beitsplätze mehr einzurichten, sondern Poolarbeitsplätze. Als Ergebnis wird erheblich stärker mobil telefoniert.

Was Mobile Banking betrifft, so ist vor dem Hintergrund der „Internationalität" des Internets auch die Einführung des Euro ein Anschub, genau wie der Börsenboom der letzten 3 Jahre das Bedürfnis an „Mobile Broking" erheblich gefördert hat.

Der dritte zu beachtende Punkt ist die Dynamik der Technologie. Gerade im Hightech-Markt TK und IT können Dienste schneller überholt sein, als sie überhaupt geplant, aufgebaut und erfolgreich gelauncht werden können. So hat es sich im deutschen Mobilfunkmarkt gezeigt, dass der Aufbau von privatem digitalen Mobilfunk, basierend auf dem „Tetra"-Standard, zu spät die Marktreife erreichte. Der Vorteil von Tetra, paketorientierte Datenübertragung zu ermöglichen, wird durch GPRS in den öffentlichen Mobilfunknetzen abgefangen, und besonders die hohe Penetration des öffentlichen Mobilfunks ließ die Nische für private Spezialnetze zu klein werden.

Auch UMTS wird sich möglichen Weiterentwicklungen (4th Generation), Penetrationsproblemen (GPRS läuft auch im GSM Netz), und Alternativen (z.B. „private" mobile Internet-Zugänge auf Flughäfen) stellen müssen. Besonders die technologieorientierten M-Commerce Dienste, etwa im Bereich des Mobile Payments, werden sehr sorgfältig ihre eigenen Stärken und Schwächen im Vergleich zu Wettbewerbslösungen bewerten lassen müssen.

Time-to-Market und die Umsetzung

Für den Erfolg eines jeden Produktes ist eine kurze Time-to-Market ganz entscheidend. Die Erfahrungen im Telekommunikationsmarkt haben generell gezeigt, dass ein neues Produkt realistisch nicht in einer kürzeren Zeitspanne als 12 Monate entwickelt und auf den Markt gebracht werden kann. Allein für Product Development und die Definition und Implementierung der Prozesse für Service Provisioning (Bereitstellung), Service Assurance (Sicherstellung des Betriebes) und Collection & Billing ist dieser Zeitraum zu veranschlagen. Kürzere Entwicklungszeiten lassen sich nur im Rahmen von Projektlösungen erreichen, sind damit aber für den Massenmarkt und ein Standardgeschäft nicht anwendbar.

Bei neuen Technologien, und das müssen wir für M-Commerce auf Basis der mobilen Datenkommunikation unterstellen, werden noch erhebliche Zeitverluste durch potenzielle Liefer-, Integrations- und Anlaufprobleme hinzukommen.

Alle zukünftigen Anbieter von M-Commerce Diensten werden gut daran tun, die Entwicklungszeit der Dienste nach Möglichkeit zu straffen und die Leistungserbringungs-/Wertschöpfungsketten zu optimieren. Hierzu eignen sich u.a.:

- BOT-Konzepte (Build-Operate-Transfer), wie sie schon seit 2 bis 3 Jahren im Carrier und ISP-/ASP-Bereich gängig sind. BOT bedeutet, den Aufbau, temporären Betrieb und die Planung und Durchführung eines späteren Übergangs in den Eigenbetrieb oder an einen weiteren Serviceerbringer durch einen Generalunternehmer abwickeln zu lassen. Durch das BOT-Konzept hat der zukünftige M-Commerce-Anbieter die Möglichkeit, sich auf den Content, auf Marketing und Vertrieb zu konzentrieren.

- Logistik-Dienste, welche das gesamte Order-Handling und Order-Processing abdecken. Dies kann durch die Inanspruchnahme der Dienste eines Call-/Fulfillment Centers erfolgen. Gerade im Hinblick auf die Skalierbarkeit hat diese Vorgehensweise enorme Vorteile.
- Nutzung indirekter Vertriebskanäle, um den zeitaufwendigen Aufbau eigener Direktvertriebsstrukturen zu umgehen oder zu überbrücken. Direktvertrieb ist teuer und eignet sich nur für ausgesprochenes Key Account Geschäft. Um den Massenmarkt zu adressieren, müssen effiziente indirekte Vertriebskanäle identifiziert und eingerichtet werden. Gerade die Erfahrung mit der New Economy hat gezeigt, dass immer wieder das Thema „Vertrieb" zu wenig Beachtung findet.
- Housing/Hosting anstelle des Eigenbetriebes von Rechenzentren. Der Aufbau von neuen und größeren Rechenzentren erfordert Planung, Baumaßnahmen, Systeminstallation- und Integration, Einführung von Betriebsprozessen und Recruiting von geeignetem Personal. Hier bietet sich die Alternative in Form vom a) Housing: die komplette Rechenzentrumsumgebung inkl. 1st Line Maintenance („Helping Hands") wird angemietet, oder b) Hosting: auch die Hardware- und OS-Softwareausstattung wird angeboten. Letzteres ist ein typischer Dienst von Application Service Providern. Aus Housing- und Hosting- Lösungen resultieren Zeit- und i.d.R. Kostenvorteile, besser Skalierbarkeit, und hochbreitbandige Carrierzugänge. Letzteres ist für M-Commerce ein nicht zu unterschätzendes Thema.

Wie bereits in vorangegangenen Abschnitten dargestellt, macht es für alle Beteiligten Sinn, wenn sich Marktführer und Innovatoren zusammenfinden, um gemeinsam einen Dienst zu konzipieren und einzuführen. Wesentlich ist hierbei immer, von vornherein die eigene Kernkompetenz festzulegen, umzusetzen und profitabel zu betreiben. Eine selbstauferlegte Beschränkung, als Alternative zur beliebten Aussage „wir können alles selbst", hilft dabei, die Probleme zu vermeiden, die wir aktuell aus anderen TK-Bereichen kennen.

Anwendungsszenarien

Wie werden nun M-Commerce Dienste aussehen? Exemplarisch sollen hier nun drei Dienste dargestellt werden. Zwei davon lassen sich dem B2C-Bereich zuordnen, der dritte dem B2B-Bereich. Im einzelnen handelt es sich hierbei um mobiles Instant Messaging, um Location Based Services, und um mobile und semi-stationäre Virtual Private Networks.

Instant Messaging

Unter „Instant Messaging" werden Dienste verstanden, bei denen die User always on – also ohne explizite Einwahl und Einloggen – in einem komplexen System sind, was den Austausch von E-Mails, Kurznachrichten, Bildern ermöglicht, sowie Chat-fähig ist. Der Benutzer kann dabei eigene Profile definieren und sich Gruppen zuordnen. Im Prinzip bildet Instant Messaging einen virtuellen, sozialen Makro-Kosmos für sich selbst definierende und organisierende User-Gruppen. Schwerpunkt ist hier Kommunikation in quasi-Echtzeit, da durch das always on Feature sofort eine Notification bei Nachrichteneingang oder Wunsch zur direkten Kontaktaufnahme („anklopfen") erfolgen kann. Nichts anderes stellt der i-mode Service der NTT DoCoMo dar! i-mode ist also ein Instant Messaging System mit wesentlichen Unified Messaging Features sowie Notizbuch-/Datenbank-Funktionen, perfekt auf den mobilen User zugeschnitten. Interessant ist dabei die Nutzung der verschiedenen Angebote nach Nutzungsanteilen:

- Unterhaltung zu 40 %
- M-Commerce Transaktionen (Banking, Kauf etc.) zu 25 %
- Information zu 20 %
- Datenbank-Retrieval (Gelbe Seiten, Telefonverzeichnisse etc.) zu 15 %
  (Quelle: Ericsson Consulting, Market Study UMTS).

Die treibende Kraft für i-mode ist also Entertainment. Dies ist ein wesentlicher Hinweis für Marketing und Vertrieb eines Instant Messaging Service.

Das Angebot eines Instant Messaging Service erlaubt es dem Netzbetreiber oder VMNO, den User auf der eigenen Plattform zu „halten". Damit fallen keine Kosten für den Übergang in andere Netze an. Nichts anderes ist das, was im Festnetzbereich AOL macht: die Surfer möglichst auf der eigenen, proprietären Plattform halten. Bei entsprechender Attraktivität kann der Instant Messaging Service kostenpflichtig angelegt werden, und auch durch kommerzielle Links zu Umsätzen beitragen. Von der technischen Entwicklung bietet sich Instant Messaging als Weiterentwicklung von SMS an. Genau hier, an dem Kommunikationsbedürfnis der User, muss die Vermarktung des Instant Messaging Service angreifen.

Prinzipiell wird Instant Messaging durch ein Client-Server-System abgebildet; es handelt sich also um eine RZ-orientierte Anwendung mit einer Applikation/ Browser-Oberfläche auf dem mobilen Endgerät. Für einen erfolgreichen Instant Messaging Service lassen sich folgende Bedingungen formulieren:

- Offen zum Internet: eine Forderung, die sich für einen mobilen Internetservice nicht umgehen lässt, wenn er Festnetzdienste substituieren soll.
- Erweiterbarkeit durch Verwendung eines Standard-Protokolls, z.B. das unter dem Arbeitstitel „Wireless Village" von Ericsson, Motorola und Nokia in Entwicklung befindliche Protokoll.
- Content: ganz essentiell, entweder in Datenbankform, oder aber durch „Selbstgestaltung" der User, also Chats, Foren etc.

- Abgestufte Pakete mit unterschiedlichen Leistungsmerkmalen. Der Basis-Dienst sollte kostenfrei oder aber so niedrigpreisig sein, dass die Kosten für keinen User ein Hemmnis darstellen. Weitere Leistungsmerkmale werden dann im Paket oder „per usage“ berechnet.

Location Based Services (LBS)

Seit geraumer Zeit werden Location Based Services als die mögliche Killer-Applikation im M-Commerce gehandelt. Es handelt sich dabei um standortbezogene Dienste für Mobilfunknetze. Derartige Dienste werden auch für Festnetzcarrier, Kommunen und große Unternehmen realisiert. LBS werden im B2C- und B2B-Bereich eingesetzt werden. LBS erlauben dem Anwender Standortbestimmung, Navigation, lokale Service- und Angebotssuche bis hin zum direkten M-Commerce.

Derzeit sind LBS in der Anwendung noch SMS-orientiert oder basieren auf dem bisher nicht erfolgreichen WAP. Entsprechende, teilweise noch rudimentäre Dienste werden etwa von VIAG Interkom, D2 PASSO und auch T-D1 angeboten. Im Hinblick auf UMTS werden LBS eine erheblich größere Bedeutung gewinnen.

Im wesentlichen setzen LBS auf einer Standortbestimmung des mobilen Endgerätes auf. Dies kann durch Triangulation der Infos der Funkzellen erfolgen, in deren Reichweite sich das Handy befindet, oder durch Kombination mit GPS-Infos. Hierdurch wird dann auch eine graphische Darstellung des Benutzerstandortes möglich, womit eine entsprechende optische/akustische Wegeführung des Benutzers zu einem beliebigen Ziel realisiert werden kann. Die darüber möglichen Anwendungen sind, neben der reinen Navigation zu einem vorgegebenen Ziel, so zahlreich wie die potenziellen Inhalte:

- Verkehrsinfrastruktur: Bushaltestellen, Bahnhöfe, Autoverleih, Taxi-Stände
- Einkaufsmöglichkeiten
- Veranstaltungen
- Gastronomie-Suche

Diese Liste lässt sich praktisch beliebig erweitern, bis hin zu einer „Friend Finder“-Anwendung, die an einen Instant Messaging Service anschließen könnte. Mit komplexeren Anwendungen lässt sich ein ganzes Flottenmanagement betreiben, mit Informationen über Standort und Verbrauch von Fahrzeugen, deren Auslastung, der örtlichen Verkehrssituation etc.

Offensichtlich ist, dass für den Erfolg von LBS die Inhalte ganz entscheidend sind. Je aktueller, ortsbezogener und vielfältiger die Inhalte sind, um so größer wird die Attraktivität des Dienstes. Hier stellt sich die Frage, wie die ganzen lokalen Inhalte in einen LBS gelangen. Ein zentrales „Einfüttern“ wird kaum die erwünschten Ergebnisse erzielen. Als Ausweg aus diesem Dilemma bietet sich eine Art Kooperation zwischen LBS-Anbietern mit lokalen und themenspezifischen Content-Aggregatoren an: also spezielle Info-Datenbanken für die spezifischen

Themen, sowie City Carrier, lokale ISPs und Online-Zeitungen für lokale Infos. Notwendig hierzu wäre ein standardisiertes Datenmodell mit bekannten Schnittstellen. Ein solcher Mechanismus kann von den LBS-Betreibern selbst abgebildet werden, oder es bilden sich hierzu spezielle Content-Broker, die als Lieferanten auftreten. Entscheidend für LBS Anbieter wird sein, schnell und umfassend den Markt zu besetzen. Es wird kaum einen Markt für eine größere Zahl allgemeiner LBS-Dienste geben.

Virtual Private Networks (VPN)

Virtual Private Networks auf Basis des IP-Protokolls gehören schon beinahe zum Standard-Angebot eines guten Festnetz-Carriers. Sie dienen zum einen der Vernetzung der verschiedenen Standorte eines Unternehmens, stellen also eine Art Wide-Area LAN da, und zum anderen der Einwahl von mobilen VPN-Benutzern und Home Offices. Üblicherweise werden sie durch spezielle Sicherungsmaßnahmen wie Encryption, Tunneling oder Label Switching so abgesichert, dass sie nur für eine spezielle, definierte Benutzergruppe erreichbar sind.

Das Angebot an Festnetz-VPN leidet trotz aller Regulierung und Alternativen in der Access Technik nach wie vor an der Problematik der Leitungsverfügbarkeit auf der Last Mile: hohe Kosten, Bereitstellungsverzögerungen und -probleme, mangelnde Bandbreitenauswahl außerhalb der Einsatzbereiche von DSL-Technik. Mit dem Einsatz von UMTS bietet sich hier ein interessantes Feld für quasi-stationäre und mobile VPN-Anwendungen. Das Konzept von kleinen „plug-and-play" Routern mit GPRS-Schnittstelle, die zudem über ein vom Benutzer leicht konfigurierbares Management-System verfügen, ist eine hochinteressante Alternative zu Festnetz-VPNs auch für die Netzbetreiber, besonders unter der durchaus drohenden Gefahr, dass handliche kleine UMTS-Handys nicht rechtzeitig und in den notwendigen Stückzahlen auf den Markt kommen. Hier bietet sich das UMTS-VPN auf Basis modifizierter Router mit integrierter Firewall-Funktionalität als interessante Alternative im B2B-Bereich an.

Erst recht interessant wird diese Anwendung, wenn sie ganz und gar auf die „wireless"-Schiene setzt und für die lokale Vernetzung Bluetooth benutzt, also auch die Büroumgebung wireless anbindet. Die drahtlos realisierte Office-Vernetzung inkl. VPN-Anbindung mit rein volumenorientierter Abrechnung ist eine Lösung, die bei entsprechender Vermarktung gute Chancen im Bereich des Small-and-medium-sized Enterprises Segment hat. Im Vorteil zu Festnetz-VPN lassen sich mobile und HomeOffice-Teilnehmer seamless einbinden, da sie sich nicht erst einwählen müssen, sondern „always on" sind.

Für solche mobilen VPNs eignen sich besonders indirekte Vertriebskanäle, sei es lokale Systemhäuser für IT- und Netzwerke, Spezialisten für spezielle Branchenlösungen, oder sogar große „Elektronik-Supermärkte", wo das Produkt als „VPN im Einkaufswagen" laufen könnte. Ein weiter Charme dieser Lösung ist der, dass die Investitionskosten auf Netzbetreiberseite sehr gering sind.

3.2 Die Rolle des WASP im M-Commerce

Rudolf Bäumer

Einleitung

Mobile Commerce ist, vereinfacht gesagt, Kommunikation zwischen den Akteuren in Wertschöpfungsketten unter Nutzung von mobilen Informations- und Kommunikationstechnologien. Ob M-Marketing, M-Shopping oder M-Banking, immer handelt es sich um die „mobile" Kommunikation von Angebot und Nachfrage von/nach physischen Gütern, virtuellen Gütern, Dienstleistungen oder finanziellen Werten. Obwohl mit M-Commerce oftmals das „mobile Bezahlen" assoziiert wird, so ist dies nur ein Teilbereich des M-Commerce. Vielmehr sind es die vielfältigen Informationsdienste, die im Vorfeld von Kauf- oder Verkaufentscheidungen genutzt, bzw. zur Kundenfindung und Kundenbindung angeboten werden und die Erfahrungen in der Branche zeigen, dass es keine „Killer-Applikation" bei mobilen Mehrwertdiensten geben wird.

Trivial scheint dabei die Feststellung zu sein, dass die Akteure miteinander kommunizieren müssen, um Geschäftsprozesse durchführen zu können. Genau hier haben Nutzer von M-Commerce-Applikationen in der Vergangenheit aufgrund schlechter Benutzerführungen, bescheidener Übertragungs-, Anzeige- und Eingabemöglichkeiten bis hin zum gänzlich unmöglichen Verbindungsaufbau in fremden Netzen überwiegend unbefriedigende Erfahrungen gemacht.

Viele Anforderungen an M-Commerce Applikationen und Dienste werden durch das Aufrüsten der mobilen Netzwerk-Infrastruktur erfüllt. Die Verfügbarkeit von GPRS bis hin zu UMTS wird die Datenübertragungsraten schrittweise erhöhen und die „always-on" Verbindung zwischen Netzwerk und mobilem Endgerät macht lästiges Einwählen überflüssig. W-LAN und Bluetooth machen den schnelleren und kostengünstigen Abruf von großen Datenmengen an sog. „Hot-Spots" möglich. Die Entwicklung von SMS über EMS bis hin zu MMS, d.h. die Möglichkeiten zur Übermittlung von multimedialen Inhalten, wird z.B. M-Marketing revolutionieren. Mobile Endgeräte werden ihr Erscheinungsbild grundlegend ändern. Neben den klassischen Handys werden PDAs, Smart Phones und Pocket PCs verfügbar sein. Für Nutzer dieser Geräte werden die Grenzen zwischen Mobilfunk und Internet zunehmend verschwinden und MExE verspricht die Benutzerführung von M-Commerce Anwendungen auf dem Endgerät zu verbessern. Gleichzeitig werden neue Akteure versuchen, sich auf dem Markt zu etablieren und zusätzlich neue Standards, z.B. i-mode/cHTML, positionieren.

Die Vielzahl technischer Neuerungen werden eine hochgradig heterogene mobile Infrastruktur entstehen lassen und somit M-Commerce vor neue Herausforderungen stellen. Die Vergangenheit zeigt, dass die Einführung/Verfügbarkeit und tatsächliche Marktdurchdringung von neuen mobilen Endgräten ein zeitversetzter und keinesfalls homogener Prozess ist. So sind z.B. nur weit unter 50 % der heute auf dem Markt verwendeten Endgeräte WAP-fähig. Die Herausforderung wird also darin liegen, M-Commerce Dienste allen Mitgliedern einer Zielgruppe in ansprechender Qualität zugänglich zu machen und zwar unabhängig davon, welche Standards und Formate die unterschiedlichen Endgeräte unterstützen.

Informationsdienste zur Kundenfindung und Kundenbindung

In Wertschöpfungsketten sind eine Vielzahl von Prozessen und Akteuren involviert. Dabei werden die Zeitintervalle für Entwicklung, Herstellung, Distribution und Verkauf immer kürzer. Schnelle „Time-to-Market" Konzepte sind wichtige Faktoren für erfolgreiches Handeln der entsprechenden Akteure in modernen Industrien. Kommunikation und der Austausch von Information ist dabei vor allem ein interaktiver Prozess der beteiligten Akteure in der Wertschöpfungskette. Je nach Wertschöpfungsphase treten dabei B2B und/oder B2C Kommunikationsbeziehungen auf.

Betrachtet man z.B. eine typische B2C Beziehung, so lässt sich diese in drei Phasen unterteilen: Pre Sales, Sales und After Sales. Im Rahmen dieser Phasen bedienen sich die Akteure bestimmter Marktplätze, Medien und Technologien um miteinander zu kommunizieren. Das mobile Endgerät ist in der Lage, die Akteure im Rahmen dieser Phasen über vielfältige Datendienste zu unterstützen und teilweise traditionelle Systeme zu ersetzen.

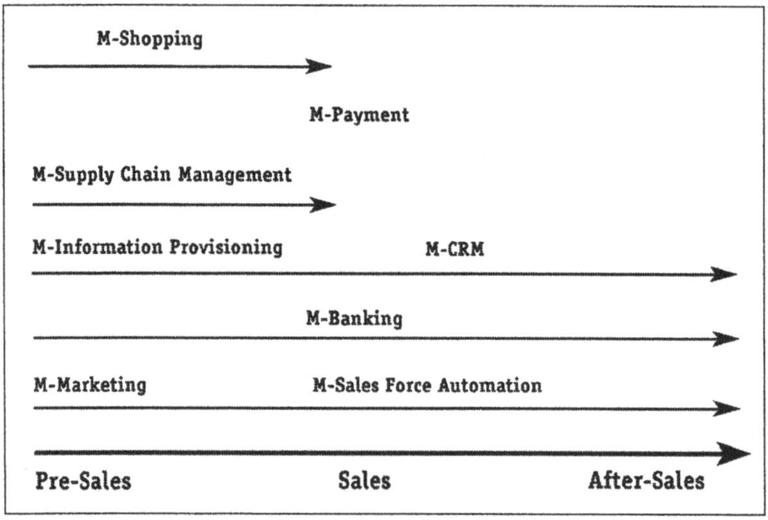

Abb. 1: M-Commerce in den Wertschöpfungsketten

Somit ist Mobile Commerce die Kommunikation zwischen Akteuren in Wertschöpfungsketten unter Nutzung von mobilen Informations- und Kommunikationstechnologien. Die Vielzahl möglicher M-Commerce-Applikationen spiegelt sich dabei in den vielfältigen Kommunikationsbeziehungen der beteiligten Akteure mit ihren jeweils unterschiedlichen Anforderungen in den Wertschöpfungsketten wieder.

Die Bereitstellung von Information „**Mobile Information Provisioning**" ist dabei grundlegende Voraussetzung für das Initiieren von Geschäftsprozessen. Dabei kann die bereitgestellte Information allgemeiner, personalisierter oder ortsspezifischer Natur sein. Je personalisierter und ortsspezifischer die Information ist, desto mehr steigert sich der Wert der Information für den Nutzer.

„**Mobile Marketing/Mobile Advertising**" setzt sich zum Ziel, Werbebotschaften per Handy zu verbreiten und so eine ganz bestimmte Zielgruppe anzusprechen. Diese Mitteilungen können potenzielle Neukunden oder Bestandskunden („**Mobile Customer Relationship Management**") adressieren. Mobile Marketing konzentriert sich dabei nicht nur auf das Versenden von Text-Werbebotschaften. Durch die Kombination mit Mobile Games und dem Zustellen von Gutscheinen „Mobile Coupons" ist die Gestaltung von umfassenden Mobile Marketing Kampagnen möglich. Dabei wird Mobile Marketing in den klassischen Marketing-Mix (Print, TV...) integriert und mit konventionellen Formen des Marketings verbunden. Somit ist Mobile Marketing kein isolierter, sondern vielmehr zusätzlicher Bestandteil klassischer Marketing-Strategien zur Kundenfindung und Kundenbindung.

Finanzielle Transaktionen sind sicherlich das zentrale Element von Geschäftsprozessen. „**Mobile Financial Services**" öffnen in Form von „**Mobile Banking**" und „**Mobile Broking**" einen zusätzlichen Service-/Verkaufs-Channel überwiegend auf der Basis bestehender Internet-Applikationen. „**Mobile Payment**" ermöglicht das Bezahlen mit dem mobilen Endgerät und greift dabei, über eine Mittlerinstanz, auf etablierte Abrechnungs-Systeme (z.B. Kreditkarte, Lastschrift, Mobilfunk-Rechnung) zurück.

„**Mobile Shopping**", „**Mobile Ticketing**", „**Mobile Auctions**", „**Mobile Reservation**", die „mobile" Kommunikation von Angebot und Nachfrage ist in jeder Wertschöpfungsphase und für nahezu alle physischen und virtuellen Güter, Dienstleistungen und finanziellen Werte möglich.

Auch für das Management von unternehmensinternen (ERP) und B2B-Prozessen ist die mobile Bereitstellung und Versorgung mit zeitkritischen Informationen interessant. Mobile-Office-Applikationen mit einem Zugriff auf Desktop-Applikationen, E-Mail- und Kontaktverzeichnis sowie auf die Zeiterfassung und die Warenwirtschaft sind möglich, ebenso eine vollständige Anbindung und Unterstützung des Außen- und Servicedienstes, zum Beispiel durch den mobilen Zugriff auf alle Kunden-, Produkt- und Unternehmensinformationen. „**Mobile Supply Chain Management**" (vorwiegend für Zulieferer) „**Mobile Fleet Management**" oder „**Mobile Sales Force Automation**" seien hier als Beispiele genannt. Die Realisierung von hochentwickelten ERP und B2B Applikationen wird deutlich erschwert durch die unflexible existierende IT-Infrastruktur und Back-End Systeme, die die Integration mobiler Applikationen oftmals nicht erlaubten.

Im Durlacher Report zum Thema mobile Commerce wird die Entwicklung in diesem Segment nach folgendem Funktionsverlauf prognostiziert: Anfänglicher Hype von 1998 bis 2000, Stagnation bis 2001/2002, echter Boom ab 2002. In Europa betrugen 1998 die Umsätze im Bereich M-Commerce 323 Millionen Euro. Viele Marktprognosen, wie auch Durlacher, die ein Potenzial von knapp 23 Milliarden Euro für 2003 im mobile Commerce prognostizieren, bestätigen die Geschwindigkeit mit der sich das mobile Business in Zukunft entwickeln wird[1].

Obwohl mit M-Commerce oftmals das „mobile Bezahlen" assoziiert wird, so ist dies nur ein Teilbereich im M-Commerce. Vielmehr sind es die vielfältigen Informationsdienste, die im Vorfeld von Kauf- oder Verkaufentscheidungen genutzt, bzw. zur Kundenfindung und Kundenbindung angeboten werden. 1998 zählte Information Provisioning mit 91 % vom Gesamtumsatz im Bereich M-Commerce zu den umsatzstärksten mobilen Datendiensten[2]. Im Jahre 2005 wird Mobile Marketing/Mobile Advertising mit 5,80 Milliarden Euro zu den umsatzstärksten mobilen Datendiensten zählen[3].

Das Entstehen heterogener mobiler Infrastrukturen

M-Commerce-Applikationen und -Dienste werden immer durch die Kombination verschiedener technologischer Komponenten realisiert. Es ist zu beobachten, dass diese einem ständigen Wandel unterworfen sind und in Zukunft an Komplexität zunehmen werden. In diesem Zusammenhang soll im folgendem die Dynamik des Marktes und die daraus resultierenden Chancen für M-Commerce Anwendungen beleuchtet werden.

Mobile Network Technologies

GSM-Netzwerke in Europa bieten zur Zeit „Circuit Switched Data" (CSD)[4] -Traffic und sind theoretisch in der Lage 9,6 kbps (Basic GSM) – 14,4 kbps (single slot HSCSD) zu übertragen. GSM-Netzwerke werden neben HSCSD mit GPRS aufgerüstet. Damit ist eine bessere Ausnutzung der zur Verfügung stehenden Übertragungs-Kapazitäten in den Mobilfunk-Netzen möglich. Interessant ist hierbei, dass mit GPRS eine „always on" Verbindung zwischen dem Netzwerk und dem mobilen Endgerät besteht und Daten in Paketen übertragen werden können. Zudem sind Point-to-Multipoint-Anwendungen (ähnlich wie Cell Broadcast) möglich. In der Praxis wird GPRS in der Startphase ungefähr 40-50 kbps erreichen. Damit einher geht eine gerechtere Abrechnung, da nur noch die tatsächlich genutzte Bandbreite

1 s.a. „Mobile Commerce Report", Durlacher Research Ltd, 1999

2 s.a. „Mobile Commerce Report", Durlacher Research Ltd, 1999

3 s.a. „UMTS Report", Durlacher Research Ltd, 2000

4 Im GSM-Standard für leitungsvermittelte Datenverbindung, bei dem ein Übertragungskanal zwischen den Teilnehmern fest aufgebaut wird; das Gegenteil von „Packet Switched Data"

in Rechnung gestellt wird und nicht mehr die Pausen, in denen keine Daten übertragen werden.

Die nächste Netzwerk-Generation wird ca. im Jahre 2003 mit UMTS (Universal Mobile Telecommunication System) eingeführt. Dieser globale Standard verspricht in der Praxis ungefähr 130-384 kbps, und wird im weiteren Verlauf weitaus höhere Datenübertragungsraten bieten. Die paketbasierende Datenübertragung und die „always on" Verbindung ist die wichtigste Neuerung moderner Netze und bereits mit GPRS verfügbar. Für den Nutzer entfällt das lästige Einwählen und der Zeitdruck bei der Nutzung von M-Commerce Applikationen, z.B. beim Ausfüllen von Reservierungs- oder Bestellformularen.

Zusätzlich wird kurzfristig durch Wireless LAN und Bluetooth eine noch schnellere und preisgünstige Alternative für die Datenübermittlung an den sogenannten „Hot Spots" (Hotels, Flughäfen, Büro...) bereitstehen. Bluetooth bietet eine Übertragungsrate von ca. 1 Mbps, Wireless LAN 11 Mbps (zukünftig bis zu 54 Mbps).

M-Commerce Service-Plattformen

Von schlichter telefonischer Bestellung (z.B. über ein Interactive Voice Response System/IVR) bis hin zu multimedialen Kaufvorgängen für virtuelle Güter ist über mobile Endgeräte theoretisch alles möglich. Dabei haben die Service-Plattformen eine im wahrsten Sinne des Wortes zentrale Bedeutung. Sie werden in sogenannten „Service-Centern" bereitgestellt, wo der Datentransfer zwischen den Nutzern und den Anbietern der Dienste organisiert wird. Typische Service-Plattformen sind **SMS-Gateways**, über die z.B. die SMS-Weiterleitung von Endgerät A nach Endgerät B organisiert wird, ggf. netzübergreifend. **WAP-Gateways** bieten eine Schnittstelle zwischen mobilen Endgeräten und dem Internet, Applikations-Server unterstützen z.B. mobile Payment-Systeme oder im einfachsten Fall das Versenden und Billing von Klingeltönen. Dabei sind die Service-Plattformen in der Regel mit Back-End-Systemen anderer Akteure, z.B. Netzbetreibern oder Banken, verbunden. Service-Plattformen und deren Kombinationen untereinander sind sehr vielfältig.

Der entscheidende Schritt zur mobilen Datenwelt wurde mit der Einführung des Kurznachrichtendienstes „**Short Message Service**" gemacht. Heute werden damit über 1,8 Milliarden Mitteilungen pro Monat über deutsche Mobilfunknetze versendet. SMS-Nachrichten eignen sich gut für M-Marketing Kampagnen oder jeglicher Art von Information Provisioning, somit auch für Informationsdienste, die vom Anwender abonniert werden. Entscheidender Vorteil gegenüber allen anderen verfügbaren mobilen Datendiensten ist die Tatsache, dass 100 % aller Endgeräte SMS unterstützen und „store and forward" Funktionalität durch das SMS-Center bereitgestellt wird. Da bei GPRS kein „store and forward" vorgesehen ist, werden SMS-Dienste auch in Zukunft ihre Berechtigung haben.

Bei **SIM-Toolkit** handelt es sich um eine Technologie, mit der die Funktionalität der SIM-Karte im mobilen Endgerät erweitert wird und SMS zur Datenübertragung genutzt wird. Zur Nutzung dieser Funktionsweise ist allerdings ein SIM-

Toolkit fähiges Endgerät mit einer entsprechend konfigurierten SIM-Karte notwendig, wodurch der Benutzerkreis stark eingeschränkt wird.

„EMS“, eine Weiterentwicklung von SMS, erlaubt das Versenden von Bildern, Melodien und einfachen Animationen. Der Standard EMS wurde durch eine große Gruppe von Endgeräteherstellern entwickelt. Parallel dazu haben sich proprietäre Lösungen entwickelt, die ähnliche Eigenschaften wie EMS vorweisen. So z.B. „Smart Messaging” von Nokia oder „M@gic4“.

WAP, mit negativen Attributen wie langsam und teuer belegt, wird durch die neuen Netzwerktechnologien GPRS und UMTS endlich zum Leben erweckt. Neben schneller und paketbasierter Datenübertragung können mit GPRS **WAP-Push** Nachrichten versendet werden. WAP-Nachrichten haben den Vorteil, wesentlich mehr als 160 Zeichen fassen zu können, somit kann die gesamte Information in einer einzigen Nachricht stehen.[5] Auch die Integration von Grafiken ist einfach. Und die Verwendung von WAP erlaubt eine durch WTLS gesicherte Datenübertragung von Passwörtern, Buchungsinformationen etc. Mit GPRS kommt zwar keine neue Funktionalität für WAP-Dienste hinzu, aber die Dienste, wie z.B. Marketing-Kampagnen können preiswerter angeboten werden.

„Multimedia Messaging“ (MMS) wird M-Commerce revolutionieren. Mit MMS ist es möglich multimedialen Content an mobile Endgeräte zu versenden. Vor allem M-Marketing und M-Advertising werden davon profitieren – „Ein Bild sagt mehr als 1000 Worte“. Gedanklich lassen sich noch eine Vielzahl an sinnvollen Anwendungen, beispielsweise Anwendungen zur mobilen Fotografie, mit Hilfe der UMTS-Technologie realisieren.

MMS kann aber bereits über GPRS angeboten werden. Neben den multimedialen Eigenschaften ist es durch das „Generic User Profile“ und das „User Agent Profile“ möglich, dass alle Anwendungen ihren Content den Wünschen und Präferenzen des Anwenders und den Möglichkeiten des gerade verwendeten Terminals entsprechend optimal aufbereiten können. Zudem kann durch die „Presence“-Information eine Anwendung feststellen, wenn z.B. ein Anwender sich in einer neuen Stadt aufhält und ihm entsprechende Dienstleistungen anbieten.

„MExE“ steht für Mobile Execution Environment. Diese Technik ermöglicht, dass in einer Umgebung auf dem mobilen Endgerät Anwendungen (z.B. Java Applets) ablaufen und bei Bedarf auch über das Netzwerk nachgeladen werden können. Beispiel: ein Tool für mobile Office-Anwendungen, eine bestimmte Analysetechnik für Börsenkurse oder einen Web-Browser. MExE ist keine MMS-Anwendung, sondern benutzt die MMS-Infrastruktur.

Durch **„Unified Messaging“** können Nachrichten verschiedener Typen aus verschiedenen Netzen in einer Inbox zusammengefasst und dem Anwender übersichtlich präsentiert werden (z.B. E-Mails, Faxe, Nachrichten über eingegangene Anrufe sowie Sprachaufzeichnungen). Mit MMS können diese auf MMS-Endgeräte weitergeleitet werden.

Der japanische Dienst **„i-mode“** wird über E-Plus 2002 in Deutschland eingeführt. i-mode basiert auf der Markup-Sprache cHTML. Für die Nutzung der

---

[5] Im Gegensatz zu SMS, in der pro Nachricht nur 160 Zeichen versendet werden können.

Dienste sind geeignete mobile Endgeräte notwendig, sowie eine Anpassung der Infrastrukturen der Service Center.

Das "mobile Bezahlen"

Das Durchführen von Geschäftsprozessen auf der Basis mobiler Datendienste ist in geschlossenen Benutzergruppen, d.h. wo Anbieter und Kunde sich „kennen", bereits weit verbreitet und wird durch GPRS zunehmende Beliebtheit erfahren. Dabei sind Datenintegrität, Vertraulichkeit, Authentifizierung und Rechtsverbindlichkeit wichtige Anforderungen. Im Rahmen von z.B. Mobile Banking oder Mobile Broking werden bei der Übermittlung von Daten über WAP Integrität und Vertraulichkeit durch Verschlüsselung auf der Basis von WTLS/SSL sichergestellt. Zusätzlich bietet WTLS Class 3 sowohl eine Server-Authentisierung, als auch eine Client-Authentisierung und ermöglicht somit, dass beide Parteien sich gegenseitig authentifizieren können. Authentisierung und Rechtsverbindlichkeit werden zusätzlich durch PIN- und/oder TAN-Verfahren unterstützt. Zukünftige WAP-Standards werden weiterführende Sicherheitsfunktionalitäten bereitstellen und die Einführung einer „**Wireless Public Key Infrastructure**" (**WPKI**) auf der Basis der „**Digitalen Signatur**" könnte dabei in Zukunft u.a. die umständlichen PIN/TAN-Verfahren ersetzen. Das mobile Endgerät mit seiner integrierten SIM-Karte ist ein idealer Träger für den privaten Schlüssel einer digitalen Signatur.

Wesentlich schwieriger gestalten sich finanzielle Transaktionen zwischen Partnern, die sich nicht kennen, denn ein allgemein anerkanntes mobiles Zahlungssystem gibt es derzeit nicht. Kartenbasierte-, eCash- und eWallet-Zahlungssysteme sind, bis sie eine bestimmte Marktdurchdringung erreicht haben, Zukunftslösungen.

Bestimmte virtuelle Güter oder Dienstleistungen lassen sich über die Telefonrechnung des Kunden abrechnen (z.B. über 0190-Nummern). Insgesamt ist diese Möglichkeit aber sehr begrenzt und umständlich und 0190-Nummern haftet ein negatives Image an. Daher ist es nicht verwunderlich, dass eines der „beliebtesten" Zahlungssysteme in Deutschland beim Online-Shopping die Rechnung ist. 41 % der Online-Käufer bezahlen per Rechnung[6]. Nachdem der Käufer die Ware erhalten und geprüft hat, überweist er über seine Bank den Rechnungsbetrag von seinem Konto.

Die Beliebtheit der Rechnung drückt sich aber nur auf Käuferseite aus, denn das Risiko wird bei der Zahlung per Rechnung auf die Händlerseite verschoben, bis und ob der Kunde die bereits gelieferte Ware zahlt. Zahlt der Kunde nicht, kann der Händler das Mahn- und Inkassoverfahren einleiten, das unter Umständen langwierig und teuer werden kann.

Wie ist es also möglich, etablierte Zahlungssysteme unter der Nutzung des mobilen Endgerätes anzubieten? Einen Lösungsansatz bieten Mittlerinstanzen, die sog. „**Trusted Partys**". Verkäufer und Käufer schließen Vereinbarungen mit der Trusted Party, damit diese bei entsprechendem Auftrag der Geschäftspartner

[6] s.a. „Kassieren im E-Commerce", Berlecon Research GmbH, 2001

Zahlungen freigeben kann. Die Zahlungsaufträge an die Trusted Party können dabei über WAP oder eine IVR erfolgen. Das Bezahlen durch die Trusted Party erfolgt dabei weiterhin durch allgemein anerkannte Bezahlverfahren (z.B. Kreditkarte, Lastschrift).

Mobile Endgeräte

Die Verfügbarkeit von leistungsfähigen und vor allem benutzerfreundlichen mobilen Endgeräten dürfte den Erfolg von M-Commerce wesentlich begünstigen. Die Einführung neuer Netzwerktechnologien und neuer Service-Plattformen sollte zeitgleich mit der Einführung von mobilen Endgeräten geschehen, welche diese neuen Technologien unterstützen.

Die Erfahrung zeigt aber, dass die Einführung/Verfügbarkeit und tatsächliche Marktdurchdringung von neuen mobilen Endgeräten ein zeitversetzter und keinesfalls homogener Prozess ist. So sind z.B. weit unter 50 % der heute auf dem Markt verwendeten Endgeräte WAP-fähig.

Die eingesetzten Endgeräte werden in Zukunft unterschiedliche Standards, Formate und Funktionen unterstützen und sich zudem in ihren ergonomischen Eigenschaften zum Teil stark unterscheiden, da sie auf unterschiedliche Zielgruppen zugeschnitten sind. Dabei werden High-End Geräte z.B. in Form eines Pocket PC vielfältige multimediale Internet- und Office-Funktionen übernehmen können, während das klassische Handy neben Voice „nur“ über SMS-Funktionen verfügt.

Abb. 2: Anwendungs-Szenario Ticketreservierung/-verkauf über MMS/WAP und SMS/IVR[7]

[7] Bild links: Nokia 3G Terminal Concept. Bild rechts: Nokia 8850

Interoperabilität: Erfolgsfaktor für M-Commerce

Die vorangegangenen Beschreibungen machen deutlich, dass die zukünftigen mobilen Infrastrukturen hochgradig heterogen sind. Der kontinuierlichen Aufrüstung der Netzwerke, der Einrichtung neuer Service-Plattformen und Funktionen und der Verbreitung von mobilen Endgeräten, die wiederum unterschiedliche Formate und Standards unterstützen, stehen die Akteure von Wertschöpfungsketten gegenüber, die einfach zu bedienende M-Commerce-Applikationen und -Dienste fordern.

Die Bereitstellung von Produktinformationen, z.B. im Rahmen von Mobile-Marketing-Kampagnen, macht nur Sinn, wenn alle Mitglieder einer Zielgruppe diese auch in ansprechender Qualität auf ihrem Endgerät darstellen können und zwar unabhängig davon, ob das Endgerät SMS, EMS, Smart Messaging, WAP, MMS oder i-mode unterstützt. Das heißt, dass ein „nur" SMS-fähiges Gerät die relevante Information nur textbasiert erhält, während Endgeräte mit weiterentwickelten Standards diese zusätzlich in Form von Grafiken oder multimedialen Animationen erhalten können.

Folgend ein Anwendungs-Szenario (siehe auch Abb. 2): Person A fordert mit seinem MMS-fähigen Endgerät Informationen über aktuelle Abendveranstaltungen in seiner Heimatstadt an. Er erhält die Information von einem Service Provider als Multimedia Message (Text, Video-Clip inkl. Sound) sowie einen Link auf eine WAP-Seite im Internet, wo er entsprechende Tickets reservieren und ggf. kaufen kann.

Person B fordert ebenfalls Informationen über aktuelle Abendveranstaltungen in seiner Heimatstadt an. Sein Endgerät unterstützt aber nur SMS. Der Service Provider sendet ihm die angefragte Information nur textbasiert zu, d.h. als SMS, inkl. einer Rufnummer die ihn mit einem IVR-System[8] oder einem Call-Center verbindet, über welches er entsprechende Tickets reservieren und ggf. kaufen kann. Die von dem Service Provider bereitgestellte Payment-Plattform muss wiederum sowohl den Kauf über WAP als auch über ein IVR-System unterstützen.

Dieses Beispiel macht deutlich, dass es einen Service Provider geben muss, der in der Lage ist, Interoperabilität durch Konvertierung zwischen den unterschiedlichen Technologien und Formaten herzustellen, um bei der Zustellung einer Nachricht für jedes Zielgerät ein geeignetes Format zu finden. Ansonsten läuft der Mobilfunkmarkt Gefahr, durch technische Neuerungen eine komplexe Infrastruktur aufzubauen, die Kommunikation und somit M-Commerce erschwert, anstatt sie zu erleichtern.

[8] Interactive Voice Response. Sprach- und/oder tastaturgesteuerte automatische Anrufbearbeitung

Die Rolle des WASP im M-Commerce: Das Beispiel Materna

Der sogenannte „Wireless Application Service Provider" (WASP) hat eine zentrale Funktion im M-Commerce. Er sollte unterschiedliche Service-Plattformen entwickeln, bereitstellen und administrieren, um jedem Kunden die für ihn sinnvollste Art der Informationsvermittlung anbieten zu können.

Dieser Herausforderung stellt sich die MATERNA GmbH Information & Communications[9]. Die Erfahrungen von MATERNA, die aus Implementierungen und Betrieb von SMS- und WAP-Gateways für viele Mobilfunk Netzbetreiber sowie durch die Bereitstellung zahlreicher M-Commerce Anwendungen und Unified Messaging Installationen stammen, bilden eine ideale Plattform für heutige und zukünftige M-Commerce Applikationen und Dienste. MATERNA, mit seinen Anny Way Produkten und Dienstleistungen, versteht sich dabei als Dienstleister für Mobile Netzwerkbetreiber (MNO/VO/MVNO), Portal Betreiber sowie für jedes Unternehmen, welches M-Commerce Applikationen und Dienste in seinen Geschäftsprozess integrieren oder seinen Kunden anbieten möchte.

MATERNA versendet über sein leistungsfähiges Anny Way Information Center (AIC) ca. 400 Mio. SMS pro Monat. Durch die Anbindung an alle deutschen und fast alle europäischen Netze ist nahezu jedes Endgerät erreichbar. Die „store and forward" Funktionalität des AIC und die SMS-Unterstützung durch 100 % aller verfügbaren mobilen Endgeräte macht das AIC zur idealen Plattform für M-Marketing Kampagnen, Information Provisioning und CRM. Durch die Platzierung von Kurzwahlnummern[10] auf Print-Medien ist es zum Beispiel möglich, weiterführende Informationen zu einem Produkt oder Gewinnspiele anzubieten. Durch die „MO-Kick-Back"-Funktion[11] des AIC kann direkt und automatisch auf entsprechende Anfragen geantwortet werden. In Verbindung mit EMS ist dabei auch das Versenden von Bildern und Coupons z.B. in Form eines Barcodes möglich.

Weitaus effektiver ist das Bereitstellen von M-Commerce Applikationen über WAP. MATERNAs Anny Way WAP Gateway unterstützt GPRS, wodurch das Versenden von WAP-Push Nachrichten ermöglicht wird. Der Vorteil: WAP-Push Nachrichten sind nicht auf 160 Zeichen begrenzt, d.h. der gesamte Inhalt kann mit einer Nachricht versendet werden.[12] WAP-Push Nachrichten sind im Vergleich zu SMS kostengünstiger zu versenden und die Integration von Grafiken ist einfach. Zudem gehört das Hosten und Administrieren von WAP-Portalen als auch das Anbinden an Back-End Systeme von Netzbetreibern und Unternehmen zum Dienstleistungsspektrum von MATERNA. Durch die Unterstützung von WTLS

---

9 MATERNA GmbH Informations & Communications, Vosskuhle 37, 44141 Dortmund, http://www.materna.de

10 Diese Nummern sind für alle deutschen Netze gültig und können somit schnell und komfortabel ohne Vorwahl eingegeben werden.

11 MO: Mobile originated, d.h. Verbindungsaufbau von einem mobilen Teilnehmer aus

12 Die maximale Anzahl der zu empfangenden Zeichen über WAP-Push ist abhängig von den Endgeräten.

Class 3 und unterschiedlichen PKI-Zertifikaten werden z.B. sicherheitssensible M-Banking Dienste über MATERNAs WAP-Gateway angeboten. Das WAP Gateway unterstützt alle gängigen Formate und Standards, somit auch i-mode.

Für das zielgruppenspezifischen Aufbereiten von Informationen hat MATERNA eine Anny Way Redaktion eingerichtet, die Kunden z.B. bei der Gestaltung und technischen Umsetzung von mobilen Werbekampagnen und WAP-Portalen unterstützt. Für kleinere WAP-Benutzergruppen hat MATERNA den Anny Way WAP Server for Windows 2000 und die Mobility Box entwickelt. Diese Produkte unterstützen unternehmensinterne Prozesse wie z.B. jegliche Form von „Team Management" aber auch die Kommunikation mit dem Kunden. Die Mobility Box ist leicht in existierende Back-End-Systeme einzubinden und kann somit zeitkritische Informationen (z.B. den technischen Defekt eines Gerätes oder den Auftrag eines Kunden für eine unverzügliche Postversendung) auf das mobile Endgerät des entsprechenden Service-Mitarbeiters senden.

Anny Way Mobile Payment Solution wurde in Kooperation mit mobilen Netzwerkbetreibern und Clearingstellen entwickelt. Auf der Basis von anerkannten Bezahlverfahren (Kreditkarte, Lastschrift, ...) sind Zahlaufträge über WAP oder IVR möglich, Auftragsbestätigungen von Zahlaufträgen werden über SMS versendet.

Die mobilen Dienste der nächsten Generation werden in MATERNAs Anny Way Multimedia Information Center, kurz AMIC vorbereitet. „Multimedia Messaging" wird u.a. M-Marketing revolutionieren. Zentrale Komponente des AMIC ist der MMS Relay/Server in Kombination mit dem MMS Application Server. Neben der Möglichkeit multimediale Inhalte zu versenden, wird das AMIC in der Lage sein, von den Nutzern hinterlegte Personenprofile und, bei Einwilligung des Nutzers, deren Aufenthaltsort zu erkennen. Somit können gezielt auf den Kunden zugeschnittene M-Commerce Dienste angeboten werden, was die Streueffekte wesentlich reduziert. Zudem ist die Resonanz, also die interaktive Reaktion des potenziellen Kunden, sofort messbar und einfach zurückzuverfolgen.

So kann z.B. das AMIC im Auftrag von Reiseunternehmen, Automobilclubs oder Hotelketten deren Kunden am Urlaubsort Informationen z.B. über Veranstaltungen oder Sehenswürdigkeiten entsprechend den Präferenzen des ortsunkundigen Kunden zusenden. Dies kann automatisch als Push-Nachricht erfolgen oder vom Kunden angefordert werden. Beim Anfordern von Service-Informationen wird das AMIC die Funktion „Gebühr und Antwort bezahlt Empfänger" unterstützen. Beim Kauf von virtuellen Gütern, z.B. „das Tor des Tages", wird das AMIC zudem das Realtime-Billing von Prepaid-Kunden gewährleisten.

In diesem Zusammenhang ist auch MATERNAs Engagement im Umfeld von MExE von Bedeutung. Die Nutzer von MExE-Endgeräten erhalten durch diese Technologie die Möglichkeit, optimal auf ihr Endgerät konfigurierte M-Commerce Applikationen abzurufen. Dabei spielt es keine Rolle, von welchem Hersteller das MExE-Endgerät ist. Grundvoraussetzung für diese Dienste ist die Bereitstellung einer MExE Service Environment, d.h. z.B. eines MExE Application Servers, der die entsprechenden Applikationen bereitstellt. Durch MExE wird vollständige Interoperabilität Wirklichkeit.

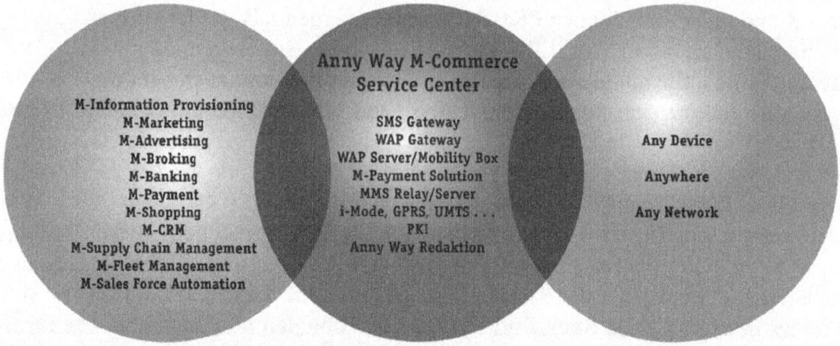

Abb. 3: Der WASP im M-Commerce

Die beschriebenen Service Plattformen bilden das Anny Way M-Commerce Service Center und bilden die Grundlage für die Erstellung, Personalisierung, Konvertierung und Distribution von M-Commerce Diensten. Das Anny Way M-Commerce Service Center gewährleistet durch die intelligente Kombination unterschiedlicher Service Plattformen und die Anbindung an Back-End-Systeme die optimale Umsetzung nahezu aller möglichen M-Commerce Applikationen und Dienste.

Wesentliche Zielsetzung des Anny Way M-Commerce Service Center ist es, in der Lage zu sein, für jedes Zielgerät ein geeignetes Format zu finden. Interoperabilität ist ein wesentliches Kriterium zukünftiger Dienste. Denn nur wenn schnell die kritische Masse an Nutzern einer M-Commerce Applikation überschritten ist, werden die entsprechenden Business-Modelle erfolgreich sein.

3.3 Der Weg zum M-Banking: Keine Stolpersteine?

Jörg Gerigk, Andreas Gerhardt

Zukunftsvision und Marktentwicklung im M-Business

Stellen Sie sich vor, Sie verlassen morgens Ihr Haus und steigen in Ihr Auto. Auf der Fahrt rufen Sie mit Ihrem Handy Ihre E-Mails ab und lassen sich diese vorlesen – Unified Messaging macht's möglich –, denn sie wollen nicht durch den Blick auf das Handy vom Verkehr abgelenkt werden, oder? Beantworten können Sie die Mails auch direkt, in dem Sie den Text diktieren und als Mail oder Fax verschicken. Während dessen weist Sie das Navigationssystem auf einen 10 km langen Stau hin und schlägt Ihnen eine alternative Route vor. Diese ist zwar gebührenpflichtig, bietet aber die schnellste Alternative. Sobald sie dieses Stück befahren, werden Sie automatisch registriert, die Gebühren werden Ihnen über Ihre Mobiltelefon-Rechnung belastet. Ihre bevorzugte Tankstellenkette, deren Kundenkarte Sie nutzen, benachrichtigt Sie über eine Preissenkung an einer Tankstelle in Ihrer Nähe – „Automatic Location Identification“ ermöglicht viele neue Anwendungsfelder. Sie nutzen die Gelegenheit und tanken den Wagen – bezahlt wird auch per Handy.

Dieses bestätigt Ihnen auch bei der Einfahrt in die Tiefgarage im Büro die Zufahrtsberechtigung. Auf dem Fußweg zum Büro werden Sie von Ihrem individualisierten Presse-Ticker über die für Sie wichtigsten News informiert. Sie gehen mit Ihrem Mobile ins Internet und greifen auf ausführlichere Informationen zu den Kurznachrichten zu. Bei dieser Gelegenheit überprüfen Sie auch Ihre Mobile-Rechnung, um den Überblick über getätigten Transaktionen zu behalten ..... ach ja, telefoniert hatten Sie natürlich auch mit Ihrem Handy!

Hirngespinste und Zukunftsmusik? Wohl kaum! Vielmehr nur ein Bruchteil der Möglichkeiten, die uns in den nächsten Jahren zur Verfügung stehen werden. Die neuen Mobilfunkstandards – GPRS (General Packet Radio Service), EDGE (Enhanced Data Rates for GSM Evolution), UMTS (Universal Mobile Telephone Standard) – legen die Basis für größere Bandbreiten, ortsbezogene und personalisierte Dienste, Content- und volumenbezogene Abrechnung und vieles mehr.

Im Mittelpunkt werden die neuen Applikationen stehen. Es wird eine Vielzahl an Diensten geben, die als „Flop” enden werden – es wird aber „Killer-Applikationen” geben, die von den Kunden ähnlich gut wie heute der Short Message Service (SMS) angenommen werden. Dieser konnte in Deutschland extrem erfolgreich platziert werden. Wurden noch im Oktober 1999 rund 467 Millionen SMS-Nachrichten verschickt, so konnte im darauffolgenden Jahr bis Oktober 2000 die Anzahl der SMS-Nachrichten mit circa 1.400 Millionen fast verdreifacht werden.

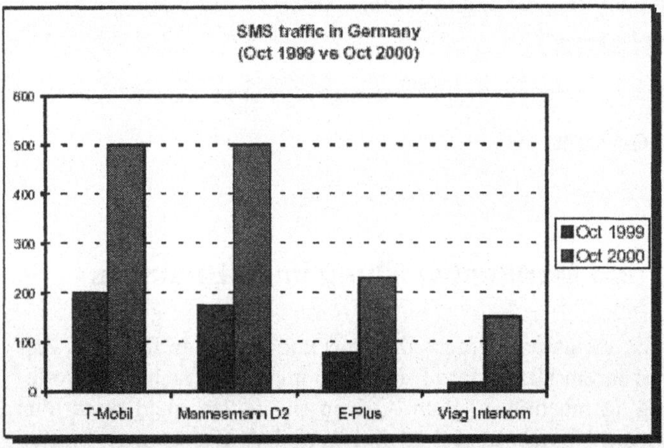

Abb. 1: SMS traffic in Germany[1]

Dieser heute sehr gut etablierte Dienst wird in der Zukunft an Bedeutung verlieren (Abb. 2–4). Informationsdienste, Telematik-Dienste, Surfen im Internet, E-Mail, Video-Streaming etc. werden gegenüber dem SMS-Dienst, aber auch gegenüber dem Sprachdienst an Bedeutung zulegen.

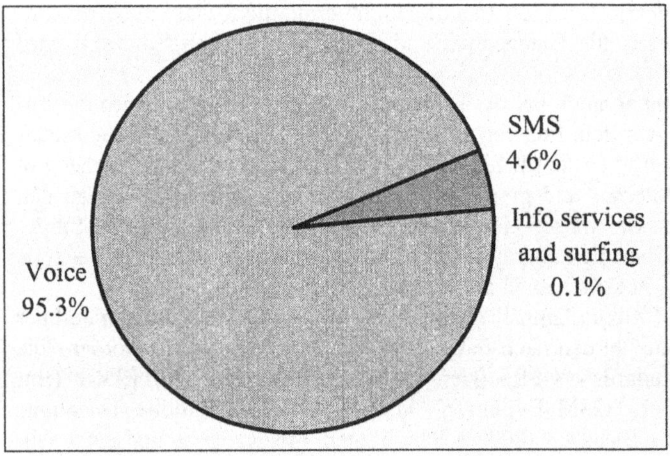

Abb. 2: Aufteilung des Gesamtumsatzes (Europa) pro Applikation 2000[2]

---

[1] EMC Regional & Technology Report, November 2000 (Mannesmann D2 ist heute D2 Vodafone)

[2] Studie JP Morgan, Arthur Andersen (10/2000); Europa ohne Irland, Österreich und Luxemburg

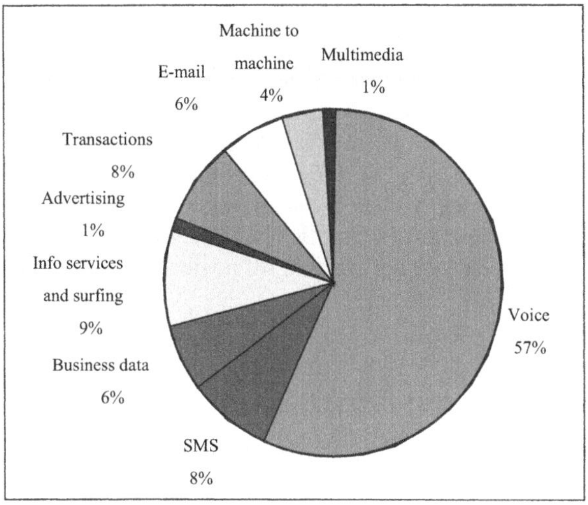

Abb. 3: Prognostizierte Aufteilung des Gesamtumsatzes (Europa) pro Applikation 2005[3]

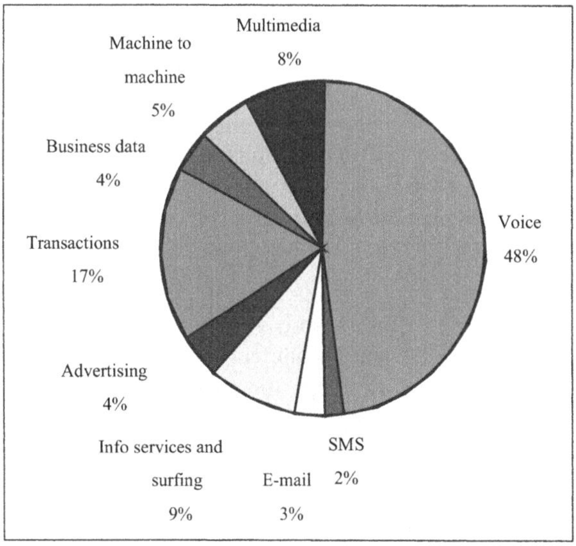

Abb. 4: Prognostizierte Aufteilung des Gesamtumsatzes (Europa) pro Applikation 2010[4]

3 Ebd.
4 Ebd.

Die verschiedenen Branchen – Content Provider, Local Access Provider, Device-Provider – werden sich im M-Business-Feld in unterschiedlicher Form positionieren. Dazu ist eine sich vom Durchschnitt abhebende Vision sowie eine solide Strategie mit adäquatem Umsetzungskonzept essentiell für den Erfolg.

Hierbei sollte man aus den Fehlern, die bei der WAP-Einführung unter Nutzung von GSM gemacht wurden, lernen, sich die Möglichkeiten der neuen Technologien vergegenwärtigen, sich überlegen, welches Know-how man selbst hat bzw. aufbauen kann und durch welche partnerschaftlichen Beziehungen (in welcher Form auch immer) die Erfolgschancen der eigenen Strategie verbessert werden können.

Die Basis-Infrastruktur: Von der Evolution zur Revolution?

Analoge Mobilfunknetze wurden in Europa weitgehend durch digitale Netze abgelöst. Damit konnte eine bessere Servicequalität, eine effektivere Ausnutzung des Frequenzspektrums und demzufolge eine höhere Netzwerkkapazität erlangt werden. Alle zukünftigen Entwicklungen im digitalen Mobilfunk orientieren sich hauptsächlich an einer weiteren Erhöhung der Netzkapazität und der Bildung einer Plattform für eine Vielzahl neuer Datendienste.

Im Rahmen von GSM wurden eine Reihe von Standards definiert. Bei der Weiterentwicklungen von neuen Diensten handelt es sich nun oftmals um Datendienste, die hohe Bandbreiten benötigen. Um deren Infrastrukturanforderungen gerecht zu werden, wurde der heutige GSM-Standard, die sogenannte „Second Generation (2G)“ über die 2,5G (HSCSD, GPRS, EDGE) bis hin zur 3G, dem UMTS weiterentwickelt. Motivatoren für diese Weiterentwicklungen waren im Wesentlichen:

- Fallende Preise und durchschnittliche Umsätze pro Kunde, die zu geringen Margen und dem Bedarf an zusätzlichen Diensten führten.
- Der rapide Anstieg von Internet-basierten Diensten, die zukünftig voraussichtlich auch durch mobile Endgeräte genutzt werden.
- Der technologische Fortschritt, der die Video-Telefonie zu einem „sinnvollen“ Dienst machen kann (verbesserte und preisgünstigere Bildschirme, digitale Kameras etc.).
- Technologischer Fortschritt und erhöhtes Marktpotenzial für Endgeräte wie Personal Digital Assistants (PDAs), die durch einen mobilen Zugang weitere Einsatzgebiete finden (z.B. E-Mail).
- Der stark wachsende Anteil an Datenverkehr im Festnetzbereich, der als ein Indikator für einen ansteigenden Datenumsatz im Mobil-Bereich mit neuen Datendiensten gesehen wird.

Zur Bereitstellung dieser Services werden die wichtigsten Standards in Europa HSCSD, GPRS, EDGE und UMTS sein.

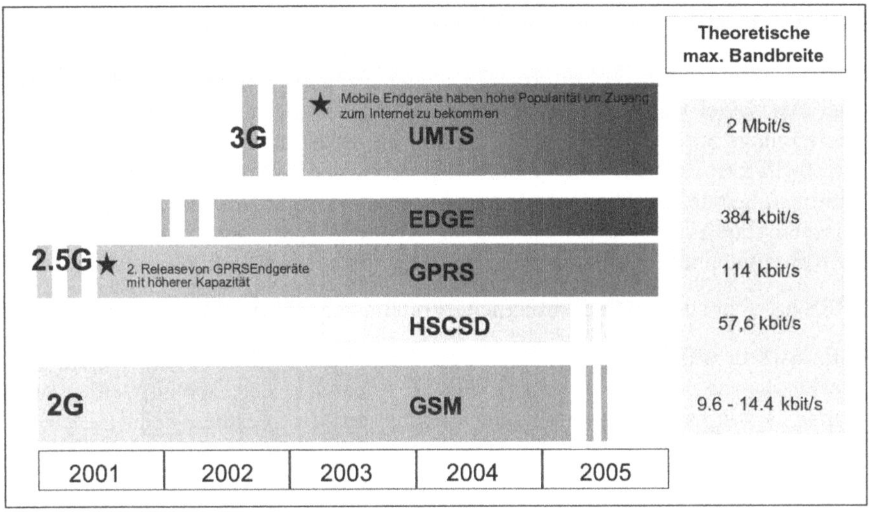

Abb. 5: Einführung und Ausblendung von Mobilfunktechnologien in Europa[5]

HSCSD (High Speed Circuit Switched Data)

Der HSCSD-Standard ermöglicht eine Datenübertragung von bis zu 57,6 kbit/s. Erzielt wird diese Datenrate, indem bis zu vier simultane Kanäle dem Benutzer zugeordnet werden. Damit wird die Standard GSM Datenrate von 14,4 kbit/s vervierfacht. Beim HSCSD handelt es sich um einen leitungsvermittelten Übertragungsstandard (Circuit Switched Service), der die gesamte Bandbreite während der vollständigen Verbindungsdauer zur Verfügung stellt. Demzufolge nutzt eine HSCSD-Verbindung die Kapazität, die durch mehrere normale Gespräche genutzt werden könnten. Die durch „Bursts" charakterisierten transaktionsorientierten Datendienste (wie z.B. E-Mail oder Internet-Browsing) werden durch HSCSD eher ineffizient unterstützt.

Mit dem hohen Netzwerk „Overhead" von HSCSD und der im Verhältnis zu GPRS niedrigen Datenübertragungsrate verliert HSCSD für so manchen Netzbetreiber an Attraktivität. Derzeit bieten nur ca. 18 Netzbetreiber weltweit HSCSD an (darunter auch Orange und E-Plus). Die bereits erwähnten Nachteile von HSCSD führten dazu, dass die Systemtechnikhersteller keine großen Gelder in die Entwicklung von Terminals investierten. Zum Beispiel hat sich Ericsson entschieden, keine HSCSD-Terminals herzustellen.

---

[5] PA Consulting Group, 2001

GPRS (General Packet Radio Service)

GPRS ermöglicht eine (theoretische) Datenübertragungsrate von 114 kbit/s, rund zwei mal soviel wie ein Standard-Festnetzanschluss. Starten wird man mit einer Übertragungsrate von 20–30 kbit/s, die ein bis zwei Jahre später voraussichtlich auf 40–50 kbit/s erhöht wird. Manche Netzprovider verfolgen die Intention, die Übertragungsrate auf 70–80 kbit/s zu erhöhen – ein volle Ausschöpfung der theoretischen Kapazitäten ist jedoch unwahrscheinlich. Auch wird man nicht 100 % der Kapazität einer Base Station für den Datenverkehr zur Verfügung stellen.

GPRS hat aber auch andere wesentliche Vorteile gegenüber HSCSD:

- Es ist sehr effizient für „burst-artigen" Datenverkehr. Datenpakete von unterschiedlichen Anrufern (Quellen) können ineinander verschachtelt werden (wie man es von paketorientierten Datendiensten aus dem Festnetz kennt). Deshalb ist es für die Netzprovider sehr attraktiv, da sie – selbstredend – ein starkes Interesse an der optimalen Ausnutzung der knappen Netzwerkressourcen haben.
- Anders als in verbindungsorientierten Netzen, die erst eine Verbindung aufbauen und diese für den Zeitraum der Verbindung fest reservieren müssen, werden die einzelnen Datenpakete mit einer Zieladresse versehen und direkt ins Netz geschickt. Die von einer Quelle gesendeten Datenpakete nehmen zwar nicht unbedingt alle denselben Weg, werden aber durch die Routing-Mechanismen zum beabsichtigten Ziel geschickt und dort sortiert (ähnlich wie man es vom IP-Routing kennt). Hierbei muss zwar auch ein Datenkanal aufgebaut und reserviert werden, jedoch wird dieser nicht exklusiv genutzt.

Mit einer GPRS-Karte in einem Notebook ist man damit in der Lage, E-Mails zu empfangen, sobald sie vom E-Mail-Server gesendet worden sind, ohne explizit für den Mail-Abruf eine Verbindungsaufbau initiieren zu müssen. Im Umkehrschluss kann ein Benutzer E-Mails senden oder „Remote" auf den Server zugreifen, ohne extra einen Verbindungsaufbau durchführen zu müssen.

Diese Fähigkeiten, die zweifelsohne sehr nützlich sind, werfen aber auch Fragen hinsichtlich der Tarifierung und Rechnungslegung solcher Dienstleistungen auf. Paketorientierte Datendienste werden traditionell entsprechend des übertragenen Datenvolumens abgerechnet, anstatt diese in Relation zur Verbindungszeit oder Verbindungsentfernung zu setzen. Jedoch erschließt sich dem Privatkunden die Abrechnung per Datenvolumen nicht direkt, da er damit bisher keine Erfahrungen sammeln konnte. Auch ist eine Abschätzung des Datenvolumens für den Privatkunden nur schwer möglich, da das Datenvolumen jeder Internet-Seite von den eingebundenen Grafiken, Animationen etc. abhängt.

Die Erfahrungen bei der Liberalisierung des Festnetzmarktes in Deutschland haben das Bewusstsein für diese Thematik geschärft: Mit dem Call-by-Call-Verfahren konnte man unter diversen Pre-Fix-Nummern über verschiedene Provider telefonieren. Innerhalb von kürzester Zeit gab es einen Tarif-Dschungel der z.B. zu täglichen Gegenüberstellungen der Tarife in einschlägigen Fachzeitschriften führte. Am Anfang noch stark genutzt, wurde aber das Tarif-Wirrwarr im Endeffekt vielen zu kompliziert.

Das Thema der Tarifierung und Rechnungslegung ist vermutlich nur dann nicht kritisch, wenn die durchschnittlichen Kosten für volumenabhängigen Dienstleistungen im GPRS wesentlich geringer als die heutigen zeit- und verbindungsorientierten Dienste sind. Aber wie wahrscheinlich ist das ....?

EDGE (Enhanced Data rates for GSM Evolution)

EDGE wurde primär von Ericsson und Nokia entwickelt, um heutige GSM Netze mit sehr hohen Datenraten von bis zu 384 kbit/s im existierenden Frequenzspektrum zu nutzen. Der wesentliche Grund seiner Entwicklung war, Mobilfunknetzwerkbetreibern, die keine UMTS-Lizenz bekommen haben, die Möglichkeit zu bieten, mit den Netzwerkbetreibern eines UMTS-Netzes bei den Multimedia- und IP-basierenden Diensten und Applikationen zu konkurrieren. Jedoch können auch GSM Netzbetreiber, die im Besitz einer UMTS-Lizenz sind, EDGE implementieren. EDGE ermöglicht es, hohe Bandbreiten auch in den geographischen Gebieten anzubieten, in denen die UMTS „Ausleuchtung" noch nicht vorhanden ist und GPRS-Bandbreiten zu langsam erscheinen. UMTS-Kunden erleiden dadurch weniger Serviceeinbußen, wenn sie sich außerhalb der UMTS-Coverage befinden.

UMTS (Universal Mobile Telephone Standard)

Ursprünglich wurde die dritte Mobilfunkgeneration entwickelt, um die Basistechnologie für neue Breitbanddienste, wie z.B. Video und Multi-Media Dienste für Mobilfunknutzer zur Verfügung zu stellen. Die Intention hinter UMTS war, einen globalen Standard auf der Basis von CDMA (Code Division Multiple Access) für die 3G zu etablieren, den der Nutzer über Grenzen hinweg nutzen kann. cdma2000, ein alternativer 3rd Generation Standard, der den gleichen Leistungsumfang ermöglicht, wurde von den amerikanischen Systemherstellern (im Speziellen von Qualcomm) entwickelt. Nach jetzigem Stand wird sich cdma2000 wahrscheinlich als bevorzugter 3rd Generation Standard in den USA sowie in einigen asiatischen und südamerikanischen Ländern durchsetzen. Bedauerlicherweise wird dieser Standard die – bereits heute bestehenden – Inkompatibilitäten zwischen europäischen und amerikanischen Mobilfunknetzen fortschreiben, d.h. auch in Zukunft werden Multi-Mode Terminals notwendig sein, die ein eingeschränktes Roaming zwischen cdma2000- und UMTS-Netzen ermöglichen.

3G versus 2.5G

Die Vorteile, die 3G gegenüber 2.5G bietet, sind:

1. Höhere maximale Datenraten (Bandbreite)

Die derzeitige Spezifikationen für UMTS sehen Datenraten von bis zu 2 Mbit/s vor, verglichen mit einer Datenrate von bis zu 384 kbit/s, die mit EDGE möglich sind. Voraussichtlich wird eine Datenrate von 384 kbit/s für die meisten Datenanwendungen ausreichend sein. Nur Dienste, die eine hohe Farbauflösung und Bewegtbildübertragung erfordern, stellen höhere Anforderungen.

Dabei ist zu berücksichtigen, dass die maximalen Datenraten nur am Zellenmittelpunkt erreicht werden und die Zellradien bei gleichbleibender Nutzerzahl mit der Nutzung von bandbreitenintensiven Diensten geringer wird („Cell Breathing"). Ein Nutzer, der sich z.B. vom Zellenmittelpunkt entfernt, wird bis zum Erreichen der nächsten Zelle zeitweise mit starken Qualitätseinbußen rechnen müssen. Außerdem zeigt die Verbindungsübergabe von einer Zelle in die nächste („Handover") noch einige Diskrepanzen. Die Nutzung eines bandbreitenintensiven Dienstes im Auto oder in der Bahn wird dadurch in nächster Zukunft gar nicht oder nur sehr eingeschränkt möglich sein.

2. Größere Kapazität

Die von UMTS verwendete Technologie nutzt das verwendete Frequenzspektrum wesentlich effizienter aus und schafft damit höhere Kapazitäten. Dem stehen aber erhöhte Kosten gegenüber. UMTS-Zellen haben in Bereichen hoher Bevölkerungsdichte einen Radius von 70–80 Metern (natürlich in Abhängigkeit zum geplanten Serviceprofil und zur geplanten Kapazität), im eher ländlichen Bereich von bis zu 12–15 km. Entsprechend viele Zellen sind aufzubauen. Obwohl die Netzkapazität von GSM-Netzen durch den Gebrauch von Micro- und Pico-Zellen ebenfalls erhöht werden kann, wird die Kapazität einer UMTS-Zelle höher sein. Zu beachten ist auch, dass die Kapazität einer UMTS-Zelle durch das Serviceprofil beeinflusst wird. Eine Zelle wird weniger Nutzer unterstützen, wenn einige von ihnen das Netz mit seiner vollen Leistungsfähigkeit nutzen.

Diese und weitere technische Besonderheiten haben wesentlichen Einfluss auf die Funknetzplanung. Eine Untersuchung der PA Consulting hat ergeben, dass man lediglich 400 UMTS-Basisstationen benötigen würde, um rund 80 % der Bevölkerung in England mit mobiler Sprachtelephonie im Freien zu versorgen. Hingegen würden ca. 30.000 Basisstationen benötigt, um den gleichen Teil der Bevölkerung mit Datendienste mit einer Bandbreite von 384 kbit/s zu versorgen, die auch innerhalb von Gebäuden zur Verfügung stehen. Dieses Szenario berücksichtigt die Tatsache, dass zur Abdeckung von ca. 80 % der Bevölkerung rund 24 % geographischer Erschließung notwendig sind.

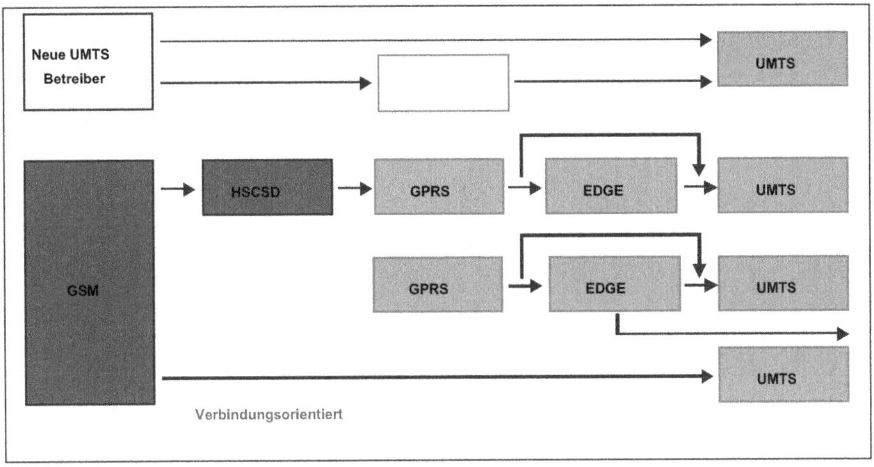

Abb. 6: Migrationspfad für den Mobilfunk[6]

WAP und die Entwicklung des M-Business

Die bedeutendste Innovation während der 90er Jahre war zweifellos die Verbreitung des World Wide Web, welche die Vernetzung weiter Bereiche von Gesellschaft und Wirtschaft durch Computer brachte. WAP ist einer der technologischen Standards (neben i-mode u.a.), der geschaffen wurde, um das Internet auch dem Mobilanwender verfügbar zu machen und dabei die etablierten mobilen Netze für den Transport (z.B. mit GSM-Standard) zu nutzen. WAP ist notwendig, da die technische Funktionalität von mobilen Endgeräten im Vergleich zu Desktops eingeschränkt ist: Einerseits beschränkt die verfügbare Übertragungsgeschwindigkeit die Menge der in akzeptabler Zeit übertragbaren Daten, andererseits sind die Darstellungsmöglichkeiten von WAP-Geräten stark eingeschränkt.

Die Idee hinter WAP ist, die bestehende Web-Technologie (HTML – Hypertext Markup Language) so anzupassen, dass auch der Mobilanwender Inhalte – Seiten im HTML-Verständnis – abrufen kann. Die WML (Wireless Mark-Cup Language) – eine mobilfunkspezifische XML-Version (Extensible Mark-Cup Language) – dient zur Anzeige von WAP-Inhalten. Der überwiegende Teil an WAP-fähigen Telefonen, die heute zu kaufen sind, haben ein im Vergleich zum Desktop-Monitor winziges monochromes Display und bieten nur eingeschränkte Eingabemöglichkeiten. WAP wurde daher mit dem Ziel entwickelt, trotz dieser Beschränkungen einen möglichst großen Anwendernutzen zu ermöglichen: Die übertragenen Daten werden binär komprimiert, um die Übertragungszeiten zu reduzieren, und die Eingabefunktionen sind speziell auf die beschränkte Fähigkeit der Endgeräte abgestimmt.

---

[6] PA Consulting Group, 2001

- **Übertriebene Marketingaussagen der Provider**
  Beim Versuch, mit WAP möglichst schnell Geld zu verdienen und den Markt aufzubauen, wurden unrealistische Erwartungen geweckt. Da diese nicht eingehalten werden können, hat sich der Markt gegen WAP gedreht.
- **Fehlende Verrechnungsmöglichkeiten zwischen Dienstanbieter und Endkunden**
  Im Gegensatz zum japanischen i-Mode haben die Provider im WAP-Umfeld den Anwendungsanbietern bisher nur sehr eingeschränkte Möglichkeiten geboten, ihre Leistungen direkt mit dem Endanwender zu verrechnen. Dies schränkt gleichzeitig die Verbreitung von WAP ein, da attraktive Applikationen auf sich warten lassen.

Warum erfolgen dann die Investitionen in WAP-Portale und WAP-Dienste? Hauptgrund ist sicherlich, dass die Unternehmen befürchten, den Anschluss an einen möglichen neuen Trend zu verpassen, mehr noch, den Anschluss im M-Business und M-Commerce zu verlieren. Durch die Beschäftigung mit einer – zugegebenermaßen noch nicht perfekten Vorstufe der Technologie – will man einerseits Erfahrung für den entwickelten Mobilmarkt gewinnen und andererseits sicherstellen, dass kein neuer Trend verpasst wird. Durch das immer rasantere Marktwachstum bei der Verbreitung von neuen Technologien werden die Vorteile für diejenigen wachsen, die sofort handeln können.

Neben diesen strategischen Überlegungen ermöglicht WAP die ersten Schritte hin zum ubiquitous commerce: Der Kunde kann von jedem Ort und zu jeder Zeit mit dem Unternehmen Kontakt aufnehmen. Die Digitalisierung der Kundenschnittstelle erleichtert darüber hinaus den Aufbau von CRM-Systemen und verbessert die Genauigkeit der Kundenansprache. Durch die Analyse des Kundenverhaltens und durch die Veredelung mit Informationen über den aktuellen Aufenthaltsort des Nutzers und die Verbindung mit dem Kundenprofil (Geschlecht, Alter, Vorlieben und Abneigungen) kann der Anbieter seine Kundenansprache erheblich differenzierter gestalten und hat viel weitergehende Möglichkeiten, seine Services maßzuschneidern.

Für die erfolgreiche Etablierung des M-Business sind von den Anbietern weitere Anstrengungen zu unternehmen. Folgende kritische Erfolgsfaktoren sehen wir als zentral an:

- **Anwenderfreundliches Design**
  Sicherstellen einer akzeptablen Anwendererfahrung – trotz der Beschränkungen der Endgeräte.
- **Nutzung der Möglichkeiten für strategische Allianzen und Partnerschaften**
  Insbesondere die Zusammenarbeit mit einem Telekom-Provider bietet Möglichkeiten, die eigene Nutzerbasis zu erweitern.
- **Ausreichende Sicherheitsmechanismen**
  Ausreichende Sicherheitsstandards sind notwendig: bei WAP 1.1. besteht z.B. noch eine Lücke in der Datenverschlüsselung.

- **Neue Technologien antizipieren**
  Die sich wandelnde Technologie erfordert, Schritt mit der sich wandelnden Technologie zu halten und die Bedeutung neuer Übertragungsmechanismen zu berücksichtigen.
- **Entwicklung von wertschöpfenden Applikationen für den Anwender**
  Da die bisherige Entwicklung zeigt, dass durch das Herbeireden eines Hypes ein solcher nicht entsteht, müssen die Anbieter sich darauf konzentrieren, Angebote zu erstellen, die von den Anwendern angenommen werden und diese Schritt für Schritt auszubauen. Die wahrscheinlichen Gewinner werden Anwendungen sein, die einfach, zeitkritisch oder ortsabhängig sind.

Applications	Timely	Simple transaction	Location-based	
Yellow Pages	●	●	●	✓
Navigational aids	●	◑	●	✓
Travel updates	●	◑	●	✓
Auction updates	●	●	○	✓
Stock trading	●	●	○	✓
Ticket purchase	◑	●	◑	✓
Email/Instant messaging	●	○	○	✓
Advertising/coupons	◑	○	○	X
Weather	○	○	◑	X
Banking	◑	○	○	X
Corporate app. access	◑	○	○	X
General shopping	○	○	○	X
News	○	○	○	X
Video	○	○	○	X

● Yes
◑ Partial
○ No

Abb. 8: Erfolgsversprechende Anwendungen im M-Business[8]

M-Business im Bankensektor: M-Banking

Ausgehend vom Vergleich der Ausgangslage der beiden großen Playergruppen – die der Netzbetreiber und die der Banken – werden wir im folgenden unsere Analyse konzipieren und anhand von Beispielen deutlich machen, welche weitere Entwicklung wir erwarten. Jeder Mobilfunkkunde ist auch Kunde einer Bank, d.h. beide Gruppen haben Zugriff auf dasselbe Kundenreservoir. Die möglichen Kombinationen von Bankverbindung und Mobilfunkprovider sind jedoch vielfältig, beide Auswahlentscheidungen werden von den Kunden auch vollständig unabhängig von einander getroffen. Aufgrund der größeren Marktkonzentration und der noch geringeren Marktentwicklung ist ein Handy-Nutzer eher Kunde bei nur einem Anbieter, wohingegen im Bereich der Finanzdienstleistung der Markt stark

[8] The Forester Report: The Dawn Of Mobile eCommerce, Oktober 1999

fragmentiert ist und Mehrbankbeziehungen üblich sind. Die Beziehung Kunde-Provider ist durch eine Vielzahl von nur geringwertigen Transaktionen gekennzeichnet (wobei dem Kunden vom Provider ein geringer Vorschussbetrag über die monatliche Abrechnung zur Verfügung gestellt wird). Banken hingegen haben zu ihren Kunden eine weitaus komplexere Beziehung, die auch Leistungen umfasst, die für den Kunden erhebliche Bedeutung und Bindungswirkung besitzen (z.B. Hausfinanzierung). Die Banken haben naturgemäß weit besseren Einblick in die finanzielle Leistungsfähigkeit ihrer Kunden.

Beide Gruppen verfügen über hochentwickelte Authentifizierungsverfahren, um Nutzer zu identifizieren und Leistungen abzurechnen. Diese Verfahren beschränken sich für die Mobilfunkanbieter jedoch oftmals auf den nationalen Markt; insbesondere im Bereich der höherentwickelten Mobilfunkdienste besteht noch Nachholbedarf beim grenzüberschreitenden Einsatz. Hier sind die Banken schon länger gezwungen gewesen, trotz einer sehr fragmentierten Branche den Kunden instituts- und länderübergreifende Leistungen wie Geldtransfers oder Geldautomatenauszahlungen zu ermöglichen. Vor allem die Kreditkartenanbieter haben dabei weltweite Datennetze nach einheitlichen Standards aufgebaut.

Beispiel 1: Zahlungsverkehr

Gemäß einer von der Unternehmensberatung Mummert und Partner veröffentlichten Studie[9] erwarten fast drei Viertel der befragten Mobilfunkexperten und Kreditinstitute, dass Zahlungsverkehrsleistungen die wichtigste Kundendienstleistung im M-Commerce sein werden. Bezahlen per Handy stelle bei Finanzdienstleistungen die so genannte „Killerapplikation“[10] dar. Nach Einschätzung der Banken nutzen derzeit nur rund drei Prozent der Kunden mobile Dienste, im Jahr 2005 soll jedoch bereits ein Viertel der Kundschaft für Überweisungen zum Handy greifen. Weniger bedeutende Anwendungen sollen Bank- und Börsengeschäfte sowie Shopping und Nachrichten sein.

Die Umstellung auf UMTS wird dem M-Banking einen wesentlichen Impuls verleihen – wenn auch das Angebot für die Anwender attraktiv gestaltet wird. Einerseits bestehen Sicherheitsbedenken gegenüber dem M-Banking bei größeren Transaktionen, andererseits ist eine Konzentration auf Kleinst- und Kleinbeträge (< 5 DM) auch nicht sinnvoll, da die geforderten Verbindungsentgelte den Griff zum Portemonnaie nahe legen. Das oft zitierte Beispiel der Cola-Dose für 50 Pfennige, die 15-20 Pfennig für eine SMS kostet, verdeutlicht dies anschaulich.

Eine technikzentrierte Betrachtung führt leicht dazu, die Bedeutung von Nutzer- und Anbieterinteressen zu unterschätzen: Wenn man sich den langwierigen Prozess der flächendeckenden Einführung von POS-Terminals und die Präferenz des Handels für das unsichere aber kostengünstigere Lastschriftverfahren vergegenwärtigt, zeigt sich, dass jeder Akteur im Feld wenig gewillt ist, der anderen Seite Profitmöglichkeiten in einem Nullsummenspiel zuzugestehen. Es ist wenig

---

9 Studie M-Commerce; 2001: Mummert+Partner

10 Studienautor Thomas Spiegelmeier

wahrscheinlich, dass Netzbetreiber, Banken und Handel sich auf eine aus Gesamtsicht optimale Lösung verständigen werden, die erhebliche Investitionen in neue Technologien erfordert. Wahrscheinlicher ist ein Aushandlungsprozess bei dem jede Seite ihre Partikularinteressen möglichst weit durchzusetzen versucht. Auch der Kunde wird immer abwägen, welche Zahlungsart für ihn die kostengünstigste und einfachste ist. Bargeld und Kartenzahlung sind hier auch in Zukunft ernst zu nehmende Konkurrenten. Die Zahlung mittels Handy bei einer Vielzahl von Beteiligten mit komplexen Schnittstellen muss letztendlich genauso einfach werden wie die Barzahlung. Dies wird nur über ein entsprechend hohes Volumen an Transaktionen sicherzustellen sein. Dazu muss auch die Vielzahl der zur Zeit angebotenen Systeme erheblich reduziert werden, um die allgemeine Verfügbarkeit zu erreichen. Proprietäre Modelle haben keine Chance, die gemeinsame Verabschiedung von Standards ist als erster Schritt zwingend notwendig.

Solange dies grundsätzliche Problem nicht gelöst ist, bleiben die vorgeschlagenen Zahlungsmöglichkeiten nur Nischenanwendungen: Ideen, wie die, die Geldkarte per Handy („Westentaschen-Geldautomat“[11]) aufladen zu können, zielen auf die falsche Anwendergruppe: Die Geldkarte dient gerade den Kunden, denen kein Kredit(karte) eingeräumt wird. Diese Kunden repräsentieren nicht die Einkommensgruppen, die zuerst die Mehrausgaben für UMTS-Handy bezahlen werden. Auch die von der Mobilbank (MobilCom und LBBW) angestrebte Vielfalt der Zahlungsmöglichkeiten: Handy zu Handy, Handy zum PC und Handy am Point-of-Sale muss erst zeigen, dass das Verfahren tatsächliche Nachfrage abdeckt und nicht nur technische Spielerei ist. Kreditwürdigen Kunden stehen über die entsprechenden Karten bereits heute genügend ZV-Lösungen zur Verfügung. Die Infrastruktur zum Bezahlen mit diesen Karten ist auch im Handel bereits vorhanden, d.h. Zahlen per Handy schafft (fast) keine zusätzlichen Transaktionsmöglichkeiten. Zahlungen direkt von Handy zu Handy im Privatbereich werden ebenfalls nur wenige Bargeldtransaktionen ersetzen.

Als Alternative zum einfachen Zahlungsverkehr bieten sich höherwertige Transaktionen an, bei denen mehr als nur die Zahlungsinformation ausgetauscht wird. Hierbei müssen die begrenzten Möglichkeiten der Eingabe- und Ausgabeschnittstelle des Endgerätes berücksichtigt werden, d.h. die Übertragung von Daten muss primär von der Abwicklungsstelle zum Kunden erfolgen. Dies können vorformatierte WAP-Formulare sein, mit denen der Kunde z.B. den Erhalt von Waren bestätigt und damit gleichzeitig die Zahlung auslöst, die ebenfalls sofort bestätigt wird. Damit können Zug-um-Zug-Geschäfte im Versandhandel möglich bzw. Lösungen analog zum klassischen Bankakkreditiv geschaffen werden. Bei diesen Transaktionen werden auch entsprechend höhere Werte umgesetzt. Etwas höhere Transaktionskosten können dann durch den Gewinn an Sicherheit und Schnelligkeit kompensiert werden und sind im Vergleich zu anderen Zahlungswegen nicht so gravierend.

[11] Mummert + Partner, 2001

Beispiel 2: Die Personalisierung von Wertpapierinformationen[12]

Banken stehen vor der Frage, wie sie einen M-Banking Auftritt erstellen können, der sich von der Konkurrenz abhebt und damit zur Kundenbindung beiträgt. Die heute über WAP angebotenen Bank-Transaktionen sind fachlich relativ simple Vorgänge, die zudem von etlichen Instituten mit relativ ähnlichen Leistungen angeboten werden. Dieses Vorgehen hat den Vorteil, dass die notwendigen Funktionalitäten bankfachlich schon lange beschrieben sind und in ähnlicher Form auch im Internet angeboten werden, sie sind somit relativ günstig anzubieten. Es stellt sich nun die Frage, wie M-Banking so erweitert werden kann, dass es dem Kunden weiteren Nutzen bringt.

Generische Informationen – Kurse, Handelsvolumina, Kursindikatoren etc. – bieten nicht nur Banken, sondern auch Portalanbieter, die diese ebenfalls von spezialisierten Drittanbietern beziehen. Die heute am meisten genutzte Anwendung im M-Banking bindet somit die Kunden nicht an ihre Bank. Das sich daran anschließende Kaufen und Verkaufen von Wertpapieren wird nur relativ gering genutzt, da nur ein sehr geringer Teil der Kunden regelmäßig online handelt und von diesen wiederum nur ein geringer Teil diese Geschäfte mobil durchführen möchte. Der durchschnittliche Privat-Investor agiert langfristig und hat nur eine geringe Notwendigkeit für spontane Transaktionen.

Als Ausweg wird nun z.B. vorgeschlagen, die Kunden mit individuell zugeschnittenen Informationen über interessante Bewegungen am Aktienmarkt zeitnah zu informieren. Aufgrund der nicht unerheblichen Kosten kann eine solche Analyse im Mengengeschäft nur automatisiert erfolgen, eine Individualisierung ist somit nur sehr eingeschränkt möglich. Für „high-net-worth individuals“ hingegen kann sich eine solche Dienstleistung durchaus rechnen. Nur stellt sich die Frage, wie groß hier das Marktpotenzial wirklich ist. Banken bieten dieser Zielgruppe eine umfangreiche Betreuung bis hin zur Vermögensverwaltung, da diese Kunden entweder beruflich so eingespannt sind, dass ihnen die Zeit fehlt oder sie ihre Zeit lieber mit der Mittelverwendung als mit dem Nachdenken über die Mehrung des Vermögens verbringen.

Ein Push-Dienst, der diese Zielkunden proaktiv mit komplexen Informationen versorgt, deren „urgency of transaction“ Forrester mit „immediate“ bewertet, kann daher durchaus an den Kundenbedürfnissen vorbeizielen. Es kann sogar zu zusätzlichem Stress führen, wenn einerseits wichtige Geschäftstermine unmittelbar aneinander anschließen, andererseits aber sich die mobilen Verkaufshinweise häufen.

Wahrscheinlich ist eine Kombination der verschiedenen Kommunikationswege eher an den Kundenbedürfnissen orientiert: das mobile Endgerät als Schnittstelle für kurze Informationen oder Hinweise auf Angebote, die im Internet durch umfangreicheres Hintergrundmaterial und Research-Berichte angereichert werden und durch eine persönliche Beratung über das Telefon oder das persönliche Gespräch. Der persönliche Kontakt wird bei Fragen von Finanzentscheidungen für

[12] Die hier diskutierten Aussagen beziehen sich insbes. auf die Studie „Mobile Finance needs Advice“, Forrester; Mai 2000

einen großen Teil der Bevölkerung auch weiterhin wesentlicher Bestandteil der Entscheidungsfindung sein. Dies hat sich auch bei der Einführung von Internet-Banking gezeigt, das eben nicht einfach die klassischen Vertriebswege ersetzt, sondern neben sie tritt, sie bei einfachen Transaktionen auch ersetzt.

Ausblick

Die WAP-Nutzung stößt aufgrund des geringen Content-Angebots, der komplizierten und umständlichen Navigation sowie der langen Aufbauzeiten auf wenig Gegenliebe bei den Nutzern. Auch in Zukunft wird WAP das Standardprotokoll (zumindest in Europa) für die mobile Datenkommunikation bilden. Ist dies das Ende für die Zukunftshoffnungen der Mobilfunkbetreiber in UMTS? Nein, denn der Bedienungskomfort wird sich durch den Wandel in der technischen Infrastruktur und den stark verbesserten WAP-Versionen erheblich erhöhen. Mit GPRS und UMTS werden Übertragungsraten zur Verfügung stehen, die schnelle Transaktionen und ein angenehmes Surfen ermöglichen; außerdem entfallen die langen Wartezeiten beim Aufbau der Verbindung. Wir erwarten daher in Zukunft eine evolutionäre Entwicklung der Services, keine Revolution.

Zum heutigen Zeitpunkt sehen wir auch keine Killerapplikation, die hier zu einer massiven Beschleunigung führen würde. Gerade der Erfolg von SMS hat gezeigt, dass die Nutzer sehr preisbewusst agieren und zudem Dienste bevorzugen, die standardisiert sind und eine möglichst weite Verbreitung haben. Außerdem ist es auch immer eine Frage dessen, was gerade „hip" ist. Dies ist durch Marketing beeinflussbar, jedoch zeigte die Vergangenheit, dass Impulse für die Attraktivität eines Dienstes auch aus anderen Richtungen kommen (z.B. wurde der SMS-Dienst am Anfang kaum beworben). Um die Kosten der UMTS-Auktionen sowie getätigte und zukünftig anstehende Investitionen zu finanzieren, müssen die Netzprovider Dienste entwickeln, die schnell eine hohe Akzeptanz bei den Kunden finden und Umsatz erzeugen. Oberstes Ziel der Netzprovider ist es, mit diesen neuen Applikationen einen möglichst hohen ARPU (Average Revenue Per User) zu erzielen, Investitions- und Betriebskosten niedrig zu halten und die Churn-Rate (Kündigungsrate) zu reduzieren. Erfahrungen haben gezeigt, dass dies nicht mit proprietären Anwendungen und Lösungen zu erreichen ist. Der Erfolg von i-Mode in Japan belegt, dass das gewählte Geschäftsmodell und die Preisgestaltung erheblichen Einfluss auf den Erfolg der neuen Technologie haben (natürlich sollte man dabei nicht außer acht lassen, dass in Japan aufgrund der Position von NTT DoCoMo eine andere Marktsituation herrscht, als in vielen anderen Ländern).

Wir sehen kurzfristig erhebliche Widerstände, sowohl aus technischer als auch aus betriebswirtschaftlicher Sicht, die im speziellen einem M-Banking-Boom entgegenstehen. Während technische Hindernisse wie zu langsame Kommunikation mit dem Anwender relativ „leicht" zu überwinden sind, sind für einen ökonomischen Erfolg eine Vielzahl von Beteiligten über stabile und sichere Schnittstellen miteinander zu verbinden. Verringerte Schnittstellenkomplexität ist zwingende Voraussetzung für sinkende Transaktionskosten. Erst wenn diese auf ein Niveau sinken, dass auch für den Endanwender vergleichbar mit denen einer Barzahlung (keine Transaktionskosten) bzw. einer EC-Karten- oder Kreditkartenzahlung ist, können mobile Bezahlverfahren sich großflächig durchsetzen. Der Weg dahin wird durch viele kleine Schritte, nicht jedoch durch einen revolutionären Durchbruch gekennzeichnet sein.

Wir erwarten, dass für einzelne Spezialanwendungen, die für geschlossene Anwendergruppen aufgesetzt werden, hier überzeugende und akzeptierte M-Banking-Anwendungen entstehen werden. Diese werden auch für die Anwender rentabel sein, da die Nutzer entsprechend ihres wahrgenommenen Nutzens auch zahlungsbereit sind. Diese Anwendung werden wahrscheinlich primär im B2B-Bereich entstehen – der jedoch bisher in der M-Banking-Diskussion fast vollständig ausgeblendet wird. Erst bei einer entsprechenden Höhe der einzelnen Transaktionen fallen die höheren Kosten für die mobile Verfügbarkeit nicht mehr ins Gewicht.

Zusätzlich muss das Problem der Authentifizierung in überzeugender Art und Weise gelöst werden. Da hier noch erhebliche technische Probleme bestehen, ist es wahrscheinlich – und aus Sicht der Nutzer zu befürchten – das ein weiteres auf Geheimzahlen, Transaktionsnummern und/oder Zugangskarten basierendes Verfahren eingeführt wird. Auch die Akzeptanz von Bezahlverfahren im Internet leidet erheblich unter deren technischer Komplexität: Die Anwender sind nicht bereit, Verfahren zu verwenden, die zu kompliziert in der Bedienung und/oder von ihnen als nicht sicher bzw. nicht transparent wahrgenommen werden. Hier sind noch erhebliche Leistungen zu erbringen, ehe das Handy z.B. zum Ersatz für die Kreditkarte wird. Kreditkarten mit ihren relativ hohen Transaktionskosten bei relativ geringer Sicherheit zeigen, dass durchaus auch Zahlungsverkehrssysteme sich weltweit durchsetzen können, die nicht perfekt sind, die aber als System genügend Mehrwert erzeugen, um auch eine gewisse Missbrauchsquote abfedern zu können.

Weite Verbreitung werden Finanzinformationsdienste erhalten: Diese werden jedoch nicht über kurze Hinweise hinausgehen, da die Beschränkungen der Funktionalität der Endgeräte es unmöglich machen, z.B. längere Text zumutbar darzustellen. Börsenkursabfragen sind heute die am meisten genutzte Funktionalität im WAP-Banking. Eine Sprachausgabe kann diese Beschränkung umgehen, die langsamere Sprech- im Vergleich zur Lesegeschwindigkeit setzt aber auch hier Effizienzgrenzen. Wir erachten eine Integration des M-Angebots mit einem ausführlicheren stationären Internet-Angebot für sinnvoll. Ebenso werden Lösungen mit einer Call-Center-Integration entstehen: So wie jetzt im Internet bereits verfügbar (Web-Collaboration), wird es möglich werden, die Kommunikation mit dem Call Center-Mitarbeiter durch Grafiken und Informationen auf dem Display des Endgeräts anzureichern.

Und so bleibt am Schluss die Erkenntnis, dass das eingangs gezeichnete Bild eines Tagesbeginns in der M-Welt für den Massenmarkt noch weit in der Zukunft liegt. In der näheren Zukunft werden mobile Endgeräte (Handys, PDAs mit Mobilfunkzugang, Navigationsgeräte etc.) immer weitere Verbreitung finden. Wirtschaftlicher Erfolg wird für die Mobilfunk-Provider aus Anwendungen entstehen, die einfach sind und entweder zeitkritische Lösungen bieten oder ortsbasierte Informationen zu Mehrwertdiensten bündeln. M-Banking erfüllt diese Anforderungen nur eingeschränkt und wird daher kein Geschäftszweig von ernstzunehmendem Gewicht sein[13].

[13] So auch das Fazit des International Bankers Forum, IBF-Jahreseröffnungsgespräch, 2001, FAZ vom 03.02.01 oder der Titel eines Forrester-Reports: „Banks cutting costs should cut mobile finance", Forrester, 3/2001

3.4 Erfolgsfaktoren des M-Commerce aus Sicht eines Finanzdienstleisters

Robert Martignoni, Jörg Stimmer

Einleitung

Mobile Commerce wird allzu gerne auf einige einzelne Anwendungsmöglichkeiten reduziert – die sogenannten „Killer-Applikationen“. Ist es denn richtig, dass allein die Killer-Applikation darüber entscheidet, ob M-Commerce erfolgreich wird oder nicht? Wahrscheinlicher ist, dass es nicht nur eine einzige Killer-Applikation geben wird, sondern zahlreiche verschiedene Angebote, die zusammen den M-Commerce vorantreiben. Die Herausforderung wird es sein, eine geeignete Infrastruktur für diese Angebote zu schaffen.

An dieser Stelle sei erwähnt, dass streng zwischen Transportprotokollen und Anwendungsprotokollen unterschieden werden sollte. Transportprotokolle wie z.B. UMTS oder GPRS legen den Grundstein jeder Anwendung. Weiterhin wird aber auch noch ein Anwendungsprotokoll benötigt wie z.B. SMS oder WAP, um die Datendarstellung zu ermöglichen.

„WAP ist tot!“ ist eine viel getätigte Aussage. Tatsächlich ist WAP aber nicht am Dahinscheiden, sondern wird wohl mit den neuen Übertragungsprotokollen ein zweites Leben eingehaucht bekommen. Die differenzierte Aussage „WAP über GSM (mit der derzeitigen Funktionalität) ist tot“ wäre hier schon treffender.

M-Commerce setzt voraus, dass hinter einer Applikation eine kommerzielle Anwendung steht, mit der klaren Motivation, Gewinn zu erwirtschaften. Bisher waren die kommerziellen Motive der meisten Applikationen eher indirekt, z.B. Erhöhung der Netzauslastung, Steigerung des innovativen Images. Die folgende Tabelle zeigt eine Übersicht möglicher Motivationsgründe für Anbieter, im mobilen Bereich Services anzubieten.

Tab. 1

Indirekte Motivationsgründe	Direkte Motivationsgründe
• Kundenbindung • Nutzung des Netzes zu erhöhen • Höherer ARPU • Marketing • Image • Multi-Channel Strategie • Vorbereitung auf UMTS	• Direkter Gewinn durch Anwendung

Der eigentlich betriebswirtschaftlich sinnvolle Grund, nämlich Gewinn zu erwirtschaften, stand bisher im Hintergrund. Dies lag vor allem an den Firmen, die im M-Commerce tätig sind (v.a. Netzwerkanbieter). Auf Grund des Fokus, das Netzgeschäft weiter auszulasten und die Kundengewinnung und -bindung voranzutreiben, waren nahezu ausschließlich indirekte Motivationen maßgeblich. Ein weiterer wesentlicher Grund war, dass ein direkter Gewinn durch mobile Anwendungen auch eine entsprechende Abrechnung dieser zur Folge hat, was wiederum eine Anpassung der existierenden Abrechnungslösungen bzw. die Schaffung neuer erfordert. Genau dies soll einer der Schwerpunkte dieses Artikels sein.

Der heutige Markt

Zu Beginn der GSM-Ära gab es erfolgreiche M-Commerce Anwendungen, die aber wegen ihrer Einfachheit nicht wirklich als solche ernstgenommen wurden. Eines der besten Beispiele für eine stark unterschätzte Anwendung im mobile Internet war und ist der Short Message Service, oder auch mobile Messaging genannt. Der SMS erlaubte schon seit dem Start der GSM-Netze einfache Mehrwertdienste (Value Added Services, VAS) zu verwirklichen.

Zu Beginn des M-Commerce Hype entwickelten viele innovative Firmen Anwendungen basierend auf SMS, wie z.B. Horoskope per SMS, Witze per SMS etc. Vorreiter in diesem Segment war schon früh Finnland (Anfang 1999 mit über 200 verschiedenen auf SMS basierten VAS), insbesondere die Firma Wap-it, die schon damals sehr viele SMS Anwendungen anbot.

Manche Netzwerkbetreiber unterstützten diese Entwicklung und boten den Service von Premium Rate SMS an. Andere Netzbetreiber verhielten sich vorsichtiger und erlaubten Kurznachrichten ohne gesonderte Bepreisung. Um dies auszugleichen, musste entweder das Geschäftsmodell angepasst oder ein unabhängiges Zahlungssystem eingeführt werden.

Die meisten Anbieter modifizierten ihre Geschäftsmodelle und boten die Services kostenfrei, d.h. finanziert durch Werbung an. Diese Werbung wurde auf verschiedenste Art realisiert, entweder in derselben SMS durch einen ergänzenden Satz wie „powered by ...“ oder durch eine zusätzlich versendete Werbe-SMS. Dies funktionierte auch eine Weile ganz gut, bis die Werbepreise für SMS in den Keller fielen. Außerdem erreichten diese Services eine ungeahnte Popularität, so dass einige Anbieter die Services abschalten mussten, um nicht zu hohe Kosten durch die Nutzung anfallen zu lassen.

Daher scheint der einzige akzeptable Ansatz, die VAS dem Kunden zu berechnen – entweder auf der Basis eines Abonnements oder einer Event-basierten Abrechnung. Beides ist allerdings mit zur Zeit verfügbaren Systemen schwer realisierbar.

Die traditionelle Zahlungsabwicklung

Bevor die Details der Zahlungsabwicklung im mobilen Internet aufgezeigt werden, soll jedoch eine kurze Bestandsaufnahmen erfolgen, was für Zahlungssysteme zur Zeit verfügbar sind. Die am meisten verbreiteten Zahlungssysteme in Europa sind ohne Zweifel Zahlung gegen Rechnung, Lastschriftverfahren und Kreditkarten oder EC-Karten. Diese eignen sich mehr oder weniger gut, um neue Geschäftsmodelle abzurechnen.

Man kann Zahlungssysteme hinsichtlich zweier Faktoren unterscheiden, dem abzurechnenden Wert und der Anwendbarkeit. Für die vorliegende Betrachtung wurden Micropayments als Zahlungen bis zu € 5 definiert. Alles was einen höheren Wert darstellt wird als Macropayment gesehen.

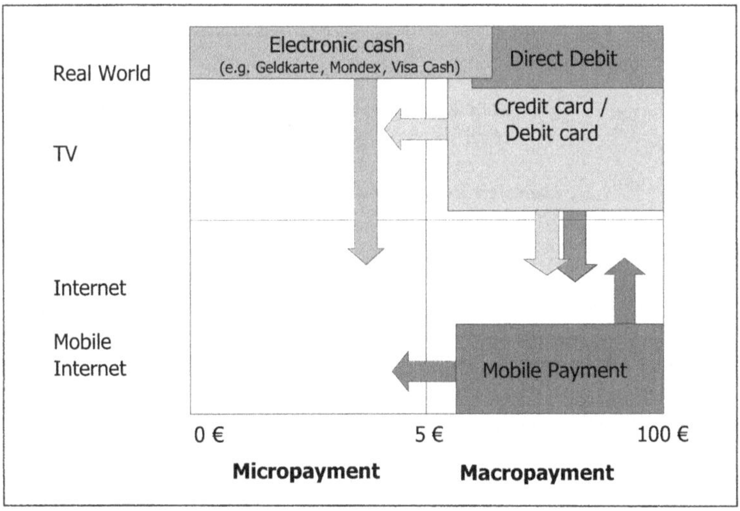

Abb. 1: Zahlungsverfahren in Europa

Abb. 1 zeigt sehr deutlich, dass die meisten Zahlungssysteme aus der realen Welt kommen. Durch einige Anpassungen erfüllen diese mehr oder weniger die Anforderungen der verschiedenen Kommunikationskanäle, wie beispielsweise dem Internet oder der mobilen Welt.

Der Prozess einer typischen Zahlungsabwicklung umfasst mehrere Schritte, die bei den verschiedenen Zahlungssystemen zum Teil auch über unterschiedliche Kanäle durchgeführt werden können. Die wichtigsten Schritte einer Zahlung sind:

1. Die Identifikation der beiden Teilnehmer.
2. Die Autorisierung der Zahlung.
3. Die Abwicklung der Zahlung.

Am Beispiel einer Kreditkarten-Transaktion kann man zeigen, wie dies im Internet und im realen Leben aussehen würde.

Der Kunde geht in ein Geschäft, um eine Ware zu erwerben. An der Kasse wird der Kunde identifiziert (durch die Kreditkarte und falls erforderlich einen Ausweis) und die Befugnis, die Zahlung anzuweisen, wird durch die Unterschrift sichergestellt. Der unterschriebene Beleg dient auch als Nachweis bei eventuell auftretenden Reklamationen oder Stornierungen.

Im Internet dagegen ist der Kunde ein gesichtsloses Wesen, bei dem keine Verbindung zwischen der Identität des Kunden und der Karte hergestellt werden kann (schon alleine aufgrund der physikalischen Distanz). Ob der Kunde wirklich befugt ist, eine Zahlung zu initiieren, wird aus der Tatsache abgeleitet, dass der Kunde wahrscheinlich im Besitz der Karte (oder auch nur der Kartennummer) ist.

In beiden Fällen ist die Abwicklung der Zahlung durch Prozesse sichergestellt, von denen der Kunde im Normalfall nichts mitbekommt. Wie kompliziert dieser Prozess bei der Kreditkartenzahlung sein kann, zeigt die folgende Grafik (Abb. 2).

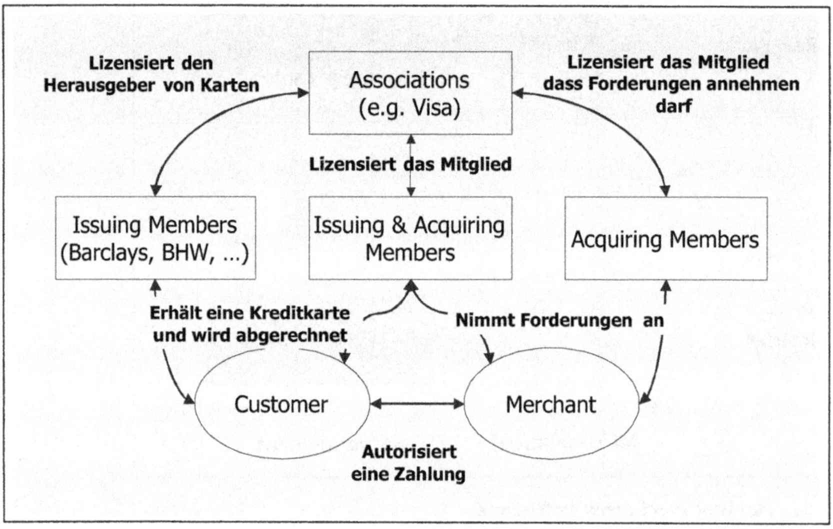

Abb. 2: Prozesse und Partner bei der Zahlungsabwicklung

Dieses System ist natürlich mit einigem Aufwand verbunden und somit auch nur für Macropayments, also Beträge über ca. € 5 geeignet.

Daher ist ein wichtiger Punkt, wie die Zahlungssysteme der „echten Welt" (dem Point of Sale, POS) an TV Shopping und in den vergangenen Jahren auch in Richtung Internet und E-Commerce angepasst wurden bzw. weiterhin noch modifiziert werden. Die Herausforderungen beim Bezahlen mit Kreditkarten im Internet sind hinlänglich bekannt. Dieselbe Entwicklung geht nach unserer Auffassung auch im Bereich Lastschrift und zum Teil auch in neuen Entwicklungen wie Electronic Cash vor sich, wobei diese nur zeitverzögert stattfinden werden.

Der nächste Schritt wird sein, die existierenden Zahlungssysteme auch für Micropayment tauglich zu machen. Ob dies je gelingen wird, ist äußerst fraglich, da die hier vorgestellten Zahlungssysteme eine gewisse Grundlast mit sich bringen, die nicht so einfach geändert werden kann. Beispiel dafür ist die eher komplizierte

Struktur bei der Kreditkartenabrechnung mit einer die Karten herausgebenden Bank und einer Bank, die vom Händler Zahlungen akzeptiert, was wiederum von dem Kreditkarten-Lizenzgeber sehr genau überwacht wird. Micropayments über ein solches System wirtschaftlich sinnvoll abzuwickeln erscheint schwierig.

Abrechnung von M-Commerce Angeboten

Eine Kernfrage des M-Commerce (und auch des E-Commerce) war die Anwendbarkeit von existierenden Zahlungssystemen auf die neue Umgebung. Dafür kamen prinzipiell zwei verschiedene Optionen in Frage: eigene Abrechnungssysteme oder externe Zahlungssysteme bzw. Dienstleister.

Netzwerkbetreiber, die ja schon eigene Systeme besitzen, können diese gewinnbringend nutzen. M-Commerce Nutzer haben in der Regel mit zahlreichen Netzwerkanbietern Verträge geschlossen, die das existierende Kundenverhältnis benutzen könnten, um M-Commerce Angebote abzurechnen.

Beispiele dafür sind

1. Das Vertragsverhältnis zwischen Mobilfunkanbieter und dem Kunden
2. Das Vertragsverhältnis zwischen ISP und dem Kunden
3. Das Vertragsverhältnis zwischen Festnetzbetreibern und dem Kunden
4. Sonstige

Das erklärte Ziel ist es, die Abrechnung von M-Commerce Angeboten durch einen bereits geschlossenen Vertrag zu legitimieren und die bestehende Zahlungsinfrastruktur zu nutzen, um so die anfallenden Gebühren einfach abrechnen zu können.

Die technische Realisierbarkeit kann auf ernste Probleme stoßen, da bestehende Abrechungssysteme sehr komplex sind und mit dem Ziel implementiert wurden, den Netzzugang abzurechnen und nicht Value Added Services. Die Basis der Rechnungserstellung ist entweder die Zeit (GSM) oder die benutze Bandbreite (GPRS). M-Commerce-Transaktionen dagegen spiegeln einen gewissen Wert wider, der nur indirekt mit den vorhergehenden Parametern in Verbindung steht.

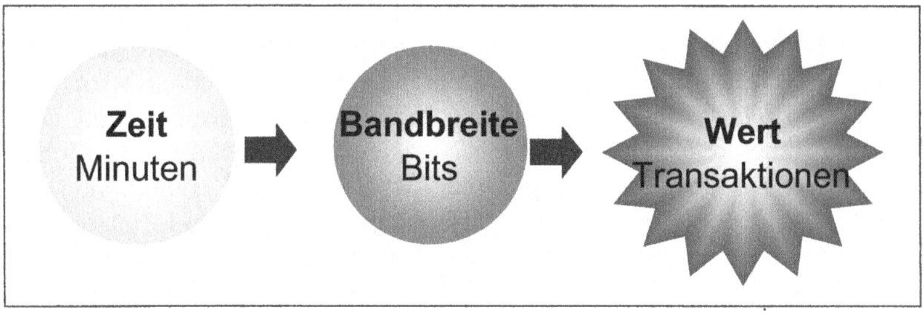

Abb. 3: Parameter zur Abrechnung

Folgendes Beispiel verdeutlicht das Problem: Es ist wenig sinnvoll, den Kaufpreis eines Hauses auf Basis der Dauer der Ausführung der Transaktion zu bestimmen oder zur Wertbestimmung das benötigte Datenvolumen hinzuzuziehen. Einzig sinnvoll erscheint hier, ein Preisschild zu haben, abhängig von den realen Parametern des Hauses und nicht von der Durchführung der Transaktion.

Für einen Anbieter von M-Commerce-Anwendungen scheint es natürlich, sein Angebot auch unabhängig bepreisen zu können. Der Mobilfunkanbieter, der nicht zugleich der M-Commerce-Dienstleister ist, könnte dies anders sehen, und „Rating Engines“ anbieten, um Inhalte abhängig von der Tageszeit oder dem Quality of Service (QoS) abzurechnen. Die Position der Anbieter soll durch den einfachen Vergleich mit einem Zeitungshändler verdeutlicht werden, der auch über den Tag hinweg immer denselben Preis für seine Zeitungen verlangt.

Daher ist der Bedarf nach einem System sehr hoch, das es ermöglicht, M-Commerce Angebote abzurechnen, und zwar so, wie es die Anbieter vorsehen, unabhängig davon, was mit derzeitigen Systemen möglich ist.

Die folgende Grafik (Abb. 4) soll noch einmal am Beispiel eines GSM Netzwerkes erklären, wo die verschiedenen Systeme ansetzen.

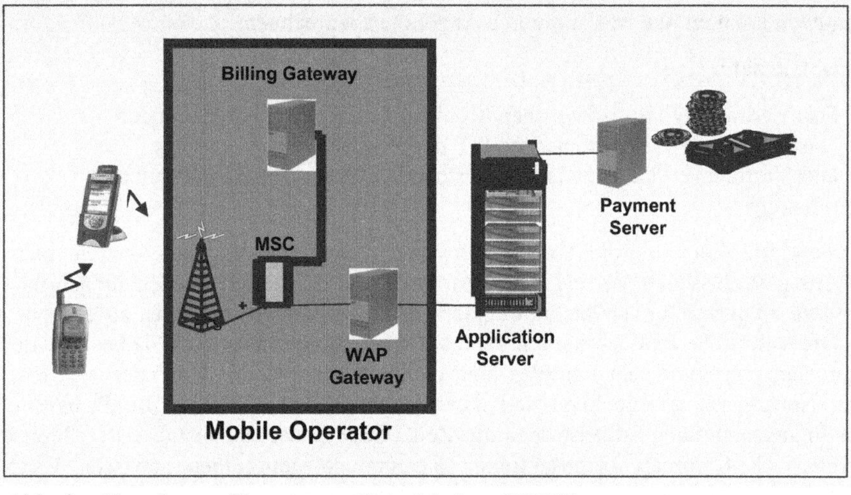

Abb. 4: Abrechnungslösungen am Beispiel eines GSM-Netzes

Das in der Abbildung beschriebene Billing Gateway hat die Hauptaufgabe, den Zugang zum Netz abzurechnen. In Telekommunikationsnetzwerken wird dies durch Call Detail Records (CDR) ermöglicht. In Sprachnetzen werden die CDRs von den Vermittlungsstellen (Switches) der Netze geliefert. Im Falle von Mobilfunknetzen ist es das Mobile Switching Center (MSC). Ein CDR enthält unter anderem Informationen über die Dauer der Verbindung, die Start- und Zielnummer und den Startpunkt. Bei einer Erweiterung von Sprach auf Datennetze (z.B. GSM auf GPRS) müssen die CDRs noch einiges mehr an Informationen enthalten, z.B. die genutzte Bandbreite oder die Übertragungsqualität. In der Regel werden dazu vom Netz zweierlei CDRs generiert. Der vom Serving GPRS Support Node generierte S-CDR wird mit dem Gateway GPRS Support Node kommenden G-CDR zu einem CDR konsolidiert.

Die CDRs werden anschließend im Customer Care & Billing (CCB) System oder im Billing Gateway zu einer Rechnung zusammengefasst, die dann an den Kunden geschickt wird.

In einem anderen möglichen Szenario werden der Netzzugang und die Abrechnung von Services vollkommen getrennt. Die Systeme arbeiten dabei parallel. Der Mobilfunkanbieter rechnet weiterhin den Netzzugang ab, während der Anbieter der mobilen Anwendung selbst die Abrechnung des Premium Angebotes übernimmt. Dazu müssen die zur Abrechnung relevanten Daten direkt von dem System bereitgestellt werden, das die Anwendung liefert (Application Server). Diese Daten (z.B. in Form eines anwendungsspezifischen CDRs) werden dann von einem eigenen, an die Bedürfnisse der Anwendung angepassten Abrechnungssystem ausgewertet und ein entsprechender Preis wird zugewiesen. Ob der Anbieter der Anwendung mit seinen Kunden direkt abrechnet oder dies von einem weiteren Dienstleister durchführen lässt, ist ein zusätzlicher Freiheitsgrad. Die für den Endkunden entscheidende Frage ist, ob die für ihn passende und praktikable Abrechnungslösung angeboten wird.

Genau an diesem Punkt wird sich allerdings entscheiden, wie erfolgreich sich M-Commerce entwickeln kann. An Hand von zwei hochentwickelten Märkten soll nun aufgezeigt werden, inwieweit dies tatsächlich einen Einfluss auf die Marktentwicklung hat.

Mobile Commerce in Europa

In Europa wurden viele mobile Anwendungen auf den Markt gebracht. In zahlreichen Fällen spürten unabhängig auftretende Betreiber mobiler Anwendungen eine gewisse Konkurrenz der Betreiber mobiler Netze, da diese den sich erst etablierenden Markt mobiler Applikationen dominieren.

Derartiges führt zu teilweise abstrusen Modellen, die die Entwicklung des M-Commerce in Europa verlangsamen.

Fallbeispiel: „Premium Service basierend auf SMS"

Ein Unternehmen will den M-Commerce-Markt erschließen und seinen Kunden in einem ersten Schritt einen Premium SMS-Service anbieten, z.B. eine SMS-Mitteilung falls eine Aktie im Kundenportfolio ein gesetztes Limit erreicht. Dafür möchte das Unternehmen auch eine kleine Gebühr (0,30 Euro pro Mitteilung) vom Kunden verlangen, damit der Service kostendeckend angeboten werden kann.

Das Unternehmen spricht mit allen deutschen Mobilfunkanbietern und findet folgende Konditionen vor:

- Einige Pfennige pro Mitteilung
- Je eine Standleitung zum SMSC der 4 Mobilfunkanbieter
- Einen ziemlich hohen Mindestumsatz
- Verschiedene SMSC-Protokolle, wie z.B. EMI, SMPP, CIMD v1, SMS2000
- Premium Rate SMS unmöglich

Natürlich hängen die Konditionen von jedem Mobilfunkanbieter ab und unterscheiden sich erheblich hinsichtlich Preis und Zugang. Der interessierte Unternehmer wendet sich daraufhin an einen sogenannten „Wireless Application Service Provider" (WASP).

Der WASP hat einen Vertrag z.B. mit einem afrikanischen Netzwerkbetreiber, um SMS nach Deutschland zu schicken. Dank internationaler Roaming-Vereinbarung kann dieser nun sog. Bulk SMS nach Deutschland schicken. Natürlich hat der WASP auch Verträge mit den europäischen Mobilfunkanbietern, um SMS direkt an deren SMSC zu schicken. Billiger geht es im vorliegenden Fall aber über ausländische Anbieter.

Der Service des WASP besteht nun darin, dem Unternehmen eine einfache Schnittstelle zu den GSM-Netzen anzubieten. Ein guter WASP kann den Service weltweit anbieten.

Allerdings hat das Unternehmen bis jetzt nur die Lösung gefunden, um SMS zu verschicken. Empfangen ist noch einmal ein anderes Problem, und soll an dieser Stelle auch nicht weiter erläutert werden.

Die Voraussetzung der Erhebung einer „kleinen Gebühr" muss allerdings noch gelöst werden. In Deutschland sind beispielsweise „premium rate SMS" noch nicht eingeführt, im Gegensatz zu Finnland oder auch England, wo diese premium rates auch für SMS schon Standard sind. Die Gründe der Zurückhaltung in Deutschland sind mannigfaltig, wobei sicher eine Rolle spielt, dass der deutsche Mobilfunkmarkt einer der umkämpftesten in Europa ist und daher die existierenden Kunden nicht durch hohe Rechnungen verloren werden sollen. Das bedeutet für das Unternehmen, das einen Premium-Service anbieten will, dass die Netzinfrastruktur des Mobilfunkanbieters hierfür nicht zur Verfügung steht und eine andere Lösung des Problems gefunden werden muss.

Da kein externer Dienstleister für die Abrechnung zur Verfügung steht, versucht das Unternehmen, die Kosten auf andere Art und Weise zu kompensieren. Werbeverträge werden geschlossen. Diese bringen leider nicht genug ein, und das Unternehmen zieht das Angebot wieder zurück.

Ein weiterer mobiler Service ist gestorben. Weitere M-Commerce-Projekte des Unternehmens werden vorerst auf Eis gelegt.

Eine Frage, die dieses Fallbeispiel aufwirft, ist, wie heute die Abrechnung von M-Commerce-Angeboten erfolgen kann, wenn sie nicht durch Mobilfunkanbieter übernommen wird.

Ein Beispiel dafür ist die Abrechnung über 0190-Nummern (premium rate numbers), also eine Abrechnung über die Telefonrechnung. Das grundlegende Prinzip dabei ist, dass der Kunde eine premium rate Telefonnummer anruft, wodurch der zu zahlende Betrag abgerechnet wird. Durch den Anruf erhält der User eine TAN (Transaction Number), die er dann wiederum bei einer anderen Applikation eingeben muss, um den premium Content abzurufen.

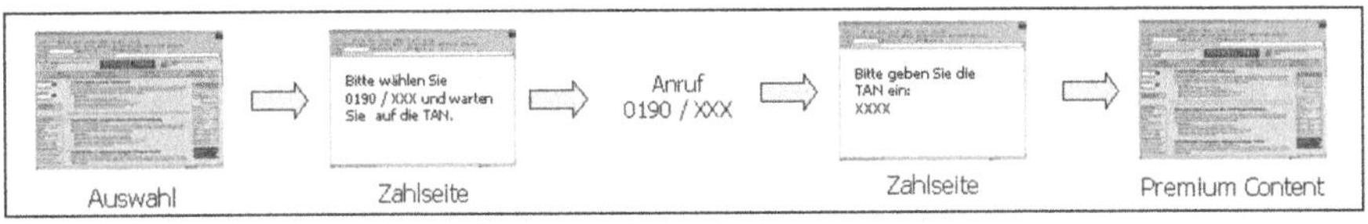

Abb. 5: Zahlung über 0190 Nummern

Für die Nutzung im Internet gibt es auch Lösungen, bei denen ein auf dem PC installierter Client die vollständige Funktionalität übernimmt und der Kunde keine weiteren, umständlichen Schritte mehr durchführen muss.

Dieses sehr einfache Prinzip ist zur Zeit am meisten verbreitet und wird wohl auch in absehbarer Zeit nicht durch ein vergleichbares System ersetzt werden. Es wird momentan in verschiedenen Variationen bei allen großen mobilen Portalen in Deutschland eingesetzt, wie z.B. Handy.de, Jamba, Sonera ZED etc.

Eine andere Möglichkeit, Geld durch mobile Services zu bekommen, ist der Verkauf von Rubbelkarten (physikalische prepaid Karten) an herkömmlichen Verkaufsstellen. Der Kunde kann dann mit dem erhaltenen Code die angebotenen Premium Services nutzen. Der Anbieter hat allerdings den Nachteil, dass die Karten erst einmal in Umlauf gebracht werden müssen, was einen erheblichen logistischen Aufwand darstellt und somit auch kostspielig ist. Ein wesentlicher Vorteil dieser Karten ist ihre Anonymität, wodurch sie z.B. im Bereich Erotik breite Verwendung finden. Nicht zuletzt bietet der Verkauf physikalischer Karten den sicheren Zahlungseingang, da die Karten ja nur gegen Bargeld ausgegeben werden.

Auf einem anderen Konzept basiert die Aufsummierung von vielen Kleinstbeträgen und die anschließende Abrechnung des gesamten Betrages, wenn entweder eine festgelegte Zeitspanne oder ein Maximalbetrag erreicht wurde. Sind die Grenzwerte entsprechend gelegt, fallen die Kosten für gängige Verfahren wie Lastschrift oder Kreditkarte nicht allzu sehr ins Gewicht. Ein wesentlicher Nachteil dieses Verfahrens ist, dass der Kunde bekannt sein muss, da bis zum Zeitpunkt der Abrechnung ja ein Kredit vergeben wird.

Es ist somit ein klassisches Abonnement (Subscription Model), wie es bei Zeitschriften oder Telefongesellschaften ja durchaus gängig ist. Gerade im Hinblick auf die Kundenbindung ist bei Content-Anbietern durchaus ein gewisses Interesse an diesem Subscription Model zu erkennen, nicht zuletzt, da viele von ihnen aus dem Segment Zeitschriften stammen. Inwieweit die Kunden aber bereit sind, für neue mobile Applikationen entsprechend viele verschiedene Abonnements abzuschließen oder Clubs beizutreten, ist abzuwarten. Insbesondere der starke Drang der Mobilfunkkunden weg vom Abonnement hin zur prepaid Karte zeigt, dass Subscription nicht immer die beste Lösung ist. Man bedenke insbesondere, dass das Telefon zu Hause schon immer ein Abonnement war und dies auch das erste Angebot der mobilen Betreiber an den Endkunden war, es aber trotzdem durch prepaid ersetzt bzw. überholt wurde.

Zusammenfassend bleibt festzustellen, dass zur Zeit für mobile Anwendungen und Inhalte kein vernünftig nutzbares Zahlungssystem in Europa zur Verfügung steht.

Vergleich mit i-mode

Vergleicht man nun den europäischen Markt heute mit dem Beginn der Entwicklung von i-mode in Japan, sind die Parallelen mehr als auffällig. Auch in Japan waren die ersten M-Commerce Anwendungen eher einfach gestrickt. Diese wurden kontinuierlich weiterentwickelt und immer anspruchsvoller. Heute kann NTT DoCoMo beispielsweise Anwendungen für jede Zielgruppe anbieten, wobei die Young & Fun Generation immer noch die wichtigste Rolle spielt.

Vergleicht man das i-mode System mit WAP (über GSM) auf technologischem Level, wird deutlich, dass i-mode einige Vorteile aufweist. Während WAP in der aktuellen Version 1.1 kein Push unterstützt, war dies schon von Anfang an ein Feature von i-mode. Weiterhin ist GSM ein „circuit switched network", also auf Sprache ausgelegt, während i-mode auf einem „packet switched network", basiert, was für Sprache und Daten ausgelegt ist.

Der Grund für den Erfolg von i-mode darf nicht nur in der Technologie gesucht werden, sondern vor allem darin, dass die wirtschaftlichen Voraussetzungen erfüllt und konsequent umgesetzt wurden. Um zum Beispiel den i-mode Kunden möglichst viele Anwendungen anbieten zu können, wurden von Anfang an Zulieferer geworben, damit diese ihre Informationen, Spiele und andere Anwendungen in der i-mode Umgebung anbieten. Ein entscheidender Faktor für die Anbieter dürfte die Möglichkeit gewesen sein, mit i-mode schnell und einfach Geld zu verdienen.

Durch kleine, „trendige" Endgeräte wurde der Kunde angeregt, ein neues Gerät zu kaufen und dann auch i-mode zu nutzen. Die Marketing-Strategie wurde darauf ausgerichtet, nicht mit der Technologie zu überzeugen, sondern mit einfacher Anwendbarkeit und einem „sexy Image". Man vergleiche die kleinen, mit einem Farbdisplay und hoher Auflösung ausgestatteten i-mode Handys mit den ersten WAP-Handys, z.B. dem Nokia 7110, das damals fast doppelt so groß war wie das Vorgängermodell Nokia 5110 ohne WAP.

Lehren aus i-mode

i-mode ist vergleichbar mit einem modernem Märchen – aus einem einfachen und nicht gerade revolutionären System wurde ein gewinnbringender weltweit einmaliger Service entwickelt. Trotz vieler Unkenrufe hinsichtlich der Übertragungsgeschwindigkeit und der Verfügbarkeit, hat sich i-mode zu einer „Cash-Cow" von NTT DoCoMo entwickelt.

Die Lehren für den europäischen Markt sind einfach: der Anbieter muss den Kunden kennen und wissen, was er möchte (auch wenn man es selbst für zu einfach und sogar „kindisch“ hält, siehe Klingeltöne, Horoskope etc.). Mindestens genauso wichtig ist aber, dass das Angebot an Services auch stimmt. Dies kann dadurch erreicht werden, dass einer möglichst großen Gruppe von Entwicklern ein Zugang zum System eröffnet wird.

Eine Theorie, die dies untermauert, ist die sogenannte „Spieltheorie“, die auf die Mathematiker John von Neumann and Oskar Morgenstern zurückgeht[1]. Die Spieltheorie könnte eine neue Sichtweise der Wirtschaft wiederspiegeln.

Ein Anwendungsbeispiel für diese Theorie ist der Markt der Spielkonsolen. Sega versuchte, die Konsole sowie auch die Spiele zu entwickeln, um möglichst die gesamte Wertschöpfungskette abzudecken. Dies misslang, und Kunden kauften keine Konsolen, da keine Spiele verfügbar waren. Die von Sega entwickelten Spiele entsprachen nicht ganz dem Geschmack der Kunden. Im Gegensatz dazu vergab Sony Lizenzen zur Spielentwicklung für die Sony Playstation. Dadurch verlor, oberflächlich gesehen, Sony einen Teil der Wertschöpfungskette. Letztendlich wuchs aber der gesamte Markt (die Konsole und Spiele umfassend) und Sony konnte sich erfolgreich gegen die Konkurrenz durchsetzen.

Im Fall von i-mode ging diese Strategie ebenfalls sehr gut auf. Anbieter boten Inhalte im i-mode System an, und immer mehr Kunden wurden durch das attraktive Informationssystem angelockt. Die Händler machten gutes Geld mit dem Service. i-mode gab zwar die Angebots-Hoheit auf, profitierte aber aufgrund der gestiegenen Nutzung von i-mode und verdiente an den Transaktionsgebühren.

Dieses System verhalf dem M-Commerce in Japan zum Durchbruch, und könnte dies auch in Europa erreichen.

Marktfaktoren zur weiteren Entwicklung

Die bisherige Entwicklung des M-Commerce wird durch grundlegende Veränderungen des Marktes beeinflusst. Die wichtigsten Faktoren werden im nun Folgenden beschrieben.

Netztechnologien

Es ist wohl unbestritten, dass neue Technologien kommen werden. Die Marktreife von GPRS und UMTS hat sich leider hinausgezögert, was aber nicht nur Risiken darstellt, sondern auch Chancen bietet, neue auf diese Technologien abgestimmte

[1] In dem Buch „Theory of Games and Economic Behaviour“ von 1944 erwähnten John von Neumann und Oskar Morgenstern die Spieltheorie zum ersten Mal. Diese wurde dann besonders in den letzten Jahren von Autoren wie Adam Brandenburger, Barry J. Nalebuff, Ada Brandenberger, Martin J. Osborne und anderen als Strategiewerkzeug aufgegriffen.

Dienste zu entwickeln. Die theoretischen Vorteile von Paket-basierten Netzwerken im Falle von GPRS sind hinlänglich bekannt, die praktische Anwendbarkeit hingegen ist selbst den Technologieanbietern weitestgehend unbekannt. UMTS bietet neue Chancen für Anwendungen, wenn man denn weiß, wie die gegebenen Vorteile nutzbringend angewandt werden können.

Neue Anwendungen

Größere Bandbreiten ermöglichen noch nicht da gewesene multimediale[2] M-Commerce-Anwendungen. Diese Multimedia-Inhalte müssen kostenpflichtig angeboten werden, um andere Vertriebskanäle der Multimedia-Industrie nicht zu kannibalisieren. Das bedeutet, spätestens mit dem Betrieb eines UMTS-Netzes muss auch die Möglichkeit bestehen, Inhalte abzurechnen, und zwar mit einem System, dass den Inhalten Rechnung trägt und nicht auf dem Netzzugang basiert.

Entwicklung von Kernkompetenzen

Die M-Commerce-Industrie besteht aus Unternehmen mit absolut unterschiedlichem Hintergrund. Beteiligt sind Unternehmen aus der Netztechnik, der Multimedia-Industrie, Finanzdienstleister und aus ganz anderen Bereichen. Jedes dieser Unternehmen sieht M-Commerce als eine Herausforderung, die angenommen werden muss.

Ein Beispiel ist hier die Welle der mobilen Portale, welche vorrangig durch die Mobilfunkanbieter betrieben werden. Unternehmen wie z.B. Lycos, Yahoo oder web.de spielen in diesem Marktsegment keine große Rolle, obwohl diese Unternehmen auf eine mehrjährige Erfahrung im Umfeld Portale zurückblicken können. Hier könnten Partnerschaften sehr hilfreich sein und neue Ansätze hervorbringen.

Die hinreichend bekannte Formel „Fokus auf die Kernkompetenz" wird mit dem Angebot von multimedialen Anwendung wohl neu interpretiert werden. Viele Firmen bewegen sich zur Zeit in Bereichen, die sie mit internen Kompetenzen und Ressourcen wohl nicht vollständig abdecken können. Beispiel hierfür sind Netzwerkbetreiber, die sich verstärkt im Bereich Inhalte bewegen und entsprechend die Anbieter von Inhalten, die in den Bereichen online und mobiler Kundenzugang aktiv werden müssen. Man vergleiche nur die Aktivitäten von T-Online und Bild.de.

---

[2] Unter multimedialen Anwendungen wird in diesem Zusammenhang alles verstanden von Musik und Video bis zu Spielen. Zur Multimedia-Industrie gehören in diesem Zusammenhang sämtliche Firmen in dem Bereich Radio, Musik, TV, Buch, Zeitung, Magazine etc., d.h. Firmen, die Inhalte produzieren und dem Kunden anbieten.

Markteintritt von neuen Firmen

Neue Firmen werden versuchen, diesen attraktiven Zukunftsmarkt zu penetrieren. Dieser Markteintritt betrifft aber nicht nur die Besetzung der existierenden Rollen, sondern auch das Herauskristallisieren von neuen Rollen. Eine entscheidende Rolle könnten die Financial Service Provider spielen, wobei wir darunter einen Dienstleister für alle finanziellen Back Office Funktionen verstehen, was im Falle mobiler Anwendungen auch deren Abrechnung beinhaltet.

Die nächsten Jahre im M-Commerce

M-Commerce bedarf sowohl Kreativität von Anwendungsentwicklern als auch der technologischen Umsetzung der neuen Mobilfunkstandards. Vor allem aber bedarf es der entsprechenden wirtschaftlichen Rahmenbedingungen, die den Anwendungsanbietern ein geeignetes Umfeld für ihren Service schaffen. Was auch letztendlich der wichtigste Faktor sein mag. Sicher ist, dass eine enge Zusammenarbeit zwischen Netzbetreiber, Anbieter von mobilen Anwendungen und den Medienhäusern die beste Chance auf Erfolg bieten würde. Der Erfolg des M-Commerce wird somit eher von der Bereitschaft zur Kooperation als von einer einzelnen Partei oder Technologie abhängig sein.

Der theoretische Ansatz der Wertschöpfungskette kann diese Veränderung sehr gut verdeutlichen. Die bisherige alleinige Kontrolle einzelner Parteien wird demnach abgeschwächt und neue Marktteilnehmer werden sich etablieren[3].

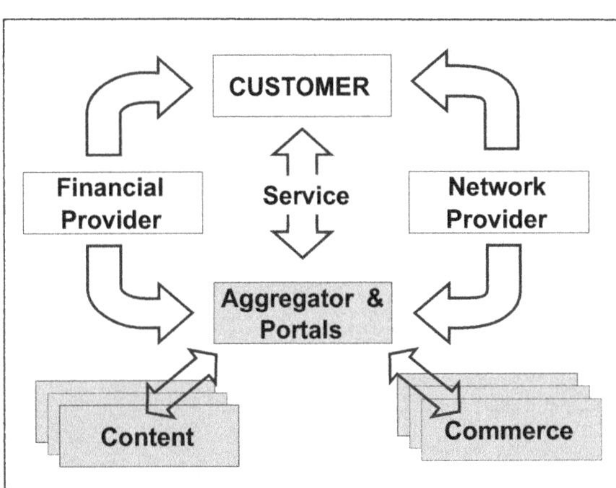

Abb. 6: Parteien im M-Commerce

[3] Dieser Ansatz der Fragmentation der Wertschöpfungskette wurde am 20.Juli.2000 von Arnaud de Raucort (Business Development Director von Cap Gemini Ernst & Young) im Rahmen des WAP RAP, veranstaltet von Morgan Stanley Dean Witter, vorgestellt.

Ein neuer Marktteilnehmer könnte der Finanzdienstleister sein, der die Abrechnung von M-Commerce-Angeboten übernimmt. Dies setzt eine Partnerschaft des Finanzdienstleisters mit den entsprechenden anderen Marktteilnehmern voraus. In erster Linie sind hier die Kreditkartenorganisationen zu sehen, die an neuen Zahlungsmethoden arbeiten und die wesentlichen Voraussetzungen wie enge Bindungen zu Banken, Abrechnungs-Know-how, eigenes Branding sowie auch globale Präsenz besitzen. Langfristiges Ziel muss die Abrechnung von Mehrwertdiensten sein – unabhängig von Art des Netzzugangs (fest, mobil), dem Ort (Land, Region) und auch der Zeit.

Da dieses System so noch nicht existiert, wird es für jeden Marktteilnehmer eine Herausforderung sein, ein solches System zu entwickeln oder die passenden Partner zu finden. Namhafte Unternehmen wie z.B. die Banken (eCash), die Kreditkartenorganisationen und unabhängige Dritte versuchten mit mäßigem Erfolg, ein System zu etablieren (eCash, CyberCash...).

Ein Zahlungssystem unterliegt Netzwerkeffekten oder, wie es auch gerne bezeichnet wird, dem „Henne/Ei-Problem". Solang es keine angeschlossenen Händler gibt, wird es auch keine Kunden geben, die ein solches System benutzen.

Die Kunst ist es nun, nahezu gleichzeitig eine hohe Nachfrage auf Kunden- und Händlerseite zu erzeugen. Gelingt dies erfolgreich, wird ein „Positive Feedback Loop" gestartet, und die Entwicklung setzt sich automatisch fort. Die folgende Abbildung zeigt den Zusammenhang der einzelnen Faktoren eines Zahlungssystems.

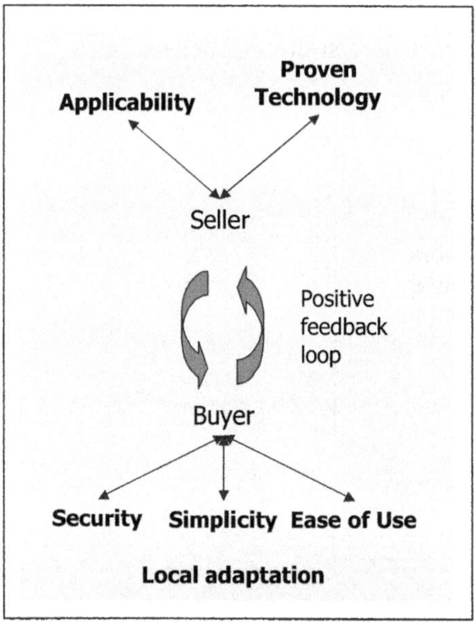

Abb. 7: Entscheidende Faktoren bei Zahlungssystemen

Die Initiierung eines „positive Feedback Loop“ ist in der Literatur ausgiebig diskutiert, wobei eine Patentlösung nicht gefunden wurde. Folgende Strategien stehen zur Auswahl:

- Man kann versuchen, so viele Händler wie möglich zu überzeugen, das System anzubieten, um so den Kunden zu überzeugen, das System zu benutzen. Dies kann durch unterschiedliche Anreize (Preisnachlässe, Co-Marketing) erfolgen.
- Eine andere Möglichkeit ist es, den Kunden zu überzeugen, das System zu benutzen, um so Händler zur Teilnahme zu bewegen.
- Eine gemischte Strategie aus beiden Ansätzen.

Ein Fallbeispiel aus der Praxis soll ein Konzept aufzeigen, wie ein solches Zahlungssystem aussehen könnte.

Fallbeispiel: MoneyPenny by Bertelsmann Financial Services (Studie)

Die Bertelsmann AG verfügt über zahlreiche Firmen, die potenziell an einem Zahlungssystem interessiert sind. Viele Unternehmen bieten ihre Inhalte vermehrt über neue Medien an und verfolgen eine Multi-Channel Strategie. Beispiele hierfür sind die Webauftritte von RTL oder dem Verlagsbereich Gruner & Jahr. Diese Angebote werden in naher Zukunft sicherlich auf das mobile Internet erweitert werden und sind daher von hoher Relevanz.

Ziel eines Projektes der Bertelsmann Financial Services war es, eine netzwerkunabhängige Abrechnungsmöglichkeit von Inhalten zu entwickeln. Die Netzunabhängigkeit ist sehr wichtig, da möglichst alle potenziellen Netzuser angesprochen werden sollten. Daher sollte die Abwicklung der Micropayments von der Netzwerkinfrastruktur getrennt werden. Weiterhin sollte auch die Freiheit der Preisgestaltung für den Händler und höchste Flexibilität gewährleistet sein.

Das Ergebnis dieser Entwicklung zeigt die nächste Abbildung:

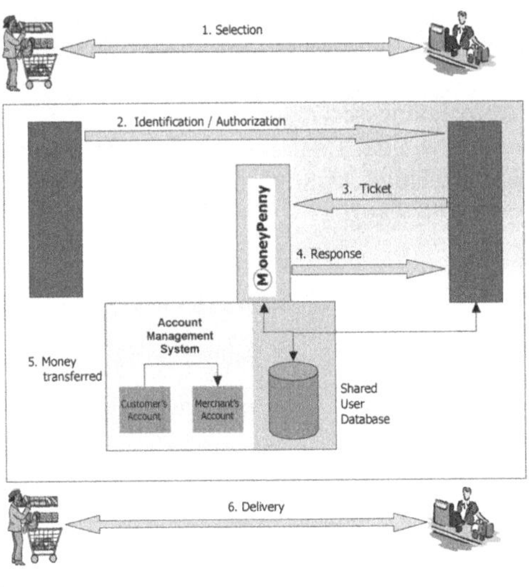

Abb. 8

Kernidee ist es, ähnlich wie in Telekommunikationsnetzwerken für jede Anwendung eines M-Commerce-Angebotes ein Ticket zu generieren, das in einem Account Management System verwaltet wird. Das Ticket enthält Informationen über die Art der Anwendung, den Preis etc.

Diese Tickets werden verwaltet und dann entweder postpaid durch gängige Verfahren (Lastschrift, Kreditkarte...) abgerechnet oder durch ein allgemeines prepaid Konto verrechnet. Letzteres ist sehr ähnlich einer physikalischen prepaid Karte, aber nicht auf einige wenige Anbieter oder Applikationen beschränkt.

Vision

Zweifelsfrei wird M-Commerce ein Bestandteil des alltäglichen Lebens werden. Mobile Anwendungen werden den Alltag der Menschen vereinfachen, aber auch zur Unterhaltung dienen. Unterschiedliche Netzwerke und Anwendungen werden die Benutzer unterhalten und informieren, je nach persönlichen Präferenzen.

Diese Angebote werden nicht kostenfrei angeboten werden. Um eine weite Kundengruppe ansprechen zu können, wird der generelle Netzzugang an Bedeutung verlieren und nur noch als Standard-Service angeboten. Die eigentliche Wertschöpfung wird (wie im E-Commerce) auf Seiten der Anbieter von Anwendungen oder Inhalten stattfinden. Einen wesentlichen Unterschied beim M-Commerce bieten sicherlich die Location Based Services und die Koppelung von Personalisierung mit der aktuellen Ortsinformation über das Handy. Diese Besonderheit findet schon erste Anwendungen wie z.B. den Friend-Finder, mobile City-Guides oder bald auch mobile Travel Solutions, die dem Geschäftsreisenden aktuell und zielgerichtet Information über Änderungen von Flugsteigen, Verspätungen, etc. bieten.

Voraussetzung dafür ist eine Infrastruktur bestehend aus Netzzugang, Service Angebot und Abrechnung. Abrechnungssysteme werden zum Standard für jeden User, der ähnlich wie seinen Zugangsanbieter auch einen Abrechnungsanbieter wählen wird.

Die einzelnen Anbieter des Abrechnungsservices werden untereinander kompatible Systeme aufbauen, die ähnlich wie das Roaming bei GSM-Netzen funktionieren wird. Im Idealfall wird es in wenigen Jahren dafür ein weltweites, netzunabhängiges System geben.

3.5 Die Zukunft des Wireless Banking

Hans-Jürgen Rehm

Vorwort

VON RON GHANI, SENIOR CONSULTANT IBM GLOBAL SERVICES MIT EINEM VORWORT VON FRANCIS KUHLEN, VP IBM ENTERPRISE SYSTEMS GROUP, EMEA CENTRAL REGION UND ALFRED PFAFF, DIRECTOR OF IBM COMMUNICATIONS SECTOR, EMEA CENTRAL REGION

Mobile Commerce wird einer der großen Trends in diesem Jahrzehnt sein. Mit der Entwicklung immer leistungsfähigerer Netze und Bandbreiten, der Bereitstellung von Endgeräten in unterschiedlichsten Ausprägungen und dem Aufkommen von Dienstleistungen fast aller Art über das Internet entsteht eine Infrastruktur, die selbstverständlich auch den Finanzverkehr in allen Facetten einschließt.

Auch die momentane Marktphase der Ernüchterung und Bereinigung, die wir als dot.com-Shakeout erleben unter erheblicher Erschütterung der Finanzmärkte, verändert nicht den Blick auf die langfristigen Chancen und Marktpotenziale des mobilen E-Business. Die vorhandenen Technologien und die Erwartungen der Benutzer erfordern nun die Entwicklung wirklich tragfähiger Geschäftsmodelle jenseits anfänglicher, erfahrungsgemäß noch nicht gestützter Erwartungen. Mit anderen Worten: mobile E-Business ist Vertrauenssache – Vertrauen in die Sicherheit und Verfügbarkeit der Geschäftsabläufe und Vertrauen in die Professionalität der Geschäftspartner. Mobile Anwendungen ziehen eine Flut von Transaktionen und Informationen nach sich, die in einem stationären Umfeld nicht vorkommen. Standortbasierte Services und Bezahlungsvorgänge sind im mobile E-Business wesentlich komplexer.

Umso wichtiger wird der Faktor Infrastruktur. Faktoren wie absolute Sicherheit, Datenschutz, Rund-um-die-Uhr-Verfügbarkeit und Wirtschaftlichkeit der Services für Betreiber wie Benutzer kennzeichnen eine Landschaft, die die IBM als E-Infrastructure bezeichnet und die den technischen Träger von E-Business-Konzeptionen als Bündel aus integrierten Hardware-, Software- und Servicelösungen beschreibt.

Die Beratungskompetenz bei der Entwicklung einer solchen Konzeption und ein vorhandener Erfahrungsschatz sind dabei das Zünglein an der Waage, auf das Investitionsentscheider in Unternehmen und Behörden achten sollten bei der Vergabe von Projekten.

Das anbei folgende Papier gibt zahlreiche Anhaltspunkte, auf was es in der Zukunft von Wireless Banking ankommt.

Hat sich schon etwas verändert?

Bank- und Handelsinstitute von heute sind sich im Klaren darüber, dass sie Veränderungen vornehmen müssen, um von neuen Geschäftsmöglichkeiten im drahtlosen Bank- und Handelsgeschäft profitieren zu können – und das schnell. Widerstand gegenüber der Implementierung von Wireless Banking kann zu erheblichen Verlusten an Geschäftsvolumen und Marktanteilen führen. Drahtloser Service wird vom Endbenutzer bald als selbstverständlich angesehen werden. Auch wenn viele Hürden genommen werden müssen, wäre es fatal, sich der Veränderung zu verschließen.

Die drahtlose Abwicklung von Bank- und Handelsgeschäften (Wireless Banking und Wireless Trading) ist lediglich eine Erweiterung des Produktangebots für Finanzinstitute, keine Erweiterung der Webtechnologie, wie oft angenommen. Beim Online-Banking und Online-Trading wird mit einer Standard-TCP/IP-Verbindung zum Internet über einen PC gearbeitet. Drahtlose Anwendungen hingegen stellen eine weitaus größere Herausforderung dar.

Im Wireless Banking fehlt momentan noch eine Initiative zur Durchsetzung eines einzigen Standards. Es gibt verschiedene Netzwerkstandards, PDA-Standards, Browsing-Standards, Protokollstandards etc.

In der drahtlosen Welt ist der Äther das einzige Hilfsmittel für das Senden und Empfangen von Daten. In Abhängigkeit vom physischen Standort – innerhalb oder außerhalb eines Gebäudes, in kurzer oder weiter Entfernung von einem Funkturm, in einem kleinen Ort oder in einer Großstadt – variiert die Übertragungsqualität stark.

Wireless Banking ist im Begriff, die Struktur jedes Finanz- oder Bankinstituts zu revolutionieren. Die Services, Anforderungen und Erwartungen der Gesellschaft auf allen Kontinenten werden dabei – unabhängig von der Kultur – radikal verändert. Im Laufe der nächsten 24 Monate und danach wird sich die Art, wie wir bei geschäftlichen und privaten Finanzangelegenheiten mit Bank- und Handelsinstituten kommunizieren, erheblich verändern. Die Nachweisbarkeit ist einer der Knackpunkte bei der drahtlosen Abwicklung von Bank- oder Handelsgeschäften. Der Benutzer benötigt einen Nachweis, dass die Transaktion ausgeführt und bestätigt wurde.

Die Revolution wird vom Kunden (Endbenutzer) vorangetrieben, der verlangt, dass Informationen jederzeit und an jedem Ort verfügbar sind. Sofortiger Zugriff wird erwartet und gefordert. Die Veränderung auf institutioneller Ebene ist keine leichte Aufgabe. Anpassungsfähigkeit und Flexibilität sind bei der Auseinandersetzung mit unterschiedlichen bestehenden Systemen, Konnektivitätsproblemen und ständig neuen Geräten auf dem Markt gefragt. Große Institute werden durch ihre schiere Größe behindert und müssen offensive Maßnahmen ergreifen, um mit der schnelllebigen Zeit Schritt halten zu können.

Heute werden B2B, B2C, B2G und B2E als vertikale Onlinemärkte anerkannt. Die drahtlose Transaktionsabwicklung wird diese Märkte unterteilen, und neue Services werden entstehen, die neue Benutzergruppen adressieren.

Von Datenmanagern und Systementwicklern wird erwartet, dass sie effektivere und effizientere Methoden bei der Datenbereitstellung bieten, die zu jeder Zeit und an jedem Ort mit einem beliebigen Gerät, unabhängig von Plattform, Browser, Serviceanbieter, Finanzinstitut etc. funktionieren.

Ein Schnappschuss der Zukunft

Schätzungen von Gomez Research zufolge wird die Zahl der Menschen, die online auf persönliche Kontoinformationen zugreifen, von ca. 8 Millionen im Jahr 1998 auf beinahe 40 Millionen im Jahr 2003 anwachsen. In Anbetracht dieser Zahlen müssen Banken und andere Finanzinstitute die Chance, die in der Internet- und drahtlosen Funktionalität liegt, ergreifen.

Laut Jupiter Communications werden im Jahr 2003 ca. 100 Millionen Menschen in den USA über drahtlosen Webzugriff unabhängig vom PC verfügen, verglichen mit 155 Millionen Menschen, die vom PC aus über das Festnetz auf das Web zugreifen. Daraus folgt, dass der Nicht-PC-Zugriff innerhalb der nächsten drei oder vier Jahre einen Umfang von 65 % des Marktes für den PC-Zugriff über das Festnetz erreichen wird.

Laut Forrester Research nutzen bereits fast 120 Millionen Europäer Mobiltelefone und versenden jeden Monat über zwei Milliarden drahtlose Textnachrichten. Forrester prognostiziert, dass bis zum Jahr 2003 219 Millionen Europäer, also ein Drittel der Bevölkerung, drahtlose Kommunikationsmöglichkeiten nutzen werden. Von 50 europäischen Führungskräften im E-Commerce-Bereich, die von Forrester befragt wurden, planten 90 Prozent, Websites ins Leben zu rufen, die für den Zugriff per Mobiltelefon geeignet sind.

Finanzprodukte und -services eigenen sich ideal für die Bereitstellung über das Internet. M-Bank ist in einer guten Position, um diese Branche mit Unternehmen wie Wells Fargo and Co. (NYSE:WFC), Bank of America Corp. (NYSE:BAC), Providian Financial Corp. (NYSE:PVN), MBNA Corp (NYSE:KRB) und Capital One Financial Corp. (NYSE:COF) zu bedienen.

Eine führende Bank mit über 3 Millionen Online-Banking-Kunden, die über 20 % des Girokontenkundenstamms ausmachen, hat einen monatlichen Zuwachs von etwa 130.000 neuen Online-Banking-Kunden zu verzeichnen. Zudem nutzen über 750.000 Online-Banking-Kunden den von der Bank angebotenen Service für die elektronische Rechnungsstellung und -zahlung, wobei der gesamte Dollarwert der verarbeiteten Zahlungen im letzten Jahr um 36 % stieg. Es wurden über 3,1 Millionen dieser Transaktionen im Wert von über 1 Milliarde Dollar ausgeführt.

„Wir benötigten über 10 Jahre, um einen Stamm von 2 Millionen Online-Banking-Kunden aufzubauen, und nur neun Monate, um diese Zahl um eine weitere Million zu übertreffen“, so Jeanine Brown, Führungskraft im Bereich Interactive Banking.

Die GartnerGroup prognostiziert, dass bis 2004 80 Prozent der neuen Verbraucheranwendungen den Zugriff von mobilen Clients aus unterstützen (Quelle: GartnerGroup-Konferenz 1999). Schätzungen von GartnerGroup Research zufolge arbeiten über 60 Millionen Arbeitnehmer weltweit außerhalb der traditionellen Büroumgebung. Die Gartner-Studie prognostiziert einen Anstieg dieser Zahl auf 108 Millionen bis zum Jahr 2002.

Eine kleine Geschichte der „Generationen"

1G ist die erste Generation der Mobiltechnologie. Sie begann Ende der 70er Jahre und dauerte bis in die späten 80er Jahre. 2G, die zweite Generation, begann in den 90er Jahren und wird heute noch verwendet (z. B. CDPD, CDMA und GSM). 3G ist die dritte Generation der drahtlosen Kommunikation. Es wird erwartet, dass diese Generation zwischen 2003 und 2005 ausgereift ist. 3G soll erweiterte Sprach-, Daten- und selbst Videokommunikation liefern. Die Bandbreite dieser Generation kann bis zu 2 MB/s betragen und mit 2 GHz arbeiten.

Zeit ist alles

P2P (Person to Person) und P2A (Person to Anyone) wird eine wichtige Rolle in der Finanzwelt spielen. Es wird eine Fülle an Geldüberweisungen zu beobachten sein. Ein Benutzer kann eine Zahlung tätigen, sie automatisch vom entsprechenden Konto abziehen und mit einer E-Mail-Bestätigung dem Empfängerkonto gutschreiben lassen.

Zeit ist von entscheidender Bedeutung. Durch den schnellen technologischen Fortschritt, das rasche Wachstum der drahtlosen Abdeckung, die Senkung der Netzwerkkosten, die Verbesserung der Handheld-Geräte und die höhere Bandbreiteneffizienz nehmen die Vorteile der drahtlosen Abwicklung von Bank- und Handelstransaktionen täglich zu. Heute ist beim Wireless-Service vieles möglich, was noch ein Jahr zuvor aufgrund der Kosten nicht vertretbar gewesen war. Vor diesem Hintergrund können WSPs (Wireless Service Provider), Unternehmen und Finanzinstitute auf das Wachstum bauen und von diesen Möglichkeiten profitieren.

Die Gewinner in der drahtlosen Welt von heute sind diejenigen, die mit der Veränderung Schritt halten, die Herausforderungen meistern und die angebotenen Produkte und Services nutzen. Finanzinstitute müssen darauf abzielen, die Systemleistung zu erweitern, um Schichten einer offenen Systemumgebung zu erstellen. Diejenigen, die Standardprotokolle nutzen, werden expandieren und gedeihen. Die drahtlose Implementierung ist erfolgreich, wenn die Interaktion des Endbenutzers mit den Daten einfach, sicher und unabhängig über beliebige Netzbetreiber und mit beliebigen Handheld-Geräten vonstatten geht.

Welche Komponenten machen ein drahtloses System aus?

1. Handheld-Geräte

- Thin-Client-Einheiten, Palm, Workpad, iPAQ
- Two-Way-Paging-Einheiten wie RIM
- Smartphones, WAP-Telefone
- Sonstige

2. Das Betriebssystem als Basis

Hierbei gibt es folgende aktuelle Varianten:

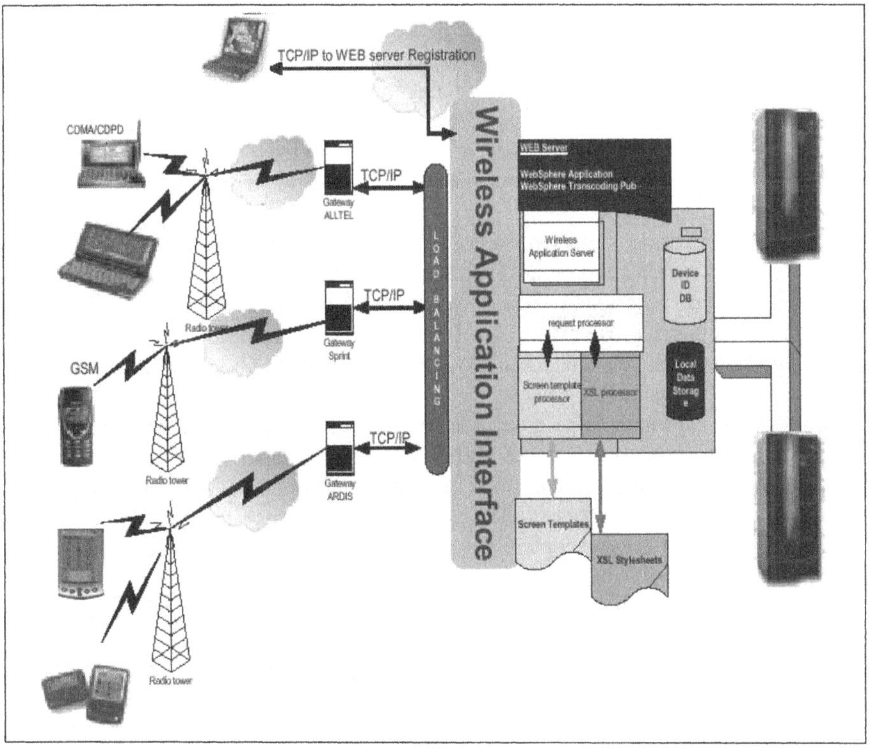

Abb. 1: Components of a wireless system

- Windows CE: Eine Light-Version von Windows, das von Microsoft entwickelt wurde. Es ist auf manchen PDA-Geräten installiert.
- Palm OS: Entwickelt von 3COM, Proprietärplattform. Das populärste Betriebssystem auf Handheld-Geräten aufgrund des heutigen großen Marktanteils von Palm Pilot. Unterstützt einige Java-Anwendungen.

- Linux: Vielversprechend für Wachstum, Open-Source-Basis, Java-freundlich, sehr effizient. Kann auf vielen PDA-Geräten und sogar Smartphones installiert werden.
- EPOC: Förderung der Entwicklung dieses Betriebssystems durch das Symbian-Konsortium hauptsächlich für Smartphone-Geräte von Ericsson und Nokia. EPOC ist eines der führenden Betriebssysteme auf diesem Markt.

Für jedes dieser Handheld-Geräte sind bestimmte Kommunikationsarten erforderlich; sie benötigen ihre eigenen Gateways für die Kommunikation mit den Anwendungsservern. Verschieden große Anzeigen erstellen unterschiedliche Daten und Anzeigenlayouts. Verschiedene Tastaturen haben verschiedene Navigationsoptionen und verschiedene Tasten zur Folge. Die Herausforderung für den Anwendungsserver besteht darin, diese Geräte zu unterscheiden und die Daten im korrekten Format an die verschiedenen Handheld-Geräte zu senden.

3. Konnektivität, Abdeckung und Gateways

In diesem Abschnitt werden die grundlegenden Komponenten der Architektur drahtloser Netze näher beschrieben. Für den Endbenutzer kann ein Handheld-Gerät jede Einheit sein, die für den Zugriff auf einen lokalen Zellenfunkturm verwendet wird. Ein Zellenfunkturm ist für die lokale geografische Abdeckung einer bestimmten Region verantwortlich.

Der Zellenfunkturm sendet die Daten an eine Basisstation. Die Daten werden dann an eine Vermittlungszentrale übertragen. Die mobile Vermittlungszentrale verbindet alle Basisstationen. Das Mobilnetzsystem zeichnet alle Benutzerinformationen auf und identifiziert sie über die Heimatdatei (Home Location Register, HLR), wenn sich der Benutzer im geografischen Netz befindet. Ist dies nicht der Fall, verfolgt die Besucherdatei (Visitor Location Register, VLR) den Anruf. Dieses „Roaming" ist teuer. Sobald der Anruf initiiert ist, sendet das Gerät seine Kennung über seine ESN (Electronic Serial Number) und MIN (Mobile Identity Number). Diese Informationen sind unbedingt erforderlich, damit der Gateway den Benutzer authentifizieren kann. Hier kann der Anwendungsserver die Daten, die zur Anzeige an die entsprechende Einheit zurückgesendet werden sollen, vorbereiten.

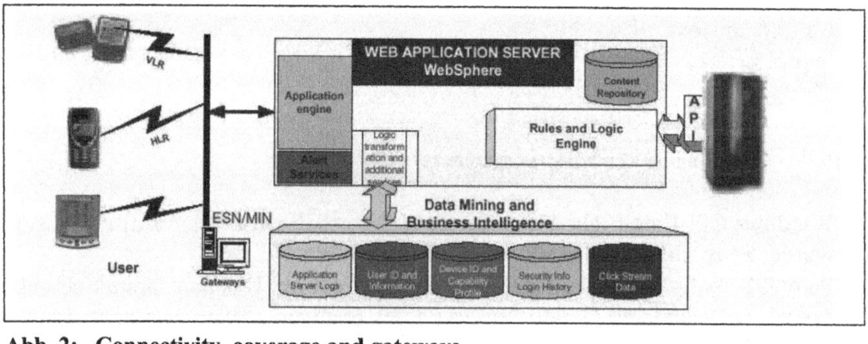

Abb. 2: Connectivity, coverage and gateways

Die Konnektivität variiert von Gerät zu Gerät und von Serviceanbieter zu Serviceanbieter. Die größte Herausforderung bei drahtlosen Systemen ist die Abdeckung.

Wenn sich Endbenutzer für einen WSP (Wireless Service Provider) entschieden haben, stellen Sie bald fest, dass die Angebotspakete nicht perfekt sind. Aufgrund der begrenzten Funkversorgungsbereiche scheint es, als ob es gerade immer das richtige Paket für den falschen Ort ist.

Drahtlosservicepakete unterscheiden sich hinsichtlich der Optionen ebenso wie hinsichtlich der Kosten. Einige der gängigen Protokolle, die von den WSPs unterstützt werden, sind GSM (in den USA noch nicht so weit verbreitet), CDPD, CDMA, Ardis, etc. Alle WSP versuchen, eine Führungsposition zu erreichen und der globale Anbieter schlechthin zu werden.

4. Drahtlose Middleware (Anwendungsserver-Steuerkomponente)

Drahtlose Anwendungen sind der Brennpunkt des drahtlosen Systems. Hier wird der Datenfluss gesteuert, werden Regeln bestimmt und Konfigurationsdateien ausgeführt. Die Anwendungssoftware sollte ein offenes System sein, das eine einfache Verbindung zu anderen Systemen herstellen und mit diesen kommunizieren kann. Eine der gängigsten Methoden für die Kommunikation mit Backend-Systemen ist die Verwendung von XML API als Tool für die Datenbereitstellung.

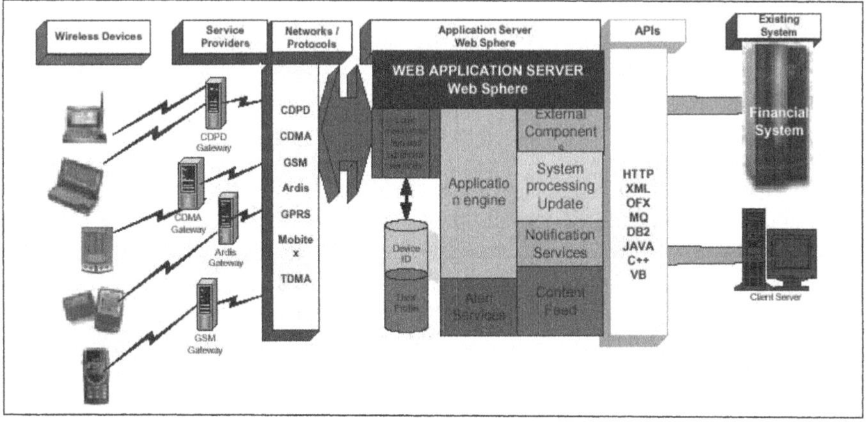

Abb. 3: Wireless Middleware

XML wird verwendet, um Daten zu extrahieren und bereitzustellen; XSL kann Umwandlungen ausführen, wobei die DTD-Dateien verwendet werden, um die in der Integrations- und Entwurfsphase bestimmten Funktionen auszuführen. Verschiedene Handheld-Geräte haben verschiedene Anzeigenschablonen. Der Anwendungsserver sollte die Benutzeranmeldung durch das verwendete Gerät verfolgen, damit die Daten ordnungsgemäß präsentiert werden können. Bei den Anzeigenschablonen kann es sich um XML-Dokumente handeln, die den DTD-Dateien entsprechen. Die Anzeigenschablonen werden nur für die Definition des Anzeigenlayouts verwendet. Sie sind gerätespezifisch.

5. Transcoding ist keine Zauberei

Was ist Transcoding? Eine Umwandlung ist der Prozess der Formatierung von Inhalten (Daten) entsprechend der Anforderung des Handheld-Geräts über XML, XSL-Stylesheets und DTD-Dateien. So ist der Endbenutzer in der Lage, universell auf Daten zuzugreifen, unabhängig vom Gerätetyp.

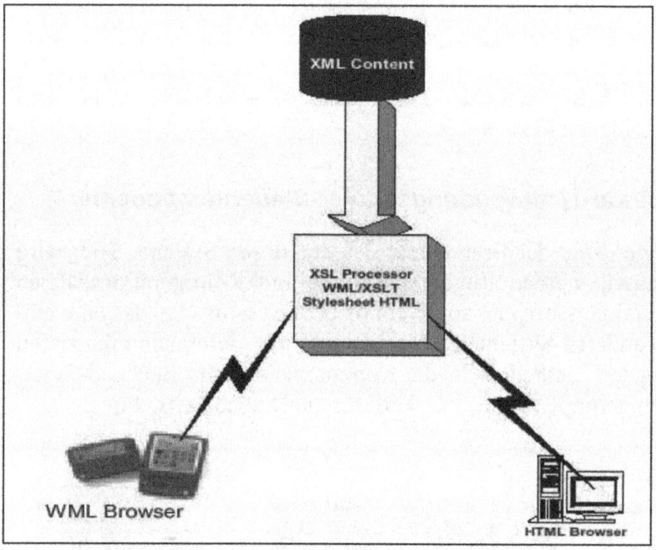

Abb. 4: XML Content Processing

Sobald eine Anforderung von einem Handheld-Gerät initiiert wird, fängt der Anwendungsserver die Anforderung ab, um den Gerätetyp zu identifizieren und den Inhalt zu erfassen. Mit Hilfe verschiedener logischer Prozesse verarbeitet die Anwendungsserver-Steuerkomponente die Daten in ein XML-Dokument, das über die API-Verbindung an das Backend-System übertragen werden kann. Das Ergebnis der angeforderten Daten wird mit Hilfe von XSL-Stylesheets umgewandelt (verarbeitet) und dann für das Handheld-Gerät, das die ursprüngliche Anforderung abgesetzt hat, umformatiert. Dieser Prozess kann sehr schnell komplex werden, je nach der Anzahl der unterstützten Handheld-Geräte und der Art der vom Finanzinstitut angebotenen Services. Daher können Produkte wie IBM WebSphere wertvolle Tools für den Aufbau eines robusten Finanzsystems innerhalb kurzer Zeit sein. Der WebSphere-Anwendungsserver verarbeitet die Daten dynamisch und passt sie an das Handheld-Gerät an. Er kann darüber hinaus mehrere Anwendungen und Anforderungen ausführen und einfach in das Backend-System integriert werden.

Die WebSphere-Steuerkomponente wählt die korrekte Anzeigenschablone aus, formatiert die Daten für das Handheld-Gerät und stellt die angeforderten Daten bereit. XSL wird für Datenumwandlungsdefinitionen verwendet, wobei die Nachrichten zwischen dem Backend-System und dem Anwendungsserver über die API ausgetauscht wird. XSL- und XSLT-Stylesheets werden hauptsächlich für die Verwaltung der Datenpräsentation verwendet, während XML die Daten verarbeitet.

Daten-Pushing oder -Pulling?

Bei der Pull-Technologie initiiert das Handheld-Gerät die Kommunikation über seinen Gateway und fordert dabei Daten an. Daten werden dann aus dem Anwendungsserver auf das Handheld-Gerät „gezogen" (pull = ziehen). Bei der Push-Technologie hat der Anwendungsserver mehr Kontrolle über das Handheld-Gerät. Der Anwendungsserver trifft Entscheidungen über den Basisinhalt und „schiebt" (push = schieben) Daten auf das Handheld-Gerät, ohne auf die Client-Anforderung zu warten.

Bei beiden Methoden muss zuerst eine Authentifikation stattfinden. Der Gateway überträgt die Anforderung des Handheld-Geräts an den Anwendungsserver (Middleware). Der Anwendungsserver erkennt dann den Gerätetyp durch dessen Kennung.

Die Informationen werden an das Backend-System des Finanzinstituts gesendet; dies geschieht mit Hilfe der API zwischen dem Anwendungsserver und dem Backend-System. Der Anwendungsserver empfängt die Informationen vom Backend-System, um sie an die Handheld-Einheit weiterzuvermitteln. Zu diesem Zeitpunkt werden die Daten in entsprechende Anzeigen für das Gerät, das die Daten angefordert hat, formatiert. Die Daten werden zurück an den Gateway des drahtlosen Servers und dann zurück an das Handheld-Gerät geschickt.

Der Wireless Application Server muss geräte- und netzunabhängig sein: Der Wireless Application Server muss in der Lage sein, mit jedem beliebigen von Wireless Application Providern angebotenen Netz zu arbeiten. Der Anwendungsserver sollte folgende Voraussetzungen erfüllen:

- Einfache Installation, einfache Konfiguration und einfaches Hinzufügen neuer Services
- Einfache Installation und Anpassung der Client-Anwendung und einfaches Hinzufügen neuer Handheld-Geräte
- Einfache Integration mit anderen Servern und Backend-Systemen
- Die API des bestehenden Systems des Finanzinstituts muss zuverlässig und sicher sein.

Der Anwendungsserver muss darüber hinaus ein offenes System sein und Standardprotokolle verwenden, damit Services und Geräte einfacher hinzugefügt oder geändert und erforderliche Anpassungen einfacher vorgenommen werden können.

Screen Scrapping

Screen Scrapping ist eine Methode, die ich nicht als Endlösung empfehlen würde. Es ist keine stabile Lösung, da Pflege erforderlich ist, um die Makroleseeinheit zu aktualisieren, wenn Felder im Quelldokument (Website) geändert werden. Das

Fehlerpotenzial ist bei dieser Methode höher. Screen Scrapping ist schnell zu implementieren und kann ein gutes Tool für die Datenpräsentation in der Proof-of-Concept-Phase sein. Der Wireless Application Server ist weder ein Internet-Server noch eine Erweiterung des Internets.

Auch wenn manche Unternehmen, die die drahtlose Transaktionsabwicklung ermöglichen, Web-Scrapping (Screen-Scrapping) verwenden, eine Technik, die Anzeigeninhalte erfasst und an ein drahtloses Gerät überträgt, weist diese Technik tendenziell eine schlechte Leistung und unzuverlässigen drahtlosen Service auf. Darüber hinaus erfordert diese Technik mehr manuelle Arbeit und sie ist pflegeintensiv.

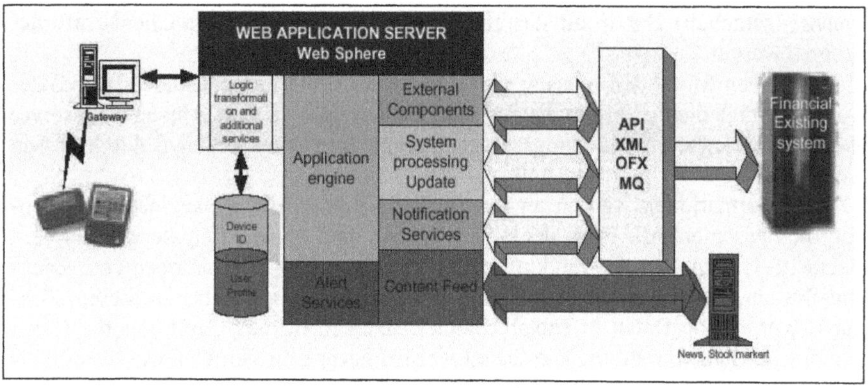

Abb. 5: Wireless Application Server

Die Sicherheit beim Wireless Banking und Wireless Trading

Eine kürzlich durchgeführte Untersuchung der Sicherheit beim Wireless Banking brachte die Hauptherausforderung für Wireless-Banking-Innovatoren und Online-Banking-Institute zu Tage: Beinahe 85 Prozent der Befragten sind besorgt über die Sicherheit bei Onlinetransaktionen, z. B. auch hinsichtlich des Einsatzes von Kreditkarten bei Kauftransaktionen. Über 90 Prozent drückten Besorgnis über die Onlineoffenlegung von persönlichen Informationen, wie z. B. Ausweisnummern, aus. Über 90 Prozent der Proprietärkryptografie wurde bereits einmal entschlüsselt. Mobiltelefonsysteme wurden bereits von Hackern geknackt.

Wireless Banking und Wireless Trading sind anfälliger für Attacken durch Hacker als viele andere drahtlose Services. Beim Datenfluss in einer verletzbaren Umgebung bieten viele der verfügbaren Betriebssysteme für Telefone oder Handheld-Geräte nur geringe oder gar keine Sicherheit. Die meisten Sicherheitsverletzungen geschehen innerhalb des Instituts oder beim Serviceanbieter.

Die Anpassung der drahtlosen Sicherheit ist extrem schwierig, besonders bei sehr begrenzter Datenverarbeitungsleistung des Handheld-Geräts.

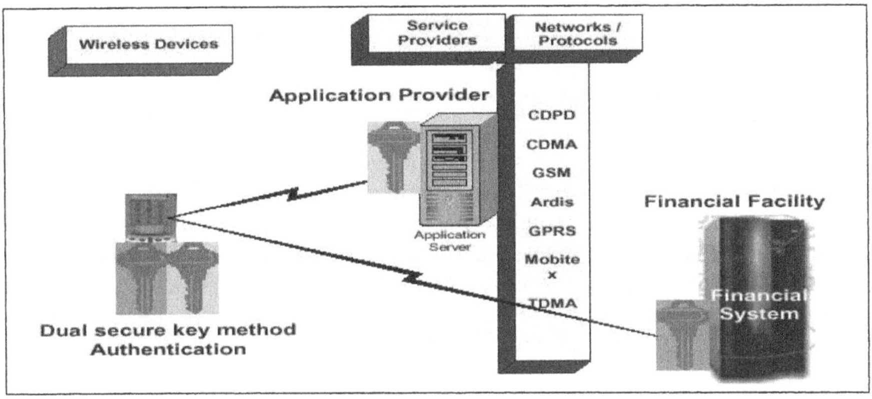

Abb. 6: Security and wireless banking and trading

Authentifikation durch Doppelschlüsselsicherung ist eine der Schutzmethoden, die für die systemübergreifende Zugriffsverifizierung eingesetzt werden. Bei der Doppelschlüsselsicherung sind zwei Systeme an der Authentifikation beteiligt: der Anwendungsserver (beim Anbieter des Hosting-Services) und das System des Finanzinstituts. Zugriff auf die Transaktion wird nur gewährt, wenn beide Standorte grünes Licht geben.

Die Netzarchitektur ist sicher, wenn an sämtlichen Interaktionspunkten und begangenen Datenpfaden Doppelschlüsselsicherung implementiert wird.

Es ist nachgewiesen, dass diese Sicherheitsmethode Sicherheitsverletzungen und Systemverletzungen durch Hacker sowohl intern als auch extern drastisch reduzieren kann, da alle drei Parteien zustimmen müssen. Eine der gängigeren Sicherungsmethoden ist PKI (Public Key Infrastructure), eine Verschlüsselung, die für die Sicherheit in PDAs und Smartphones verwendet wird. PKI besteht aus zwei Schlüsseln, einem „öffentlichen Schlüssel" (Public Key) und einem „privaten Schlüssel" (Private Key), die für die Benutzerauthentifikation und Datenverschlüsselung verwendet werden.

Zudem sollte das Finanzinstitut das System zur Überwachung von Zugriffsprotokollen verwenden und fragwürdige Verbindungen, die auf dem Anwendungsserver hergestellt werden können, markieren.

Die Herausforderung

Die Implementierung von Wireless Banking ist anspruchsvoll. Die Standards für APIs, Gateways, Sicherheitsmethoden, Betriebssysteme und Browser ändern sich ständig. Auch die Datenverarbeitungsleistung der Handheld-Geräte und Bandbreiteanforderungen sind variabel. APIs (Schnittstellen) müssen so gestaltet sein, dass sie an das bestehende Backend-System angeschlossen werden können. Der Anwendungsserver muss für alle Protokolle und Geräte geeignet sein. Man weiß nie, welches Gerät der Endbenutzer verwenden wird. Der Anwendungsserver muss mit allen Gateways, wie WAP, GSM, Two-Way-Paging, etc. kommunizieren können.

Da sich Wireless Banking immer noch in der Entwicklungsphase befindet, ist es notwendig, mit neuen technologischen Entwicklungen, Produkten und Entwicklungs-Tools Schritt zu halten, um den Übergang zu vereinfachen.

Das drahtlose Netz muss geräte- und netzunabhängig arbeiten. Die meisten Handheld-Geräte verfügen über ihre eigenen Standards für die Datenbereitstellung über Datenkanäle. Der Endbenutzer sollte in der Lage sein, Anzeigen, Alerts, Benachrichtigungen und Messaging-Anforderungsservices auf einfache Art und Weise anzupassen. Das System sollte in der Lage sein, Benutzer unabhängig vom Gerätetyp zu benachrichtigen. Die Auswahl der richtigen Plattform für die Ausführung des Anwendungsservers ist für die Tools, mit denen gearbeitet wird, entscheidend. Das Wireless-Banking-System muss ein offenes System sein, dass einfach und zuverlässig mit neuen Gateways zum Backend-System integriert werden kann. Dies ist eine Herausforderung, die nicht viele Bankinstitute alleine meistern können und sollten.

Eine bessere Lösung ist das Outsourcing der Projektentwicklung, der Implementierung und des Hostings. Die Hinzuziehung einer dritten Partei für die Verwaltung und das Hosting des Systems ist eine zu empfehlende Option.

Wahl des richtigen Anwendungsanbieters

Der Anbieter muss bereits ein drahtloses Finanzsystem entwickelt und installiert haben und über weit reichende Erfahrung verfügen. Auf Folgendes ist zu achten:

1. Ein vertrauenswürdiger Name und die „Langlebigkeit" des Anbieters ist wichtig.
2. Der Anbieter muss das Produkt in einem Bereich, der speziell mit Ihrem Bereich verwandt ist, getestet und eingesetzt haben. Wireless Trading beispielsweise ist anspruchsvoller als Wireless Banking. Beim Wireless Trading ist Zeit von großer Bedeutung. Aktien, Optionen, offene Investmentfonds und Anleihen sind verschiedene Services, die verschiedene Tools für die Auftragsverarbeitung benötigen. Das System muss in der Lage sein, Handheld-Geräten die Daten fehlerlos und schnell bereitzustellen. Für Wireless Trading sind Recherchefunktionen erforderlich. Beim Wireless Trading ist mehr Aktivität bei der

Bereitstellung von Benutzer-Alerts wie z. B. Beobachtungslisten, Notierungen, Diagrammen, Berichten, Benachrichtigungen, Zusammenfassungen und Status von Wertpapierbeständen vorhanden. Für die Datensammlung können beim Wireless Trading externe Systeme eingesetzt werden. Es ist also wichtig, gegenüber Anwendungsanbietern spezifisch zu sein, nicht alle Finanzservices sind gleich.

3. Die Test- und Qualitätssicherungsphase muss so früh wie möglich stattfinden, um die Systeme zu zertifizieren. Die Anwendung oder Anwendungen müssen vollständig in das Backend-System oder die Backend-Systeme integriert werden können, unabhängig vom Gerätetyp oder der Plattform. Die Verwaltung aller Benutzerdefinitionen, Ereignisse, Anforderungen, Updates, Änderungen und Voraussetzungen müssen gründlich getestet werden.
4. Anwendungsserver müssen Überwachungs-Tools und Protokollverwaltung für alle Anforderungen umfassen.
5. Eine gebrauchsfertige Lösung ist eine End-to-End-Lösung. Sie erstreckt sich über das Backend-System, wo sich die Datenquelle befindet, über die API-Verbindung, den Anwendungsserver, die WSP-Gateways, bis hin zu den Handheld-Einheiten.
6. Der Anbieter muss uneingeschränkt verfügbare Ressourcen und erfahrene Programmierer, Systemarchitekten und Projektmanager bieten. Zusätzliches Personal muss auf Abruf sofort bereit stehen.
7. Referenzen und Standortbesuche sind unerlässlich für das Verständnis der Beratungs-, Entwicklungs- und Hosting-Umgebung. Das Beratungsunternehmen wird eine Erweiterung Ihres Unternehmens sein. Es stellt die lebensnotwendige Verbindung zwischen Ihnen (Ihrem System) und Ihren Kunden, die die Services nutzen, dar.
8. Backup- und Katastrophenplanung muss vorhanden sein.
9. Das drahtlose Anwendungssystem muss netz- und geräteunabhängig sein. Die Anwendung sollte voll konfigurierbar sein und über anpassbaren Anzeigen und Standard-APIs verfügen. Der Wireless Application Server muss eine offene, modulare Architektur haben, die dem Benutzer die maximale Flexibilität und Erweiterbarkeit bietet, um die Entwicklung und den Einsatz zu vereinfachen.
10. Entwicklungs-Tools, die Änderungen, das Hinzufügen von Services oder den Einsatz von Anwendungen ermöglichen, sind unerlässlich.
11. Produkte wie IBM WebSphere sind End-to-End-Lösungen für Unternehmen im Wireless-Banking- und Wireless-Trading-Bereich. Bei der IBM WebSphere-Lösung und WebSphere Everyplace Suite handelt es sich um hoch skalierbare Serversoftware mit Entwicklungs-Tools für die Web-Verbindung von Millionen drahtlosen Geräten. Das Funktionsspektrum von Java umfasst Transcoding, die Einbindung von Anwendungslogik, den Zugriff auf XML-Dokumente, XSLT-Stylesheets und die Präsentationsdefinition. Mit Unterstützung der WebSphere-Architektur kann sich der Programmierer ganz auf die Qualität konzentrieren. WebSphere übernimmt die Präsentation und die Datenverwaltung, ohne in die dynamische Inhaltsgenerierung hineingezogen zu werden. Anzeigen und Bildschirmansichten können mit derselben Anwendungslogik einfach und schnell entwickelt werden.

Die Phasen einer erfolgreichen Implementierung:

Für Benutzer von drahtlosen Geräten ist Multitasking nicht möglich. Daher spielt eine einfachere Navigation eine besondere Rolle für den Erfolg des Projekts. Die Benutzerfunktionalität muss auf das Gründlichste getestet werden, auch bei einem engen Implementierungstermin. Je nach dem zu implementierenden Netztyp, der Anzahl der Formatierungssprachen und den zu unterstützenden Geräten kann die Testphase umständlich und komplex sein. Die Verwendung mehrerer Tools für die Softwareentwicklung ist für den Test der Tauglichkeit für tatsächlich Benutzer immer von Vorteil. Das Finanzinstitut sollte bei Implementierung und Test in folgenden Schritten vorgehen:

1. Dokumentation, Dokumentation, Dokumentation!! Dokumentieren Sie sämtliche Regeln, Prozeduren und Spezifikationen.
2. Richten Sie die Anwendungsnetzumgebung so früh wie möglich ein. Beginnen Sie mit dem übergeordneten konzeptuellen und visuellen Design.
3. Führen Sie Auslastungsuntersuchungen zur Bandbreite durch, die für die Kommunikation zwischen dem Backend-System und dem Middleware-System (Anwendungsserver) sowie den Gateways erforderlich ist.
4. Stellen Sie alle Benutzerfunktionen und -anforderungen zusammen.
5. Führen Sie eine Benutzeranalyse durch.
6. Nehmen Sie eine technische Beurteilung vor.
7. Veranstalten Sie Benutzergruppen-Besprechungen.
8. Stellen Sie die Unternehmensanforderungen zusammen.
9. Definieren Sie die funktionellen Anforderungen.
10. Definieren Sie die Leistungsanforderungen an Hardware und Software.
11. Verwenden Sie eine Standard-API wie MQ oder OFX (gängig im Bankwesen) oder entwickeln Sie eine XML API, die immer populärer wird.
12. Entwerfen Sie die Unternehmensleistungs- und Prozessanforderungen.
13. Entwickeln Sie einen Bereitstellungsplan.
14. Erstellen Sie einen Proof-of-Concept für den Test aller Systemfunktionen und -voraussetzungen. Testen Sie die APIs und das architektonische Design der Anwendungen. Nehmen Sie eine direkte Integration mit der Datenquelle (bestehendes System) vor.
15. Beginnen Sie mit einer Pilotphase (begrenzte Benutzerzahl).
16. Korrigieren Sie Programmfehler und nehmen Sie eine Feinabstimmung der Systemleistung vor.
17. Implementieren Sie den vollständigen Rollout.

Zusammenfassung

Es ist wichtig, schnell auf die weltweite „New Economy“ zu reagieren und den Kunden das Gewünschte bieten zu können!! Die Zukunft des Wireless Banking ist gewaltig und aggressiv im Hinblick auf Anforderungen, Nachfrage und Support. Die gute Nachricht dabei ist, dass Wireless Banking Finanzinstituten große Vorteile bringt – es ist jedoch Vorsicht bei der Implementierung und Ausführung geboten, um einen zuverlässigen Service liefern zu können.

Drahtlose Medien stellen eine große Herausforderung dar. Viele Variablen sind noch nicht unter Kontrolle. Die Abdeckung ist ein großes Hindernis. Bestehende Systeme mit verschiedenen Topologien und verschiedenen Plattformen machen die Sachlage noch schwieriger. Bereinigte Märkte werden neue Arten der Transaktionsabwicklung verlangen.

Die Zukunft des Wireless Banking und Wireless Trading verspricht ein starkes Wachstumspotenzial. Schätzungen von Jupiter Research zufolge werden im Jahr 2001 18 Millionen mehr Menschen in den USA drahtlose Technologien nutzen. Dies bedeutet einen Anstieg der Gesamtnutzerzahl auf 128 Millionen. Darüber hinaus wird sich der Prozentsatz an Benutzern mit internetfähigen mobilen Einheiten dieses Jahr vervierfachen.

Ein sensibles Thema beim Wireless Banking ist die Sicherheit, und das richtige Verhältnis von Geschwindigkeit und Verschlüsselung ist von großer Wichtigkeit. Akkuratheit, durchgängige Verfügbarkeit und Zuverlässigkeit der Services ist ein Schlüsselfaktor für die erfolgreiche Implementierung und Überlebensfähigkeit eines Finanzinstituts.

Die geografische Abdeckung ist für eine erfolgreiche Implementierung unerlässlich. Sie muss klar definiert und verstanden werden. Die Bestätigung von Transaktionen ist entscheidend für die Demonstration Ihres Engagements und Ihrer Akkuratheit gegenüber den Kunden.

Wireless Banking hängt stark von der Bandbreiteneffizienz ab. Je effizienter die Bandbreite, desto schneller kann Inhalt heruntergeladen werden. Die Anforderungen von Endbenutzern fördern die Nachfrage nach schnellerer Übertragung und höherer Bandbreitenkapazität.

Um eine drahtlose Unternehmenslösung anbieten zu können, müssen führende Konsortien in der Branche alle politischen Hindernisse beseitigen und sich auf ein globales Kommunikationsformat einigen. Die Konsortien müssen zu einer Lösung kommen, bei der der netzübergreifende Zugriff auf alle Plattformen unabhängig vom Gerätetyp möglich ist ähnlich wie beim Internet.

Die Finanzinstitute befinden sich in der Zwickmühle. Sie würden ihre Services gerne auf die drahtlose Welt ausdehnen, verfügen jedoch nicht über die Ressourcen und Expertise, diese rasch zu implementieren und ihren Kunden zur Verfügung zu stellen.

Outsourcing kann daher aus folgenden Gründen eine wichtige Option sein:

1. Die Finanzinstitute können sich auf ihr Kerngeschäft konzentrieren.
2. Eine rechtzeitige Erweiterung des Produktangebots ermöglicht eine frühere Erschließung des drahtlosen Marktes.
3. Outsourcing trägt zu einer besseren Kostenprognose und einer genaueren Budgetierung bei.
4. Es kommt modernste Technologie zum Einsatz.

Wireless Banking und Wireless Trading müssen virtuelle und globale Lösungen sein. Wettbewerbszwänge werden die Wireless-Banking-Branche formen und zur Bereitstellung der von den Endbenutzern gewünschten Angebote beitragen. Wireless Banking muss erst auf einem globalen Standard basieren, bevor es sein volles Potenzial entfalten kann.

3.6 Mobiles Bezahlen – ein Enabler für den mobilen Handel

Jochen Siegert

Unter M-Commerce wird der mobile Handel, unabhängig von Zeitpunkt und Ort, die Interaktion und der Abschluss eines Geschäftes verstanden. Durch heute verfügbare GSM Mobiltelefone sind Endanwender, wenn auch eingeschränkt, in der Lage, mobil in einem WAP-Shop Gegenstände auszuwählen und zu kaufen. Eine solche WAP-Transaktion ist, verglichen mit dem „One-Click"-Verfahren bei einem führenden Online-Shop, eher ein *„50-Clicks-Verfahren"*. Die Erwartungen, welche durch Marketingmaßnahmen bei der Einführung von WAP als das *mobile Internet* geweckt wurden, haben bei den ersten Testversuchen der Anwender schnell zur Ernüchterung geführt. Vor allem die eingeschränkte Auflösung des Displays, langsame Verbindungen, aber auch Inkompatibilitäten der Endgeräte führten schnell dazu, dass die anfängliche Euphorie im M-Commerce inzwischen der Realität gewichen ist. Unabhängig von WAP stellt mobiles Bezahlen einen wichtigen Schritt in den M-Commerce dar. Eine Studie spricht dem mobilen Bezahlen die Eigenschaft der „Killer-Applikation" zu, die dem mobilen Handel erst den Durchbruch verschafft[1].

In diesem Artikel soll einleitend ein Einblick in die Netzwerktheorie geliefert werden, die das theoretische Grundgerüst bildet. Genauer dargestellt wird insbesondere die Notwendigkeit der Standardisierung unterschiedlicher Technologien und Anbieter. Im weiteren sollen die Erkenntnisse aus der Sicht der Kreditkartenorganisation EUROCARD erörtert werden. Dabei wird der Schwerpunkt der Untersuchung sowohl auf der Kunden- als auch auf Händlersicht liegen. Der letzte Abschnitt beinhaltet neben der Zusammenfassung einen Ausblick auf Voraussetzungen für eine erfolgreiche Marktdurchdringung eines mobilen Zahlverfahrens.

Standardisierung und Netzwerkeffekte

Grundlegende Aspekte bildet die Netzwerktheorie, die im Folgenden beleuchtet wird und die daraus folgenden spezifischen Implikationen für das mobile Zahlen definiert.

Der zentrale Ansatzpunkt in der Netzwerktheorie sind die nachfrageseitigen Netzwerkeffekte. Sie treten auf, wenn der Nutzen eines Gutes durch die Verwendung von Dritten steigt. Die Autoren Katz und Shapiro beschreiben dieses Phänomen erstmalig als *direkte* und *indirekte Netzwerkeffekte*[2]. Die Existenz von Netzwerkeffekten wurde mehrfach in der Literatur bewiesen und detailliert unter-

---

[1] Vgl. Mummert + Partner 2001

[2] Vgl. Katz, M.L./Shapiro, C. 1985

sucht[3]. In Bezug auf Zahlungssysteme gelten indirekte Netzeffekte, die durch die Verfügbarkeit von Komplementärgütern entstehen. So hat etwa eine Kreditkarte für einen Karteninhaber keinen Nutzen, wenn es keine Händler gibt, die diese akzeptieren. Umgekehrt wird ein Händler die Kartenakzeptanz nur dann erwägen, wenn ein großes Netzwerk von Karteninhabern existiert. Mit jedem neuen Karteninhaber steigt der Nutzen eines Händlers marginal, da er nun einen potenziellen neuen Kunden hat. Analog steigt der Nutzen jedes Karteninhabers marginal durch jeden neuen Händler, der weltweit an das Kreditkarten-Akzeptanz-Netzwerk angeschlossen wird. Dieser marginale Nutzenzuwachs wird als positiver Netzwerkeffekt bezeichnet. Das heißt, je mehr Nutzer ein mobiles Zahlungsverfahren hat – auf der Händler- und Kundenseite – desto attraktiver wird es für weitere Anwender.

Für die Einführung eines Systems für mobiles Bezahlen ist weniger die Existenz von Netzwerkeffekten, sondern vielmehr die daraus resultierenden Auswirkungen, wie die *kritische Masse*[4] oder das *Winner take it all-Phänomen*[5], relevant. Erst ab einem bestimmten Gleichgewichts-Punkt, der die kritische Masse bestimmt, hat sich ein Standard oder ein Produkt auf einem Markt etabliert. Somit ist eine breite Adaption gewährleistet und die Netzwerkeffekte beginnen positiv zu wirken. Bis zu diesem Gleichgewichtspunkt, der in Abb. 1 mit k* benannt ist, wirken die Netzwerkeffekte negativ. Dies ist die theoretische Erklärung für das *Henne-Ei-Paradoxon* der gegenseitigen Abhängigkeit: Händler sind nicht gewillt, Zahlungsverfahren in ihre Online-Shops zu integrieren, wenn sie sich nicht sicher sein können, dass diese Zahlungsverfahren von einem Großteil ihrer (potenziellen) Kunden verwendet werden können. Die Kunden dagegen werden ein Zahlungssystem nur dann nutzen, wenn eine breite Masse an Händlern das Zahlungsverfahren anbietet.

Wird die kritische Masse auf mehrere konkurrierende Produkte oder Technologien ausgeweitet, dann entsteht das *Winner Take it all-Phänomen.* Die Abb. 2 zeigt, dass in einem solchen Marktsegment zwei verschiedene kritische Massen zu finden sind. Überschreitet der Marktanteil eines Produktes die *Gewinner-Linie*, so wirken die Netzwerkeffekte positiv, das konkurrierende Produkt muss dagegen mit negativen Netzeffekten kämpfen. Empirisch zeigte sich diese Entwicklung zuletzt an den Marktanteilen der bekannten Softwarebrowser Internet Explorer und Netscape Navigator[6], aber ebenfalls im Markt für PC-Betriebssysteme.

---

[3] Netzwerkeffekte lassen sich im Bereich der Software nachweisen. Vgl. Arthur W.B. 1989, 1990, 1994, Liebowitz S.J./Margolis S.E. 1999 und Westarp F.v. et al 1999, Yang 1997, der einen umfassenden Überblick über die existierende Literatur der Netzwerkeffekte liefert.

[4] Economides definiert die kritische Masse als „the smallest network size that can be sustained in equilibrium“ Economides N./Himmelberg, C 1995 S.5

[5] Theoretische Erklärung für Konzentrationstendenzen in Marktsegmenten.

[6] Vgl. Siegert J. 1999

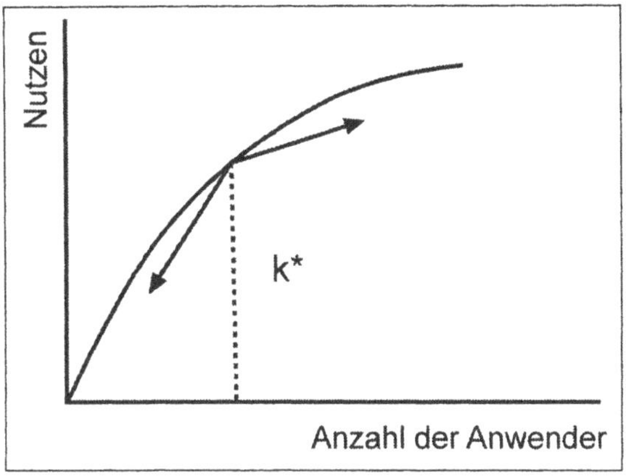

Abb. 1: Kritische Masse

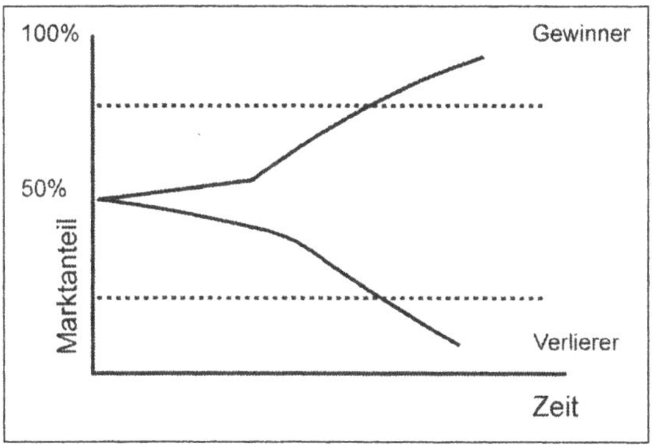

Abb. 2: Winner take it all Markt

Quelle v. Abb. 1 und Abb. 2: Vgl. Shapiro, C./Varian, H.R 1999, S. 180, S. 177

Die Theorie postuliert eine wichtige Grundlage, die sich auch auf den Bereich des mobilen Bezahlens übertragen lässt. Es ist daher zu vermuten, dass im Netzwerkmarkt des mobilen Bezahlens die derzeitige Inflation an potenziellen mobilen Zahlungsverfahren zwei mögliche Auswirkungen hat. Es kann entweder schnell zu einer Marktbereinigung führen, so dass einer oder zwei Anbieter das mobile Zahlen dominieren. Alternativ jedoch kann eine starke Zurückhaltung von Händlern und Kunden zu derartige Marktverunsicherung zur Folge haben, dass die Innovation sich kaum oder gar nicht durchsetzt. Aus Anbietersicht ist es daher essentiell, bereits heute die Einführung eines Standards vorzubereiten, um sich bei der zu erwartenden Marktkonsolidierung als potenzieller Anbieter eines de facto Standards etabliert zu haben.

Mobile Payments aus Sicht einer Kreditkartenorganisation

Als eine der zwei führenden Kreditkartenorganisationen betreibt EUROCARD/MasterCard ein globales Netzwerk von 437 Millionen Kreditkarten und 21 Millionen Akzeptanzstellen[7]. Die Kreditkarte ist das weltweit führende Zahlungsmittel im Internet. Anders als neue, reine mobile Zahlungsverfahren ist die mobile Komponente für die Kreditkartenorganisation lediglich ein weiterer Zugangskanal[8] zum eigentlichen Zahlungsverfahren Kreditkarte. Dabei ist es bereits heute unbedeutend, ob die Transaktion über einen noch immer weit verbreiteten Imprinter erfolgt, welcher die hochgeprägte Kartennummer auf einen Leistungsbeleg durchdruckt, über ein Kartenterminal im Supermarkt, den Web-Shop oder eben mobil. In dieser Unabhängigkeit der Zahlungskanäle ist der entscheidende Wettbewerbsvorteil der Kreditkarte zu sehen. Neben dem etablierten und vertrauten Markennamen kann eine Kreditkartenorganisation auf die existierende Infrastruktur und ein umfangreiches Regelwerk zur Standardisierung von Zahlungen zurückgreifen.

Zur Abgrenzung ist es notwendig, den Begriff des mobilen Bezahlens aus Sicht der Kreditkartenorganisation zu definieren. Mobiles Bezahlen bzw. Mobile Payment für EUROCARD/MasterCard bedeutet die Integration des Mobiltelefons in den Kaufprozess. Mit den Erfahrungen einer Kreditkartenorganisation lässt sich abschätzen, dass sich Mobile Payment kurzfristig nur signifikant in den Bereichen durchsetzen kann, in denen heute noch keine oder nur ungenügende Infrastruktur zur Authentifikation des Karteninhabers existiert. Dies ist primär im Card-Not-Present[9] Bereich gegeben.

Im Card-Present Bereich ist mobile Payment aus heutiger Sicht nicht konkurrenzfähig mit den existierenden Zahlungsarten Kreditkarte und Bargeld. Es ist schwer vorstellbar, dass in der Schlange eines Supermarkts der notwendige Anruf mit dem Mobiltelefon effizienter ist, als das Einführen der Karte in ein Zahlungsterminal verbunden mit der schnellen Unterschrift. Der Griff zur Karte oder dem Bargeld ist deutlich angenehmer und schneller. Ebenso verhält sich eine mobile Zahlung im Taxi. Bevor der Taxifahrer und auch der Kunde sich einem komplizierten Verfahren unter Einbeziehung der Mobiltelefone unterwerfen, ist die direkte Kartenzahlung deutlich komfortabler. Dass hier ein mobiles Verfahren kurzfristig keinen Durchbruch schaffen kann, zeigen die Erfahrungen von Frankfurter Taxifahrern, die zum überwiegenden Teil die Zahlung mit Mobiltelefon nicht mehr akzeptieren.

---

[7] Vgl. MasterCard Intl. 2001

[8] Unter dem Zugangskanal versteht man den Weg, über den eine Zahlung in die Clearing und Settlement Systeme der Kreditkartenorganisation gelangt.

[9] Man unterscheidet Card-Present-Transaktionen von Card-Not-Present-Transaktionen. Im Falle einer Card-Present-Transaktion verfügt der Händler über die physische Plastikkarte und der Kunde authentifiziert sich über seine Unterschrift. Card-Not-Present sind alle Transaktionen, bei denen der Händler die Karte physisch nicht in die Hand nehmen kann. Also z.B. E-Commerce und telefonische Mitteilung der Kartennummer.

Im Gegensatz dazu ergibt sich im Card-Not-Present Bereich ein deutlicher Mehrwert für Karteninhaber und Händler, da der Karteninhaber mittels Mobiltelefon eindeutig authentifizierbar ist. Der Kunde hat die Möglichkeit, jede einzelne Transaktion mit seinem Mobiltelefon zu bestätigen. Dem Händler kann bei einer eindeutigen Authentifikation des Karteninhabers durch die Bank unter bestimmten Umständen sogar eine Zahlungsgarantie eingeräumt werden. Mobile Payment ist somit ein zusätzlicher Sicherheitsfaktor beim Zahlen mit der Kreditkarte. Gerade die Sicherheit und die Authentifizierung ist aus Sicht einer Kartenorganisation elementar wichtig, wie Abbildung 3 deutlich zeigt. Es lässt sich in allen Bereichen, außer im Segment MO/TO (Mail-Order/Telephone-Order) und Internet, ein Betrugsrückgang in den letzten drei Jahren feststellen.

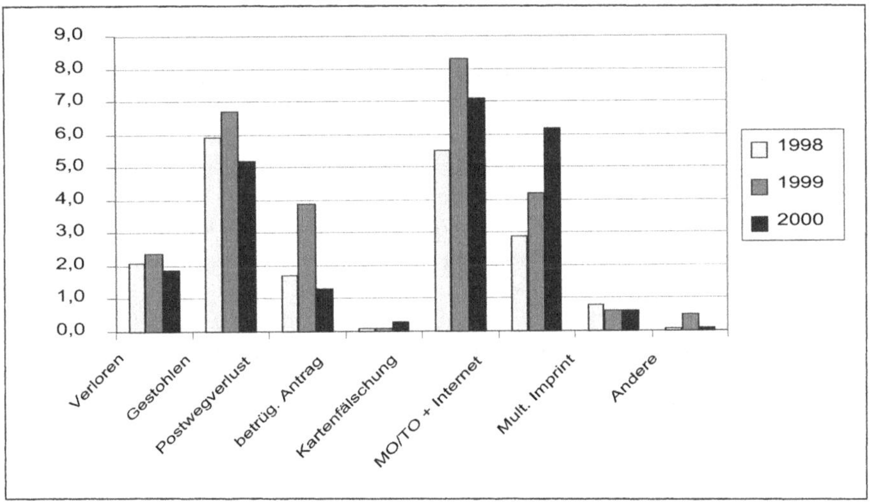

Abb. 3: Betrugsarten EUROCARD (Quelle: EURO Kartensysteme)

Mit dem Boom im E-Business steigt die Missbrauchsrate: Ungefähr zehn Prozent der Internettransaktionen führen zu Reklamationen. Hierbei ist zu beachten, dass eine Reklamation noch kein Betrugsfall ist. Vielfach erkennen die Karteninhaber nicht, dass sie bei Content-Anbietern monatliche Abonnementdienste eingehen. Dies führt, weil ungewünscht, früher oder später zu einer Reklamation des Karteninhabers. Die Konsequenzen daraus sind zusätzliche Kosten für die Banken und Sparkassen, Händler, Acquirer und nicht zuletzt für die Kreditkarteninstitute.

Unter Berücksichtigung der Marktpenetration von Mobiltelefonen in Deutschland (40 Mio. in 2000; 51 Mio. erw. in 2003[10] ist das Handy, welches der Karteninhaber am Tag öfter als den Geldbeutel anfasst, ein potenzielles zukünftiges „Terminal" für die Authentifizierung und Zahlung des Karteninhabers.

Die Vorteile des Mobilfunkgerätes als Zahlungsmittel haben bereits Anbieter von mobilen Zahlungsverfahren erkannt und diese mit starken Marketingaufwen-

---

[10] Vgl. Durlacher 1999

dungen in den Markt kommuniziert. Zur Zeit existieren sieben aktive, konkurrierende mobile Zahlungsarten in Deutschland[11], für die sowohl Händler als auch Nutzer neu akquiriert werden müssen. International – und hier vor allem in Europa – sind es deutlich mehr. Keines der Verfahren hat bisher die kritische Masse überwunden. Händler und Kunden halten sich gegenüber den neuen Verfahren stark zurück und nehmen eine abwartende Haltung ein. Die Kreditkarte bietet sich an, diese abwartende Haltung der Kunden zu überwinden, denn dadurch wäre ein mobiles Verfahren gleich in einem großen Netzwerk von Händlern und Kunden verfügbar, ohne neue Strukturen aufbauen zu müssen.

Von mobile Payment zu mobile Commerce

Im Kontext des mobile Commerce (kurz M-Commerce) stellt sich die Frage, ob ein gänzlich neues, mobiles Zahlungsverfahren überhaupt notwendig ist, oder in wieweit bereits angewendete Zahlungsmethoden, wie z.B. die Kreditkarte dafür einsetzbar ist. Der Versuch die bekannten Zahlungssysteme in die mobile Welt zu übertragen, zeigt massive Einschränkungen. Ein Beispiel: Ein Karteninhaber müsste sich die sechzehnstellige Kartennummer einprägen und sie dann pro Transaktion umständlich auf der kleinen Handy-Tastatur eingeben. Ähnliches gilt für die Kontonummer und Bankleitzahl bei einer Lastschrift. Hier wird evident, dass dem Endanwender die Eingabe seiner Zahlungsinformationen technisch erleichtert werden muss. Dafür sind zwei mögliche Alternativen der Vereinfachung denkbar. Entweder die Erweiterung der Mobiltelefone um die Zahlungsinformation oder eine von den Endgeräten unabhängige Lösung.

Eine heute bekannte Erweiterung der Handys ist die zusätzliche Integration eines Chiplesers. Es existieren dafür zwei sehr ähnliche Alternativen. Zum einen der „DUAL-SLOT"-Ansatz, zum anderen der „DUAL-SIM"-Ansatz. Die Mobiltelefone werden um einen Kartenschacht (DUAL-SLOT) ergänzt, der Smartcards lesen kann. Während eines großen Feldversuchs in Frankreich durch Cartes Bancaires wurden derartige Telefone verteilt[12]. Die mit einem Chip bestückte Kredit- oder Debitkarte kann in das Mobiltelefon für die Zahlung eingeführt werden. Für eine Kreditkartenorganisation ist eine solche Methode nicht nur aus Branding-Gesichtspunkten ideal, sondern auch beim Kundenerlebnis gleicht dies der realen Welt, in der die Karte ebenfalls in ein Lesegerät einführt wird. Problematisch ist jedoch die zu erwartende langsame Marktadaption, da die meisten Kreditkarten noch nicht über einen Chip verfügen[13]. Darüber hinaus erfordert das den Austausch des Mobiltelefons des Kunden. Zur Zeit stehen dem Markt nicht genügend dieser Endgeräte zur Verfügung und selbst wenn dies der Fall wäre, ist nicht zu

[11] Paybox, Payitmobile, MobilBank, OnPay (Dt. Telekom), Genion (Viag Interkom), TAN-Pay (Anthros), Street Cash

[12] Vgl. Michaud B. 2001

[13] Der EMV-Migrationsplan sieht eine Umstellung der EUROCARD auf Chip bis zum Jahr 2005 vor.

erwarten, dass Benutzer zeitnah ein neues Endgerät erwerben. Bei Berücksichtigung der oben dargestellten theoretischen Implikationen ist für DUAL-SLOT im Moment nicht mit einem schnellen Überwinden der kritischen Masse zu rechnen.

Beim DUAL-SIM-Ansatz hingegen sorgt ein zusätzlicher Chipleser, der im Akku des Handys untergebracht ist, für eine denkbar schnellere technische Umsetzung. Bisherige Endgeräte könnten weiter verwendet werden und eine deutlich schnellere M-Payment-Adaption ist wahrscheinlich. Problematisch hierbei ist jedoch die mangelnde Zahlungsmittel-Interoperabilität. Verfügt ein Kunde beispielsweise über mehrere Karten unterschiedlicher Kreditinstitute, stellt sich die Frage, welches Institut dann den Chip stellt. Ferner ist fraglich, welcher Akteur über das Recht verfügt, den Chip beim Konten- oder Karten-Wechsel zu aktualisieren. Ein gemeinsames Vorgehen von im Wettbewerb stehenden Instituten ist schwer vorstellbar.

Aufgrund der genannten Restriktionen sollte ein serverbasierter Ansatz favorisiert werden, der die Zahlungsinformation weder dezentral im Mobiltelefon, noch auf dem existierenden SIM-Chip, sondern zentral auf einem Server speichert, der geräte- und plattformunabhängig ansprechbar ist. Unabhängigkeit bietet den Vorteil einer schnelleren Adaption durch die Anwender. Unmittelbar erfolgt der Rückgriff auf das bestehende Netzwerk von Mobiltelefonen. Abgesehen davon kann auf mehrere Arten auf Zahlungsdaten zugegriffen und diese denkbar einfach administriert werden. Kartensperrung bzw. bei Verlust der Karte, die Änderung der Bankverbindung oder die Integration neuer Konten und Karten ist schnell umzusetzen. Aus der Sicht der Kreditkartenorganisation EUROCARD ist daher der zuletzt beschriebene Ansatz zur Zeit sehr erfolgversprechend. Der Kunde kann den virtuellen Zahlungsserver verwenden wie seinen heutigen Geldbeutel. Er hat demnach die Möglichkeit pro Transaktion sein präferiertes Zahlungsmittel individuell auszuwählen, ohne auf ein spezielles Endgerät angewiesen zu sein.

Aus einer repräsentativen Marktforschung ist bekannt, dass von den EUROCARD-Besitzern im März 2001 lediglich 12 % ein WAP-fähiges Mobiltelefon besaßen und davon wiederum nur 50 % WAP tatsächlich nutzen[14]. Für ein Kundensegment, welches heute 6 % stellt, ist eine Investitionsentscheidung für den M-Commerce jedoch sehr fraglich. Trotzdem ist eine frühzeitige Positionierung in diesem Bereich von enormer strategischer Tragweite. Eine solche erste Positionierung der Kreditkarten im M-Commerce ist das mobile Bezahlen. Hier kann das Mobiltelefon bereits heute als Authentifikationsmedium des Karteninhabers bei einem Internetkauf fungieren. Unter Verwendung des oben dargestellten Server-Modells ist es darüber hinaus möglich auf die Übermittlung der Kreditkartennummer an den Händler zu verzichten. Ein Abfangen der Kartendaten durch Dritte wird verhindert, ebenso reduziert sich die Gefahr, dass Nummern in Händler-Datenbanken bei Hack-Attacken ausgelesen werden. Aus Sicht des Karteninhabers stellt die Einbindung des Mobiltelefons in den E-Commerce-Kauf zwar einen Medienbruch dar, die Funktionalität der Bestätigung jeder Transaktion durch den Karteninhaber ist jedoch ein signifikanter Mehrwert, den auch die End-

[14] Vgl. Infratest Burke 2001

kunden als zusätzlichen Sicherheitsmechanismus begrüßen[15]. Neben der potenziellen Reduktion des Missbrauchs und der Reklamationen spielt ein heute eingeführter mobiler Zahlungskanal eine wichtige Rolle für die zukünftige Lernkurve der Endanwender. Bereits heute können die Standards im Bereich der Kundenschnittstelle gesetzt werden, die in späteren Technologie-Migrationsstufen zu einem richtigen mobilen Handel führen. Wird etwa der Bereich der digitalen Signaturen veranschaulicht, so ist zu erwarten, dass das Handy die Unterschrift „mobil" werden lässt.

Digitale Signaturen sind bisher PC-basiert und auf einzelne Endgeräte stationär begrenzt. Mobiltelefone sind dagegen einer bestimmten Person zugeordnet, verfügen über einen Smartcard-Leser, Display und eine Tastatur. Daher ist zu erwarten, dass aufgrund dieser Gegebenheiten mittelfristig eine starke Marktadaption der mobilen digitalen Signatur möglich sein kann. Wichtiger als die tatsächliche, detaillierte technische Ausprägung einer mobilen Signatur ist heute die Berücksichtigung der Verwendung durch die Endanwender. Es ist – unabhängig von einer Technologie – zu erwarten, dass der Benutzer seinen digitalen Fingerabdruck mit der Verwendung einer PIN abgibt[16]. Ein wichtiger Punkt für die Akzeptanz sicherer Methoden zur Authentifikation, wie eine digitale Signatur sie darstellt, ist die mittelfristig grundlegend identische Anwendung durch den Benutzer. Letztlich ist dieser indifferent gegenüber einer konkreten Ausprägung der Identifikation (MSISDN[17] und einer PIN oder Verwendung einer digitalen Signatur auf der SIM durch Eingabe einer PIN). Eine identische oder fast identische Konsumentenerfahrung in allen denkbaren Bezahlsituationen und die Berücksichtigung einer zukünftigen Migration auf neue Technologien ist bei der Einführung besonders zu evaluieren. Neben der Auswahl der Technologien und Möglichkeiten ist ferner die langfristige Ausrichtung auf neue Geschäftsmodelle mit identischer Funktionsweise auf der Zahlungsplattform zu planen. Eine mit dem Mobiltelefon autorisierte E-Commerce Transaktion kann nur ein erster Teil-Aspekt im zukünftigen Spannungsfeld des mobilen Handels bleiben. Weitere denkbare Akzeptanzstellen sind im physischen, aber auch im virtuellen Bereich identifizierbar, z.B. Automatentransaktionen oder im digitalen Bereich der Content on Demand[18].

---

[15] Vgl. Vierboom & Härlen 2001

[16] Alternative biometrische Technologien sind unserer Ansicht nach für einen Masseneinsatz noch nicht weit genug entwickelt und in der technischen Integration bisher zu teuer.

[17] MSISDN = **M**obile **S**tation **I**ntegrated **S**ervices **D**igital **N**etwork. Ist die technische Bezeichnung für die eindeutige internationale 14-stellige Mobiltelefonnummer des Kunden.

[18] Z.B. zeitnaher Video-Genuss der Fußballtore auf dem UMTS-Mobiltelefon, oder der echtzeit Musik-Download auf ein MP3-fähiges Handy.

Endkundenanforderungen

Die bedeutendsten Aspekte beim Bezahlen aus Sicht des Endkunden sind Sicherheit, Einfachheit, Kontrollmöglichkeit am Monatsende, Schnelligkeit und internationale Einsetzbarkeit[19]. An diesen Kriterien müssen sich bestehende, aber auch neue Zahlungsverfahren messen. Die strategischen Aktivitäten auf den Bereich des mobilen Bezahlens fokussiert zeigen, so ist wie bereits weiter oben genauer dargestellt, den ersten Ansatzpunkt in Form der Integration des Mobiltelefons in den Online-Kauf. Im Folgenden soll das Endkundenverhalten bezüglich der Akzeptanz des Zahlungsverkehrs im Online-Handel genauer dargestellt und daraus Implikationen für M-Commerce identifiziert werden.

Im E- und M-Business bringt der Kunde unbekannten Händlern nicht das Vertrauen entgegen, welches bereits etablierte Händler genießen. Analog verhält er sich in seinem Kaufprozess. In der Präferenz[20] wird die Zahlung per Rechnung am höchsten eingestuft, da hier die Möglichkeit besteht die Ware oder Dienstleistung *vor* der Zahlung zu überprüfen. Gleich danach favorisiert der Kunde die Kreditkarte, denn sie verbindet das Zahlungsziel der Rechnung mit der Kontrolle der Ware, anders als beispielsweise die Nachnahme-Zahlung, bei der nachträgliche Stornierungsmöglichkeiten entfallen. Aus der Händlerperspektive ist die gängige Kundenpräferenz aufgrund des Handlings von Rechnungen durch einen hohen Bearbeitungsaufwand und Zahlungsausfall negativ zu bewerten. Ein Händler bevorzugt die Vorkassen-Zahlung, da hier der Bearbeitungsaufwand moderat ist und eine Zahlungsgarantie sichergestellt werden kann. Nur die Kreditkarte wird durch Kunden und Online-Händler als einziges Zahlungsmittel *gemeinsam* favorisiert.

Essentiell für die Adaption eines Verfahrens ist das Vertrauen der Kunden in den Anbieter des Zahlungsmittels. Die Anwender trauen primär ihrer Hausbank bzw. Kreditkartenorganisation die sichere Verarbeitung von Zahlungsdaten zu[21]. Lediglich 0,7 % der Kunden würde die Daten gerne in den Händen einer Mobilfunkgesellschaft sehen und nur 2,2 % der Befragten schätzten ein Start-Up-Unternehmen als seriösen Abwicklungspartner für Zahlungsverkehr ein. Bezahlen ist in den Köpfen vieler Benutzer von größter Bedeutung, weshalb hier andere, deutlich konservativere Maßstäbe anzulegen sind. Fokusgruppen in der Marktforschung verdeutlichen diesen Faktor in Interviews[22]. Selbst befragte Personen, die einen sehr „lockeren" Lebenswandel pflegen, haben einen stark sicherheitsbedürftigen, sogar konservativen Anspruch an ein Zahlungsmedium/-anbieter. Um potenzielle Kundensegmente aus der Gesamtbevölkerung zu identifizieren, sollte in einem ersten Schritt eine Online-affine Zielgruppe betrachtet werden.

---

[19] Vgl. Infratest Burke 2001

[20] Vgl. Infratest Burke 2001

[21] Marktforschung EURO Kartensysteme n = 2102

[22] Vgl. Vierboom & Härlen 2001

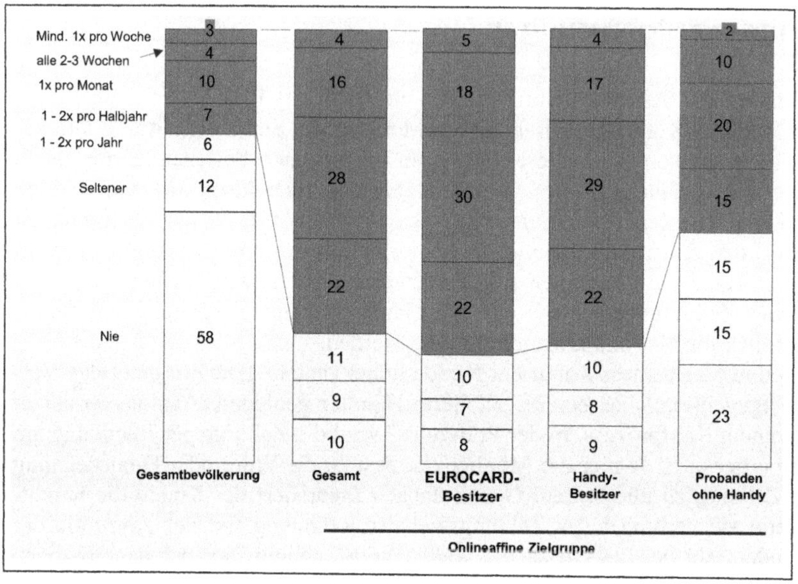

Abb. 4: Shopping-Verhalten (Quelle: Marktforschung EURO Kartensysteme)

Untergliedert man die in Abb. 4. dargestellte Online-Zielgruppe weiter, so zeigt sich, dass die EUROCARD-Besitzer das affinste Segment sind, welches häufiger im Internet Käufe tätigt als Handy-Besitzer. Der Grund dafür liegt in den Erfahrungen, die Kreditkartenbesitzer mit dem Online-Shopping sammeln. So wurde bewiesen, dass ab einer Zahl von fünf erfolgreich abgeschlossenen Online-Kreditkarten-Transaktionen die zukünftige Online-Zahlungsbereitschaft um 100 % steigt[23].

Aus den dargestellten Ergebnissen lassen sich folgende Schlüsse ziehen: Um ein mobiles Zahlungsverfahren von Anfang an erfolgreich zu gestalten, ist die Integration der Kreditkarte eine notwendige Voraussetzung. In den Kreditkarten-Organisationen verfügt man über ein jahrzehntelanges Risk & Security Know-how, zudem kennt das Kreditinstitut die Zahlungsfähigkeit des Endkunden aufgrund seines bisherigen Zahlungsverhaltens. Ein neues Kredit-Scoring ist demnach nicht mehr notwendig, so dass der initiale Prozess der Freischaltung des Kunden sich automatisch abwickeln lässt. Ferner ist die Kreditkarte durch ihre Eigenschaften *das* internationale Zahlungsmittel schlechthin. Gerade in der virtuellen Welt verschwimmen geographische Grenzen und der US-Onlineshop ist nur einen Klick von seinem deutschen Konkurrenten entfernt.

Ein erfolgreiches mobiles Zahlungsverfahren sollte demnach nicht versuchen, ein neues System und eine neue Marke aufzubauen, sondern es partizipiert von den Zahlungskanälen, die bereits existieren. Somit wird die Eintrittsschwelle im Hinblick auf die Nutzung sehr niedrig gesetzt, die Möglichkeit der schnellen Überwindung einer kritischen Masse aus Kundensicht ist dadurch gegeben.

[23] Vgl. Fittkau & Maas 2001; GfK 2001

Händlerakzeptanz

EURO Kartensysteme als Kreditkartengesellschaft mit einer weit verbreiteten Händlerakzeptanz im In- und Ausland hat in Experteninterviews die Vorteile eines mobilen Zahlungskanals untersucht: Für den Onlinehändler sind die interessanten Aspekte eines neuen mobilen Zahlverfahrens primär das potenzielle Neukundengeschäft und eine Zahlungsgarantie. Insbesondere die Aussicht auf ein großes Potenzial an neuen Kundengruppen ist für den Händler der wichtigste Grund, ein neues Zahlungsverfahren einzubinden. Der Shopbetreiber erhofft sich dadurch den Zugang zu neuen, attraktiven Kundensegmenten, die jung und zahlungskräftig sind. Die notwendige Voraussetzung dafür ist eine hohe Endkundenpenetration von Anfang an, aber auch ein geringer technischer und somit kostengünstiger Integrationsaufwand in das Shopping-System des Händlers. Die Untersuchung, ob die Zahlungsgarantie für den Händler werthaltig sein kann, bedingt notwendigerweise eine Händlersegmentierung. Betrachtet man die zehn führenden Onlinehändler in Deutschland, gemessen am Umsatz, zeigt sich, dass sich auch in Deutschland die Entwicklung bestätigt, dass die traditionellen Handelsunternehmen das Internet zwar spät entdeckt haben, aber durch ihre existierende Kundenbeziehung sehr schnell aufgeholt und sich in den E-Commerce Umsatz Top 10 etabliert haben. Dieses Phänomen ist bereits in den USA aufgetreten[24] und lässt sich durch eine enge Verknüpfung der Online mit der Offline-Welt erklären.

Zum einen finden sich die *„Clicks & Bricks" Händler*, also jene Handelsunternehmen, die erfolgreich das Sortiment aus der realen Welt als Versand- oder Filialhändler in der virtuellen Welt positioniert haben. Dem gegenüber haben sich die neuen Player positioniert, die ihr Sortiment ausschließlich in der virtuellen Welt offerieren und dem Segment der *„Clicks"-Händler* zugerechnet werden. Die Clicks & Bricks-Händler verfügen aufgrund ihrer meist jahrzehntelangen Erfahrung häufig über etablierte Geo-Scoring-Verfahren und können die Zahlungsmoral auch von Neukunden gut einschätzen. Aus diesem Grund ist hier die Zahlungsgarantie aus Händlersicht nur von geringem Interesse. Neben dem oben genannten Nutzen durch das Neu- bzw. Bestandskundengeschäft spielen hier primär Kosten und einfache Integration ins Backendsystem des Händlers entscheidende Rollen.

Reine Onlinehändler verfügen weder über eine langjährige Kundenbeziehung, noch über Scoringsysteme. Daher ist jeder neue Online-Shopper bezüglich der Zahlungsfähigkeit schlecht einschätzbar. Hier ist eine Zahlungsgarantie ein nützlicher Mehrwert, der die asymmetrische Informationsverteilung der Händler-Kundenbeziehung aus Anbietersicht signifikant reduziert. Gerade für kleine Händler mit speziellen Angebotsprofilen besteht ein massiver Verbesserungsbedarf, da die Kunden aus Händlersicht meist unattraktive Zahlungsverfahren auswählen, mit denen der Zahlungsausfall und der Bearbeitungsaufwand beim Händler sehr hoch ist. Dafür sind jene unter Umständen auch gewillt, höhere Transaktions-Kosten für

[24] Vgl. Nielsen Netratings 2001

die Einräumung einer garantierten Zahlung zu akzeptieren[25]. Darüber hinaus vereinfacht sich die Backend-Integration bei vielen kleinen Händlern z.T. massiv, da hier häufig Standard-Software eingesetzt wird, die man mittels Plug-Ins in der Funktionalität aufwerten kann und im Backend noch keine Legacy-Systeme zum Einsatz kommen.

Abschließend bleibt daher festzuhalten, dass der sofortige Zugriff auf eine große Anzahl von Endkunden für den Händler die Entscheidungsgrundlage für die Implementierung eines neuen Zahlungsbuttons ist.

Fazit

Zusammenfassend müssen folgende Faktoren gegeben sein, damit sich ein mobiles Zahlungsverfahren auf dem Markt durchsetzen kann:

1. **Es muss für den Kunden einfach zu verwenden sein**: Eine aufwendige initiale Registrierung wird kaum ein Kunde über sich ergehen lassen. Zahlungen sind für den Endanwender von der Priorität sehr gering eingestuft. Bevor man sich auf ein Abenteuer mit einem neuen Anbieter, langwierigen Registrierungsprozessen, langen Wartezeiten etc. einlässt oder gar neue Abläufe lernen muss, bedient man sich lieber der „traditionellen" Methoden.
2. **Die bedeutenden Aspekte des Bezahlens müssen eingehalten werden**: Sicherheit, Einfachheit, Kontrollmöglichkeit (am Monatsende), Schnelligkeit und vor allem im Internet die internationale Einsetzbarkeit müssen durch ein neues Zahlverfahren abgedeckt werden.
3. **Konkurrenzfähigkeit mit bestehenden Zahlungsverfahren/Kanälen bzgl. Geschwindigkeit der Anwendung und Autorisierung.**
4. **Umsetzer mit signifikanter Kunden und Händlerbeziehung und großen globalen Brands erforderlich:** Nur Kreditkartenorganisationen und Mobilfunkanbieter sind dazu in der Lage, die bereits einen Vertrauensvorschuss als traditioneller Abwickler von technischen bzw. finanziellen Daten haben
5. Einbeziehung aller traditioneller Zahlungsverfahren (Debit- und Kreditkarten)
6. Möglichkeit der Bezahlung aller Transaktionsgrößen (von € 0,01 bis mindestens € 100.000)
7. Verwendung von derzeit beim Endkunden verfügbarer Technologie

Erfolgreich lässt sich ein mobiles Zahlungsverfahren daher nur von Partnern mit globalen Marken, Kreditrisiko-Know-how, globalen Abwicklungssystemen und einem existierenden großen Händler- und Endkundennetz einführen. Aus der Sicht von EUROCARD ist dies nur durch eine übergreifende Kooperation der Kreditkartenorganisationen mit den Mobilfunkanbietern möglich.

---

[25] Das Beispiel von Paybox beweist empirisch diese Aussage: Von den 35 größten Internet-Shops in Deutschland bieten nur 16 % die mobile Bezahlung mit Paybox an. Vgl. Berlecon Research 2001

Aufgrund der stark fragmentierten Zahlungsmöglichkeiten in diesem Segment wird die große Anzahl von Kunden eine abwartende Haltung einnehmen, bis sich ein einheitlicher Standard etabliert hat – ohne eine große Kundenanzahl werden aber nur wenige Händler den Integrationsaufwand eines neuen Verfahrens eingehen. Experteninterviews mit ausgewählten Online-Händlern verdeutlichen, dass es vermutlich keine Checkout-Page bei den Online-Shops geben wird, auf denen der Kunde neben den vier klassischen Zahlverfahren (Kreditkarte, Lastschrift, Rechnung und Vorkasse) unter einer Vielzahl weiterer unterschiedlicher mobiler Verfahren verschiedener Anbieter auswählen kann. Damit sind nicht nur die Kunden, sondern auch die Händler in der technischen Implementierung überfordert.

Ein ideales System behält die Kundendaten dezentral in den Datenbanken, in denen sie sich auch heute schon bei den Kreditinstituten und den Mobilfunkanbietern befinden. Über einen einheitlichen Zahlknopf im Online-Shop gelangt man dann z.B. unter Eingabe der Mobilfunknummer zu dem Zahlungs-Server des Partners, mit dem man bereits eine Beziehung eingegangen ist (Kreditkartenanbieter/Kreditinstitut oder Mobilfunkanbieter). Über eine einheitliche und standardisierte Form der Authentifizierung (SMS mit Transaktionsnummer/Anruf mit Eingabe einer PIN etc.) identifiziert sich der Kunde eindeutig und bestätigt somit die Bezahlung. Der Händler erhält dann lediglich die Zahlungsbestätigung. Zahlungsrelevante Daten wie Kreditkartennummer oder Bankverbindung werden nicht mehr zwischen Kunden und Händler ausgetauscht. Der Missbrauch ist durch die Identifikation des Kunden mittels Mobiltelefonnummer und zusätzlicher PIN/TAN-Eingabe schwer möglich.

Durch ein solches System können nicht nur potenziell mehr Transaktionen generiert werden, da die Sicherheit durch eine Trennung der Kanäle höher eingestuft wird, sondern eine signifikante Reduktion der Chargebacks und der Reklamationen ist ebenfalls zu erwarten. Ferner sollte für einen erfolgreichen M-Commerce bzw. Payment ein mehrstufiger Ansatz verfolgt werden. In einem ersten Schritt gilt es, das Mobiltelefon in den Online-Zahlakt zu integrieren, um die Benutzerschnittstelle erstmalig zu definieren. In einem zweiten Schritt partizipiert man bei der Migration auf den tatsächlichen mobilen Handel von den ersten Lerneffekten der Endanwender. Eine erfolgreiche Markteinführung wird daher nicht durch die basierende Technologie, sondern von einer grundlegenden Strategie dominiert. Technologische Innovationen können in Migrationsschritten zu einem mobilen Zahlungsverfahren führen, das sicherer, mobiler und interoperabler ist. Der Endverbraucher, als auch der Händler sollten jedoch immer die gleiche Schnittstelle nutzen und sich nicht um die technischen Abläufe sorgen müssen. Nur durch ein starkes Vorgehen, das marketing- und anwendergetrieben ist, fern ab von technisch ausgefeilten und dadurch komplizierten Verfahren, besteht die Chance sich am Markt durchsetzen zu können, um so einen neuen Standard zu etablieren. Wichtig in diesem Zusammenhang ist die Kooperation der relevanten Marktteilnehmer schon aus dem Grund, dem Kunden das Vertrauen zu geben immer und in jeder Situation zahlen zu können, unabhängig welches Mobiltelefon von welchem Netzbetreiber, oder auch welche Kreditkarte von welcher Bank benutzt wird.

Literatur

ARTHUR, W. B. (1989), Competing Technologies, Increasing Returns and Lock-In by Historical Events, Economic Journal, 99, S. 116 - 13

ARTHUR, W. B. (1990), Positive Feedbacks in the Economy, Scientific American Journal 262, S. 92 - 99

ARTHUR, W. B. (1994), Preface to the Book: Increasing Returns and Path Dependence in the Economy

ARTHUR, W. B. (1996), Increasing Returns and the Two Worlds of Business

BBE (2000), M(obile)-Commerce – Das Geschäftsfeld der Zukunft, BBE-Unternehmensberatung GmbH

BERLECON RESEARCH (2001), Kassieren im Ecommerce – Eine Analyse relevanter Zahlungssysteme aus Händlersicht, Berlecon Research GmbH

BESEN, S. M./FARREL, J. (1994), Choosing How to Compete: Strategies and Tactics in Standardization, Journal of Economic Perspectives, Vol. 8, Nr. 2, S. 117 – 131.

BUXMANN, P. (1996), Standardisierung betrieblicher Informationssysteme, 1. Auflage, Wiesbaden.

CAP GEMINI (2001), Internet Mobile for Business: so far from expectations?

CELENT (2001), Evaluating Wireless Payment Solutions, Celent Communications

CHURCH, J./ GANDAL, N. (1996), Strategic Entry Deterrence: Complementary Products as Installed Base, European Journal of Political Economy Vol. 12, S. 331 – 354.

CUSUMANO, M. A./YOFFIE, D. B. (1998), Computing on internet time – Lessons from Netscape and its battle with Microsoft, 1st Edition, New York.

DATAMONITOR (1999), Banking on Cards – Strategic Benchmarking of European Bank Cards, Datamonitor

DURLACHER (1999), Mobile Commerce Report, Durlacher Research Ldt.

DURLACHER (2000), UMTS Report – An Investment Perspective, Durlacher Research Ltd.

ECONOMIDES, N. (1995), The Economics of Networks, International Journal of Industrial Organization, Vol.14, No. 6, S. 673-699

ECONOMIDES, N./FLYER, F. (1998), Compatibility and Market Structure for Network Goods, 1998, Discussion Paper EC-98-02, Stern School of Business, N.Y.U.

ECONOMIDES, N./HIMMELBERG C. (1995), Critical Mass and Network Size with Application to the US FAX Market. Discussion Paper EC-95-11, Stern School of Business, New York University

EURO KARTENSYSTEME (2001A), Pressemitteilung vom 17.Mai 2001: EUROCARD baut Missbrauch vor

EUROPAY INTL. (2001A), Mobile Commerce Business Model – Segmenting Market for mobile-Payment

EUROPAY INTL. (2001B), Mobile Commerce Business Model – Mobile Payment Service Providers – A Competitive Analysis

FARRELL, J./KATZ, M. L. (1999), Integration and Innovation in Systems Markets

FARRELL, J./SALONER, G. (1985), Standardization, Compatibility, and Innovation, Rand Journal of Economics Vol. 16, No. 1, S. 70 – 83.

FARRELL, J./SALONER, G. (1986), Installed Base and Compatibility: Innovation, Product Preannouncements, and Predation, The American Economic Review 12/86, S. 940 – 955.

FARRELL, J./SALONER, G. (1988), Coordination Through Commitees and Markets, Rand Journal of Economics Vol. 19, No. 2, S. 235 – 253.

FITTKAU & MAAS (2001), Ergebnisse für Teilnehmer der 12. W3B Studie

FORRESTER (2001), Mobile Payment's Slow Start, Forrester Research B.V.

GFK (2001), Gesellschaft für Konsumforschung Online-Monitor Ergebnisse der 7. Untersuchungswelle

GILLICK K./VANDERHOOF R. (2001), Mobile E-Commerce – market place enablers and inhibitors

GREENSTEIN, S. M. (1990), Creating Economic Advantages by Setting Compatibility Standards: Can „Physical Tie-Ins" Extend Monopoly Power?, Economics of Innovation and New Technology 1 (1/2), S. 63-83.

GREENSTEIN, S. M. (1993), Did Installed Base Give an Incumbent any (Measurable) Advantages in Federal Computer Procurement?, Rand Journal of Economics, Vol. 24, No.1, S.19 – 40.

GRÖHN, A. (1999), Netzwerkeffekte und Wettbewerbspolitik: eine ökonomische Analyse des Softwaremarktes, 1. Auflage, Tübingen.

HENKEL J. (2001A), Mobile Payment

HENKEL J. (2001B), Bezahlen per Handy – viele Anbieter, aber noch kein Standard

INFRATEST BURKE (2001), Zahlungsverhalten und M-Commerce – Exklusiveinschaltungen für EURO Kartensysteme, Infratest Burke Marktforschung

KATZ, M. L./SHAPIRO C. (1985), Network Externalities, Competition, and Compatibility, American Economic Review 75 (3): S. 424-440.

KATZ, M. L./SHAPIRO, C. (O.J.), Systems Competition and Network Effects

KRUEGER, M. (2001), The Future of M-Payments – Business Options and Policy Issues

LAFFERTY (2000), E-Payment Security – Challenges and Opportunities for Banks in the B2C Market, Lafferty Publications Ltd.

LIEBOWITZ, S. J./MARGOLIS S. E. (O.J.), Network Externalities (Effects)

LIEBOWITZ, S. J./MARGOLIS, S. E. (1994), Network Externality: An Uncommon Tragedy, Journal of Economic Perspectives, Vol. 8, Nr. 2

LIEBOWITZ, S. J./MARGOLIS, S. E. (1995A), Are Network Externalities a New Source of Market Failure?, Research in Law and Economics 17, S. 1-22

LIEBOWITZ, S. J./MARGOLIS, S. E. (1995C), Path Dependence, Lock-In and History, Journal of Law, Economics, and Organization 11, S. 205-226

LIEBOWITZ, S. J./MARGOLIS, S. E. (1999), Winners, Losers & Microsoft – Competition and Antitrust in High Technology, 1st Edition, Oakland.

LIEBOWITZ, S. J./MARGOLIS, S. E. (O. J.), Market Processes and the Selection of Standards

MARRA, A. (1999), Standardisierung und Individualisierung im Marktprozess, 1. Auflage, Wiesbaden.

MASTERCARD INTL. (2001), Corporate Report 200

MET (2001), Overview White Paper 2.0

MICHAUD B. (2001), Dual Slot as seen by Cartes Bancaires

MUMMERT + PARTNER (2001), Finanzdienstleistungen als strategische Positionierungsmöglichkeit im M-Commerce, Mummert + Partner Unternehmensberatungs AG

NIELSEN NETRATINGS (2001), Internet pure plays outperform brick-and-mortar sites in customer satisfaction

OVUM (2000), Mobile E-Commerce: Market Strategies, Ovum Ltd. London

SHAPIRO, C./VARIAN, H. R. (1999), Information rules: a strategic guide to the network economy, 1st edition, Boston.

SIEGERT, J (1999), Anbieterverhalten im Softwaremarkt – Eine theoretische und empirische Analyse von Standards und Standardisierung, Diplomarbeit am Institut für Wirtschaftsinformatik, Universität Frankfurt am Main

THUM, M. (1995), Netzwerkeffekte, Standardisierung und staatlicher Regulierungsbedarf, 1. Auflage, Tübingen.

VARIAN, H. R. (1999),: Market Structure in the Network Age

VIERBOOM & HÄRLEN (2001), Qualitativ-Psychologische Studie zu verschiedenen Mobile Payment-Verfahren im Kontext des Kaufens und Bezahlens im Internet unter Berücksichtigung des Mobiltelefons als zweiten Kanal, Wirtschaftspsychologen Vierboom & Härlen

WEITZEL T./KÖNIG W (2001), Competition im Mobile Business

WEITZEL T./KÖNIG W. (2001), Vom E- zum M-Payment

WESTARP, F. V./BUXMANN, P./KÖNIG, W./WEITZEL, T. (1999), The Management of Software Standards in Enterprises – First Results of an Empirical Study in Germany and the US, Research Projekt „Economics of Standards in Information Networks".

YANG, Y. (1997), An Introduction to Network Externalities – A Recent Literature Review

3.7 Auswirkungen des M-Commerce auf die Versicherungsbranche

Veränderte Außendienstprozesse und Kundenservice in der Assekuranz

Gerald Hirsinger

Einleitung

„Die Versicherungsbranche steht vor einem grundlegenden Wandel" – diese Aussage wurde schon häufig getroffen ohne zu präzisieren, worin der Wandel eigentlich besteht und welche Beurteilungsmaßstäbe zur Messung des Wandels angelegt werden. Statt einer globalen Betrachtung soll an dieser Stelle herausgearbeitet werden, wie der technische Fortschritt die internen Verwaltungsprozesse und die Produkte einer Versicherung beeinflussen kann.

Das Ende des 20. Jahrhundert war geprägt durch die fortschreitende Vernetzung der DV-Systeme und aus Sicht der Versicherungsbranche die mehr oder weniger erfolgreiche Ausrichtung der Geschäftsprozesse auf das Inter- und Intranet. Massive Summen wurden in den Aufbau von internetfähigen Versicherungsprodukten bzw. in den Aufbau von Online-Versicherungen investiert, in der Annahme, dieses Medium würde die Verwaltungsprozesse optimieren und einen weiteren kostengünstigen Vertriebskanal zum Verkauf von standardisierten Versicherungsprodukten eröffnen. Mittlerweile hat sich die nüchterne Erkenntnis durchgesetzt, dass die in dieses Medium investierten Beträge wohl doch nicht die erhofften Umsätze erbracht haben. Viele Online-Versicherungen sind bereits wieder vom Markt verschwunden.

Geblieben ist dennoch weiterhin der Ansatz, ohne Beschränkung von Zeit und Raum dem Kunden und den Prozessbeteiligten zu ermöglichen, miteinander zu kommunizieren.

In diesem Kapitel soll anhand der Branche Assekuranz visionär aufgezeigt werden, wie der technische Fortschritt im Telekommunikationsbereich die Prozesse im Außendienst einer Versicherung beeinflussen wird und wie sich das Serviceangebot an die Bedürfnisse der Kunden anpassen kann.

Außendienst

„Versichert mit Major Tom“ – völlig losgelöst wickelt der Außendienst/Versicherungsvertreter seine Geschäfte ab. Unabhängig von Außendienstbüros, festen Öffnungszeiten, Kundenwohnsitzen und Anfahrtswegen werden alle Außendienstgeschäftsprozesse durchgeführt. Der Außendienstmitarbeiter ist durch seine Mobilgeräte und die schnelle Datenübertragung an die Datenverarbeitungssysteme seines Büros oder seiner Versicherungsgesellschaft angeschlossen und hat vollen Zugriff auf alle Daten und kann alle Geschäftsprozesse genau so wie im Büro abwickeln. Durch diese Mobilität ergeben sich für den Außendienst neue Gestaltungsmöglichkeiten zur Abwicklung seiner Geschäfte. Er selber kann nun entscheiden, wie und wo für ihn und vor allem für seine Kunden der höchsten Nutzen und Service erreicht wird.
Hypothese und Fazit: der Außendienst benötigt künftig uneingeschränkte Mobilität!

Dieses soll anhand der nachfolgenden Szenarien und Erläuterungen aufgezeigt werden.

Online-Vertragsabschlüsse

Szenario: „Wir arbeiten dort, wo andere Urlaub machen“ – dieses Motto hat sich auch Major Tom als Versicherungsvertreter der M-Pfefferminzia Versicherungs AG zu Eigen gemacht. Mit seinem Laptop mit integriertem UMTS-Telefon und Drucker zieht er in den Sommermonaten durch Mallorcas Hotelanlagen, platziert sich an einem kleinen Stehtisch mit Sonnenschirm direkt am Pool. Schnell spricht sich herum, welche Dienste Major Tom anbietet. Ganz zwanglos kommen im Laufe des Tages immer wieder Urlauber, teils aus Neugierde, teils aus echtem Interesse, um sich über den Service und die Versicherungsprodukte der M-Pfefferminzia Versicherung beraten zu lassen. Da die Tarifberechnung und alle Informationen zur Verfügung stehen, die Versicherungspolicen direkt ausgedruckt und mittels digitaler Signatur vom Kunden unterschrieben werden können, erreicht Major Tom eine sehr hohe Abschlussquote.

Sämtliche Informationen über alle Versicherungskonditionen werden online verfügbar gehalten. Der Außendienst erhält einen Hinweis, falls neue Bedingungen eingestellt werden. Direkt auf dem Laptop befinden sich schnell im Zugriff die aktuellen Daten.

Per Laptop oder (bei überschaubaren Fällen) auch per Handy sind die Kundendaten abrufbar – ob es die Übersicht über die abgeschlossenen Verträge ist oder die Aufzeichnungen der mit dem Kunden geführten Gespräche sind. Mit dem Wissen um neue Konditionen vertragsseitig und der speziellen Situation kundenseitig ist gezielte Akquisition vor Ort möglich.

Die Entscheidung kann unterwegs getroffen werden, zufällig in der Nähe des Kunden, ob ein Kundengespräch zur Akquisition oder Kontaktpflege sinnvoll, d.h. erfolgversprechend ist.

Die Pflege von Kundenkontakten ist quasi im Vorübergehen möglich. Unterstützt vom CRM-System verlieren „spontane" Kundenbesuche das Image des Türdrückers. Egal, ob am Vorabend noch ein telefonischer Kontakt zum Thema Hausrat stattgefunden hat oder im nächsten Monat eine Aktualisierung der Altersversorgung ansteht, diese Aktivitäten sind direkt von unterwegs abruf- und steuerbar. Per Tastendruck auf dem Handy oder Laptop kann vom Kunden ggf. der Wunsch nach persönlicher Beratung geäußert werden.

Ausgestattet mit einem kleinen portablen Drucker sind rechtskräftige Vertragsabschlüsse sofort möglich, alle speziellen Vertragsbedingungen und -informationen können dem Kunden direkt in die Hand gegeben werden.

Zwangsweise über Entscheidungen geschlafene Nächte während des Wartens auf den ausgedruckten Vertrag entfallen – die der Natur der menschlichen Seele entspringende Gefahr der Stornierung vor Unterschrift verringert sich, die Gesamtstornoquote kann sinken.

Terminkalender und Workflow unterwegs

Szenario: Der morgendliche Alltag beginnt für den Versicherungsaußendienstler Rudi Rührig noch zu Hause. Nach dem Frühstück schaltet er seinen UMTS-Organizer an und erhält von seinem Außendienstbüro eine Auflistung aller heute anstehenden Besuchstermine und Aktivitäten. Er bestätigt diese und erhält sodann für seinen ersten Besuchstermin alle weiteren Informationen über den Kunden und den Zweck des Besuches. Bereits in seinem Wagen auf dem Weg zum Kunden bereitet Rudi Rührig das Kundengespräch vor, auf dem Display seines UMTS-Organizers kann er alle Verträge, den Prämien- und Schadenverlauf seines Kunden ablesen und erhält zudem den Hinweis, dass sein Kunde häufig auf der Homepage seiner Versicherung herumsurft und sich insbesondere für die Immobilienangebote interessiert.

Die Bindung das Büro entfällt aus technischer Sicht für den Außendienstmitarbeiter völlig. Er hat jederzeit Zugriff auf alle für ihn wichtigen Daten. Sein Terminkalender kann kurzfristig geändert werden, wenn ein Kunde z.B. einen Gesprächsbedarf angemeldet hat. Notwendige Informationen über den Kunden werden dem Außendienst übermittelt, eigene Recherchen des Außendienstmitarbeiters entfallen. Durch die Aufzeichnung von Kundenverhalten, z.B. wenn der Kunde auf der Homepage seiner Versicherungsgesellschaft herumgesurft hat, können dem Außendienst auch weitere Informationen übermittelt werden, aus denen sich ein eventueller Bedarf des Kunden ableiten lässt.

Schadenaufnahme und Abwicklung (Assistance)

Szenario: Als Frau Immerpech von ihrem morgendlichen Einkauf zurückkommt und die Wohnungstür aufschließt, bekommt sie einen großen Schreck: das ganze

Erdgeschoss steht unter Wasser. Mit nassen Füßen läuft sie ins Badezimmer und sieht, dass der Waschmaschinenschlauch geplatzt ist. Zum Glück erinnert sie sich sofort an die Servicenummer ihres Versicherungsvertreters, die sie in ihrem Handy abgespeichert hat. Von ihrem Versicherungsvertreter wird sie gefragt, ob sie den Rundum-Sorglos-Service ihrer Versicherung in Anspruch nehmen möchte oder den Schaden selber regulieren möchte. Für Frau Immerpech kommt dieses Serviceangebot gerade recht und nimmt es dankend an. Ihr Vertreter leitet das Gespräch an das Servicecenter mit der Versicherungsnummer, die er zwischenzeitlich ermittelt hat, weiter.

Der Mitarbeiter im Servicecenter bittet Frau Immerpech, mit der in ihr Handy integrierten Videokamera einen kurzen Schwenk durch die Räume zu machen.

„Gut, Frau Immerpech, das Bildmaterial ist sehr gut, ich werde jetzt die Feuerwehr zum Abpumpen des Wassers und ihnen dann unseren Schadensanierungsdienst vorbeischicken. Da wir für die Schadenbehebung, insbesondere für die Raumtrocknung 3 Tage benötigen, bestelle ich Ihnen sogleich ein Hotelzimmer in ihrer Nähe. Eine neue Waschmaschine liefern wir ihnen selbstverständlich auch. Ein Mitarbeiter, der sich um sie und ihre Wohnung kümmern wir, wird gleich bei ihnen sein." Noch bevor Frau Immerpech das Gespräch beendet, ist die Feuerwehr schon eingetroffen. Der angekündigte Servicemitarbeiter ist ebenfalls kurze Zeit später da und bittet Frau Immerpech, ihre persönlichen Sachen einzupacken und übergibt ihr die Adresse des gebuchten Hotels. Mit „In 3 Tagen können sie wieder einziehen" verabschiedet der Servicemitarbeiter Frau Immerpech, „ich brauche nur noch ihren Wohnungsschlüssel."

Ein außerhalb der Bürozeiten einer Versicherungsagentur entstehender Schaden z.B. in der Kfz-Versicherung oder Wohngebäudeversicherung kann vom Versicherungsnehmer per Handy an ein Assistance-Unternehmen gemeldet werden. Der Schaden wird vom aufnehmenden Sachbearbeiter sofort online in das System eingepflegt, die nötigen Schritte zur Schadenabwicklung werden sofort initiiert. Mit der vollständigen Erfassung des Schadensfalls wird einerseits der Informationsverlust und zum anderen der bürokratische Aufwand für den Kunden, aber auch für das Versicherungsunternehmen minimiert – in einfachen bzw. klaren Schadensfällen ist sogar eine direkte Schadensmeldung durch den betroffenen Kunden (z.B. über sein Handy) denkbar mit sofortiger Bestätigung seitens der Versicherungsgesellschaft, dass der Schaden reguliert wird.

Kunde

Aus Sicht des Kunden gelten im Prinzip die selben Anforderungen an eine Versicherungsgesellschaft, die schon jetzt für das Medium Internet gelten. Da der Zugriff über UMTS noch einfacher und schneller sein wird, weil zeitaufwändiges Hochfahren des PCs und Einwählen in den Internetprovider entfallen, werden situationsbedingte ad hoc Anfragen und Zugriffe auf das Versicherungsunternehmen zunehmen. Der Kunde benötigt einen zusätzlichen Service, der auch durch ein Call-Center seiner Versicherung nicht abgedeckt werden kann. Ein Call-Center hat für den Kunden den Nachteil, dass er eine psychologische Hürde zu überspringen hat, dort anzurufen und sein Bedürfnis artikulieren muss. Hinzu kommen Warteschleifen bei der Call-Annahme, teilweise unqualifizierte Call-Center-Mitarbeiter und häufiges Weiterleiten der Calls.

Ausgehend von der individuellen Bedürfnisstruktur jedes Einzelnen lassen sich aus Sicht des Versicherungsunternehmens Bereiche ableiten, in denen Service angeboten wird. Der Service wird durch M-Commerce über den bestehenden Service hinausgehen müssen (komplementärer Service), um für den Versicherungsnehmer an Attraktivität zu gewinnen. Folgende Bereiche sind dabei denkbar:

- Transaktion von Geschäftsprozessen: Hierunter fallen alle durchgängigen Realtime-Transaktionen, die durch den Versicherungsnehmer ausgelöst werden wie Schadenmeldung, Adressänderung, Änderungen am Versicherungsvertrag, Vertragskündigungen oder Einholen von Angeboten.
- Interaktion mit dem Versicherungsunternehmen: Geschäftsprozesse, die seitens des Versicherers nicht abschließend geklärt werden können, bedürfen einer Interaktion mit dem Kunden, sei es durch Nachfrage beim Kunden, seinen Bedarf zu konkretisieren, dass weitere Informationen benötigt werden oder ihm mitzuteilen ist, dass seine Anfrage noch nicht abschließend bearbeitet werden kann. Ein weiterer Einsatz der Interaktion zwischen Kunde und Versicherung ist die Online-Beratung oder das Einholen von Kundenfeedback.
- Information: Durch statische und dynamische Informationen und Ratschlägen zu bestimmten Lebensbereichen (z.B. rund um die Familie) oder Situationen (z.B. im Urlaub) lässt sich das Produkt Versicherung ideal ergänzen. Das Produkt „Risikoabdeckung“ (was eine Versicherung derzeit anbietet) wird künftig durch ein Produkt „Service“ für festgelegte Lebensbereiche oder -situationen abgelöst werden und auch speziell für den Einsatz unter M-Commerce designed werden.
- Personalisierung: Ein Erfolgskriterium für den Einsatz von Service per M-Commerce ist die Personalisierung des Service-Angebotes von Versicherungsgesellschaften. Der Versicherungskunde hat die Möglichkeit, sich das Angebot auf seine Bedürfnisse zuzuschneiden. Es werden Services ausgeblendet, die der Kunde nicht nutzen möchte. Aus Sicht der Versicherungsgesellschaft wiederum lässt sich hieraus das Kundenprofil schärfen. Durch 1:1 Marketing-Instrumente

können dem Kunden gezielt Angebote und Informationen übermittelt werden und dadurch Kundensupport und -zufriedenheit erhöht werden.

Hypothese und Fazit: Der Kunde benötigt bezüglich seiner Versicherungsdienstleistungen eingeschränkte Mobilität, aber viel mobil abrufbaren Service!

Dieses soll anhand der nachfolgenden Szenarien und Erläuterungen aufgezeigt werden.

Versicherungskarte und Versicherungsnachweis

Szenario: Ina Immerkrank ist mal wieder krank und geht zum Arzt. Nach dem Arztgespräch bittet die Sprechstundenhilfe Ina, die Versicherungsdaten für einen Nachweis ihres Krankenversicherungsschutzes per Infrarotschnittstelle von ihrem Handy zum Arztrechner zu übertragen. Sofort wird ein Diagnosebericht und Leistungsnachweis ausgedruckt. Ina prüft, ob alle Leistungen des Arztes korrekt erfasst und erbracht wurden und bestätigt dieses mit ihrer digitalen Signatur. Mit „So, Frau Immerkrank, hier ist noch ihr Rezeptgutschein, mit dem sie in die nächste Apotheke gehen können. Die Abrechnung mit ihrer Krankenkasse werden wir vornehmen" verabschiedet sich die Sprechstundenhilfe.

Künftig wird das Handy diverse Mitgliedsausweise und Versicherungsnachweise ersetzen. Mobil können Versicherte dann jederzeit und von jedem Ort aus ihre Mitgliedschaft bei einer Assekuranz auch ohne Plastikkarte belegen.

Ein Kunde, der beispielsweise beim Arzt seine Versicherungsangehörigkeit nachweisen muss, kann dies zukünftig via Handy erledigen. Die Versicherung bestätigt dann, dass er Mitglied ist. Über mobile Zahlungsdienste lassen sich weiterhin die Arztrechnungen abwickeln. Für die Assekuranzen bietet sich der Vorteil, dass Dienstleistungen über das Handy den Kunden enger an die Versicherungsgesellschaft binden. Dank eines effizienteren Datenaustausches ermöglicht der mobile Mitgliedsausweis darüber hinaus Kosteneinsparpotenziale für die Unternehmen.

Schadensmeldung und Assistance (vor allem für Kfz-, Haftpflicht-, Kranken-, Rechtsschutz)

Szenario: Herr Schadenlos ist mit seiner ganzen Familie auf der Fahrt in den Urlaub. Das Auto ist randvoll mit Gepäck geladen, auf dem Dachträger sind noch 2 Surfbretter für die Kinder untergebracht. An der nächsten Kreuzung passiert es. Obwohl sich Herr Schadenlos auf der Vorfahrtstraße befindet, wird ihm von einem anderen Fahrzeug die Vorfahrt genommen. Auch eine Vollbremsung kann eine Kollision mit dem anderen Fahrzeug nicht mehr verhindern. Die Airbags lösen aus. Noch bevor Herr Schadenlos aus dem Wagen aussteigt, bekommt er einen Anruf auf seinem UMTS-Handy. Sichtlich genervt von diesem jetzt für ihn völlig ungelegen kommenden Anruf nimmt er ihn doch an. „Guten Tag Herr Schadenlos, hier ist ihre Kfz-Versicherung", meldet sich eine freundliche Stimme, „wir sind froh, dass sie den Anruf entgegennehmen können. Wir haben ihren Unfall regist-

riert. Möchten sie unsere Hilfe in Anspruch nehmen?" Herr Schadenlos's anfängliche Wut und Aufgeregtheit wegen des Unfalls legt sich sofort: „Ja sicher, das ist ja das Beste, was uns jetzt passieren kann." Die Mitarbeiterin des Versicherungs-assistance-Unternehmens fragt Herrn Schadenlos nach Personenschäden und dem Zustand des Wagens. Glücklicherweise blieben alle Personen unverletzt, der Wagen ist allerdings nicht mehr fahrbereit. Mit den Worten „Wir schicken ihnen in den nächsten 10 Minuten einen Abschleppwagen und bringen ein Ersatzfahrzeug gleich mit. Unser Mitarbeiter wird den Schaden dann gleich aufnehmen. Sie brauchen sich um alles Weitere nicht mehr zu kümmern und können ihre Fahrt in den Urlaub getrost fortsetzen." beendet die Anruferin das Gespräch.

Die Schadensmeldung oder Unfallmeldung per Handy mit dessen genauer Lokalisierung ist eine der zentrale Kernanwendungen, die sowohl dem Versicherungsnehmer als auch der Versicherung den größtmöglichen Nutzen bringen. Bei Unfällen, insbesondere mit Personenschäden ist eine schnelle Alarmierung der Rettungskräfte und vor allem eine genaue Lokalisierung des Unfallortes notwendig. Dieses ist den Unfallopfern häufig nicht möglich, sei es, dass sie sich in einer Stress- oder Schocksituation befinden oder bewusstlos sind. Die traditionellen Notrufsäulen werden daher in naher Zukunft kein signifikantes Meldungsaufkommen mehr erreichen, da sie nur über eine passive Meldefunktion verfügen (die Meldung muss manuell ausgelöst werden, und alle Angaben sind per Sprache an ein Call-Center zu übermitteln) und zudem nie dort stehen, wo sie benötigt werden (point of accident). Die Auslösung des Notrufes kann bei in Fahrzeugen eingebauten Mobilgeräten über Telematik-Anwendungen wie Crashsensoren im Fahrzeug oder über einen Notrufknopf im Mobilgerät ausgelöst werden. Im Assistance-Zentrum der Versicherung, wo der Anruf aufläuft, sind entweder alle Informationen über den Versicherungsnehmer bereits gespeichert oder werden zusätzlich (z.B. Personenmerkmale wie Blutgruppe, Krankheiten oder sonstige Risikofaktoren) bei Absetzen des Notrufes übertragen. In Verbindung mit einem aktiven Schadenmanagement, das seitens des Versicherungsunternehmens angeboten wird, können nun sofort alle notwendigen Service-Dienstleister (Polizei, Feuerwehr, Rettungswagen, Abschleppunternehmen, Reparaturwerkstätten etc.) beauftragt und an den Unfallort gelotst werden. In Abhängigkeit des zwischen Versicherungsnehmer und seiner Versicherungsgesellschaft vertraglich vereinbarten Serviceleistungen kann eine Leistung auch durch Naturalrestitution (Ersatz des Schadens nicht durch Geld sondern durch Reparatur oder Ersatzbeschaffung) erfolgen, z.B. durch eine zeitwertgerechte Reparatur des beschädigten Fahrzeuges.

Zur Sicherstellung einer vollständigen Schadensbegleichung können digital Bilder vom Schadensort an die Versicherung übermittelt werden. Die Aufnahme und Übermittlung diese Bilder sollte von speziell legitimierten und identifizierbaren Personen vorgenommen werden, z. B. Polizei oder Gutachter. Eine zügige Schadensbemessung – z.B. hinsichtlich Totalschaden oder nicht – beschleunigt die Schadensbeseitigung für den Versicherungsnehmer und verringert gleichzeitig den bürokratischen Aufwand.

Persönliche Online-Risikoermittlung und Tarifierung

Szenario: Herr Häuslebauer hat sein Einfamilienhaus in Eigenleistung modernisiert und das Dachgeschoss als Studio ausgebaut. Da er in seiner Hausrat- und Wohngebäudeversicherung nicht unterversichert sein möchte und gleichzeitig seinen Risikoschutz überprüfen möchte, loggt er sich mit seinem UMTS-Handy auf seinem Vertragskonto bei seiner Versicherung ein. Er ruft das Menü „Online-Risikoermittlung" auf und wird strukturiert durch alle Risiken eines Hausbesitzer geführt. Durch die Multiple-Choice-Technik aktiviert er die Risiken, für die er eine Deckung benötigt und beantwortet die Fragen zu der individuellen Ausstattung seines Hauses. Jederzeit kann er die Tarifermittlung seiner bisherigen Auswahl durchführen. Durch Eingabe von Selbstbehalten kann er Einfluss auf die Prämienhöhe nehmen. Am Ende bestätigt Herr Häuslebauer die Änderungen durch seine elektronische Unterschrift und druckt sich seine für ihn generierten individuellen Versicherungsbedingungen aus mit allen für ihn gültigen Angaben aus.

Durch den Internet- und künftig vermehrt den M-Vertrieb per Mobilgerät wird es seitens der Versicherungsgesellschaften notwendig sein, flexible Produktentwicklungssysteme und Vertragsbestandsysteme vorzuhalten. Die Produktentwicklung hat nach dem „Time to market"-Prinzip zu erfolgen, zeitnah die Bedürfnisse der Versicherungskunden zu antizipieren. Jeder einzelne Kunde wird künftig sein Versicherungsprodukt selber nach seinem individuellen Risikoschutzbedarf zusammenstellen wollen. Die Versicherungsproduktgenerierung wird sofort „on demand" erfolgen.

Versicherungsgesellschaften werden in Ergänzung personenspezifische Produkte individuell ihren Bestandskunden von sich heraus anbieten. Die Informationsgewinnung über ihre Kunden spielt dabei eine zentrale Rolle. Die Informationen werden in CRM-Systemen (Customer Relationship Management) festgehalten, aus denen dann Kundenprofile generiert werden können, die wiederum Grundlage für die aktive Kundenbearbeitung darstellen.

Telematik, Ortung

Szenario: Es ist ein wolkenloser, sonniger Sommertag. Rudi Roadster hat mal wieder Lust, sein Cabrio aus der Garage zu holen und eine Fahrt ins Blaue zu machen. Er setzt sein Handy in die Freisprecheinrichtung. Auf dem Display erscheint die Frage, ob er mit seinem Wagen fahren möchte. Rudi Roadster bestätigt mit seiner digitalen Signatur und los geht's. Im Handydisplay kann er den jeweils aktuellen km-Tarif seiner fahrstreckenabhängigen Versicherungsprämie der von ihm gerade befahrenen Strecke ablesen, außerdem die zurückgelegte Fahrstrecke und die hierfür angefallene Prämie. Als Rudi Roadster auf den Parkplatz eines Supermarkes fährt, blinkt auf seinem Handy der Hinweis „Gebiete mit hoher Schadensquote" und der dafür gültige Risikozuschlagsfaktor. Rudi Roadster dreht schnell um, da ihm der Prämienzuschlag das Parken nicht wert ist.

Durch die Möglichkeit der Ortung von Mobilfunkgeräten (die Ortung im UMTS-Netz ist 15 m genau) sind neue Services möglich. Eine Möglichkeit besteht in der Tarifierung von Kfz-Versicherungen nach der tatsächlichen gefahrenen Strecke mit Rasterung nach Gebieten mit hoher (Städte) und niedriger Risikorate und km-Leistung.

Eine individuelle Risikobewertung lässt sich über die Sammlung stichprobenartiger (Datenschutz!) Bewegungsdaten insbesondere für die Kfz-Versicherung einsetzen. Schließlich ist das Risiko, einen Schaden am Kfz zu erleiden, nicht nur abhängig vom Wohnsitz des Versicherungsnehmers, sondern vielmehr auch von der Anzahl und Art der gefahrenen Kilometer: je gefahrenem Autobahnkilometer passieren weniger als je gefahrenem Stadtverkehrkilometer. Und gestohlen wird ein Wagen schließlich dort, wo er sich gerade befindet und eben nicht nur am Wohnsitz des Versicherungsnehmers. Mit einem persönlich zugeschnittenen Vertragsinhalt und dem entsprechend angepassten Tarif werden Risiko-Lücken genauso vermieden wie unnötige Mehrfachabsicherungen.

Eine weitere Einsatzmöglichkeit besteht in der Personen- und Fahrzeugortung. Eine Personenortung ermöglicht das Auffinden von Personen nach Entführungsfällen, eine Fahrzeug- oder Objektortung das Auffinden nach Diebstählen. Auch Fahrzeug- und Personenortung nach Diebstahl oder Kidnapping, Ortung im Schadensfall durch Notruftaste mit Übertragung von persönlichen Daten (Blutgruppe, Risikofaktoren) an ein Schadencenter.

Auch als quasi GPS-Empfänger zur Standortbestimmung wird das UMTS-Gerät dienen. Weitere Einsatzmöglichkeiten ergeben sich im Flottenmanagement und in der Transportversicherung als Nachweis über den Warentransport.

Telematik-Dienste wie Staumeldungen und Nebelwarnungen runden das Serviceangebot in diesem Bereich ab.

Informationsgewinnung und -übertragung/Fernüberwachung

Szenario: Herr Sorgenvoll, ein stets um sein Eigentum besorgter Hausbesitzer möchte mal wieder für längere Zeit Urlaub machen. Bisher hatte er stets aus Sorge um sein Haus nie länger als 2 Wochen am Stück fernab von seiner Immobilie verbracht. Jetzt aber mit Einführung eines neuen Services seiner Hausrat- und Wohngebäudeversicherung wird ihm seine Sorgenlast genommen. Einen Tag vor seiner Abfahrt in den Urlaub bringt ihm sein Versicherungsvertreter ein Robo-Dog vorbei, ein kleines Fahrzeug mit eingebauter Videokamera, Mikrofon, verschiedenen Sensoren und UMTS-Sender. Der Versicherungsvertreter weist Herrn Sorgenvoll sogleich in die Bedienung und Fernsteuerung des Robo-Dog ein über sein eigenes UMTS-Handy ein. „Sollte der eingebaute Bewegungsmelder ansprechen", weist ihn sein Vertreter noch hin, „meldet sich das Robo-Dog selbstständig". „Über diese Alarmnummer können sie dann den angeschlossenen Wachdienst alarmieren. Sie können natürlich auch jederzeit selber das Robo-Dog anrufen und es im Hause herumdirigieren um zu sehen, ob noch alles mit ihrem Haus in Ordnung ist."

Die mobile Haus- und Einrichtungsüberwachung wird durch Sensoren ausgelöst und per Video-Kamera direkt an das Versicherungsunternehmen (durch Subunternehmerwachdienste wahrgenommen) oder sogar die Polizei bei kriminellen Handlungen übertragen. Dieses könnte als ein Standardservice zu Wohngebäudeversicherungen auch im Interesse der Versicherungsgesellschaft den Versicherungsnehmern angeboten werden.

Für den Wohnungs- oder Hausbesitzer erschließt sich die Möglichkeit der Fernerkundung seines Objektes oder Ferienhauses, ob z.B. alle Fenster geschlossen sind oder in welchem Zustand es sich befindet. Weitere Informationen lassen sich abfragen, z.B. in welchem Zustand sich die Heizung befindet oder wie der aktuelle Inhalt des Kühlschranks aussieht. Durch die Ausrüstung mit Empfangs- und Steuerungsgeräten kann die Haustechnik auch ferngesteuert bedient werden.

Vertragsdaten online (Auskunft, Änderungen, Neuabschlüsse)

Szenario: Lothar Matthäus steht unterhalb des Gipfelkreuzes der Hohen Salve in Österreich, einem Paradies für Gleitfallschirmflieger. Der Schirm ist aufgebaut, sämtliche Handgriffe sind mehrfach im Tal geübt und sitzen wie im Schlaf. Es ist sein erster Flug aus großer Höhe. Höchst konzentriert träumt er den Flug voraus, vom Start ins Schweben bis zur Landung. Da durchzuckt ihn ein Gedanke: was passiert, wenn ich bei der Landung umknicke? Per Handy ruft er seine Versicherungsdaten ab und erschrickt: die spezielle Unversehrtheitsversicherung für seine Beine gilt nicht für Risikosportarten wie Paragliding. Er lässt innerhalb von wenigen Minuten nachprüfen, was ihn eine Erweiterung speziell für das Paragliding kostet, unterschreibt digital und startet.

Zugriff auf den Online-Vertragsordner, Customer-Self-Service: Änderung von Adresse, Bankverbindung etc. und Änderungen an den Risikobestandteilen (Rationalisierung von Verwaltungsaufwand).

Einfache Versicherungsprodukte, z.B. auch ad hoc Abschlüsse von Auslandskrankenversicherungen kurz vor dem Abflug in den Urlaub sind über das Handy möglich oder Änderungen an bestehenden Verträgen. Für den Versicherungsnehmer sind nach der Legitimation über die digitale Signatur die persönlichen sämtlichen Vertragsdaten aktuell und online einsehbar. Der Kunde kann eigenständig einfache Abfragen durchführen, z.B. wie verändert sich der monatliche Beitrag, wenn die Selbstbeteiligung bei der Kraftfahrzeugversicherung erhöht wird. Rückkaufswerte von Lebensversicherungen sind aktuell abrufbar und können in die Budgetplanung einfließen. Standard-Versicherungserweiterungen sind bei Bedarf problemlos möglich.

Standardisierte Vertragsvorgänge wie Verlängerung eines befristeten oder auch Kündigung eines bestehenden Vertrages werden bar jeder für den Versicherungsnehmer spürbaren Bürokratie abgewickelt. Durch eine Kurzmitteilung auf seinem Handy daran erinnert, dass in Kürze eine seiner Versicherungen abläuft, wird der Vertrag per Tastendruck verlängert – mit Übertragung der digitalen Signatur wird dieses rechtsverbindlich. Im Falle einer Kündigung eines Vertrages erhält der

Kunde einen kurzen Überblick über die Auswirkungen der Kündigung und direkt eine nachweisbare Bestätigung dieser.

Die Möglichkeit des Zugriffs seitens des Kunden auf seine Daten, auf seinen „Online-Versicherungsvertragsordner" und hin zum Customer-Self-Service eröffnet auch Perspektiven der Rationalisierung und Kostensenkung in den Verwaltungsbereichen der Versicherungsunternehmen. Durch Verlagerung von z.B. Adressänderungsprozessen auf den Versicherungsnehmer werden versicherungsinterne Prozesse entlastet. Dem Versicherungskunden muss seine Bereitschaft zur Mitarbeit über zusätzlichen Service, Nutzen und Anreizsysteme seitens des Versicherungsunternehmens schmackhaft gemacht werden. Ein Ansatz aus der Sicht von M-Commerce ist sicherlich der schnelle Prozessdurchlauf im Versicherungsunternehmen mit sofortiger Rückmeldung an den Kunden und der schnelle Online-Zugriff auf alle Versicherungsservices.

Exklusiv-Service

Szenario: Herr Schöngeist ist gerade mit seinem PKW auf dem Weg zur Arbeit, als er im Radio eine Reportage über klassische Musik hört und erfährt, dass ein bekannter Opernsänger ein Konzert in seinem Wohnort gibt. Da es immer schwierig ist, eine Konzertkarte für exklusive Musikveranstaltungen zu ergattern, erinnert er sich an das Serviceangebot seiner Versicherung, die exklusiv für gute Versicherungskunden Konzertkarten organisiert. Per Handy ruft er das Call-Center seiner Versicherung an und übermittelt seinen Wunsch. „Gut, Herr Schöngeist, ich schicke ihnen auf ihr Handy die Buchungsnummer mit allen Daten für ihre Konzertkarten. Bitte bestätigen sie diese mit ihrer elektronischen Signatur. Das Geld buchen wir von ihrem Versicherungskontokorrentkonto ab. Die Buchungsnummer ist gleichzeitig ihre Eintrittskarte für das Konzert. Viel Spaß." Herr Schöngeist ist überglücklich und angetan vom Service seiner Versicherung.

Versicherungsdienstleistung bedeutet nicht mehr nur finanziellen Schutz vor Risiken sondern darüber hinausgehend einen „Rundum-Sorglos-Service" für die unterschiedlichen persönlichen Situationen und Lebenslagen des Versicherungsnehmers. Das Serviceangebot kann dabei entweder von der Versicherungsgesellschaft selber angeboten werden oder von unterschiedlichen Serviceanbietern zusammengestellt und über die Versicherungsgesellschaft dem Kunden angeboten werden. Die Ausgestaltung des Servicepaketes kann entweder zielgruppenorientiert erfolgen oder individuell von den Versicherungsgesellschaften für den einzelnen Kunden zusammengestellt werden. Darüber hinaus hat der Kunde die Möglichkeit, seinen individuellen Service-Bedarf aus der gesamten Angebotspalette an Services zusammenzustellen, zu personalisieren, um gezielte Informationen, Angebote oder Dienstleistungen zu bekommen oder andererseits nicht mit unterwünschten Themen überfrachtet zu werden. Der mobil und damit schnell und jederzeit in jeglicher Situation abrufbare Service erhöht dabei die Akzeptanz beim Kunden (Service on demand).

Die Versicherung hat durch das Anbieten von Zusatzdiensten die Chance, sich als attraktiver Vertragspartner gegenüber seinen Kunden zu positionieren, die

Kundenbindung zu erhöhen und dadurch die Fluktuation zu reduzieren. Der Versicherungsbranche erschließt sich insgesamt die Möglichkeit, von ihrem negativen Image als „Kürzer von Zahlungen" im Schadenfall loszukommen und sich als attraktiver Dienstleister darzustellen. Gerade Exklusiv- und VIP-Dienstleistungen stellen dabei ein exzellentes Hilfsmittel dar, die dem Kunden das Gefühl vermitteln, er ist für seine Versicherung ein wichtiger Kunde. Die damit einhergehende Zufriedenheit der Kunden ist eine wichtige Voraussetzung für die von allen Versicherungsgesellschaften angestrebte langfristige Kundenbindung an die Produkte und damit an das Unternehmen mit seinen Services.

3.8 Überblick über den aktuellen Spielemarkt für Mobiltelefone

Jasna Dimanoski

Situation

Der Mobilfunk erlebt momentan einen weltweiten Boom. Laut Experten wird bis 2002 jeder sechste Mensch Besitzer eines Mobiltelefons sein, mit anderen Worten: der gesamten Branche bietet sich in naher Zukunft ein Markt von rund einer Milliarde potenzieller Kunden. Der Trend für die Zukunft geht in Richtung „All-in-one" Handy, mit dem nicht nur telefoniert, gemailt, Internetangebote abgefragt und Adressen verwaltet werden, sondern auch E-Commerce genutzt und Spiele gespielt werden. Schon heute verfügen so gut wie alle Mobiltelefone über mindestens ein fest installiertes Spiel („Embedded Game"), wobei sich aber seit der Entwicklung von WAP („Wireless Application Protocol") und Java völlig neue Möglichkeiten im Bereich der mobilen Unterhaltung bieten. Konsequenz: Das Mobiltelefon wird mehr und mehr auch zum Gameboy, bei dem Spielchen wie „Snake" oder „Tetris" den User nach einer Weile nicht mehr zu fesseln vermögen. Die Nachfrage nach komplexeren und sowohl inhaltlich als auch graphisch anspruchsvolleren Spielen steigt daher seit zwei Jahren konstant.

Die „Big Player"

Einige Firmen haben diesen Trend bereits frühzeitig erkannt und schon in der Anfangsphase mit der Entwicklung von Spielen für mobile Endgeräte begonnen.

Anfangs noch belächelt bauen sie heute auf den Erfolg der PC- und Videospiele auf. Gewinner ist eindeutig der Verbraucher: Er kann heute unter einer Vielzahl von Applikationen wählen. Und mittlerweile gibt es fürs Handy wirklich alles, was das Spielerherz begehrt: vom unschuldigen SMS-Quiz bis hin zum schlüpfrigen WAP-Strippoker.

Namen wie Handy Games, Ludigames, Digital Bridges und Picofun beherrschen heute die Branche, wobei die meisten als „alte Hasen" schon lange im Geschäft sind und vor Jahren mit der Entwicklung von PC-Games angefangen haben. Sie gehörten zu den ersten, die das Potenzial von WAP erkannten und mit der Entwicklung von WAP-Spielen begannen. Neben millionenschweren und Venture Capital finanzierten Investitionen in die Branche, haben es gerade auch unabhängige Unternehmen wie Handy Games schon nach sehr kurzer Zeit geschafft, profitabel zu operieren.

Weiterer „Big Player“ im Bereich der Handy-Spiele ist das in Frankreich ansässige Unternehmen In-Fusio. Die Firma hat – quasi als Konkurrenz zu WAP und Java – mit ExEn („Execution Engine“) eine ganz eigene Technologie entwickelt, die Handys und PDAs in Echtzeit-Gamekonsolen verwandelt. Laut In-Fusio können die Benutzer 24 Stunden am Tag auf die virtuelle Spielebibliothek zugreifen, und neben fest installierten Games können jederzeit auf Wunsch Titel entfernt oder hinzugefügt werden, auf die dann einfach via ExEn Menü zugegriffen werden kann. Positiv: Der sonst passive Konsument kann aktiv sein Sortiment an mobiler Unterhaltung mitgestalten. Aber: Der Spaß funktioniert nur bei einem ExEn-tauglichem Mobiltelefon und angeschlossenem Mobilfunkanbieter. In-Fusio selbst hofft, bis Ende 2001 rund 100 Titel im ExEn Mode entwickelt zu haben.

In Deutschland bietet Vodafone einige von In-Fusio entwickelte Games in seinem neuen Spielecenter „Load-a-Game“ an. Hier können Kunden sich Titel auf das Mobiltelefon herunterladen, ihren persönlichen Punktestand festhalten und sich gegebenenfalls im Highscore-Ranking der besten Spieler eintragen. Für das Herunterladen der Spiele wird ein Festpreis von 4,95 DM berechnet – zusätzliche Verbindungsgebühren entfallen.

Innerhalb der Branche wird ExEn weniger als echte Alternative zu WAP, eher schon als eine Art „technischer Übergang“ gesehen, bis Java sich bei den meisten Geräten durchgesetzt hat. Nach dieser maximal zwei Jahre währenden Übergangsphase dürfte Java ExEn jedoch spätestens verdrängt haben.

Spiele – die lang ersehnte „Killer-Applikation“?

Innerhalb der Branche sehen heute viele in Handy-Spielen sogar die von der gesamten Mobilfunkbranche lange gesuchte „Killer-Applikation“. Damit ist eine Anwendung gemeint, die ohne großen Werbeaufwand von der stets wachsenden Gemeinde der Mobiltelefonierer genutzt wird und Netzbetreibern große Umsätze generiert. Gerade der in Deutschland extrem beliebte SMS-Dienst scheint da ideal: Fast jeder Kunde schreibt regelmäßig Kurznachrichten, und die Netzbetreiber erwirtschaften aus dem Dienst schon jetzt enorme Gewinne. Aber werden Unterhaltungsangebote im Allgemeinen und Spiele im Speziellen die Zukunft der mobilen Datenübertragung prägen? Wie sieht das Angebot an Spielen für mobile Endgeräte konkret aus? Was sind die Trends? Welche Möglichkeiten eröffnen sich mit der Einführung von UMTS?

Werfen wir zunächst einen Blick auf den gegenwärtigen deutschen Markt und die Hauptkomponenten mobilen Spielvergnügens in Deutschland – Embedded Games, SMS-, WAP- und neuerdings auch Java-Spiele.

Embedded Games

Unter dem Begriff „Embedded Games“ versteht man vorinstallierte Spiele, die von Haus aus im Handy installiert sind. Diese finden sich im Handymenü unter „Freizeit“, „Extras“ oder „Spiele“, und die Steuerung erfolgt über die Tastatur.

Alle großen Hersteller installieren zumindest eines dieser kleinen, einfachen Spielchen auf ihren Mobiltelefonen. Nokias Geräte kommen in der Regel mit Games wie „Snake“, „Opposite“, oder „Pairs“, Siemens-Handys mit „Quattropoli“ und „Minesweeper“, während Ericsson gerne den Klassiker „Tetris“ mitliefert.

Nachteil der fest installierten Spiele ist, dass die Auswahl nicht erweiterbar ist. Wer also durch Dauerspielen zum Superplayer geworden ist, dem bleibt theoretisch nur noch der Griff zu einem neuen Handy mit neuen Games. Obwohl die Spiele meist einfach programmiert sind, und der Unterhaltungswert sich vor allem auf Dauer betrachtet in Grenzen hält, hat sich diese Art „mobilen Unterhaltung“ in den letzten Jahren etabliert. An der Bushaltestelle oder während einer langweiligen Zugfahrt können sich eine Runde „Snake“ oder „Tetris“ als wahre Rettung in der Not erweisen.

SMS-Spiele

SMS sind kurze Textnachrichten von einem Handy zum anderen, jedoch kann der SMS-Dienst alternativ auch übers Internet genutzt werden. Der Text wird über die Tastatur eingegeben, wobei die Buchstaben in der angegebenen Reihenfolge aufgerufen werden. Aber – in der Kürze liegt die Würze – eine SMS darf nicht länger als 160 Zeichen sein. Nachdem der Text eingegeben ist, wird die Handynummer des Empfängers gewählt und die Nachricht abgeschickt. Sie geht dann via Mitteilungszentrale des Netzbetreibers an den Empfänger. Falls dieser gerade nicht erreichbar ist, wird die SMS gespeichert und gesendet, sobald er wieder eine Netzverbindung aufgebaut hat.

SMS-Spiele basieren auf eben diesen Kurznachrichten, und das Angebot an Games lässt schon jetzt keine Wünsche offen: Das Portfolio des deutschen Herstellers Handy Games etwa umfasst momentan allein schon 25 SMS-Titel, die von klassischen Kartenspielen wie SMS „Blackjack“ und „Poker“ über Glücksspiele wie „Bingo“, „Wheel of Fortune“ oder „Slotmachine“ bis hin zu Games aus der Kategorie Sport wie etwa „Racing“ oder dem Kicker-Game „Penalty Shooting“ reichen. Und wem sein Terminkalender nicht genug Zeit für den Golfplatz lässt, der kann zwischendurch per Handy üben, um in Form zu bleiben. SMS „Golf“ aus dem Hause Handy Games bietet nämlich alles, was das Golferherz begehrt: Drei verschiedene Schläger-Arten, variierende Wetterverhältnisse und ein sich zufällig änderndes Spielfeld sorgen dafür, dass das Spiel auch auf Dauer interessant bleibt.

User, die intellektuelle Herausforderungen lieben und gerne über logischen Problemen brüten, sind bei SMS „Codebreaker“ genau richtig. Hier gilt es auf möglichst kurzem Wege einen aus vier Symbolen bestehenden Code zu knacken. Wem das nicht abenteuerlich genug ist, der kann mit „Goldfinder“ auf Schatzsuche gehen und dabei seine Buddelfähigkeit kreuz und quer auf einer virtuellen Insel unter Beweis stellen.

Freunde von Multiplayer-Spielen kommen ebenfalls auf ihre Kosten: bei Handy Games „Teamfight" z.B. können sich sogar ganze Mannschaften SMS-Kämpfe liefern.

Für Kunden von D1 und D2 bietet die Firma zed (Sonera) außerdem das Spiel „Trivial Pursuit" per SMS. Dem User werden Fragen gesimst, die er dann durch Wahl der korrekten Multiple-Choice-Antwort beantworten muss. Aber Vorsicht! Pro gestellter Frage fallen 0,30 DM an, und jede eigene SMS-Antwort schlägt mit saftigen 0,39 DM zu Buche!

Aber auch außerhalb Deutschland sind SMS-Spiele sehr beliebt: so hat der finnische Entwickler RIOT-E unlängst den Bestseller und Kinohit „Bridget Jones" Diary" aufs Mobiltelefon gebracht, bei dem sich interessierte User per SMS über Liebesleid und gegenwärtigen Alkohol- und Zigarettenkonsum der Protagonistin informieren können. Im Notfall kann man sich auch selbst unter der Rubrik „Ask Bridget" Rat holen, der dann ebenfalls als Kurznachricht auf dem Display landet.

Ein Beispiel dafür, worauf bei der Entwicklung von SMS-Games geachtet werden sollte, ist das von D2 in Zusammenarbeit mit Wearix entwickelte Spiel „Zoing". Als „Multiplattformspiel" für PC und Mobiltelefon gedacht ist „Zoing" eine Art „Tamagotchi", das im Handy des Users lebt. Dieser muss das Tierchen füttern, pflegen und unterhalten, damit es groß und stark wird. Dabei sollen Wettbewerbe, Foren und Chats den Kontakt zu anderen Spielern gewährleisten und die Interaktivität erhöhen. Obwohl „Zoing" schwerlich einen Preis für innovative Game-Ideen gewinnen dürfte, ist dessen Grundidee an sich sicherlich nicht schlecht. Leider dämpfen lange Befehle und eine insgesamt zu komplizierte Steuerung aber auf Dauer den Spielspaß.

Generell erfreut sich der SMS-Dienst in Deutschland enormer Beliebtheit: Die Wachstumsrate der Nutzer des Kurznachrichten-Dienstes betrug hierzulande allein zwischen 1994 und 1998 ca. 192 Prozent pro Jahr, und gerade unter Jugendlichen ist das Handy mittlerweile ein nicht wegzudenkendes Status-Symbol. Nach jüngsten Untersuchungen des Göttinger Instituts für Sensorikforschung und der conVISUAL AG verschicken die Deutschen rund 17 SMS pro Woche, wobei sich diese Zahl bei den unter 20-jährigen sogar auf 20,3 erhöht.

Wirft man einen Blick gen Osten auf den riesigen asiatischen Markt, so vervielfachen sich diese Werte noch. In China etwa generierte das von dem Provider Linktone entwickelte SMS-Spiel „Intelligent Quotient Quiz" allein über 1,4 Millionen Kurznachrichten, bei einer wöchentlichen Wachstumsrate von schwindelerregenden 41 Prozent.

Betrachtet man diese Zahlen, so liegt auf der Hand, warum sich eine stets wachsende Zahl von Firmen der Entwicklung von auf Kurznachrichten basierenden Spielen widmet.

Dabei bieten sich prinzipiell zwei verschiedene Business Modelle an: es kann entweder ein bestimmter Festpreis für die Nutzung der Games über einen bestimmten Zeitraum vereinbart werden, oder aber der Preis errechnet sich aus den Zugriffszahlen der User.

WAP-Spiele

Wem die Auswahl an vorinstallierten und SMS-Spielen nicht reicht, dem bleibt die Anschaffung eines WAP-fähigen Handys.

Einen Sonderweg geht mit i-mode Japan, welches sich im Land der aufgehenden Sonne enormer Beliebtheit erfreut. Eingeführt wurde i-mode im Februar 1999 von Japans größtem Mobilfunkanbieter NTT DoCoMo. Es bietet im Prinzip dieselben Serviceleistungen wie WAP, hat aber gegenüber letzterem ein paar Vorteile: Während hierzulande „Ausflüge" ins Internet per WAP-Handy noch rein nach Zeit berechnet werden, bezahlt der japanische Kunde nur das tatsächlich empfangene Datenvolumen. Mit anderen Worten: User können ohne jegliche Kosten ständig online sein. In Deutschland ist eine Abrechnung per Datenvolumen mit der Einführung des schnellen GPRS-Standards geplant. Ein weiterer Vorteil ist, dass sich auf dem i-mode-Browser im Gegensatz zum WAP auch animierte und farbige Grafiken darstellen lassen. Momentan können deutsche User nur über WAP auf das mobile Internet zugreifen. Auf WAP wird zugegriffen, indem im Handy-Menü die Funktion „Internet" gewählt wird. Dadurch wird der Browser gestartet und die vorab gespeicherte Startseite aufgerufen. Zwar sind momentan noch nicht alle Websites mit WAP-Handys abrufbar, jedoch wächst ihre Zahl täglich, wenn nicht gar stündlich. Während die Darstellung komplexerer Informationen auf dem relativ kleinen Handy-Display noch zu wünschen übrig lässt, ist das bei Spielen für das Mobiltelefon weniger ein Problem. Denn dass die Größe des Displays bei inhaltlich anspruchsvollen und technisch hochwertigen Unterhaltungsanwendungen zweitrangig ist, wissen wir spätestens seit der Erfolgsstory des Gameboy.

Die Entwicklung von WAP eröffnet daher gerade im Bereich des mobilen Entertainment völlig neue Horizonte, denn zur insgesamt größeren Auswahl kommt die Option des Multiplayer-Erlebnis hinzu. WAP bietet Möglichkeiten, die das Spielerherz höher schlagen lassen – so können etwa Tools zu bereits begonnenen Spielen, oder auch ganz neue Spiele auf das Mobiltelefon heruntergeladen werden. Der User bleibt also durch komplexere und insgesamt anspruchsvollere Spiele ans Gerät gefesselt.

Gedacht sind diese Spiele weniger als Konkurrenz zu „klassischen" Computer- und Videogames, vielmehr sollen die verschiedenen digitalen Geräte miteinander gekoppelt werden. Es werden dann mehrere Kommunikationskanäle parallel benutzt, und die Story spielt sich dann nicht nur auf dem WAP-Browser des Mobiltelefons ab, sondern wird auch durch Kurznachrichten oder Telefonate mit dem Servicecomputer ergänzt. Die User können so unterwegs per Handy spielen oder Spielcharaktere trainieren und abends dasselbe Spiel am heimischen PC fortsetzen. Bei Kommunikationsproblemen (etwa durch Tunnelfahrt oder Anruf) gewährleistet die Software, dass das Spiel auch nach einer Unterbrechung fortgesetzt werden kann. Bezahlt werden kann pro Spiel, je nach Spieldauer oder aber im Abonnement. Dabei sind WAP-Anwendungen mit Multiplayer-Feature schon lange nicht auf „Klassiker" wie „Dame", „Mühle" oder „Schach" begrenzt, sondern sind auch bei völlig anderen Spielen einsetzbar. Ein gelungenes Beispiel für ein solches Multiplayer-Spiel ist „Soccer Manager" aus dem Hause Handy Games.

Hier sollen die Spieler ein Fußball-Team managen, indem sie Kicker kaufen und verkaufen und besonders vielversprechende Sportler entsprechend trainieren. Wie erfolgreich die eigenen Managerqualitäten sind, wird dann zu bestimmten Zeiten im Live-Fußballmatch einer bestimmten Liga gegen Teams anderer Manager auf die Probe gestellt.

Wie bei SMS gibt es mittlerweile WAP-Spiele aller Genres, die auch für PC- und Online-Games erhältlich sind. Das Portfolio des Hassfurter Herstellers Handy Games beispielsweise umfasst mittlerweile ein breitgefächertes Sortiment von über 20 WAP-Titeln, das für jeden Spielergeschmack etwas bietet. Das Angebot reicht von klassischen Denkspielen über Actiongames bis hin zu graphisch anspruchsvollen Simulationen. Pokerfreunde haben bei Handy Games gleich drei verschiedene Varianten des Casino-Klassikers zur Auswahl: Als Singleplayer in „Videopoker" gegen die CPU oder wahlweise als „Multiplayer Poker" gegen Mitspieler aus Fleisch und Blut. Wem das zu bieder ist, dem bleibt immer noch der Griff zu „Strippoker", bei dem der User sich sexy virtuelle Gegner aussuchen kann, gegen die er dann sein letztes Hemd verspielen kann.

Besondere Ansprüche sowohl an städtebauliche Fähigkeiten als auch an die Geschäftstüchtigkeit des Spielers stellt die Wirtschaftssimulation „WAP Transport": Hier gilt es virtuelle Städte aus dem Nichts zu schaffen, wobei zunächst die Grundvoraussetzungen für die Besiedlung in Form von Infrastruktur geschaffen werden müssen. Nachdem eine gewisse Anzahl von Straßen, Bahnverbindungen und Kanälen gebaut worden ist, müssen Geldquellen erschlossen werden, um neue Bauvorhaben zu finanzieren. Der Spieler kann dies z.B. durch Erhöhung des Fahrkartenpreises versuchen, muss jedoch berücksichtigen, dass Fahrgäste bei überzogen hohen Transportkosten lieber zu Hause bleiben.

Der Spieler hat bei „Transport" sechs verschiedene Länder sowie ein riesiges Sortiment an verschiedenen Fahrzeugen zur Auswahl. Dies und die sich parallel zur Bebauung konstant verändernde graphische Darstellung der Städte machen „Transport" zu einem der anspruchsvollsten WAP-Spiele, die bald auf dem deutschen Markt erhältlich sind.

In der Kategorie „Rollenspiel" ist das WAP-Spiel „Knights" zu finden, bei dem der Spieler die heilige Krone des Skelettkönigs Darius finden soll. Auf seiner Suche muss er in finsteren Verliesen böse Kreaturen bekämpfen und Hilfsutensilien aufspüren. Durch erfolgreichen Zweikampf und das Auffinden von Waffen und Schlüsseln wird aber das Ziel erreicht. Hobby-Strategen können ihre Fähigkeiten bei „WAP War" oder „Tanks" testen. „Tanks" ist ein Single- und Multiplayer Game und kann wahlweise gegen einen menschlichen Gegner oder die CPU gespielt werden. Der User kann zwischen verschiedenen Panzermodellen wählen und hat außerdem die Option, durch gegnerischen Beschuss entstandene Schäden am eigenen Panzer zu reparieren. All diejenigen, denen ein Panzerkampf nicht blutig genug ist, können sich an einem von Handy Games neuesten Spielen versuchen: „Massacre", dem mit Sicherheit brutalsten WAP-Game, das momentan in Deutschland über einfarbige Handy-Displays flackert.

Verkannte Kriminologen kommen bei dem Adventure Game „Interpol" voll auf ihre Kosten, denn hier geht es auf internationale Verbrecherjagd. Der Spieler verfolgt den Gangster rund um den Globus und sammelt unterwegs Clues zum jeweiligen Aufenthaltsort des Gesuchten. Zwischendurch muss immer mal wieder ein Haftbefehl beantragt werden, denn sonst kann es sein, dass man den Burschen wieder laufen lassen muss.

Die eigene Beziehungsfähigkeit kann mit dem WAP „Girlfriend" auf die Probe gestellt werden: hier geht es darum, eine erfolgreiche Beziehung zu führen und seiner virtuellen Partnerin alle Wünsche von den Augen abzulesen. Besonders wichtig bei diesem Spiel ist, dass regelmäßig gespielt wird, denn die Dame kann ziemlich sauer werden wenn man sie zu lange vernachlässigt, und das Ganze wird dann schnell zu einer verhängnisvollen Affäre!

Wer nach Kriegsführung, Verbrecherjagd und Beziehungsstress ein bisschen Ruhe braucht, kann sich bei „Fishing" und einer Runde Angeln entspannen. Nachdem Köder und Zubehör gewählt sind, kann man sich Neptun und Thor aussetzen und auf Petri Heil hoffen.

Betrachtet man das Handy Games Portfolio genauer, so fällt vor allem die enorme Bandbreite der Spiele auf. Darin offenbart sich das Geschäftskonzept des Unternehmens, nämlich durch ein möglichst breitgefächertes Angebot ganz verschiedene Spielernaturen anzusprechen.

Ein weiterer Großanbieter im deutschen Raum ist das Unternehmen Ludigames, ein Spezialist bei Spielen für mobile Endgeräte vom WAP-Handy bis hin zum PDA. Ludigames entwickelt und vertreibt unter der Marke Ludiwap WAP- und SMS-Spiele. Für PDAs entwickelt Ludigames hochwertige Spiele beispielsweise mit dem berühmten Spieleheld Rayman aus den gleichnamigen Computerspielen. Entstanden ist das Unternehmen im Frühjahr 2000 aus einer Initiative zwischen Ubi Soft und der Guillemot Corporation, und es operiert heute weltweit. Als Tochter dieser beiden verfügt Ludigames über großes Know-how im Bereich Spieleentwicklung und Zugriff auf starke Lizenzen.

Ludigames und Handy Games haben ein seit Juli 2001 gültiges Distributionsabkommen, das es Ludigames erlaubt, die WAP- und SMS-Spiele von Handy Games national und international zu vermarkten. Gemeinsam können die beiden Firmen nun mit dem europaweit größten Portfolio dieser Art aufwarten, und Kunden haben bei mehr als 110 WAP- und SMS-Spielen reiche Auswahl. Außerdem widmet man sich seitens der Unternehmen bereits jetzt der Entwicklung erster Spiele für die nächste Generation von Mobilfunkgeräten, wobei man mit all diesen Maßnahmen das ehrgeizige Ziel verfolgt, sich langfristig als Marktführer zu etablieren.

Java-Games

Bei Java handelt es sich um eine plattformübergreifende Programmiersprache, die der Spiele-Branche neue Horizonte aufzeigt. So kann z.B. auf entfernt liegende Objekte durch Java-Programme sehr einfach über das Internet zugegriffen werden. Java-Programme werden dabei nicht direkt vom Prozessor ausgeführt, sondern von einem speziellen Programm, dem sogenannten „Interpreter". Einerseits entfallen beim Entwickeln verschiedene Schritte, wie etwa das Verknüpfen verschiedener Programmteile („Linken"), andererseits ist ein großer Nachteil die langsamere

Ausführungsgeschwindigkeit. Jeder kennt das Problem mit den verschiedenen Rechner- und Betriebssystemen: Auf dem einen läuft es, auf dem anderen läuft es nicht. Auch hier greift das Compiler/Interpreter-Konzept: Der Compiler übersetzt das Programm in den sogenannten „Bytecode", der völlig unabhängig von irgendeinem bestehenden Prozessor ist, auf dem das Programm später vielleicht einmal laufen wird. Für die Spiele-Branche bedeutet das: Java wird es möglich machen, sich Spiele aus dem Internet direkt aufs Mobiltelefon herunterzuladen, zu installieren und loszuzocken.

Eine Ausführung solcher heruntergeladenen und auf dem Handy installierter Programme kann dann offline und somit ohne Telefongebühren erfolgen. Im Augenblick gibt es zwar schon die ersten Handys mit der Java 2 Micro Edition, wie erfolgreich die Sache aber langfristig wird, hängt wie immer von der Akzeptanz seitens der Verbraucher ab.

Die Firma Handy Games hat momentan bereits zwei Java-Games in ihrem Portfolio: Space Vikings und Action Soccer. Der Download kann über Datenkabel oder Infrarot-Schnittstelle erfolgen, wobei langfristig auch das Herunterladen „Over-the-air" angestrebt wird. Bei Java wird das Spiel einmal heruntergeladen und wird dann quasi zu einer Art Embedded Game. Hier sind zwar qualitativ hochwertige Spiele möglich, jedoch bremst die mindere Geschwindigkeit das Spielvergnügen aufgrund langsamer Prozessoren und mangelndem Speicher.

Ausblick

Drawback bei WAP-Applikationen sind die hohen Kosten. Während zwar manche Anbieter außer den Verbindungskosten keine Spielgebühren erheben, kostet der Spaß bei anderen bis zu 5 DM pro Spielrunde. Relativ günstig ist das Angebot von Vodafone, bei dem Java-Spiele zu 4,95 DM heruntergeladen werden können.

Neuartige WAP-Spiele nutzen die höhere Geschwindigkeit der GPRS-Übertragungstechnik aus und machen kleinere Animationen möglich. Anstelle der sonst üblichen 9,6 kB/Sekunde treten 53 kB/Sekunde, wodurch das Spiel insgesamt schneller wird. Auch entfallen wegen der „Always-Online-Verbindung" Einwahlzeiten und Ladedauer. Da die GPRS-Technik aber noch ziemlich neu ist, wird es noch ein Weilchen dauern, bis diese Art des Spielens sich durchsetzt. Generell spricht zwar alles für „Mobile Entertainment" als dem Markt der Zukunft, jedoch müssen noch einige Hemmfaktoren wie eben der hohe Preis des mobilen Internets und geringe Übertragungsgeschwindigkeiten überwunden werden.

Markus Kassulke, Handy Games Geschäftsführer, sieht die Zukunft des mobilen Zeitvertreibs klar bei UMTS und Java. UMTS wird mit einer Datenübertragungsgeschwindigkeit von zwei Megabit pro Sekunde völlig neue Anwendungen ermöglichen, während bei Java der User entscheidet, welches Spiel er auf der Spielkonsole Handy haben will.

3.9 Mobile Government: Die Stadt als Dienstleister

Franz-Reinhard Habbel

Städte und Gemeinden, die ihre Informationen, Produkte und Dienstleistungen den Bürgern und Unternehmen zu jeder Zeit an jedem Ort anbieten können, werden im weltweiten Standortwettbewerb ganz vorn liegen. Mobile Government präsentiert Daten der öffentlichen Hand über das Internet auf Mobilfunktelefone oder andere mobile Geräte.

Internet und Mobilfunk: Gemeinsam verändern sie die Welt der Kommunikation

Die Veränderungen, die das Internet künftig auslösen wird, sind heute nur zu erahnen. E-Commerce und E-Business machen einen ersten sichtbaren Anfang. 304 Millionen Menschen weltweit nutzen das Internet. Dies sind 100 Mal mehr als 1994. Jeden Tag entstehen 3 Millionen neue Websites. In den USA hat inzwischen die halbe Nation Zugang zum Internet. In Deutschland werden Ende 2001 mehr als 30 Millionen Menschen online sein. Alle 40.000 deutschen Schulen sind mit dem Internet verbunden.

Experten gehen davon aus, dass im Jahre 2003 über 800 Millionen internetfähige Mobiltelefone auf dem Markt sein werden. Im Jahr 2004 schätzt man, wird die Zahl der Mobiltelefone die der Fernsehgeräte übersteigen. So nutzen zu Beginn dieses Jahres 200 Millionen EU-Bürger, d.h. mehr als 50 % ein Mobiltelefon. Der SMS-Kurznachrichtendienst wächst rasant. Allein in Deutschland wurden im Jahr 2000 ca. 15 Milliarden SMS-Nachrichten über das Handy ausgetauscht, Tendenz steigend.

Dienste auf UMTS-Basis werden künftig mobile multimediale Anwendungen möglich machen und zu einer neuen Qualität von Dienstleistungen führen. Staat und Kommunen werden ihre Datenschränke öffnen und Bürgern und Unternehmen Wissen hierüber bereit stellen.

Fast 5000 Städte und Gemeinden in Deutschland präsentieren sich im Internet. Nach neuesten Untersuchungen werden in den Verwaltungen mit mehr als 50.000 Einwohnern Ende 2001 über 80 % der Mitarbeiter einen E-Mail-Anschluss haben.

Kommunikation und Mobilität, Innovation und Stabilität bilden das magische Viereck des neuen Jahrhunderts. Wie werden wir in der Informations- und Wissensgesellschaft leben, arbeiten und unsere Freizeit verbringen? Wie werden Innovation und Stabilität in der Gesellschaft mit Werten und Leitbildern in eine Balance gebracht? Wie werden wir Freiheit und (Selbst)verantwortung in einer globalen Welt sichern und ausbauen?

Nicht das Internet ist die Revolution, sondern die Vernetzung. Menschen mit Menschen, Dinge mit Dingen und Menschen mit Dingen zu verbinden, macht die Welt kommunikativ. Es sind die wissensbasierten Produkte und Dienstleistungen, die dem Bürger Sicherheit, Orientierung und spezielle Services bieten, smart und flexibel. Sie sind personalisiert, stehen im Hintergrund verfügbar, ohne aufdringlich zu sein und werden vom Bürger je nach individuellem Bedarf von unterschiedlichen Geräten automatisch abgefragt. Der elektronische Public Service wandert mit, egal mit welchem Gerät man sich in das Netz begibt. Reduktion der Information heißt das Zauberwort. Nur das ist an Informationen relevant, was die jeweilige Lebenssituation dem Einzelnen gerade abfordert. Öffnungszeiten, Besucherfrequenzen und Spezialangebote gehören zu diesem Streaming-Service genauso wie Umwelt- und Gesundheitsinformationen.

Government21: Von der Bürokratie zur Freiheit

Der Wandel von der Industrie- zur Informations- und Wissensgesellschaft stellt auch Politik und Verwaltung vor neue Herausforderungen. Das Internet wird die Verwaltung verändern. Fast alle administrativen Geschäfts- und Verwaltungsprozesse werden künftig vollständig im Internet abgebildet. Das Internet macht die Gesellschaft kommunikativer und damit offener. Es stärkt die Eigeninitiative und Selbstverwaltung der Menschen. Immer mehr Menschen wollen sich selbst verwalten. Vom Vater Staat zum Partner Staat heißt die Devise. Staat und Kommunen werden ihre Aufgaben effizienter und effektiver organisieren. Es besteht kein Zweifel: Nur wenn Wirtschaft, Politik und Verwaltung konsequent moderne Informations- und Kommunikationstechniken einsetzen und nutzen, wird Deutschland in der Lebensqualität und Standortgunst ganz vorne liegen. Eine moderne, flexible, smarte und wissensbasierte Verwaltung ist der Impulsgeber für nachhaltiges Wachstum und gesellschaftliche Entwicklung in der vernetzten Welt des 21. Jahrhunderts. Information und Kommunikation ist der Schlüssel für einen effizienten und effektiven Staat. E-Government heißt das Stichwort. Darunter versteht man die Leistungserbringung sowie die internen und externen Beziehungen des Staates und der Kommunen zu Bürgern und Unternehmen einschließlich der Partizipation mittels moderner Informations- und Kommunikationstechnik. Mobile Government ist die Weiterentwicklung des E-Government zu einer universellen, zeit- und ortsunabhängigen Dienstleistung des Staates und der Kommunen.

Smart und flexible: Weniger Verwaltung – mehr Services

Internet und Mobilität bedingen sich gegenseitig. Aufgabe des M-Government ist es, Menschen und Unternehmen als Partner im Hintergrund zu begleiten, sie zu fördern und zu entwickeln. Ziel ist es, die Freiheit einschränkende Bürokratie abzubauen und Services zu verbessern.

M-Government darf nicht allein den Technikern überlassen werden, es ist ein hochpolitisches Thema. Die Bürger wünschen sich eine Verwaltung, die nicht zur Last wird, die keine langwierigen und komplizierten Antragsverfahren erfordert, die das Warten in unwirtlichen Räumlichkeiten überflüssig macht, die berät und mediengerechte Programme für die Welt von morgen bereitstellt.

Die städtische Website ist mehr als ein Antrags- oder Bestellkatalog, sie muss sich zu einem Eingangstor in den Lebens- und Arbeitsraum Stadt/Region entwickeln und multimediale Dienstleistungen anbieten. Bürger und Unternehmen werden künftig fragen, was bietet mir die Website meiner Stadt für ein Programm an? Welche Möglichkeiten bietet mir das Programm, mich zu entwickeln, mein Leben zu gestalten, mich fit zu machen in Fragen der Bildung und der Gesundheit, in der Bereitstellung von Kommunikationsräumen zum Beispiel durch Redaktionstools, sich zu treffen und Gemeinschaften zu bilden?

Die heute in den Verwaltungen überwiegend vorherrschenden statistischen Lebenslagen werden morgen die dynamischen Lebenswirklichkeiten abbilden müssen. In Zukunft reicht es nicht, die Lebenslage Führerschein lediglich mit einem Formular zu offerieren. Führerscheinneulinge haben besondere Bedürfnisse, für sie sind zum Beispiel Sicherheitstraining, Verkehrsinformationen, vielleicht auch eine Community interessant. Arbeitssuchende könnten neben Antragsformularen zur Gewährung von finanziellen Hilfen auch Services zur Offerierung ihrer speziellen Fähigkeiten auf einer Website nutzen. Frauen, die ein Kind erwarten, möchten sich vielleicht mit anderen Frauen austauschen, Geburtskliniken kennen lernen und sich auf die Geburt ihres Kindes vorbereiten. Die Lebenswirklichkeit im Netz abzubilden bedeutet, Bürgern Instrumente zur Kommunikation und Navigation sowie Kommunikationsräume zur Verfügung zu stellen, personalisierte Informationen automatisch miteinander zu verbinden, sie individuell zu bedienen.

New State: Mobiles regieren und verwalten

Die städtische Homepage wird weit mehr, als nur ein zusätzlicher Zugangskanal zur Verwaltung. Sie wird zu einem bedeutenden Medium der Kommunikationsgesellschaft und mobiles Regieren und Verwalten möglich machen. M-Government ist ein serviceorientiertes Portal. Es verknüpft die physische mit der digitalen Welt zu einer Einheit. Es begreift den Mensch als Individuum und stellt ganzheitliche Leistungen aus allen Bereichen der Verwaltung und auch aus der Wirtschaft zielgenau zur Verfügung (Just in Working).

M-Government macht die Verwaltung dynamisch. Alles ist im Fluss. Nichts ist statisch. Die am Horizont auftauchende Kommunikationsgesellschaft verlangt nach einer transparenten und offenen Verwaltung, die sich ständig neuen Herausforderungen flexibel anpasst. Abgeschottete und feste Strukturen werden einer ganzheitlichen Bürger- und Kundenorientierung nicht gerecht.

Bürger werden künftig Dienstleistungen von verschiedenen Gemeinden erhalten. Warum soll es nicht möglich sein, die Ausstellung eines Reisepasses im Wettbewerb auch über eine andere Gemeinde abzuwickeln?

Problemlösungsnetzwerke lösen künftig eindimensionale Aufgaben ab. Intelligente Websites, die mit ihrer Umgebung kommunizieren, verbessern den Service. So wie Schaufenster im Winter umdekoriert werden und winterliche Kleider präsentieren, müssen auch die städtischen Websites sich den jeweiligen Verhältnissen anpassen. Dies bedeutet: Wetterservices, Informationen zur Streupflicht, usw. müssen automatisch auf die Homepage hochgespielt werden. Künftige Webpages nutzen Temperaturfühler und sortieren sich entsprechend den Verhältnissen immer wieder neu. Ein solches Vorgehen ist erst durch den neuen XML-Programmierstandard möglich geworden, der jetzt seinen Siegeszug antreten wird. Durch diesen neuen Standard werden Informationen im Web durch Zuordnung von Funktionen intelligent gemacht. Das Datum, die Anschrift, oder die Telefonnummer werden auf der Website in ihrer Funktion erkannt; so kann man beispielsweise die Telefonnummer anklicken, um sie anzuwählen, oder in ein Telefonregister übernehmen. Geschäftsprozesse lassen sich vollständig im Web abwickeln.

Am Horizont: Neue Technologien

Erste Wireless LANs ermöglichen den drahtlosen Zugang zu Informationen mit hoher Geschwindigkeit aus Hotels, Flughäfen, Bibliotheken und Universitäten. Location based services (LBS) bringen Information bezogen auf einen konkreten Standort direkt an den Mann oder die Frau, aber auch in die Maschine. Lokale Räume bekommen besondere Attraktivität, Wissenszonen entstehen. Städte und Gemeinden können auf ihrem Gebiet, Zonen des unlimitierten Access zum Internet anbieten und damit Bürgen und Unternehmen besondere Dienste anbieten. So wie vor Jahrzehnten freie Handelszonen in Häfen die Entwicklung der Städte wesentlich mit beeinflusst hat, können heute Wissenszonen Kreativität fördern und zu einem Klima der Innovation beitragen. Spezieller Content in diesen lokalen oder regionalen Räumen des Wissens führt zur Prosperität und stimuliert die wirtschaftliche Entwicklung. Die Universitäten Gießen und Hamburg nutzen diese Technologie bereits. Studenten ist es möglich, unabhängig von stationären Leitungen überall in den Universitätsgebäuden und auf dem Campus drahtlos mit dem Laptop im Internet zu surfen.

Der EU-Kommissar Erkki Liikanen fordert die Verwaltungen in Europa auf, mehr Inhalte für Handys und PDAs bereitzustellen. Mit attraktiven, bürgernahen Mobilcontent könne Europa seinen Vorsprung im Mobilbereich vor den USA nutzen und auf diesem Gebiet eine Führerschaft erringen. Nicht zuletzt forciert die Bundesregierung mit dem zukunftsweisenden Wettbewerb MobilMedia Anwendungen mobiler öffentlicher Dienstleistungen. Ziel des Wettbewerbs ist es, durch attraktive und leicht zugängliche Inhalte und Dienste aus der Verwaltung eine schnelle Verbreitung und Verwendung mobiler Multimediadienste in Deutschland zu erreichen.

Die Stadt als mobiler Lebensbegleiter: Beziehungen bleiben bestehen

Individuelle just-in-time Informationen aus den Bereichen Gesundheit, Kultur, Umwelt, Mobilität und Verwaltung stehen künftig dem Bürger jederzeit zur Verfügung. M-Government stellt jederzeit, an jedem Ort „persönliche Begleiter" den Bürgern und der Wirtschaft bereit. Auch wenn sich Bürger im Ausland befinden, bleibt die Informations- und Dienstebeziehung zur Heimatgemeinde bestehen. Eine ständige Internetverbindung eröffnet den Bürgern auch neue Wege zu mehr Freiheit und Selbstbestimmung. Kommunikative Stadt bedeutet, dass alle Informationen, die heute noch in Unternehmen, Verwaltungen und sonstigen Einrichtungen auf elektronischen Datenträgern gespeichert sind, kommunikativ gemacht werden und damit prinzipiell online gehen.

Die ganze Stadt ist das Internet

Alles kann mit allem ständig kommunizieren. Straßenlampen sind mit dem Internet verbunden und melden sich selbständig, wenn sie ausgefallen sind. So werden teuere Wartungsintervalle auf ein Minimum reduziert. Aufgabe der Städte und Gemeinden wird es in der Zukunft sein, die gesamte Infrastruktur kommunikativ zu machen und Verbindungen herzustellen. Die kommunikative Stadt von morgen informiert nicht nur, sondern verschafft den Bürgern, Besuchern oder Unternehmen Möglichkeiten der ständigen Interaktion und Transaktion. Gebäude, wie Schwimmbäder, Theater, Schulen, Einrichtungen wie Busse, Straßenbahnen und Verkehrsumleitungen sind mit Webadressen versehen und offerieren ihre Dienste und Services ständig zum Kunden. Abonnements beliefern den Nachfrager mit ausgewählten Individualinformationen oder bieten ihm spezielle Dienste an.

Das Rathaus wandert auf das Handy und liefert dem Nachfrager zum Beispiel die aktuellen Besucherfrequenzen einer Museumsausstellung, sollte er sich gerade in der Nähe des Museums befinden und sich für einen Besuch der Ausstellung interessieren. Falls der Besucher Wartezeiten in Kauf nehmen möchte und sich in eine Schlange stellt, kann er bereits über sein Handy Kontakt zu der Ausstellungswebsite aufnehmen und erste Stimmen und Eindrücke über die zu besuchende Ausstellung abhören. Denkmäler in der Stadt sind mit einer Kennziffer versehen und der Betrachter gibt über sein Handy diese ein und erhält in seiner Muttersprache einen kurzen Abriss über das Objekt mit ergänzenden Hinweisen unter einer Webadresse. Den Informationen und Services sind in der Tiefe keine Grenzen gesetzt. Der Kunde entscheidet ganz allein, wie tief er in ein Objekt „eintauchen" möchte. Alle Informationen liegen auf Internetservern und werden für unterschiedlichste Ausgabeformate auf unterschiedlichsten Endgeräten (WebTV, PDAs, PC und Handy) verfügbar gemacht. So wird die Information über das Denkmal beispielsweise auch für die Erstellung von Katalogen verwandt. Der Content wird in einem Webcontainer vorgehalten und ständig aktualisiert. Er ist damit für alle nur erdenklichen Dienste weltweit verfügbar. XML basierte Standards sorgen dafür, das auf dezentralen Servern verteilt liegende Einzelinformationen ständig zu temporären Diensten wie im Patchwork zusammengestellt werden.

Mobile Multimedia erweckt die Gebäude in den Städten mit ihren Funktionen zum Leben und macht einen unmittelbaren Zugang zu den Inhalten und Abläufen möglich, ohne erst den Ort physisch betreten zu müssen. Besucher solcher interaktiven Einrichtungen können sich in ihrem Personal Browser Favorits und Bookmarks setzen, um später dort wieder in das Informations- oder Dienstleistungsangebot einzusteigen, wo sie es vorher verlassen haben. Unabhängig von den Öffnungszeiten kann der Besucher über das Internet feststellen, ob ein Buch in der öffentlichen Stadtbücherei tatsächlich präsentiert ist. Nicht Tonnen von Informationen sind das Ziel ständiger Präsenz des Digitalen, sondern die hochdifferenzierte Individualinformation.

Der neue Blick: Realität und Virtualität ergänzen sich

Wer heute den Botanischen Garten in Berlin besucht, kann am Eingang des Parks einen PDA mieten. Dieses Gerät führt den Besucher bequem und informativ durch die bedeutsame Gartenanlage. Verbunden mit dem GPS, zeigt der PDA den genauen Standort und gibt Auskunft über Bäume und Sträucher. Bilder und verbale Erläuterungen lassen sich über das Gerät mit einem Fingertip abrufen. Weitere gehende Adressen zum Beispiel im Internet werden ergänzend angeboten. Noch sind in die Informationen auf dem PDA lokal gespeichert. Denkbar ist aber, das diese unmittelbar über das Internet aus der Datenbank des Botanischen Gartens verfügbar gemacht werden. Die während des Rundgangs angeboten Informationen könnte der Besucher auf seinem persönlichen Gerät speichern. Ergänzende Informationen im Internet könnte er zu Hause bequem von seinem PC aus aufrufen. Der Besuch im Botanischen Garten lässt sich auf jedes Museum übertragen. Erste Erfahrungen mit einem PDA werden auch in einem Düsseldorfer Museum gemacht. Hier bieten sich völlig neue Möglichkeiten für Galeristen an. Sie könnten ihre virtuellen Galerien über den PDA mit Museumsbesuchen verknüpfen und so dem Besucher einer Ausstellung weitergehende Informationen, Produkte und Dienstleistungen zur Verfügung stellen. Den Visionen sind keine Grenzen gesetzt: Nach und nach kann der Nutzer sich eine eigene persönliche Bibliothek, verfügbar über seine persönliche Homepage, aufbauen. Dort sind sowohl Informationen, als auch Zugänge zu Informationen themenorientiert gespeichert.

Management von Berechtigungen: Vom Führerschein zur unsichtbaren Legitimation

Viele Produkte und Dienstleistungen der Verwaltung werden über M-Government in den nächsten Jahren elektronisch angeboten. Beispiel Führerschein. Führerscheindaten (Anträge, Prüfungen, Bescheide) werden heute überwiegend elektronisch erfasst. Gleichwohl wird die Berechtigung dem Nutzer in Papierform bzw. als Plastikkarte (neuer EU-Führerschein) ausgestellt. Bei Kontrollen muss der Inhaber die Berechtigung vorzeigen. M-Government macht die Ausgabeform in Papier oder Plastikkarte überflüssig. Die Berechtigung zum Führen eines Fahrzeuges wird in einer Datenbank, die mit dem Internet verbunden ist, hinterlegt. Fragt ein Polizist die Berechtigung bei einer Kontrolle ab, aktiviert der Autofahrer unter Verwendung der digitalen Signatur sein Zertifikat einschließlich Bild auf seinem Handy. Dieses Verfahren kann für alle Berechtigungen, Genehmigungen und Zertifizierungen angewandt werden. Eine große deutsche Autovermietung bietet über das Handy bereits heute Buchungscodes, die gleichzeitig die Berechtigung zur Entgegennahme von Schlüssel aus einem Depot enthalten, an. Die Österreichische Bahn generiert bereits heute elektronische Fahrkarten auf das Handy. Im Zug zeigt der Kunde sein Handy mit dem elektronischen Fahrschein dem Schaffner.

Mobile Infrastructure: Parkuhren gehen online

E-Government bedeutet, die gesamte Breite der Aufgaben und Infrastruktur einer Gemeinde über das Netz abzuwickeln. Alles geht online, von der Straßenlampe über die Parkuhr bis zur Kasse und Temperaturregler im Freibad. M-Government verbindet Internet- und Mobilfunktechnologien mit Anwendungen. Bürger werden die städtische Parkuhr mit dem Handy bedienen, die Parkzeit einstellen und bezahlen. Droht das Ende der Parkzeit, werden sie automatisch über eine SMS benachrichtigt, dass die Parkzeit abläuft. Wo immer sie sich auch gerade befinden, können sie per Handy die Parkzeit verlängern und erneut bezahlen. Parallel dazu können auch die Mitarbeiter der Verkehrsordnungsbehörde abgelaufene Parkuhren per Handy orten und automatisch Verwarnungen ausstellen, die ebenfalls per SMS dem Autofahrer zugestellt werden können. Das dies alles keine Vision ist, zeigt ein solcher Testversuch in einer australischen Stadt. Dort sind 440 Parkuhren in einem Testbetrieb mit dem Internet verbunden.

Verkehrssteuerung: Mautsignale aus der Kiste

Die Verkehrssteuerung wird zu einer der tragenden Säulen eines modernen mobilen Governments. Im Jahre 2003 müssen alle Lastkraftwagen, die deutsche Autobahnen benutzen, eine entfernungsabhängige Maut entrichten. Sitzen in den Mittelmeerländern Menschen in den kleinen Kassenhäuschen an der Autobahn, oder fahren Pkw und Lkw durch automatische Erfassungsstationen wie telepage oder telepass, werden in Deutschland überhaupt keine Einrichtungen den Verkehrsfluss unterbrechen, um Gebühren zu kassieren. On Board Unit (OBU) heißt die kleine schwarze Kiste, die in jeden Lkw eingebaut wird und eine unsichtbare satellitengestützte Mautkasse darstellt. Eine Identifikationsnummer, die metergenaue Autobahnauffahrt und die Autobahnabfahrt werden über das amerikanische Navigationssystem GPS in ein Abrechnungssystem eingelesen. Verbunden mit einem Roadpricing-System kann exakt nutzenabhängig die Maut ermittelt und abgerechnet werden. Zusätzlich können die Unternehmen ihre Fracht minutengenau verfolgen. Die logistischen Informationen fließen künftig direkt in den Workflow von Produktions- und Geschäftsprozessen ein.

Öffentlicher Personennahverkehr: Die Haltestelle meldet sich selbständig

Kleine, nahezu unsichtbare interaktive Strips, angebracht an Infrastrukturen, wie Haltestellen oder an konventionellen Informationstafeln wie Plakatwänden, eröffnen den automatischen Zugang zu einer Internetadresse. Personen, die an einer Haltestelle auf einen Bus warten, empfangen auf ihrem PDA die Haltestellenidentifikation, werden automatisch mit dem Informationssystem im Internet verbunden und bekommen aktuelle Information zur Verfügung gestellt, wann genau der Bus die Haltestellen erreichen wird. Informationssuchende, die vor einem Filmplakat stehen, werden automatisch mit einer Netzadresse verbunden, die auf dem PDA eine Filmsequenz abspielt und weitere Informationen über das nächste Kino oder Reservierungs- und Zahlungsmöglichkeiten zur Verfügung stellt.

Rettungswesen: Der Feuerwehrmann sieht doppelt

Feuerwehrleute stehen immer wieder vor großen Herausforderungen. Sie finden bei Rettungsvorhaben immer wieder neue Situationen vor, die sie mangels Informationen nicht optimal einschätzen können. Viele dieser Information liegen aber in Datenbanken, irgendwo auf der Welt gespeichert, vor. Sie blitzschnell verfügbar zu haben und auf die reale Situation abbilden zu können, wäre eine große Hilfe. Mobile Kommunikationssysteme machen dies möglich. Dem Feuerwehrmann wird virtuell durch Laser in das Sichtfeld ihres Helms eine Information über das Gebäude (Größe, Raumstrukturen, Nutzungsformen, gefährliche Güter), welches sie gerade betreten, gespielt. Reale und virtuelle Informationen werden so aufeinander gelegt (Mapping), dass der Feuerwehrmann sich umfassend informieren und entsprechend handeln kann. So kann sich der Feuerwehrmann ein Bild machen über die reale Größe eines von Rauch umgebenen Raumes oder Informationen über Treppenaufgänge und gefährliche Stoffe in Räumen bekommen. Die Daten sind in einer geocodierten Datenbank, irgendwo im E-Government gespeichert und werden blitzschnell über das Internet mobil kommuniziert.

Kinderbetreuungen: Suche nach Tagesmutter per SMS

In Deutschland gibt es viel zu wenig Transparenz über Betreuungsangebote für Kinder. Zwar gibt es viele Städte, die das Internet inzwischen für interaktive Reservierungen von Wunschkennzeichen durch die Bürger nutzen, für die Kinder erwerbstätiger Frauen wird aber viel zu wenig getan. Aktuelle Angebotsübersichten über Betreuungsplätze von kommunalen Kindergärten, kirchlichen und freien Trägern, privaten Agenturen und Tagesmüttern sind für die erwerbstätigen Frauen von großer Bedeutung. Allein 800.000 Hortplätze fehlen in Deutschland. Viele Frauen können nicht arbeiten, weil die Betreuung ihrer Kinder nicht sichergestellt ist. Über eine zentrale Website könnten Kommunen Angebot und Nachfrage nach freien Betreuungsplätzen für Kinder jederzeit aktuell zusammenbringen. Das Internet bietet hierfür ideale Möglichkeiten der Vernetzung. Anbieter von Betreuungsplätzen könnten über ein Redaktionssystem, auf das sie mobil zugreifen, nach entsprechender Autorisierung ihre freien Kapazitäten und weitere Informationen den Müttern zur Verfügung stellen. Dies wäre für die ad hoc-Suche von Betreuungsplätzen eine große Hilfe. Mittels geografischer Informationssysteme wäre es ohne weiteres denkbar, dem Haushalt oder dem Arbeitsplatz nächstliegenden freien Betreuungsplatz blitzschnell ausfindig zu machen. Die Informationen könnten per SMS auf das Handy gesendet werden.

Mobile Health: Revolution im Gesundheitswesen

Für die Reform des Gesundheitswesen in Deutschland kommt der modernen mobilen Informations- und Kommunikationstechnik große Bedeutung zu. Die schnelle Auswertung medizinischer Daten von Risikopatienten hat direkte Auswirkung auf die Qualität des Gesundheitswesen und auf die Kosten. Viele dieser Patienten könnten in ihrer häuslichen Umgebung bleiben, wenn eine schnelle Verbindung zum Arzt hergestellt werden könnte.

In Dresden werden in den Krankenwagen jährlich bis zu 80.000 Notfallinformationen von Patienten über Eingabegeräte elektronisch erfasst und sofort in der Unfallstation des Krankenhauses eingelesen. Mittels mobiler Kommunikationsgeräte könnte der Patient medizinische Daten live aufzuzeichnen und sie an Servicecenter weiterleiten. Dort werden die Informationen von einem Arzt analysiert und entsprechende Maßnahmen eingeleitet.

Weitere mobile Anwendungen

Viele weitere M-Government Anwendungen sind denkbar. Zahlungsvorgänge in öffentlichen Einrichtungen, zum Beispiel Schwimmbädern bis hin zu den Verstößen im Straßenverkehr (im Volksmund Knöllchen genannt) können über M-Government abgewickelt werden. Zahlungsströme könnten dadurch geographisch und zeitlich ausgewertet werden. Die Verwaltung könnte an Hand von Häufigkeitsprofilen die Ursachen von Parkverstößen schneller und direkter erkennen und durch andere zum Beispiel bauliche Maßnahmen, vorbeugend verändern.

Theaterkarten könnten als Datei auf das Handy gebucht werden. Mittels der Infrarotschnittstelle am Handy geht der Theaterbesucher an dem Einlasskontrollbalken vorbei. Dort wird die Berechtigung automatisch abgebucht. Newsletter für lokale und regionale Unternehmer, Aktionsbörsen, neueste Informationen über Ausschreibungen könnten die Stadt und Gemeinde als Lieferant von Wissen auszeichnen.

Was ist beim Aufbau von M-Government zu beachten?

1. Bei der Konzeption und dem Aufbau von Portalen sind die Endgeräte und die Anschlussdichte der Bevölkerung von morgen stärker zu berücksichtigen.
2. Notwendig ist eine formatfreie Informationsstruktur (XML). Die Information ist so zu strukturieren, dass sie formatfrei in einer Datenbank für unterschiedliche Ausgabeformate multimedial zur Verfügung gestellt werden kann. Beispiel: So sind Wetterinformationen so abzulegen, dass sie einerseits just-in-time auf ein Handy gespielt werden können, anderseits als Softwarecode Prozesse in Heizungsanlagen automatisch anstoßen.
3. Der One-Stop-Shop im Portal wird sich erweitern zu einem Non-Stop-Shop. Die Verwaltung wird künftig Leistungen antragslos im Abonnement streamen. Kreditkartengesellschaften schicken heute einem Kunden nach Ablauf der Gültigkeit der Karte automatisch ein neues Exemplar zu. Warum sollte das nicht auch mit einem Pass oder einer anderen Legitimation aus der Verwaltung gehen?
4. Durch die Personalisierung wird es möglich, der ausländischen Bevölkerung in ihrer Heimatsprache Informationen zur Verfügung stellen und den Prozess der Integration zu fördern. Ein Center of E-Integration im Internet könnte Produkte und Dienstleistungen für alle Städte in Deutschland oder Europa managen.
5. Mobile Gov-Portale müssen Dienste im Abonnement zur Verfügung stellen, z.B. Wetterdaten, Bildungsangebote und Verkehrsinformationen.
6. In mobilen Gov-Portalen sind ausgewählte Angebote aus der Wirtschaft, den Medien und der Wissenschaft mit aufzunehmen. So sind Fahrzeugnavigationssysteme, die just-in-time die Staus empfangen, auch ein Teil eines umfassenden Government-Portals. Ziel ist es, die Government-Portale zu einem Life-orientierten Service auszubauen, der auch Wirtschaft und Entertainment mit einbezieht.

3.10 Status und Szenarien für eHome-Services
Strategische und operative Handlungsmöglichkeiten am Beispiel der RWE Powerline GmbH

Gerd Mittich

Zwei technologische Entwicklungen haben in den letzten Jahren das Angebot an innovativen Produkten und Dienstleistungen entscheidend beeinflusst: das Internet und die mobile Kommunikation. Das Zusammenwachsen dieser Bereiche ist die logische Konsequenz der Vision, Daten in Form von Sprache, Schrift und Bildern zu jeder Zeit und von jedem Ort verfügbar zu machen.

Bereits heute zeigen Hardwarehersteller und Service-Provider auf, welche elektronischen Dienste und mobilen E-Business-Lösungen möglich sein werden. Offen bleibt die Frage, welche Inhalte für den Kunden am interessantesten sind und für welche mobilen Services er bereit ist, Geld auszugeben.

Mehrwertdiensten, die auf dem Datentransfer zwischen mobilem Endgerät und dem Zuhause basieren, wird in diesem Zusammenhang ein großes Marktpotenzial zugeschrieben. Die Steuerung von Geräten und Anlagen im Haus z.B. über WAP ist dabei nur der Anfang eines Evolutionspfades. Spätestens mit der Übertragungstechnik UMTS wird eine neue Generation von Mehrwertdiensten verfügbar sein, die sogar die Übertragung bewegter Bilder aus dem Haus beinhaltet.

Die neue Dimension eines mobilen Zuhause

Vernetzung

Die Vernetzung im Haus wird in der Zukunft des modernen Bauens und Wohnens eine erhebliche Rolle spielen. Dass diese Aussage nicht nur Wunschtraum von Hardware-Herstellern, Installateuren und anderen davon profitierenden Bereichen ist, bestätigen aktuelle Kundenbefragungen. So gaben beispielsweise 75 % von 1000 befragten Online-Nutzer aus Deutschland in einer Studie des Beratungsunternehmens Media Transfer AG an, dass Sie sich ein Haus wünschen, in dem alle technischen Geräte und Funktionen miteinander vernetzt sind und von einem Zentralrechner überwacht und gesteuert werden. Ähnlich positive Aussagen für die Marktentwicklung lassen sich auch aus den Marktstudien der RWE Powerline GmbH ableiten. Auch hier beurteilen die Interviewten intelligente sowie flexible, und zentral steuerbare Anlagen und Geräte im Haushalt äußerst positiv.

Zwar verfügen moderne Endgeräte aus dem Bereich Haushalt, Daten- und Sprachkommunikation sowie Entertainment über erhebliche systemimmanente Intelligenz, der Nutzen für den Kunden erhöht sich jedoch bei einer Vernetzung deutlich und es ergeben sich völlig neue Anwendungsmöglichkeiten. Man braucht sich an dieser Stelle nur vorzustellen, dass man sein Haus verlässt, die Türe abschließt und in der Folge sämtliche Lichter ausgehen, die Heizung gedrosselt und die Alarmanlage aktiv geschaltet wird. Natürlich erkennt auch die Herdplatte, dass man vergessen hat sie auszuschalten und der Kühlschrank meldet per Alarm, dass seine Temperatur ansteigt und die Lebensmittel zu verderben drohen. Entscheidend für ein intelligentes Zusammenspiel ist, dass die Geräte untereinander kommunizieren können.

Zur Zeit existieren am Markt die unterschiedlichsten Alternativen, eine Vernetzung im Haus zu realisieren. In diesem Zusammenhang diskutieren Ingenieure und Wissenschaftler über die Vor- und Nachteile der Vernetzungsoptionen und seit Jahren wird von vielen Anbietern ein einheitlicher Standard gefordert.

Wahrscheinlicher erscheint in diesem Zusammenhang, dass sich mit IP (Internet-Protocol) eher ein weltweiter Kommunikationsstandard, als eine bestimmte Infrastruktur am Markt durchsetzen wird.

Häufig wird im Rahmen der Standardisierungsdiskussionen der Kunde vergessen. Letztlich ist er es, der durch sein Kaufverhalten den Markt in die ein oder andere Richtung beeinflusst und auf diesem Weg Standards implementiert. Gerade der Konsument entscheidet sich jedoch in den seltensten Fällen für eine Technologie. Für ihn steht unabhängig von der Technik die Befriedigung eines Bedürfnisses im Vordergrund. In Abhängigkeit von der zu realisierenden Anwendung und der individuellen Wohnsituation des Kunden sind unterschiedliche Verbindungen von Datenpunkt zu Datenpunkt, sprich von Gerät zu Gerät beziehungsweise von Gerät zu einer Zentraleinheit möglich.

Als Übertragungsmedien sind neben unterschiedlichen Leitungstypen (Glasfaserleitungen, Koaxial-Kabel, verdrilltes Aderpaar) Infrarot, terrestrischer Funk (z.B. WLAN, Bluetooth) und die Powerline Communication Technologie (PLC) zu nennen. Insbesondere wenn es darum geht, Lösungen für bestehende Wohnungen anzubieten, haben Funk und PLC den Vorteil, dass keine neuen Leitungen verlegt werden müssen. PLC macht sich dabei das bestehende Stromnetz als Transportmedium für Daten zu nutze.

In diesem Zusammenhang spielen das Verhältnis der zu übertragenden Datenmengen zu den Kosten des Übertragungsmediums eine Rolle. Während sich binäre Zustandsänderungen problemlos und kostengünstig über einfache und bewährte Technologien abbilden lassen, erfordert die Übertragung von z.B. bewegten Bildern in Echtzeit einen erheblich höheren Datendurchsatz. Hier bieten sich neben breitbandigem PLC auch klassisches Ethernet, Cat V Kabel, Wireless LAN oder Bluetooth an.

Zusammenfassend und abschließend soll an dieser Stelle nochmals betont werden, dass die Wahl der Technologie bei unterstellter Verfügbarkeit ausschließlich von der Anwendung und ihrem Kosten/Nutzen-Verhältnis abhängt.

Gateway

Das Gateway fungiert im vernetzten, intelligenten Haus als Kommunikationsbrücke zur Außenwelt. Seine Aufgabe besteht zum einen darin, dem Kunden den Zugriff auf seine Geräte und Anlagen von außerhalb, z.B. von unterwegs zu ermöglichen. Zum anderen hat es die Aufgabe im Bedarfsfall, z.B. bei einer Alarmmeldung eine Verbindung aus dem Haus heraus zu einer Plattform oder einem mobilen/stationären Endgerät herzustellen.

Zentraler Diskussionsgegenstand ist beim Gateway die Frage nach der Intelligenz und Leistungsfähigkeit dieser Hardware-Komponente. Soll, wird oder muss der Kunde sich für einen hochperformanten „Alleskönner" entscheiden, der eine Dienstepalette abbilden kann, die von der Fernsteuerung bis zur Übertragung von Videos reicht, oder genügt eine einfacher und damit natürlich auch kostengünstigere Lösung? Das Dilemma zwischen Zukunftssicherheit und Kosten lässt sich durch Modularität lösen. D.h., eine Koexistenz verschiedener Gateways muss sich nicht zwangsläufig ausschließen.

Eine Anbindung des oder der Gateways kann über die bestehende Kommunikationsinfrastruktur (analoger TK-Anschluss, ISDN, DSL, PLC etc.) des Kunden erfolgen. Auf diesem Weg ist eine Verbindung vom Haus in die Welt des Internets möglich.

Plattform

Ein weiteres zentrales Element für die Bereitstellung mobiler Dienste rund ums Haus stellt die Plattform dar.

Es gibt unterschiedliche Gründe, die sie für die Abbildung von Services unentbehrlich machen. Natürlich wäre es theoretisch möglich ein einzelnes Gerät z.B. mit einem GSM-Modul zu versehen und dieses direkt anzusprechen und zu steuern, die Grenzen dieses Anwendungsszenarios sind allerdings offensichtlich. Was ist mit komplexen Steuerbefehlen, die mehrere Geräte betreffen? Wie soll ein Sicherheitskonzept für die Einwahl aussehen? etc.

Ein Vorteil der Plattform ist es Informationen zentral und intelligent zu verarbeiten. Hinter dem Begriff Plattform steht dabei eine Infrastruktur, die aus verschiedenen Servern besteht. Über die Plattform werden Daten aus dem Haus (übermittelt vom Gateway), der Kundendatenbank und anderen Informationsquellen personalisiert verknüpft und veredelt. Das Ergebnis sind innovative Serviceangebote mit einem hohen Maß an Bedienungskomfort.

Die Internet-Plattform stellt sicher, dass die Dienste zu jeder Zeit und von jedem Ort der Welt verfügbar sind. Der Kunde wählt sich für die Nutzung des Dienstes z.B. über das Internet auf die Plattform ein, identifiziert sich mit seinem Benutzernamen und seinem Passwort, erhält die Daten aus seinem Haus und kann Transaktionen durchführen.

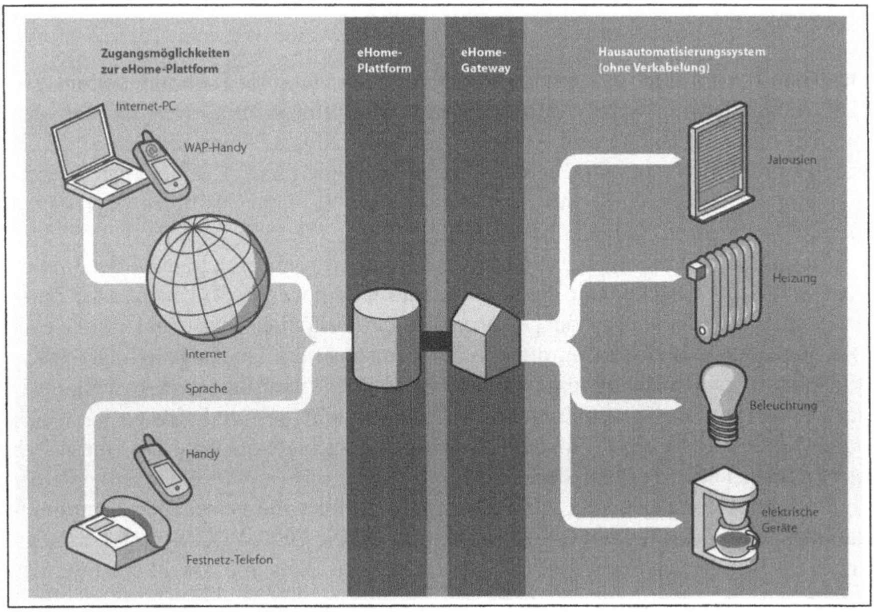

Abb. 1: Das Funktionsprinzip der RWE eHome Services

Information, Interaktion und Transaktion

Die Möglichkeiten eines plattformbasierten Konzeptes gehen jedoch weit über die Fernsteuerung und Überwachung von Anlagen und Geräten im Haus hinaus. Durch die Identifikation des Kunden bei der Einwahl, ergeben sich vielfältige Möglichkeiten, benutzerspezifische Inhalte so genannte Contents anzubieten. Auf diesem Weg treten an die Stelle der zunehmenden Informationsflut gezielte, personalisierte Inhalte, die für ein hohes Involvement beim Kunden sorgen.

Die Bandbreite des Dienste-Portfolios wird hier in Zukunft z.B. vom Energiemanagement über die Bildübertragung aus dem Haus bis zur gezielten Erinnerung, dass die Müllabfuhr morgen kommt oder ein Gewitter bzw. Hagelwarnung vorliegt, reichen.

Dadurch, dass intelligente Anwendungen generell dezentral zur Verfügung stehen, reduzieren sich als angenehmer Nebeneffekt die Kosten für den Anwender sowohl auf der Hardware-Seite, als auch bei den angebotenen Services analog zum Prinzip des ASP (Application Service Providing).

Eine weiterer Vorteil, Daten sowie Contents auf einer Plattform zu sammeln und aufzubereiten besteht in der Möglichkeit, dem Kunden ein grafisches Interface zur Verfügung zu stellen, das er über IP-fähige Endgeräte erreicht. Über diese Schnittstelle kann der Nutzer nicht nur einen Blick in sein Zuhause werfen und wichtige, aggregierte Informationen erhalten, sondern auch Interaktionen sowie Transaktionen durchführen. Insbesondere grafische Darstellungsformen und

Strukturen, die an die html-Welt des Internets angelehnt sind, schaffen beim Kunden ein Mehr an Übersichtlichkeit und Benutzerfreundlichkeit.

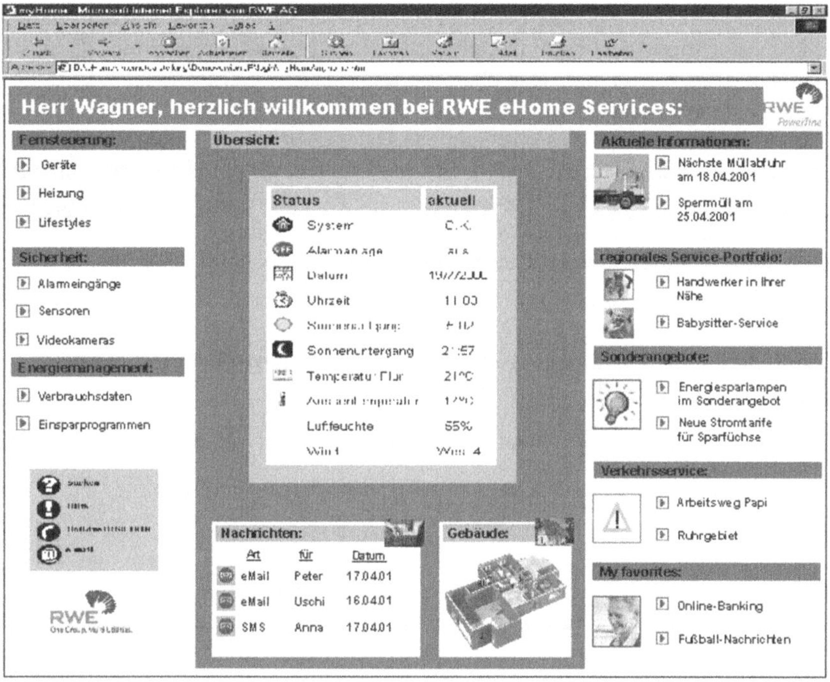

Abb. 2: Designstudie. Vision des personalisierten Portals der Zukunft

Mobilität

Glaubt man Sozialforschern, Trend-Scouts und der Werbung, so entwickeln wir uns weiter in Richtung einer mobilen Informationsgesellschaft. Eine Tendenz ist dabei offensichtlich: Mobile Endgeräte werden, kleiner, leistungsfähiger und kombinieren unterschiedliche Anwendungsbereiche. Gerade die Entwicklungskonvergenz von Mobiltelefonen und PDAs (Personal Digital Assistant) in Richtung Kombinationsgerät wurde durch die im Jahr 2001 vorgestellten Neuheiten der Hersteller unterstrichen. Dabei spielt es weniger eine Rolle ob nun physisch ein Gerät vorliegt, oder zwei Geräte z.B. über eine Infrarotschnittstelle kommunizieren.

Fakt ist, dass Rechnerleistung mit einem größeren Display in einem kleinen tragbaren Gerät kombiniert wird. Damit könnte eine erste Hürde für den Marktdurchbruch mobiler Services genommen werden, da sich das Informationsangebot für den Kunden grafisch aufarbeiten und übersichtlicher sowie benutzerfreundlicher darstellen lässt. Zwar existieren bereits heute unzählige WAP-Dienste und

Anwendungen, deren praktischer Einsatz über die erste Generation der WAP-Handys den Anforderungen des Kunden aber nur in den seltensten Fällen gerecht wird. Mit anderen Worten: Der Kundc hat beim Thema mobiles Internet oftmals eine andere Vorstellung. Internet steht für browser-basierte Oberflächen, Farben, Bilder, Animationen, Hyperlinks, einfache Navigationsstrukturen etc.. Dies sind Qualitätskriterien, die sich erst über die kommenden Generationen von Mobil-Devices abbilden lassen.

In der Praxis bedingt dies eine schnelle Datenübertragung zum und vom mobilen Endgerät, denn nichts ist lästiger für den Kunden, als ein langsamer Seitenaufbau. Mit GPRS und UMTS werden diese alten Grenzen der Datenübertragungsgeschwindigkeit allerdings deutlich überschritten und es eröffnen sich neue Dimensionen in punkto möglicher Services und Servicequalität.

Produktentwicklung eHome Services am Beispiel der RWE Powerline GmbH

Strategieintegration

Für die Sicherung und den Ausbau ihrer Marktpositionen verfolgt die RWE AG im Wesentlichen zwei strategische Stoßrichtungen: zum einen eine entschlossene Wachstums- und Internationalisierungsstrategie, zum anderen die Fokussierung auf die Kerngeschäftsfelder Energie und Umwelt.

In diesem Zusammenhang steht Multi Utility für das Ziel aus den Utilities Strom, Gas, Wasser/Abwasser und Abfall/Recycling sowie innovativen, utilitynahen Serviceleistungen bedürfnisspezifische Lösungen für den Kunden zu schaffen. Dabei nutzt die RWE Cross-Selling- und Synergiepotenziale, um eine langfristige und nachhaltige Wertsteigerung zu erzielen.

Insbesondere die utilitynahen Serviceleistungen gilt es nachfolgend näher zu erläutern. In der Wahrnehmung der meisten Kunden steht RWE für Versorgung und Entsorgung rund um das Haus bzw. die Wohnung. RWE liefert Strom, Gas, Wasser und kümmert sich in manchen Fällen auch um den Abfall des Kunden. RWE wird von der Mehrzahl der Kunden als vertrauensvoll, und zuverlässig angesehen. Diese Ausgangsposition eignet sich ausgezeichnet, um weitere Dienstleistungen und Services anzubieten. Ziel ist es, die Kundenbindung und Kundenzufriedenheit zu erhöhen sowie weitere Deckungsbeiträge zu realisieren.

Mögliche Dienstleistungen im Segment der Privatkunden reichen in diesem Zusammenhang vom online-Vertragsabschluss für Stromverträge, über Umzugsservice, Energieberatung bis zur Handwerkervermittlung. Hinter den RWE eHome Services steht die Vision, dem Kunden ein intelligentes, versorgtes Zuhause anzubieten, dass seine Lebensqualität erhöht. Die Entwicklung entsprechender Dienste orientiert sich dabei an den Bedürfnissen des Privatkunden. Themen wie Komfort, Sicherheit, Kommunikation, Gesundheit und Entertainment stehen dabei im Vordergrund. Nukleus der Überlegungen ist dabei stets das Internet und der Plattformgedanke. Mit der Realisierung der ersten Generation der RWE eHome Services, die die Fernsteuerung von Geräten und Anlagen im Haus über das Internet ermöglicht, hat die RWE Powerline GmbH, ein 100-prozentiges Tochterunternehmen der RWE Plus AG, den ersten Meilenstein für ein umfassendes Produkt-Portfolio gelegt.

Marktanalyse

Hausautomatisierung (Home-Automation/Home-Networking) ist bei Privathaushalten in Deutschland zur Zeit noch kaum verbreitet. Der Markt wird sich jedoch in den nächsten Jahren rasant entwickeln.

Marktforschungsstudien gehen davon aus, dass der Markt für Home Networking in den kommenden Jahren ein zweistelliges Milliarden-Volumen weltweit erreichen wird. So schätzt das US-Marktforschungsinstitut Cahners In-Stat-Group, dass sich das Volumen vom derzeitigen Stand von rund 1,2 Mrd. DM bis 2004 auf fast 12 Mrd. DM verzehnfachen wird (Quelle: Cahners In-Stat-Group).

Zu ähnlich positiven Aussagen kommt auch Electrolux. Der Gerätehersteller geht davon aus, dass im Jahr 2005 weltweit 20 Millionen Haushalte vernetzt sein werden, die ca. 15 Mrd. Dollar für intelligente Haushaltsgeräte ausgeben werden (Quelle: Wirtschaftswoche, 12. Oktober 2000).

Die positive Einschätzung des Marktes kommt nicht von ungefähr, denn die Technik macht Wohnen billiger, sicherer und komfortabler. Dies alles sind Kriterien, die stark nachgefragt werden. Dabei sprechen auch die folgenden Rahmenbedingungen für ein Wachstum im Markt für Home Networking und für wachsende Nachfrage nach mobilen Diensten.

- Steigende Kriminalität und ein erhöhtes Sicherheitsbedürfnis vieler Bevölkerungsschichten führt zu verstärkter Nachfrage nach Sicherheitsdienstleistungen. Verstärkt wird diese Tendenz noch durch die zunehmende Besorgnis, der Staat könne seine Sicherheitsfunktion nicht mehr vollständig ausfüllen. Die steigende Anzahl privater Sicherheitsdienste sind ein Indiz hierfür.
- Zunehmende Mobilität der Bevölkerung: Dies hat zur Folge, dass das Eigenheim als bevorzugter Lebensmittelpunkt weniger häufig frequentiert ist und die Bewohner deshalb stärker Fernsteuerungsdienste bzw. Überwachungsmöglichkeiten des Hauses nachfragen.
- Schnelle Fortschritte in der technischen Umsetzbarkeit: In den nächsten Jahren wird eine Vielzahl von Anbietern mit serienreifen Entwicklungen auf den Markt kommen. Steigende Stückzahlen bei einer sich etablierenden Technik bewirken zudem deutlich sinkende Preise, so dass der Trend sich noch verstärken dürfte.

Die Industrie arbeitet seit Jahren an der Umsetzung von Home Networking Konzepten, konnte die kritische Masse im Markt allerdings noch nicht erreichen. Hemmschuh war und ist die fehlende Standardisierung sowie eine fehlende einprägsame Darstellung des Kundennutzens. Darüber hinaus suchte man bisher vergebens nach Einstiegspaketen, die sich für eine Vermarktung im Massenmarkt eignen. Um das vorhanden Marktpotenzial zu aktivieren sollte die verkaufte Lösung nachfolgende Kriterien erfüllen

- kostengünstiger Preis für den Endkunden
- einfache Installation, ohne dass eine Neuverkabelung zwingend erforderlich ist
- leichte Bedienung des Systems
- Verfügbarkeit an und von jedem Ort
- Stabilität, d.h. geringe Systemausfallzeiten

Zielgruppen

Bei der Entwicklung neuer Produkte und Dienstleistungen stellt sich immer die Frage, wer das Produkt nach dem Vermarktungsstart kaufen wird und wo der Kauf stattfindet. Daneben spielen Rahmenparameter eine erhebliche Rolle. Hier sind z.B. Aspekte wie die Frage, ob dem Anbieter das Produkt „zugetraut" wird von Bedeutung und wann eine Kaufentscheidung fällt. Nicht zu jedem Zeitpunkt sind Produkte überhaupt im Wahrnehmungsfeld des Kunden. Davon sind und waren auch die Überlegungen zu den RWE eHome Services betroffen.

In einer ersten Grobanalyse kam die RWE Powerline GmbH zu dem Ergebnis, dass die Zielgruppe für Home Networking Services primär Privatkunden, insbesondere Eigenheimbesitzer sowie Kunden im SoHo-Bereich (Gewerbetreibende) umfasst.

Diese Kundengruppen haben einen zunehmenden Bedarf an Sicherheitslösungen sowie an Technologien, die zu Energieeinsparungen führen und den Komfort erhöhen. Auch weisen die Zielgruppen eine entsprechend hohe Kaufbereitschaft für Home Networking Services auf.

Insbesondere zum Zeitpunkt von Investitionen in Wohn- und Geschäftsräume, sei es Neubau oder Modernisierung macht sich der Kunde Gedanken über Themen wie Sicherheit, Komfort und Energieeinsparung. Im Rahmen dieser größeren Investitionen fallen die zusätzlichen Kosten für ein Home Networking System kaum ins Gewicht. Da ein geringer einmaliger Installationsaufwand vorzunehmen ist, erscheint das Zielsegment von neu erbauten bzw. sanierten Häusern und Wohnungen als besonders attraktiv.

Der Markt für Neubauten von Einfamilienhäusern liegt bei ca. 370.000 Einheiten pro Jahr. Der Markt für umfassende Modernisierungen liegt bundesweit bei ca. 200.000 Einfamilienhäuser und Wohnungen pro Jahr (Quelle: Statistisches Bundesamt).

Daneben ist die Gruppe der technik-affinen und innovationsbereiten Eigentümer und Mieter von hoher Relevanz. Die Anzahl dieser innovativen Trendsetter ist jedoch schwerer zu quantifizieren. Gleichwohl ergänzt diese Gruppe bei Vernachlässigung einer kleinen Schnittmenge die „Neubauer" und „Modernisierer" zum Gesamtmarktpotenzial.

Produktbeschreibung

Das erste Produkt- und Servicepaket aus dem Portfolio der Mehrwertdienste ist die Fernsteuerung von Geräte und Anlagen im Haus. Um z.B. von unterwegs bereits die Heizung einzuschalten und die Kaffeemaschine zu aktivieren, benötigt der Kunde zunächst ein System, über das eine Vernetzung im Haushalt stattfindet. Die hierzu benötigten Hardware-Komponenten stammen von der Firma Honeywell. Konkret handelt es sich dabei um eine Zentraleinheit, dem sog. Hometronic-Manager sowie verschiedene Aktoren, mit denen die bestehenden Geräte und Anlagen im Haus nachgerüstet werden. Die Installation der einzelnen Komponenten ist dabei verhältnismäßig einfach. Für die Heizkörperregler oder die Steckschaltmodule, die zwischen Gerät und Stromversorgung geschaltet werden gilt z.B. das Prinzip „plug and play" und es wird weder in den Heizkreislauf eingegriffen noch erfolgen Montagearbeiten an der Stromversorgung. Selbst bei Steuerungseinheiten, die beispielsweise das Licht regeln, bleibt der Installationsaufwand gering, da keine neuen Kabel verlegt werden müssen. Die Kommunikation zwischen Aktoren und Zentraleinheit erfolgt per Funk auf der 433 MHz-Frequenz.

Mit der dialogfähigen Zentraleinheit lassen sich bis zu 16 Temperaturzonen individuell einstellen und 32 Module für Licht, Geräte, Jalousien und andere elektronisch Gebrauchsgeräte können gesteuert werden. Außerdem ist es möglich verschiedene, komplexe Anwendungsszenarien im Haus über sog. „Lifestyles" abzubilden.

Komplettiert werden die RWE eHome Services der ersten Generation durch ein Gateway, das die Schnittstelle zwischen dem Hometronic-Manager und der intelligenten Serverplattform darstellt.

Dieses hausinterne Gateway, das ebenfalls in Funkverbindung zum Hometronic Manager steht, ermöglicht es dem Kunden von jedem Ort der Welt über den PC, das Handy oder ein Telefon auf sein Zuhause zuzugreifen.

Die Steuerung per Telefon findet dabei über ein IVR-System (Interactive Voice Response) statt. Ähnlich wie beim Telefon-Banking legitimiert sich der Kunde mit Benutzername und Passwort, gelangt auf die Plattform und wird anschließend durch einen Call-Flow-Menü geführt, das ihm verschiedene Steuertransaktionen ermöglicht. Auch beim Zugriff per WAP oder Internet erfolgt eine eindeutige Identifikation des Kunden. Der Zugriff per Internet auf die Plattform ist über jeden Internet Service Provider möglich. Für die Einwahl auf das personalisierte Portal werden die Kundendaten ebenso SSL (Secure Sockets Layer) – 128bit verschlüsselt, wie für die Steuerbefehle die anschließend ausgeführt werden.

Sobald der Kunde die Plattform kontaktiert hat, sendet diese einen sog. „Trigger-Call" an das Gateway im Haus, das sich am analogen oder ISDN-Telefonanschluss des Kunden befindet. Binnen Sekunden stellt das Gateway eine Rückverbindung her, so dass eine geschlossene Kommunikationsstrecke zwischen Kunde, Plattform und Haus besteht. In Verbindung mit diesem Rückruf wird ein sog. VPN (Virtual Private Network) aufgebaut.

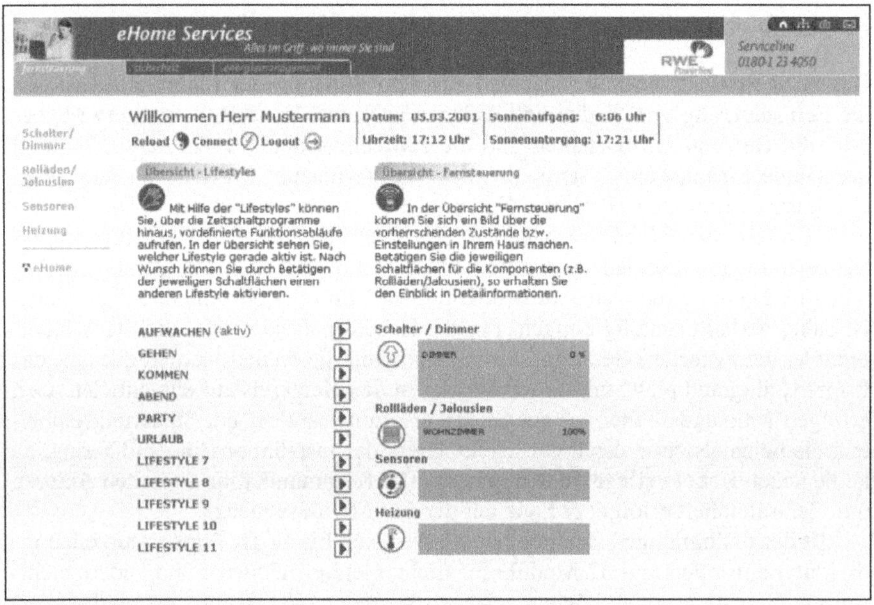

Abb. 3: Das aktuelle Internet-Portal für die Fernsteuerung

Vermarktet wird zur Zeit ein Starterpaket, in dessen Lieferumfang ein Hometronic-Manager, ein Gateway sowie vier Steuermodule enthalten sind. Fester Bestandteil dieses Angebotes ist der Fernsteuerungsservice. Damit bietet die RWE Powerline GmbH dem privaten Endkunden ein Komplettangebot für den Einstieg in die mobile Welt des Home-Networking.

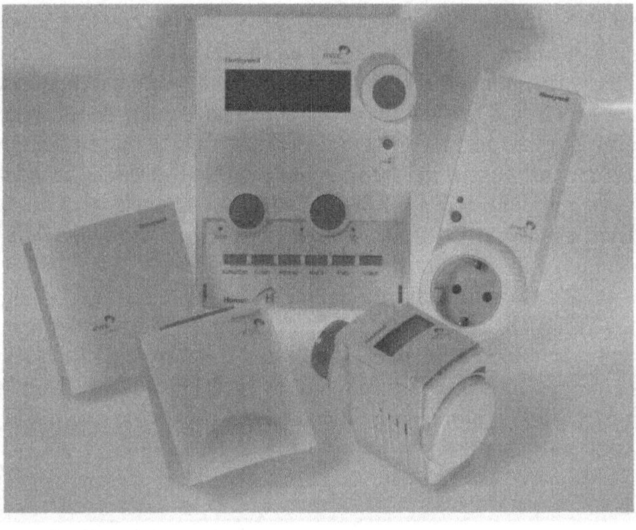

Abb. 4: Hometronic-Manager und Aktoren

Kommunikation und Vertrieb

Die Kommunikationsmaßnahmen für das Produkt RWE eHome Services sind auf die Zielgruppen und den Point-of-Sale (PoS) fokussiert. Um unnötige Streuverluste zu vermeiden wurde auf breite Werbemaßnahmen in der Fläche verzichtet. Statt dessen fanden z.B. gezielte Mailing-Aktionen in Stadtvierteln mit einem hohen Anteil an Einfamilienhäusern oder gehobener Einkommensstruktur statt. Darüber hinaus wurden im Rahmen eines ersten Testmarkts in Essen und Mühlheim Mitarbeiter des RWE Konzerns angesprochen und akquiriert. Als weitere Multiplikatoren sollen ausgewählte Elektroinstallateure im Testgebiet dienen.

Als Ergebnisse des Markttestes und weiterer Marktforschungen lassen sich in Bezug auf die Kommunikation des Produktes die nachfolgende zentralen Aussagen festhalten:

- Das Interesse an innovativen Produkten aus dem Bereich Home Automation ist hoch
- Der Kunde entscheidet wesentlich häufiger für das Produkt, wenn er die Funktionalitäten und Möglichkeiten an einem Demosystem „live" erleben kann

Abb. 5: Produkte zum „Anfassen". Der RWE eHome-Demokiosk

- Die Kommunikation über Anwendungsbeispiele (Use-Cases) ist erfolgsversprechender als die reine Aufzählung von Nutzenaspekten wie Komfort, Sicherheit und Energieeinsparung
- Versorgungsaffine Produkte und Mehrwertdienste wie eHome Services werden in der Kundenwahrnehmung bei einem Energieversorger gesehen und sogar von diesem erwartet

Aus den gewonnen Erkenntnissen ergeben sich entsprechende Implikationen für die zukünftige Vermarktung in der Fläche.

Vermarktungsschwerpunkt liegt bei EVUs:

Insbesondere für das Produktportfolio regionaler und überregionaler Versorgungsunternehmen (EVUs) stellen eHome Services ein innovatives und wirtschaftlich interessantes Produkt dar. Zum einen haben sie häufig einen regionalen PoS über ihre bestehenden Kundenforen, andererseits bestehen aus der Historie gute Kontakte zu Elektroinstallateuren. Beide Vertriebskanäle eignen sich dafür, dem potenziellen Kunden das System vorzuführen. Darüber hinaus verfügen diese Unternehmen über eine bestehende Kundenbasis, die sie über Kundenzeitungen, Rechnungsbeilagen und ähnliche Kommunikationsmaßnahmen erreichen können. Nicht zuletzt die Abrechnung über die Energierechnung und der Aufbau eines personalisierten Portals mit regionalem Content stellen Optionen dar, die die Welt der eHome Services für Versorgungsunternehmen interessant macht.

Aus diesen Gründen können Versorgungsunternehmen als Vertriebs-Multiplikatoren eine gewichtige Rolle spielen, um die Produkt- /Dienstepakete erfolgreich im Massenmarkt zu platzieren.

Für eine erfolgreiche Vertriebsstrategie bedeutet dies, z.B. den Stadtwerken attraktive Geschäftsmodelle anbieten zu können sowie sie bei der Implementierung und dem Aufbau des Geschäftsfeldes zu unterstützen.

Produktideen der Zukunft und deren Realisierung

Evolutionspfad der Entwicklungen

Beschäftigt man sich mit Mehrwertdiensten stellt man sich zwangsläufig die Frage, welche Möglichkeiten und mobile Anwendungen der Kunde in Zukunft noch haben möchte. Ausgehend von der Vision eines „intelligenten versorgten Zuhauses" kommt man schnell auf Lösungen aus dem Bereich Sicherheit. Hier ist das Marktpotenzial deutlich höher, als z.B. beim vielzitierten denkenden Kühlschrank, der Lebensmittel automatisch nachbestellt. Ein Entwicklungsschwerpunkt der RWE Powerline GmbH sind daher auch Dienste aus dem Bereich Home Security und Alarmmanagement. Hier ist die zu übertragende Datenmenge ähnlich gering, wie im Fall der Fernsteuerung und die Dienste können über das Gateway des Starterpakets abgebildet werden. Die größere Herausforderung in der Realisierung besteht in Aktionen, die auf Basis der Alarmmeldung ausgelöst werden müssen. Eine optimale Problemlösung für den Kunden wäre z.B. im Brandfall die automatische Benachrichtigung auf das Handy und eine gleichzeitige Information an die Feuerwehr über eine Leitzentrale. Ergänzen lassen sich diese Dienste über zusätzliche Web-based-Services, die in das personalisierte Internetportal integriert werden.

Die geplanten Mehrwertdienste der zweiten Generation haben gemeinsam, dass eine größere Datenmenge vom und zum Haus transportiert werden muss. Entsprechend wachsen die Anforderungen an das Gateway.

Entwicklungsschritte

Grundlage einer schnellen und zielgerichteten Entwicklung von Produkten ist ein strukturiertes Vorgehen auf der Basis von Phasen und Meilensteinen. Bei der bisherigen Produktentwicklung der RWE eHome Services haben sich die nachfolgenden fünf Schritte als erfolgreich erwiesen, um Ergebnisqualität bei gleichzeitiger Innovationsgeschwindigkeit zu realisieren.

- Ideengenerierung
- Projektplanung
- Entwicklung
- Markttest
- Produktbereitstellung

In der Phase der **Ideengenerierung** geht es darum, eine erste schnelle Vorselektion zu treffen, ob eine Idee weiterverfolgt werden soll oder nicht. Nur wenn die Fragen nach dem Kundennutzen, der Zielgruppe, dem Marktpotenzial, dem strategischen Fit und dem Innovationsgrad der Idee beantwortet sind und eine erste grobe Machbarkeits- und Risikoanalyse abgeschlossen ist, geht die Idee in die **Projektplanung**.

Hier wird festgelegt, in welchem Zeitraum sich das Projekt realisieren lässt und welche Aufgaben in welcher Reihenfolge von wem zu leisten sind. In dieser Phase wird die Machbarkeit detaillierter untersucht und erste Gespräche mit möglichen Realisierungspartnern werden geführt. Marktforschung, Berechnung eines Business Cases, Festlegung eines Geschäftsmodells und Entwicklung eines Lastenheftes um konkrete Angebote von Partnern zu erhalten, sind ebenfalls Bestandteil dieser Phase.

Im Anschluss fällt auf Basis der gewonnen Erkenntnisse die Entscheidung für eine Umsetzung, d.h. die Entwicklung des Produktes. In der **Entwicklungsphase** gilt es neben der technischen Realisierung auch darum, die benötigten Prozesse und den Marketingmix festzulegen.

Der **Markttest** dient dazu den Markterfolg und die Qualität des Produktes und der Prozesse nicht nur zu simulieren sondern reale Erfahrungen zu sammeln. Auf dessen Basis erfolgt die Optimierung und eine finale Entscheidung für oder gegen eine Flächenvermarktung wird getroffen. Fällt diese Entscheidung positiv aus, beginnt die **Produktbereitstellung**.

Ziel der Produktentwicklung der RWE eHome Services ist es, möglichst schnell und kostengünstig einen Markttest zu realisieren, da eine Vielzahl von Prämissen nur durch die dort gewonnenen Erkenntnisse verifiziert oder verworfen werden können.

Die erfolgreiche Entwicklung und Vermarktung von Mehrwertdiensten ist eine komplexe Aufgabe. Es sind eine Vielzahl von unterschiedlichen Marktteilnehmern nötig, um dem Kunden eine Komplettlösung anzubieten. Die Schnittstellen reichen hier von Lieferantenbeziehungen über Entwicklungspartner, Content-Anbieter bis zu strategischen Allianzen und Vertriebspartnern.

Dem gegenüber hat der Kunde im Idealfall für die Erbringung des Dienstes nur einen Ansprechpartner und das Geschäftsmodell basiert darauf, dass der Service Provider für seine Leistungen Transaktionsgebühren vom Kunden erhält.

D.h. den Unternehmen, die sich als Systemintegrator und Service Provider positionieren, kommt eine Schlüsselrolle zu. In erster Linie werden sie es sein, die Innovationen zum Thema eHome und Mobilität vorantreiben und den Markt erschließen.

3.11 Telemedizin in der Anwendung

Hans Dendl, Walter Gora

Immer mehr Menschen konsultieren das Internet um Informationen zu Gesundheit und Krankheitsbildern zu erhalten. Besonders Patienten mit chronischen Erkrankungen suchen nach einer zweiten Meinung und Fortschritten der Medizin. Die Chancen des Internets für Gesundheitsaufklärung und Heilungsmethoden für Krankheitsvorbeugung und Früherkennung sind groß.

Angesichts einer rasch alternden Bevölkerung ergibt sich auch eine fließende Grenze zwischen Betreuung älterer Menschen und Behandlung einer Krankheit. Die hiermit verbundenen Kosten sind jedoch erheblich und zwingen dazu Einsparpotenziale zu erschließen. Hierzu kann die Telemedizin einen Beitrag leisten Beschleunigt wird diese Entwicklung durch die rapiden Fortschritte in der Informations- und Kommunikationstechnik und die hiermit verbundenen neuen Wege der Übertragung von Daten und Bildern.

Eine Studie des Bundesministeriums für Bildung und Forschung (BMBF) hat bereits 1998 gezeigt, dass Telemedizin Qualität und Wirtschaftlichkeit der medizinischen Versorgung und Gesundheitsverwaltung steigern kann. Trotz einer Vielzahl sinnvoller Anwendungen hat die Telemedizin bisher jedoch keine breite Umsetzung finden können. So gibt es erhebliche Diskrepanzen zwischen Möglichkeiten und deren Realisierung. Zwar werden ambitionierte Forschungsprojekte und Anwendungserprobungen erfolgreich abgeschlossen, die praktische Umsetzung blieb dennoch auf einzelne Kliniken, Städte oder Regionen begrenzt. Informations- und Kommunikationstechnologien können zur Lösung von zwei wesentlichen Problemen des Gesundheitswesens beitragen. Der Einsatz moderner Technologien unterstützt gemäß BMBF insbesondere:

- die Verfügbarkeit von allen behandlungsrelevanten Informationen zum Zeitpunkt der Behandlung am Ort der Behandlung, die zur Steigerung der Versorgungsqualität und Senkung der Kosten führen wird,
- die rationale Planung und Entscheidungsfindung im Gesundheitssystem auf der Basis aktueller und gesicherter Gesundheits-/Krankheitsdaten.

Die Struktur des deutschen Gesundheitssystems mit mehreren Versorgungsebenen zeichnet sich durch zahlreiche Stärken aus (z.B. freie Arztwahl, nicht limitierter und schneller Zugang zu Versorgungsleistungen, hohe Verantwortung der primären Behandler, problem- und gemeindenahe Versorgung). Sie bewirkt aber gleichzeitig, dass die medizinischen Datenbestände eines Patienten verteilt geführt werden. Dies kann im Bedarfsfall verhindern, dass behandlungsrelevante Daten ausreichend schnell beim behandelnden Arzt zusammengeführt werden.

Die Nachteile dieser strukturellen Gegebenheit können überwunden werden durch

- geeignete informationstechnische Aufbereitung der Patientendaten und
- deren schnelle Übertragung mittels moderner Kommunikationstechnik,

ohne dass die Vorteile des Systems angetastet werden.

Voraussetzungen

Telemedizin ist, dank der Entwicklung der mobilen medizin-technischen Geräte, eine erste Anwendung der multimedialen Möglichkeiten zwischen höchster Fachkompetenz (Arzt im Diagnosezentrum) und Patient in seinem eigenem Umfeld. Telemedizin nutzt das Internet als Informationsbühne, den niedergelassenen Arzt als persönlichen Berater des Patienten und das Diagnosezentrum als Kompetenzträger und Datenmanager. Die Entwicklung der Telekommunikation mit höheren Bandbreiten zu geringeren Kosten erlauben wiederum serverbasierte und zentral betreibbare IT-Anwendungen.

Die neue Mobilität im Kommunikationsbereich durch das Handy hat auch durchgreifende Veränderungen im Bereich Medizin angestoßen. Die Miniaturisierung der medizinischen Messgeräte bei steigender Messgenauigkeit und Anwenderfreundlichkeit führen zu einer erheblichen Steigerung der Patientenanwendungen vor Ort, d.h. zu Hause oder im Lebensbereich des Patienten. Einher geht eine deutliche Verringerung der Anwendungskosten und eine bessere Anbindung an den niedergelassenen Arzt oder die Klinik. Für den Patienten bedeutet dies kompetente ärztliche Beratung und Betreuung zu jeder Zeit an jedem Ort.

Der mögliche Dialog zwischen Arzt und Patient, zwischen Diagnosecenter und Kranken ermöglicht eine stetige kostengünstige Betreuung und damit eine Optimierung aller therapeutischen Anwendungen. Die Wirkungsweisen der Medikamente und therapeutische Behandlungen können individuell auf den Patienten eingestellt werden und auch dokumentiert werden. Patient und Arzt sind in einem täglichen, permanenten Dialog miteinander verbunden. Verhaltensveränderung des Patienten zur Steigerung seiner Lebensqualität und seiner Eigenverantwortlichkeit zur Gesundheitsvorsorge sind in diesem Dialog möglich und erwünscht.

Alle beteiligten Partner, Arzt, Klinik, Kostenträger und nicht zuletzt der Patient sind bei geringem technischen Aufwand in der Lage während des gesamten Krankheitsverlaufes optimal zusammenzuarbeiten nach dem Motto „soviel Beratung wie möglich und soviel Behandlung wie nötig“. Unnötige Arztbesuche, Fehldosierungen von Pharmaka, Wirkungsdokumentation, Fehleinweisungen in Krankenhäuser, AHB Bedarf, verlieren ihren Einfluss auf die Steuerung des Gesundheitswesen.

Besonders geeignet ist die telemedizinische Betreuung für die chronischen Kranken wie Asthmatiker, Diabetiker, Patienten mit Herzerkrankungen, Epileptiker sowie bei psychosomatischen Krankheitsbildern. Ferner bietet sich die Behandlung von alten Menschen mit ihren meist multiplen Krankheitsbildern an.

Damit wird diese Technologie anwendbar für nahezu 40 % der Bevölkerung. Die eingesetzte Technologie verlangt u.a. eine

- einfach, leicht erlernbare Messung der medizinischen Werte beim Patienten
- ein rund um die Uhr besetztes Diagnose Center mit höchster medizinischer Qualifikation
- eine Vernetzung der teilnehmenden niedergelassenen Ärzte mit ihrer Praxis
- Hard- und Software im Diagnose Center zur Übermittlung der konziliarischen Daten in die Praxis
- eine Standardschnittstelle am Handy und ausreichende Übertragungsbandbreite

Soll die Telemedizin ihren wirtschaftlichen Beitrag zur Kostenersparnis im Gesundheitswesen leisten, so muss sie ihren Vorteil kostengünstig – weil klein und beweglich – für die große Zahl der möglichen Patienten ausschöpfen können. Dies bedeutet, dass Hi-Tech gebündelt in einem Diagnosezentrum für Arzt und Patient verfügbar ist.

Rechenzentren der Bundesländer mit ihren vielseitigen Servicefunktionen sind in der Lage ein wirtschaftlich günstiges Application Service Providing zu betreiben. Öffentlich-rechtliche Daten- und Informationszentren besitzen langjährige Erfahrungen im Umgang mit der Verwaltung datenschutz-relevanter Informationen unter funktionalen und regionalen Gesichtspunkten.

Ein Landesgesetz wie z.B. in Rheinland-Pfalz schließt eine solche Aufgabe nicht aus (§ 3 Abs. 1 zusammen mit § 3 Abs. 5). Mit dem Aufgabenelement „Förderung der Verwirklichung des Datenschutzes“ sollen Vorgaben zum Schutz der informationellen Selbstbestimmung der Bürger nicht nur als notwendiges Erfordernis aufgefasst werden. Vielmehr soll durch die Daten und Informationszentren der einzelnen Länder der Datenschutz als eigenständiges „Produkt“ verstanden werden und für die jeweiligen Bedarfsgruppen entsprechende technische Möglichkeiten und Verfahren erarbeitet und angeboten werden. Die Datenschutzvoraussetzungen sind in diesem Fall uneingeschränkt erfüllt.

Telemedizin als wesentlicher Baustein der integrierten Versorgung ist keine einzelne medizinische Anwendungsvariante, sondern kann als Systemlösung für Information und Kommunikation im Gesundheitswesen verstanden werden. Bei der institutionsübergreifenden Bereitstellung patientenbezogener Daten müssen die ärztliche Schweigepflicht und der Datenschutz ebenso vollständig gewährleistet werden wie bei der heutigen Datenhaltung in der Klinik oder der Praxis.

Für den Einzelnen stehen dabei seine persönliche Einwilligung zur Nutzung seiner Daten für genau bestimmte Zwecke und die eigenverantwortliche Steuerungsmöglichkeit der Nutzung im Vordergrund. Beim Einsatz für mehrere vergleichbare Projekte erfordert dies deshalb eine Datenhaltung mit mehrdimensionalen Zugriffsrechten.

Zentrale Bedeutung bei der Umsetzung dieser Idee haben sichere Datenpools, in die verschiedene Stellen Daten einspeisen und auf die von verschiedenen Stellen zugegriffen wird. Hierbei muss eine sichere Authentifikation der Beteiligten mit Hilfe einer elektronischer Signatur gewährleistet werden.

Die Besonderheit des Modells liegt in der Datenhaltung im Informationsverbund, wie er schon in verschiedenen Projekten in Bayern – u.a. Vernetzung von Arztpraxen in Ostbayern durch die IT-Medic-AG an der Universität Regensburg – vollzogen wurde. Eine Datenhaltung mit individuellen Zugriffsrechten ermöglicht die Entstehung von übergreifenden und zugleich zugriffsgeschützten sicheren Datenpools.

Die an vielen Stellen konzipierten und z.T. im Echtbetrieb erprobten Prozesse in der Telemedizin beinhalten zurzeit folgende typischen Elemente:

- Das medizinische Messgerät, z.B. das Spirometriegerät oder das EKG-Gerät, das auf die Stammdaten des Patienten fixiert wird und nur die Gerätenummer mit den Messdaten an das Diagnosecenter sendet.
- Der Arzt identifiziert sich durch Signatur oder Ärztekarte zusammen mit der Versichertennummer des Patienten (Vieraugen-Prinzip). Alternativ kann er in konventioneller Weise über Ärztebrief informiert werden.
- Patientendaten werden zusätzlich geschützt durch die ärztliche Schweigepflicht und das Beschlagnahmeverbot.
- Folgende Rechtsvorschriften sind u.a. in die Überlegungen einbezogen
  - § 203 Strafgesetzbuch (Verletzung von Privatgeheimnissen)
  - § 140 Sozialgesetzbuch V – Gesetzliche Krankenversicherung – Integrierte Versorgung

Gültig ist selbstverständlich auch die Berufsordnung für Ärztinnen und Ärzte der Bundesländer. Hier wird sichergestellt, dass der Arzt in seiner ärztlichen Tätigkeit keinen Weisungen von Nichtärzten unterworfen wird. Sofern Weisungsbefugnis von Ärzten gegenüber Ärzten besteht, sind die Empfänger der Weisung dadurch nicht von ihrer ärztlichen Verantwortung entbunden.

Ein Daten- und Informationszentrum als Anstalt des öffentlichen Rechtes mit gesetzlichem Auftrag und der Verpflichtung zur besonderen Förderung des Datenschutzes sowie Erfahrungen im Umgang mit sensitiven Personendaten kann als neutrale Datenhaltungsstelle angesehen werden. Es ist der Backup für jedes Diagnosezentrum, das seine Kapazitätsgrenzen innerhalb einer Krankenhausstruktur erreicht hat.

Mit der Einrichtung der Partnerschaft zwischen dem Diagnosezentrum und einem Daten- und Informationszentrum ist die Basis für ein ärztliches Datenmanagement, für die Speicherung, Übermittlung und Auswertung von Patientendaten gegeben. Damit kann ein Krankenhaus oder ein Gesundheitsnetz für chronische Kranke beispielsweise sicher elektronische Arztbriefe versenden oder auch ein interdisziplinäres Archiv betreiben. Ärztliches Datenmanagement ist insbesondere für die interdisziplinäre und interinstitutionelle Archivierung von Patientendaten erforderlich, denn so wird quasi ein „datenrechtlicher Schutzmantel" um die verschiedenen teilnehmenden Einrichtungen gelegt.

Eine mögliche Rollenverteilung ist bisher an Beispielen medizinischer Dokumentationsstellen analysiert und diskutiert worden:

„Das strafrechtliche Gebot der ärztlichen Schweigepflicht ist eindeutig: Die Übermittlung von Patientendaten ist nur zulässig, wenn sie durch eine gesetzliche Vorschrift, durch die

Einwilligung des Patienten oder durch einen besonderen Rechtfertigungsgrund legitimiert ist.
Spezieller Problemfall der digitalen Übermittlung ist die Bearbeitung von Patientendaten durch das technische Personal interner und externer Dokumentationsstellen. Hat der behandelnde Arzt die Kontrollmöglichkeit über die Mitarbeiter der Dokumentationsstelle, dann ist die Weitergabe der Patientenakte nicht als „unbefugtes Offenbaren" einzustufen; damit können diese Mitarbeiter als Gehilfen des Arztes qualifiziert werden, die gemäß §203 Abs. 3 S. 1 StGB ebenfalls der Schweigepflicht unterliegen. Eine Kontrollmöglichkeit durch den Arzt wird für Mitarbeiter interner Dokumentationsstellen angenommen, nicht für Mitarbeiter externer Dokumentationsstellen ...

Durch das System der Verschlüsselung gespeicherter Daten, der verschlüsselten Übertragung usw. sind die personenbezogenen Daten der Patienten dem Zugriff Dritter entzogen. Sie befinden sich in einem virtuellen Briefumschlag, der nur von dem Berechtigten geöffnet werden kann. Ein Konflikt mit dem Datenschutzrecht, das die personenbezogenen Daten vor dem Zugriff Dritter schützt, entsteht damit nicht ...

Externes Personal hat keinen Zugriff und keine Einsicht in patientenbezogene Daten. Allein der Berechtigte hat den Zugriff. Die ärztliche Schweigepflicht bleibt damit gewahrt.

Beschlagnahmeverbot
Durch das ausschließliche Zugriffsrecht des Arztes/der Klinik auf die (extern) digital gespeicherten Daten ist auch die tatsächliche alleinige Verfügungsmacht über das Beweismittel und damit der gem. § 97 Abs. 2 erforderliche Gewahrsam des Zeugnisverweigerungsberechtigten gegeben. Zeugnisverweigerungsrecht und Beschlagnahmeverbot bleiben erhalten." (aus Achim Jäckel (Hrsg.): Telemedizinführer Deutschland, s. 162-166: Externe Archivierung und Transfer multimedialer medizinischer Daten)

Die Entwicklung der integrierten Versorgung kann möglicherweise neue Modelle erfordern und gesetzlich zulassen, die in Abstimmung mit den entsprechenden Stellen im Gesundheitswesen entstehen. Sie wird sicher aufbauen auf den vorhandenen Eckwerten für Datenzentren auch in Hinsicht auf räumliche, technische und personelle Trennung.

Räumliche Trennung muss einen speziellen, zugangsgeschützten Bereich in den Betriebsräumen der technischen Einrichtung enthalten. Die technische Trennung kann durch den Einsatz physikalisch oder logisch getrennter technischer Einheiten realisiert werden. Das Hauptkriterium für das einzusetzende System ist die Option, Datenzugriffe entsprechend rechtlicher Vorgaben genau steuern zu können. Personell kann die Trennung z.B. durch den Aufbau eines eigenen Geschäftsbereiches umgesetzt werden.

Eine solche Organisation ist derzeit bundesweit nicht vorhanden. Insofern muss bei der Anwendung der Telemedizin in der ärztlichen Praxis diese grundsätzlich notwendige Struktur mit entwickelt werden.

Sobald das Diagnosezentrum außerhalb eines Krankenhauses aufgebaut wird, muss es die beschriebenen Technologien und Funktionen bereitstellen. Zusammengefasst sind dies:

- Betreiben der technischen Systeme und Komponenten
- Verzeichnis- bzw. Directory-Dienste
- Trust Center bzw. PKI-Infrastruktur, Verschlüsselungstechnologie
- Informationserschließung und -verarbeitung

- Zugriffsgeschützte Informationsspeicherung und -archivierung
- Portalfunktion und Ergänzung von relevanten Informationsangeboten

Unter diesen Voraussetzungen ist die Datenhaltung für telemedizinische Belange möglich und erlaubt damit die Verlagerung von medizinischen Messungen von der Arztpraxis in das Heim des Patienten oder an einen anderen frei wählbaren Ort. Die notwendigen Daten werden zu Hause oder mobil vom Patienten mit handlichen Messgeräten erfasst und anschließend in ein medizinisches Zentrum übermittelt. Motivation für diese Vorgehensweise ist die Verbesserung der Lebensqualität der Patienten durch eine „rund um die Uhr-Betreuung" bei gleichzeitiger Reduzierung der Behandlungskosten.

Die notwendige Infrastruktur umfasst sowohl die Kommunikationsinfrastrukturen (z.B. Mobilfunk), die Datenhaltungskonzepte (zentral, verteilt) als auch die medizinischen Sensoren zur Messung bzw. Datenerhebung.

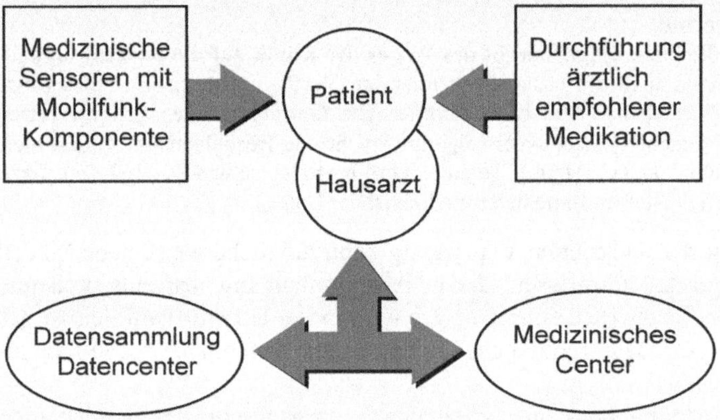

Abb. 1: Modell Telemedizin

Die Zustimmung des Patienten bleibt dabei unabdingbare Voraussetzung zur Teilnahme an diesem Modell der Telemedizin, das in Pilotprojekten erfolgreich bei chronischen Erkrankungen zum Einsatz kommt. Die normale Untersuchung erfordert immer wieder eine physische Konsultation beim Arzt. Bei bestimmten Krankheitsbildern kann die Wertermittlung auch in Abwesenheit des Arztes damit vor Ort beim Patienten geschehen.

Asthma- und Diabetespatienten und viele andere chronische Kranke bedürfen einer andauernden medizinischen Überwachung. Die moderne Telekommunikation ermöglicht nun Teleuntersuchungen, die erhebliche Vorteile mit sich bringen. Durch medizinische Sensoren werden vom Patienten selbst seine zu überwachenden Werte ermittelt (z.B. Lungenwerte, Zuckerwerte im Blut u.ä.). Die gemessenen Werte werden sofort online mittels Mobilfunkanbindung oder Modem an die datenhaltende Stelle übermittelt. Alertfunktion und Beratungsleistungen werden auf der Grundlage der erhobenen bzw. gemessenen Daten aktiviert. Der diensthаbende Arzt erwägt die zu ergreifenden Maßnahmen und stimmt sich mit dem Hausarzt des Patienten ab. Das Zentrum vermittelt das Ergebnis dem Patienten. Somit entsteht ein telemedizinischer Regelkreis.

Modellversuch Donaustauf

Der Modellversuch Donaustauf wird in Bayern in Zusammenarbeit zwischen Landesversicherungsanstalt als Träger der Klinik Donaustauf, der AOK Bayern als Versicherungsträger und dem Systemanbieter TMS in der Praxis erprobt unter Einbindung der Facharztgruppen der Kassenärztlichen Vereinigung in Bayern. Ziel dieses Modellprojektes ist eine bessere Versorgung der Patienten im Rahmen einer integrierten Versorgung bei gleichzeitig niedrigen Gesamtkosten.

Gemäß wissenschaftlicher Studien leiden etwa zehn Prozent der erwachsenen Bevölkerung an einer chronischen Bronchitis, 15 bis 20 Prozent davon entwickeln eine schwere Atemwegsobstruktion. In Donaustauf wird erprobt, inwieweit durch Telemedizin und entsprechende organisatorische Strukturen die Lebensqualität von Patienten mit chronisch obstruktiven Atemwegserkrankungen verbessert und gleichzeitig die Behandlungskosten reduziert werden können. Dabei wird die herkömmliche Lungenfunktionsmessung vom Arzt in das Heim des Patienten verlagert.

Im Rahmen dieses Modellversuches obliegen der Klinik Donaustauf folgende Aufgaben:

- Die „Rund-um-die-Uhr-Bereitstellung des medizinischen Fachwissens
- Der Betrieb der Patientendatenbank
- Koordination mit den Hausärzten
- Patientenschulung
- Wissenschaftliche Präsentation und ärztliche Information
- Abrechnung mit den Versicherungsträgern (AOK)

Der Systemanbieter TMS ist beim Projekt Donaustauf zuständig für die Bereitstellung und Finanzierung von Hardware und Software, wobei technisch unabhängige, kostengünstige Komponenten einzusetzen sind. Der Anbieter übernimmt auch die Vertragsgestaltung mit den Geräteherstellern sowie die Schulung. Der AOK übernimmt beim Projekt Donaustauf die Gewährleistung des Datenschutzes, die Abrechnung zur KV Bayern, die Dokumentationsverwaltung sowie die Koordinierung zur Aufsichtsbehörde und Ministerien. Das Projekt ist auf einen Zeitraum von fünf Jahren angelegt und soll bei erfolgreichen Ergebnissen beispielhaft für weitere Umsetzungen in der Bundesrepublik sein.

Ein wegweisendes Gutachten der Roland Berger & Partner GmbH über „Telematik im Gesundheitswesen – Perspektiven der Telemedizin in Deutschland" (1997) kommt zu dem Ergebnis:

Die nicht gegebene Verfügbarkeit aller gesundheitsrelevanten Informationen eines Patienten zum Zeitpunkt der Behandlung am Ort der Behandlung stellt ein elementares Problem der Gesundheitsversorgung in Deutschland dar. (www.iid.de/forschung/studien/ telematik)

Als Abhilfe wird eine „Gesundheitsplattform" mit zugehöriger apparativer und personeller Infrastruktur für den individuellen und volkswirtschaftlich sinnvollen Einsatz der Informations- und Kommunikationstechnik im Gesundheitswesen empfohlen. Diesem Ziel nähert man sich in der Bundesrepublik vorsichtig und langsam mit lokal und regional initiierten Einzelprojekten.

Das Projekt Donaustauf wird dazu sicherlich einen erfolgreichen Beitrag leisten. Normen und integrierte Regelungen werden dabei zu einen Gesamtsystem mit Leitbild-Charakter zusammengefügt. Es ermöglicht zum ersten Mal auch die Betreuung von Patienten über die starren (Zeit-)Grenzen unserer Leistungsanbieter (Krankenhaus, Rehabilitation, Ambulanz) hinweg mit dem Schwerpunkt „Gesamtheitlicher Krankheitsverlauf" oder Disease Management Case (DMC).

Weitere Erfahrungen und Nutzen

Erste Kosten-Nutzen-Analysen der gesetzlichen Krankenversicherungen haben ergeben, dass bereits der Umstieg auf das elektronische Rezept pro Jahr mindestens 400 Millionen € an Einsparungspotenzial ergeben würde. Papierkosten, Fehler bei der manuellen Erfassung und Falschmedikationen könnten auf diesem Weg minimiert werden.

Erfahrungen in anderen Ländern zeigen, dass – über diese Einschätzungen hinaus – in Deutschland offensichtlich noch eine große Zurückhaltung in Bezug auf die Telemedizin herrscht, obwohl deren Nutzen sich auch in der Praxis deutlich zeigt. Der Alltagseinsatz von Telekonsultationen und Beratungen durch multimediale Kommunikationstechnologie ist beispielsweise in Italien schon viel weiter fortentwickelt. Als allgemeine Vorteile werden dort aufgeführt:

- Wissenszuwachs durch einen besseren und schnelleren Informationsaustausch zwischen den beteiligten Experten
- Zeitgewinn durch Online-Zugriff auf verlaufsbedingte Krankheitsdaten
- Qualitätssteigerung der medizinischen Versorgung („second opinion")
- Orts- und Zeitunabhängigkeit (u.a. Verbesserung in strukturschwachen Gebieten)
- Kostenersparnis durch Vermeidung von Doppeluntersuchungen/Patiententransporten

Dies sind sicherlich Ansatzpunkte, die es gilt in angepasster Form in das deutsche Gesundheitswesen einzubringen, das vor weiteren dramatischen Kostenexplosionen in der nahen Zukunft steht.

3.12 Szenarien für das Zusammenwachsen von Automotive und Telekommunikation

Andreas Kreutzer

Entwicklung

Sowohl der Automobilbau als auch die drahtlose Kommunikation sind mehr als 100 Jahre alt. Längst sind beide den Kinderschuhen entwachsen und haben sich prächtig entwickelt. Über 90 Jahre davon mehr oder weniger unabhängig voneinander.

Aus den ersten belächelten und bestaunten Anfängen sind mächtige Industrien erwachsen, die sich der Mobilität ihrer Nutzer verschrieben haben.

Doch erst vor ca. 5 Jahren, mit der flächendeckenden Einführung digitaler Funkkommunikation und deren Eroberung des Massenmarktes (Stichwort: GSM), bewegen sich die beiden Mobilitätsbranchen rasant aufeinander zu.

Abb. 1: Telematik

Es entstand die Telematik mit dem Ziel, aus der Verbindung von Telekommunikation und Informatik neuartige Anwendungen und Dienste für mobile Nutzer zu entwickeln und zu vermarkten. Aus heutiger Sicht betrachtet, stellen somit die ersten Telematik-Dienste die Anfänge des M-Commerce dar. Hier wurden die ersten Erfahrungen gesammelt und wesentliche Grundlagen für den M-Commerce gelegt.

Die nachfolgenden Ausführungen werden den Status der Telematik beschreiben und Ausblicke auf deren zukünftige Entwicklung geben. Betrachtet werden dabei Dienste, Telematik-Systeme, der Markt und die Marktteilnehmer entlang der Wertschöpfungsketten. Dies wird sowohl für den B2C als auch für den B2B-Bereich erfolgen.

Zum Automotive Sector in diesem Kontext dieses Beitrags gehören Automobilhersteller, Hersteller von Telematik fähigen Endgeräten (z.B. Navigationsgeräte) und Telematik-Dienstleister.

Dienste

Die ersten Dienste waren „naturgemäß“ ausschließlich auf die Unterstützung der Fahraufgabe bzw. das Fahrzeug selbst fokussiert. Zu diesen zählen Dienste für Verkehrsinformationen, Sicherheit und Navigation. In der Zwischenzeit kamen weitere Dienste hinzu, wie Tracking & Tracing und Fahrzeug- bzw. Ladungsdiagnose. Das Diensteportfolio wird zunehmend komplettiert und abgerundet durch Dienste, die für beliebige mobile Nutzergruppen interessant sind. Hierzu zählen z.B. Buchungs- und Reservierungsdienste, Entertainment, Finanzdienste und Shopping.

Um den mobilen Nutzern echten Mehrwert zu bieten, ist wesentlicher Bestandteil vieler dieser Dienste eine Lokationsinformation. Auch hier kann also mit Fug und Recht behauptet werden, dass die Wiege der Location Based Services (LBS) im Automotive Sector zu finden ist.

All diese Dienste lassen sich natürlich auch wieder in die Kategorien

- Information (I),
- Kommunikation (K),
- Unterhaltung (U) und
- Transaktion (T)
- unterteilen.

Um den besonderen Anforderungen des Automotive Sector besser gerecht zu werden, wird hier jedoch eine weitere Klassifizierung vorgenommen. Die Unterteilung erfolgt nach der vorrangigen Relevanz des Dienstes wesentlicher „Komponenten“ des Gesamtsystems:

- Fahrer (Fa),
- Fahrzeug (Fz),
- Passagiere (Pa) und
- Ladung (La).

Die wesentlichen heute bekannten Dienste lassen sich somit wie folgt zuordnen:

Tab. 1: Telematik-Dienste

Dienst	Kategorie							
	Automotive				Allgemein			
	Fa	Fz	Pa	La	I	K	U	T
Verkehrsinformation	X				X			
Notruf	X					X		
Pannenruf	X					X		
Off-Board Navigation	X				X			
Routenplanung	X				X			
P+R Management	X				X			
ÖPNV Anschlussinformation	X				X			
Nächste Tankstelle/Werkstatt	X				X			
Fahrzeugferndiagnose		X			X			
Fahrzeug-Firm/Softwareupdate		X				X		
Flottenmanagement		X				X		
Tracking & Tracing				X	X			
Ladungsdiagnose				X	X			
E-Mail, UMS	X					X		
Internet			X			X		
Spiele			X				X	
Video on Demand			X				X	
Banking			X					X
Brokerage			X					X
Shopping			X					X
Ticketbuchung/-reservierung			X					X

Es ist nicht verwunderlich, dass die meisten der für Passagiere relevanten Dienste der Unterhaltungs- bzw. Transaktionskategorie zugeordnet sind. Diese sollen hier nicht weiter detailliert betrachtet werden. Statt dessen sollen exemplarisch einige wesentliche Dienste des Automotive Sector (Fettdruck in der Tabelle) näher vorgestellt werden.

Sicherheitsdienste Notruf und Pannenhilfe

Mit den Sicherheitsdiensten wird dem Wunsch nach schneller, möglichst automatischer und adäquater Hilfe im Ernstfall entsprochen. Beiden Diensteausprägungen ist gemeinsam, dass bei manueller oder automatischer Auslösung auf Fahrzeugseite die Geokoordinaten des aktuellen Standorts ermittelt und zusammen mit weiteren Daten an die Servicezentrale übermittelt werden. Die weiteren Daten können Angaben zum Fahrzeug (z.B. Marke, Typ, Kennzeichen, Farbe etc.) oder zum Vertragspartner (z.B. Vertragsnummer, Versicherungsgesellschaft, bevorzugter Pannenpartner etc.) enthalten. Die Servicezentrale ermittelt den genauen Standort auf dafür geeignetem Kartenmaterial und baut eine Sprachverbindung zum Dienstnutzer auf, um wichtige Zusatzdetails für eine effiziente Hilfestellung aufzunehmen. Solche Zusatzdetails können im Notruffall Angaben zu Anzahl der Verletzten und ungefähre Art und Schwere der Verletzungen sein. Im Pannenfall ist die Kenntnis über Ursache bzw. Erscheinung des Schadensfalles hilfreich. Die Servicezentrale bereitet alle Daten auf und informiert die Einsatzkräfte, so dass die benötigten Einsatzmittel zielsicher und schnell zum Ort des Geschehens dirigiert werden können.

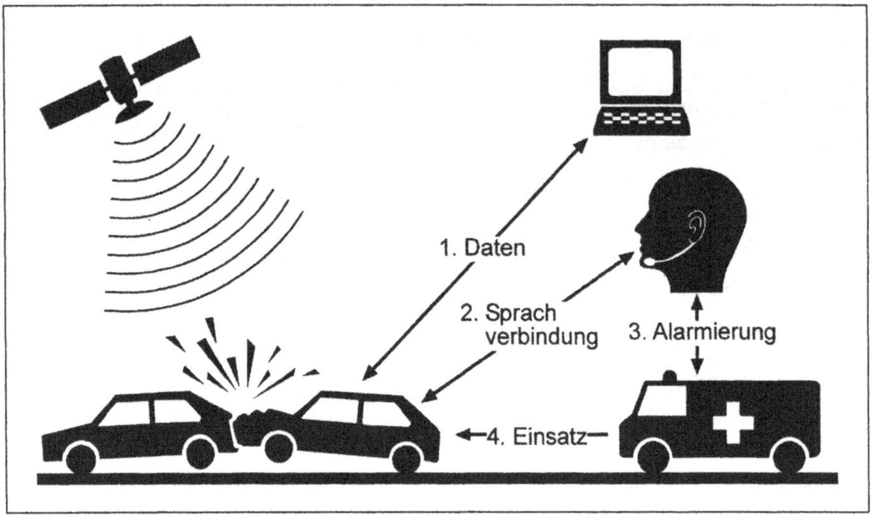

Abb. 2: genereller Ablauf eines Notrufs

Off-Board-Navigation und Routing-Dienste

Neuartige Navigations- und Routing-Dienste auf Telematik-Basis berücksichtigen die jeweils aktuelle Verkehrslage bei der Zielführung. So können Änderungen der Infrastruktur (z.B. geänderte Verkehrsführung) oder Störungen im Verkehr durch z.B. Tagesbaustellen oder Unfälle unmittelbar in die Empfehlungen eingearbeitet werden. Hieraus können Umleitungsvorschläge, Alternativrouten oder die Auswirkungen auf die Reisezeit abgeleitet werden. Für das Routing zu POI (Point of Interest) können Listen aus dem Internet übernommen werden. Weiterhin lassen sich Adressen aus dem PDA des Nutzers herunter laden. Durch die sogenannte Off-Board-Navigation auf Breitbandübertragungstechnik können die jeweils benötigten Kartenausschnitte ins Fahrzeug übermittelt werden, so dass ein regelmäßiges Update veralteter Karten-CD-ROMs der heute bekannten On-Board-Navigation entfallen kann. Die Bezahlung erfolgt bei Nutzung des Dienstes.

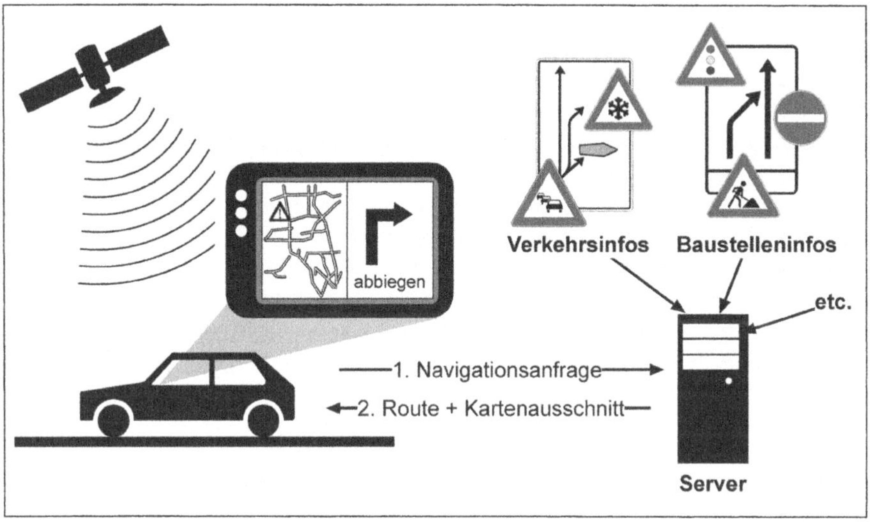

Abb. 3: genereller Ablauf der Off-Board-Navigation

Flottenmanagement

Während die zuvor betrachteten Dienste sowohl für B2C als auch für B2B Kunden interessant sind, fokussieren die Dienste im Umfeld Flottenmanagement sehr stark auf den B2B Bereich. Fahrzeugflotten werden von Speditionen, Mietwagenfirmen, Busunternehmen, Taxiunternehmen aber auch Industrieunternehmen (Car-Pool) betrieben. Einige Dienstausprägungen könnten wie folgt aussehen:

- Der Disponent einer Spedition kann aufgrund der jeweils aktuellen Position seiner Fahrzeuge und Kenntnis von Verlader, Abnehmer und Ladungsmenge den Einsatz der Fahrzeuge zeitnah und dynamisch optimieren.
- Die Mietfahrzeuge alarmieren die Zentrale, wenn sie das vordefinierte Einsatzgebiet verlassen.
- Fahr- und Ruhezeiten der Trucker werden automatisch erfasst und in die Zentrale gesandt.
- Dem Nutzer eines Leihwagens, der den Fahrzeugschlüssel versehentlich im Fahrzeug eingeschlossen hat, wird per elektronischem Schlüssel von der Zentrale aus das Fahrzeug wieder geöffnet.
- Nutzern des ÖPNV werden Fahrplanauskünfte, Umsteigemöglichkeiten, Nachrichten, Verkehrsinformationen und Veranstaltungshinweise im Sinne von Fahrgastinformationen angeboten.

Es lassen sich nahezu beliebig weitere Dienstszenarien aufstellen. Hieraus wird insbesondere das große Potenzial von Telematik-Diensten im kommerziellen Umfeld deutlich. Dazu tragen auch die beiden folgenden Dienste wesentlich bei.

Tracking & Tracing

Tracking & Tracing (T&T) steht allgemein für die Sendungsverfolgung. Mittels GPS-Ortung bzw. auch Lokalisierung in Mobilfunknetzen kann jederzeit der momentane Aufenthaltsort eines Transportmittels (z.B. Lkw) bzw. auch eines Transporthilfsmittels (z.B. Container) bestimmt werden. Der Logistiker kann daraus Rückschlüsse auf die Lieferpünktlichkeit ziehen und ggf. Sofortmaßnahmen bei Problemen einleiten. Weiterhin sind diese zeitnahen Informationen eine wichtige Grundlage für ein effizientes Flottenmanagement, da nunmehr Transportmittel flexibel und dynamisch entsprechend den Anforderungen dirigiert werden können. Die einmal erhobenen und aufbereiteten Daten werden archiviert und dienen somit zur späteren Rückverfolgung des Transportvorganges z.B. bei evtl. Reklamationen.

Neben der Optimierung der „internen" Prozesse kann durch T&T Informationen auch eine bessere Integration in die Prozesse der in der Supply Chain involvierten Partner erreicht werden. In der Automobilindustrie kann die Evolution von „just-in-time" zu „just-in-sequence" Prozessen voran getrieben werden.

Ladungsdiagnose

Neben der Information, wo sich aktuell ein bestimmter Transport befindet, tritt das Interesse, Kenntnis über bestimmte Zustände des Transports resp. der Ladung zu erhalten. Dieses Interesse ist insbesondere beim Transport von Gefahrgütern und von Kühltransporten im Lebensmittelbereich sehr groß. So sind bei Gefahrguttransporten die Überwachung von z.B. Temperaturen, Drücken oder auch Leckagen von besonderer Bedeutung. Durch Alarmierung einer Einsatzzentrale bei signifikanter Abweichung von den Sollwerten können die Reaktionszeiten zur Schadensvermeidung bzw. -minderung drastisch reduziert werden. Dadurch kann die Gefährdung der Bevölkerung durch zu spät eingeleitete Rettungsmaßnahmen und unzureichende Informationslage der Rettungskräfte vermieden werden. Die oft sehr hohen Folgekosten durch Schäden bei verspäteter oder falscher Rettungsaktion lassen sich stark senken.

Aufgrund der seit 1.1.98 verschärften gesetzlichen Anforderungen bei der Temperaturüberwachung von Lebensmitteltransporten, liegt hier ein weiteres großes Einsatzgebiet für Telematik-Lösungen. Die Vorteile eines entsprechenden Telematik-Mehrwertdienstes lassen sich wie folgt benennen:

- Laufende Temperaturüberprüfung
- sofortige Übermittlung der Temperaturüberschreitung an Warenempfänger, Fahrer und Spedition

- Zeitgewinn durch frühere Reaktionsmöglichkeit für Warenempfänger, dadurch ist Beschaffung von Ersatzware möglich, so dass die Belieferung der Konsumenten sichergestellt ist (kein Imageverlust)
- Niedrigere Versicherungsprämie
- Vermeidung unnötiger Leerfahrten bei Ablieferung nicht vorschriftsmäßig gekühlter Ware
- kein Umsatzverlust im Einzelhandel durch frühzeitig mögliche Ersatzbeschaffung
- niedrigere Bestände in Kühllägern

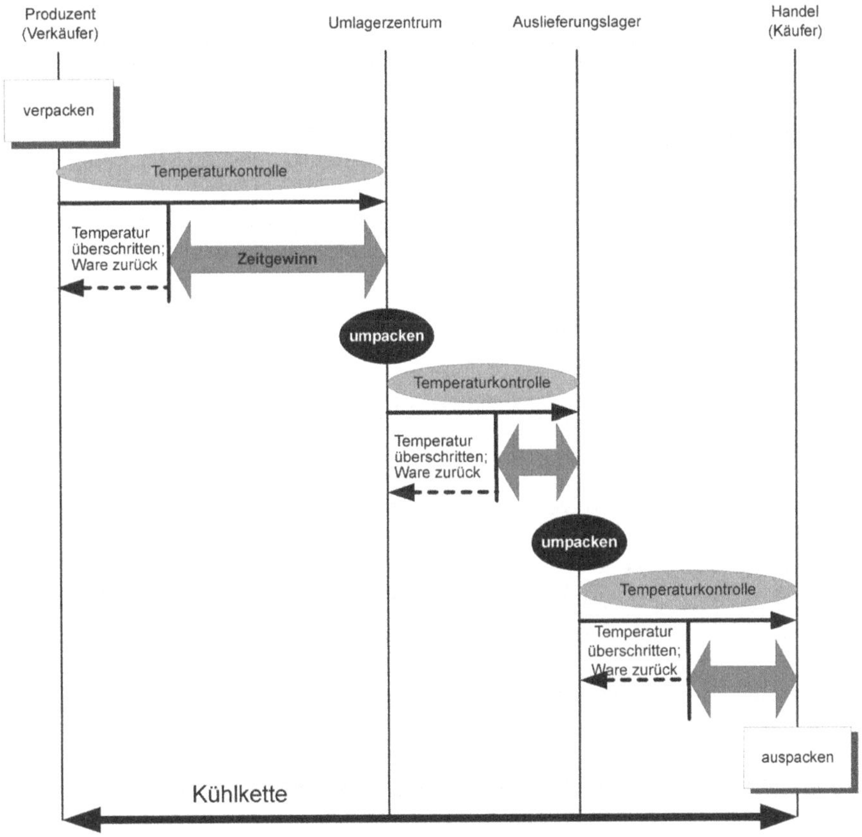

Abb. 4: Temperaturüberwachung bei Kühllebensmitteltransporten

Fahrzeugferndiagnose

Mit der Fahrzeugferndiagnose bieten sich dem Automotive-Sektor zwei interessante Chancen zur

- Kostenreduktion und
- besseren Kundenbindung.

Die Kostenreduktion resultiert daraus, dass durch frühzeitige aktive Störungsmeldung vom Fahrzeug aus eine Senkung von Garantiefällen, Rückrufaktionen und Kosten der Produkthaftung erzielt werden kann. Die Überwachung und Datenübermittlung würde z.B. Bremsbeläge, die Ölqualität oder die Kühlmitteltemperatur betreffen. Eine weitere Kostenreduktion kann durch die Verkürzung der Werkstattzeiten erreicht werden, wenn alle relevanten Daten bereits vorab per Mobilfunk übermittelt und evtl. benötigte Ersatzteile direkt bestellt werden. Mancher Werkstattbesuch lässt sich sogar ganz vermeiden, wenn nach erfolgreicher Diagnose durch ein Update von Steuerprogrammen in das Fahrzeug auch gleich die Therapie erfolgt. Mit den per Fahrzeugferndiagnose vielfältig gewonnenen Daten lassen sich Erfahrungsbibliotheken zur Fehlereingrenzung und -behebung wesentlich effizienter als bisher aufbauen. Es ist offensichtlich, dass dieses Diensteportfolio aufgrund der ausgesprochen transparenten Kundenorientierung der besseren Kundenbindung dient. Wird diese Dienstepalette mit anderen Diensten (z.B. E-Mail und Internet) kombiniert, kann die Basis für ein gutfunktionierendes Customer Relation Management gelegt werden. Dies wäre für den Automotive-Sektor besonders interessant, da hiermit eine direkte Beziehung zwischen Hersteller und Endkunde unter Umgehung des Händlers aufgebaut werden kann.

Floating Car Data

Abschließend in dieser Auflistung soll noch kurz das Floating Car Data (FCD) vorgestellt werden. FCD ist zwar kein Dienst, trägt aber im Sinne von Contentgewinnung entscheidend zur Qualität der Dienste Verkehrsinformation, Off-Board-Navigation und Routing bei. Beim Floating Car Data wirken die teilnehmenden Fahrzeuge als mobile Sensoren zur Verkehrslageerfassung. In Abhängigkeit unterschiedlicher Fahrsituationen bzw. zyklisch werden Informationen des Fahrgeschehens anonymisiert an die Zentrale gesandt. Zu diesen Informationen gehören im geringsten Fall momentane Position und Geschwindigkeit des Fahrzeugs. Weitere Daten zum Wetter bzw. den Fahrbahnbedingungen ergänzen die Datenerhebung. Die Zentrale sammelt und bereitet die laufend eintreffenden Daten auf und ergänzt diese durch Daten anderer Quellen, wie z.B. den Verkehrsleitzentralen und den Staumeldern von ADAC oder von Rundfunkanstalten. Anschließend erstellt die Zentrale daraus aufgrund komplexer Algorithmen ein Abbild der aktuellen Verkehrslage auf den Hauptverkehrsadern (überwiegend BAB), bestimmter Regionen (z.B. Ruhrgebiet) oder in Großstädten (z.B. Frankfurt/M.). Hieraus können dann qualitativ hochwertige, weil sehr aktuelle Verkehrsinformationen für verschiedenste Anforderungen erzeugt und im Markt angeboten werden. Als Beispiel sei hier die zeitnahe Information über den genauen Ort und die momentane Länge eines Staus bzw. – für viele noch interessanter – dessen Auflösung genannt. Solche genauen Informationen setzen natürlich voraus, dass eine ausreichend große Zahl von FCD-Teilnehmern mobile Daten sendet. Die Schwelle hierfür wird bei ca. 5 % der Verkehrsteilnehmer angesetzt. Dies gilt auch für Ballungsräume oder relativ dünn besiedelte Regionen.

Telematik-Systeme

Doch wie kommen die Dienste in das Fahrzeug bzw. welche wesentlichen technischen Komponenten sind für die Dienstleistung erforderlich?

Heutige Telematik-Systeme basieren überwiegend auf dem Client/Server-Prinzip. Das bedeutet, dass das Endgerät im Fahrzeug als Client agiert und über dieses Anfragen an den Server in der Servicezentrale gesandt werden. Die Servicezentrale bearbeitet die Anfragen und sendet das Ergebnis an den Client zurück. Als Übertragungsmedium dient der Mobilfunk.

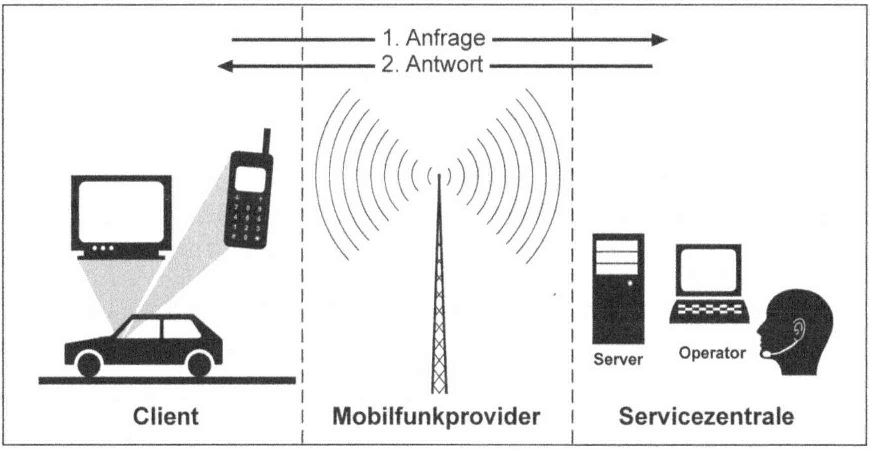

Abb. 5: Grundprinzip für Telematik-Systeme

Die Endgeräte gliedern sich derzeit in die Systemtypen „Navigation", „Sicherheit" und „Information". Unter „Navigation" werden hier festeingebaute CD-gestützte Bordsysteme verstanden. Auch der Systemtyp „Sicherheit" basiert auf Festeinbauten im Fahrzeug. Der Systemtyp „Information" wird hingegen üblicherweise derzeit durch ein Mobiltelefon repräsentiert. Zukünftig wird es Kombisysteme sowohl für den Festeinbau als auch für den flexiblen Einsatz auch außerhalb des Fahrzeugs geben. Hierzu sind z.B. auch PDAs zu zählen, die im Fahrzeug über eine Haltekonsole an Fahrzeugsysteme andocken (z.B. zur Adressübernahme oder zur Aus- und Anwahl von Telefonnummern) und außerhalb des Fahrzeugs als Organizer oder auch als Navigationshilfe dienen.

Allein diese wenigen Beispiele für Telematik-Dienste und -systeme zeigen das enorme Potenzial für neuartige Mehrwertdienste in diesem Umfeld auf. Die Liste möglicher Dienste ließe sich problemlos erweitern, wenn die Fahrzeug zu Fahrzeug Kommunikation einbezogen wird. So könnten sich Fahrzeuge gegenseitig vor Gefahren außerhalb des Sichtbereichs (z.B. Stauende in der Kurve, Glatteis in einer Senke, Falschfahrer) warnen. Doch letztendlich hängt der Markterfolg nicht nur von der Attraktivität eines Dienstes für eine möglichst große Kundengruppe ab, sondern von einem durch alle involvierten Marktteilnehmer getragenen Geschäftsmodell. Einem Geschäftsmodell, das trotz akzeptablen Dienstepreises für den Endnutzer den beteiligten Dienstleistern Gewinn ermöglicht.

Markt

Warum bisher die Telematik nicht von dem erhofften Erfolg gekrönt war, liegt im wesentlichen an vier Gründen (nach M. Ehmer, Mercer Management Consulting):

- die Automobilhersteller taten sich anfangs schwer auf dem für sie ungewohnten Gebiet,
- die Marktprognosen waren zu euphorisch,
- die finanziellen Auswirkungen (sprich: Business Cases) sind schwer kalkulierbar und nicht zuletzt
- aufgrund der komplexen Wertschöpfungskette überlappt sich deren Abdeckung durch die beteiligten Akteure.

Letzteres bedeutet, dass aus anderen Industrien Wettbewerber in das mobile Geschäft drängen. Somit sind alle potenziellen Wettbewerber auch mögliche Partner.

Was die bisherigen Marktprognosen betrifft, so war offensichtlich der Betrachtungszeitraum zu kurz gewählt. Dies sicherlich auch, weil die Änderung des Verbraucherverhaltens hin zu innovativen mobilen Mehrwertdiensten überschätzt wurde. Bezieht man realistische Penetrationszeiträume für neue Technologien wie z.B. in der Vergangenheit für Fernsehen, PCs und Mobiltelefone ein, werden die prognostizierten Umsätze später erreicht. Laut einer aktuellen Studie von Allied Business Intelligence (ABI) wird der Weltmarkt für Telematik in Personenfahrzeugen von 3 Mrd. US$ im Jahr 2000 auf fast 13 Mrd. US$ bis 2006 anwachsen. Davon werden im Jahr 2006 etwa 4 Mrd. US$ allein durch Dienste umgesetzt. Eine aktuelle Studie von The Strategis Group erwartet für Europa im Jahr 2006 einen Umsatz von ca. 2,5 Mrd. US$ durch Telematik-Ausrüstung. Dies beinhaltet sowohl OEM als auch After-Market-Geräte. Deren Zahl soll von 770.000 in 2001 auf ca. 8,7 Mio. Einheiten im Jahr 2006 steigen.

Marktteilnehmer

Mit der Einführung von Telematik-Diensten treten auch im Automotive-Sektor neben die alteingesessenen Akteure neue Marktteilnehmer. Die Wertschöpfungskette wird komplexer. Ein mit dem Serviceangebot harmonierendes Partnerkonzept ist erforderlich. Doch betrachten wir zunächst die Wertschöpfungskette im Telematik-Bereich und die dort handelnden Akteure. Aus Gründen der Übersichtlichkeit wird diese Darstellung auf wesentliche Dienste des Automotive-Sektor begrenzt, also z.B. Entertainment und Banking hier bewusst ausgegrenzt.

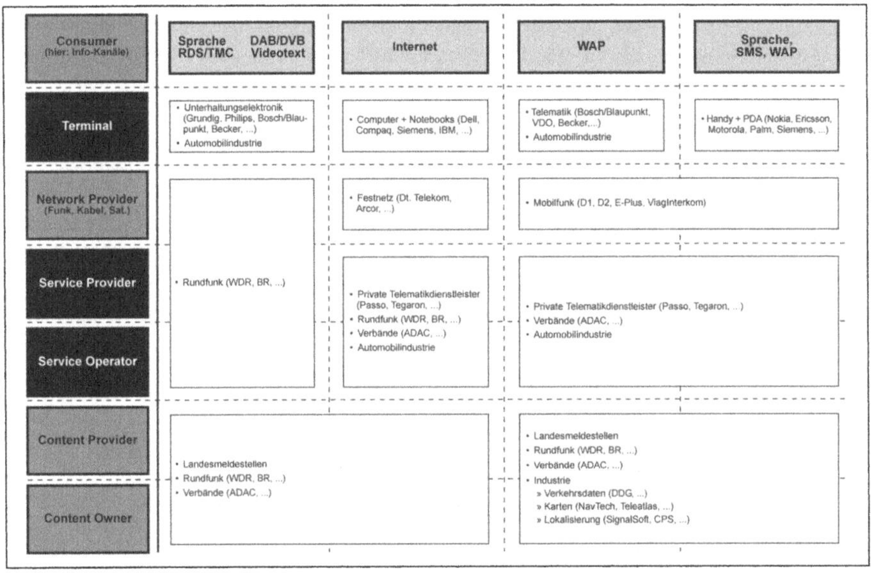

Abb. 6: Wertschöpfungskette in der Telematik (dunkle Kästen haben besondere Relevanz für den Automotive-Sektor)

Es wird deutlich, dass entlang der Wertschöpfungskette eine Vielzahl von Partnern und Lieferanten zusammenwirkt, um den Kunden gewinnbringende Mehrwertdienste zu attraktiven Preisen zur Verfügung stellen zu können. Mit weiteren Diensten, die nicht unmittelbar zum Telematik-Umfeld zu zählen sind, kommen weitere Partner hinzu. Daraus wird aber auch ersichtlich, dass in diesem komplexen Wechselspiel nur solche Partnerschaften Sinn machen, in denen jeder sein „Handwerk" versteht und somit seine Kernkompetenz gewinnbringend einsetzt.

Das Ziel muss sein, mittels strategischer Allianzen große Teile der Wertschöpfungskette abzudecken.

Abschließend sollen zwei mögliche Szenarien für strategische Partnerschaften eines Automobilherstellers mit einem anderen Teilnehmer der Wertschöpfungskette kurz angerissen werden.

Szenario 1: Mobilfunkbetreiber
Der Automobilhersteller nutzt die Kundenbindung an das mobile Endgerät und erhält somit schnell Zugang zu einer großen Kundengruppe. Die Integration der Inhalte sowie die Abrechnung der Nutzung wird dem Mobilfunkbetreiber übertragen, müssen somit nicht selbst aufgebaut werden.

Szenario 2: Content Provider
Der Automobilhersteller nutzt die Kundenkenntnis und technische Kompetenz eines großen Content Providers. Hierdurch kann einerseits das eigene Angebotsspektrum durch weitere Inhalte ergänzt werden. Es besteht weiterhin die Möglichkeit zur schnellen Personalisierung des Angebots.

Ob nun eines dieser Szenarien neben vielen anderen in die Realität umgesetzt wird oder nicht, es kommt darauf an, schnell zu agieren. Dies auch vor dem Hintergrund, dass Regeln und Standards noch nicht gesetzt sind. Auch eine Partnerschaft mit anderen Automobilherstellern sollte nicht vorschnell ad acta gelegt werden. Ergeben sich doch hieraus Möglichkeiten zur Standardisierung und Skalierbarkeit. Nachteilig hierfür wären sicherlich die erschwerte Differenzierung im Markt und gedrosselter Innovationsdrang.

3.13 M-Technologien für Kurier-, Express- und Paketdienste

Frank Spirgatis

Ausgangssituation

Der Markt der Kurier-, Express- und Paketdienste (KEP) ist durch ein überproportionales Wachstum geprägt. Ein Hauptgrund hierfür liegt in der starken Zunahme des Versandhandels, gestützt durch Katalog- oder Internetvertrieb. Ein weiterer Grund sind zunehmende Ansprüche der Kunden an Transportzeiten, sowie ziel- und zeitgenaue Zustellung. Gleichzeitig steigen die Erwartungen an den Informationsfluss zu einzelnen Sendungen.

Rund 1,6 Milliarden Sendungen teilten die klassischen Kurier-, Express- und Paketdienste im Jahr 1999 untereinander auf[1]. Der deutsche KEP-Markt ist der größte Europas und teilte sich 1999 wie folgt auf:

- Expressdienste 40 % (Umsatz 7,8 Mrd. DM)
- Kurierdienste 21 % (Umsatz 4,2 Mrd. DM)
- Frachtpost 18 % (Umsatz 3,4 Mrd. DM)
- DPD 9 % (Umsatz 1,7 Mrd. DM)
- UPS 8 % (Umsatz 1,5 Mrd. DM)
- German Parcel 4 % (Umsatz 0,7 Mrd. DM).

Die Manner-Romberg Unternehmensberatung schätzt das Umsatzvolumen des deutschen KEP-Marktes für das Jahr 2000 auf 20,5 Milliarden DM. Als Gewinn bringend für die KEP-Dienste erweist sich insbesondere der boomende M-Commerce. Die Kunden wollen ihre Bestellungen via Internet so schnell und individuell wie möglich zugestellt bekommen.

Dr. Klaus Zumwinkel, Vorstandsvorsitzender der Deutschen Post, rechnet mit zusätzlich 250 Millionen Sendungen im Jahr 2003, bedingt durch M-Commerce. Das Marktpotenzial an Fahrzeugausstattungen allein in Deutschland beläuft sich auf ca. 100.000 Fahrzeuge; europaweit sind es über 500.000 Fahrzeuge.

Ein typisches, exemplarisch ausgewähltes Unternehmen der Branche verfügt über ca. 4.000 Lieferfahrzeuge im Inland, die täglich jeweils bis zu 100 Punkte anfahren. Dabei werden morgens Sendungen an gewerbliche wie private Kunden ausgeliefert; nachmittags werden Sendungen praktisch ausschließlich von gewerblichen Kunden aufgenommen.

---

[1] Quelle: Deutsche Post AG 2001 (http://www.miebach.com/publications/pressreleases/kep1.html)

Der Versender versieht seine Pakete jeweils einzeln mit einem Barcode. Die jeweiligen Sendungen werden nach Abholung vom Versender an Warenumschlagpunkte geliefert und gelangen im Liniendienst an eines der ca. 50 Zustelldepots. Dort nimmt der Auslieferfahrer sie auf und stellt sie anschließend zu. An jedem einzelnen Übergabepunkt wird das Paket elektronisch erfasst, womit eine Verfolgung bis zur Zustellung möglich ist. Nachdem der Fahrer in das für ihn zuständige Depot zurückgekehrt ist, liefert er die in seinem Handscanner gespeicherten Daten dort ab. Dies schließt die elektronische Unterschrift ein.

Alle relevanten Daten werden möglichst umgehend via Internet den Versendern und gegebenenfalls auch den Empfängern zur Verfügung gestellt. So erspart sich das Unternehmen die aufwendige Erstellung von Abliefernachweisen und zum Teil auch die Bearbeitung telefonischer Nachfragen.

Doch an der wichtigsten Stelle besteht noch eine Informationslücke, nämlich zwischen der Aufnahme der Sendung im Depot und der Einspeisung des Zustellnachweises. Zwischen der tatsächlichen Auslieferung des Paketes und der Information hierüber im Internet kann eine Lücke von 24 Stunden entstehen, was im modernen Wettbewerb zuviel ist. In dieser Totzeit ist lediglich die nicht sonderlich zielführende Information verfügbar, dass sich die Sendung in der Auslieferung befindet. Aus diesem Grund sind täglich noch eine Reihe von telefonischen Nachfragen zu beantworten, die auf beiden Seiten zu Aufwand und Ärger führen.

Um diese letzte Informationslücke zu schließen, ist eine Technologie erforderlich, die den Status jeder einzelnen Sendung an Bord jedes einzelnen Fahrzeuges zu jeder Zeit lückenlos dokumentiert. Eine solche Technologie hat die Höft & Wessel AG in Hannover entwickelt und auf der CeBIT 2001 einer breiten Öffentlichkeit vorgestellt.

Der Mehrwert für das Unternehmen

Der KEP-Dienst gewinnt durch eine IT-Lösung mit einer lückenlosen Transparenz für den Kunden einen entscheidenden Wettbewerbsvorteil. Denn prinzipiell ist diese Art der Information nicht ohne mobile Lösungen denkbar. Eine Reihe anderer Differenzierungsmerkmale sind bei dem mittlerweile allgemein hohen Standard in der KEP-Branche inzwischen entfallen. So ist eine Zustellung im Bundesgebiet innerhalb von 24 Stunden längst Standard, zum Teil wird dieser Service bereits europaweit ohne Aufpreis angeboten. Auch der Abliefernachweis als solcher im Internet ist keine Besonderheit mehr. Die dritte Differenzierungsmöglichkeit, nämlich der Preis, ist zu transparent, um tatsächlich ein signifikantes Unterscheidungsmerkmal darstellen zu können. Hier ist ohnehin ein Niveau erreicht, das die Unternehmen zu Rationalisierungen zwingt und dauerhaft keinen Spielraum für weitere Reduzierungen lässt.

Es bleibt also nur noch der Weg, zusätzliche Dienstleistungen zu erbringen. Die Vorteile liegen auf der Hand. Das zeitnahe Übermitteln der Standortdaten des Fahrzeugs sowie der beim Empfänger erhobenen POD-Daten (Proof Of Delivery) an die Unternehmenszentrale ermöglicht dem Transporteur die Erweiterung des

Kundenservices: Auskünfte über den Stand der Auslieferung können dem Kunden sehr schnell und sehr zuverlässig, z.B. über ein Internet-Portal, bereitgestellt werden. Mit diesem Serviceangebot erhöht der Anbieter seine Wettbewerbsfähigkeit auf dem Markt.

Die kontinuierliche Routenverfolgung sowie die zeitgenaue Erfassung von Auslieferungs- und Standzeiten erlauben ferner eine präzise Tourauswertung. Eine ungünstige Tourplanung kann erkannt und korrigiert werden. Die Effektivität einer Korrektur ist anschließend nach demselben Prinzip auswertbar. Die während der Auslieferung entstandenen Telematik-Daten erlauben Rückschlüsse über den Auslieferungsaufwand je Stop. Damit kann eine aufwandsgerechte Kostenverteilung ermöglicht bzw. weiter verfeinert werden. Auch diese Maßnahmen tragen zur Erhöhung der wirtschaftlichen Effektivität des Unternehmens bei.

So wird zum einen die Kundenzufriedenheit gesteigert, zum anderen wird Fahrern und Depots ein Instrument zur Selbstkontrolle in die Hand gegeben. Hierüber können kontinuierliche Qualitätsverbesserungen erreicht werden.

Schließlich sind weitere Kostendegressionen erreichbar. Telefonische Nachfragen werden weitgehend entfallen, wenn aktuelle Informationen zuverlässig im Internet abrufbar sind. Darüber hinaus werden durch mobile Datenerfassungsgeräte neben dem Abliefernachweis zusätzliche Dienstleistungen möglich, z.B. eine minutengenaue Prognose für den Zeitpunkt der Paketzustellung. Aber auch das Inkasso mit Kredit- und Scheckkarten bei Nachnahmesendungen wie auch die Erbringung von Identdienstleistungen sind möglich.

Nutzen für den Kunden

Versender von Paketen erhalten bei KEP-Diensten in vielen Fällen derzeit lediglich die Kerndienstleistung der Zustellung selbst. Im B2B-Bereich ist mit einem vermeintlichen „Schwund" von bis zu zehn Prozent aller Paketsendungen zu rechnen. Dies sind Fälle, in denen der Empfänger behauptet, die Sendung nie erhalten zu haben. Dann wird regelmäßig ein Abliefernachweis erforderlich, um den sich der Versender kümmern muss. Erst mit Hilfe dieses Abliefernachweises wird er gegebenenfalls Ansprüche gegenüber dem Kunden durchsetzen können.

Ist dieser Nachweis sofort per Knopfdruck aus dem Internet verfügbar, sinkt der Aufwand des Versenders hierfür auf ein Minimum. Neben dem Nachweis ergibt sich für den Auftraggeber aber auch der Vorteil, dass er für Nachnahmesendungen mehr alternative Anbieter neben dem Marktführer finden wird, was mittelfristig über den Wettbewerbsdruck zu einer Kostenreduktion dieser Dienstleistung führen dürfte.

Schließlich werden durch diese Technologie einige Leistungen überhaupt erst möglich, so z.B. die Lieferung gegen Vertragsunterschrift, wie sie bei Verträgen für Mobiltelefone üblich ist. Auch sonstige Identleistungen fallen in diesen Bereich, dessen Bedeutung durch das Wachstum zum Beispiel von Direktbanken kontinuierlich zunimmt.

Neben den „harten“ Vorteilen ergeben sich Komfortverbesserungen z.B. durch die Visualisierung des Sendungslaufs oder die Möglichkeit der elektronischen Sendungsdisposition.

On-Board-Technologie

Generelles Leistungsprofil

Das hannoversche Unternehmen Höft & Wessel hat nach diesen aktuellen Marktanforderungen eine mobile, aus dem Fahrzeug leicht herausnehmbare M-Commerce-Plattform in Gestalt eines Telematik-Systems entwickelt. Das Design der Telematik-Plattform erlaubt dabei den Einsatz verschiedener Typen von Mobilen Datenerfassungsgeräten (MDEs).

Diesen MDEs ist gemein, dass sowohl Barcode-Erfassung per Laserscanner als auch elektronische Unterschriftenerfassung über ein touchsensitives Display mit ihnen möglich ist. Die mobile Kommunikation zwischen Unternehmenszentrale und Fahrzeugen kann dabei über das öffentliche GSM-Funknetz erfolgen.

Die Datenübertragung basiert auf TCP/IP und FTP, somit können die allgemein üblichen und dementsprechend verbreiteten Internet-/Intranet-Kommunikationswege sowie die entsprechenden Server genutzt werden. Aus den Fahrzeugen können in parametrisierbaren Zeitintervallen sowohl Ablieferungsdaten als auch per GPS ermittelte Standortinformationen übertragen werden.

Die Ausführung als mobile Hardware erlaubt eine einfache Einführung insbesondere auch für Testphasen des neuen Telematik-Systems. Die technischen Vorbereitungen im Fahrzeug beschränken sich auf ein Minimum.

Wenn zunächst keine Vollausstattung aller Fahrzeuge möglich oder erwünscht ist, so kann mit dem Erheben von Tourdaten begonnen werden, indem die Telematik-Systeme in Fahrzeugen mit repräsentativem Tourverlauf oder auch stichprobenartig in wechselnden Fahrzeugen installiert werden.

Auch bei einer Vollausstattung mit dem Telematik-System kann diese Hardware wesentlich einfacher bedarfsgerecht eingesetzt werden als bei Festeinbau, u.a. wegen der leichteren Entnahme des Telematik-Systems aus nicht betriebsbereiten Fahrzeugen.

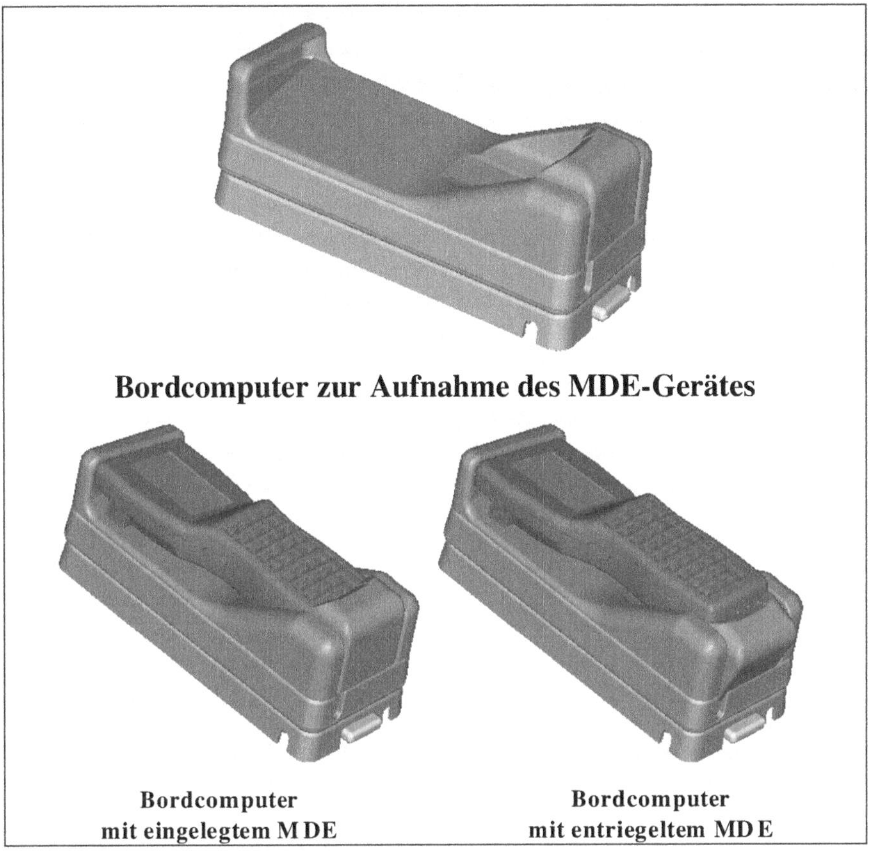

Abb. 1: Schematische Darstellung der M-Commerce-Plattform

Anforderungen Hardware-Funktionalitäten

Alle wesentlichen und kostenintensiven Baugruppen des Telematik-Systems werden in einem einzigen Gehäuse integriert, dessen Ausmaße so klein und handlich wie möglich ausgeführt sind. Die Plattform besteht aus verschiedenen Einzelkomponenten, die modular kombiniert werden können. An erster Stelle ist dabei das MDE als zentraler Bestandteil in seiner Funktion als Handscanner zu nennen. Dieses wird von einer mit dem Gehäuse verbundenen Halterung aufgenommen. Der Handscanner muss leicht aus der Halterung entnehmbar und wieder einlegbar sein. Um ein versehentliches Herausfallen beim Bremsen und Beschleunigen zu vermeiden, wird das MDE beim Einlegen in der Halterung arretiert. Das Lösen der Arretierung und die Herausnahme des MDEs kann dabei mit einer Hand erfolgen. Eine Bedienung des Gerätes oder ein Sichtkontakt hierzu während der Fahrt sind nicht notwendig, da die Kommunikationsprozesse automatisch angestoßen werden und ohne Bedienereingriff ablaufen. Prinzipiell bleibt das MDE aber im eingelegten Zustand bedienbar, d.h. alle Tasten sind frei zugänglich und das Display ist nicht abgedeckt. Im eingelegten Zustand werden die Ladekontakte mit Spannung versorgt, so dass entladene Akkus aufgeladen werden. Die Datenkommunikation zum Bordrechner erfolgt über eine störungsunanfällige Infrarot-Schnittstelle (IrDA).

Die zweite wesentliche Komponente ist der Bordrechner mit integriertem GPS-Empfänger. Der Bordrechner stellt über das integrierte GPS-Modul die Standortinformationen bereit und ist in der Lage, diese ohne eingelegten Handscanner periodisch mit Datum-/Zeit-Stempel zu speichern und über das GSM-Modul in einem einstellbaren Zeittakt oder auf Anfrage einer Zentrale zu senden. Die Komponente ist fest im Gehäuse eingebaut und dem Fahrer nicht zugänglich.

Einen weiteren wesentlichen Bestandteil des Systems stellt das GSM-Modem dar. Verwendet wird ein handelsübliches Modul eines Markenherstellers mit SIM-Karte von einem Provider nach Wahl. Die Komponente ist ebenfalls fest im Gehäuse eingebaut und dem Fahrer nicht zugänglich. Somit können nur autorisierte Personen die SIM-Karte im Modemmodul tauschen. Um die Zukunftssicherheit und somit den Investitionsschutz sicherzustellen, wird bezüglich Einbauvolumen und elektrischer Verbindung bereits die Adaptierbarkeit von GPRS- und UMTS-Modulen berücksichtigt.

Um die Kommunikation mit Fahrzeugsensoren wie z.B. Kühlcontainern oder dem Fahrtenschreiber zu ermöglichen, wurde eine intelligente Schnittstelle in das System integriert. Diese stellt außerdem die IR- und Akkulade-Schnittstelle für die Integration des Mobilen Datenerfassungsgerätes zur Verfügung. Die Komponente besteht aus den physikalischen Kontakten in der MDE-Aufnahme des Telematik-Systems und der Elektronik. Letztere ist integrativer Bestandteil des Bordrechners.

Anforderungen Software-Funktionalitäten

Die Software wird bordseitig an zwei Stellen implementiert: im MDE sowie im Bordrechner des Telematik-Systems. Im MDE erfolgt das Speichern der Unterschriftsdaten in komprimierter Form, so dass je Unterschrift weniger als 1 kB Daten gespeichert werden müssen. Eine weitere Platzersparnis wird erreicht, indem alle Unterschriften in einer gemeinsamen Sammeldatei gehalten werden.

Neben der bereits bestehenden Kommunikationsroutine zum Auslesen der MDEs über die Kommunikationsstationen im Depot müssen zwei weitere Kommunikationsroutinen ergänzt werden. Zum einen ist dies das DFÜ-Protokoll zum Senden und Empfangen von Dateien über das GSM-Modem zur und von der Unternehmenszentrale. Als Filetransfer-Protokoll kommt FTP zum Einsatz. Auf Anwenderprogrammebene müssen diverse Parameter einstellbar sein, unter anderem die zu wählende Telefonnummer und das Zeitintervall für die DFÜ.

Automatisch maximal alle 15 Minuten oder nach einem beliebigen anderen vorgegebenen Zeitintervall baut der Bordrechner eine Verbindung über die intelligente Schnittstelle und GSM-Modem zum FTP-Server in der Unternehmenszentrale auf und überträgt alle zwischenzeitlich neu aufgebauten Dateien mit den GPS-

Informationen sowie alle seit der letzten GSM-DFÜ hinzugekommenen Ablieferungsdaten inklusive der Unterschriftsdatei.

Bei der zweiten Kommunikationsroutine handelt es sich um das Protokoll zur Kommunikation mit dem Bordrechner. Bei jedem Einlegen bzw. automatisch nach dem parametrisierbaren Zeitintervall nimmt das MDE Kontakt mit dem Bordrechner auf. Die wesentlichen im Gerät gespeicherten Felder wie z.B. Tour-Nr., Fahrzeugkennzeichen, Mitarbeiter-Nr. werden zum Bordrechner übertragen und dort abgespeichert. Damit sind dem Bordrechner sofort und stets die eindeutigen Tourdaten bekannt. Umgekehrt erhält das MDE alle bis dahin aufgelaufenen GPS-Informationen in Form von Weg-/Zeit-Koordinaten sowie eine Uhrzeitsynchronisation aus der GPS-Komponente des Bordrechners jeweils als Datei. Bei einer Zeitspanne von 15 Minuten hat sich eine ca. 0,5 kB große Weg-/Zeit-Datei angesammelt. Um im Notfall alle tourrelevanten Daten zur Verfügung zu haben, werden alle während der Tour per GSM übertragenen Daten auch im MDE gespeichert und im Depot ausgelesen.

Bezüglich der Ablieferungsdaten wird dies wie folgt realisiert: Das MDE sammelt alle Ablieferungsdaten in einer Datei, die im Depot ausgelesen und erst dann gelöscht wird. Ebenso wird die Unterschriftsammeldatei nach demselben Verfahren bearbeitet.

Die zeitlichen Abschnitte der eingesammelten GPS-Daten werden kontinuierlich in einer Weg-/Zeit-Datei gesammelt und ebenso erst nach dem Auslesen im Depot im MDE gelöscht.

Die wesentliche Aufgabe des Bordrechners besteht in der Erzeugung und Speicherung von Weg-/Zeit-Koordinaten mit Hilfe des integrierten GPS-Rechners. In einem Zeitabstand von z.B. einer Minute werden die GPS-Koordinaten gebildet, mit einem Zeitstempel versehen und in einer Datei im Speicher des Bordrechners hinterlegt. Der Bordrechner kommuniziert über die intelligente Schnittstelle mit dem MDE. Der DÜ-Anstoß geht jeweils vom MDE aus, sobald dieses in die Halterung eingelegt wird. Sind im MDE neu erfasste Daten vorhanden, so werden diese auf den Bordcomputer übertragen.

Stößt das MDE die Kommunikation an, so erhält der Bordrechner eine Datei, die die wesentlichen Tourdaten aus dem MDE enthält, wie z.B. die Tour-Nr., das Fahrzeugkennzeichen und andere. In der Gegenrichtung überträgt der Bordcomputer die angesammelten GPS-Informationen an das MDE. Weiterhin überträgt der Bordcomputer als Abschluss der Kommunikation eine Datum-/Uhrzeit-Synchronisation zum MDE. Dieser Zeitstempel wird aktuell dem GPS-Signal entnommen.

Konfigurierbare Parameter des Telematik-Bordrechners

Einschalten des Bordcomputers
Grundsätzlich: Nach dem Einschieben des Bordcomputers in die Halterung wird der Bordcomputer nicht eingeschaltet. Der Bordcomputer wird eingeschaltet 1. wenn Taster am Bordcomputer gedrückt wird 2. wenn Zündung eingeschaltet wird
Ausschalten des Bordcomputers
1. kann manuell nicht ausgeschaltet werden 2. durch längeres Drücken des Tasters
Sleep Mode
Grundsätzlich: Sleep Mode wird nur bei ausgeschalteter Zündung aktiviert. 1. Sleep Mode nie aktivieren 2. Sleep Mode nach eingestellter Zeit aktivieren Zeitparameter, einstellbar von 60-120 Minuten: nach Ausschalten der Zündung wird nach eingestellter Zeit die Elektronik auf minimalen Stromverbrauch gesetzt. Das GPS-Modul bleibt im Tracking Mode.
Power Down Mode
Grundsätzlich: der Power Down Mode ist nicht deaktivierbar. Zeitparameter, einstellbar von 60-120 Minuten: nach Ausschalten der Zündung und Ablauf einer Sleep Mode-Zeit wird nach eingestellter Zeit die Elektronik ausgeschaltet. Reaktivierung durch Drücken des Tasters.
GPS-Tracking Datenumfang
Grundsätzlich: Die GPS-Koordinaten entsprechen dem WGS84 Kartendatum 1. Speichern der Koordinaten 2. Speichern der Koordinaten und der momentanen Geschwindigkeit 3. Speichern der Koordinaten, Geschwindigkeit und des Kurses
GPS-Tracking Zeitintervalle
Zeitintervallparameter, einstellbar von 20-300 Sekunden. Die GPS-Koordinaten werden in diesen Zeitintervallen mit Datum/Uhrzeit und Trackingsituation gespeichert
GPS-Tracking aktiviert/deaktiviert (Privatsphärenbereich)
Um eine Überwachung des Fahrers bzw. des Fahrzeugs in dienstfreien Zeiten auszuschließen, können Deaktivierungszeiten definiert werden, in denen keine GPS-Verfolgung stattfindet. Tageszeit Beginn Tracking Tageszeit Ende Tracking Samstage/Sonntage/Feiertage Tracking aus
GPS Tracking-off-Verhalten
Grundsätzlich: ein permanentes Tracking im Verlauf einer Route ist physikalisch nicht garantiert wegen möglicher Abschattung der GPS-Satelliten durch Tunnel oder Häuserschluchten. 1. bei Tracking-off werden die zuletzt ermittelten GPS-Daten im eingestellten Zeitintervall gespeichert 2. bei Tracking-off stoppt das Speichern, bis wieder Tracking-on eintritt

GSM-Übertragungsanlass
1. Aufbau einer GSM-Übertragung gemäß eingestelltem Übertragungsintervall
2. Aufbau einer GSM-Übertragung durch Anstoß vom MDE
GSM-Übertragungsintervall
Zeitintervallparameter, einstellbar von 5-60 Minuten. Gemäß eingestelltem Zeitintervall wird eine GSM-Verbindung aufgebaut
Dateirouting
Liste von zur DFÜ zugelassenen Dateien mit folgenden Parametern:
1. Dateiname gemäß DOS-Konvention
2. Dateirichtung: bestimmt, ob Datei gesendet oder empfangen wird
3. Dateipfad: bestimmt, ob die Datei für den Bordcomputer oder das MDE bestimmt ist
4. Rufnummer: verknüpft zu sendende Datei mit einer zu wählenden Telefonnummer

Datenkommunikation aus Sicht der Depots bzw. der Zentralseite

In den Depots erfolgt die Kommunikation durch Auslesen der MDE über die Dockingstation auf einen PC. Auf der Zentralseite soll der Datenempfang per FTP auf einen UNIX-Host bzw. FTP-Server erfolgen.

Je nach Anzahl der im Feld befindlichen Telematik-Systeme und des eingestellten Sendeintervalls müssen entsprechend viele Modemleitungen freigeschaltet werden. Aufgrund der vom Telematik-System verwendeten Internet-Kommunikation ist auch die Nutzung von Internet-Portalen eines Providers möglich. Nachfolgend ist die Kommunikation schematisch dargestellt.

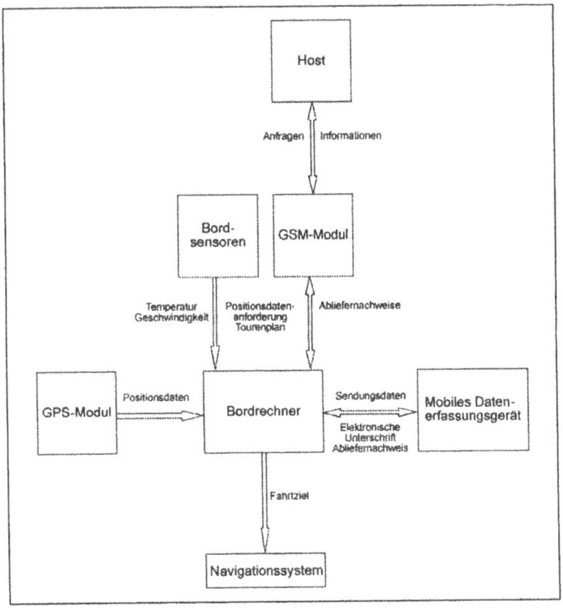

Abb. 2: Schematische Darstellung der M-Commerce-Plattform

Erweiterungsmöglichkeiten des Systems

Das Telematik-System stellt in der hier vorgestellten Form im Zusammenspiel mit einem mobilen Datenerfassungsgerät eine Branchenlösung für KEP-Dienste dar. Daneben sind aber auch modifizierte oder komplett andere Anwendungsszenarien für diese modular aufgebaute M-Commerce-Plattform denkbar:

- Die Liste der konfigurierbaren Parameter wird erweitert.
- Wird die MDE-Aufnahme durch eine Chipkarten-Leseeinheit ersetzt, so kann mit dieser Hardware beispielsweise ein Lohndatenerfassung aufgebaut werden: abwechselnd zum Einsatz kommende Fahrer, z.B. auf Großbaustellen, bekommen eine mit ihrer Personal-Nr. codierte Chipkarte. Wird diese Chipkarte eingesteckt, so wird Arbeitszeit (=Fahrzeit) für diesen Fahrer gespeichert. Das System ist in der Lage, Informationen zu liefern wie: wer ist gefahren, wie lange, zu welcher Tageszeit, mit welchem Fahrzeug, welche Strecke?
- Der Anschluss von Datenloggern, z.B. Temperaturschreibern, an die serielle Schnittstelle des Bordcomputers ermöglicht ein aktuelles Übertragen von Temperaturzuständen an die Fuhrparkzentrale. Eine zeitnahe Überwachung einer Tiefkühl-Auslieferungsflotte inklusive Auslösen von Alarmmeldungen bei Annäherung oder Überschreiten der Grenzwert-Temperatur kann so durchgeführt werden.
- Ein verdeckter Einbau des Bordcomputers (ohne Gerätehalterung) gestattet die Lokalisierung und Wegeverfolgung von wertvollen Leihfahrzeugen, Baumaschinen und sonstigen Gerätschaften. Entsprechende Schnittstellen in diesen Objekten vorausgesetzt, können auch Maschinenlaufzeiten und sonstige Betriebsparameter erfasst und per Funk gemeldet werden.

Back Office-Technologie

Übersicht

Das Web Hosting sowie die Bereitstellung der erforderlichen Anwendersoftware wird für die vorgestellte M-Commerce-Plattform durch das Frankenthaler Unternehmen AxIT geleistet. Die aktuelle Position der mobilen Objekte, also Fahrzeuge, Container, Wechselsysteme und andere, wird durch das bordseitig installierte GPS-Modul geortet. Die Software zeigt den aktuellen Standort auf detaillierten digitalen Karten an. Die Positionsdaten können um weitere Informationen ergänzt werden, z.B. um Statusinformationen wie Ladezustand oder Kühltemperatur.

Für die Nutzung des Systems genügt dabei ein beliebiger PC mit Internetzugang. Eine spezielle lokal implementierte Software für die Flottenverfolgung entfällt. Stattdessen wird lediglich ein beliebiger Internet-Browser benötigt. Dadurch steht der Dienst an jedem beliebigen Arbeitsplatz zur Verfügung.

Durch die konsequente Nutzung des Internets werden aufwendige Installationen und die damit verbundenen erheblichen Investitionen vermieden. Wegen des ASP-Konzeptes entfallen auch laufende Betriebskosten für Instandhaltung und Wartung.

Funktionsumfang

- Alle Funktionen sind direkt über einen Standard-Internet-Browser abrufbar;
- Das Layout ist individuell anpassbar;
- Die Einwahl kann über die Homepage des Kunden erfolgen;
- Positionsdaten (geographische Position entsprechend der GPS-Ortung mit Datum und Zeit) werden gesendet, empfangen, verwaltet, abgerufen und angezeigt;
- Die aktuellen Positionen werden auf einer digitalen Weltkarte visualisiert. Die Positionsanzeige auf der Karte kann dabei unterdrückt werden;
- Die eingehenden Status-Meldungen werden in Listenform verarbeitet und dargestellt. Die Statustabelle kann erweitert werden um zentral gespeicherte Daten;
- Alle Positions- und Statusdaten werden in einer gesicherten Datenbank langfristig hinterlegt;
- Die in der Datenbank abgelegten „historischen" Positionsdaten werden in Form einer Spur mit Datum- und Uhrzeit-Information dargestellt (Tracing);
- Aktive Positionsabfragen sind möglich (Tracking);
- Die Ortungsart ist, abhängig von der Konfiguration der Endgeräte, wählbar: einmalig auf Abruf, in definierbaren Zeitintervallen, eventgesteuert für einzelne, alle oder definierbare Gruppen von mobilen Einheiten;
- Stammdaten werden zentral verwaltet;
- Den mobilen Einheiten können durch den Benutzer beliebige ID-Nummern zugeordnet werden.

Der wirtschaftliche Vorteil

Der Einsatz einer integrierten M-Commerce-Plattform führt für einen KEP-Dienst zu erheblichen wirtschaftlichen Vorteilen.

Die permanente Datenverbindung zum Fahrzeug macht feste Touren weitgehend überflüssig. Es können stattdessen für konkrete Aufträge flexibel die jeweils nächsten verfügbaren Fahrzeuge eingesetzt werden. Hierdurch wird die Fahrzeugauslastung optimiert; Leerfahrten werden vermieden. Weitere Ersparnisse können durch den Einsatz eines Tourendispositionssystems erzielt werden. Darüber hinaus ist eine Erhöhung des Servicestandards durch die lückenlose Kontrolle des Fahrtablaufs zu erwarten. Insgesamt resultiert aus diesen Effekten eine verbesserte Produktivität.

Zusätzlich kann durch die Nutzung des Internets und die Ausgestaltung der Anwendersoftware als ASP der lokale EDV-Aufwand sowohl in der Zentrale des KEP-Dienstes als auch in den Depots minimiert werden.

Schließlich ergeben sich Personaleinsparungen durch weniger telefonische Nachfragen, das Entfallen manueller Belegverarbeitung und den durch die Routenoptimierungen geringeren Bedarf an Fahrern.

Zusammenfassung

Im B2C-Business werden überwiegend einfache Endgeräte wie Mobiltelefone eingesetzt. In diesem Beitrag wurde eine professionelle Lösung für die wachsende Bedeutung des M-Commerce bei KEP-Diensten im B2B-Segment vorgestellt.

Die M-Commerce-Plattform ermöglicht der Branche eine signifikante Diversifikation ihres Leistungsspektrums bei gleichzeitig deutlich gesteigerter Qualität. Neben einer besseren Transparenz für den Kunden sorgt das System für ein effizienteres Flotten- und Personalmanagement. Darüber hinaus ist zu erwarten, dass derartige Systeme künftig einen bedeutenden Platz im elektronischen Zahlungsverkehr wie auch bei Identleistungen einnehmen werden.

Die eingesetzte Technologie nutzt die Standards, die sich in der jüngeren Vergangenheit etabliert haben, so dass zumindest eine europaweite Implementierung sofort möglich ist. Insbesondere der intelligente Einsatz des Internets als Kommunikationsstrang und für die ASP-Lösungen bietet praktisch unbegrenzte Nutzungsreserven.

4 Technologien und Methoden

4.1 Endgeräte für mobile Anwendungen

Martin Wiecker

Im Mittelpunkt des „M-Commerce" steht der kabellose und damit nicht ortsgebundene Zugriff auf Informationen und Anwendungen. Die größte Einschränkung für diesen mobilen Zugriff war bisher die geringe Übertragungsrate, mit der Daten ausgetauscht werden konnten. Durch die Entwicklung neuer Technologien (GPRS, UMTS) wird der Flaschenhals Bandbreite in Zukunft an Bedeutung verlieren. Für den Anwender ergibt sich die Möglichkeit, an jedem Ort und zu jeder Zeit seinem Bedürfnis nach Kommunikation, Information und Entertainment nachzukommen. Dabei muss es nicht gleich ein Einkauf per WAP sein, auch das Abrufen von Informationsdiensten mit dem Handy oder der mobilfunkgestützte Zugriff auf Unternehmensdaten, wird zum M-Commerce gezählt.

So unterschiedlich wie die Nutzer und ihr Informationsbedürfnis, sind auch die Geräte, mit denen M-Commerce möglich ist. Der Markt für die Geräte ist teilweise noch sehr jung und entwickelt sich dementsprechend schnell und mit abrupten Richtungswechseln. Auch wenn die Grenzen zwischen den verschiedenen Endgeräten in Zukunft immer mehr verschwimmen, so lassen sich bei einem Blick auf den Markt im Wesentlichen die vier folgenden Klassen trennen:

- Notebook
- Mobiltelefon (Handy)
- Personal Digital Assistant (PDA)
- Smartphone

Abb. 1: Beispiele für die betrachteten Geräteklassen

Die Einteilung der Klassen ergibt sich aufgrund der unterschiedlichen technischen Ausstattung, der Größe und der Leistungsfähigkeit der Geräte.

Gemeinsamkeiten ergeben sich hingegen bei der Kommunikation. Die Gruppe der Notebooks ist ebenso wie die der PDAs nicht standardmäßig mit einem Kommunikationsmodul ausgestattet. Vielmehr wird für beide Klassen zusätzlich jeweils ein solches Modul benötigt, was im einfachsten Fall durch die Verbindung mit dem Handy realisiert werden kann. Dabei ist allen Geräten gemein, dass sie zurzeit im Wesentlichen noch über die GSM-Netze kommunizieren. Dadurch besteht die Einschränkung auf eine maximale Übertragungsrate von 9,6 kbit/s. Die nächste Generation der Übertragungstechnik (GPRS) und die damit in der Praxis realistische Datenrate von rund 50 kbit/s steht zwar nach Aussagen der Netzbetreiber seit Mitte 2001 zur Verfügung, die Einbindung in die produktiven Systeme scheitert jedoch noch an der Unzuverlässigkeit des Netzes und den nicht verfügbaren Endgeräten.

Die Verbesserung und Verbreitung eines schnellen Netzwerks ist eine wesentliche Voraussetzung, damit der M-Commerce in Schwung kommt. Denn nur durch die schnelleren Datenverbindungen erreichen viele Anwendungen die Qualität, die für eine Verbreitung im Markt erforderlich ist. Wer über das GSM-Mobilfunknetz schon einmal eine Internetseite aufgerufen hat, der hat eine Vorstellung davon, wie viel Zeit dies beansprucht und wie uninteressant das Surfen dadurch wird.

Die einzelnen Klassen von Geräten werden von sehr unterschiedlichen Nutzergruppen für verschiedenste Aufgaben eingesetzt, was sich erheblich auf die technischen Details auswirkt. Deshalb sollen im folgenden die Geräteklassen detailliert vorgestellt und ihre Einsatzmöglichkeiten im M-Commerce Umfeld aufgezeigt werden.

Notebook

Notebooks sind die tragbaren Brüder der Desktop-PCs. Alle Aufgaben, die man mit einem „normalen“ PC durchführen kann, von Textverarbeitung über Internetzugriff und E-Mail bis hin zu Grafikbearbeitung, lassen sich auch mit einem Notebook erledigen. Die benötigte Software, wie Datenbanken und Groupwareprodukte sind am Markt verfügbar und können genauso genutzt werden, wie am heimischen PC auch. Da ist es nicht verwunderlich, dass auch bei diesen Systemen als Betriebssystem die Windows-Familie gegenüber Linux u.a. dominiert.

Die Technik ist gegenüber dem Desktop-PC auf kleinerem Raum untergebracht, schränkt dadurch aber auch die Möglichkeit ein, weitere Hardware, wie z.B. CD-Brenner oder Netzwerkkarten, nachzurüsten. Wenn entsprechende Hardware benötigt wird, dann muss diese meist zu höheren Preisen zugekauft und extern angeschlossen werden.

Für den Anschluss stellen die Geräte jedoch standardisierte Schnittstellen, wie z.B. PCMCIA oder USB, zur Verfügung, so dass eine Vielzahl von Geräten kompatibel ist. Über PCMCIA-Karten oder durch Kombination mit einem Handy lassen sich Notebooks mit einem Kommunikationsmodul verbinden und somit zum

M-Commerce nutzen. Dabei steht die Datenkommunikation im Vordergrund; telefonieren mit dem Notebook wäre zwar theoretisch möglich, wird praktisch aber von keinem Hersteller angeboten. Die Anwender sind vor allem in der professionellen Arbeitswelt zu sehen:

- Außendienstmitarbeiter, die sich aktuelle Produktdaten aus dem Intranet beschaffen oder sich vor einem Termin noch aktuell über den Kunden informieren.
- Mitarbeiter, die von unterwegs ihre E-Mail-Postfächer überprüfen und aktuelle Aufträge in die Auftragsverwaltung einstellen.

Die persönlichen, wie auch die geschäftlichen Daten sind auf dem Notebook immer aktuell und müssen nicht per Kabel oder Infrarotschnittstelle (IrDA) mit einem anderen Gerät synchronisiert werden. Die Nutzer haben den Vorteil, dass sie in der vertrauten PC-Umgebung arbeiten können und nur minimale Einschränkungen im Bezug auf Bedienung und Komfort hinnehmen müssen.

Lange Zeit war die Ausdauer der Akkus, die teilweise nur bei ca. zwei Betriebsstunden lag, ein Hemmnis für den mobilen Einsatz. Allerdings hat auch hier die Entwicklung nicht Halt gemacht, so dass man heute schon Betriebszeiten von fünf bis sechs Stunden erreichen kann, bevor die Notebooks wieder an die Steckdose müssen.

Ein wesentlicher Nachteil der genannten Systeme soll allerdings nicht übersehen werden: die Größe und das Gewicht. Dies reduzieren die als Sub-Notebooks bezeichnete Systeme durch kleinere Displays und den Verzicht auf interne Laufwerke (CD, Diskette). Auch wenn die Miniaturisierung von Komponenten immer weiter voran schreitet, so erwartet man von Notebooks doch einen gewissen Komfort. Allein ein für die tägliche Arbeit sinnvolles Display braucht eine angemessene Größe. Auch mit UMTS und weiter steigender Bandbreite (theoretisch bis zu 2 Mbit/s) wird sich daran nichts ändern. Vielmehr kann man erwarten, dass durch die Erweiterung der Bandbreite das Notebook und mit ihm das professionelle, mobile Arbeiten weiter an Bedeutung gewinnt.

Die Geräte werden jedoch nicht den Stellenwert eines ständigen Begleiters erreichen. Dieses Privileg ist bisher einer anderen Klassen von Endgeräten vorbehalten: dem Mobiltelefon.

Mobiltelefon

Das Mobiltelefon hat in Deutschland mit der heute erreichten Marktdurchdringung von über 60 % die Zahl der Internetanschlüsse pro Haushalt bereits übertroffen. Auch wenn im Bereich der Neukunden langsam die Sättigung des Marktes zu beobachten ist, so erfreuen sich Handys, auch wenn die Zuwachsraten geringer werden, immer noch einer ungeheuren Beliebtheit.

Die hohe Verbreitung ist allerdings nicht darauf zurückzuführen, dass die Besitzer die Geräte für Zugriffe auf Daten nutzen, sondern sie wollen damit telefonieren. Aktuellen Prognosen zu Folge soll sich das in den kommenden Jahren jedoch ändern. Bereits im Jahr 2006 soll der im Mobilfunk generierte Umsatz zu mehr als 50 Prozent durch Datenkommunikation erzeugt werden, eine Verhältnisumkehr, die im Festnetz bereits eingetreten ist.

Dabei bringen die von Haus aus zum Telefonieren gedachten Geräte nicht gerade die optimalen Vorraussetzungen mit, um mit ihnen Datenkommunikation betreiben zu können.

Abb. 2: Kleines Handy, z.B. Siemens C35 und Motorola V66

„Klein und leicht" war lange Zeit das wichtigste Kriterium beim Kauf eines Handys. Bedingt durch diese Anforderungen sind die Geräte immer weiter miniaturisiert worden, wodurch sich für die Nutzung als M-Commerce Endgerät in den folgenden Bereichen Einschränkungen ergeben:

- **Display**
  Das Display hat nur eine geringe Größe. Eine gängige Auflösung liegt bei ca. 90x65 Pixel, womit sich nur wenige (3-5) Zeilen Text darstellen lassen. Grafiken und Farben sind gar nicht, oder aber aufgrund der geringen Auflösung und Größe kaum aussagekräftig abzubilden.
- **Tastatur**
  Die Zahlentastatur reicht für die Benutzung als Telefon völlig aus, auch wenn man bei einigen Geräten von der maximalen Miniaturisierung schon wieder Abstand genommen hat. Um Anwendungen nutzen zu können und eigene Daten zu übermitteln, muss eine Möglichkeit vorhanden sein, Texte einzugeben. Die Tasten sind dazu mehrfach belegt, so dass im entsprechenden Modus auch Zeichen erzeugt werden können.
- **Worterkennung**
  Um die Eingabe von längeren Texten zu erleichtern, haben die Handyhersteller Worterkennungssoftware integriert, die aus der Reihenfolge der Buchstaben die wahrscheinliche Kombination herausfiltert. Die Eingabe von Text wird dadurch erleichtert; allerdings ist das Eingeben einer E-Mail- oder Internetadresse damit nicht zu vereinfachen und bleibt ein komplizierter Vorgang.

- **Leistungsfähigkeit, Speicherplatz**
  Die Leistungsfähigkeit reicht für die wesentlichen Funktionen des Telefonierens (Dazu gehört auch die Pflege eines Telefonbuches) aus. Die Hardware ist allerdings nicht dazu in der Lage, beliebige Anwendungen auszuführen oder Daten zu speichern.
- **Software**
  Die Software der Handys wird bisher von den Geräteherstellern vorgegeben und lässt sich durch den Benutzer nicht verändern. Neuere Geräte haben zwar zusätzlich einige Anwendungen (Kalender, Spiele) integriert, aber die mangelnde Flexibilität und der geringe Bedienkomfort verhindern eine sinnvolle Nutzung. Die Betrachtung des Betriebssystems kann daher bei den Handys vernachlässigt werden.

Trotz der technischen Einschränkungen hat sich neben dem Telefonieren eine Form der Datenkommunikation durchgesetzt: das Schreiben und Verschicken von SMS (Short Message Service). Ein Dienst, der von allen Endgeräteherstellern in die Geräte integriert worden ist. Der zunächst eher als Nebenprodukt angebotene Dienst erfreut sich einer ungeheuren Beliebtheit und sorgt bei den Mobilfunkprovidern für hohe Umsätze. Während sich gerade jüngere Menschen über die max. 160 Zeichen langen Meldungen austauschen, wird der Dienst professionell für die Informationsverbreitung und Werbung genutzt. Um über interessante Nachrichten aus Wirtschaft oder Sport auf dem Laufenden zu sein, meldet man sich bei einem Provider an und lässt sich die Informationen kostenpflichtig auf das Handy schicken. In Verbindung mit dem Versand von Klingeltönen ist der SMS-Dienst eines der wenigen, gut funktionierenden Businessmodelle im M-Commerce.

Die große Beliebtheit der SMS hat dazu geführt, dass man den Message-Dienst um wesentliche Funktionen erweitern will. Die nächste Stufe wird dabei als Enhanced Message Service (EMS) bezeichnet. Dabei lassen sich die Texte formatieren und kleine Grafiken und Melodien übertragen. Der Durchbruch der Entwicklung, an der sich verschiedene Hersteller, wie Ericsson und Siemens beteiligt haben, steht zzt. noch auf der Kippe, weil Nokia einem einheitlichen EMS-Standard bisher im Wege steht.

Die nächste Erweiterung wird dann erst mit neuer Infrastruktur auf Seiten der Provider möglich sein. Spezielle Server, die Nachrichten zwischenspeichern und dann auf das Endgerät angepasst weiterleiten, müssen in die Mobilfunknetze integriert werden. Der dann implementierte Multimedia Message Service (MMS) soll einfacher als heute E-Mails zu benutzen sein und die volle multimediale Vielfalt (Sound, Video) unterstützen.

Ein neuer Standard, wie z.B. EMS, wird von den Endgeräteherstellern nur in eine neue Generation Handys integriert, damit sie wieder neue Produkte verkaufen können. Updates der Software wären zwar in vielen Fällen möglich, werden jedoch nicht angeboten.

Ein anderer Standard, den schon alle neuen Handys integriert haben, ist WAP (Wireless Application Protocol). Ein WAP-Browser auf dem Handy kann Internetinhalte in Form von WML-Seiten anzeigen und ermöglicht dadurch den direkten Datenzugriff. Das WAP-Protokoll sollte, wenn man den Marketingabteilungen glaubte, das Internet aufs Handy bringen. Die übersteigerten Erwartungen konnten aber, auch durch die technischen Randbedingungen des Handys, nicht erfüllt werden. Das WAP-Protokoll ist auf die geringe Bandbreite in den Mobilfunknetzen ausgelegt und ermöglicht daher die Minimierung des zu übertragenen Datenvolumens. Einher geht der minimale Ansatz mit dem Verzicht auf wesentliche optische Elemente, die das „normale" Internet bietet. Zusammen mit der ungewohnten Navigation durch die WML-Seiten und der in der Anfangsphase einer neuen Technologie häufig auftretenden Unzuverlässigkeit der Dienste, stieß die neue Technik zunächst auf große Ablehnung.

Mit der Weichenstellung in Richtung WAP 2.0 durch das WAP-Forum als international zuständigem Gremium sollen wesentliche Mängel von WAP behoben werden. Insbesondere soll sich WAP 2.0 aufgrund seiner Multimedia-Fähigkeiten von seiner Vorgängerversion abheben. Die Verabschiedung von WAP 2.0 ist voraussichtlich Ende 2001 zu erwarten. Wann Handys diesen Standard unterstützen, muss jedoch noch abgewartet werden.

Verschiedene Dienste (Banking, Kommunikation, Auskunftsdienste) haben sich auch auf den kleinen Displays als praktikabel erwiesen und werden vom Verbraucher genutzt. Die Zahl der WAP-Nutzer steigt nach den anfänglichen Zweifeln ständig. Zusätzlich beginnen auch Firmen, die Möglichkeiten von WAP in der internen Kommunikation zu nutzen. Dazu werden WAP-Gateways eingerichtet über die auf Intranetinformationen zugegriffen werden kann.

Eine weitere Erhöhung der Nutzung von WAP wird erwartet, wenn mit GPRS endlich mehr Bandbreite zur Verfügung steht. „WAP over GPRS" ist nämlich vergleichbar mit dem in Japan sehr erfolgreichen „i-mode". GPRS ist ein neues Übertragungsverfahren, welches neben der höheren Bandbreite auch ein anderes Abrechnungsmodell ermöglicht. Wird eine Datenverbindung aufgebaut, dann wird dazu nicht ein kompletter Sprachkanal belegt, sondern die Daten werden paketweise übermittelt. Damit können sich mehrere Geräte die Bandbreite teilen, was auch auf die Abrechnung durchschlägt. Es werden nur die übermittelten Datenpakete abgerechnet. Der Standard ist für den Austausch von Daten vorgesehen, für Sprachtelefonie wird weiterhin ein eigener Kanal belegt.

Für die Datenkommunikation ist von Bedeutung, dass die Geräte immer online sind. Es entfällt also der zeitaufwendige Aufbau der Verbindung und die Daten können auch automatisiert an die Geräte geschickt werden (Push-Dienste).

Der neue Standard erfordert auch wieder neue Endgeräte, die bei GPRS in drei Klassen unterteilt werden müssen:

- Klasse A: Parallele Verarbeitung von Sprache und Paketdaten (z.B. WAP).
- Klasse B: Unterstützen beide Kommunikationsarten, aber nicht gleichzeitig.
- Klasse C: Speziell für eine Kommunikationsart (bspw. PC-Karten für Datenkommunikation).

Abhängig von der Klasse sind auch die Kosten für die Endgeräte gestuft. Je mehr Funktionen die Handys bekommen, desto höher liegt auch der Preis. Die High End-Geräte werden mit einer ganzen Reihe von neuen Technologien ausgestattet, die die Geräte noch universeller einsetzbar machen. Die Ankündigungen der Hersteller sind vielfältig, müssen aber von Fall zu Fall sehr kritisch, vor allem auf den tatsächlichen Realisierungszeitpunkt hin, geprüft werden. Sind die Endgeräte nicht verfügbar, dann kommt auch eine neue Technologie nicht zum Laufen. Bestes Beispiel dafür war die Einführung von WAP im Herbst 2000.

Einige Funktionen, die auch im Hinblick auf die zu erwartende Entwicklung der zukünftigen Endgeräte für das UMTS-Zeitalter wesentlich sind, sollen im folgenden umrissen werden.

- Das Handy braucht zur Identifizierung im Netz des Providers eine kleine Chipkarte, die sogenannte SIM. Mit dieser SIM ist das Handy eindeutig im Netz identifizierbar. Da man die auf der SIM gespeicherten Informationen aber auch einem Nutzer zuordnen kann, der sich beim Kauf des Gerätes angemeldet hat, ist auch der Nutzer des Handys identifizierbar. Darauf aufbauend kann man dem Nutzer eine Personalisierung der ihm angebotenen Dienste anbieten. Weitere Funktionen sind mit der SIM-Karte, die auch zur Speicherung von weiteren Informationen, wie sie zum Beispiel für den Aufbau von verschlüsselten Kommunikationsdiensten (PKI) oder für die „Digitale Signatur“ benötigt werden, möglich. Dazu müssen sich jedoch möglichst viele Hersteller auf eine Vorgehensweise einigen, was momentan im Markt äußerst schwierig ist.
- Dem mobilen Entertainment wird im Rahmen des M-Commerce ein großes Marktpotenzial zugebilligt, da Kundenbefragungen einen entsprechenden Bedarf ergeben haben. An das Vorbild „i-Mode“ aus Japan möchten die Marktteilnehmer auch in Deutschland gerne heranreichen. Zum Zeitvertreib für den Anwender werden einfache Spielevarianten auch heute schon fest in die Handys integriert. Für dieses Segment, aber auch für die generelle Entwicklung von Applikationen, wird die Einführung von Java als Programmplattform für die Handys eine wesentliche Rolle spielen. Bereits im November 2000 ist von der Branchenarbeitsgruppe 3GPP die J2ME-Technologie als Industriestandard für Mobiltelefone übernommen worden. Erste Geräte werden ab Ende 2001 erwartet. Per GPRS kann man dann, vergleichbar mit den im Internet verbreiteten Java-Plugins, kleine Programme auf das Handy laden. Da Java ein weit verbreiteter Programmierstandard ist, besteht somit die Möglichkeit, das Handy mit externen Softwareprodukten aufzurüsten. Damit ergibt sich für Drittanbieter die Möglichkeit, Software anzubieten, mit der der Besitzer sein Gerät den eigenen Anforderungen anpassen kann. Die Programme können alle Arten von Anwendungen (z.B. Office, Navigation, Spiele) sein, die dem Anwender nach einem Download vom Server oder Übertragung vom PC dann offline zur Verfügung stehen.
- Für fast alle neuen Anwendungen ist es erforderlich, dass die kleinen Displays der Handys weiter verbessert werden. Jeder hat schon die Designstudie eines UMTS-Endgerätes gesehen, mit dem die Wiedergabe von Videobildern möglich sein soll.

Abb. 3: Videobilder auf einer Designstudie von Siemens

Im Vergleich zu den heute textbasierten Anzeigen der Handys ist es ein Quantensprung, wenn solche Displays im Massenmarkt zur Verfügung stehen.

- Werden die Displays weiter verbessert, dann wird auch eine Kamera in die Geräte integriert. Spätestens für UMTS, wo Videokonferenzen mit dem Handy möglich sein sollen, wird diese Option eine Pflicht. Auf der Softwareseite sind entsprechende Viewer zu integrieren, die das Anzeigen von Photos und das Abspielen von Videos erlauben.
- Da die Geräte bereits in der Basisversion Sprache wiedergeben können, ist der Schritt zum MP3-Player, zur Wiedergabe von Musik, nicht mehr weit. Auf einigen Geräten ist diese Software bereits heute vorhanden.
- Um Bilder oder Musikfiles speichern zu können, werden die Handys mit Steckplätzen ausgestattet, die die sogenannten CompactFlash Karten aufnehmen können. Diese Karten haben eine Kapazität von bis zu 64 MB und können auch in Digitalkameras oder PDAs genutzt werden.
- Will man Daten mit einem anderen Gerät austauschen, dann muss man dazu kein Kabel mehr anschließen, denn in Zukunft wird Bluetooth die Geräte miteinander verbinden. Diese Kommunikationsart kann Daten übertragen, ohne das Sichtkontakt besteht und damit den Datenaustausch komfortabler machen.

Die Liste der neuen Funktionen und technischen Möglichkeiten lässt sich fast beliebig fortführen. Mit jeder neuen Funktion versuchen die Gerätehersteller neue Bedürfnisse beim Kunden anzuregen und so eine neue Generation von Handys zu verkaufen. Die zunehmende Sättigung des Marktes, die Neukunden nehmen deutlich ab, führt jedoch dazu, dass nicht mehr alles vom Markt angenommen wird. Die High End-Geräte werden sicher alle Funktionen integrieren, es wird aber parallel auch noch längere Zeit Handys geben, die ohne Bluetooth, Kamera oder Farbdisplay einfach nur zum Telefonieren da sind.

Display und Bedienung bleiben die wesentlichen Einschränkungen, egal mit welchen Funktionen die Handys in Zukunft ausgestattet werden. Will man komplexere Inhalte darstellen und die Flexibilität haben, auch spezielle Software einsetzen zu können, dann bieten sich die Personal Digital Assistants an.

Personal Digital Assistant (PDA)

Die Klasse der PDAs hat sich aus den Organizern, die zunächst nur zum Termin- und Aufgabenmanagement eingesetzt wurden, entwickelt. Ausgangspunkt war der Anspruch, einen Organizer immer bei sich tragen zu können. Dies setzte Maßstäbe für Größe und Gewicht. Das Display bestimmt bei diesen Geräten auch die Gesamtgröße wesentlich mit. Etabliert haben sich Displays in einer Größe von 160x160 Pixel bis hin zu 240x320 bzw. 480x160 Pixel, je nachdem in welcher Ausrichtung (horizontal oder vertikal) es angeordnet wird.

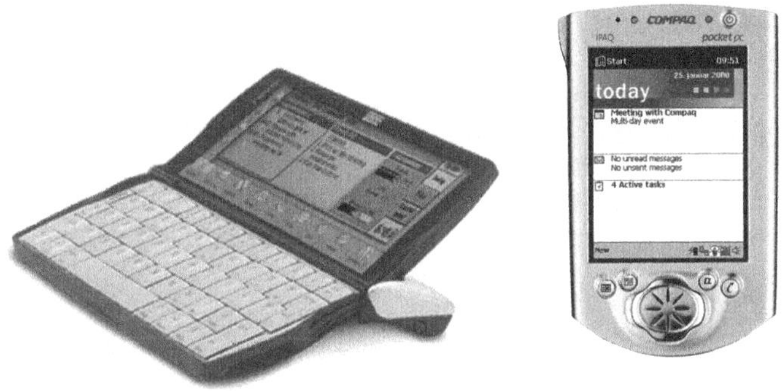

Abb. 4: Psion Revo und Compaq iPAQ

Die Funktionalität beschränkte sich zunächst auf einen Terminplaner, ein Adressverzeichnis und eine ToDo-Liste. Mit zunehmender Miniaturisierung von Prozessoren und Erhöhung von Speicherkapazitäten wuchs der Umfang der möglichen Anwendungen und es entstanden die Personal Digital Assistants (PDAs).

Wie die Organizer passen sie immer noch in eine Jackentasche, verfügen jedoch über vielfältige Applikationen. Dazu gehören einfache Textverarbeitungs- und Tabellenkalkulationsprogramme, aber auch Informationsdatenbanken, Routenplaner und Spiele. Viele Arbeiten, für die man bislang den PC benötigte, kann man auch mit dem PDA erledigen. Zur Standardausstattung der Geräte gehören SMS-Client, Internetbrowser, E-Mail-Client oder WAP-Browser, die die Geräte für den Einsatz im M-Commerce vorbereiten. Daneben sind sie aber von der Speicherverwaltung her so flexibel, dass auch beinahe beliebige weitere Software integriert werden kann. Beispiele für Anwendungen, denen im M-Commerce eine hohe Bedeutung zugemessen wird, sind Reader für e-Books oder MP3-Player für Musik.

Will man die Geräte uneingeschränkt nutzen, ist die Verbindung mit dem Desktop-PC eine wichtige Funktion. Es nützt wenig, wenn man unterwegs bspw. Telefonnummern benötigt und diese vor der Reise erst ins PDA-Adressbuch eintippen muss oder wenn man E-Mails unterwegs geschrieben hat, diese aber nicht mit dem heimischen E-Mailsystem synchronisieren kann. Alle Hersteller bieten daher mittlerweile Software zur Synchronisation an, die je nach Produktkombination jedoch erhebliche Einschränkungen aufweist, weil die auf den Geräten vorhandenen Produkte andere Spezifikationen unterstützen als die Programme auf dem Desktop-PC.

Für die Bedienung der Geräte selbst hat sich neben der Tastatur die Eingabe der Informationen über ein berührungssensitives Display durchgesetzt. Der Nutzer schreibt auf dem Display jeden Buchstaben einzeln, ggf. noch in einer schnell erlernbaren Kurzschrift, eine Software wertet die Bewegung aus und stellt den Buchstaben dar. Wem das zu kompliziert erscheint, der kann sich auch eine virtuelle Tastatur einblenden lassen und dort die Buchstaben mit dem Stift antippen.

Die mit einer Tastatur ausgestatteten PDAs werden meist zusätzlich auch noch mit einem Stift bedient, um vergleichbar mit einem Mauszeiger Menüs auswählen zu können. Die Texteingabe, gerade auch von längeren Texten, ist mit den Tastaturen gut möglich.

Die Entwicklung der PDAs ist sehr stark geprägt durch die Entwicklung und Verbreitung des eingesetzten Betriebssystems. PDAs benötigen wie ihre großen Brüder, die PCs, ein Betriebssystem, auf dem ihre Applikationen laufen. Während bei den Laptops Windows dominiert, ist der Markt bei den PDAs gespalten. Drei Anbieter (Palm Computing, Symbian und Windows) teilen den Markt unter sich auf.

Palm Computing

Die ausgegliederte 3Com Tochter Palm Computing hat das Betriebssystem Palm OS entwickelt und auf eigenen Geräten auf den Markt gebracht. Die sehr wenig Rechnerressourcen benötigende Software wird aktuell in der Version 3.5 von Palm und verschiedenen anderen Anbietern in Lizenz eingesetzt. Auf der Hardwareseite reichen die mit 16 oder 33 MHz getakteten Prozessoren und 2 bis 8 MB Speicher aus, um wichtige Funktionen anbieten zu können. Palms können jedoch nur eine Anwendung geöffnet haben, sind also nicht multitaskingfähig. Auch der Multimediaeinsatz ist mit dieser Art von Geräten nur schwer realisierbar, obwohl es auch Varianten mit Farbdisplay gibt. Ansonsten hat sich durch die weite Verbreitung der Geräte und die offene Plattform ein reiches Portfolio an Software gebildet, die vielfach kostenlos aus dem Internet geladen werden kann.

Die Zukunft des Betriebssystems ist allerdings ungewiss, da sich die Portierung auf leistungsfähigere Hardware nicht ohne die Neuentwicklung wesentlicher Programmteile verwirklichen lässt. Wie lange die zur Verfügung stehende Hardware noch ausreicht, muss sich zeigen. Für die Entwicklung von multimedialen Geräten hat sich Palm der Symbian-Allianz (Nokia, Ericsson, Psion und Motorola) angeschlossen. Demnach wird es zwischen den Betriebssystemen Palm OS und EPOC in Zukunft, dank des Integrated Connectivity Protocols von EPOC, praktisch keinen Unterschied mehr geben. Symbian und Palm haben beschlossen, dass Anwender von Palm-OS Programmen für das Symbian-Betriebssystem EPOC nutzen können und umgekehrt.

Symbian

Von Symbian wurde das Betriebssystem EPOC entwickelt, mit dem lange Zeit nur die PDAs von Psion ausgerüstet wurden. Die Software unterstützt Multitasking und erfordert nur unwesentlich mehr Hardwareressourcen als Palm OS. Durch den Zusammenschluss zur Symbian-Allianz und die gemeinsame Weiterentwicklung wird EPOC als das Betriessystem für die zukünftig verstärkt auftretenden Smartphones angesehen, auf die im folgenden noch eingegangen wird.

Aktuell wird EPOC in der Version 6.0 vertrieben und zum Beispiel im aktuellen Nokia Communicator eingesetzt. In dieser Programmversion sind Multimediafunktionen (Audio, Video) verbessert und der WAP-Browser direkt integriert worden.

Windows CE

Mit Windows CE (CE steht für Compact Edition) will Microsoft auch den Markt für PDAs erobern. Ende 1999 benannte Microsoft sein Mini-Betriebssystem „Windows CE“ zwischenzeitlich in „Windows Powered“ um. Die Namensgebung diente dazu, die verschiedenen Microsoft-Systeme unter einem gemeinsamen Oberbegriff zusammenzufassen. In Zukunft wird der Name daher auf „Pocket PC 2002“ geändert. Auch für das Microsoft Betriebssystem gibt es eine ganze Reihe von Geräteherstellern, die die Software in Lizenz einsetzen. Die Verwandtschaft mit den PC-Betriebssystem erleichtert dem Neueinsteiger die Benutzung des Gerätes.

Ein anderer Vorteil von CE ist die Kompatibilität mit Servern und Desktop-PCs. Insbesondere gilt dies, wenn mit zunehmender Mobilität und Flexibilität der Arbeit verstärkt auf Firmenserver und -netze zugegriffen wird, die auf Windows 2000 Basis laufen. Der hohe Funktionsumfang und die sehr guten Displayeigenschaften der CE Geräte stellen jedoch auch hohe Anforderungen an die Hardware. Ohne einen 200 MHz Prozessor und 32 MB Speicher, was den Preis erheblich erhöht, ist bei diesen Systemen nichts zu machen.

Der Markt zeigt bei den absoluten Stückzahlen nach wie vor eine klare Dominanz der Palm-Computer. Die Neuanschaffungen belegen jedoch, dass die Windows CE-Systeme weiter aufholen und den Marktführer zu überholen drohen. Im zweiten Quartal 2001 konnte sich Palm bei den Verkaufszahlen mit 42,3 Prozent nur noch knapp vor Windows CE mit 40,9 Prozent behaupten.

Dies ist darauf zurückzuführen, dass die Windows CE Systeme im Hinblick auf die grafische Darstellung von Inhalten besser ausgestattet sind. Datenbankabfragen lassen sich auch auf einem Graustufendisplay von Palm darstellen. Bilder und ganz allgemein Grafik erfordern jedoch eine Leistung bei Display und Prozessor, die zzt. nur die CE-Geräte anbieten.

Man entscheidet sich daher schon beim Kauf, ob man ein praktisches Gerät als Personal Information Manager (PIM) sucht oder bereit ist mehr Geld auszugeben, um auch grafische Anwendungen, etwa einen Routenplaner, nutzen zu können.

Für die Nutzung der Geräte zum M-Commerce müssen diese mit einer Mobilfunkkomponente verbunden werden. Ist man mit der Bahn unterwegs oder muss im Auto nicht selbst fahren, kann man seine E-Mails lesen und neue verschicken, aktuelle Fahrplaninformationen abrufen oder sich unter Berücksichtigung aktueller Verkehrsinformationen den besten Weg zum Ziel berechnen lassen. Per Datenkabel wird der PDA mit dem Handy verbunden und ist damit mit der mobilen Informationswelt verbunden. Auch die Verbindung der beiden Geräte über die Infrarotschnittstelle ist ein probates Mittel. Beide Verfahren sind jedoch wenig komfortabel und die Funktionalität war lange Zeit erheblich von der Kombination von PDA und Handy abhängig. Wird die Verknüpfung zuverlässiger und komfortabler, dann bietet sie dem Anwender viele Freiheitsgrade.

In Zukunft soll zur Kombination der Geräte Bluetooth eingesetzt werden, dass die kabellose Übertragung der Daten ohne Sichtkontakt ermöglicht. Mit dem Handy in der Tasche kann man dann mit dem PDA im Internet surfen. Erste Bluetooth Erweiterungskarten sind dafür bereits auf dem Markt und die Handyhersteller ziehen langsam nach. Praktisch hat man jedoch vielfach mit Kommunikationsproblemen zu kämpfen, weil die Implementierung des Standards noch zuviel Spielraum offen ließ.

Auch hier wirkt sich das Betriebssystem erheblich auf die Verfügbarkeit von entsprechenden Karten aus. Während Palm lange Zeit darauf verzichtete Steckplätze für Erweiterungskarten anzubieten, haben die Konkurrenten, wie z.B. Handspring, schon in ihrer ersten Modellreihe einen standardisierten Kartensteckplatz angeboten. Auch die CE Systeme haben je nach Hersteller einen solchen Slot. Compact Flash Cards oder PC-Cards können direkt oder über einen zusätzlichen Aufsatz mit den Geräten verbunden werden.

Wie so häufig bei technischen Entwicklungen ist jedoch noch kein einheitlicher Standard im Markt etabliert, so dass die Hersteller, wie z.B. Sony mit dem Memorystick, versuchen, durch den Einbau von proprietären Slots eine gute Marktposition zu erreichen bzw. eine beherrschende Rolle einzunehmen.

Die Steckplätze für Erweiterungskarten sind auch dazu geeignet, den PDA direkt mit einem Mobilfunkmodem auszustatten. Die folgende Abbildung zeigt ein Beispiel für diese Aufsätze aus dem Haus Handspring.

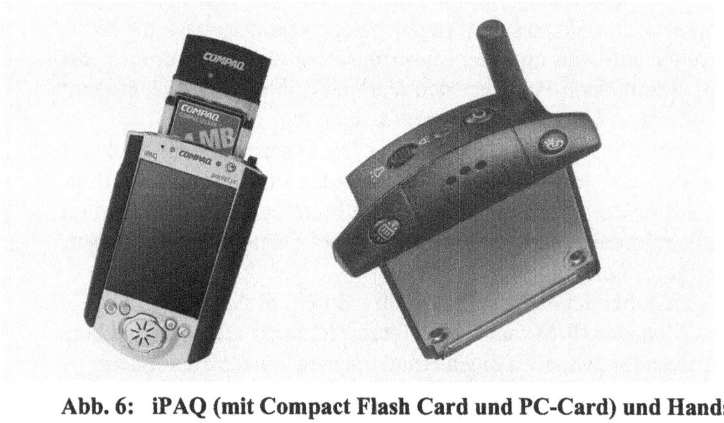

Abb. 6: iPAQ (mit Compact Flash Card und PC-Card) und Handspring VisorPhone

Die Module sind noch sehr neu auf dem Markt und daher nicht unbedingt billiger als ein zusätzliches Handy. Zumal die aufgesteckten Karten und die dazu erforderliche Software häufig noch einen unausgereiften Eindruck hinterlassen. Zudem werden die Geräte wieder schwerer, da die zusätzlichen Module und Funktion zzt. noch zusätzliche Akkus benötigen, um eine Betriebsdauer von bis zu 10 Stunden zu erreichen.

Der Ansatz, die Teilung in zwei Geräte aufzuheben und PDA und mobiles Telekommunikationsgerät physikalisch in einem Gerät zu integrieren, ist in der letzten zu betrachtenden Klasse von Geräten, den Smartphones, optimiert worden.

Smartphones

Smartphones polarisieren die Meinungen: Die einen halten es für unvereinbar, die Vorzüge eines kleinen Handys mit denen eines PDAs zu kombinieren. Die anderen warten dagegen händeringend auf ein kompaktes Smartphone, welches den Gerätepark aus Handy, Handheld, mehreren Netzgeräten und Kabelsalat minimiert.

Die Vorteile, die für die direkte Kombination sprechen, liegen dabei auf der Hand. Nutzt man den PDA als Adressbuch, dann stehen die Telefonnummern auch zum Telefonieren bereit. Praktisch gesehen muss man nur noch ein Gerät mitnehmen und kann trotzdem alle Funktionen aus beiden Welten nutzen.

Im Gegensatz zu den oben beschriebenen Zusatzmodulen für PDAs ist bei den Smartphones das Handy bereits fest im Gerät integriert, kann dann aber auch nicht mehr problemlos ausgetauscht werden. Dies hat den Vorteil, dass die Kombination einwandfrei funktioniert und keine Kompatibilitätsprobleme bestehen. Andererseits besteht zur Zeit der Nachteil, dass die am Markt verfügbaren Geräte nur das langsame GSM unterstützen und sich schnellere Übertragungsvarianten nicht immer nachrüsten lassen. Ein Argument, das derzeit gegen den Kauf eines solchen Gerätes spricht, da auf die schnelle Übertragung nicht mehr lange gewartet werden muss.

Die Integration von Handy und PDA ist für den M-Commerce sicherlich eine gelungene Kombination. Die Geräte bieten auf der Softwareseite die nötige Flexibilität, auf der Hardwareseite die notwendige Performance. Durch die Mobilfunkkomponente können neue Anwendungen und Informationen heruntergeladen werden und dem Anwender je nach Gelegenheit die gewünschten Services zur Verfügung stellen.

Fazit und Ausblick

Die Frage, ob sich nur eine Gerätklasse durchsetzen wird, kann man getrost mit nein beantworten. M-Commerce ist so vielfältig, dass es je nach Anwendungsfall immer besser oder schlechter geeignete Geräte gibt. Die intensive Nutzung im Arbeitsalltag wird noch einige Zeit den Notebooks vorbehalten bleiben. PDAs können zwar schon wesentliche Funktionen übernehmen, die Anwendungen sind jedoch noch nicht so ausgereift und die Geräte noch nicht in die IT Landschaft integriert.

Will man nur telefonieren und gelegentlich SMS schreiben, reichen die heutigen Handys sicher aus. Allerdings wird durch die Verfügbarkeit neuer Funktionen auch der Wunsch der Anwender geweckt, diese mit einem entsprechenden Gerät nutzen zu können. Ist man im Urlaub oder geschäftlich unterwegs, dann können einem auf die aktuelle Position bezogene Informationen (Restaurantführer, Hotelfinder, Touristinformationen) weiterhelfen. Die Anzeigequalität wird sich bei allen Geräten verbessern, ob das kleine Handydisplay ausreicht oder die Größe eines PDA/Smartphones erforderlich ist, muss jeder für sich entscheiden.

Die Geräte spielen für die Entwicklung des M-Commerce zwar eine wichtige, aber nicht die entscheidende Rolle. Sieht der Nutzer einen Mehrwert in den angebotenen Funktionen, dann ist er auch bereit, sich ein neues Gerät zu kaufen oder einen höheren Preis zu bezahlen. Umgekehrt zeigt sich, dass wenn ein Dienst ebenso wie eine neue Technologie nur kompliziert zu bedienen ist und dem Nutzer nur geringen Mehrwert bringt auch die aufwändigsten Marketingkampagnen nicht weiterhelfen, um ein entsprechendes Endgerät verkaufen zu können. Dies ist vor allem vor dem Hintergrund der zu erwartenden Marktsättigung bei Handys für die Hersteller der Endgeräte ein ernstes Problem.

Ein nicht ganz ernst gemeinter Ausblick in eine vielleicht gar nicht mehr so ferne Zukunft soll dieses Kapitel beenden.

Wenn die Geräte im täglichen Leben einen so hohen Stellenwert erlangen, wie die Industrie sich das vorstellt, warum sollte man die Technik dann nicht gleich in die Kleidung integrieren? Telekommunikationsanbieter und Textilforscher entwickeln intelligente Kleidung, die die beschriebene Technik enthält. Auf den Laufstegen sind entsprechende Exponate von z.B. Jacken bereits zu sehen. Das LCD-Display am linken Arm, die Tastatur am rechten, Mikrofon und Lautsprecher im Kragen integriert, zeigen auch nach außen, was mit der Jacke möglich ist. Das Herz versteckt sich jedoch unter dem Stoff, denn darin ist die Technik „eingewoben“. Für Menschen die ständig mobil kommunikationsbereit sein wollen, ist eine solche Jacke die richtige Wahl. Sie können telefonieren, im Internet surfen und den Wochenendeinkauf auf dem Heimweg von Arbeit oder Freizeitaktivität erledigen, ohne das sie dazu an ein Endgerät denken müssen.

4.2 Lokalisierungsmethoden

Stefanie Röttger-Gerigk

Je nach verwendeter Technik unterscheidet man bei den Lokalisierungsverfahren zwischen netzwerkbasierten (COO, AOA, TDOA, E-OTD, ...) und auf der Mobileinheit basierenden Lösungen (überwiegend satellitenbasierte Verfahren wie A-GPS ...). Die Lokalisierungsfähigkeiten der Methoden sind vergleichbar, der Unterschied liegt in der Ermittlung der Positionsdaten. Zwei Gründe sind im Wesentlichen ausschlaggebend für die weitere Verbreitung und Entwicklung der Lokalisierungsverfahren in Mobilfunknetzen:

- Gemäß der Vorgabe durch die Federal Communication Commission (FCC) müssen bis Ende 2005 die Positionsdaten von 95 % der Nutzer in den Mobilfunknetzen der Vereinigten Staaten zur Verfügung stehen. Gefordert wird eine Lokalisierungsgenauigkeit bei
  - netzbasierten Lösungen von 67 % aller Anrufe innerhalb von 100 m und von 95 % aller Anrufe innerhalb von 300 m und bei
  - gerätebasierten Lösungen von 67 % aller Anrufe innerhalb von 50 m und von 95 % aller Anrufe innerhalb von 150 m.
- Mit Kenntnis der Koordinaten des Mobilfunknutzers können neue, auf den Standort des jeweiligen Nutzers angepasste Dienste angeboten und damit neue Märkte erschlossen werden.
  Der Fokus der Anbieter liegt dabei vor allem auf Methoden, die hinsichtlich ihrer Genauigkeit nicht eingeschränkt sind, da mögliche Dienste und Anwendungen unterschiedliche Anforderungen an die Lokalisierungsgenauigkeit stellen und nur so das volle Spektrum angeboten werden kann.

Nachfolgend werden die wesentlichen Lokalisierungsverfahren kurz vorgestellt. Darüber hinaus vereinzelt existierende proprietäre Verfahren haben keine große Bedeutung im Markt.

Cell of Origin (COO)

Dieses Verfahren ermöglicht eine Identifikation der Funkzelle, in der das zu lokalisierende Endgerät angemeldet ist. Die Lokalisierungsgenauigkeit von COO hängt von der Größe der Zellen ab; in urbanen Gegenden ist eine Ortung auf 150 m genau möglich. Grundsätzlich ist die Lokalisierungsgenauigkeit geringer als bei anderen Methoden, aber für bestimmte Dienste an bestimmten Orten ausreichend.

COO ist die einzige Technologie, die in weiten Bereichen der Funknetze eingesetzt wird. Der Hauptvorteil von COO liegt in der kurzen Lokalisierungsgeschwindigkeit (üblich um die 3 s) und darin, dass kein Mobileinheit- bzw. Netz-

Upgrade erforderlich ist, so dass schon vorhandenen Kunden dieser Service geboten werden kann.

Angle of Arrival (AOA)

Das Lokalisierungsverfahren „Angle of Arrival" (AOA), auch „direction finding", beruht auf traditionellen Techniken der Radio- und Funktechnik und stammt aus dem militärischen Bereich. Der Standort einer (mobilen) Sendeeinheit wird durch Kreuzpeilung in einem Antennenfeld ermittelt. Von den mindestens zwei Antennen bzw. Basistransmitterstationen wird die Richtung des ankommenden Signals bestimmt. In einer zentralen Auswerteeinheit wird dann die Position der mobilen Einheit ermittelt. Die Auswerteeinheit berechnet dann die Standortkoordinaten der größten Wahrscheinlichkeit.

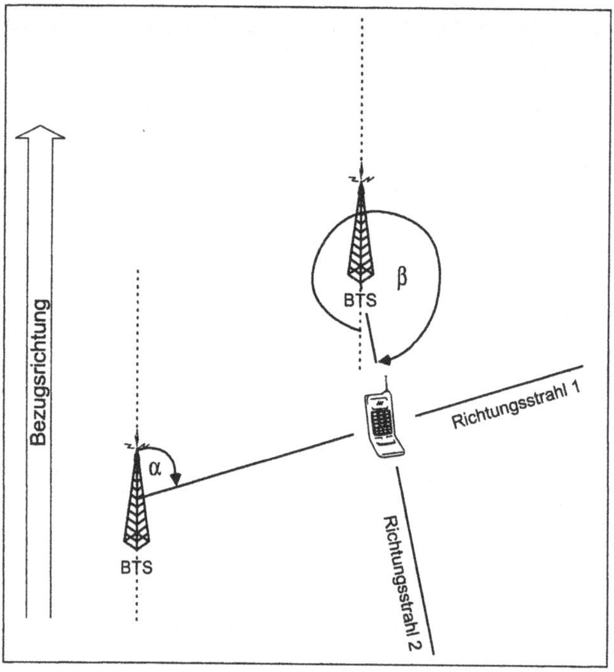

Abb. 1: Lokalisierungsverfahren AOA

Der größte Vorteil von AOA liegt darin, dass die derzeit verfügbaren Endgeräte sowohl in analogen als auch digitalen Funknetzen verwendet werden können. Liegt der Abstand zwischen den Funkzellen unter 5 Meilen, kann eine höhere Genauigkeit erzielt werden. Da AOA zur Signalmessung nur zwei BTS benötigt, ist es theoretisch möglich, die Position eines Anrufers in ländlichen Gegenden mit einer höheren Wahrscheinlichkeit zu bestimmen als bei TDOA.

Nachteilig auf die Ortungsgenauigkeit dieses Verfahrens wirkt insbesondere die Reflexion von Funkwellen an natürlichen und künstlichen Oberflächen wie Bergen und Gebäuden. Obgleich mit AOA-Systeme eine sehr genaue Positionsbestimmung möglich ist, wenn sich der Anrufer nahe bei der BTS befindet, wächst der Lokalisierungsfehler üblicherweise mit der Entfernung zur BTS.

Time Difference of Arrival (TDOA)

Das Verfahren TDOA wird seit der Einführung von Radarsystemen vor über 50 Jahren genutzt und wird heute in Verbindung mit GPS eingesetzt. Es ist die zurzeit gebräuchliche Methode für netzbasierte Ortungssysteme.

Bei TDOA wird der Laufzeitunterschied des Funksignals der Mobileinheit zu verschiedenen Basistransmitterstationen gemessen. Jede Basistransmitterstation, die Funksignale der zu ortenden Einheit empfängt, sendet den Wert der Laufzeit an eine zentrale Auswerteeinheit (Mobile Location Center). Da die Geschwindigkeit der Funkwellen bekannt ist, ist es möglich über den Laufzeitunterschied zwischen 2 BTS, eine Hyperbel um die Basisstation, die das Signal zuerst empfängt, zu konstruieren. Aus den Laufzeitunterschieden von 3 BTS wird dann der Standort der mobilen Einheit berechnet.

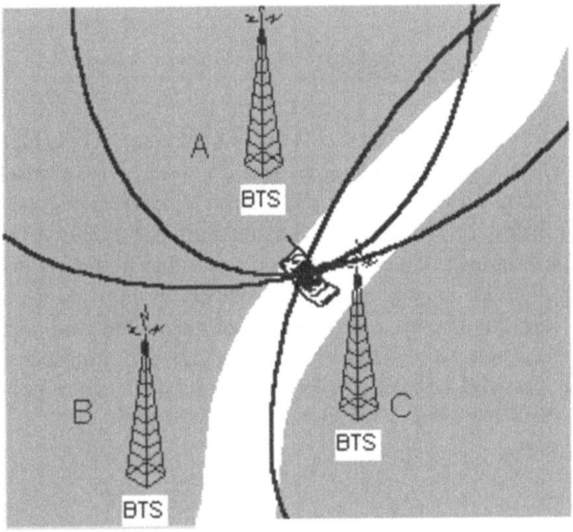

Abb. 2: Lokalisierungsverfahren TDOA

Da die Genauigkeit der Positionsbestimmung entscheidend von der präzisen und einheitlichen Zeitbasis der BTS abhängt, ist ein hoher Aufwand für die Synchronisation der BTS notwendig.

Ähnlich wie bei AOA sind auch bei TDOA keine Modifikationen an der Mobileinheit nötig, so dass Dienste auch Besitzern vorhandener Geräte angeboten werden können. TDOA kann relativ schnell implementiert werden, da die benötigten Installationen an der Netzwerkstruktur einfach durchzuführen sind. Im Gegensatz zu AOA wird die Genauigkeit dieses Verfahrens nicht von der Entfernung des mobilen Geräts zur Funkzelle beeinflusst. Ein weiterer Vorteil liegt in der höheren Erreichbarkeit im Vergleich zu den zuvor genannten Verfahren. Von Nachteil ist, dass dieses Verfahren mindestens drei BTS zur Ortung benötigt. Die Genauigkeit der Messung ist in Stadtgebieten zwar etwas höher als die von COO, dafür liegt aber die Messzeit zur Positionsbestimmung erheblich darüber (um 10 s).

Time of Arrival (TOA)

Ein TDOA verwandtes Verfahren ist „Time of Arrival" (TOA). Der Unterschied zu TDOA besteht im wesentlichen darin, dass statt der Ermittlung von Laufzeitunterschieden nur die Laufzeiten zur Ermittlung der Position herangezogen werden. Die Mobileinheit sendet ein Signal, dessen Laufzeiten von mindestens 3 BTS gemessen werden müssen. Aus der Differenz dieser Zeiten wird dann der Standort der Mobileinheit bestimmt. Auch bei diesem Verfahren ist die Synchronisation der BTS wichtig.

Da diese Methode jedoch größere Netzwerkmodifikationen benötigt, ist sie relativ teuer. Die Kosten für einen Einsatz von TOA in einem gesamten Netzwerk werden auf das 10fache der Kosten für den Einsatz von E-OTD geschätzt.

Enhanced Observed Time Difference (E-OTD)

Das Lokalisierungsverfahren „Enhanced Observed Time Difference" (E-OTD) ähnelt TDOA. Wesentlicher Unterschied zu TDOA ist jedoch, dass hier die Mobileinheit einen aktiven Part übernimmt. Sie misst die Laufzeit der Funksignale von mindestens drei verschiedenen benachbarten Basistransmitterstationen und berechnet anschließend die Laufzeitunterschiede. Die durch die Mobileinheit ermittelten Laufzeitunterschiede werden an eine zentrale Auswerteeinheit (Mobile Location Center) übermittelt, die aus diesen Laufzeitunterschieden den Standort der mobilen Einheit berechnet. Auch bei E-OTD hat eine präzise Zeitmessung ausschlaggebende Bedeutung für die Lokalisierungsgenauigkeit. So muss beispielsweise die Mobileinheit die Real Time Difference (RTD) zwischen den jeweiligen BTS kennen oder messen.

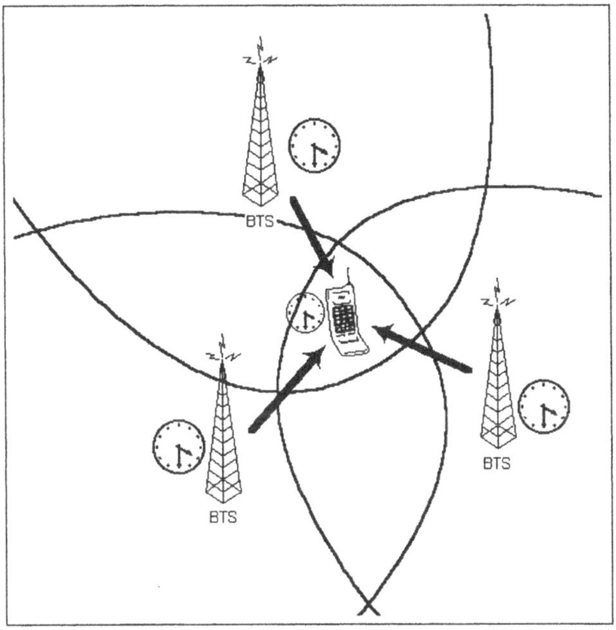

Abb. 3: Lokalisierungsverfahren E-OTD

E-OTD bietet eine höhere Lokalisierungsgenauigkeit als COO (zwischen 50 und 125 m), allerdings hat es eine geringere Antwortgeschwindigkeit (5 s) und benötigt modifizierte Software für die Mobileinheiten und zusätzliche Komponenten in der Infrastruktur. E-OTD toleriert nicht die herkömmlichen mobilen Geräte, so dass es nicht dazu eingesetzt werden kann, den aktuellen Kunden mobile Dienste zur Verfügung zu stellen. Ähnlich wie AOA hat auch diese Methode Schwierigkeiten beim Signalempfang in urbanen Gebieten.

Signal Attenuation (SA)

„Signal Attenuation" ist eine eher exotische Lokalisierungsmethode, die sich nicht durchgesetzt hat. Diese Methode basiert auf dem Prinzip der Signalabschwächung, wenn sich das Funktelefon auf eine Basistransmitterstation zu oder von ihr weg bewegt. Die Mobileinheit übermittelt die Information über die Signalstärke an die Basisstation, an der auch die tatsächliche Signalstärke bestimmt wird. Darüber erfolgt eine Abschätzung der Entfernung zur Basisstation.

Grundsätzlich gilt diese Technik als am wenigsten zuverlässig, da das Signal unter anderem durch Hindernisse oder Witterung abgeschwächt wird.

RadioCamera System

RadioCamera System (Location Fingerprinting Technology) ist eine netzbasierte Ortungsmethode, die die vorhandene Zellinfrastruktur nutzt und keinerlei Modifikationen an den Antennen oder Basistransmitterstationen benötigt. RadioCamera ist eine proprietäre Entwicklung, die überwiegend für den Stadtbereich gedacht ist. Zur Lokalisierung wird nur eine Basistransmitterstation benötigt. Grundlegendes Prinzip für die Positionsbestimmung ist die Mustererkennung. Jedes Signal, das ein Funktelefon aus einer bekannten geographischen Lage sendet, hat ein bestimmtes Muster, sozusagen einen Fingerabdruck, der identifiziert werden kann; das eintreffende Signal wird mit den in einer Datenbank vorhandenen Mustern verglichen und so erkannt. Für den Einsatz der Methode werden keine Modifikationen an den Basisstationen oder Mobileinheiten benötigt, allerdings muss eine entsprechende Musterdatenbank aufgebaut und gepflegt werden.

Timing Advance/Time Alignment (TA)

„Timing Advance" ist eine notwendige Funktion im GSM-Netz, die hier nur der Vollständigkeit halber aufgeführt wird. TA basiert auf dem engen Zeitschema der Basistransmitterstation (BTS) zum Empfang von Datenpaketen. TA drückt indirekt die Länge des Wegs aus, den die Funkwellen von der Mobileinheit zur BTS nehmen. Diese Signallaufzeit zwischen Mobileinheit und BTS wird kontinuierlich von der BTS gemessen und als TA der Mobileinheit mitgeteilt.

Bei einer Weiterentwicklung von TA werden die Funktionalitäten dieser Methode mit denen von Cell Global Identity (CGI) verbunden. Bei diesem single-cell timing-advance-Lokalisierungsverfahren (CGI+TA) identifiziert CGI die Zelle, in der die Mobileinheit lokalisiert wurde. Die Zelle ist ein kreisförmiger oder dreieckiger Sektor, dessen Radius 100 m bis 35 km betragen kann. Mit TA wird dann die Entfernung der Mobileinheit zur BTS bestimmt. Die Genauigkeit dieser Methode hängt von der Entfernung des Nutzers zur BTS und der Zellgröße ab. CGI+TA nimmt unter den derzeit gängigen Verfahren eine Außenseiterposition ein.

Assisted GPS (A-GPS)

Assisted GPS nutzt das Global Positioning System des US-Militärs. Die Grundlage von GPS ist der von Satellit und Empfänger zur exakt gleichen Zeit generierte Pseudo Random Code. Der Empfänger vergleicht das empfangene Signal mit dem selbst generierten, der dabei gemessene Zeitversatz entspricht der Laufzeit, aus der die Entfernung berechnet wird.

Bei A-GPS werden die in der Mobileinheit mittels der GPS-Komponente gewonnenen Daten (Entfernung zum Satellit und Signallaufzeit von mindestens drei Satelliten) über Mobilfunk zu einer zentralen Auswerteeinheit übermittelt. Dort wird die Positionsbestimmung vorgenommen und zur weiteren Nutzung bereitgestellt.

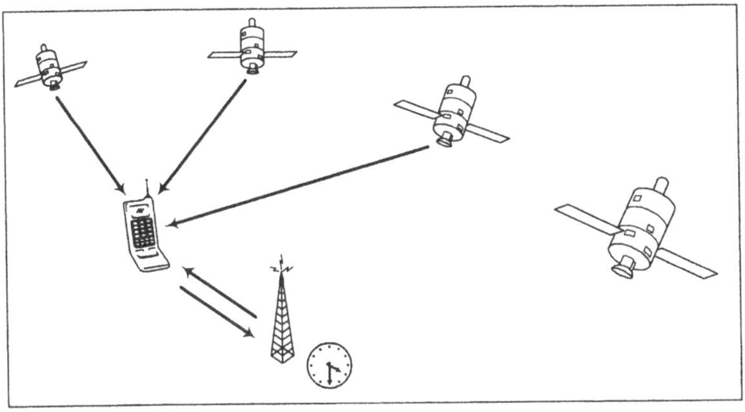

Abb. 4: Lokalisierungsverfahren A-GPS

Der Vorteil von A-GPS liegt in der geringen „start-up-Zeit", die es zur Einführung benötigt. Es sind keine Modifikationen am Netz erforderlich und Integration der GPS-Komponenten sind relativ kostengünstig und einfach zu installieren. Die Genauigkeit der Positionsbestimmung liegt zwischen 5 und 50 m in einer Vielzahl von Umgebungen. Im Gegensatz zu GPS arbeitet es auch in Gebäuden und Straßenschluchten und sendet die Positionsbestimmung in wenigen Sekunden (> 5 s). Aus diesen Gründen wird voraussichtlich auch ein Gutteil der amerikanischen Mobilfunknetzbetreiber dieses Verfahren zur Erfüllung der Vorgaben der FCC einsetzen.

Differential GPS (D-GPS)

Bei dieser Methode wird ein stationärer Empfänger, dessen Position exakt bekannt ist, als Referenz benutzt. Der stationäre Empfänger führt die Positionsbestimmung durch und berechnet aufgrund der Abweichungen der berechneten von der tatsächlichen Position einen Korrekturfaktor. Dieser Korrekturfaktor wird dann an die mobilen Receiver übermittelt. Die Genauigkeit dieses Verfahrens liegt bei ca. 5 m.

Standardisierung

Bisher wurden durch das American National Standardisation Institute (ANSI) und durch das European Telecommunications Standards Institute (ETSI) folgende Lokalisierungsmethoden standardisiert: COO, TOA, TDOA, E-OTD und A-GPS.

Infrastruktur

Zur Einführung der verschiedenen Verfahren sind Veränderungen in der technischen Infrastruktur erforderlich; dazu zählen Modifikationen bzw. Erweiterungen sowohl am Netzwerk selbst als auch an der Mobileinheit. Die nachfolgende Tabelle gibt einen Überblick über die Infrastrukturauswirkungen der relevanten Verfahren.

Tab. 1: Zusammenfassung Infrastrukturauswirkungen

Verfahren	Auswirkung auf	
	Netzwerk	Mobileinheit
COO	Nein	Nein
AOA/TDOA	Ja	Nein
E-OTD	Ja	Ja
GPS/DGPS	Nein	Ja
A-GPS	Nein	Ja

Die verschiedenen Verfahren haben alle sowohl Vor- als auch Nachteile; es muss also abgewogen werden, wofür die Methode eingesetzt werden soll. Zusammenfassend kann man sagen, dass auf A-GPS basierende Lösungen zwar das Potenzial für eine präzise Ortsbestimmung haben, jedoch neue Endgeräte erfordern. Im Gegensatz dazu sind netzwerkbasierte Systeme einerseits ungenauer in der Ortung und erfordern erhebliche Investitionen ins Netz, sie können aber andererseits die vorhandenen Handgeräte nutzen.

4.3 Breitbandige, kabellose Übertragungstechnologien

Martin Wiecker

Informationen drahtlos über große Entfernungen konnten schon die Indianer mit Rauchzeichen übertragen. Heute bedienen wir uns dazu moderner Technologien und kleiner Geräte: Mobiltelefonen. Telefonieren, technisch gesehen die Übertragung von Sprache, war und ist die wichtigste Funktion zu der Mobilfunk genutzt wird.

Die Technik ermöglicht es und zum modernen Lebensstil passt es, dass neben der Sprache auch immer mehr Daten, vergleichbar mit einem Internetzugriff, über den Mobilfunk übertragen werden. Ein Beispiel dafür: Viele Menschen schreiben im privaten und beruflichen Umfeld schon lieber eine E-Mail, als zum Telefonhörer zu greifen. Da liegt es nahe, diesem Verhalten zu entsprechen und auch einem mobilen Nutzer den Datenaustausch als Kommunikationsform anzubieten.

Die Liste mit Beispielen für Datendienste, die mobil genutzt werden, lässt sich beliebig erweitern, einige werden in anderen Kapiteln dieses Buches genannt. Datenaustausch wird immer mehr an Bedeutung gewinnen und nach Prognosen von Ericsson bereits 2006 die Nutzung der Netze durch Telefongespräche übersteigen.

Damit das mobile Geschäft auch komfortabel funktioniert, ist die Geschwindigkeit, mit der Daten ausgetauscht werden können, ein wesentliches Kriterium. Als Maß für die Geschwindigkeit wird die Bandbreite bezeichnet, die darüber Auskunft gibt, wie viele Informationen pro Zeit über eine Verbindung übertragen werden können.

Die Entwicklung neuer Mobilfunktechnologien ist durch die Erhöhung der Bandbreite wesentlich geprägt. Die drei im folgenden Text näher betrachteten Technologien sind:

- GSM (Global System for Mobile Communication)
- GPRS (General Packet Radio Service)
- UMTS (Universal Mobile Telecommunication System)

Bei der Entwicklung des Mobilfunks stand der Aufbau eines flächendeckenden Netzes im Vordergrund. Mit wenigen Antennen (Sender/Empfänger) sollten möglichst große Gebiete erschlossen werden.

Die kabellose Übertragung von Daten ist jedoch auch komfortabel, wenn die Entfernung zwischen Sender und Empfänger nicht so groß ist, z.B. im Büro zwischen Notebook und Drucker. Für diese Szenarien wurden die folgenden Übertragungsverfahren entwickelt:

- Bluetooth
- Wireless Lokal Area Network (WLAN)

Die Verbindung von Systemen ist allerdings nicht der Fokus, der die Technologie für den M-Commerce interessant macht. Sind die Endgeräte (Handy, PDA) mit der Technik ausgestattet, dann können sie damit, über an zentralen Punkten installierten Accesspoints, Zugriff z.B. auf das Internet erhalten und Daten senden und empfangen.

Dieser Artikel soll einen Überblick über die genannten Technologien, Datenübertragungsverfahren und deren Bandbreiten geben. Dabei soll neben den technischen Grundlagen auch auf die zzt. noch bestehenden Probleme eingegangen werden. Da die Entwicklung mit den genannten Standards nicht aufhört, soll im Ausblick auf die Generation der Funknetze der vierten Generation eingegangen werden.

Netzaufbau in der mobilen Kommunikation

Schickten die Indianer ihre Rauchzeichen in die Luft, dann mussten sie darauf hoffen, dass der Empfänger der Nachricht auch im richtigen Moment aufmerksam war und die Zeichen deutete. Eine Antwort konnte dann mit einem eigenen Feuer erzeugt werden, indem der vorherige Empfänger selbst zum Sender wurde. Dieses einfache Beispiel verdeutlicht wesentliche Funktionen, die auch in modernen Funknetzen noch Bestand haben.

- Kommunikation findet immer zwischen zwei Partnern statt, so wie bei einem klassischen Telefonat im Festnetz oder dem Gespräch mit dem Gegenüber.
- Jeder Kommunikationspartner ist abwechselnd Sender und Empfänger.
- Die Entfernung zwischen Sender und Empfänger ist je nach Übertragungstechnik begrenzt.
- Je nach Übertragungstechnik kann parallel nur ein Gespräch geführt werden.

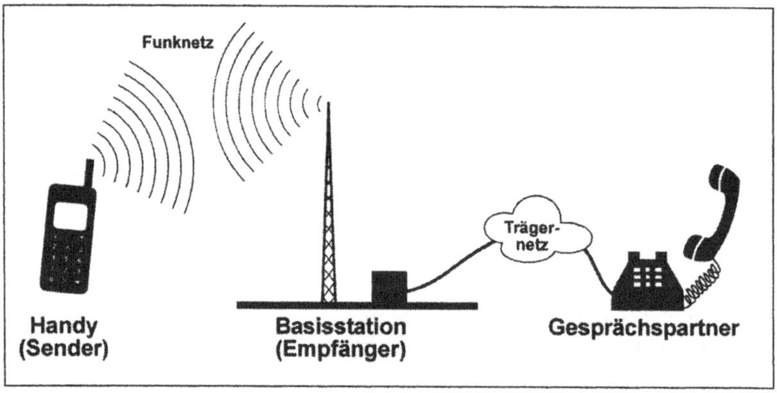

Abb. 1: Netzaufbau

Die Abbildung veranschaulicht die Elemente, die an der Kommunikation zwischen Sender und Gesprächspartner beteiligt sind. Die kabellose Verbindung (auch Funknetz genannt), die in diesem Kapitel genauer betrachtet werden soll, findet zwischen Mobilstation (Handy) und Basisstation statt. Wenn im weiteren Text daher von Empfänger gesprochen wird, dann ist dies nicht der Gesprächspartner, sondern die Basisstation mit der Antenne, die beim Mobilfunk die durch die Luft übertragenen Informationen empfängt.

Die Basisstation ist im Grunde ein Computer, der die ankommenden Daten verstehen und weiterleiten kann. Dazu ist die Basisstation mit dem sogenannten Trägernetz des Providers verbunden. Das Trägernetz besteht wiederum aus weiteren Computern und kabelgebundenen Leitungen, die die Verbindung zwischen den Basisstationen und zu anderen Netzen (Festnetz, Internet) darstellt.

Die wesentliche Funktion der Basisstation besteht darin, die empfangenen Daten so umzusetzen, dass sie im Trägernetz weitergeleitet und beim Gesprächspartner verstanden werden können. Beispielsweise kommen bei einem Telefonat die Daten aus dem GSM-Netz und müssen ins ISDN-Festnetz weitergeleitet werden. Da verschiedene Protokolle benutzt werden, können die Daten nicht eins zu eins weitergeleitet, sondern müssen umgewandelt werden.

Das wesentliche Element im Mobilfunk ist jedoch nicht das Trägernetz, sondern das Funknetz, also die Verbindung zwischen Handy und Basisstation. Die Basisstationen verteilen sich ungleichmäßig im zu erschließenden Gebiet und können von den im Empfangsbereich vorhandenen Mobilstationen Daten empfangen. Betrachtet man die Basisstation aus der Vogelperspektive, dann ergibt sich um die Station herum ein kreisförmiger Empfangsbereich, der auch als Funkzelle bezeichnet wird. Für den Aufbau eines Funknetzes spielt die maximale Entfernung zwischen Sender und Empfänger eine wichtige Rolle, da je nach Verfahren mehr oder weniger Antennenmasten benötigt werden.

Damit ist die Infrastruktur zum Senden und Empfangen beschrieben. Im Folgenden soll darauf eingegangen werden, was die Infrastruktur leistet bzw. wie die Daten vom Handy zum Empfänger kommen.

Physik der Wellen

Die Indianer haben physikalisch gesehen, ihre Informationen durch optische Signale übertragen. Das funktioniert in unserer Zeit nicht mehr, da z.B. in Gebäuden keine optische Verbindung aufgebaut werden kann. Die mobile Kommunikation baut daher darauf auf, dass sich elektromagnetische, für den Menschen nicht wahrnehmbare, Wellen gleichmäßig in der Luft ausbreiten. Sie durchdringen Wände und Mauern und bieten damit an fast allen Orten einen ausreichenden Empfang.

Um die Wellen zu klassifizieren, werden sie nach ihrer Frequenz (Anzahl der Schwingungen pro Zeiteinheit in Hertz [Hz]) unterteilt. Ebenso werden die Mobilfunkstandards danach unterschieden auf welcher Frequenz sie senden. Obwohl immer nur eine Zahl angegeben wird (z.B.: GSM 900 MHz), handelt es sich doch um ein Frequenzband (GSM: Senden 890-915, Empfangen 935-960 MHz), das für die Verbindungen genutzt wird.

Die Wellen sind das Transportmedium, zur Übertragung von Informationen werden sie modifiziert. Dabei kommen unterschiedliche Modulationsverfahren zum Einsatz, auf die in diesem Kapitel allerdings nicht weiter eingegangen werden soll, da sie auf die Leistungsfähigkeit der Standards nur geringen Einfluss haben.

Ohne weitere Festlegungen könnte in jeder Zelle genau ein Handy im festgelegten Frequenzband senden oder empfangen und würde automatisch weitere Verbindungen blockieren. Um mehrere Benutzer gleichzeitig zu ermöglichen („Multiple Access") muss das Frequenzband unterteilt werden. Dafür gibt es verschiedene Methoden, auf die in den Beschreibungen der Standards noch eingegangen wird, da sie erheblichen Einfluss auf die zur Verfügung stehende Bandbreite haben. Die Methoden sind nichts anderes als feste Regeln, nach denen die Einteilung der Frequenz vorgenommen wird. Dass neben der Bandbreite auch andere Vor- oder Nachteile (Sendeleistung, Störanfälligkeit) für das eine oder andere Verfahren sprechen, soll in diesem Beitrag nicht genauer beschrieben werden.

Ist das Handy der Empfänger, dann empfängt es die Wellen, die auf der entsprechenden Frequenz liegen und benutzt die Regeln, um ankommende Daten wieder zu Informationen zusammenzusetzen. Auf diese Weise wird eine logische Verbindung zwischen Handy und Basisstation aufgebaut.

Der Standard, nach dem in Deutschland zzt. noch die meisten Verbindungen aufgebaut werden, ist GSM.

Global System for Mobile Communication – GSM

GSM ist der Mobilfunkstandard der 2. Generation, der sich in Europa und Asien durchgesetzt hat. GSM existiert mittlerweile seit gut 10 Jahren und wurde in erster Linie für die Übertragung von Sprache entwickelt. Der Standard hat die 1. Generation, die analogen Übertragungsverfahren, mit einer neuen, digitalen Technik abgelöst.

Um die logische Verbindung zwischen Handy und Basisstation aufzubauen, wird das dem GSM 900-Netz zum Senden zugeordnete Frequenzband zwischen 890 und 915 MHz in 124 Kanäle aufgeteilt (Frequency Division Multiple Access – FDMA). Um die Anzahl paralleler Nutzer in der Zelle weiter zu erhöhen, wird für die weitere Unterteilung eine als „Time Division Multiple Access – TDMA" bezeichnete Methode eingesetzt. Dabei wird jeder Kanal wiederum in acht sogenannte Timeslots, Zeitbereiche (Länge: 4,6 Millisekunden) in denen Geräte Informationen senden können, aufgeteilt.

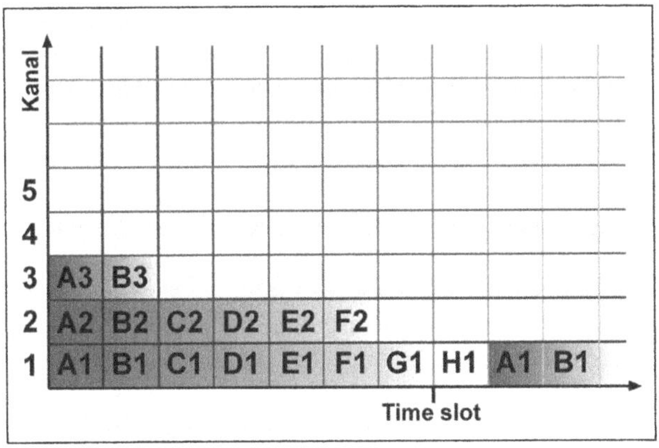

Abb. 2: Einteilung eines Frequenzbandes in Kanäle und Zeitschlitze

Bedingt durch die Aufteilung ergibt sich, dass parallel ca. 1000 Nutzer in einer Zelle telefonieren können. Da die Zellen in Bereichen mit hoher Nutzerdichte entsprechend klein sind (Radius von ca. 300 Meter) kommt es nur selten vor, dass in einer Zelle keine Gespräche mehr möglich sind.

Wird eine Verbindung zwischen Sender und Empfänger aufgebaut, dann einigt man sich auf einen Kanal und genau einen Timeslot. Ist die Verbindung geschaltet, kann der Timeslot nicht mehr von anderen Teilnehmern benutzt werden. In kurzen Impulsen senden die Handys der Reihe nach ihre Daten. Der Timeslot ist für diese Verbindung reserviert, auch wenn keine Daten übermittelt werden, vergleichbar mit einer festen Leitung zwischen zwei Partnern, die kein Dritter zur Kommunikation nutzen kann. Daher wird die Übertragung auch als leitungsvermittelt bezeichnet.

Ein Vorteil der Einteilung ist, dass die Informationen eindeutig zu einer Verbindung zuzuordnen sind. Die übertragenen Daten müssen nicht weiter kodiert werden. Das heißt, die Basisstation kann die Zeitbereiche einer Verbindung zuordnen und die Informationen an den richtigen Gesprächspartner weiterleiten.

Die Zeitbereiche sind so kurz, dass bei Telefonaten ein flüssiger Sprachverlauf gewährleistet ist. Die Einteilung der Zeitschlitze beschränkt allerdings die maximale Datenübertragung auf eine Bandbreite von 9,6 kbit/s, die wie bereits beschrieben für Anwendungen, wie zum Beispiel den Internetzugriff, nur eine geringe Qualität erlaubt.

Eine Erweiterung des GSM-Netzes, mit dem Ziel eine höhere Bandbreite zu ermöglichen, ist GPRS.

General Packet Radio System – GPRS

Die Bezeichnung „General Packet Radio System" verrät das wesentliche Kriterium dieses neuen Übertragungsverfahrens: das Paket. Die zu übertragenen Daten werden in gleich große Pakete aufgeteilt, die im Gegensatz zu GSM, jeweils Absender und Empfänger enthalten. Die Pakete werden dann in den bereits genannten Timeslots auf die Reise geschickt. Dabei spielt es jedoch keine Rolle, welcher freie Slot eines Frequenzkanals gewählt wird. Von den acht zur Verfügung stehenden Zeitbereichen können also theoretisch auch alle parallel genutzt werden. Die Geschwindigkeit beträgt bei diesem Ansatz also theoretisch bis zu 115 kbit/s.

Aufgrund der starken Auslastung der GSM-Netze werden die Netzbetreiber zunächst die gleichzeitige Nutzung von nur vier Kanälen erlauben, so dass im praktischen Einsatz eine maximal Übertragungsrate von 48 kbit/s zu erwarten ist.

Ein Nachteil der bei GPRS eingesetzten Methode zur Erhöhung der Bandbreite ist, dass den Paketen keine Priorität mitgegeben werden kann. Weder die Übertragung an sich, noch die gedachte Bandbreite können bei diesem Verfahren gewährleistet werden. Wenn eine Funkzelle stark belegt ist, dann sind einfach keine Zeitschlitze frei, in die die Daten per GPRS gepackt werden können. Aus diesem Grund wird für die Sprachtelefonie auch weiterhin die ursprüngliche GSM-Einteilung bestehen bleiben. Ansonsten könnte es passieren, dass ein Gespräch abbricht, weil gerade keine Zeitbereiche mehr frei sind.

Der Nutzen von GPRS wird im Einsatz für den mobilen Datenaustausch, wie etwa beim Zugriff auf Internetinhalte per WAP gesehen. Bei dieser Art der Kommunikation kommt es auf kurze Zeitverzögerungen nicht an, da die Paketlaufzeiten und Serverantwortzeiten ohnehin variieren.

Die Basisstation hat durch GPRS eine wesentlich komplexere Aufgabe zu erfüllen. Sie kann die ankommenden Pakete nicht mehr nach Timeslots getrennt auswerten, sondern muss die Empfängeradresse auswerten, um die Daten der richtigen Verbindung zuordnen zu können. Die bestehende GSM-Infrastruktur wird weiterhin genutzt, lediglich die Software in den Basisstationen der Netzbetreiber muss erweitert werden. Die Basisstationen, die die Datenpakete bekommen, lesen den Empfänger aus und leiten die Pakete an die entsprechende Stelle weiter.

Die Kodierung von Absender und Empfänger basiert auf dem Internet-Protokoll. Dies bietet den Vorteil, dass der Netzwerkprovider die Datenpakete direkt ins Internet weiterleiten kann und der Anwender seine Daten von dort bekommt, ohne das zusätzliche Übersetzer erforderlich wären. Dafür wird jedem mobilen Teilnehmer eine zumindest zeitweise eindeutige IP-Adresse zugeordnet, die in diesem Falle seinem Absender entspricht. Aktiviert ein Handybesitzer sein Gerät im GPRS-Netz, dann wird ihm von der Basisstation eine temporäre IP-Adresse zugewiesen. Ruft der Nutzer dann Daten von einem Server ab, wird die Antwort an die mitgelieferte IP-Adresse zurückgeschickt. Diese Adresse behält das Gerät, bis es wieder aus dem Netz herausgenommen wird, ggf. auch unfreiwillig, wenn ein Funkloch durchfahren wird.

Neben der durch die Paketorientierung höheren Bandbreite besteht für diesen Ansatz der Datenübertragung ein weiterer Vorteil. Die Abrechnung der Übertragungsleistung von Daten wird nicht länger nach der Zeitdauer vorgenommen, sondern es werden die übertragenen Pakete abgerechnet. Dadurch ist es möglich, dass der Nutzer immer online ist, der zeitraubende Verbindungsaufbau also entfällt. Trotzdem muss man nur bezahlen, was auch wirklich an Leistung in Anspruch genommen wurde.

GPRS befindet sich zum Ende des Jahres 2001 noch in den Kinderschuhen. Dennoch ist bereits viel Geld geflossen, allein in Deutschland fast 50 Mrd. €, damit die Provider die Netze der nächsten Generation, nach dem UMTS-Standard, aufbauen dürfen.

Universal Mobile Telecommunication System – UMTS

UMTS, der Mobilfunkstandard der 3. Generation (3G), stellt in den Planungen der Mobilfunkprovider momentan die Spitze mobiler Datenübertragung dar.

Neue Funkfrequenzen und eine andere Organisation der Einteilung der Frequenzen machen neue Sender und Empfangsgeräte erforderlich. Dabei wurde darauf Wert gelegt, dass das Trägernetz auf Seiten der Netzbetreiber vom eigentlichen Funkverfahren entkoppelt wird. Dadurch können die Netzbetreiber ihre für GSM/GPRS aufgebauten Trägernetze weiter nutzen, auch wenn sie UMTS oder ein weiteres Funkverfahren einführen.

Die Vergabe der UMTS-Lizenzen ist international bereits fast abgeschlossen. Mit der ersten Bereitstellung von UMTS wird allgemein im Jahr 2003 gerechnet, im Jahr 2005 muss Deutschland, gemäß der Vergabebestimmungen, zu 50 Prozent abgedeckt sein.

Obwohl als weltweiter Standard konzipiert, existieren mittlerweile drei Ausprägungen von UMTS, die die ITU in der IMT2000-Norm (International Mobile Telecommunication) vorgeschrieben hat. Die Norm regelt, welche Verfahren ein System einsetzen muss, um der Familie der 3G-Systeme anzugehören. Die drei Ausprägungen sind:

- CDMA2000: Hochrüstung von in den USA verbreiteten CDMA-Netzen.
- WCDMA-FDD: Einsatz von getrennten Frequenzbereichen für Up- und Downlink. Wird in Europa und Asien eingeführt.
- WCDMA-TDD Einsatz der selben Frequenz für UP- und Downlink. Nur für Sonderfälle, wenn kleine Zellen abzubilden sind.

In Europa wird mit Wideband Code Division Multiple Access (WCDMA) ein Verfahren des UMTS-Standards eingesetzt, dass nicht mehr auf der Einteilung der Frequenz in Kanäle und Timeslots aufbaut. Die Endgeräte können bei diesem Verfahren die Daten auf dem gesamten Frequenzband senden, was folgende Vorteile hat:

- Die Zahl gleichzeitiger Nutzer in einer Mobilfunkzelle ist nicht mehr von der Frequenz und den Zeitschlitzen begrenzt. Nimmt die Nutzerzahl weiter zu, dann sinkt lediglich die Übertragungsqualität.
- Veränderte Ausbreitungseigenschaften reduzieren die Interferenzen (Störungen durch Reflexion), was zu mehr Zellkapazität führt.
- Die UMTS-Zellen passen sich dem jeweiligen Bedarf der Nutzer an. Hohe Anforderungen an Bandbreite von wenigen Nutzern gleichen sich mit niedrigeren anderer Nutzer aus.

Die beiden Erweiterungen FDD (Frequenz Division Duplex) bzw. TDD (Time Division Duplex) unterscheiden, ob für das Senden und Empfangen von Daten das selbe Frequenzband (TDD) oder zwei getrennte Frequenzbänder (FDD) genutzt werden. TDD eignet sich dabei vor allem für asymmetrische Verbindungen, weil zwischen Senden und Empfangen hin- und hergeschaltet werden kann. Allerdings kann das Verfahren nur bei kleinen Entfernungen eingesetzt werden, da es sonst zu Störungen zwischen Empfangs- und Sendesignal kommen kann.

Um das Signal des Einzelnen wieder aus dem Strom herausfiltern zu können, werden die Daten entsprechend kodiert übermittelt. Dazu wird zwischen Sender und Empfänger (Basisstation) für die Dauer der Verbindung ein exklusiver Schlüssel (bezeichnet als PN-Code) verabredet. Die zu übertragenden Nutzdaten werden mit diesem Schlüssel erweitert und auf dem Frequenzband gesendet. Der Empfänger kann die Daten erkennen, auswerten und der Verbindung zuordnen.

Die theoretische Spitzendatenrate beträgt für mobile Teilnehmer 384 kbit/s und für stationäre Teilnehmer 2000 kbit/s. Jedoch werden auch diese Werte wieder Theorie bleiben, denn die Nutzdaten müssen ja noch mit z.B. Absender und Fehlerkorrekturwerten versehen werden. Statt dessen erscheinen Datenraten von 240 kbit/s bzw. 1000 kbit/s im zukünftigen Datenverkehr als realistisch.

Die Daten werden bei UMTS, wie bei GPRS, in Pakete zerlegt und übertragen. Ein wesentlicher Unterschied ist dabei jedoch, dass bei UMTS Paketen eine Priorität zugeteilt werden kann. Damit ist es möglich auch Sprachtelefonate über das Verfahren abzuwickeln. Trotzdem werden die Endgeräte auch weiterhin die Sprachtelefonie per GSM unterstützen, denn dafür wird keine so hohe Bandbreite benötigt. UMTS wird den GSM-Standard in den Jahren nach der Einführung nur schrittweise ablösen.

Neben den drei Haupttechnologien gibt es noch einige Abwandlungen, die aber nicht die Verbreitung im Markt erlangen werden, weil sie nur Zwischenschritte darstellen.

HSCSD ist der Übergang zwischen GSM und GPRS, den in Deutschland aber nur ein Provider (E-Plus) anbietet und für den kaum Endgeräte verfügbar sind. Die Bündelung von mehreren GSM-Kanälen erhöht zwar die Bandbreite, gleichzeitig aber auch die Kosten.

EDGE soll eine Zwischenstufe zwischen GRPS und UMTS werden, die weiterhin auf dem GSM-Netz aufbaut. Für Anbieter ohne UMTS-Lizenz bietet die Technik die Möglichkeit mit relativ geringen Kosten und ohne Zeitverzug ein breitbandiges Netz zur Verfügung zu stellen. Bei den Mobilfunkprovidern, die mit dem Aufbau der UMTS-Netze bereits an ihre finanziellen Kapazitäten stoßen, ist die Einführung der Zwischentechnologien unwahrscheinlich. Da alle deutschen Provider eine UMTS-Lizenz bekommen haben, ist es fraglich, ob EDGE eine weite Verbreitung finden wird.

In der folgenden Tabelle sind die auf dem Weg zum flächendeckenden UMTS zu erwartenden Bandbreiten noch einmal zusammengefasst.

Tab. 1

Mobilfunk	Datenrate in kbit/s	
	Theoretische Spitzendatenrate	geschätzte mittlere Datenrate
GSM	9,6	9,6
HSCSD	58	38
GPRS	160	60
EDGE	470	170
UMTS (mobil)	384	240
UMTS (stationär)	2000	1000

Quelle: Dr. Dirk Nikolai u.a., „Turbolader für Funk-Bits" in c't 2000, Heft 19

Die kabellose Übertragung von Daten ist auch über eine kurze Entfernung eine komfortable Art zu kommunizieren. Neben der direkten Verbindung von Geräten untereinander ist auch die Verknüpfung mit einem Netzwerk möglich. Mobilen Endgeräten kann dazu an ausgesuchten Standorten (Hotellobby, Messehalle) der Zugriff auf Daten (z.B. das Internet) über lokale Accesspoints ermöglicht werden. Die Kosten für den Nutzerzugriff sind geringer, als wenn die Infrastruktur eines Mobilfunkproviders genutzt werden muss.

Bluetooth und Wireless LAN werden häufig als Konkurrenten für eine solche Anbindung angesehen, was darauf zurückzuführen ist, dass in mobile Geräte, wie z.B. PDAs, nicht beide Standards integriert werden können.

Die Entwicklung der Standards fand jedoch zunächst unter zwei unterschiedlichen Ansprüchen statt. Bluetooth soll die kabellose Kommunikation von Geräten, WLAN den kabellosen Zugriff auf ein ansonsten stationäres Netzwerk ermöglichen.

Bluetooth (IEEE 802.15)

Bluetooth wurde von den Unternehmen Ericsson, Nokia, Intel, Toshiba und IBM im Jahr 1998 entwickelt und als weltweiter Standard für die kabellose Vernetzung von Endgeräten präsentiert. Heute fördern weltweit mehr als 2.100 Firmen aus den unterschiedlichsten Bereichen der Industrie die Technik. Der Vernetzung von allen Klassen von Endgeräten wird eine große Zukunft vorrausgesagt, da sie die Verbindung der Systeme wesentlich vereinfacht.

Vorgesehen ist im Wesentlichen eine Entfernung von ca. 10 Metern, die zwischen Sender und Empfänger liegen kann. Die geringe Sendeleistung von 1 Milliwatt ist rund 800 mal geringer als die eines Handys, was sich positiv auf den Stromverbrauch auswirkt.

Bluetooth funkt im weltweit lizenzfreien 2,4 GHz ISM-Band (Industrial, Scientific, Medical). Die Radiowellen breiten sich auch durch Materialien hindurch aus, es ist daher kein Sichtkontakt zwischen den Geräten (wie etwa bei Infrarotverbindungen) erforderlich.

Wie bei UMTS werden die zu übertragenden Daten in kleine Pakete zerlegt und auf das Frequenzband übertragen. Allerdings werden die Datenpakete nicht wie bei UMTS beliebig abgegeben, sondern nach dem sogenannten „Fast Frequence Hopping". Dies bedeutet, dass zwischen den 79 Kanälen des Frequenzbands 1600 mal pro Sekunde gewechselt wird, jedes Paket also auf einem anderen Kanal übertragen wird. Dazu handeln Sender und Empfänger vorher einen Schlüssel aus, der die Frequenzwechsel zwischen den Kanälen festlegt, damit der Empfänger die Daten wieder zusammensetzen kann.

Der Standard unterscheidet synchrone und asynchrone Datenübertragung und damit entsprechende Bandbreiten. Maximal lassen sich Übertragungsraten von 430 kbit/s im synchronen Modus und 721/57 kbit/s im asynchronen Modus erreichen. Dabei handelt es sich um die theoretisch erreichbaren Bandbreiten, die abhängig von der realisierten Hardware auch geringer ausfallen können.

Die Netze von Bluetooth-Geräten gliedern sich in sogenannte Piconetze, die von minimal zwei, maximal acht Geräten gebildet werden. Dabei tritt jeweils ein Gerät als Master im Piconetz auf, das die Kommunikationsabläufe der anderen Geräte regelt. Dennoch können die Geräte nicht nur über den Master, sondern auch untereinander kommunizieren.

Um die Datenübertragung abzusichern, kann die Kommunikation nach dem WEP-Standard (Wireless Encryption Protocol) verschlüsselt werden. Die Übertragung bleibt jedoch unsicher, weil der Aufwand den Code zu knacken gering ist, da statische Schlüssel eingesetzt werden.

Besteht die physikalische Verbindung, dann müssen die Geräte weitere Informationen austauschen, bevor die eigentlichen Nutzdaten übertragen werden können. In den sogenannten „Profilen" ist festgelegt, welche Funktionen sich die Geräte über die Funkverbindung zur Verfügung stellen wollen bzw. können (z.B.: Cordless Telephony Profile: Audioübertragung, LAN Access Profile: LAN Zugriff über PPP, IP Protokoll, Netbios).

Dabei muss das Endgerät nicht jedes Profil von Anfang an unterstützen. Vielmehr ist vorgesehen, dass auch Drittanbieter für ein Gerät Profile anbieten, die der Kunde sich zusätzlich kaufen und in seinem Gerät installieren kann. Dabei muss dann noch viel mehr auf die Kompatibilität der Geräte unterschiedlicher Hersteller geachtet werden. Bisher kommt es trotz der gemeinsamen Entwicklung immer wieder zu Verständigungsproblemen, wenn sich ein Gerät eines anderen Herstellers in die Picozelle einbuchen will.

Unabhängig vom Profil ergibt sich für den Anwender die Möglichkeit mit einem mobilen Endgerät, das eine Bluetooth-Schnittstelle besitzt komfortabel am Austausch von Daten teilzunehmen. Die Geschwindigkeit ist allerdings mit netto ca. 0,7 Mbit/s nicht das, was man vom PC-Netzwerk gewohnt ist.

Parallel zu Bluetooth hat sich daher eine weitere Technologie entwickelt, die als „Wireless Lokal Area Network" von sich reden macht.

Wireless Local Area Network (WLAN)

Als Erweiterung zu den in den Büros verbreiteten kabelgebundenen LANs wurde eine Technologie entwickelt, die den Zugriff auf Daten mit einer Geschwindigkeit von 11 Mbit/s ermöglichen soll. Netto werden auch bei diesem Standard nur 7 Mbit/s und das auch nur in der Nähe eines Accesspoints möglich sein. Bedingt durch höhere Sendeleistung darf die Entfernung zwischen Accesspoint und Gerät bis zu 100 Meter betragen. Die höhere Mobilität geht dabei jedoch zu Lasten des Stromverbrauchs, der im Vergleich zu Bluetooth wesentlich höher ist, da vom Gerät eine Sendeleistung von 100 Milliwatt abgestrahlt werden muss.

Für Wireless LANs nach dem Standard IEEE 802.11 wird das weltweit lizenzfreie Frequenzband bei 2.4 GHz verwendet. Bei dem im Jahre 1997 zunächst nur für 2 Mbit/s definierten 802.11 sind zwei verschiedene Sendeverfahren Direct Sequence Spread Spectrum (DSSS) und Frequency Hopping Spread Spectrum (FHSS) möglich. Bei der mittlerweile verbreiteten Variante 802.11b (1999) mit 11 Mbit/s Bandbreite wird nur noch das Sendeverfahren DSSS verwendet.

Bei DSSS wird das Frequenzband in dreizehn Kanäle aufgeteilt. Jedes zu übertragende Bit wird mit einer Bitfolge, dem sogenannten Chip kodiert und auf 13 MHz Bandbreite aufgespreizt gesendet. Nur dem autorisierten Empfänger ist es möglich, die Bitfolge zu erkennen und zu entschlüsseln. Die Kodierung jedes Bits in einer Bitfolge wird auch als Code Division Multiple Access (CDMA) bezeichnet. Das Verfahren ist z.B. vergleichbar mit zwei Besuchern einer Gaststätte im Ausland, die neben den Worten des Partners auch die fremdsprachigen Worte am Nebentisch hören können. Die Worte des Partners werden vom Zuhörer ausgefiltert und im Gehirn weiterverarbeitet. Die Worte der übrigen Personen werden als Hintergrundrauschen interpretiert und nicht „verstanden". Damit können bei DSSS mehrere Stationen im gleichen Frequenzbereich senden, ohne sich gegenseitig derartig zu stören, dass kein korrekter Empfang mehr möglich ist.

Der Anwendungsschwerpunkt für WLANs ist, dass Daten wie im Festnetz-Ethernet ausgetauscht werden können. Daher beschränkt sich der Standard, dem Ethernet entsprechend, auf die Spezifikation der unteren Schichten der Kommunikation. Das im LAN weit verbreitete TCP/IP spielt daher auch hier eine entscheidende Rolle.

Ein WLAN Netz lässt sich wahlweise im „Ad-Hoc-Mode" oder in einem „Infrastructure Mode" betreiben. Der Ad-Hoc-Mode ist für das schnelle Verbinden von zwei Geräten geeignet. Es werden dabei mehrere Punkt-zu-Punkt-Verbindungen aufgebaut, über die das Gerät mit jeweils einem anderen kommunizieren kann. Im Infrastructure Mode vermittelt eine Basisstation zwischen den Systemen. An dieser Basisstation, die mit dem Festnetz-LAN verbunden ist, muss sich das Gerät anmelden, um mit anderen Verbindung aufzunehmen.

Die unter der Bezeichnung Wireless Equivalent Privacy (WEP) optional mögliche starke Verschlüsselung der Funkstrecke zwischen WLAN-Karte und Accesspoint lässt eine hohe Sicherheit vermuten. Allerdings hat sich WEP nach mehreren Tests als angreifbar erwiesen. Die Daten sollten daher für einen professionellen

Einsatz auf Anwendungsebene (Secure Shell, SSL, https) oder durch zusätzliche Mechanismen (VPN) gegen Ausspähen geschützt werden.

WLANs haben ihren Weg in die Büros gefunden, weil sie dort einem mobilen Nutzer den komfortablen Zugriff auf das LAN ermöglichen. Der Verzicht auf eine umfangreiche Verkablung in den ausgestatteten Räumen ist ein weiterer Vorteil der Funktechnik. Die Praxis zeigt bei der Kompatibilität unterschiedlicher Hersteller jedoch noch erhebliche Mängel. Nicht alle Karten können sich an einem Accesspoint anmelden. Die Kompatibilität der Karten muss sich in Zukunft also wesentlich verbessern, will man eine weite Verbreitung der WLANs erreichen.

Die WLAN-Technologie bietet mit 11 Mbit/s zwar die höchste Bandbreite der hier vorgestellten Verfahren an, verglichen mit den heute im Festnetz erreichbaren Geschwindigkeiten (z.B. Gigabit-Ethernet: 1000 Mbit/s) ist dies allerdings immer noch wenig. Im Ausblick soll daher aufgezeigt werden, wie sich die Struktur der Netze verändert und welche Bandbreite mit zukünftigen Protokollen möglich sein wird.

Ausblick

Auch wenn mit dem Aufbau der UMTS Netze noch nicht einmal begonnen worden ist, so wird dennoch bereits diskutiert, wie die Entwicklung nach UMTS weitergeht. Die sogenannte vierte Generation des Mobilfunks wird sich durch eine vertikale Vernetzung der Kommunikationsstandards auszeichnen. Dies bedeutet, dass die Mobilstationen nicht mehr nur mit einem Übertragungsverfahren arbeiten, sondern das es sich bei zukünftigen Handys um flexible, erweiterbare Plattformen handelt, in die mehrere Technologien integriert werden können.

Für die verschiedenen Anwendungsfälle (z.B. Telefonie, Datenübertragung, Fernsehen) wird es entsprechende Protokolle geben, die abhängig von der zur Verfügung stehenden Infrastruktur die erforderliche Bandbreite zur Verfügung stellen. Dazu kann man die Umgebung des Nutzers in verschiedene Bereiche einteilen, wie es in der folgenden Abbildung dargestellt ist.

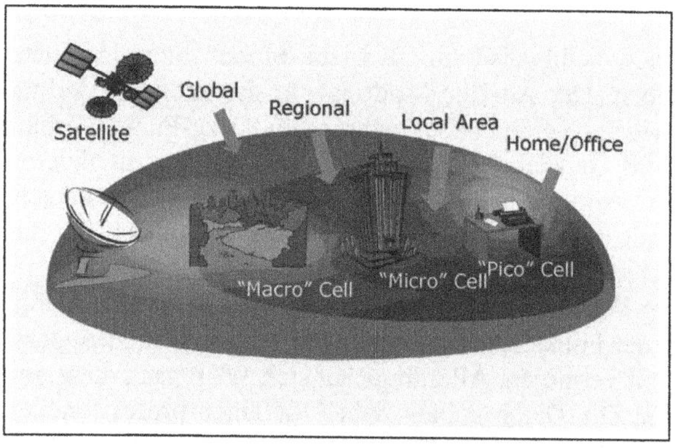

Abb. 3: Zellbereiche für die mobile Kommunikation

Für die globale Abdeckung kommt ein Satellitensystem zum Einsatz. Um in Deutschland (Makrozelle) erreichbar zu sein wird auf UMTS zugegriffen und im HomeOffice stellt ein WLAN-Accesspoint die Verbindung zur Außenwelt her.

Das Endgerät ist so intelligent, dass es jeweils die optimale Kommunikationsform nutzt. Beispielsweise könnte man auf die Telefonanlage in Büroräumen verzichten und die Mitarbeiter mit entsprechenden Handys ausstatten. Unterwegs nutzen die Geräte die Mobilfunknetze, im Büro hingegen ergeben sich über Bluetooth oder Wireless LAN andere Möglichkeiten, die Kommunikation mit Servern oder Gesprächspartnern aufzubauen. Eine wesentliche Entwicklung ist also der Trend zu flexibleren Endgeräten, die eine Vielzahl von Protokollen unterstützen. Die Protokolle im oben genannten Beispiel sind nur Platzhalter. Bis es soweit ist, werden sich andere Standards etabliert haben, von denen zwei hier exemplarisch genannt werden sollen.

Eine schon weit fortgeschrittene Entwicklung ist der HiperLAN/2 Standard. HiperLAN/2 soll der Wireless-LAN-Standard der Zukunft werden und bei einer Reichweite von 100 Metern eine Bandbreite von theoretisch 54 Mbit/s bieten. Zwei wesentliche Merkmale, die den neuen Standard auszeichnen, sind:

- Quality of Service: Jeder Verbindung können verschiedene Dienstgüteparameter zugeordnet werden. Dadurch lassen sich für einen Dateidownload eine mittlere Bandbreite mit guter Fehlerkorrektur oder für interaktive Dienste eine schnelle Antwortzeit anfordern.
- Ad-Hoc-Netz: Ohne einen zentralen Zugriffspunkt können Geräte untereinander ein Netz ausbilden.

Damit wäre in der Umgebung von Accesspoints, die an sogenannten „Hot Spots" in Hotellobbys oder Bahnhofshallen aufgestellt werden, eine Bandbreite verfügbar, die alle heute nur im LAN verfügbaren Dienste ermöglicht.

Für die Entwicklung von flächendeckenden Verfahren mit hoher Bandbreite kann berücksichtigt werden, dass der Datenfluss nicht synchron ist, sondern in den meisten Fällen ein wesentlich performanterer Downlink-Kanal zum Empfangen von Inhalten auf dem Mobilgerät benötigt wird.

Die mit UMTS theoretisch erreichbaren 2000 kbit/s reichen z.B. für die Übertragung von Fernsehbildern nicht aus. Will man diese Funktion trotzdem nutzen, muss das Endgerät einen der entsprechenden Kommunikationsstandards unterstützen. Für Fernsehbilder steht zum Beispiel mit „Digital Video Broadcast" (DVB) ein Protokoll zur Verfügung, welches speziell für diese Übertragung optimiert wurde. Die Fernsehbilder werden digital verpackt und per Satellit oder Antenne ausgestrahlt. Ein Rückkanal ist fürs Fernsehen nicht erforderlich, kann aber über ein anderes Protokoll realisiert werden, wenn Interaktion gewünscht ist.

Viele andere Entwicklungen könnten die Ausführungen fortsetzen. Die Forschung wird auch im Bereich der mobilen Kommunikation nicht stehen bleiben. Die folgende Abbildung zeigt die wichtigsten Übertragungstechnologien in Abhängigkeit von Bandbreite und Mobilität.

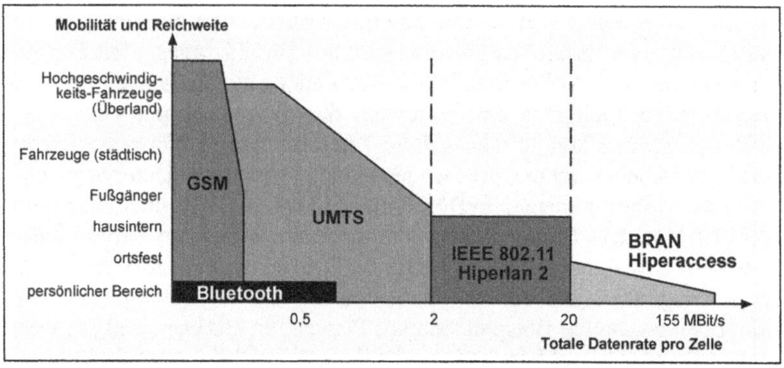

Abb. 4: Bandbreite von Protokollen in Abhängigkeit der Zelle

Welche Protokolle sich durchsetzen, ist nicht zuletzt eine Frage der Marktmacht der an der Spezifikation beteiligten Partner. Auf der anderen Seite haben auch die Kunden ein gehöriges Wort mitzureden. Eine neue, schicke Technologie wird nur vom Markt angenommen, das heißt auch vom Kunden bezahlt, wenn der Nutzen für den Einzelnen ersichtlich ist.

4.4 Das Design hochverfügbarer M-Commerce-Lösungen

Volker Lausch

Beim Design von M-Commerce-Systemen wird angesichts der ohnehin schon anspruchsvollen Aufgabe das Thema des späteren Betriebes häufig vernachlässigt, was im Bereich des Managements der resultierenden Infrastruktur meist zum Einsatz bereits vorhandener, etablierter Lösungen führt, die jedoch bei genauerer Betrachtung den gestellten Anforderungen nicht mehr standhalten.

In diesem Artikel wird ausgehend von den allgemeinen Anforderungen an eine M-Commerce-Umgebung und den sich daraus ergebenden Designvarianten untersucht, welche Probleme bei der Realisierung einer geeigneten Managementumgebung auftreten, wie sich diese auf den Betrieb auswirken und welche Alternativen zu den aktuell eingesetzten Standardlösungen existieren.

Anforderungen an eine M-Commerce-Umgebung

Es ist davon auszugehen, dass ein Unternehmen, das seinen Kunden einen Mobile-Commerce-Zugang anbietet, diesen Zugriff nicht auf mobile Anwender beschränkt. Vielmehr ist der M-Commerce-Zugang als neue Alternative zu einem bereits vorhandenen E-Commerce-Zugang zu betrachten. Infrastrukturen für Mobile Commerce werden deshalb in der Regel eine Erweiterung jener Infrastrukturen darstellen, die bereits für den Einsatz im E-Commerce geschaffen wurden.

Für die Klasse von Nutzern, die den Zugang über einen mobilen PC mit GSM-Anbindung realisieren, existiert diese Unterscheidung scheinbar ohnehin nicht, da sie – im Gegensatz zur Verwendung von WAP-Handys oder ähnlichem – in der Lage sind, auf ein normales E-Commerce-Front-End zuzugreifen. Dass dennoch ein Unterschied besteht, spürt der Nutzer spätestens dann, wenn seine Verbindung auf Grund eines Wechsels in eine neue GSM-Funkzelle oder beim Verlassen eines GSM-Empfangsbereiches abbricht und er unmittelbar keine Möglichkeit hat festzustellen, ob eine angestoßene Transaktion erfolgreich war oder nicht. Die Folgen dieses Verhaltens reichen von ärgerlich bis katastrophal (besonders im Finanzbereich, beispielsweise beim „Online Brokerage“) und können die Akzeptanz einer Lösung deutlich beeinflussen.

Somit müssen verschiedene Aspekte, die besonders beim Zugriff mobiler Anwender zu beachten sind, mittlerweile auch beim Design und im Betrieb klassischer E-Commerce-Lösungen berücksichtigt werden. Infrastrukturen für M-Commerce und E-Commerce werden deshalb in der Folge weitgehend gemeinsam betrachtet; zusätzliche Themen, die den M-Commerce besonders betreffen, werden dabei hervorgehoben. Ein weiterer Grund für die gemeinsame Betrachtung liegt darin, dass die verwendeten Infrastrukturen und Applikationen, wie bereits weiter oben erwähnt, hinter dem für die Kunden sichtbaren Front-End in der Regel identisch sind.

Im weiteren Verlauf werden verschiedene Anforderungen betrachtet, die für M-Commerce-Infrastrukturen als Ganzes gelten und in erster Linie für das Infrastrukturdesign und den Betrieb des Gesamtsystems von Bedeutung sind. Weitere Themen, die einzelne Teile der Infrastruktur und besonders die eingesetzten Applikationen betreffen, werden nur unter diesem Fokus betrachtet. Das heißt, dass auf Teilaspekte wie benutzerfreundliche Front-Ends speziell für den mobilen Zugriff, die Benutzerauthentifizierung, WAP-Gateways und ähnliche Themen nicht näher eingegangen wird. Im Anschluss an die Betrachtung der Anforderungen wird untersucht, wie diese beim Design und im Betrieb umgesetzt werden können.

Hochverfügbarkeit

Im Bereich von E-Commerce-Lösungen spielt die Hochverfügbarkeit einer Gesamtlösung eine zentrale Rolle. E-Commerce bietet den Kunden die Möglichkeit, Einkäufe und Transaktionen zu jeder Tages- und Nachtzeit zu tätigen. Dies wird durch die Hinzunahme von M-Commerce-Zugängen noch verstärkt, da der Kunde auch dann Transaktionen auslösen kann, wenn er in einer anderen Zeitzone unterwegs ist oder sich auf dem Weg von oder zur Arbeitsstelle befindet. Das bedeutet, dass dieses wesentliche Feature des mobilen Zugriffs die aus dem E-Commerce-Bereich bekannten eher nutzungsschwachen Zeiten relativiert. Gerade jene Transaktionen, die der Kunde mit erhöhtem Aufwand nächtens über den mobilen Zugang vornimmt, werden ihm auch besonders wichtig sein. Dies unterscheidet eine M-Commerce-Umgebung von einem „normalen“ zentralen IT-Service eines Unternehmens, wo sich in der Regel besonders kritische von weniger kritischen Nutzungsphasen unterscheiden lassen.

Ein weiterer erschwerender Aspekt ist die Tatsache, dass im Falle von E-Commerce und M-Commerce der Kunde praktisch direkt auf der IT-Struktur des anbietenden Unternehmens arbeitet und Unzulänglichkeiten bei Verfügbarkeit und Leistung des Gesamtsystems sehr direkt spürt. Ist hier nicht alles optimal, kann sich dies negativ auf das Image des Unternehmens insgesamt auswirken. Ein eher halbherziger Einstieg in ein entsprechendes Angebot mit einer „gebastelten“ Eigenlösung, die zwar grundsätzlich gut funktionieren mag, die aber die optimale Verfügbarkeit durch geeignetes Design und einen erstklassigen Betrieb nicht sicherstellen kann, stellt also für ein Unternehmen ein nicht zu vernachlässigendes Risiko dar. Dies ist ein wesentliches Argument für die Auslagerung von E-Commerce- und M-Commerce-Lösungen an erfahrene Dienstleister, die solche Services nicht nur mit besserer Verfügbarkeit sondern durch Konzentration der notwendigen Infrastrukturen und des spezialisierten Personals letztendlich auch kostengünstiger realisieren können („economy of scale“).

Verlässlichkeit und Performance

Sowohl für den Anbieter als auch für den Kunden muss jederzeit eindeutig nachvollziehbar sein, ob eine Online-Transaktion erfolgreich durchgeführt wurde oder nicht. Wie bereits angedeutet, ist dies speziell beim mobilen Zugriff unter Umständen nicht trivial, da eine bestehende Verbindung grundsätzlich jederzeit unterbrochen werden kann und es für den Kunden nicht transparent ist, welche Informationen bis zum Abbruch genau über die Verbindung gelaufen sind bzw. bestätigt wurden.

Sehr unangenehme Auswirkungen auf die Akzeptanz einer mobilen Zugriffslösung hat deshalb auch ein schlechtes Antwortzeitverhalten des Systems, da bei längerer Wartezeit auf die Bestätigung einer Transaktion die Wahrscheinlichkeit ansteigt, dass die Verbindung vor Eingang der Bestätigung abbricht[1]. Neben diesem sehr unangenehmen Effekt hat ein ungenügender Durchsatz eines M-Commerce-Systems natürlich auch weitere negative Auswirkungen auf die Kundenakzeptanz, da Wartezeiten einerseits ohnehin lästig sind und andererseits gerade im mobilen Bereich nicht unerhebliche Verbindungskosten verursachen, die – je nach verwendetem Kostenmodell für die Einwahl – ggf. teilweise auch vom Anbieter zu tragen sind. Auch hier bietet die Auslagerung an einen Dienstleister Vorteile.

Design von M-Commerce-Umgebungen

Die angeführten Anforderungen bezüglich Hochverfügbarkeit, Verlässlichkeit und Performance müssen frühzeitig in das Design von M-Commerce-Lösungen einfließen. Auf Grund des notwendigen Umfangs und der Komplexität solcher Lösungen lassen sich Fehler in dieser Phase im Nachhinein nur mit sehr hohem Arbeits- und Kostenaufwand korrigieren. Die Unterstützung durch Berater mit fundierter praktischer Erfahrung ist deshalb unbedingt anzuraten.

Eine wesentliche und in der Regel unterschätzte Rolle spielen schon in der Designphase auch die Themen Managementumgebung und späterer Betrieb, die als mindestens ebenso wichtig einzustufen sind wie die Systemarchitektur. Sie bilden den Schwerpunkt dieses Beitrags und werden in einem eigenen Abschnitt behandelt. Zuvor werden jedoch – etwas weniger ausführlich – einige grundlegende

[1] Zumindest für den mobilen Zugriff über einen PC oder einen PDA gibt es mittlerweile Lösungen, die eine Session trotz Abbruchs einer darunterliegenden Verbindung aufrecht erhalten und innerhalb eines konfigurierbaren Zeitfensters versuchen, abgebrochene Verbindungen wiederherzustellen. Hierzu sind allerdings zusätzliche Software auf dem Client und ein passender Server auf der Einwahlseite notwendig, der das spezielle Session-Protokoll wieder in normalen IP-Verkehr umwandelt. Die durch die Einführung einer solchen Lösung entstehenden Zusatzkosten sind nicht unerheblich, was den Einsatz vorerst auf besonders kritische Fälle beschränken wird.

Aspekte der Systemarchitektur behandelt, da das Verständnis hierfür die Grundlage für eine Analyse der Managementproblematik darstellt.

Gewöhnlich wird in einer M-Commerce-Umgebung ein mehrstufiges Sicherheitskonzept mit unterschiedlichen Applikationen auf jeder Stufe realisiert sein. Die Stufen sind durch geeignete Sicherheitseinrichtungen (Firewalls) in je nach Stufe unterschiedlicher Ausprägung voneinander getrennt. Im einfachsten Fall werden die nachfolgend beschriebenen Stufen implementiert (siehe Abb. 1.), die in sich jedoch nochmals abgestuft sein können:

1. Der Eingangsbereich mit dem für den Kunden sichtbaren Front-End. Da dieser Bereich prinzipiell nicht komplett gegen Angriffe abgeschottet werden kann, sind Anwendungsstruktur und Serverkonfiguration auf ein absolut notwendiges Minimum beschränkt.
2. Der Transaktions- oder Transferbereich, der die Kundeneingaben prüft, autorisiert, in eine Transaktion umwandelt und an die nächste Stufe weitergibt.
3. Das Back-End, das die Transaktionen letztendlich ausführt und bestätigt. Die Komplexität dieser Stufe reicht von einem einfachen System, das die Transaktionen lediglich in einer Datenbank ablegt, von wo aus sie z.B. einmal täglich abgerufen werden können, bis zu einem großen Rechnerverbund, über den Depotverwaltung und Wertpapierhandel betrieben werden.

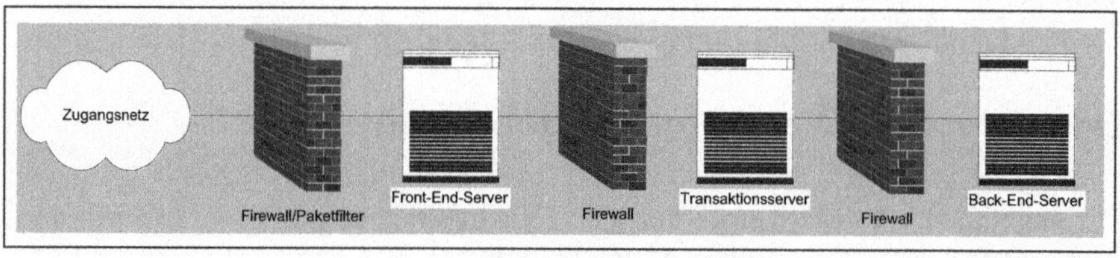

Abb. 1: Grobstruktur von E- und M-Commerce-Lösungen

Das Back-End ist als internes Bestell- und Transaktionssystem normalerweise schon vorhanden, wenn sich ein Unternehmen zur Öffnung in Richtung E-Commerce und M-Commerce entschließt. Die Aufgaben der beiden davor geschalteten Stufen sind demnach primär die Übersetzung der Kundeneingaben am Front-End in die vom Back-End erwartete Syntax (und umgekehrt), die Autorisierung von Transaktionen und die sicherheitstechnische Abschottung des Back-Ends.

Obwohl dadurch bei der Einführung eines Online-Kundenzugriffs das Hauptaugenmerk auf den ersten beiden Stufen liegt, muss das Back-End unbedingt in die Gesamtbetrachtung einbezogen werden. Bedingt durch die direkte Kundennutzung kann die Zahl der parallel abzuarbeitenden Transaktionen sprunghaft ansteigen. Gleichzeitig steigen die Anforderungen an das Antwortzeitverhalten, da speziell mobile Kunden Wartezeiten nur sehr ungern in Kauf nehmen und die Durchlaufzeiten der beiden vorgelagerten Stufen schließlich noch zur Gesamtantwortzeit hinzu addiert werden müssen. Beide Faktoren strapazieren die Skalierbarkeit des Back-Ends erheblich. Dabei kann es durchaus passieren, dass sich bisher verwendete Anwendungen als ungeeignet für den Einsatz im E-Commerce- und speziell im M-Commerce-Bereich erweisen. Dieses Risiko besteht besonders bei Anwendungen, die keine Parallelverarbeitung gestatten.

Die Skalierbarkeit der beiden ersten Stufen kann dagegen normalerweise auf einfachere Weise sichergestellt werden, indem man mehrere parallele Verarbeitungsstränge aufbaut und der Front-End-Stufe Komponenten für das Load-Balancing zwischen den Strängen vorschaltet. Diese Lösung ist in der Abb. 2. dargestellt.

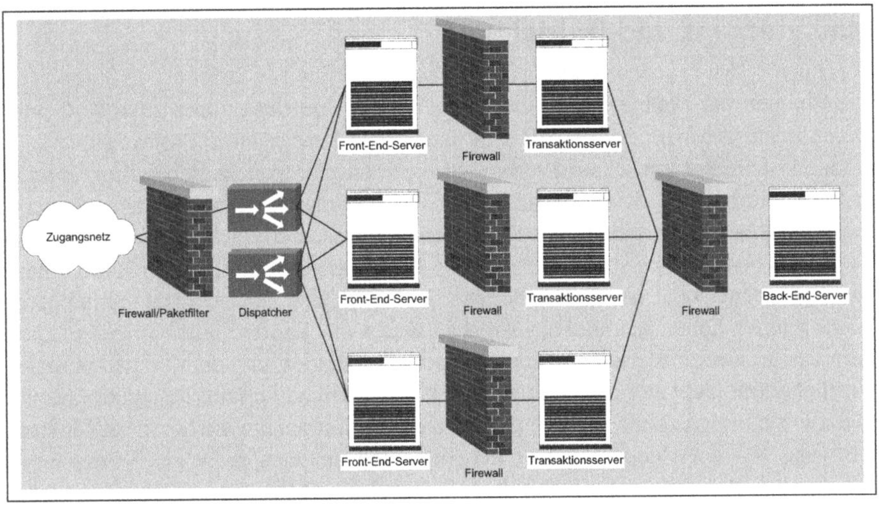

Abb. 2: Skalierung und Redundanz durch Einsatz mehrerer paralleler Verarbeitungsstränge

Dieses Konzept erhöht durch die Erzeugung von Redundanz gleichzeitig die Verfügbarkeit: Bei einer Störung von Komponenten eines Stranges verschlechtert sich im schlimmsten Fall lediglich das Antwortzeitverhalten des Systems, da die noch funktionierenden Stränge eine höhere Belastung tragen müssen. Nicht abgefangen werden dadurch natürlich architektonische und softwaretechnische Fehler, die sich auf alle Stränge gleichermaßen auswirken.

Weil jedoch eine einzelne vom Kunden angestoßene Transaktion oder Bestellung durch jeweils nur einen Strang läuft, müssen die Systeme trotz der Möglichkeit zur Parallelisierung sorgfältig auf Durchsatz optimiert werden, insbesondere auf der mit vielen Aufgaben behafteten Transaktionsstufe. Gerade diese Optimierung ist nicht nur architektonisch sondern auch kostenseitig relativ aufwendig, da in jedem Strang leistungsfähige Systeme zum Einsatz kommen müssen. Das betrifft nicht nur die eigentlichen Anwendungsserver, sondern auch die eingesetzten Firewalls und Netzkomponenten. Besonders kritisch ist letzteres natürlich an dem Punkt, wo die parallel geführten Stränge zum Back-End hin zusammenlaufen. Welcher Aufwand mit entsprechenden Gesamtkosten dadurch entsteht, lässt sich aus der in der Grobstruktur dargestellten vereinfachten Übersicht einer Systemlösung erahnen. Bei der Betrachtung der Abbildung ist noch zu bedenken, dass jede der eingezeichneten Verbindungslinien aus mindestens einer Netzkomponente wie einem LAN-Switch oder einem Router besteht.

Aus den obigen Ausführungen und dem gezeigten Gesamtbild einer M-Commerce-Lösung wird auch ersichtlich, dass Management und Betrieb solcher Lösungen nicht trivial sind.

Management und Betrieb

Die Themen der Managementinfrastruktur und des Betriebs von E- und M-Commerce-Lösungen werden besonders in den frühen Phasen einer Projektierung gewöhnlich unterschätzt. Häufig zieht sich diese untergeordnete Behandlung durch das gesamte Projekt, da die Optimierung der Systemarchitektur ohnehin alle verfügbaren Ressourcen bindet und diese auch interessanter erscheint als die „langweilige" Thematik des späteren Betriebes. Leidtragende sind schließlich nicht nur das Betriebspersonal, die mit erhöhtem Aufwand eine nur schlecht betreibbare Lösung unter hohen qualitativen Anforderungen am Laufen halten müssen, sondern das gesamte Unternehmen, da ein optimaler Betrieb und damit eine optimale Verfügbarkeit nicht sichergestellt werden können. Hinzu kommt, dass gute Lösungen für den Management- und Betriebsbereich mit einem nicht unerheblichen Aufwand bei der Realisierung einhergehen und dementsprechende Kosten und u.U. auch Verzögerungen verursachen. So wird ein hochwertiger Betrieb manchmal auch verhindert, indem eine an sich gute Managementlösung ein Opfer des Rotstifts wird.

Im Folgenden werden einige Themen genauer betrachtet, die bei der Planung und Realisierung von Managementlösungen besonders für E-Commerce- und M-Commerce-Umgebungen eine wesentliche Rolle spielen. Einige der dargestellten Lösungen wurden bislang nur in Ansätzen verwirklicht. Es ist jedoch davon auszugehen, dass solche Lösungen bald zum Standard werden, denn ohne sie lassen sich die stetig wachsenden Anforderungen an Stabilität und Verfügbarkeit und damit an den Betrieb gleichzeitig immer komplexer werdender Anwendungsumgebungen kaum mehr erfüllen.

Ausgangssituation und Problemstellung

Eine vereinfachende Übersicht wie in Abb. 1 gibt die Realität nur zum Teil wieder. Tatsächlich wird der Grad der Komplexität nochmals dadurch gesteigert, dass sich in der Regel eine gewisse Heterogenität der in der Übersicht als identisch dargestellten Systeme nicht vermeiden lässt. So können sich auf den verschiedenen Stufen unterscheiden:

- Die eingesetzten Server, beispielsweise Unix (ggf. verschiedene Derivate) auf der Stufe 1, NT oder Win2k auf der Stufe 2, Großrechnersysteme (oder gemischte Konfigurationen in einem Rechnerverbund) auf dem Back-End. Beliebige andere Konstellationen sind denkbar.
- Die Firewalls zur Trennung der Stufen voneinander. Hier können auf einer Stufe Stateful-Inspection-Firewalls und auf der nächsten Stufe Application-Firewalls eingesetzt werden, wahlweise (besonders beim Internet-Uplink) noch in Kombination mit vorgeschalteten Paketfiltern (Router mit Access-Listen oder spezielle Filtersysteme).
- Die Netzkomponenten, insbesondere LAN-Switches und Router. In diesem Bereich lässt sich ein einigermaßen homogenes Konzept noch relativ einfach verwirklichen. Dabei ist jedoch darauf zu achten, dass die scheinbar in sich so homogenen Produktlinien einiger Hersteller tatsächlich eklatante Inhomogenitäten aufweisen, so dass man sich im Zweifelsfall zumindest auf eine Modellfamilie konzentrieren sollte.

Zusätzlich sind die auf jeder Stufe verwendeten Applikationen auf Grund ihrer unterschiedlichen Aufgaben verschieden.

Es existiert praktisch kein (bezahlbares) Betriebspersonal, das die Funktion und korrekte Konfiguration jedes der genannten Systeme in gleichmäßig qualitativ hochwertiger Weise übernehmen könnte. Eine Spezialisierung des Betriebspersonals ist also vonnöten, beispielsweise in Richtung NT- oder Win2k-Server, Unix-Server, Großrechner, Firewalls und Netzkomponenten. Damit wird bei der Einführung einer M-Commerce-Umgebung sofort die Problematik aufgeworfen, ein Konzept entwerfen zu müssen, nach dem alle beteiligten Betriebsmannschaften (immerhin fünf im genannten Beispiel) auf zielgerichtete, schnelle und effiziente Weise zusammenarbeiten und kommunizieren können. Dies gilt vor allem für die Störungsbearbeitung, aber auch für das Einbringen von Änderungen in eine Komponente, da dies Auswirkungen auf die anderen beteiligten Komponenten haben kann. Das Fehlerpotenzial ist hier besonders hoch bei scheinbar unbedeutenden Änderungen, die (Standardtext:) „mit Sicherheit keine Seiteneffekte auf andere Systeme haben".

Sehr genau überlegt und konzipiert sein müssen auch jene Betriebsphasen, an denen kein speziell qualifiziertes Personal vor Ort ist (Nacht, Feiertage, Wochenenden). Das Monitoring wird dann von den Hotline-Mitarbeitern („First Level Support") übernommen, die bei Bedarf in Rufbereitschaft befindliche Spezialisten aktivieren. Diese können eine Störungsbearbeitung via Remote-Einwahl vornehmen oder in kritischen Fällen vor Ort kommen. Für immer wieder auftretende Probleme sorgen dabei zwei Umstände:

1. Das Personal der Hotline ist oft nicht ausreichend qualifiziert oder nicht mit den geeigneten Managementsystemen ausgestattet, um eine Fehlersituation hinreichend eindeutig einer Spezialistengruppe zuordnen zu können, da diese Zuordnung bereits eine relativ weitreichende Fehleranalyse voraussetzt. Im ersten

Schritt werden deshalb häufig die falschen Personen zur Störungsbearbeitung aktiviert.

2. Die gemeinsame Fehleranalyse zweier oder mehrerer Betriebsgruppen gestaltet sich im Rahmen einer Rufbereitschaft als ziemlich schwierig, da die Interaktion deutlich erschwert ist. Das ist besonders dann der Fall, wenn nicht auf ein gemeinsam genutztes Managementsystem zugegriffen werden kann. Dies führt einerseits zu Verzögerungen bei der Störungsbearbeitung und kann andererseits eine Häufung von Vor-Ort-Einsätzen jeweils einer größeren Zahl von Spezialisten bewirken, da sich komplexe Fehlersituationen remote nicht mehr befriedigend analysieren lassen.

Ähnlich wie bei den Betriebsmannschaften verhält es sich mit den einzusetzenden Managementsystemen. Auch hier ist eine starke Spezialisierung zu beobachten, die teilweise sogar noch weiter geht, da einige Managementsysteme nur Komponenten eines Herstellers in vollem Umfang unterstützen. Anders als bei den Betriebsmannschaften, wo wenigstens noch Menschen einigermaßen flexibel und frei (aber auch behaftet mit Fehlern und Missverständnissen) miteinander kommunizieren, ist die Interaktion der verschiedenen beteiligten Managementsysteme ein wesentlich größeres und bis heute höchstens in Ansätzen gelöstes Problem. Das bedeutet auch, dass das Betriebspersonal bei den oben angeführten Problemen eine zur Zeit eher unbefriedigende Unterstützung seitens der Managementsysteme erfährt.

Wie diese Situation verbessert werden kann bzw. welche weiteren kritischen Punkte beim Aufbau von Managementumgebungen zu beachten sind, ist Gegenstand der folgenden Abschnitte.

Sicherheitsaspekte

Zunächst einmal ist bereits in der Frühphase des Entwurfs der M-Commerce-Infrastruktur zu klären, welche Managementsysteme zum Einsatz kommen sollen (d.h. was wie überwacht werden soll) und wie diese auf die Komponenten der verschiedenen Stufen der Gesamtarchitektur zugreifen. Dieses Thema ist wesentlich komplizierter, als es zunächst den Anschein haben mag, da die Anbindung der Management-Infrastruktur weitreichende Auswirkungen auf das Sicherheitskonzept haben kann. Um Komponenten, die aus der Sicht des Managementsystems hinter einer Firewall platziert sind, in gewohnter Weise betreiben zu können, ist eine erstaunliche Zahl von Diensten auf der Firewall freizuschalten[2]. Dies kollidiert natürlich mit der berechtigten Forderung, die Übergänge zwischen den einzelnen Stufen der Infrastruktur ausschließlich auf jene Dienste zu beschränken, die

[2] Je nach verwendetem Firewall-Typ ist dies für manche Dienste u.U. gar nicht möglich. Application-Firewalls müssen beispielsweise den gewünschten Dienst explizit unterstützen, so dass entweder auf den Dienst verzichtet oder der Customizing-Aufwand beim Firewall-Anbieter bezahlt werden muss.

für die Erbringung des Gesamtdienstes für den Online-Kunden unbedingt erforderlich sind.

Diese Problematik führt nicht selten dazu, dass viele jenseits der ersten Firewalls liegenden Komponenten gar nicht in vollem Umfang betrieben werden und schon gar nicht im laufenden Monitoring erfasst sind. Das Betriebspersonal kann nur dann aktiv werden, wenn eine Störung bereits auch für den Kunden hinreichend spürbare Auswirkungen entwickelt hat. Die Spezialisten müssen dann vor Ort zu den Komponenten und den Fehler beheben. Wie sich dies auf die Reaktionszeit bei Störungen und damit auf Verfügbarkeit und Stabilität auswirkt, ist offensichtlich.

Die Situation kann etwas entschärft werden durch den Einsatz intelligenter Robotersysteme, die laufend den Kundenzugang simulieren und über die Kundenschnittstelle Transaktionen tätigen. Diese Roboter arbeiten mit Testzugängen, deren Bestellungen oder Transaktionen auf dem Back-End nicht real ausgeführt werden; dennoch wird jede Aktion ordentlich bestätigt. Die Ergebnisse werden im Robotersystem auf Durchlaufzeiten (d.h. auf Optimierungspotenzial) und auf mögliche Störungen untersucht; von der Norm abweichende Resultate werden dann unverzüglich an die Betriebsmannschaft gemeldet. Solche Systeme sind sehr nützlich bei der Kontrolle der Ende-Zu-Ende-Funktionalität und der Anwendungen, sind aber als Ersatz für ein reguläres Monitoring nur bedingt geeignet: Ebenso wie der normale Kunde hat das System bei Vorhandensein mehrerer paralleler Verarbeitungsstränge praktisch keine Möglichkeit festzustellen, welche Stränge überhaupt geprüft wurden und welche davon gestört sind. Weiterhin kann es Fehler erst dann entdecken und weiterleiten, wenn sie bereits Auswirkungen auf die Kunden haben. Ein seriöser Dienstanbieter wird deshalb keinesfalls auf den Vollbetrieb aller beteiligten Komponenten verzichten und Werkzeuge wie die Testroboter nur als sinnvolle Ergänzung einsetzen.

Will man die Sicherheit in den Verarbeitungssträngen nicht negativ beeinflussen, muss der Managementzugang über Nebenwege erfolgen. Das bedeutet, dass jede betroffene Komponente eine zusätzliche Netzanbindung erhält, die ausschließlich für den Zugriff der Managementsysteme und gegebenenfalls noch für den Zugang eines zentralen Backup-Systems verwendet wird. Da auch über einen solchen „Abzweig" Angriffe initiiert werden können, müssen die Managementsysteme und das dahinter liegende interne Netz des Betreibers ebenfalls durch ein – u.U. mehrstufiges – Sicherheitskonzept geschützt werden. Die schematische Darstellung in Abb. 3., in der aus Gründen der Übersichtlichkeit nur ein Verarbeitungsstrang gezeigt wird, macht deutlich, dass solche Lösungen nicht nur den Realisierungsaufwand wesentlich erhöhen, sondern auch noch teuer sind. Die Bereitschaft, diesen Weg bis zum Ende zu gehen, ist einer der Faktoren, bei denen sich unter den Betreibern die Spreu vom Weizen trennt.

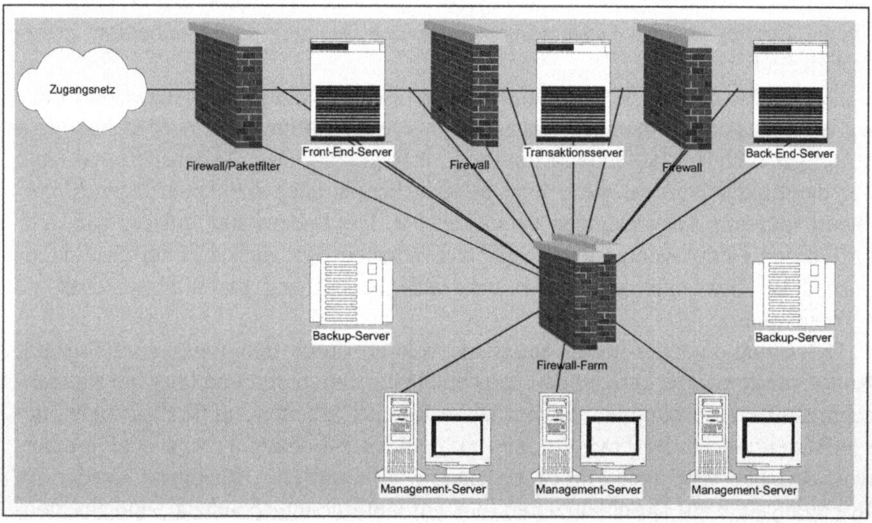

Abb. 3: Anbindung von Management- und Backup-Systemen über gesicherte Nebenwege

Es gibt noch einen weiteren zu beachtenden Punkt, an dem Sicherheits- und Betriebsinteressen unsanft aufeinanderstoßen können: Besonders neuere Sicherheitskonzepte geben für alle beteiligten Komponenten – speziell für die Server – nur eine absolute Minimalkonfiguration vor. Damit stehen aber bestimmte für den Betrieb der Komponenten benötigte Funktionen und Dienste eventuell nicht mehr zur Verfügung. Hier muss im Einzelfall geprüft werden, ob eine vergleichsweise sichere Variante eines als zu unsicher eingestuften Standarddienstes verfügbar ist (z.B. „secure shell"). Ist ein adäquater Ersatz nicht möglich, müssen Betriebs- und Sicherheitsinteressen sorgfältig abgewogen und gegebenenfalls sinnvolle Kompromisse gesucht werden. Für manche Standarddienste existieren allgemein anerkannte Richtlinien, an denen man sich orientieren kann, doch letztlich ist das individuelle Bedürfnis ausschlaggebend.

Vom Element Management zum Service Management

Ausgangssituation: Punktuelles Element Management

Ist die sicherheitstechnische Problematik der Managementanbindung gelöst, kann prinzipiell der Betrieb aufgenommen werden. An dieser Stelle enden die meisten Projekte, und man gibt sich mit dem erzielten Ergebnis zufrieden. Das heißt, dass die notwendige Zusammenarbeit unterschiedlicher (weil spezialisierten) Betriebsmannschaften mit ihren jeweiligen Managementsystemen offen bleibt. Auf das

Gesamtsystem „M-Commerce-Lösung“ existieren in Betrieb (mindestens) genau so viele Sichtweisen wie es eingesetzte Managementsysteme gibt.

Zustande kommt die unbefriedigende Situation durch eine stark auf die einzelnen Komponenten oder „(Netz-)Elemente“ fokussierte Sichtweise der meisten verfügbaren Managementsysteme. Bei den einfachsten Systemen ist nicht einmal eine Netzumgebung modelliert, sondern sie sehen eine Netzumgebung als eine strukturlose Ansammlung jener Netzelemente, für die sie entwickelt wurden. Einen Extremfall dieser Richtung stellen jene Managementkonzepte dar, die Konfiguration und Monitoring eines Netzelementes durch eine Web-basierte Applikation auf dem Netzelement selbst realisieren. Hier ist auf der Benutzeroberfläche (dem Web-Browser) zu einem Zeitpunkt nur ein Netzelement sichtbar.

Etwas weiter gehen die bekannteren Standard-Managementsysteme: Hier ist zumindest eine Gesamtdarstellung des Netzes möglich, und für die auf der Oberfläche sichtbaren Netzelemente steht ein generisches Monitoring zur Verfügung, soweit es vom unterstützten Managementstandard (z.B. SNMP, TMN) definiert wurde[3]. Für weitergehende Funktionen stehen im günstigsten Fall herstellerspezifische Add-Ins zur Verfügung, die allerdings genau zu Typ und Version des verwendeten Managementsystems passen müssen und oft nur „lose“ in das Managementsystem eingebettet sind. Ansonsten muss entweder auf das im vorangegangenen Absatz beschriebene Verfahren des direkten Zugriffs (WWW, Telnet) zurückgegriffen oder ein zusätzliches Managementsystem eingesetzt werden.

Die Folge dieser Rahmenbedingungen ist, dass in einer komplexen Systemumgebung, wie sie für eine hochwertige M-Commerce-Lösung charakteristisch ist, bereits für das Monitoring eine Vielzahl von Managementsystemen bzw. weitgehend unabhängigen Add-Ins zum Einsatz kommen. Zum Zweck der Konfiguration wird die Zahl der eingesetzten Systeme und Varianten des Zugriffs auf die Netzelemente noch größer. Da die vorhandenen Standards das Thema Konfiguration noch nicht hinreichend spezifizieren, wird der Einsatz spezifischer „Element Manager“ vorerst notwendig bleiben. Beim Einsatz für das Monitoring und zur Fehlersuche hat der Ansatz aber zwei entscheidende Nachteile:

1. Es existieren mehrere unterschiedliche Darstellungen der selben Systemumgebung, in der Regel jeweils mit verschiedenen Schwerpunkten und Lücken. Die Systemumgebung wird dadurch aus der Sicht des Betriebspersonals künstlich in Teilbereiche zerlegt, die miteinander scheinbar nur wenig zu tun haben. Besonders bei der Fehleranalyse ist diese „Zerstückelung“ wenig hilfreich. Weiterhin steigt der Aufwand für das Monitoring.
2. Aus der Sicht der Element Manager ist ein Netz eine mehr oder weniger strukturierte Ansammlung von Einzelelementen. Die Beziehungen der Elemente untereinander können, wenn überhaupt, nur unzureichend abgebildet werden. An-

[3] Besonders das TMN-Rahmenwerk (TMN = Telecommunications Management Network) geht hier recht weit und definiert sehr ausführliche Monitoring-Funktionen für verschiedene Klassen von Netzelementen. Die Konfiguration von Netzelementen wird dagegen bis heute weder in SNMP noch im TMN-Rahmenwerk standardisiert.

gesichts der recht komplexen Struktur einer E- oder M-Commerce-Umgebung ist diese Darstellungsweise zu unübersichtlich, zumal sie – wie unter Punkt 1 beschrieben – auch noch mehrfach in unterschiedlicher Ausprägung existiert.

Ziel: Integriertes Service Management

Unter diesen Rahmenbedingungen einen den Anforderungen an eine M-Commerce-Dienstleistung genügenden Betrieb sicherzustellen, bereitet den Dienstanbietern nicht unerhebliche Probleme. Oft können die vorhandenen Defizite nur durch viel Erfahrung und relativ hohe Personalstärke ausgeglichen werden. Kosten verursacht beides, und das Ergebnis kann recht unterschiedlich ausfallen.

Anders als beim E-Commerce und nun beim M-Commerce, wo praktisch jeder Dienstanbieter in die gleichen Probleme hineinläuft und nicht selten ohne befriedigende Lösung dasteht, wurde die Problematik jedoch frühzeitig erkannt und vom zuständigen Standardisierungsgremium ITU (International Telecommunications Union, früher CCITT) im Telecommunications Management Network (TMN) adressiert.

Die im TMN-Rahmenwerk vorgeschlagene Lösung sieht oberhalb der Element Manager noch zwei weitere Managementebenen vor, die von den Netzelementen in zunehmenden Maße abstrahieren. Dies ist zunächst einmal das Network Management: Hier sind nicht mehr die einzelnen Netzelemente sichtbar, sondern logische Funktionsblöcke (z.B. Backboneknoten, Regionalknoten, etc.), die untereinander mit unterschiedlichen Arten von Verbindungen (SDH, PDH, WDM, Funk, etc.) gekoppelt sind. Die Funktionsblöcke können wiederum in Hierarchien angeordnet sein; der Zugriff auf die einzelnen Netzelemente bzw. auf die Element Manager findet auf der untersten Hierarchieebene statt. Jeder Funktionsblock und jede Verbindung besteht in der Regel aus mehreren Netzelementen, doch wird davon auf der Ebene des Network Management in der Weise abstrahiert, dass nicht mehr einzelne Elemente, sondern die von ihnen erbrachte Funktion überwacht wird.

Oberhalb des Network Management ist das Service Management angesiedelt. Auf dieser Ebene wird von der Netzstruktur selbst weitgehend abstrahiert und nur noch die über das Netz geschalteten Dienste und deren aktueller Status dargestellt. Es werden Daten über Kunden, kundenspezifische Service-Level, interne Workflows des Betreibers mit den Informationen aus dem Element und Network Management zusammengeführt[4]. Die Arbeit mit einem integrierten Service Management erlaubt dem Betriebspersonal nicht nur, den Gesamtzustand des Netzes in bezug auf die darauf abgebildeten Dienstleistungen zu überwachen, sondern ermöglicht im Störungsfall auch eine schnelle Beurteilung der Auswirkungen, besonders in Richtung

---

[4] Gegebenenfalls werden auf dieser diensteorientierten Ebene auch die Themen Accounting und Billing behandelt. Relativ neu ist die Veränderung von Diensteparametern oder die Einrichtung neuer Dienste online durch den Kunden (user-based provisioning), was sich ebenfalls ganz wesentlich auf der Serviceebene abspielt.

Kunden. Gerade dies sind Informationen, die dem Betriebspersonal häufig entweder ganz fehlen oder erst nachgeschlagen werden müssen, d.h. ein integriertes Service Management ermöglicht nicht nur kürzere Reaktionszeiten bei der Störungsbearbeitung sondern auch eine raschere, zielgerichtetere und individuellere Kundeninformation. Für eine detaillierte Fehleranalyse kann von der Service-Ebene aus auf das Network Management und weiter auf das Element Management zugegriffen werden.

Wie aus den Ausführungen hervorgeht, adressieren diese Konzepte in nahezu idealer Weise die weiter oben beschriebenen Probleme, die typische Managementlösungen für M-Commerce-Umgebungen aufwerfen.

Die Ergänzung durch eine Service-Management-Ebene bringt dann noch einen verstärkten Service- und Kundenfokus sowie die Integration mit anderen für den Betrieb notwendigen Systemen, wie beispielsweise Workflow-Systeme für die Störungs- und Auftragsbearbeitung oder ähnliches.

Die Realisierung der Network-Management- und besonders der Service-Management-Ebene ist im Vergleich zu „konventionellen" Lösungen außerordentlich aufwendig. Das schlägt sich besonders deutlich im Preis einer TMN-Komplettlösung nieder, der einige Größenordnungen über dem liegt, was man selbst von den leistungsfähigeren SNMP-Systemen gewohnt ist. Der Aufwand lohnt sich für Betreiber von Telekommunikationsnetzen und die Hersteller der Managementsysteme dennoch, da der Aufbau der Netze stets relativ ähnlich ist, d.h. es ist nur wenig individueller Anpassungsaufwand erforderlich. Weiterhin ist der Zielmarkt für TMN-Systeme hinreichend groß, um den Aufwand zu rechtfertigen. Beides ist bei M-Commerce-Umgebungen derzeit (noch) nicht der Fall, d.h. zur Zeit muss ein M-Commerce-Anbieter entsprechende Lösungen entweder weitgehend selbst entwickeln oder zumindest einen hohen Anpassungsaufwand betreiben. Da die sich ergebende Lösung sehr individuell sein wird, wird der Betreiber auch nicht in der Lage sein, aus der Entwicklung ein zusätzliches Geschäft zu generieren.

Weiterhin ist zu berücksichtigen, dass der individuelle Anpassungsaufwand in SNMP-Umgebungen, mit denen man es bei M-Commerce-Lösungen in erster Linie zu tun hat, höher ist als in TMN-Umgebungen. Das ist auf die bereits erwähnte mittlerweile sehr weitgehende Standardisierung beim Monitoring verschiedener Komponentenklassen im TMN-Umfeld zurückzuführen, die den Lösungsanbietern die Sicherheit gibt, dass ihr Managementsystem in sehr vielen unterschiedlichen Umgebungen einsetzbar ist. Weiterhin arbeiten die verschiedenen TMN-Anbieter schon seit Jahren daran, offene Schnittstellen zu definieren, über die Network- und Service-Management-Systeme auf die verschiedensten Element-Manager zugreifen können. Der Schwerpunkt dieser Arbeit liegt auf Grund der Marktstruktur zunächst einmal auf den TMN-Element-Managern, in SNMP-Systemen wurden solche Schnittstellen bisher nur in Einzelfällen umgesetzt. Hier dominieren nach wie vor – wenn überhaupt vorhanden – herstellerspezifische Schnittstellen.

Da der Gesamtaufwand für die Umsetzung der höherwertigen TMN-Ansätze in einer M-Commerce-Umgebung für den Betreiber also mit Sicherheit sehr hoch wird,

wird man versuchen, das Ziel nicht mit einem Schritt zu erreichen, sondern man wird erst einmal sinnvolle Teilschritte realisieren. Diese können folgendermaßen aussehen:

1. Zunächst ist zu klären, ob überhaupt alle Teilkomponenten der gesamten Infrastruktur durch geeignete Element Manager überwacht werden. Ist diese Voraussetzung nicht gegeben, wird eine spätere Network- oder Service-Management-Lösung unangenehme Lücken aufweisen. In diesem Zusammenhang wird das besonders für die Überwachung des Gesamtdienstes wichtige Application Monitoring gerne übersehen. Existiert kein durchgehendes Application Monitoring, können als zweitbeste Lösung Testroboter, die die Verfügbarkeit des Dienstes laufend von außen prüfen, eine gewisse Abhilfe bringen. Die Auswertung der Ausgaben eines Testroboters kann auf der Service-Management-Ebene in die Managementumgebung integriert werden.
2. Der erste (und einfachste) Schritt zum integrierten Management einer komplexen Systemumgebung besteht gewöhnlich darin, die Alarminformationen der verschiedenen Element Manager zu sammeln und auf einer Oberfläche gemeinsam darzustellen. Dies vereinfacht zumindest die Überwachung des Gesamtsystems, da besonders der First Level Support nur noch einen Bildschirm laufend beobachten muss. Für die Auswertung der Alarminformationen ist der zusätzliche Nutzen einer solchen Lösung allerdings gering, höchstens ein zeitlicher Bezug zwischen den eingehenden Alarmen kann hergestellt werden.
3. Um die Auswertbarkeit der gesammelten Alarminformationen zu verbessern, muss das sammelnde System im nächsten Schritt die eingehenden Alarme miteinander in Beziehung setzen können. Damit dies möglich wird, muss bereits ein Modell entworfen und hinterlegt werden, aus dem die Anordnung der einzelnen überwachten Elemente in einer Gesamtstruktur hervorgeht. Nur so kann das auswertende System feststellen, ob mehrere Alarme zusammenhängen und möglicherweise in Summe eine kritische Situation anzeigen. Dies kann auch dazu dienen, für sich alleine unwichtige Einzelalarme herauszusortieren und damit die Übersichtlichkeit des Systems zu verbessern.
4. Ausgehend davon kann im folgenden Schritt die Ebene des Network Management realisiert werden. Was nun folgt ist allerdings nicht trivial: Anstatt nur passiv Alarminformationen der verschiedenen Element Manager anzunehmen und auszuwerten, muss das Network-Management-System die Statusinformationen über die einzelnen Teile des Gesamtmodells aktiv bei den jeweiligen Element Managern abfragen, diese gemeinsam mit Informationen von benachbarten Elementen auswerten und das Ergebnis darstellen. Da zu den verschiedenen Element Managern keine einheitlichen Schnittstellen und keine einheitliche Informationsdarstellung innerhalb der Element Manager existieren, ist der individuelle Realisierungs- und Anpassungsaufwand bei diesem Schritt sehr hoch. Das Ergebnis vereinfacht und optimiert den Betrieb allerdings bereits erheblich.

5. Zur vollen Umsetzung der TMN-Konzepte fehlt nun noch das Service Management. Hierzu muss ein zusätzliches Modell eingeführt werden, in dem die einzelnen realisierten Dienste mit den jeweiligen Kunden und den dazu gehörenden Service-Level-Vereinbarungen hinterlegt sind. Aus diesem Modell heraus existieren Verknüpfungen in das Netzmodell, so dass Zustandsänderungen im Netzmodell auf die Auswirkungen auf das Servicemodell hin untersucht werden können. Bei Bedarf können hier auch weitere Systeme integriert werden, wie z.B. Accounting- und Workflow-Tools.

Bei vielen Dienstanbietern ist heute Punkt 2 mit Ansätzen in Richtung Punkt 3 umgesetzt. (Teil-) Lösungen für das Network Management sind bei den betroffenen Anbietern noch selten und werden sich vorerst nur für hochspezialisierte größere Betreiber lohnen. Es ist allerdings zu erwarten, dass die stetig steigenden Anforderungen an einen qualitativ sehr hochwertigen Betrieb bei gleichzeitig steigender Komplexität der zu betreibenden Systemumgebungen den Druck, hier geeignete Lösungen zu schaffen, zumindest mittelfristig deutlich erhöhen wird. Dieser Druck wird auch das Marktsegment für solche Lösungen vergrößern, so dass es für die Hersteller von Managementlösungen und nicht zuletzt für die Standardisierungsorganisationen immer interessanter wird, Standardlösungen für ein höherwertiges Management zu entwickeln.

Fazit

Die hohen Anforderungen an die Stabilität und Performance von M-Commerce-Lösungen resultieren in einer sehr komplexen Systemumgebung, in der eine größere Zahl von Einzelkomponenten unterschiedlichster Ausprägung einen potenziell unternehmenskritischen Gesamtdienst erbringen. Solche Umgebungen stellen sehr hohe Anforderungen an den späteren Betrieb, die bereits in der Frühphase des Designs berücksichtigt werden müssen, da eine nachträgliche Umsetzung in der Regel zu unbefriedigenden Resultaten und damit zu Qualitätsmängeln führen wird. Es muss auch in Zweifel gezogen werden, ob der bisher übliche Einsatz voneinander entkoppelter Element Manager, auf die jeweils verschiedene Betriebsmannschaften zugreifen, für diese Umgebungen noch adäquat ist und nicht ebenfalls zu ungewollten qualitativen Einschränkungen beim Betrieb führt.

Anzustreben sind hier Lösungsansätze nach dem TMN-Modell, das oberhalb der Element Manager zwei weitere Managementebenen vorsieht, die von den einzelnen Netzelementen abstrahieren und damit eine effizientere Überwachung der Systemumgebung als Ganzes gestatten. Die Umsetzung dieser Konzepte im hier betrachteten Umfeld ist heute allerdings noch mit einem erheblichen Aufwand verbunden, doch lohnt das mögliche Ergebnis zumindest eine intensivere Betrachtung und ggf. eine schrittweise Umsetzung. Mit steigender Zahl von E-Commerce- und M-Commerce-Installationen wird auch das Marktsegment höherwertiger Managementlösungen für solche und vergleichbare Umgebungen größer werden und erste Standardlösungen hervorbringen.

4.5 Die sichere Datenübertragung

Rolf-Dieter Köhler

Bereits in den frühen Anfängen der Internet-Kommunikation wurden von einzelnen Anwender(-gruppen) bzw. Anbietern Anstrengungen unternommen, die Übertragung „privater" Daten über das öffentliche Internet in einer definierten geschützten Umgebung zu gewährleisten. Auch wurde es durch die Veränderung der Übertragungsmedien erforderlich, neben allgemein verfügbaren Sicherungsverfahren auch solche zu entwickeln, die spezifisch für das verwendete Übertragungsmedium sind.

Neben der Möglichkeit, die Daten selbst zu verschlüsseln, kann ein Schutz der Daten auch dadurch erreicht werden, dass auf den entsprechenden Kommunikationswegen spezielle Sicherungsmaßnahmen ergriffen werden. Die nachfolgenden Ausführungen beziehen sich in erster Linie auf diese Form der Datensicherheit.

Protokolle und Techniken

Bei den Übertragungsmedien müssen allerdings nur zwei Kategorien betrachtet werden:

- Feste Übertragungswege auf verschiedenen Kabelvarianten von Glasfasern oder Kupferkabeln
- Unterschiedlichste drahtlose Verfahren der Funk- und auch Infrarottechnik

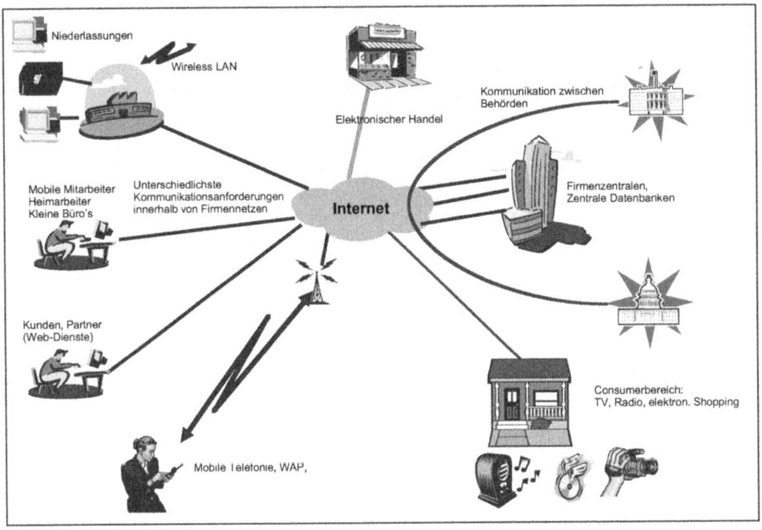

Abb. 1: Übersicht über schützenswerte Kommunikationswege

Durch die Erweiterung der Datenübertragung auf unterschiedlichste Techniken und Bereiche ist z.T. die Entwicklung neuer Verfahren erforderlich. Diese sind in ihrer Verfügbarkeit aber noch lange nicht abgeschlossen, da es teilweise auch noch Unklarheiten bei der Einführung der neuesten Techniken gibt. In den folgenden Ausführungen werden einige dieser Sicherheitsverfahren kurz vorgestellt.

IPSec-Verschlüsselung auf IP-Ebene

Da theoretisch alle Endgeräte als unikate IP-Geräte realisiert werden könnten, sind Verschlüsselungsverfahren für IP-basierte Kommunikation besonders interessant. Bei diesem Verschlüsselungsverfahren wird häufig vom IP Security Standard (IPSec) gesprochen. Grund hierfür ist die Anerkennung dieses Verschlüsselungsverfahrens als de facto Standard.

Im Übersichtsbild sind zwei unterschiedliche Varianten dieses Verschlüsselungsverfahrens dargestellt.

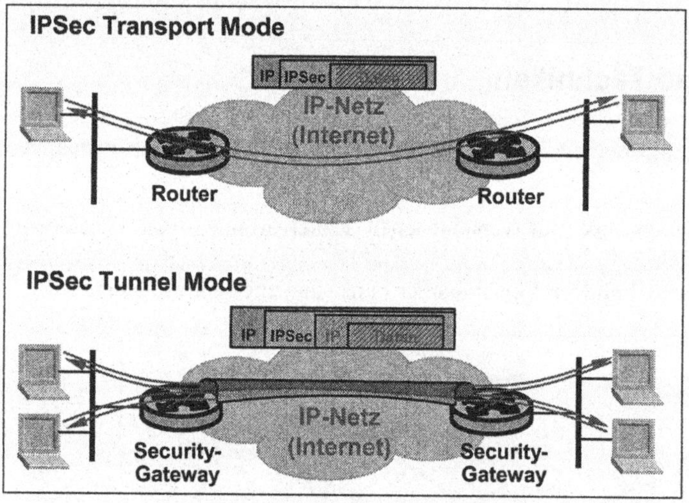

Abb. 2: Varianten des Verschlüsselungsverfahrens

Bei IPSec werden die IP-Daten durch verschiedene Verschlüsselungsverfahren und unterschiedlich große Schlüssel so kodiert, dass das Entschlüsseln solcher Daten für den Angreifer einen enormen Aufwand bedeutet. Bei allen eingesetzten Verfahren spielen selbstverständlich wirtschaftliche Aspekte eine Rolle: Lohnt sich der Aufwand des „Knackens" oder ist es nicht effektiver, nach anderen Wegen zu suchen, um in den Besitz der gewünschten Informationen zu gelangen?

Für den Aufbau einer geschützten Umgebung ist es erforderlich, dass zwischen den beteiligten Partnern entsprechende Schlüssel ausgetauscht werden. Das kann z.B. mittels IKE-Protokoll (Internet Key Exchange) erfolgen.

VPN-Tunneltechnologie

Durch den breiten Einsatz von IP als Kommunikationsprotokoll ergeben sich neben IPSec weitere Möglichkeiten, Daten geschützt zu übertragen. Eine Möglichkeit ist die Verwendung sogenannter Tunneltechniken z.B. auf Layer 2. Bei dieser Variante werden die Daten verpackt über eine PPP-Verbindung (Point-to-Point Protocol) übertragen. Ein wichtiger Vorteil dieser Technik ist die Tatsache, dass über eine derartige Übertragungsstrecke neben reinen IP- auch IPX-, AppleTalk, DECnet- oder auch SNA-Daten geschützt übertragen werden können.

Da auf dem Übertragungskanal aber nur IP-Pakete sichtbar sind, kann diese „Tarnung" anderer Protokolle in gewisser Weise auch als zusätzliche Sicherheitsoption betrachtet werden. Da auch in diesem Fall der Austausch von Schlüsseln erforderlich ist, könnte das bereits erwähnte IKE-Protokoll zum Einsatz kommen.

VLAN-Technologie

Eine weitere Alternative zur Abgrenzung einzelner Kommunikationswege besteht im Einsatz der VLAN-Technik (Virtual Local Area Network). Wie der Name selbst schon dokumentiert, ist diese Technik primär für LANs konzipiert; speziell für Ethernet-basierte LANs.

Hierbei wird im Ethernetframe zusätzlich eine 4-Byte-Information eingefügt, in der die „Adresse" des verwendeten VLANs enthalten ist. Dies setzt allerdings den Einsatz von getaggten Frames mit dem IEEE 802.3Q-Standard voraus. Die einzelnen Anwender werden speziellen VLANs zugeordnet. Somit können sie nur an dem Datenverkehr teilnehmen, dem sie selbst zugeordnet sind. Unter dem Aspekt des Datenschutzes ist einzuschätzen, dass diese Art der Datenabschottung eine sehr einfache und ggf. auch leicht zu umgehende Schutzmaßnahme darstellt.

Es existieren aber noch eine Reihe herstellerspezifischer „VLAN"-Implementierungen, die z.B. das Endgerät über eine MAC-Adresse identifizieren und erst nach einer Überprüfung in eine definierte Umgebung einbringen. Auch wenn hierbei teilweise sehr interessante Lösungen existieren, sind deren Anwendung nicht empfehlenswert. Grund hierfür ist die Abhängigkeit des Kunden von einem einzelnen Hersteller einerseits und deren (meist auf ein Unternehmen) begrenzte Anwendung andererseits.

Sicherheit bei WLANs im LAN-Umfeld

Seit Verfügbarkeit des WLAN-Standards weitet sich die Anforderung der Sicherheitsaspekte selbstverständlich auch auf diesen Teil eines Netzwerks aus. Für diese Technik gelten ähnliche Einsatzmöglichkeiten, wie für VLANs, da es sich auch hier um eine modifizierte LAN-Technik handelt. Die „Grenzen" der WLAN-Techniken liegen in der begrenzten Anzahl der angeschlossenen Klienten an jedem einzelnen Accesspunkt, der definierten begrenzten Reichweite und der geringen Bandbreite, die mit einer Shared-Technik vergleichbar ist. Bei Wireless-LAN handelt es sich um eine Funktechnologie, bei der sich prinzipiell alle WLAN-ausgerüsteten Rechner als „Lauscher" betätigen können. Deshalb ist gerade hier ein höherer Zugriffsschutz bzw. eine „Mithörabwehr" erforderlich, als bei herkömmlichen verkabelten Netzwerken.

Einige Möglichkeiten des Zugriffsschutzes sind bereits im Standard enthalten und sollten bei der Produktauswahl berücksichtigt werden. Dazu zählen z.B.:

- Alle übertragenen Bits werden mittels DSM (Direct Sequence Modulation) „verschlüsselt".
- Eine vollständige Verschlüsselung erfolgt (herstellerabhängig) in Hardware mit 40 oder 128 Bit mit dem im IEEE 802.11b-Standard enthaltenen WEP-Verfahren (Wireless Encryption Privacy).

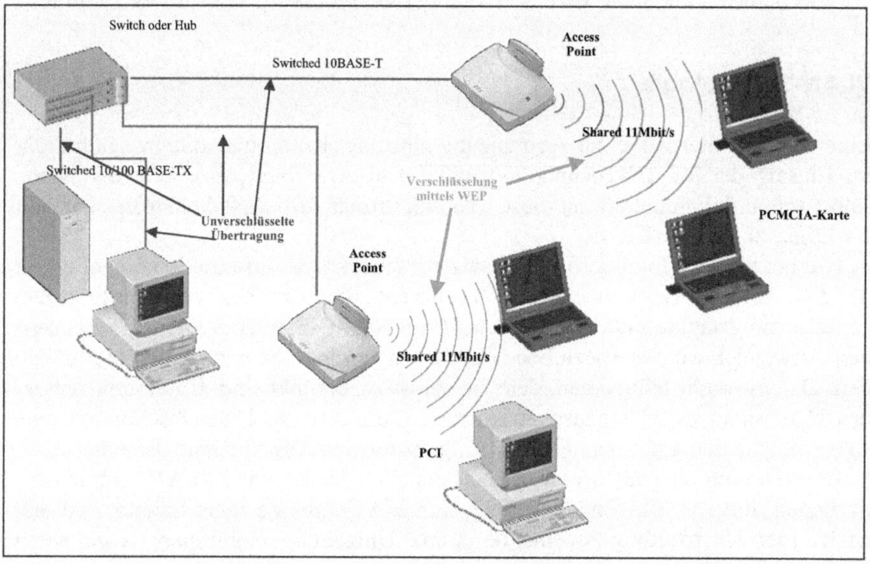

Abb. 3: Einsatz von WLAN-Technik und Schutz der übertragenen Daten

Weiterhin gibt es zusätzliche optionale Zugriffschutzmechanismen durch die Verwendung von

- SSID (System Set Identifier) als Quasi-Passwort für die Accesspoint-/Client Authentifizierung oder auch
- ACL-Listen (Access Control Link), in denen die zugreifbaren MAC-Adressen der WLAN-Rechner geführt werden.

Einige Hersteller bieten bereits heute erweiterte Zugriffsschutzmechanismen mittels RAS-Diensten (Remote Access Service) an. Geplant ist, auch hierfür einen Standard (IEEE 802.1x) zu schaffen und zu implementieren. Es sollte aber darauf hingewiesen werden, dass es mit relativ geringen Aufwand möglich ist, diese WEP-Verschlüsselung zu knacken. Sollen schützenswerte Daten übertragen werden, sollten diese mit anderen kryptographischen Verfahren als dem WEP abgesichert werden. Neben dem IEEE 802.11b-Standard (oder künftig auch dem IEEE 802.11a-Standard) ist auch noch die sog. Bluetooth-Technik im Gespräch. Bluetooth unterstützt Punkt-zu-Punkt- und Punkt-zu-MultiPunkt-Verbindungen und ermöglicht, dass bis zu acht Geräte wie z.B. PCs, Drucker, Mobiltelefone und PDAs miteinander kommunizieren und Daten drahtlos mit einer Übertragungsrate von bis zu 1 Mbit/s austauschen können. Dies reicht auch für die Übertragung von Videobildern aus. Mit dieser Technik können Datenübertragungen kabellos bis auf eine Entfernung von etwa 10 m und kleine Netzwerke mit bis zu acht Geräten realisiert werden.

Sicherheit bei WLANs in Mobilfunknetzen

Neben WLAN und Bluetooth existieren inzwischen eine Fülle von Funknetzen, deren Einsatz und Weiterentwicklung völlig neue Anwendungen ermöglichen sollen. Betrachten wir bei den weit verbreiteten Funknetzen für die reine Telefonie auch die Möglichkeiten der Internetfähigkeit der Endgeräte, die Möglichkeit der Übermittlung von Textinformationen z.B. in Form der SMS-Technik, die Möglichkeit der zusätzlichen Übertragung von Bildinformationen und auch der Nutzung dieser Geräte für z.B. Finanzdienstleistungen u.v.a. mehr. – Hier werden ebenfalls sichere Datenübertragungen gefordert. Die Gründe für die Einführung spezieller Sicherheitsverfahren im Wireless-Umfeld sind ähnliche, wie bei den Kommunikationen über feste Verbindungen.

Mit der Schaffung von GPRS-Netzen ist ein Zusammenschluss der Mobilfunknetze mit dem Internet möglich. Über entsprechende Endgeräte kann nicht nur reine Sprache, sondern auch (herkömmliche) Daten übertragen werden. Somit wachsen geschäftliche und personenbezogene Daten eng zusammen, wodurch sich ein gesteigertes Bedürfnis nach dem Schutz dieser Daten ergibt. Gleichzeitig ergeben sich hier für Hacker neue Ansatzpunkte, um an Daten zu gelangen. Deshalb ist es eminent wichtig, hier ein besonderes Augenmerk auf den Sicherheitsaspekt zu legen.

Die WTLS (Wireless Transport Layer Security) innerhalb des WAP bietet Datensicherheit und deren „Privatsphäre" in ähnlicher Weise wie SSL (Secure Socket Layer) und TLS (Transport Layer Security). Trotzdem existieren eine Reihe signifikanter Unterschiede zwischen den Schutzmechanismen im drahtlosen oder verkabelten Umfeld. Bei den drahtlosen Geräten handelt es sich u.a. um kleine Telefone (Handys), PDAs (Personal Digital Assistants) oder andere Geräte, die sich von einem Internet-PC in zwei wichtigen Punkten unterscheiden:

- Die Möglichkeit der Ortsunabhängigkeit und
- die Vielfalt der Nutzung der speziellen Geräte durch unterschiedliche Nutzer.

Es existiert eine große Anzahl von Varianten zwischen drahtlosen Geräten, unterschiedlichen Browsern und der Implementation von Sicherheitsmöglichkeiten. Darüber hinaus gibt es verschiedene Befürworter innerhalb der unterschiedlichen

„Lager“ für WAP, HTML oder auch i-mode. Getrieben durch alle diese Faktoren, ist eine einheitliche Plattform für diese Wireless-Geräte erforderlich oder die Geräte müssen eine Vielzahl spezifischer Implementationen unterstützen, um eine Kommunikation zwischen den verschiedenen Systemen zu ermöglichen. Zu diesen gehören u.a.

- Verschlüsselungsmechanismen wie RSA, das z.B. für die WEB- und HTML-Browser von Nokia und Ericsson verwendet wird. Das Diffie-Hellmann-Verschlüsselungsverfahren, das im WAP-Browser von Phone.com verwendet wird, und auch das ECC-Verfahren (Elliptic Curve Cryptography), das von vielen PDA-Browsern verwendet wird.
- Sicherheitsprotokolle wie SSL, WTLS und die damit korrespondierenden Zertifikatformate (wie z.B. X.509).
- Zertifizierte Registrierungen mittels WML (Wireless Markup Language), SignText und WTLS Klasse 3.

Die Wireless-Plattform muss also die einzelnen Geräte wiedererkennen und unterschiedliche Sicherheitsebenen je nach Zugriffsbasis bieten. So sollte ein Browser z.B. Geräten ohne Verschlüsselung nur den Zugriff auf öffentliche Informationen erlauben. Dagegen sollten Geräte, die über verschiedene Sicherheitsfunktionen verfügen, auch auf sensible Daten zugreifen zu dürfen. Diese Möglichkeiten veranschaulichen, dass Wireless-Geräte wesentlich besser personengebunden eingesetzt werden können, als die herkömmliche PC-Technik. Aus diesem Grund werden bei Wireless-Geräten neben einer PIN-Nummer und der Telefonnummer zusätzliche Erkennungsmechanismen verwendet, die teilweise applikationsabhängig weitere Erkennungsmechanismen zur Anwenderidentifizierung bieten. Dazu gehören z.B. SIM-IDs (Subscriber Identification Module), die eine eindeutige Erkennung des Nutzers ermöglichen sollen. Somit kommt der User-/Geräteidentifikation bei Wireless-Geräten eine wesentlich höhere Bedeutung zu, als es bei herkömmlichen (drahtgebundenen) Systemen der Fall ist.

Digitale Signaturen und kryptographische Verfahren

Einen anderen Ansatz für Datensicherheit verfolgen die sogenannten digitalen Signaturen. Hierbei werden die Daten/Dokumente zwar unverschlüsselt übertragen, sind aber mit einem speziellen Kennzeichen, einer sogenannten elektronischen Unterschrift bzw. digitalen Signatur versehen. Dies ermöglicht die Sicherstellung der Echtheit von Informationen. Ein „Dokument“ wird mit einer (elektronischen) Unterschrift versehen und somit ein „Echtheitsmerkmal“ eingebracht, wodurch die eindeutige Urheberschaft auch später noch nachvollziehbar ist. Ein digital gekennzeichnetes Dokument wird als digitales Zertifikat bezeichnet und ist durch entsprechende (unikate) Schlüssel markiert; dadurch ist es einem definierten Nutzer eindeutig zuweisbar. Als Standard dient X.509 (Internet X.509 Public Key Infrastructure Data Validation and Certification Server Protocols).

Bei heute noch üblichen Vertragsabschlüssen zählen die eigenhändige Unterschrift bzw. beglaubigte Kopien als Beweis für die juristische Echtheit für unterschriebene Vereinbarungen, Verträge, Belege usw.. Abb. 5 veranschaulicht dieses Signaturverfahren vor der Übertragung und den Identifikationsprozess nach Erhalt der Nachricht. Prinzipiell besteht dieser Vorgang aus zwei Teilen:

- Der sog. „Signaturprozess" auf der Urheberseite kennzeichnet ein Dokument elektronisch mit einem definierten Schlüssel, den nur der Eigentümer besitzt. Der hier verwendete private Schlüssel (private key) wird von einem sogenannten Trustcenter ausgestellt und stellt ein spezifisches Sicherheitsmerkmal dar, das unikaten Charakter besitzt.
- Innerhalb des sog. „Vergleichsprozesses" wird auf der Empfängerseite mittels eines speziellen öffentlichen Schlüssels (public key), den der Empfänger als speziellen dem Absender zugehörigen Schlüssel erhält, überprüft, ob das empfangene Dokument auch tatsächlich von der Quelle stammt, von der er es erwartet.

Hierbei wird deutlich, dass sogenannte Schlüssel zur Kennzeichnung und Identifikation verwendet werden. Je nach Verfahren kommen dabei private (private key) und/oder nicht-öffentliche Schlüssel (public key) zum Einsatz. Diese werden über zentrale Zertifizierungsinstanzen, den CAs (Certification Authorities) bzw. TCs (Trust Center) verwaltet und vergeben.

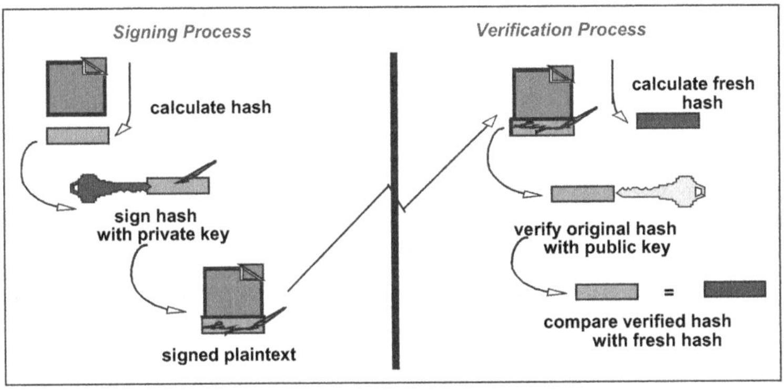

Abb. 4: Prinzip der digitalen Signatur

Im Bild wird die prinzipielle Verwendung einer elektronischen Signatur mit asymmetrischer Verschlüsselung verdeutlicht. Das Trust Center erfüllt hierbei zwei Aufgaben:

- Es vergibt und verwaltet den privaten Schlüssel des Absenders.
- Dem Empfänger gegenüber dient es als zuverlässige Instanz bei der Bestätigung der Identität hinsichtlich einer übermittelten Information.

Von äußerster Wichtigkeit ist die gesetzliche Gleichstellung der elektronischen Signatur mit der persönlichen Unterschrift. Neben der elektronischen Signatur können Daten natürlich auch verschlüsselt und erst danach übertragen werden.

Somit erscheinen diese Daten einem Angreifer nicht lesbar. Dazu stehen eine Reihe unterschiedlicher Verschlüsselungsverfahren zur Verfügung.

PKI – Institutionalisierungen für Sicherheitstechnologien

Eine PKI (Public Key-Infrastruktur) stellt ein komplexes System dar und ist eine Kernkomponente für die Umsetzung von M-Commerce. Mit einer PKI wird ein Sicherheitsrahmen für PKI-fähige Anwendungen geschaffen, um den Anforderungen nach höherer Flexibilität und Mobilität unter Beibehaltung entsprechender Sicherheitskriterien gerecht zu werden. Für die Anwendung elektronisch signierter oder verschlüsselter Informationen ist die Verwendung spezieller kryptographischer Verfahren erforderlich, die alleine ist jedoch noch nicht ausreichend, wenn die Mechanismen traditioneller Geschäfte auf Papierbasis in einer elektronischen Welt reproduziert werden sollen. Es werden zusätzlich Sicherheitsrichtlinien benötigt, nach denen die Kryptographiesysteme arbeiten sollen. Selbstverständlich sind auch Produkte erforderlich, die die Schlüssel erzeugen, speichern und verwalten und auch verfallene Schlüssel vernichten. Ebenso müssen Prozeduren definiert werden, mit deren Hilfe abgesichert wird, wie die Schlüssel und Zertifikate erzeugt, verteilt und verwendet werden sollen. Wichtig bei allen Forderungen nach einem sicheren Verschlüsselungsverfahren ist aber auch, dass ein solches System sehr anwenderfreundlich ist. Der größte Teil der Anwender wird zum nichttechnischem Personal gehören. Gerade dieser Gruppe muss die Handhabung eines solchen Systems einfach gemacht werden, damit sie ihren eigentlichen Aufgaben nachgehen können. Die PKI-Lösungen beruhen heute noch auf „verdrahteten" Netzen. Künftig ist die Verfügbarkeit von wPKIs (wireless PKI) geplant. Allerdings ist dies mit dem WAP-Standard (Version 1.1) noch nicht verfügbar, da hier nur Serverzertifikate unterstützt werden. In der WAP-Version 1.2 werden auch Clientzertifikate unterstützt. Handsets, die mit dieser Version ausgestattet sind, werden durch die Carrier mit existierenden privaten/öffentlichen Schlüsseln unterstützt. In GSM- und anderen Netzwerken, die Smartcards unterstützen, werden diese Schlüssel auf den SIM-Karten enthalten sein. Zusätzliche PKI-Funktionalitäten werden allerdings erst ab der Version 1.3 unterstützt.

Fazit

Es werden vielfältige Anstrengungen unternommen, um für die unterschiedlichsten Kommunikationstechniken geeignete Sicherungsverfahren zu entwickeln. Dabei kommt es darauf an, sicherheitsrelevante Daten von Personen, Einrichtungen etc. in nahezu allen beliebigen Kommunikationsumgebungen je nach Erfordernissen vor unerlaubten Zugriffen, Manipulationen und Missbrauch zu schützen. Die Vielfalt der Möglichkeiten zeigt aber auch, mit welcher Sorgfalt die unterschiedlichen Umgebungsbedingungen analysiert werden müssen, damit die jeweils geeigneten Verfahren eingesetzt werden können.

4.6 M-Security

Thomas Krampert

Der technologische Fortschritt und der wachsende Trend zur Mobilität fordern neue und innovative mobile Dienste und Anwendungen. Dabei beschränken sich die Anwendungsfelder mobiler Geräte wie Mobiltelefone („Handys") oder PDAs („Palms") bei weitem nicht mehr auf das Telefonieren oder auf das Verwalten von Terminen und Adressen.

Natürlich muss wie bei jeder Kommunikation über offene Netzwerke insbesondere der Sicherheit höchste Bedeutung beigemessen werden. Dabei ist die Authentizität der Teilnehmer, die Integrität der übertragenen Daten, ihre Vertraulichkeit (Geheimhaltung) sowie die Verbindlichkeit der Inhalte und die Nachweisbarkeit zu berücksichtigen. Neben der nötigen Identitätsüberprüfung des Anwenders und der Zugangssicherung der Daten auf dem mobilen Endgerät müssen diese sicher gespeichert sowie sichere Protokolle (z.B. SSL, WTLS) für die Kommunikation eingesetzt werden. Ebenso ist die Integrität der verwendeten Anwendungen sicherzustellen. Der unberechtigte Zugriff auf sensible vertrauenswürdige Bereiche, insbesondere beim Herunterladen zusätzlicher Programme, muss unterbunden werden.

Das Problem

Immer mehr Informationen und Daten werden heute elektronisch transportiert, verarbeitet und gelagert. Die zunehmende Nutzung von Netzwerken (Internet, Intranet) und die dabei übertragenen Informationen stehen praktisch jedem an diesem Netz beteiligten Anwender zur Verfügung. Anwender und Anbieter von Diensten stehen somit vor Sicherheitsproblemen, die sich durch den alleinigen Einsatz gängiger Sicherheitsmechanismen (z.B. Passworteinsatz) nicht mehr zufriedenstellend lösen lassen.

Vor allem müssen sich Unternehmen bewusst machen, dass einerseits die firmenspezifischen Daten im Netz für das gesamte Unternehmen zur Verfügung stehen sollen, andererseits diese sensiblen Daten aber vor dem Zugriff Unbefugter geschützt werden müssen.

Die Mitarbeiter eines Unternehmens, die eventuell sogar über mehrere Standorte verteilt sind, müssen in der Lage sein, Daten z.B. per E-Mail auszutauschen. Der Zugriff auf allgemeine Geschäftsdaten und Software auf zentralen Servern muss sichergestellt werden, ohne dass Unbefugte diese Daten während des Transportes ausspähen oder verfälschen können.

Auch der Einsatz von M-Commerce-Lösungen bedarf des Schutzes. Kunde und Lieferant müssen sich der Seriosität und Vertrauenswürdigkeit des anderen sicher sein können.

Für eine zufriedenstellende und praktikable Lösung dieser Sicherheitsanforderungen ist die verwendete Technologie ausschlaggebend. Die Akzeptanz der Technologie sowie die Nachvollziehbarkeit und Überprüfbarkeit der Lösung ist ein „Muss" für jeden Anwender. Sicherheit kann nur dann erreicht werden, wenn das „Geheimnis" sich auch nur im Zugriff des Anwenders befindet – in der Regel also durch das Geheimhalten von sogenannten Schlüsseln, nicht durch das Geheimhalten von Algorithmen. Es sind Verfahren notwendig, die eine von allen Seiten akzeptierte Vertrauensbasis schaffen sowie die ausgetauschten Informationen nur den jeweils vorgesehenen Adressaten zur Verfügung stellen.

Daraus lassen sich ganz allgemeine Sicherheitsanforderungen definieren:

- ***Vertraulichkeit***
  Die übertragenen Informationen sind in offenen Netzen grundsätzlich für jeden zugänglich. Eine Nachricht soll aber oft nur von demjenigen gelesen werden können, für den sie auch bestimmt ist. Die Verschlüsselung der Daten ist ein geeigneter Schutzmechanismus gegen unbefugtes Lesen von Nachrichten. Die Vertraulichkeit kann durch die Sicherstellung der Authentizität erweitert werden.
- ***Authentizität***
  Der Verfasser einer Nachricht muss eindeutig identifizierbar sein; d.h., dass eine Nachricht, die von einem bestimmten Urheber zu sein scheint, nachweisbar auch von diesem Urheber stammt. Ein Absender einer Nachricht soll nicht vorgeben können, ein anderer zu sein („Maskerade").
- ***Integrität***
  Die Integrität (Richtigkeit) der Daten kann durch Abfangen, Manipulation und das Weiterleiten der manipulierten Daten in offenen Netzen in Frage gestellt werden. Die Veränderung von Daten durch Dritte, muss vom Empfänger zumindest erkannt werden können.
- ***Verbindlichkeit***
  Der Urheber einer Nachricht ist für diese auch verantwortlich. Im täglichen Leben ist das Unterschreiben von Dokumenten ein natürliches, verlässliches und allgemein akzeptiertes Verfahren. Durch die Unterschrift unter einen Vertrag wird dieser verbindlich. Wie kann aber ein Dokument, welches in elektronischer Form vorliegt, unterschrieben werden?

Die elektronische Signatur ist ein geeigneter Mechanismus zur Sicherstellung von Vertraulichkeit, Authentizität, Integrität und Verbindlichkeit der zu übertragenden Information.

Eine Lösung

Die Kryptographie ist die Wissenschaft, die sich mit Methoden der Ver- und Entschlüsselung von Daten beschäftigt.

Ein kryptographisches Verfahren gilt als sicher, wenn es trotz Kenntnis des Verfahrens schwierig (d.h. in der Praxis nicht durchführbar) ist, eine verschlüsselte Nachricht ohne Kenntnis des Schlüssels zu entschlüsseln. Zur technischen Realisierung der elektronischen Signatur können verschiedene Verfahren zum Einsatz kommen, die nach den ihnen zugrundeliegenden mathematischen Verfahren unterschieden werden. Ohne Rücksicht auf die Funktionsweise dieser Verfahren im einzelnen, soll an dieser Stelle nur beschrieben werden, was der Anwender tun muss, um mit diesen Verfahren zu arbeiten.

Symmetrische Kryptographie: Secret-Key-Verfahren

Diese Technik ist zwar am Markt verfügbar (z.B. DES, Triple-DES), sie wird jedoch von den Anbietern elektronischer Signaturen so gut wie gar nicht isoliert angeboten. Ihr großer Nachteil gegenüber asymmetrischen Verfahren ist nämlich die Tatsache, dass Ver- und Entschlüsselung mit identischen Schlüsseln erfolgt. Der Schlüssel muss also auf sicherem Wege an die jeweiligen Teilnehmer übermittelt werden. Dies ist zum einen relativ umständlich, und zum anderen begrenzt es die Teilnehmerzahl von vornherein. Ein solches Verfahren ist daher eher in geschlossenen Systemen gebräuchlich, nicht aber im freien Geschäftsverkehr.

Asymmetrische Kryptographie: Public-Key-Verfahren

Das asymmetrische Verfahren ist das gebräuchlichste Verfahren beim Einsatz der elektronischen Signatur. Es ist auch der Gesetzgebung zur elektronischen Signatur weitestgehend zugrunde gelegt.

Bei diesem Verfahren erhält jeder Teilnehmer von einer dritten Instanz, dem sogenannten Trustcenter (auch: Certificate Authority (CA), Zertifizierungsstelle, -diensteanbieter) zwei digitale Schlüssel. Der eine Schlüssel ist geheim (private key). Er wird auf der Festplatte oder auf einer Chipkarte gespeichert und gegen Einsichtnahme Dritter gesichert. Der andere Schlüssel wird allgemein bekannt gegeben, entweder durch Versenden oder durch Hinterlegen in einem öffentlich zugänglichen Verzeichnis (public key, z.B. beim ausstellenden Trust Center hinterlegbar).

Beide Schlüssel sind nicht identisch und haben unterschiedliche Funktionen. Mittels des private key wird aus dem zu signierenden Dokument ein Wert berechnet (sog. Hashwert) und dem Dokument angefügt. Der Empfänger, dem der öffentliche Schlüssel zur Verfügung steht, gebraucht nun seinen Schlüssel, um damit zu überprüfen, ob die Nachricht verändert wurde oder nicht. Er kann aber nicht als Absender fungieren und mittels des öffentlichen Schlüssels eigene Dokumente im Namen des Absenders versenden.

Will der Empfänger auch noch wissen, ob die Nachricht tatsächlich von dem versandt wurde, der als Absender bzw. Aussteller in dem Dokument bezeichnet ist, so kann er bei einem Trust Center die Identität des Absenders ermitteln.

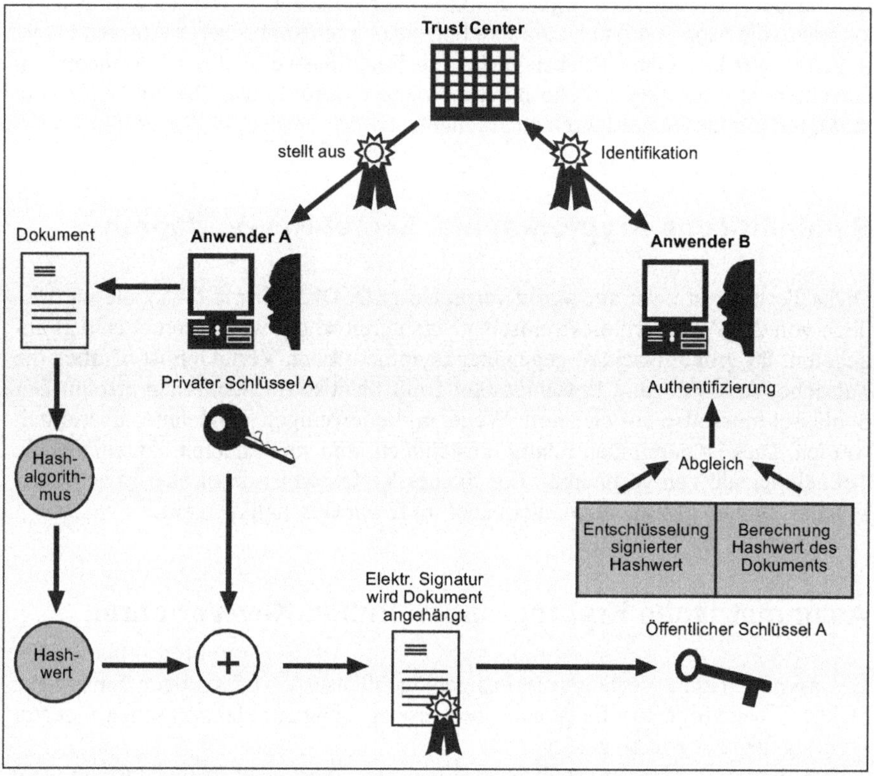

Abb. 1: Vorgang Digitale Signatur

Hybride Verfahren

Hier werden symmetrische und asymmetrische Verfahren kombiniert, um die Praktikabilität zu erhöhen. Meist kommen dabei Chipkarten (auch Smartcards genannt) zum Einsatz. Auch das Produkt Pretty Good Privacy (PGP) arbeitet auf diese Weise.

Für elektronische Signaturen ist eine Public-Key-Infrastruktur (PKI) zwingend erforderlich. Neben den Sicherheitsaspekten bei den mobilen Anwendungen müssen auch die derzeit noch „festen“ Public-Key-Infrastrukturen und damit involvierten Trust-Center berücksichtigt werden. Eine daraus abgeleitete „wireless“ PKI (wPKI) wird das Resultat sein.

Public-Key-Infrastruktur (PKI)

Eine PKI stellt eine Infrastruktur für die Verwaltung von Public Key Zertifikaten dar und ist gemäß RFC 2828 („Internet Security Glossary“) folgendermaßen definiert:

„A system of CAs [...] that perform some set of certificate management, archive management, key management, and token management functions for a community of users in an application of asymmetric cryptography.“

Die PKI bezeichnet ein Sicherheitssystem, das sich elektronischer/digitaler Zertifikate bedient, um Anwender zu identifizieren, sichere Kommunikation gewährleistet oder Dateien/Dokumente verschlüsselt und digital signiert. Dies geschieht auf Basis der asymmetrischen Verschlüsselung über das Public-Key-Verfahren. Dieses System zur Schlüsselverwaltung ermöglicht es auch einer großen Anzahl von Anwendern, Nachrichten und Daten sicher auszutauschen. Eine PKI umfasst die Hardware, Software, Personen, Richtlinien und Methoden, die benötigt werden, damit asymmetrische Kryptographie von größeren Gemeinschaften jeglicher Art genutzt werden kann.

Eine Public Key Infrastruktur besteht aus:

1. Zertifizierungsstelle, die digitale Zertifikate herausgibt und überprüft. Gewöhnlicherweise beinhaltet ein Zertifikat den öffentlichen Schlüssel und Informationen über den öffentlichen Schlüssel.
2. Registrierungsstelle, die als Prüfer für die Zertifizierungsstelle agiert, bevor ein digitales Zertifikat an einen Antragsteller herausgegeben wird.
3. Verzeichnisse, in denen die Zertifikate (mit ihren öffentlichen Schlüsseln) abgelegt werden (gewöhnlich im ITU Standardverzeichnis).
4. Zertifikatsmanagementsystem.

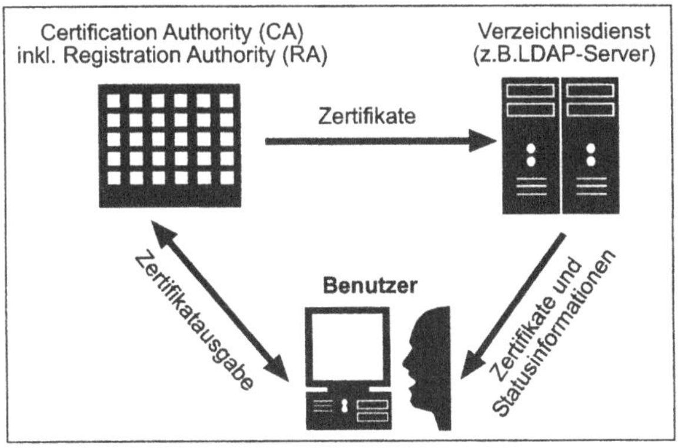

Abb. 2: Zertifizierung

Damit ein öffentlicher Schlüssel eines Teilnehmers „gültig“ ist, muss der Schlüssel samt seiner Zugehörigkeit zu diesem Teilnehmer von einer vertrauenswürdigen zentralen Stelle „beglaubigt“ werden. Dieser Vorgang wird Zertifizierung genannt. Der „beglaubigte“ Schlüssel befindet sich dann auf dem Zertifikat des entsprechenden Teilnehmers. Die CA erstellt oder zieht die Zertifikate für Anwender, Services oder Anwendungen ein. So können Zertifikate auch jederzeit wieder gesperrt oder zurückgezogen werden für den Fall, dass die Vertrauenswürdigkeit nicht mehr gewährleistet ist. Informationen über gesperrte oder zurückgezogene Zertifikate werden in so genannten Certificate Revocation Lists (CRLs) gespeichert, die offen zugänglich sind.

Aufbau einer PKI

Der Entschluss eine PKI einzuführen, bedingt jedoch einen weiten Weg bis zum produktiven Einsatz. Neben der Klärung des organisatorischen Bedarfs sind einige wichtige Randbedingungen zu klären:

- Wird die PKI nur intern oder in einem größeren Umfeld genutzt? Bei einem größeren Umfeld sind internationale Standards und Interoperabilität zu berücksichtigen. Insellösungen sind zu vermeiden.
- Soll eine eigene Zertifizierungsstelle (CA) betrieben werden? Soll nur eine eigene Registrierungsstelle (RA) betrieben werden und dazu die CA als Dienstleistung eingekauft werden? Ausschlaggebend hierfür ist das Know-how der eigenen Mitarbeiter im IT-Bereich.
- Ist es erforderlich, dass die Lösung signaturgesetzkonform ist?
- Welche Sicherheitsausstattung wird benötigt? Ist eine Software-Lösung ausreichend oder soll eine Hardware-basierende Lösung zum Einsatz kommen?
- Welche Anwendungen (z.B. E-Mail, Web-Browser, ...) sollen durch die PKI-Einführung abgesichert werden?
- Wie viele Teilnehmer werden erwartet – sowohl in der Anfangsphase als auch längerfristig?

Nachdem all diese Fragen geklärt sind, müssen weitere unternehmensspezifische Aspekte hinsichtlich des praktischen Einsatzes der PKI beachtet werden: Wie sollen der Rollout der Zertifikate und das Installieren der Security-Komponenten am Arbeitsplatz organisiert werden? Wird eine Pilotphase durchgeführt? Wie wird die Gruppe der Tester zusammengesetzt? Wie wird die Registrierung vorgenommen? Die Zertifikate müssen (sowohl als Datei als auch als Chipkarte) generiert und verteilt werden. Auch die Mitarbeiter müssen geschult werden, um das Sicherheitsprogramm des Unternehmens verstehen und die Sicherheitssoftware benutzen zu können.

Das Vorgehen

Der Aufbau einer Public-Key-Infrastruktur erfordert eine ganzheitliche Betrachtung der geschäftsrelevanten Prozesse, um optimalen Nutzen durch den Einsatz der PKI zu erzielen. Bereits beim Aufbau der Lösung müssen nachgelagerte Prozesse wie Betrieb und Support, Know-how-Management und Qualitätssicherungsprozesse berücksichtigt und integriert werden. Nachfolgend ein mögliches Vorgehen:

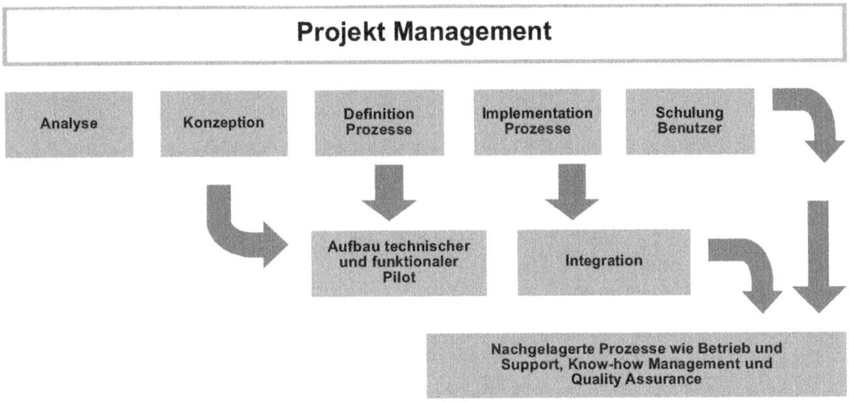

Abb. 3: Mögliches Vorgehen beim Aufbau einer PKI

Der Nutzen

Der Einsatz einer Public-Key-Infrastruktur erlaubt es, gesamte Unternehmensprozesse (wie Bestell- und Lieferabläufe mit Kunden und Lieferanten) effizient und sicher auf elektronischem Weg abzuwickeln. Immer mit der Gewissheit, dass Datenintegrität und -vertraulichkeit sichergestellt und die Abläufe von geschäftsrelevanten Prozessen nachweisbar sind. Wichtige Aspekte sind dabei:

- Schutz der Mitarbeiter und Unternehmenssphäre
- Nicht Abstreitbarkeit der Kommunikation
- Schutz der Informationen und Daten
- Kombination mit anderen Systemen wie physikalische Zutrittskontrollen, Zahlungssysteme von Getränkeautomaten, etc.
- Elektronische Abwicklung der Arbeitsprozesse
- Voraussetzung für Vertrauen im M-Business

Hauptsächliche Motive für den Einsatz asymmetrischer Kryptographie und für den Aufbau und Betrieb einer PKI:

- Skalierbarkeit
- Schutz von „Man-in-the-Middle"-Angriffen
- Elektronische Signaturen

Einsatzgebiete:

- Sicherstellen von Web-basierten Applikationen mit Hilfe des Secure Sockets Layer bzw. Transport Layer Security (TLS) Protokolls
- Austausch von kryptographisch abgesicherten elektronischen Nachrichten mit Hilfe von Secure MIME (S/MIME) oder PGP.
- Virtuell private Netze und gesicherte Netzanbindungen mit Hilfe der IPSec-Protokolle (VPN-Anbindungen)
- ...

Jedoch gibt es einige wichtige Risiken, die beim Gebrauch von PKIs im allgemeinen auftauchen. Diese können z.B. sein:

- „Wem trauen wir und für was?"
- „Wer benutzt meinen Schlüssel?"
- „Welcher „Karl Müller" ist er?"
- „Ist die CA eine Autorisierungsstelle?"
- „Ist der Benutzer Teil des Sicherheitsentwurfs?"
- „War es eine CA oder eine CA plus einer Registrierungsstelle?"
- „Wie hat die CA den Zertifikatsinhaber identifiziert?"
- „Wie sicher sind die Zertifizierungsvorgänge?"

Standardisierung

Im Rahmen der X.509-Empfehlung hat die ITU-T das Format eines Zertifikats standardisiert. Die meisten heute im Einsatz stehenden Public Key Zertifikate sind konform zu ITU-T X.509 Version 3. Leider lässt der Standard so viele Erweiterungen zu, dass in einem bestimmten Anwendungsbereich eine Profilierung meist erforderlich ist (vor allem aus Gründen der Interoperabilität). Im Rahmen der Internet Engineering Task Force (IETF) befassen sich zwei Arbeitsgruppen mit dem Aufbau und Betrieb von PKIs:

- Im Rahmen der IETF PKIX wird der Einsatz von X.509-basierten Public Key Zertifikaten im Internet profiliert und eine entsprechende Internet PKI spezifiziert (http://www.ietf.org/html.charters/pkix-charter.html)
- Im Rahmen der IETF SPKI werden alternative Formen für Zertifikate und entsprechende PKIs untersucht und spezifiziert (z.B. SDSI) (http://www.ietf.org/html.charters/spki-charter.html)

Rechtliche Rahmenbedingungen

Die Ausarbeitung der Vorgaben für Signaturgesetze ist eine äußerst schwierige Gratwanderung zwischen zu anspruchsvollen und zu unverbindlichen Anforderungen:

- Sind die Anforderungen zu anspruchsvoll, kann Konformität auf der Produkt- und Dienstleistungsebene kaum erreicht werden, und das entsprechende Gesetz erhält kaum praktische Bedeutung (z.B. SigG/SigV in Deutschland)
- Sind die Anforderungen zu unverbindlich, verliert Konformität – und damit auch das entsprechende Gesetz – an Bedeutung und juristischem Wert (z.B. Signaturgesetz in den USA)

Vor diesem Hintergrund erscheint die langfristige Entwicklung der Signaturgesetze offen.

Schlussfolgerungen und Ausblick

Eine PKI ist eine Infrastrukturkomponente, d.h. eine PKI erzeugt selbst keine Sicherheit. Eine PKI kann eingesetzt werden, um Sicherheitslösungen zu realisieren,

- die skalierbar sind,
- die resistent gegenüber „Man-in-the-middle"-Angriffen sind und
- die von elektronischen Signaturen Gebrauch machen.

Allerdings müssen Applikationen und Applikationsprogramme angepasst werden, um von einer PKI Gebrauch zu machen. Diese Anpassungen sind nicht immer möglich und selten einfach (z.B. UDP-basierte und/oder proprietäre Applikationen). Man kann davon ausgehen, dass im Bereich der PKI ähnliche Entwicklungen stattfinden werden, wie in der Realität im Bereich der Ausweispapiere:

- Viele Ausweise
- Es wäre grundsätzlich auch möglich, nur einen (multifunktionalen) Ausweis zu verwenden
- Nur wenig amtlich beglaubigte Ausweise (mit in der Regel nur einer Qualitätsstufe, nur statischer Information und keinen Haftungsregelungen)
- Viele Organisationen geben – aufgrund dieser amtlich beglaubigten Ausweispapiere – eigene Ausweise aus (z.B. Mitgliederausweise)
- Ausweise dienen in erster Linie der Autorisierung.

Die grundlegende Problematik besteht darin, dass unterschiedliche Certificate Authorities kein Vertrauen zu fremden PKIs haben. Statt nun mit jedem potenziellen Partner eine vertrauensvolle Beziehung mühsam aufzubauen, gibt es die Möglichkeit eine zentrale Vertrauensinstanz zu nutzen: die Bridge-CA (http://www.bridge-ca.org). Diese übernimmt die Rolle des zentralen Vertragspartners für vertrauensschaffende Regelungen im gesamten Netzwerk, ohne bestehende PKIs in Frage zu stellen oder sich hierarchisch über diese zu erheben.

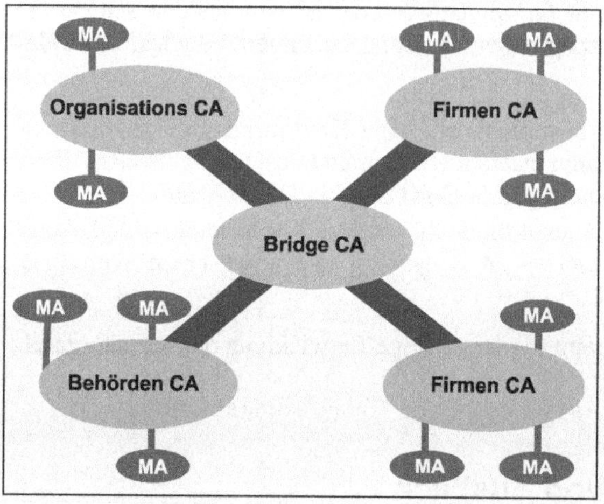

Abb. 4: Prinzip der Bridge-CA

Das operative Verfahren sieht vor, dass die CA-Zertifikate der qualifizierten Teilnehmer zentral und in einer digital signierten Liste bei der Bridge-CA geführt werden. Diese Liste wird allen Teilnehmern der Bridge-CA zugänglich gemacht. Diese können der Signatur der Bridge-CA vertrauen und davon ausgehen, dass

- es sich tatsächlich um den angegebenen Partner handelt und
- eine Interoperabilität zwischen den PKIs besteht.

4.7 Projektmanagement im Umfeld neuer Technologien

Axel Germer

Bevor es auf große Fahrt geht, muss alles gründlich vorbereitet und möglichst jede Eventualität eingeplant sein. Was jeder Skipper weiß und jeder Autofahrer wissen müsste, das sollten in Unternehmen und Verwaltungen auch die Verantwortlichen eines anstehenden Projektes im M-Commerce verinnerlicht haben. Wollen sie das Risiko gering halten, Schiffbruch zu erleiden, müssen sie bereits in der Konzeptionsphase ihre Route genauestens ausarbeiten, ihre Ziele und Wendemarken eindeutig definieren und genügend Orientierungspunkte und Kontrollmechanismen einbauen. Die bisherige Praxis im E- und M-Commerce beweist leider das Gegenteil. Allzu oft wird die gründliche Vorbereitung vernachlässigt und der Endpunkt aus Uninformiertheit oder Selbstüberschätzung zu forsch direkt angesteuert. Misserfolg, finanzieller Schaden und Frustration sind dann vorprogrammiert.

Der vorliegende Beitrag dient als Drehbuch der Konzeption von Projekten im M-Commerce. Eine Gebrauchsanleitung, mit der die Erfolgsaussichten eines unternehmerischen Vorhabens deutlich steigen. Dabei lässt sich die entscheidende Anlaufphase jeder Initiative mit dem Bestandteil eines Zellkerns vergleichen, in dem ebenfalls bereits die gesamten Informationen zum Entstehen und Wachstumsverlauf der neuen Lebensform gespeichert ist – ein Plan, der nur noch befruchtet und abgespult werden muss.

Scheitern im Kern schon angelegt

Die Liste gescheiterter Projekte im E-Commerce ist lang. Häufig ist zu beobachten, dass die Konzeptionsphase vernachlässigt wurde und ursächlich für das Scheitern war. Unkenntnis über die Bedeutung dieser Phase für die Projektrealisierung oder schlichte Ignoranz waren dafür ausschlaggebend. Dies erstaunt um so mehr, als in der einschlägigen Fachliteratur kein Mangel an problemorientierten Vorgehensmodellen und Fallbeispielen zu diesem Themenkomplex herrscht.

M-Commerce befindet sich derzeit noch überwiegend in der Entwicklungsphase. Droht diesem Markt eine ähnlich lange Liste gescheiterter Projekte? Die hohen Lizenzkosten für UMTS in Deutschland und Großbritannien z.B. werden sich für die Lizenznehmer nur dann rentieren, wenn es gelingt, dem Markt durch attraktive Dienste zu einem raschen Wachstum zu verhelfen. Das Beispiel WAP zeigt, dass technisch Machbares nicht zwangsläufig zu einer breiten Kundenakzeptanz führt. Und ob bspw. die mobile Datenübertragung sich mehr auf industrielle Anwender oder eher auf private Kunden, wie bei den Handys, fokussieren sollte, ist Gegenstand kontrovers diskutierter Marketingstrategien.

Den Skeptikern kann man entgegenhalten, dass das Marktpotenzial für Anwendungen des M-Commerce grundsätzlich groß ist. Intelligente Informations- und Kommunikationssysteme für Beruf und Freizeit, effiziente Ortungssysteme, leistungsfähige Verbindungsmöglichkeiten zu anderen Elektronikeinrichtungen und neue Geschäftsfelder im Multimediabereich können einen rasant wachsenden Kundenkreis erschließen. Ob M-Commerce aber auch zu einem wirtschaftlichen Erfolg führt, wird wesentlich davon abhängen, ob

- die angebotenen Dienste den Kundenbedürfnissen entsprechen,
- die Endgeräte bedienungsfreundlich und preiswert sind,
- die Datenübertragung über Hochgeschwindigkeitsnetze zu attraktiven Konditionen erfolgt,
- die Störanfälligkeit der Systemkomponenten niedrig ist,
- Diensteanbieter, Netzbetreiber und Gerätehersteller ihren Service so gestalten, dass er zu einer hohen Kundenzufriedenheit und einer langfristigen Kundenbindung führt,
- ausgereifte Produkte zügig auf dem Markt eingeführt werden und
- die hohen Entwicklungs- und Betriebskosten durch strategische Partnerschaften auf mehrere Schultern verteilt werden.

Bereits in der Konzeptionsphase entscheidet sich das Schicksal so mancher Initiative. Die Vernachlässigung dieser Phase macht sich, früher oder später, fast immer bemerkbar. Häufig hat sie gravierende finanzielle Auswirkungen. Durch ein stringentes Vorgehen können jedoch Fehlentwicklungen vermieden werden.

Durch Etappenziele zum Erfolg

Eine in der Praxis bewährte Vorgehensweise des Projektmanagements ist die Strukturierung mit Hilfe eines Phasenmodells, auch Phasenplan oder Vorgehensmodell genannt. Dabei wird das Gesamtvorhaben in mehrere logisch und inhaltlich getrennte Abschnitte (Phasen) gegliedert, die zeitlich aufeinanderfolgen. Wie noch zu zeigen sein wird, können in manchen Projekten bestimmte Teilaufgaben nicht nur sequenziell, sondern auch parallel bearbeitet werden. Unabhängig von der Projektart und -größe oder von branchentypischen und unternehmensspezifischen Besonderheiten lassen sich in einem Projekt grundsätzlich vier Hauptphasen unterscheiden:

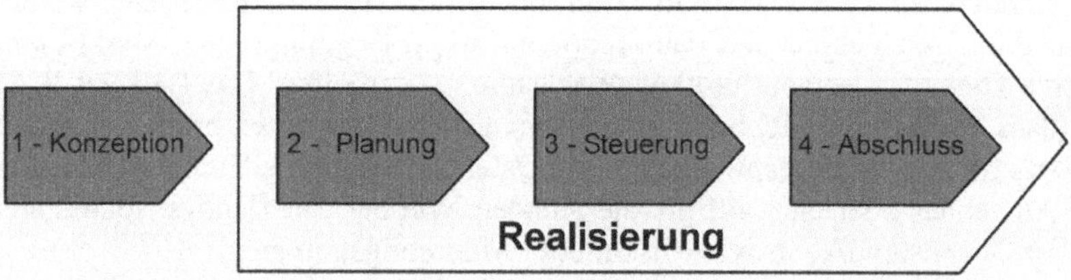

Abb. 1: Projektphasen

Die erste Hauptphase, Konzeption, wird auch als Zielfindungsphase, Definitionsphase oder Vorstudie bezeichnet. In Phase 2 werden Aufbauorganisation und Ablaufplanung festgelegt. Sie ist zusammen mit den Phasen 3 und 4 unter dem Oberbegriff Realisierungsphase bekannt.

Meilensteine grenzen die einzelnen Phasen voneinander ab und vernetzen gleichzeitig den Projektverlauf. Als Meilenstein bezeichnet man ein Schlüsselereignis zu einem bestimmten Zeitpunkt. So ist z.B. der freigegebene Ablaufplan für Termine, Kosten und Ressourcen das Schlüsselereignis am Ende der zweiten Hauptphase. Der Beginn der dritten Phase, die Projektsteuerung, ist an die Erfüllung dieses Meilensteins gebunden. Zwischen den einzelnen Phasen besteht also über die Meilensteine eine enge Kopplung.

Innerhalb der einzelnen Hauptphasen, die bei größeren Projekten in der Regel weiter in Teilphasen untergliedert werden, werden üblicherweise weitere Meilensteine gesetzt, deren Anzahl von der Komplexität und Dauer eines Vorhabens abhängig ist. Sie alle dienen dazu, Zwischenziele kenntlich zu machen und ihre Einhaltung systematisch zu überwachen. Grundsätzlich wird bei Erreichen eines Meilensteins geprüft, ob vorgegebene Funktionsziele, Qualitätsmerkmale, Kosten, Termine, Entscheidungen oder Vorbedingungen erfüllt wurden.

Während bei den meisten Projekten eine intensive Bearbeitung der beiden Phasen Planung und Steuerung erfolgt, ist vielfach zu beobachten, dass man dem Abschluss eines Projekts vergleichsweise wenig Beachtung schenkt. Neben einer fehlenden Analyse der Ergebnisse und deren Einflussfaktoren werden häufig auch die gesammelten Erfahrungen nur unzureichend für zukünftige Projekte genutzt. Oft vermisst man auch eine Befragung des Auftraggebers oder der Projektmitarbeiter zur Zufriedenheit der Abwicklung und der Projektergebnisse.

Schwerwiegender als die Vernachlässigung eines geordneten Projektabschlusses ist jedoch der Verzicht auf eine gründliche Konzeptionsphase. Gerade bei inhaltlich ähnlichen Projekten oder bei einem breit gefächerten Erfahrungsschatz aus vielen Projekten glauben manche Unternehmen, diese Phase überspringen zu können. Diese Selbstsicherheit ist trügerisch – Erfahrung kann eine Vorbereitung vereinfachen, aber niemals kompensieren. Verkannt wird dabei, dass für jedes Projekt unterschiedliche, einmalige Rahmenbedingungen existieren. Der Erfolg eines Projekts wird deshalb ganz wesentlich durch ein individuelles, transparentes Konzept bestimmt. Klar definierte Ziele und eine methodisch konsistente Vorgehensweise sind unabdingbare Voraussetzungen für ein ergebnisorientiertes Arbeiten und einen erfolgreichen Projektabschluss.

In jedem Projekt stellen sich drei Hauptziele. Diese betreffen die Leistung (Funktion und Qualität), die Termine und die Kosten. Die Erfüllung dieser Ziele ist bei den meisten Projekten Risiken ausgesetzt. Es gilt, diese Risiken so früh wie möglich zu identifizieren, so weit wie möglich zu quantifizieren und rechtzeitig Steuerungsmaßnahmen (Eventualpläne) vorzubereiten. In Form der bereits erwähnten Meilensteine sind deshalb schon in der Konzeptionsphase erste Kontrollpunkte festzulegen, die auf potenzielle Risiken aufmerksam machen und zu definierten Zeitpunkten während der Projektrealisierung eine IST-Analyse verlangen.

Fehlentwicklungen sollen somit frühzeitig erkannt und gegebenenfalls notwendige Korrekturen nicht in nachfolgende Bearbeitungsabschnitte verlagert, sondern „ad hoc“ vorgenommen werden, was sich in der Regel kostendämpfend auswirkt. Andererseits können sich an solchen Kontrollpunkten auch Chancen zur Verbesserung der Projektergebnisse abzeichnen.

Leistungs-, Termin- und Kostenziele sind nicht nur isolierten Einzelrisiken ausgesetzt, häufig stehen sie auch in konkurrierenden Wechselbeziehungen zueinander. Ist beispielsweise der Plantermin für ein Arbeitspaket nur mit erhöhtem Personaleinsatz erreichbar, bedeutet das, dass der geplante Kostenansatz überschritten, dieses Teilziel also verfehlt wird. Umgekehrt kann das Erreichen eines Kostenteilziels bedeuten, dass Funktion und Qualität nicht den Vorgaben entsprechen. Diese Zielkonflikte im Projektverlauf zu überwachen und so zu steuern, dass die Gesamtziele des Projekts nicht gefährdet werden, ist Aufgabe der Projektleitung. Man spricht in diesem Zusammenhang auch vom „magischen Dreieck“ des Projektmanagements. Diese Zielkonflikte frühzeitig zu erkennen, ist Bestandteil der Konzeption. In der Konzeptionsphase ist vor allem zu klären, ob die Hauptziele in ihrer Gesamtheit während der Realisierungsphase erreichbar sind (Plausibilitätsprüfung). Wird auch nur eines der drei Hauptziele verfehlt, bedeutet das nämlich, dass der Projektauftrag nicht vollständig erfüllt wurde.

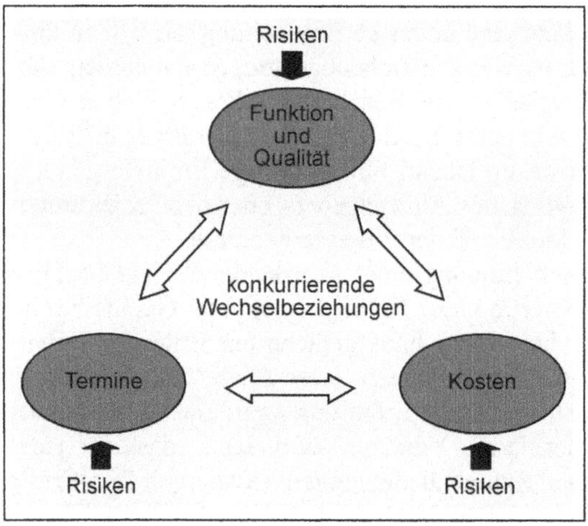

Abb. 2: Magisches Dreieck des Projektmanagements

Countdown in sieben Schritten

Primärziel der Konzeptionsphase ist es, von einer Projektinitiative zu einer Projektbeauftragung zu gelangen. Dies ist abhängig von der Erfüllung bestimmter Anforderungen, die in einem mehrstufigen Prozess definiert und bewertet werden.

In vielen Projekten, die der Verfasser betreut hat, hat sich die Unterscheidung von sieben Bearbeitungsstufen bewährt:

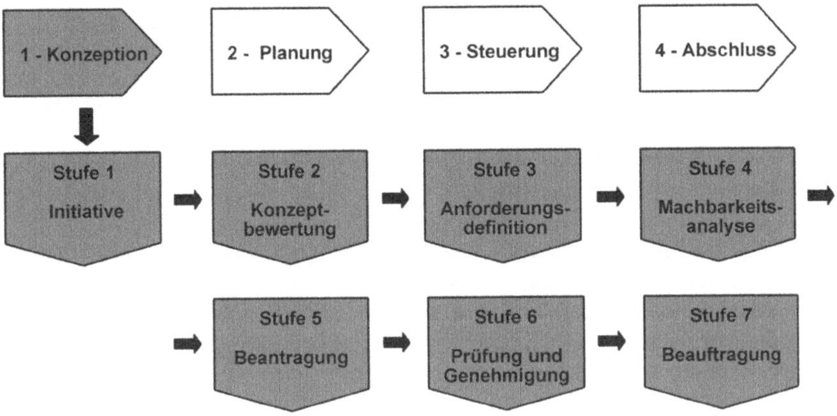

Abb. 3: Projektstufen

Stufe 1 – Initiative

Die Initiative zu einem Projekt kann von verschiedenen Stellen ausgehen. Intern kann dies ein einzelner Mitarbeiter in einem technischen oder kaufmännischen Fachbereich, ein Arbeitskreis, der Leiter einer Abteilung oder die Geschäftsführung selbst sein. Häufig sind Projektideen auch das Ergebnis einer methodischen „Ideenproduktion", wie etwa Brainstorming oder Workshop. Mitunter sind Projektideen auch Bestandteil der unternehmerischen Jahresplanungen. Extern kann ein Wettbewerber, ein Kunde, ein Kooperationspartner oder auch ein Lieferant den Anstoß zu einem Projekt geben.

Unabhängig von der initiierenden Stelle ist die Projektidee, also die Problemstellung, in jedem Fall in einem Konzeptpapier zu dokumentieren, um eine strukturierte Weiterbearbeitung zu ermöglichen. Die inhaltlichen Mindestanforderungen an dieses Dokument sind in der folgenden Checkliste zusammengefasst.

- Name (Kurzbezeichnung des Vorhabens)
- Art (Entwicklungs-, Organisations-, Investitionsvorhaben, etc.)
- Bearbeitende Stelle
- Problemstellung, Anlass
- Ziele (Funktion, Qualität, Kosten, Termine)
- Lösungsvarianten
- Anwendernutzen
- Voraussichtlicher Bedarf an Sachmitteln und Personalressourcen (auch externer Art)
- Risiko- und Erfolgsfaktoren

- Abhängigkeit und Abgrenzung zu anderen Projekten
- Vorhandene Erfahrungen

Checkliste: Konzeptpapier

Stufe 2 – Konzeptbewertung

Erster Prüfschritt in der Konzeptionsphase ist die Bewertung des Konzeptpapiers. Dabei stellen sich vor allem folgende Fragen:

- Steht die Projektidee im Einklang mit den allgemeinen strategischen, wirtschaftlichen und gesellschaftlichen Unternehmenszielen?
- Sind die angestrebten Projektziele erreichbar?
- Ist das erforderlich Know-how im Unternehmen vorhanden?
- Sind die notwendigen Kapazitäten und Personalressourcen verfügbar?
- Sind die zu erwartenden Risiken hinreichend konkretisiert?
- Gibt es Überschneidungen mit anderen Vorhaben?

Checkliste: Konzeptbewertung

Die Bewertung sollte vorzugsweise durch ein Steuerungsgremium für Projekte (Lenkungsausschuss) erfolgen, das mit den allgemeinen Unternehmenszielen vertraut ist und genaue Kenntnis von bereits laufenden Projekten bzw. anderen Initiativen hat. Zu vermeiden ist eine Bewertung durch eine einzelne Stelle oder Person, da hierbei die Gefahr eines subjektiven, isolierten Urteils besteht. Es ist in diesem ersten Prüfschritt auch erforderlich, eine Projektinitiative in Relation zu anderen geplanten Vorhaben zu betrachten, die gleiche Ressourcen zeitlich parallel nutzen wollen. Da Ressourcen in der Regel nur begrenzt zur Verfügung stehen, gilt es, konkurrierende Vorschläge zu priorisieren. Hierzu haben sich als Instrumente die Multiprojektplanung und die Projekt-Portfolio-Methode bewährt.

Ergebnis der Konzeptbewertung ist eine dieser drei Handlungsalternativen:

1. Die Projektidee wird verworfen und nicht weiter verfolgt.
2. Die initiierende Stelle wird zur Überarbeitung des Vorschlags aufgefordert.
3. Die Idee wird akzeptiert und die weitere Bearbeitung zu einem definierten Zeitpunkt fortgesetzt.

Stufe 3 – Anforderungsdefinition

Einer der wichtigsten Schritte in der Konzeptionsphase ist die Erstellung des Lastenheftes, das auf dem Konzeptpapier aufbaut. Im Lastenheft werden die Anforderungen an die Lieferungen und Leistungen aus Anwendersicht einschließlich aller Randbedingungen detailliert beschrieben. In ihm wird definiert, WAS zu lösen ist und WOFÜR. So weit wie möglich sind diese Anforderungen zu quantifizieren.

Nur so können die Ergebnisse während der Projektrealisierung gemessen und bewertet werden.
Zu Inhalt und Struktur eines Lastenheftes haben verschiedene Fachverbände Gliederungsvorschläge ausgearbeitet, die für die Praxis eine wertvolle Hilfe sind. Als Beispiel sei hier die VDI/VDE-Richtlinie 3694, „Lastenheft/Pflichtenheft für den Einsatz von Automatisierungssystemen", genannt. Ihre klare Strukturierung und inhaltliche Detaillierung sind auch für Projekte im M-Commerce als Leitfaden gut geeignet.

Statt des Lastenhefts werden Nutzeranforderungen häufig auch in Form eines Leistungsverzeichnisses oder Anforderungsprofils beschrieben. Unabhängig von dieser begrifflichen Differenzierung muss jede Form der Beschreibung die Anforderungen an das geplante Vorhaben überschaubar und verständlich darstellen und Abhängigkeiten sowie Restriktionen aufzeigen.

Für die Inhalte eines Lastenheftes ist grundsätzlich der Nutzer der Projektergebnisse verantwortlich. Häufig wird diese Zuständigkeit aber delegiert, zum Beispiel an eine Fachabteilung. Sofern der Nutzer das Lastenheft nicht selbständig erstellt, sind die Inhalte mit ihm sorgfältig abzustimmen. Die weiteren Bearbeitungsschritte sind von seiner Freigabe des Lastenhefts abhängig.

Während das Lastenheft das WAS und WOFÜR beschreibt, wird im Pflichtenheft definiert, WIE und WOMIT die Anforderungen zu realisieren sind. Das Pflichtenheft baut auf dem Lastenheft auf und wird in der Planungsphase (2. Hauptphase) erstellt. Aufgabe des Auftragnehmers (Projektleitung) ist es, bei der Erstellung des Pflichtenhefts die Widerspruchsfreiheit und Realisierbarkeit der im Lastenheft genannten Anforderungen zu prüfen.

Stufe 4 – Machbarkeitsanalyse

Auf die Fixierung der Anforderungsdefinitionen folgt eine erneute Bewertung, die hier als Machbarkeitsanalyse bezeichnet wird. Sie unterscheidet sich von der Konzeptbewertung vor allem dadurch, dass sie aufgrund der inhaltlichen Detaillierung der Projektidee – in Form des Lastenhefts – umfangreicher ist. Außerdem liegen jetzt vermehrt quantitative Aussagen vor, die eine gründlichere Analyse und zuverlässigere Bewertung der Projektrisiken gestatten.

Allgemein gültige Bewertungsmaßstäbe lassen sich nicht definieren. Das folgt schon daraus, dass Projekte einmalige Vorhaben sind, die durch individuelle Zielsetzungen und Rahmenbedingungen gekennzeichnet sind. Die folgende Checkliste beschränkt sich deshalb auf Aspekte, die bei einer Machbarkeitsanalyse grundsätzlich zu berücksichtigen sind und nennt die wichtigsten Bewertungskriterien.

Die Projektrisiken betreffen

- technische (Leistungsmerkmale, Lieferantenqualität, etc.),
- kommerzielle (Kosten, Währungsrisiken, Zahlungsfähigkeit, etc.),
- terminliche (Inbetriebnahme- und Abnahmetermine)
- juristische (Gesetze, behördliche Auflagen, Gewährleistungsbedingungen, etc.)
- personelle (Qualifikation, Einsatzbereitschaft, etc.)

- und administrative (Projektmanagement-Know-how, etc.) Aspekte.

Bei ihrer Bewertung sind vor allem
- die Wahrscheinlichkeit des Eintretens,
- die potenzielle Schadenshöhe,
- der Einfluss auf andere Elemente des Projekts,
- Methoden zur Kontrolle und
- Möglichkeiten zur Minderung zu berücksichtigen.

Checkliste: Machbarkeitsanalyse

Das Entstehen von Risiken und deren Auswirkungen lassen sich grundsätzlich dadurch verringern, dass man

- Eventualmaßnahmen vorbereitet,
- die Kalkulation entsprechend anpasst, was das Projektbudget erhöht,
- eine Überwälzung auf Lieferanten oder den externen Kunden vornimmt bis hin zum Haftungsausschluss, was durch Gesetze aber häufig stark eingeschränkt ist oder
- Versicherungen abschließt, was das Projektbudget ebenfalls erhöht.

Wenngleich Analyse und Bewertung der Risikofaktoren in der Konzeptionsphase eine herausragende Bedeutung haben, so dürfen ihre Gegenpole, die Erfolgsfaktoren, nicht vernachlässigt werden. Eine systematische Analyse der Risiken wird in der Regel auch die Erfolgsfaktoren aufdecken. Als Fragestellungen formuliert ist dabei unter anderem zu klären:

- Auf welches eigenes Know-how kann man bei der Realisierung aufbauen?
- Ist der Zugriff auf externes Know-how gegeben?
- Verfügt das Unternehmen über erfahrene Projektleiter?
- Gibt es bewährte Standards und Richtlinien für das Projektmanagement?
- Bestehen zuverlässige Beziehungen zu Projekt-Subunternehmen?

Checkliste: Erfolgsfaktoren

Ebenso wie die Risikoanalyse ist eine vom Controlling vorzunehmende Wirtschaftlichkeitsanalyse/Rentabilitätsrechnung ein Muss in diesem Abschnitt der Konzeption. Die Zuständigkeit für die Durchführung der Machbarkeitsanalyse liegt, wie für die Konzeptbewertung, vorzugsweise bei einem Steuerungsgremium für Projekte (Lenkungsausschuss).

Stufe 5 – Beantragung

Es ist bewährte Praxis, die Bearbeitung eines Projektantrags an die Erfüllung inhaltlicher und formaler Mindestanforderungen zu binden. Für einen Projektantrag sind vor allem die bis dahin erstellten Dokumente (gegebenenfalls als Extrakt mit

Schlüsselaussagen) übersichtlich zusammenzustellen. Außerdem sind Vorschläge für die Realisierungsphase einzureichen, um deutlich zu machen, dass bereits in der Konzeptionsphase wesentliche Voraussetzungen für die Planung, Überwachung und Steuerung eines Projekts definiert wurden und unter welchen Bedingungen die gesetzten Ziele erreicht werden können. Die Einhaltung von Formvorschriften ist eine Selbstverständlichkeit. Zu den wichtigsten Bestandteilen eines Projektantrags gehören:

- Konzeptpapier und Konzeptbewertung
- Verabschiedetes Lastenheft
- Ergebnisse der Machbarkeitsanalyse (Risiken, Erfolgsfaktoren)
- Wirtschaftlichkeitsanalyse, Rentabilitätsrechnung
- Meilensteinplan für die Realisierungsphase
- Kostenplan (Budgetantrag)
- Vorschlag für die Zusammensetzung des Projektteams (Organigramm)
- Bedarf an externen Ressourcen (Lieferanten, Berater)
- Vorgesehene Zusammenarbeit mit dem Auftraggeber
- Abstimmungsbedarf mit anderen Projekten
- Notwendige Unterstützung durch Unternehmens-/Bereichsleitung
- Anforderungen an das Berichtswesen
- Projektübergreifende Standards und Richtlinien
- Zu berücksichtigende Gesetze, Verordnungen, Normen
- Einzusetzende Hilfsmittel und Werkzeuge
- Schulungsbedarf (technisch, organisatorisch, methodisch) für Team

Checkliste: Antragsunterlagen

Stufe 6 – Prüfung

Eine noch so professionelle Vorbereitung eines Projekts bietet keine Gewähr dafür, dass seine Abwicklung erfolgreich verlaufen wird. So bleibt es – auch nach sorgfältigster Prüfung und Bewertung aller Ziele, Risiken und Chancen – letztlich immer eine unternehmerische Entscheidung, ob ein Projektantrag genehmigt oder abgelehnt wird bzw. die Projektziele zu ändern sind.

Für die Prüfung und Genehmigung von Projekten ist die Festlegung eines unternehmensweit gültigen Prozesses zweckmäßig. Er regelt die Zuständigkeiten, spezifiziert die bereits erwähnten Anforderungen an Inhalte und Form des Antrags und soll eine systematische Bearbeitung und gleichrangige Behandlung aller Initiativen sicherstellen. Bezüglich der Zuständigkeiten können hierarchische Abstufungen erfolgen. Bspw. sind alle Projekte ab einer bestimmten Budgetgröße oder Laufzeit oder von herausragender wirtschaftlicher Bedeutung grundsätzlich von der Unternehmensleitung zu genehmigen, während die Genehmigung kleinerer Projekte mit geringen Risiken in den Zuständigkeitsbereich von Abteilungs- oder Bereichsleitern fällt. Entsprechende Entscheidungskriterien (quantitative und qualitative) sind unternehmensspezifisch festzulegen. Allgemein lässt sich nur festhalten, dass bei allen Projekten die betroffenen Fachabteilungen, das Qualitätsmanagement und das Controlling immer in den Genehmigungsprozess einzubeziehen sind.

Stufe 7 – Beauftragung

Der Startschuss für die zweite Hauptphase (Planung) fällt mit der Beauftragung des Projektleiters. Dabei ist auch seine vorgesetzte Stelle (projektführende Stelle) festzulegen, der gegenüber er verantwortlich und berichtspflichtig ist.

Während sich Aufgaben und Zuständigkeiten fast „automatisch" aus den Zielen und Rahmenbedingungen des Projektauftrags ergeben, werden Projektleiter zu häufig nicht mit den notwendigen Kompetenzen ausgestattet. Dazu gehören vor allem:

- Mitbestimmungsrecht bei der Auswahl von Projektmitarbeitern
- Fachliches, projektgebundenes Weisungsrecht gegenüber Projektverantwortlichen
- Zuordnung von Arbeitspaketen in Abstimmung mit Fachabteilungen
- Teilnahme an Verhandlungen mit projektbezogener, vertragsrechtlicher Bindungswirkung für das Unternehmen
- Herbeiführen bzw. Treffen und Durchsetzen von Entscheidungen
- Anfordern von Berichten und Analysen
- Einberufung und Leitung von Besprechungen

Checkliste: Notwendige Kompetenzen des Projektleiters

Ohne diese Kompetenzen kann ein Projektleiter seiner Verantwortung nicht gerecht werden, sein persönliches Scheitern und das des Projekts sind vorprogrammiert.

Im Projektauftrag wird unter anderem auch das endgültige Budget festgelegt. Nicht unüblich ist die Praxis, zunächst nur einen Teil der beantragten Mittel freizugeben. Die Freigabe weiterer Mittel wird an die planmäßige Erfüllung von Zwischenzielen gebunden. Dies setzt den Projektleiter und sein Team von Anfang an unter Erfolgsdruck, aus den praktischen Erfahrungen heraus eine durchaus sinnvolle Maßnahme.

Eine Projektbeauftragung sollte stets schriftlich erfolgen. Über den Projektstart sind zusätzlich zum Projektleiter dessen vorgesetzte Stelle, die an der Konzeption und (späteren) Planung und Abwicklung beteiligten internen Organisationseinheiten, der interne oder externe Nutzer, gegebenenfalls auch Lieferanten und externe Mitarbeiter zu informieren.

Tab. 1: Die sieben Bearbeitungsstufen der Konzeptionsphase im Überblick

Stufe	Aktivität	Ergebnis
1 Initiative	Beschreibung • der Projektidee • der Ziele • des Lösungsansatzes • des erforderlichen Know-hows	Konzeptpapier
2 Konzept-bewertung	Prüfung und Bewertung des Konzeptpapiers (1) nach vorgegebenen Kriterien Einzelheiten siehe voranstehende Checkliste	Entscheidung: • Initiative wird verworfen oder • neues Konzept (1) erstellt oder • Fortsetzung mit Anforderungsdefinition (3)
3 Anforderungs-definition	Detaillierte Beschreibung der Anforderungen aus Nutzersicht bezüglich • der Funktionsziele • der Qualitätsmerkmale • der Aufwendungen/Kosten • der Realisierungstermine • der Rahmenbedingungen	Lastenheft oder Leistungsverzeichnis: Basis für (4) WAS soll erreicht werden und WOFÜR?
4 Machbarkeits-analyse	Prüfung der beschriebenen Anforderungen auf Realisierbarkeit, einschließlich Bewertung von Risiken und Erfolgsfaktoren sowie Wirtschaftlichkeitsanalyse/Rentabilitätsrechnung	Entscheidung: Lastenheft (3) wird verworfen oder ist zu überarbeiten oder • Fortsetzung mit Projektantrag (5)
5 Beantragung	Aufbereitung und Zusammenstellung der Antragsunterlagen: • Lastenheft • Machbarkeitsstudie, Risikoanalyse • Meilenstein- und Kostenplan Organigramm • Hilfsmittel und Werkzeuge Weitere Einzelheiten siehe voranstehende Checkliste	Entscheidungsvorlage zur Prüfung und Genehmigung (6)
6 Prüfung	Prüfung der Entscheidungsvorlage (Antragsunterlagen aus (5)) Vorbedingung: Erstellung einer Richtlinie „Beantragung, Prüfung und Genehmigung von Projektinitiativen" durch Unternehmensleitung	Entscheidung: • Ablehnung des Antrags oder • Überarbeitung der Abschnitte (1) bis (5) oder • Genehmigung und Fortsetzung mit Beauftragung (7)
7 Beauftragung	Freigabe zur Projektrealisierung: • Ernennung des Projektleiters • Festlegung des Starttermins • Freigabe des Projektbudgets	Projektauftrag (schriftlich)

Balanceakt Projektmanagement

Mit der Beauftragung des Projektleiters ist die Konzeptionsphase nicht generell als endgültig abgeschlossen zu betrachten. Bei fast allen Projekten ergeben sich nämlich in der Realisierungsphase Änderungen gegenüber dem Projektauftrag. In Abhängigkeit von den Auswirkungen auf Termine und Kosten kann dies zu einer Neukonzeption im Detail oder des gesamten Projektauftrags führen. So erfordern beispielsweise zusätzliche Anforderungen (Mehrungen) des Nutzers eine Ergänzung des Lastenhefts, eine zusätzliche Risikoanalyse, eine neue Machbarkeitsstudie, eine Aufstockung des Budgets und eine Anpassung des Ablaufplans. Dabei ist zu beachten, dass man alle Planungs- und Handlungsparameter eines solchen Nachtrags getrennt vom Ursprungsauftrag ausweist. Nur dann ist es möglich, eine zwischen Hauptauftrag und Zusatzauftrag differenzierende Projektsteuerung und Ergebniskontrolle vorzunehmen. Auch eine Minderung des Leistungsumfangs führt zu einer Anpassung des Lastenhefts und der Projektplanung.

Eine Änderung, die die Projektleitung zu vertreten hat, kann bspw. auf der Erkenntnis basieren, dass einzelne Teilziele oder die Projektziele insgesamt nicht erreicht werden können. Dies kann zu einer Neukonzeption oder auch zu einem bewussten Projektabbruch führen, um weitere Aufwendungen zu vermeiden. Gerade das Setzen von Kontrollpunkten in Form von Meilensteinen macht bereits in der Konzeptionsphase deutlich, dass ein einmal begonnenes Projekt nicht um jeden Preis zu Ende zu führen ist, sondern weitere Schritte von der Erfüllung geplanter Zwischenziele oder der Akzeptanz von Änderungen abhängig zu machen sind.

Änderungen im Projektverlauf können also bedeuten, dass bereits als ‚erledigt' deklarierte Bearbeitungsschritte den Status ‚obsolet' oder ‚geplant' erhalten. Ein erneuter „Durchlauf" wird erforderlich, angefangen bei der Konzeption über die Planung bis zur Steuerung. Man spricht in diesem Zusammenhang vom Phasenrücksprung oder revolvierender Phasenbearbeitung.

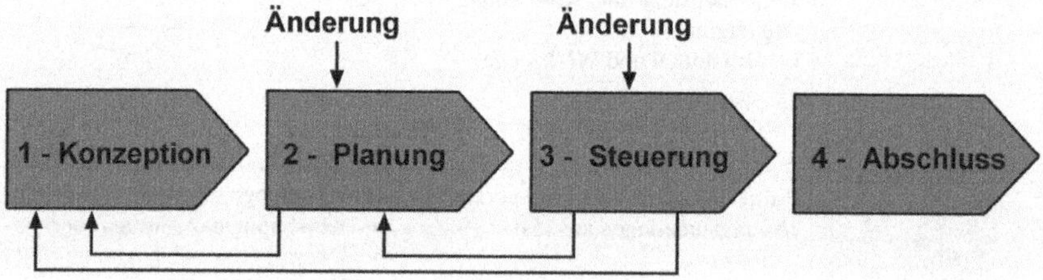

Abb. 4: Phasenrücksprung bei Projektänderungen

Partitur aus Parallelität und Gleichzeitigkeit

Ein weiterer Grund, dass die Konzeptionsphase mit der Beauftragung nicht endgültig abgeschlossen ist, kann sich bei Großprojekten mit langer Laufzeit ergeben.

Bestimmte Anforderungen und Ziele kristallisieren sich dort erst im Laufe der Projektabwicklung heraus. Zu einem Zeitpunkt, zu dem schon wesentliche Arbeitspakete erfolgreich abgeschlossen sind, ist also das Lastenheft zu ergänzen, Risiken und Chancen sind neu zu analysieren und zu bewerten und die Projektplanung weiter zu detaillieren. An der Systematik der Vorgehensweise ändert sich damit nichts, und das Phasenmodell wird damit auch nicht außer Kraft gesetzt. Es bedeutet lediglich, dass das Vorhaben in seiner Gesamtheit die einzelnen Phasen nicht sequenziell durchläuft, sondern für bestimmte Teilziele das stufenweise Vorgehen erst zu einem späteren Zeitpunkt beginnt. So gesehen kommt es zu einer parallelen Bearbeitung des Projekts in verschiedenen Phasen. Die spätere Detaillierung kann auch dazu führen, dass sich der ursprüngliche Endtermin verschiebt oder sich die Kosten erhöhen. Solche Änderungen sind stets genehmigungspflichtig.

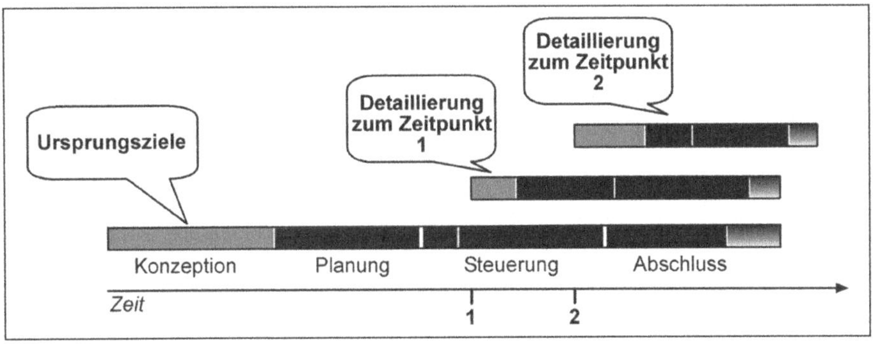

Abb. 5: Parallele Bearbeitung in verschiedenen Projektphasen

Ergebnis: Auf den richtigen Mix zur Reifung von Projekten kommt es an

Auch eine noch so sorgfältige Konzeption ist keine Garantie, sondern nur eine Voraussetzung für eine erfolgreiche Projektrealisierung. Negatives Denken, „Killerphrasen" oder politisch geprägtes Handeln der Beteiligten können die brillanteste Idee und innovative Lösungsansätze zum Scheitern bringen. Ein Konzept muss also genauso konsequent, wie es erarbeitet wurde, auch umgesetzt werden. Dazu gehören in den Realisierungsphasen vor allem

- eine uneingeschränkte Unterstützung durch das Top-Management,
- detaillierte Kenntnis aller Projektbeteiligten über die Ziele und Inhalte des Projekts sowie über das methodische Vorgehen,
- pionierhaftes Engagement und unternehmerische Verantwortung aller Projektbeteiligten,
- offene und konstruktive Information und Kommunikation zwischen allen Projektbeteiligten
- und kurze, unbürokratische Entscheidungsprozesse.

Auf eine nicht vernachlässigte Konzeptionsphase sollte also stets auch eine nicht vernachlässigte Realisierungsphase folgen. Wer diesen Grundsatz befolgt, legt bei seinen M-Commerce-Projekten das Fundament für einen erfolgreichen Abschluss.

Literatur

PHILIP B. CROSBY, Qualität ist machbar, 2. Auflage, Hamburg 1990

ROLAND GAREIS, Programmmanagement und Projektportfolio-Management, in: Projekt Management, 1/2001, Seite 4-10

DEUTSCHE GESELLSCHAFT FÜR QUALITÄT E.V. (HRSG.), Qualitätsmanagement in der Entwicklung, DGQ-Band 13-51, Frankfurt 1995

WALTER GORA (HRSG.), Auf dem Weg zum virtuellen Unternehmen, 1. Auflage, Köln 1996

REINER NEUMANN UND KARSTEN BREDEMEIER, Projektmanagement von A-Z, Frankfurt 1996

HEINZ SCHELLE, Projekte zum Erfolg führen, 2.Auflage, München 1999

CLAUS STEINLE/HEIKE BRUCH/DIETER LAWA (HRSG.), Projektmanagement, Instrument moderner Dienstleistung, Frankfurt 1995

DIN-NORM 69 901, Projektmanagement, Begriffe

HOAI, Honorarordnung für Architekten und Ingenieure

VDI/VDE-RICHTLINIE 3694, Lastenheft/Pflichtenheft für den Einsatz von Automatisierungssystemen

5 Autorenverzeichnis

Rudolf Bäumer

Rudolf Bäumer, Jahrgang 1967, hat 1994 sein Studium an dem Royal Institute of Technology in Stockholm und an der Universität Dortmund als Dipl.-Ing. abgeschlossen. Seine berufliche Laufbahn begann er in Schweden bei der Prosolvia AB (Project Manager für das Etablieren von Geschäftseinheiten in Deutschland und Spanien) und der Deutsch-Schwedischen Handelskammer (Projektleiter für die Vermittlung von Kooperationen zwischen technologieorientierten Unternehmen aus Schweden und Deutschland). 1999 wechselte Rudolf Bäumer als Vertriebs- und Marketingleiter für den europäischen und japanischen Markt zur TÜV Informationstechnik GmbH in Essen. Heute ist Rudolf Bäumer als Product Marketing Manager in der Business Unit Communications bei MATERNA tätig.

Eberhard Baeumerth

Eberhard Baeumerth, Jahrgang 1951, beendete 1976 sein Studium als Diplom-Ingenieur für Datentechnik (Technische Informatik) an der TU Darmstadt. Die berufliche Karriere begann mit einem großen Automatisierungsprojekt der Deutschen Bundesbahn. Weitere Projekte waren der Entwurf und die Implementierung eines kommerziellen Anzeigenpreisberechnungsprogramms für ein elektronisches Satzsystem und Tätigkeiten im BTX-Bereich sowie die Konzeption eines Datenbank-Kernsystems. Die vergangenen 10 Jahre gehörten der Implementierung und Konzeption eines hochperformanten, für heterogenen Einsatz geeigneten Datenkompressionsprogramms, das u.a. im Zahlungsverkehr (Homebanking) und (Online-)Archivierungen Anwendung findet.

Harald Behnke

Harald Behnke, Jahrgang 1968, studierte an der Wirtschaftsakademie Hamburg mit Abschluss als Betriebswirt (WA). 1995 beendete Behnke sein Studium der Medieninformatik an der Fachhochschule Furtwangen als Diplominformatiker. Von 1995 bis 1996 war er als Projektmanager bei CKS (marchFirst). 1997 ging Behnke zu Pixelpark und realisierte dort als Geschäftsleiter des Standortes Hamburg Internet- und Intranet-Services. Seit Anfang 2000 leitete er Pixelparks internationales Competence-Center für Mobiles Internet, ITV und eHome Lösungen. Mit persönlichem Fokus auf das Thema Innovationsmanagement erweiterte Harald Behnke Pixelparks Leistungsspektrum durch strategische Partnerschaften von Vignette (1997) bis Nokia (2001). Ende 2001 wechselt Behnke als Mitglied der Geschäftsleitung in die neu gegründete MobilCom Content Design GmbH. Harald Behnke ist durch internationale Vorträge und als Fachautor zum Thema Medienkonvergenz bekannt.

Frank-Michael Böer

Frank-Michael Böer M.A., Jahrgang 1964, studierte in München Politische Wissenschaften, Recht und Organisationspsychologie. Während seines Studiums arbeitete er als freiberuflicher Journalist für die Unternehmenskommunikation der Siemens AG und betreute danach ein weltweites Personalentwicklungsprogramm für internationalen Führungsnachwuchs des Konzerns. Seit 1995 arbeitet er als freier Journalist und Unternehmensberater in der IT/TK-Industrie. Seine Arbeitsschwerpunkte sind Begleitung von Reorganisations- und Fusionsprozessen, Human Resources Management und Coaching.

Hans Johann Dendl

Hans-Johann Dendl, Jahrgang 1936, Studium an der Technischen Hochschule München, RPJ Rensselaer Polytechnic Institut, MIT Massachussetts Institute of Technology, Systemingenieur Human Science Douglas Aircraft Corp. Hans Johann Dendl arbeitete als technischer Leiter und Produktionsleiter verschiedener Keramikwerke in Europa und war später als selbständiger Berater tätig. Er ist Beiratsvorsitzender der Eucar Recycling GmbH, Vorstand und Verwaltungsbeirat der AOK Bayern und Bundesverband sowie Vorstand der LVA Niederbayern Oberpfalz in Landshut.

Jasna Dimanoski

Jasna Dimanoski, Jahrgang 1969, studierte an der TH-Karlsruhe neuere deutsche Literaturwissenschaft. Sie war beim Akademischen Auslandsamt der Universität Karlsruhe tätig und leitete als Tutorin einen Workshop für die deutsche und englische Sprache. Anschließend war sie am Goethe Institut Sydney als Honorarlehrkraft im Bereich Gruppen- und Individualcoaching tätig sowie bei Wiedemann Travel Sydney in der Kundenbetreuung. Seit März 2001 arbeitet sie bei der Handy Games GmbH in der PR Abteilung.

Prof. Dr. Johannes Ehrhardt

Prof. Dr. Johannes Ehrhardt, Leiter der Forschungsstelle Kommunikationskultur, Communication Culture Research (CCR) und des Lehrgebiets Bildungstheorie im Institut für Erziehungswissenschaft der Universität Hannover. Forschungs-, Lehr- und Beratungserfahrungen in Frankreich und den USA. Kern seiner Arbeit sind die aktiven Auseinandersetzungen mit den wirtschaftlichen, kulturellen und sozialen Auswirkungen des Übergangs zur Wissensgesellschaft. Prof. Dr. Johannes Ehrhardt hat bereits weit über hundert einschlägige Veröffentlichungen herausgegeben.

Andreas Gerhardt

Andreas Gerhardt, Jahrgang 1969, Dipl.-Ing., studierte Elektrotechnik mit Schwerpunkt Nachrichtentechnik in Düsseldorf und London. Anschließend war er 5 Jahre bei Mannesmann Arcor AG & Co. in verschiedenen Positionen tätig. Von dort aus wechselte er als Berater zur PA Consulting Group. Der Fokus seiner Projekte erstreckt sich über die Bereiche Strategiebewertung, Infrastruktur-Assessment und -Entwicklung bis hin zum Outsourcing von IT- und Telekommunikationsdiensten, mit Branchenschwerpunkt auf Telekommunikationsunternehmen (Festnetz/Mobilfunk) und Finanzdienstleister.

Dr. Jörg Gerigk

Dr. Jörg Gerigk, Jahrgang 1967, promovierte im Anschluss an ein Studium der Wirtschaftswissenschaften 1997 an der Universität Graz über die Gestaltung von IT-Outsourcing-Beziehungen. Anschließend arbeitete er als Berater für die PricewaterhouseCoopers Unternehmensberatung und die PA Consulting Group Frankfurt, wo er der Global IT Consulting Group angehört. Sein Branchenschwerpunkt sind Finanzdienstleister, bei denen er in Projekten in einem Spektrum von E-Strategieentwicklungen über die Integration von Web-basierter Software in bestehende Host-Architekturen bis hin zum Risikomanagement von Banken tätig ist.

Axel Germer

Axel Germer, Jahrgang 1941, Dipl. Wirtsch.-Ing., studierte an der Technischen Hochschule Darmstadt. Bei einem amerikanischen Chemiekonzern war er in verschiedenen Führungspositionen im In- und Ausland tätig, mit Schwerpunkten in der Produktionsplanung, im Transportwesen und in der Logistik. In Unternehmen der Feinmechanik und Optik war er mehrere Jahre lang als Geschäftsführer für die technischen Bereiche verantwortlich. Seit 1988 ist er als freiberuflicher Consultant und Coach für führende deutsche Unternehmen auf dem Gebiet des Projektmanagements tätig. Seine Branchenschwerpunkte sind die Automatisierungstechnik, Hochbauindustrie, Gebäudetechnik, und Telekommunikation. Spezialisiert hat er sich auf die methodische Modellierung von Geschäftsprozessen zur Konzeption, Planung und Steuerung von Projekten. Außerdem entwickelte er kundenspezifische Systeme zur Aufbau- und Ablauforganisation und betreut den Einsatz von Planungstools.

Dr. Walter Gora

Studium der Informatik und der Betriebswirtschaftslehre (Dr.-Ing.), anschließend wissenschaftlicher Mitarbeiter und Promotion. Von 1988 bis 1990 war er für die Philips Kommunikations-Industrie tätig und baute dort die Abteilung „Consulting" auf. Danach wechselte er zur Diebold Deutschland GmbH, wo er zuletzt einen Fachbereich leitete. Seit 1993 ist Dr. Gora geschäftsführender Gesellschafter von Gora, Hecken & Partner und in Projekten mit den Schwerpunkten Organisation und Informations- und Kommunikationstechnik tätig.

Birgit Gregor

Birgit Gregor, Dipl. Theol., Jahrgang 1961, studierte in Leipzig und Berlin Sprachen, Geschichte, Theologie und Ökonomie. Von 1988 bis 1998 war sie wissenschaftliche Mitarbeiterin in einer Berliner Kultureinrichtung und arbeitete nebenberuflich für Marktforschungsinstitute und Werbeagenturen. Anschließend war sie Mitinhaberin einer Bronzegießerei und freiberuflich als Marketing- und Strategieberaterin tätig. Birgit Gregor arbeitet seit 2001 als Beraterin bei Gora, Hecken und Partner mit den Schwerpunkten E- und M-Government, Kommunikation und Organisationsuntersuchung.

Rudi Grimm

Rudi Grimm, Jahrgang 1947, Dipl.-Ing., Studium der Elektrotechnik, Fachrichtung Nachrichtentechnik und Regelungstechnik. Von 1972 bis 1985 war er als wissenschaftlicher Mitarbeiter des Fraunhofer-Instituts für Informations- und Datenverarbeitung (IITB) tätig, wo er von 1979 bis 1985 die Abteilung „Programmsystem-Produktionsmittel, Mensch-Rechner-Systeme" leitete. Von 1985 bis 1992 war er als Leiter der Abteilung „Wissenschaftliche Dienste, I- und K-Systeme" in der Zentralverwaltung der Fraunhofer-Gesellschaft verantwortlich für die Einführung der I- und K-Technik deutschlandweit in sämtlichen Einrichtungen der Fraunhofer-Gesellschaft. Seit 1992 ist Rudi Grimm geschäftsführender Gesellschafter der TEKO Ingeniuerbüro GmbH, seit Dezember 1998 auch bei der neu gegründeten TEKO New Media GmbH und in Projekten mit Schwerpunkten Kommunikations-, Medien- und Sicherheitstechnik tätig.

Franz-Reinhard Habbel

Franz-Reinhard Habbel, Jahrgang 1950, Dipl-Verw. ist Sprecher des Deutschen Städte- und Gemeindebundes und Experte für E-Government und Internet. Er ist Mitglied verschiedener Gremien und Arbeitsgruppen des Bundeswirtschaftsministeriums und der Initiative D21. 1998 bis 1999 war Franz-Reinhard Habbel Jurymitglied und Beiratsmitglied der Bundeswettbewerbe Media@Komm und Telearbeit in der Kommunalverwaltung. Zahlreiche Veröffentlichungen und Vorträge im In- und Ausland zu den Themen Neue Medien, Internet, E-Government, Globalisierung und Reform der Verwaltung.

Peter Herrmann

Peter Herrmann, Jahrgang 1958, Dipl.-Ökonom begann seine berufliche Karriere 1983 als Manager im Geschäftskundenbereich einer Stadtsparkasse. 1985 ging er als Sales Representative zu IBM nach Frankfurt. 1990 wechselte Peter Herrmann zur Lufthansa AG zunächst als Abteilungsleiter für das Controlling der IT-Organisation später als General Manager Systems Engineering. 1995 kehrte er wieder zu IBM zurück und war dort u.a. mit der Integration der von IBM neu erworbenen Babcock-Tochter DVO betraut. Zuletzt war er von 1997-1998 als Director Global Services Central & Eastern Europe bei IBM in Wien. tätig. Seit Ende 1999 ist Peter Herrmann bei der Firma EDS im Geschäftsbereich „E.solutions" verantwortlich für das Geschäft in Mittel- und Südeuropa. Darüber hinaus ist er Mitglied der Geschäftsführung der EDS Informationstechnologie und Service GmbH in Deutschland.

Gerald Hirsinger

Dipl.-Kfm. Gerald Hirsinger: Nach dem Studium der Betriebswirtschaftslehre an der Universität Hamburg ist Herr Hirsinger seit 1987 in verschiedenen Positionen bei Unternehmensberatungen tätig. Er ist Bereichsleiter für das Thema SAP bei der Systematics AG in Hamburg mit dem Fokus auf Finanzdienstleistungen. Der Schwerpunkt seiner Arbeit bildet die Prozessoptimierung und Entwicklung innovativer Beratungsleistungen für Klienten. Seit 1990 ist Gerald Hirsinger Lehrbeauftragter an der Fachhochschule Nordostniedersachsen in Lüneburg mit dem Thema Einsatz von Standardsoftware im Rechnungswesen.

Dr. Bettina Horster

Bettina Horster promovierte an der Universität Münster im Fachbereich Betriebswirtschaftslehre zum Thema: „Software Sales Management – Marketing und Vertrieb von komplexen Softwareprodukten". Sie arbeitete zunächst für zwei internationale Unternehmensberatungen und war danach tätig als Managerin Business Development bei der VEBA Telecom GmbH für die Bereiche Mobile Value Added Services und Internet Business (o.tel.o, Cablecom (Schweiz), Germany.net, Swiss Online, Telecolumbus). Sie wirkte operativ in vielen Projekten von E-Plus federführend mit (z.B. Ausschreibung 3. Mobilfunkgeneration UMTS-Lizenz, Reuters Wireless Services). Dr. Bettina Horster steht derzeit bei der VIVAI Software AG dem Bereich Business Development und Consulting vor und ist außerdem für das Ressort M-Business zuständig. Sie leitet den Arbeitskreis M-Commerce beim ECO (Verband der deutschen Internetwirtschaft).

Matthias Jüstel

Matthias Jüstel, Jahrgang 1970, studierte Betriebswirtschaftslehre an der Fachhochschule Stralsund. Tätigkeiten in der Marktforschung eines Elektronikkonzerns in den USA, ein Beratungsmandat in der Kostenrechnung eines deutschen Pharmaproduzenten und die Mitwirkung in verschiedenen Projekten einer Unternehmensberatung im internationalen Telekommunikationsumfeld kennzeichnen seine Berufspraxis. Die Abschlussarbeit seines Studiums befasste sich mit der Thematik der Personalisierung im Mobile Commerce. Seit Anfang 2001 ist Matthias Jüstel für eine internationale Consultinggesellschaft tätig, wo er mit der fachlichen Beratung und dem Projektmanagement bei Vorhaben des Electronic Commerce und Business in Großbanken betraut ist. Daneben tritt er als Referent und Autor zu Themen des M-Commerce auf.

Fritjof Karnani

Master of Business Administration, Diplom-Wirtschaftsingenieur und Diplom-Geologe, Studium in Berlin, Padua (Italien) und Cambridge (UK). Von 1991 bis 2000 tätig als Projektmanager in Projekten mit unterschiedlichen Schwerpunkten, entsprechend seiner natur-, ingenieur- und wirtschaftswissenschaftlichen Ausbildungen. Er betreute ein Projektvolumen von insgesamt ca. 500 Mio. DM. Preisträger von Strategie- und Marketingwettbewerben, u.a. Wettbewerbssieger Start-Up 1997. Veröffentlichungen insbesondere zu den Themenbereichen Unternehmensstrategie, Prozessoptimierung und Management. Seit Juni 2000 ist er als Berater bei Gora, Hecken & Partner tätig.

Udo Killermann

Dipl.-Ing. Udo Killermann ist Partner für E-Business bei der CITAG, einem Beratungshaus der EDS-Corporation. Seit Ende der 80er Jahre beschäftigt er sich im Auftrag unterschiedlicher Kunden mit Netzwerktechnologien und ihren geschäftlichen Möglichkeiten im Rahmen des E-Business. Er berät gemeinsam mit seinen Kollegen und Mitarbeitern Klienten aus unterschiedlichen Branchen bei der geschäftsbezogenen Einführung und Umsetzung neuer Technologien, sowie der Lösung verbundener organisatorischer Fragestellungen.

Prof. Dr. Michael Klotz

Prof. Dr. Michael Klotz, Jahrgang 1960, hat ein Studium der Betriebswirtschaftslehre an der Technischen Universität Berlin mit Abschluss als Diplom-Kaufmann absolviert. Anschließend war er als wissenschaftlicher Mitarbeiter mit Lehrauftrag an der TU Berlin sowie als selbständiger EDV-Berater tätig. Seine Promotion zum Dr. rer. oec. befasste sich mit Themen des IT-Einsatzes und einer zeitgemäßen Unternehmensorganisation. In den nächsten 10 Jahren folgten verschiedene Tätigkeiten in Beratungsfirmen als Management-Berater, Projektmanager und Geschäftsführer. An der FH-Stralsund hat er seit 1998 eine Professur für Informationsmanagement und Unternehmensorganisation inne. Zahlreiche Veröffentlichungen und Vorträge sowie Funktionen in Verbänden und als Beirat runden sein Betätigungsfeld ab.

Rolf-Dieter Köhler

Dipl.-Ing. Rolf-Dieter Köhler, Jahrgang 1955, studierte von 1976-1981 an der TH Karl-Marx-Stadt (heute: TU Chemnitz). Von 1981-1989 war er als Mitarbeiter für Forschung und Entwicklung für Steuerungsentwicklung und rechnergestützte Produktionsprozesse tätig. Zwischen 1989-2000 arbeitete er als Support-Ingenieur und als Senior Network Consultant maßgeblich an der Konzipierung und Überwachung mehrerer Großprojekte. Seit September 2000 ist er als Senior-Berater bei der Technologie- und Unternehmensberatung Gora, Hecken und Partner für die strategische Restrukturierung großer Netzwerke verschiedener Unternehmen tätig. Er veröffentlichte bisher ca. 30 Fachartikel und vier Fachbücher.

Thomas Krampert

Dipl.-Ing. Thomas Krampert, Studium der Feinwerktechnik (FH). Von 1991-1995 war er als selbständiger Ingenieur für verschiedene Industrieunternehmen beratend tätig. Danach wechselte er zu einem Systemhaus und Funknetzbetreiber einer deutschen Konzerngruppe, wo er für den Vertriebssupport einer Niederlassung verantwortlich war. Seit 1997 ist Thomas Krampert als Seniorberater bei der Management- und Technologieberatung Gora, Hecken & Partner in Projekten mit Schwerpunkten für Kommunikation und Netze tätig. 1998 übernahm er als Leiter das Competence-Center „IT-Sicherheit". Bekannt ist er durch zahlreiche Vorträge und Artikel.

Dr. Andreas Kreutzer

Dr.-Ing. Andreas Kreutzer, Jahrgang 1959, studierte an der TU Ilmenau und promovierte an der Berliner Humboldt-Universität auf dem Gebiet Informationstechnik. Nach Tätigkeiten im Bereich der Software-Entwicklung und Projektleitung war er von 1995 bis 1996 als Leiter der Software-Entwicklung bei der ComConsult Kommunikationstechnik GmbH in Aachen tätig. Im Anschluss wechselte er zur Mannesmann Autocom GmbH (heute Vodafone PASSO GmbH) in Düsseldorf, wo er als Gesamtprojektleiter für die Entwicklung eines Call-Centers für Mehrwertdienste in der Verkehrstelematik zuständig war. Seit 1998 ist er bei Gora, Hecken & Partner und dort seit Mitte 2000 als Leiter für den Geschäftsbereich Automotive/Telematik zuständig. Zu Themenschwerpunkten dieses Geschäftsbereiches gehören M-Commerce, Verkehrstelematik und E-Logistics.

Volker Lausch

Volker Lausch wurde 1968 in Berlin geboren. Nach der schulischen Ausbildung folgte ein Studium der Informatik an der TU Berlin. Eine Lehr- und Forschungstätigkeit am Fachgebiet „Kommunikations- und Betriebssysteme" der TU Berlin schloss sich an; Schwerpunkte der Arbeit waren hier unter anderem moderne Betriebssystemstrukturen für verteilte und massiv parallele Systeme sowie Netzmanagementsysteme. 1997 wechselte er zum Informatik-Zentrum Bayern (IZB), einem großen Netz-, ASP- und Rechenzentrumsdienstleister in München. Hier ist der heute Leiter des Bereiches Netzplanung/Produktdesign Netze.

Ingo Lippert

Ingo Lippert, Dipl.-Wirtsch.-Ing. gründete im März 2000 zusammen mit Christian Hinrichs die MindMatics AG. In seiner Position als CEO verantwortet Ingo Lippert die Bereiche Produktentwicklung, Strategie und PR. Als ehemaliger Projektleiter der Managementberatung Roland Berger& Partner kann Ingo Lippert auf mehr als fünf Jahre Erfahrung in der Planung und Umsetzung durchschlagender E- und M-Commerce-Strategien für die Top Player der Telekommunikations- und Retailbranche zurückblicken. Ingo Lippert hat einen Master of Business Administration der University of Florida, USA, und der Hong Kong University of Science & Technology.

Robert Martignoni

Robert Martignoni arbeitet als Business Consultant für Bertelsmann Financial Services (BFS), wo er unter anderem für die Entwicklung des Beratungsangebotes „Mobile Discovery" im Bereich M-Commerce verantwortlicht ist. „Mobile Discovery" ist ein Zusammenschluss von BFS mit mtoops, den Beratungs- und Projektexperten bei Siemens Mobile, um umfassende Kompetenzen zusammenzuführen. Herr Martignoni erwarb seinen Master of Science in Technology an der Helsinki University of Technology.

Roland Meier

Roland Meier ist wissenschaftlicher Mitarbeiter am Lehrstuhl für Allgemeine und Industrielle Betriebswirtschaftslehre an der TU München sowie Partner der Think Consult Unternehmensberatung. Seine Forschungs- und Beratungsschwerpunkte liegen in den Bereichen Marketing, Dienstleistungsmanagement, E-Business und M-Business. Während seines Studiums der Betriebswirtschaftslehre erhielt er für eine wissenschaftliche Arbeit den 1. Preis der Fördergemeinschaft Marketing an der Ludwig-Maximilians-Universität München. Seine Tätigkeiten an der TU München und als Berater umfassen die des Projektleiters, Lehrbeauftragten/Dozenten. Er ist Autor zahlreicher Veröffentlichungen und Herausgeber des Buches Customer Care Management (Gabler Verlag, Wiesbaden 2001). Außerdem ist Roland Meier im Rahmen der virtuellen Wissensplattform Competence-Center M-Business als Experte tätig.

Gerd Mittich

Gerd Mittich, Jahrgang 1971, Produktmanager Mehrwertdienste bei der RWE Powerline GmbH. Universitätsabschluss 1998 zum Dipl. Ökonom, mit Studienschwerpunkt Marketing. Er war von 1998 bis 2000 bei der o.tel.o communications GmbH im Vertrieb Geschäftskunden und im Bereich Geschäftsentwicklung/Produktcontrolling tätig. Von 2000 bis 2001 war Gerd Mittich bei der RWE Energie AG für die Produktentwicklung von internetbasierten Leistungen zuständig.

Marcus W. Mosen

Marcus W. Mosen, Jahrgang 1964, Industriekaufmann und Dipl.-Betriebswirt (FH Rheinland-Pfalz). Nach Abschluss des Studiums 1989, arbeitete er zunächst als freier Berater im Bereich Telekommunikation (u.a. für Detecon GmbH und British Telecom plc.). 1990/91 M.B.A.-Studium an der University of Birmingham, U.K. mit Schwerpunkt European Business. 1991 begann er bei der Treuhandanstalt in Berlin. In 1994 absolvierte Marcus W. Mosen das Programm for Management Development der Harvard Business School in Boston, USA. 1995 wechselte er von der Berliner Treuhandanstalt zum Telekommunikationsunternehmen Vebacom GmbH (später o.tel.o communications GmbH). Anfang 1995 übernahm Marcus W. Mosen die Verantwortung für das Geschäftsfeld Merchant Processing der GZS Gesellschaft für Zahlungssysteme mbH. Im Rahmen dieser Aufgabe war er für die Produktlinien und das operative Geschäft im Acquiring Processing, Netzbetrieb, Purchasing Systeme sowie für den Aufbau der E-Paymentlösungen verantwortlich. Anfang 2001 übernahm er die Leitung des Gesamtbereichs Vertrieb/Kundenmanagement der GZS. Im Oktober 2001 wechselte Marcus W. Mosen zur europäischen Tochter des weltweit grössten Paymentprocessor First Data Corp. als Geschäftsführer Deutschland.

Christel Müller

Christel Müller beendete 1973 die Hochschule für Nachrichtentechnik mit dem Diplom in Kommunikationstechnik. Seit Abschluss ihres Studiums arbeitete sie in unterschiedlichen Forschungs- und Entwicklungsbereichen der Telekommunikation. Seit 1982 ist sie im Bereich Rundfunk und Fernsehen als Softwarearchitektin und Programmiererin tätig. Ab 1991 beschäftigte sie sich mit den Herausforderungen von sprachgesteuerten Diensten. Christel Müller ist seit 1996 Abteilungsleiterin für Computer-Telefonie- und Sprachsysteme bei der Deutschen Telekom T-Systems Nova Berkom, Berlin. Unter ihrer Leitung entstand in dieser Zeit die Entwicklungsumgebung "Corporate Info Center" für das Design und den Betrieb von neuen Diensten der Computer-Telefonie. International arbeitet Christel Müller seit 1995 im ECTF mit und wurde ins Board of Directors berufen. Christel Müller ist Mitinhaber und Initiator zahlreicher Patente.

Dr. Matthias Nachtmann

Dr. Matthias Nachtmann, Jahrgang 1970, studierte Agrarwissenschaften an der Universität Gießen und promovierte zum Thema „Nachhaltige Informationsgesellschaft“ an der Universität Oldenburg. Er ist Berater bei der Management- und Technologieberatung Gora, Hecken & Partner und dort im Umfeld strategischer und konzeptioneller E- und M-Business Fragen tätig.

Dr. Volkmar Pflug

Dr. Volkmar Pflug ist seit Oktober 2000 als Global Business Manager bei Siemens Business Services verantwortlich für Mobile Business. Zu seinen Aufgaben zählen die Entwicklung und Umsetzung der Geschäftsstrategie, Business Development und die Beratung strategischer Kunden. Zuvor hatte er als Vorstandsberater der Siemens AG die Mobile Business-Strategie von Siemens Information and Communications mitbegründet. Seine Karriere bei der Siemens AG startete er 1995 nach mehreren Jahren IT-Consulting als Projektleiter für die regionale Konzernstrategie. Volkmar Pflug hat Physik und Wirtschaftswissenschaften studiert und in Informatik promoviert

Dr. Marcus Rayermann

Dr. Marcus Rayermann studierte Jura an der Universität Köln. Im Rahmen von Studienaufenthalten in den USA besuchte er die Universitäten von Berkeley und Stanford. Seine beruflichen Erfahrungen umfassen Tätigkeiten bei Wirtschaftskanzleien in Düsseldorf und Singapur. Daneben promovierte Herr Dr. Rayermann im Internationalen Wirtschaftsrecht und absolvierte den Fachanwaltslehrgang für Steuerrecht der Deutschen Anwaltsakademie. Heute ist er Partner bei Rayermann Zimmer Rechtsanwälte.

Stefanie Röttger-Gerigk

Stefanie Röttger-Gerigk, Dipl.-Ing. Jahrgang 1972, Studium des Bauingenieurwesens an der TU Darmstadt, Zertifikat der Betriebswirtschaftslehrer des Instituts für Wirtschaftswissenschaftliche Forschung und Weiterbildung e.V. der Fernuniversität Hagen. Während des Studiums Tätigkeit bei der Firma Dorsch Consult im Bereich der Organisation, Durchführung und Auswertung zahlreicher Verkehrsuntersuchungen. Seit 1999 als Beraterin im Bereich Projektmanagement, Organisations- und allgemeiner IT-Beratung für Gora, Hecken & Partner tätig. Sie ist dort Mitglied des für die Konzeption und Aufbau des Themas M-Commerce verantwortlichen Teams.

Jochen Siegert

Jochen Siegert, Dipl.-Kfm. studierte Betriebswirtschaft an der Universität Frankfurt am Main und spezialisierte sich auf Internationales Rechnungswesen sowie Entwicklung und Management betrieblicher Informationssysteme. Er ist als Projektmanager für Neue Technologien im Bereich Emerging Products bei der EURO Kartensysteme EUROCARD und Eurocheque GmbH tätig. Sein aktuelles Aufgabengebiet umfasst die Thematiken Mobile Payments/Mobile Commerce und Electronic Bill Presentment für die Kreditkarte EUROCARD in Deutschland. Hier ist er für die Entwicklung entsprechender Produkte und der Realisierung von notwendigen Mechanismen in Gremien wie TASET (technischer Arbeitskreis SET) oder GMCIG (Global Mobile Commerce Interoperability Group) verantwortlich.

Frank Spirgatis

Frank Spirgatis, Jahrgang 1962, Dipl.-Ing., Dipl.-Kfm., Studium der Nachrichtentechnik in Hamburg. Von 1985 bis 1994 Tätigkeit als technischer Berater für die Luftwaffe im Bereich der Systemintegration bei fliegenden Waffensystemen. Nach Abschluss des Fernstudiums der Wirtschaftswissenschaften in Hagen 1994 Tätigkeit als Serviceleiter für ein international agierendes Bremer Unternehmen der Industrieelektronik. Seit 1996 ist Frank Spirgatis bei der Höft & Wessel AG in Hannover tätig, derzeit als Leiter des Geschäftsbereiches Handel und Logistik. Aktuelle Tätigkeitsschwerpunkte sind der Organisationsaufbau sowie strategische Technologieintegration.

Dr. Jörg Stimmer

Dr. Jörg Stimmer begann seine berufliche Tätigkeit bei dem Bereich Öffentliche Kommunikationsnetze der Siemens AG, wo er bald die proaktive Vermarktung und Entwicklung von Gesamtkonzepten für neue Dienste und Infrastrukturen übernahm. Als Leiter des Partner Managements bei der Telesens AG, vertiefte er Abrechnung von IP Diensten, insbesondere Inhalte und Applikationen. Dr. Stimmer ist nun mit dem Aufbau von Sales und Marketing bei Bertelsmann Financial Services beauftragt, einem Dienstleister für Abrechnung in Online Diensten und E-Commerce. Dr. Stimmer studierte Allgemeine Physik an der Technischen Universität München und promovierte in Optoelektronik am Walter Schottky Institut, Garching.

Dr. Gerd Stottmeister

Dr. Gerd Stottmeister, Jahrgang 1960, studierte in Aachen Betriebswirtschaft (Dipl.-Kfm.) und promovierte im Bereich Marketing zum Doktor der Wirtschafts- und Sozialwissenschaften (Dr. rer. pol.). Nach rund dreieinhalb Jahren als Marketing-Direktor eines schweizerischen Medienkonzerns war er für rund sieben Jahre bei einem internationalen Konzern der Unterhaltungselektronik tätig, zuletzt als Director of Marketing & Sales. Seit 1999 ist er Unternehmensberater vor allem in der IT/TK-Branche mit den Schwerpunkten Strategische Planung, Marketing-, Kommunikations- und Human Resources Management.

Ralf Sürtenich

Ralf Sürtenich, Jahrgang, 1959, ist seit 1989 in den bereichen Datennetze und Telekommunikation zu Hause. Bevor er die Prism Consulting International GmbH gründete, wo er heute Gesellschafter und Geschäftsführer ist, war er bei o.tel.o verantwortlich für das Produktmarketing für Internet Dienste. Zuvor sammelte er seine Erfahrungen beim Aufbau des RWE Systemhaus für Telekommunikation, und beim internationalen Carrier Cable & Wireless. Als Geisteswissenschaftler und Marketing-Fachmann, liegt sein Fokus bei der Prism Consulting International GmbH in den Themen Business Development und Marketing Strategien.

Marian Trinkel

Dipl.-Ing. Marian Trinkel, Innovationsmanager Deutsche Telekom Zentrale, Bonn Betrieb Mehrwertdienste. Studium der Elektrotechnik, Nachrichtentechnik, in Aachen. Von 1983 bis 1993 bei der Deutschen Bundespost u.a. in der Logistik, Rechenzentrum und Anwendungsprogrammierung für Großrechenanlagen tätig. Seit 1993 in der Zentrale der Deutschen Telekom AG, Bonn als Innovationsmanager im Bereich Intelligentes Netz, Leiter des High Performance Computing in der Zentrale der Deutschen Telekom, Founder der Virtuellen Calling Card der Deutschen Telekom (T-Card), Portal und Voice Commerce. Inhaber, Mitinhaber und Initiator zahlreicher nationaler und internationaler Patente u.a. aus dem Bereich M-Commerce, Sprachverarbeitung, Sound Design und des Intelligenten Netzes. Top 1 Inventor 2000/2001 in der Deutschen Telekom AG. Fachautor und Vortragender für das Gebiet der Kreativität und Ideenfindung, M-Commerce, Sprachverarbeitung und Schutzmöglichkeiten von Geschäftsmodellen. Mitinhaber des Unternehmen Invent.

Dr. Sam Vaseghi

Dr. Sam Vaseghi ist Senior Consultant für E-Business bei der CITAG, einem Beratungshaus der EDS-Corporation. Sein Interesse für den Umgang mit komplexen Systemen hat er während seines Studiums und der anschließenden Promotion im Bereich Bioinformations-Systeme unter Beweis gestellt. Die kreative Umsetzung von Kundenideen in Produkte des E-Business war seine Hauptaufgabe bei AOL Deutschland, wo er als Senior Project Manager am Entwurf und der Entwicklung der Portale für namhafte Kunden beteiligt war. Bei der CITAG bringt er seine Erfahrung in unterschiedliche Kundenprojekte ein, in denen die Verknüpfung der physischen und der virtuellen Mobilität zu Effizienzsteigerungen führen sollen.

Martin Wiecker

Martin Wiecker, Dipl.-Ing., Jahrgang 1972, studierte in Aachen Bauingenieurwesen mit der Vertiefungsrichtung Verkehrswesen. Nach dem Studium begann er seine Tätigkeit bei Gora, Hecken & Partner im Geschäftsbereich Verkehrstelematik. Neben der Arbeit an technischen Fragestellungen aus dem IT-/TK-Bereich liegt sein Schwerpunkt bei der Entwicklung von Mobilitätsdiensten für die unterschiedlichen Medien (WAP, RDS-TMC) und Endgeräte (Handy, Fahrzeugendgerät).

Helmut Wittmann

Helmut Wittmann, Jahrgang 1956, leitet seit 2000 das Partner- und Solutionmanagement für Customer Relationship Management im Siemens Geschäftsgebiet „Information and Communication Networks – Integration, Service and Applications (ISA)“. Sein Verantwortungsgebiet umfasst den Aufbau und die Einführung von Allianzen, sowie die Bereitstellung der daraus entstehenden Lösungen im CRM-Umfeld. In vorhergehenden Funktionen beschäftigte er sich u.a. mit Informationsmanagement im Product Life Cycle Management, strategischer Geschäftsplanung, sowie verschiedener Aufgaben im Produktmanagement und Consulting. Zuvor war er bei der Standard Elektrik Lorenz AG/Alcatel im Produktmanagement und der Entwicklung privater Nebenstellenanlagen tätig. Helmut Wittmann gehört dem Siemens Konzern seit 1987 an.

Dr. Thomas Wolf

Dr. Thomas Wolf, Jahrgang 1966, ist Vorstandsvorsitzender und Mitbegründer der conVISUAL AG. Er ist verantwortlich für die Bereiche Marketing, Vertrieb und Business Development. Zuletzt war er Leiter Produktmarketing und Marketing bei der MATERNA GmbH Information & Communications in Deutschland. Davor arbeitete er für bekannte deutsche Netzbetreiber (u.a. D2 Mannesmann) und Service Provider (u.a. Talkline) in verschiedenen Funktionen mit Schwerpunkt auf Mobile Data, Internet und Telematik Märkte. Davor war er vier Jahre für unterschiedliche Privatakademien und Consulting-Unternehmen als Dozent und Berater tätig.

Dr. Alexander Wurdack

Dr. Alexander Wurdack, Jahrgang 1971, studierte nach einer Ausbildung zum Bankkaufmann bei der Deutschen Bank AG Betriebswirtschaftslehre mit den Schwerpunkten Management, Finanzwissenschaft und Controlling an der Justus-Liebig-Universität in Gießen. Im Jahre 2000 beendete er sein berufsbegleitendes Promotionsstudium an der Universität Mannheim im Bereich Wirtschaftsinformatik. Der Titel der Dissertation lautet: E-Consulting – Entwicklung eines Rahmenkonzeptes. Seit 1998 bei EDS tätig, verantwortet er heute als Business Development Manager die Entwicklung von Servicemodellen für strategische Großkunden in Zentraleuropa. Weiterhin gehört die Mitgestaltung des zentraleuropäischen E-Business Portfolios des Unternehmens zu seinen Aufgaben.

Mathias Zimmer

Mathias Zimmer ist Partner bei Rayermann Zimmer Rechtsanwälte. Er absolvierte sein Jurastudium in Freiburg und München. In der Vergangenheit war er für Wirtschaftskanzleien in Düsseldorf, Dubai (Vereinigte Arabische Emirate) und Atlanta (USA) tätig. Vor der Gründung von Rayermann Zimmer Rechtsanwälte arbeitete Mathias Zimmer als Unternehmensberater bei der Boston Consulting Group.

Abkürzungsverzeichnis

ASP	Application Service Provider
B2B	Business to Business
CA	Certification Authority
CDMA	Code Division Multiple Access
CGI	a) Cell Global Identity b) Common Gateway Interface
cHTML	Compact HTML
CRM	Customer Relationship Management
CTI	Computer Telephony Integration
EDGE	Enhanced (auch evolved) Data Rates for GSM Evolution
EMS	Enhanced Messaging Services
ERP	Enterprice Resource Planning.
FCD	FloatingCarData
FDD	Frequency Division Duplex
FMC	Fixed Mobile Convergence:
FMI	Fixed Mobile Internet:
FTP	File Transfer Protocol
GML	Generalized Markup Language
GPRS	General Packet Radio Service
GPS	Global Positioning System
GSM	Global System for Mobile Communication
HSCSD	High Speed Circuit Switched Data
HTML	Hyper-Text Mark-up Language
HTTP	Hyper Text Transport Protocol
IMSI-Catcher	International Mobile Subscriber Identity-Catcher
IP	Internet Protocol
ISP	Internet Service Provider
IVR	Interactive Voice Response
Macropayment	Zahlungsvorgänge (elektronische) über 10 DM.
MDE	Mobile Datenerfassung, Mobiles Datenerfassungsgerät
Micropayment	Zahlungsvorgänge (elektronische) unter 10 DM.
MMS	Multimedia Messaging Service
MNO	Mobile Network Operator
MPLS	Multiprotocol Label Switching
MSC	Multiple Systems Coupling
MSISDN	Mobile Station ISDN
MVNO	Mobile Virtual Network Operator
NGOs	Non Government Organisations
OLED	Organic Light Emitting Device
P2P	Point to Point
PAP	Password Authentication Protocol

PCS	Personal Communications System
PDA	Personal Digital Assistant
PDC	Personal Digital Cellular
PIM	Personal Information Management
PIN	Personal Identification Number
PKI	Public Key Infrastructure
PMP	Point-to-MultiPoint
POD	Proof of Delivery
POI	Point of Information
PPP	Point to Point Protocol
PTP	Point-To-Point
RAS	Remote Access Services
S2S	Service to Service
SGML	Standard Generalized Markup Language
SIM	Subscriber Identity Module
SMS	Short Message Service
SSL	Secure Socket Layer
TCP/IP	Transmission Control Protocol/Internet Protocol
TDD	Time Division Duplex
TDMA	Time Division Multiple Access
TLS	Transport Layer Security
UMS	Unified Messaging
UMTS	Universal Mobile Telecommunication System
URL	Uniform Resource Locator
USP	Unique Selling Proposition/Alleinstellungsmerkmal
VMNO	Virtual Mobile Network Operator
VO	Virtual Operator
VoIP	Voice over IP
VPN	Virtual Private Network
WAP	Wireless Application Protocol
WASP	Wireless Application Service Provider
WDM	Wavelength Division Multiplex
WIM	Wireless Identity Module
WLAN	Wireless Local Area Network
WML	Wireless Markup Language
WPKI	Wireless Public Key Infrastructure
WSP	Wireless Session Protocol
WTLS	Wireless Transport Layer Security
XHTM	Extensible HyperText Markup Language
XML	Extensible Markup Language
XSL	Extensible Style Language
XSLT	Extensible Stylesheet Language Transformation

GPSR Compliance

The European Union's (EU) General Product Safety Regulation (GPSR) is a set of rules that requires consumer products to be safe and our obligations to ensure this.

If you have any concerns about our products, you can contact us on ProductSafety@springernature.com

In case Publisher is established outside the EU, the EU authorized representative is:

Springer Nature Customer Service Center GmbH
Europaplatz 3
69115 Heidelberg, Germany

Batch number: 10111957

Printed by Printforce, the Netherlands